경찰학원론

김 종 수 편저

교육과학사

책 머리에

우리나라에서는 1962년에 동국대학교에 경찰행정학과가 설치되면서, 경찰행정학이 각광을 받게 되었고 45년이라는 긴 세월 동안 경찰행정학의 정체성 확립을 위해 많은 연구가 이루어져 왔다. 이를 바탕으로 90년대 후반에 이르러서는 경찰관련 학과가 전국 대학교 및 대학에 앞다투어 설치되었고, 그 결과 우리나라 최고의 인기학과로 자리잡게 되었다. 이러한 흐름과 함께 경찰행정학도 어느 정도 독자적인 정체성을 확립하게 되었으며, 경찰행정학의 개론서도 상당수 출간되어 전국의 경찰행정학도 및 수험생들에게 많은 학문적 도움을 주게 되었다.

편저자는 그동안 대학원 석 · 박사과정에서 공부했던 내용들과 지난 5년간 각 대학에서 경찰학 강의를 위해 작성했던 강의 내용들을 모아 보다 체계적으로 꾸밈으로써 강의의 경제성과 학습의 효율성을 확보할 수 있다고 생각하고 천학비재(淺學非才)의 부끄러움을 무릅쓰고 본서를 꾸미기로 하였다.

그러나, 본서는 강의할 때 참고로 했던 국내 · 외 자료들 중 중요한 부분만 추려서 엮은 것이기 때문에 체제가 흐트러진 느낌이 있고, 일관성이 결여된 느낌도 있으며, 아울러 많은 오류와 빈약성도 있음을 인정하고 있다. 이러한 점은 앞으로 더 많은 연구를 거듭하면서 극복할 것이며, 특히 여러 학자님들과 선배님들의 질책과 조언을 받아 수정 · 보완할 것임을 약속드린다. Kuhn의 "정상과학에 이르는 길"의 내용을 명심하면서.

또한 본서를 꾸밈에 있어서 많은 분들의 저 · 역서를 인용하고 참고하는 과정에서 많은 내용을 그대로 인용하면서도 미리 허락을 구하지 못한 점을 대단히 송구스럽게 생각하며 이 자리를 빌어 양해를 구하는 바이다.

무엇보다 본서를 출간하는 데 있어서 부족한 나에게 끝없는 사랑과 가르침으로 이끌어주신 아버님과 가족들에게 머리 숙여 감사드리며, 해맑은 웃음으로 나를 지켜보며

작은 결실을 거둘 수 있도록 용기를 준 아내 주은정에게 고마운 마음을 전한다. 끝으로 국내의 출판 사정이 좋지 못함에도 불구하고 본서의 출간을 쾌히 승낙해 주신 김동규 사장님과 찌는 듯한 무더운 금년 여름에 힘든 작업을 맡아 고생하신 편집부 직원 여러분들에게도 감사의 말씀을 드린다.

경운대학교 연구실에서

2007년 8월

편저자 김 종 수

차 례

머리말 • 3

제1편 경찰학 총론

제1장 경찰학의 개념 • 3

제1절 경찰학의 의의 — 3
1. 경찰학의 기원 — 3
2. 경찰학의 성격 — 4
3. 경찰학의 학문적 체계 — 6

제2절 경찰의 의의 — 9
1. 경찰개념의 형성과 변천 — 9
2. 형식적 의미의 경찰과 실질적 의미의 경찰 — 15
3. 대륙법계 경찰개념과 영미법계 경찰개념 — 17
4. 현대적 의미의 경찰개념 — 18
5. 경찰의 종류 — 19

제3절 경찰의 기본적 임무 및 수단 — 22
1. 경찰의 기본적 임무 — 22
2. 경찰의 수단 — 29
3. 경찰활동의 근거 — 31
4. 경찰의 관할 — 32

제4절 경찰의 기본이념 — 35
1. 경찰과 이념 — 35
2. 경찰과 윤리 — 37
3. 경찰활동의 사상적 토대 — 38
4. 경찰윤리확립을 위한 실천과제 — 42

제2장 한국경찰제도사 • 45

제1절 한국경찰제도사의 개설 — 45

제2절 갑오경장 이전의 경찰제도 — 46
1. 부족국가시대 — 46
2. 삼국시대 — 47
3. 통일신라시대 — 48
4. 고려시대 — 48
5. 조선시대 — 49

제3절 갑오경장부터 한일합병 이전의 경찰 — 51
1. 갑오경장과 근대경찰의 창설 — 51
2. 광무개혁과 경부경찰체제 — 52
3. 을사조약과 경찰권의 상실 — 52

제4절 식민지 기의 경찰 — 53
1. 조선총독부의 설치와 제령권 — 53
2. 헌병경찰제도 — 54
3. 보통경찰제도 — 55

제5절 미 군정하의 경찰 — 56
1. 식민경찰체제의 청산과 잔재 — 56
2. 미 군정기의 경찰제도 — 57

제6절 대한민국 정부수립과 경찰 — 59
1. 1991년 이전의 경찰 — 59
2. 1991년 경찰법 제정 이후의 경찰 — 63
3. 한국경찰제도사의 재 조명 — 65

제3장 비교경찰제도론 • 69

제1절 경찰제도의 유형 — 69
1. 중앙집권형 경찰제도 — 69
2. 지방분권형 경찰제도 — 70
3. 통합형 · 절충형 경찰제도 — 70

제2절 영국 경찰 72
1. 영국 경찰의 역사 72
2. 영국 경찰의 조직 75

제3절 미국 경찰 83
1. 미국 경찰의 역사 83
2. 미국 경찰의 조직 86

제4절 독일 경찰 91
1. 독일 경찰의 역사 91
2. 독일 경찰의 조직 92

제5절 프랑스 경찰 93
1. 프랑스 경찰의 역사 93
2. 프랑스 경찰의 조직 94

제6절 일본 경찰 97
1. 일본 경찰의 역사 97
2. 일본 경찰의 조직 101

제7절 스페인 경찰 104
1. 스페인 경찰의 역사 104
2. 스페인 경찰의 조직 106

제4장 경찰행정법 • 111

제1절 경찰행정법의 개념 111
1. 경찰행정법의 의미 111
2. 경찰행정법의 기본원리 112
3. 경찰행정법의 법원 115

제2절 경찰조직법 118
1. 경찰조직의 개념 118
2. 경찰조직법 119
3. 경찰조직의 권한행사 125

제3절 경찰공무원법 — 127
1. 경찰공무원의 분류 — 127
2. 경찰공무원의 임용 — 128
3. 경찰공무원의 권리 · 의무 · 책임 — 135

제4절 경찰작용법 — 139
1. 경찰작용의 기초 — 139
2. 경찰작용의 형태 — 142
3. 경찰작용의 한계 — 149
4. 경찰관 직무집행법 — 152

제5장 경찰관리론 • 157

제1절 경찰관리의 개념 — 157
1. 경찰관리의 의의 — 157
2. 경찰관리자 — 158

제2절 경찰조직관리 — 161
1. 경찰조직의 개념 — 161
2. 경찰조직편성의 원리 — 161
3. 경찰관료제 — 166
4. 한국 경찰 조직상의 과제 — 168

제3절 경찰인사관리 — 170
1. 경찰인사관리의 개념 — 170
2. 경찰공무원의 임용 — 179
3. 경찰공무원의 교육훈련 — 189
4. 경찰공무원의 근무성적 평정 — 196
5. 경찰공무원의 승진 — 198
6. 경찰공무원의 사기 — 205

제4절 경찰예산관리 — 208
1. 경찰예산의 개념 — 208
2. 경찰예산의 편성과정 — 209
4. 결산 및 회계검사 — 211

제5절 경찰장비관리 212
1. 경찰장비관리의 개념 212
2. 주요 경찰장비 관리 213

제6절 경찰보안관리 216
1. 경찰보안관리의 개념 216
2. 보안업무의 원칙 217
3. 보안의 대상 및 방법 219
4. 보안감사 220

제7절 경찰홍보 221
1. 경찰홍보의 개념 221
2. 경찰홍보의 목적 223
3. 경찰홍보전략 224
4. 경찰공보 기능의 법적·사회적 통제 227

제8절 경찰통제 232
1. 경찰통제의 개념 232
2. 경찰통제의 대상과 기본방향 233
3. 경찰통제의 유형 235

제6장 한국경찰의 향후 과제 • 243

제1절 경찰개혁 243
1. 경찰개혁의 방향 243
2. 주요 경찰개혁 과제 248

제2절 경찰수사권 독립 252
1. 현행 검사와 경찰의 권한관계 252
2. 독자적 수사권 확보의 타당성 256
3. 경찰의 당면과제 260

제3절 자치경찰제의 시행 262
1. 자치경찰제에 관한 일반이론 262
2. 자치경찰제의 도입 환경 266
3. 자치경찰제 도입을 위한 정부의 노력 272
4. 자치경찰제의 도입범위 275
5. 자치경찰제의 정착과제 280

제2편 경찰학 각론

제1장 생활안전 경찰활동 • 285

제1절 생활안전 경찰활동의 영역 — 285
1. 범죄통제와 범죄예방 — 285
2. 지역사회 경찰활동 — 292
3. 지역경찰제 — 302
4. 생활안전경찰의 개념 — 315

제2절 생활안전경찰의 임무 — 318
1. 생활안전경찰의 업무분장 — 318
2. 외근경찰활동 — 320
3. 경찰사범 단속활동 — 322
4. 청소년 선도와 보호활동 — 325
5. 즉결심판 — 332
6. 순찰활동 — 333
7. 민간 방범 관련 업무 — 339
8. 민·경협력 방범체제의 강화방안 — 340

제3절 외국의 생활안전경찰 — 345
1. 미국 — 345
2. 일본 — 346

제2장 교통경찰활동 • 349

제1절 교통경찰의 개념 — 349
1. 교통경찰의 개념 — 349
2. 교통경찰활동의 특성 — 352
3. 교통경찰활동의 법적 근거 — 354

제2절 교통경찰활동 — 355
1. 교통순찰활동 — 355
2. 교통안전활동 — 358

3. 교통규제 — 362
4. 교통지도단속 — 364
5. 운전면허관리 — 371

제3절 교통사고 처리 — 374
1. 교통사고의 개념 — 374
2. 교통사고의 특성 — 376
3. 교통사고의 유형 — 377
4. 교통사고의 처리 — 378

제4절 교통사고조사 — 384
1. 교통사고조사의 개관 — 384
2. 사고운전자 조사 — 387
3. 주요 교통사고조사 체크리스트 — 391

제5절 뺑소니사고의 조사 — 395
1. 뺑소니사고의 개념 — 395
2. 뺑소니사건 현장조치 — 395
3. 뺑소니 차량 추적요령 — 396

제6절 교통사고의 유형별 처리 — 397
1. 일반적 교통사고 — 397
2. 안전조치 불이행 사고 — 406

제7절 외국의 교통경찰 — 408
1. 영국의 교통경찰 — 408
2. 미국의 교통경찰 — 409
3. 일본의 교통경찰 — 409

제3장 수사경찰활동 • 411

제1절 범죄수사의 의의 — 411
1. 범죄의 의의 및 특성 — 411
2. 범죄진압 및 범죄수사의 의의 — 412
3. 수사경찰의 권한과 의무 — 413
4. 수사경찰의 조직 — 414
5. 수사의 기본이념 — 418
6. 수사경찰의 업무분장 — 419

제2절 범죄수사의 기본원리 ---- 425
1. 범죄수사상 준수원칙 ---- 425
2. 범죄수사의 기본원칙 ---- 426
3. 범죄수사의 3대원칙 ---- 428
4. 수사실행의 5대원칙 ---- 429

제3절 외국의 수사경찰 ---- 430
1. 영국의 수사경찰 ---- 430
2. 미국의 수사경찰 ---- 431
3. 독일의 수사경찰 ---- 432
4. 프랑스의 수사경찰 ---- 432
5. 일본의 수사경찰 ---- 433

제4장 경비경찰활동 • 435

제1절 경비경찰의 의의 ---- 435
1. 경비경찰의 개념 ---- 435
2. 경비경찰활동의 특성 ---- 436
3. 경비경찰의 조직 ---- 438
4. 경비경찰활동의 법적 근거 ---- 440
5. 한국 경비경찰의 특색 ---- 441

제2절 경비경찰활동의 기본원칙 ---- 442
1. 비례의 원칙 ---- 442
2. 보충성의 원칙 ---- 443
3. 적시성의 원칙 ---- 443

제3절 경비경찰활동 ---- 444
1. 혼잡경비 ---- 444
2. 재해경비 ---- 444
3. 중요시설 경비 ---- 445
4. 다중범죄진압 ---- 446
5. 경호경비 ---- 447
6. 경찰작전 ---- 448
7. 대 테러 업무 ---- 450
8. 민간경비의 지도 · 감독 ---- 451

9. 전・의경관리 451
10. 기타 업무 452

제4절 외국의 경비경찰 453
1. 영국의 경비경찰 453
2. 미국의 경비경찰 454
3. 독일의 경비경찰 456
4. 프랑스의 경비경찰 457
5. 일본의 경비경찰 458

제5장 정보경찰활동 • 461

제1절 정보경찰의 의의 461
1. 정보경찰의 개념 461
2. 정보경찰활동의 특성 462
3. 정보경찰의 조직 463
4. 정보경찰활동의 법적 근거 465
5. 정보경찰활동의 한계 465

제2절 정보경찰활동 467
1. 정보수집 및 처리 467
2. 신원조사 467
3. 채증활동 467
4. 집회 및 시위에 관한 업무 468
5. 정책정보의 수집・작성・배포 468
6. 보안정보활동 469
7. 외사정보활동 470
8. 수사・형사정보활동 470
9. 정보경찰활동의 방향 470

제3절 외국의 정보경찰 471
1. 영국의 정보경찰 471
2. 미국의 정보경찰 472
3. 독일의 정보경찰 472
4. 프랑스의 정보경찰 473
5. 일본의 정보경찰 474

제6장 보안경찰활동 • 477

제1절 보안경찰의 개념 477
1. 보안경찰의 의의 477
2. 보안경찰의 조직과 업무 478
3. 보안 경찰활동의 법적 근거 479

제2절 보안경찰활동 480
1. 국가보안 위해요소 480
2. 방첩활동 482
3. 보안수사 484
4. 보안관찰 484
5. 북한이탈주민의 관리 485
6. 외사보안활동 485

제3절 보안사범의 특성과 방첩활동의 기본원칙 486
1. 정보(보안)사범의 특성 486
2. 방첩활동의 기본원칙 487

제4절 외국의 보안경찰 488
1. 영국의 보안경찰 488
2. 미국의 보안경찰 489
3. 독일의 보안경찰 489
4. 프랑스의 보안경찰 490
5. 일본의 보안경찰 490

제7장 외사경찰활동 • 493

제1절 외사경찰의 의의 493
1. 외사경찰의 개념 493
2. 외사경찰의 중요성 494
3. 외사경찰의 특성 495
4. 외사경찰의 조직 496
5. 외사경찰의 법적 근거 497

제2절 외사경찰활동 498
1. 외사경찰활동의 내용 498
2. 외사정보 및 보안활동 498
3. 외사수사활동 499
4. 국제공조활동 500

제3절 한미행정협정과 외사경찰활동 500
1. 한미행정협정의 내용 500
2. 한미행정협정 사건의 수사 505
3. 외교특권과 경찰 511

제4절 외국의 외사경찰 514
1. 미국의 외사경찰 514
2. 프랑스의 외사경찰 514
3. 일본의 외사경찰 515

참고문헌 • 517

찾아보기 • 523

01편

경찰학 총론

제1장 경찰학의 개념

제1절 경찰학의 의의

1. 경찰학의 기원

경찰학의 기원은 16～18C 절대군주국가의 통치학인 관방학[1]에서 그 기원을 찾을 수 있다. 당시 경찰학(Polizei Wissenschaft)은 독일의 관방학자인 유스티(J. H. Justi)의 「경찰학원리」라는 저서를 통하여 경찰학이 최초로 수립·체계화되었으며, 국가목적을 실현하기 위한 국가자원의 확보에 경찰학의 임무가 있다고 하였다. 15세기 말 프랑스에서 독일로 도입된 경찰권이론은 국민의 공공복리를 위해 강제력을 동원할 수 있는 통치자의 권능을 인정함으로써 절대적 국가권력의 기초를 제공하였다. 이러한 초기의 관방학적 성격의 경찰학은 내무행정 전체를 대상으로 국가의 목적을 수행하는 데 필요한 절

1) 관방학이란 17～18C 독일, 오스트리아에서 발달한 국가경영학으로 관방관리들에게 국가 통치에 필요한 재정, 경제, 행정지식과 기술 등을 제공하기 위해서 형성된 학문체계를 말한다. 근대 행정학의 근원을 이루는 관방학은 농업, 재정, 경제, 경찰 등의 정책영역을 포함하고 있으며, 아울러 정부의 공식적 기구와 기능 및 정부관료의 업무와 행동윤리 등에 중점을 두고 집대성한 학문체계를 말한다. 손봉선.「경찰학개론」(서울: 형설출판사, 2001), p. 25.

대주의적 국가권력을 기초 지우는 학문이었기 때문에 오늘날의 경찰학과는 그 성격을 달리하고 있었다.

미국은 형사사법학 또는 경찰행정학의 일 분야로서 경찰학을 연구하고 있고, 일본은 1948년 1월 이후 경찰대학에서 월간으로 '경찰학 논집'을 발간하여 경찰학의 체계화를 시도하고 있었다. 영국은 19C 초반부터 범죄학의 한 분야로 경찰에 관한 학문적 연구를 시작하였고,2) 독일은 경찰학을 국가학이라는 명칭으로 연구하였으나, 독자적인 연구가 아니라 법학 또는 행정법학의 일부로 연구되었다.3)

우리나라에서는 1962년 동국대학교에 경찰행정학과가 설치되면서 공안행정 및 형사사법 등의 경찰관련 학문을 연구하고 강의하면서 경찰학 연구의 메카로 자리잡기 시작했고, 1980년에는 국립경찰대학이 창설되면서 초급간부 양성 및 전문 경찰교육과정을 통해 경찰학의 연구・개발을 실시해 왔으며, 특히 경찰대학 부설 치안연구소에서는 경찰발전 및 운영을 위한 심도있는 연구를 지속적으로 진행하고 있다.

이 외에도 체계적인 경찰학연구를 위해 결성된 학문공동체가 있어서, 경찰관련 분야에 대한 학문적 패러다임의 정립과 발전을 위해 다양한 학회의 형태로 운영되고 있다. 주요 학회로는 한국공안행정학회, 한국경찰학회가 있고, 경찰학과 관련된 또 다른 주요 과제들을 연구하기 위한 학회로는 한국경호경비학회, 한국민간경비학회, 한국자치경찰경비학회, 한국교정학회, 한국범죄학회, 한국범죄심리학회 등이 있다.

2. 경찰학의 성격

경찰학은 기본적으로 철학, 법학, 행정학, 사회학(범죄학), 경영학, 경제학, 역사학, 심리학 등을 기초로 하여 성립하는 학문이다. 경찰학의 성립에는 이들 학문들 외에도 여러 학문들이 보조학으로 요청된다. 예를 들면 교정학, 수사학, 피해자학, 약물학 등이 경찰학을 지원한다는 것이다. 또한 경찰법 제3조 및 경찰관직무집행법 제2조에 규정된 경찰의 직무규정도 경찰학의 연구대상이 포괄적이어야 함을 뜻한다. Kuhn, T. S.(1962)은 자신의 저서 「The Structure of Scientific Revolution」에서 패러다임(paradigm)이라는 개

2) 오늘날 영국에서는 경찰학이 행정학(Exeter대학), 법학(캠브리지대학원), 사회학(런던 경제대학(LSE)), 범죄학(Southampton대학), 공안학(Public Order Studies) (Leicester 대학)의 한 분야로서 각각 연구되고 있다.

3) 임창호, 「경찰학의 이해」(서울: 대왕사, 2004), p. 24.

념을 제시함으로써, 과학자들에게 연구방법 탐구의 유용한 도구를 제공하였다. 그는 '정상과학(normal science)'이란 한가지 이상의 과거의 과학적 업적에 확고한 기반을 둔 연구를 의미하는데, 여기서 업적이란 어떤 특정의 학문 공동체가 그 공동체의 보다 진전된 연구실제를 위한 기초를 얼마동안 제공하는 것이라고 인정하는 것을 뜻한다. 오늘날에는 이와 같은 과학적 업적들은 최초의 형태로는 아니지만 초급 및 고급의 과학교과서에 자세히 열거되어 있다는 것이다. 그에 따르면, 패러다임이란 한 연구집단에게 합리적인 문제, 방법, 그리고 그 해결을 규정해 주는 함축적인 준거 틀(frame of reference)이다. 다른 말로 표현하면, 패러다임은 곧 연구자들에 의해 공유되고 있는 합의적 지각으로서 그들이 연구영역에서 상호간에 묵시적으로 인정하면서 사용하는 틀이다. 따라서 패러다임은 그 연구영역의 전통내에서 오랜시간을 두고 생성되는 것이며, 그것은 곧 미래에 수행될 연구들에 대한 하나의 시사이면서도, 현재 수행되고 있는 연구결과들을 해석하는 바탕틀로 이용되는 것이다. 즉, Kuhn은 어떤 연구영역 내에서 이루어지고 있는 연구 및 개발(R&D)의 근거가 되는 근본적인 기저가정과 지적구조를 의미한다는 것을 표현하기 위해 패러다임이라는 용어를 사용한 것이다. D. Waldo(1954) 역시 경찰학의 정체성은 행정학의 패러다임을 전문직업주의에서 찾아야 한다면서, 행정학이 종합학문적인 성격으로 인해 독자적인 학문으로서 패러다임이 결여되어 있는 상태라면, 경찰학 또한 경찰관이라는 전문직업인을 양성하기 위한 이론체계를 정립하는 것이 학문적 정체성을 확보하기 위해 노력해야 한다고 주장하였다.

대부분의 기초학들은 대상이 하나이다. 예를 들면 생물학은 생물, 역사학은 역사, 심리학은 심리를 그 대상으로 삼고 있다. 그러나 경찰학은 경찰과 관련된 복잡다양한 行政事象 그 자체를 해명하기 위해서 여러 학문을 기초학으로 삼거나, 보조학을 요청하고 있다. 따라서 경찰학도 학문적 패러다임의 수준은 아니지만 학문공동체가 공유할 수 있는 개념이나 가정을 찾아, 이러한 개념이나 가정에 기초하여 연구가능한 고유한 주제와 연구방법의 틀을 설정해야 한다. 경찰학을 하나의 독립적인 학문으로 정립하기 위한 주장과 경찰학이 하나의 독립적인 학문으로서의 정체성을 가진다는 것과는 다르다. 정체성을 가진다는 것은 연구대상이나 연구방법상 독자적인 영역이 있다는 것이고, 독자적인 학문으로 정립하자는 것은 해당 학문의 축적된 연구결과의 양과 질에 의하여 다른 학문영역과는 독립적으로 운영해야 한다는 것이다. 왜냐하면 경찰학은 여러 학문들을 기초학 또는 보조학을 요청하여 성립하는 종합학문적 성격을 지니고 있기 때문이다.

3. 경찰학의 학문적 체계

먼저 경찰학과 경찰행정학의 구분이 필요하다. 기존의 경찰관련 저서들에서는 이 양자를 혼용하여 사용하는 경우가 있으나, 대부분의 경우 경찰학은 경찰작용과 운용을 위한 기술적 성격이 강하며, 경찰행정학은 경찰관리와 조직구성을 위한 이론적 성격이 강하다는 것을 알 수 있다. 그러므로 경찰학은 '경찰이라는 하나의 현상을 대상으로 하여 경찰의 이치를 밝히어 체계적으로 기술한 지식'이며, 경찰행정학은 '경찰행정이라는 하나의 현상을 대상으로 하여 경찰행정의 이치를 밝히어 체계적으로 기술한 지식이다'라고 정의할 수 있다.

따라서 본서에서는 경찰학의 학문적 체계를 크게 총론과 각론으로 구분하고 있다. 총론에서는 경찰학의 토대를 구성하기 위한 경찰행정학, 경찰행정법, 경찰제도사, 경찰철학, 기타 경찰과학으로 체계화하고 있고, 각론에서는 경찰작용을 위한 개별경찰활동을 중심으로 생활안전 경찰활동, 교통경찰활동, 수사경찰활동, 경비경찰활동, 정보경찰활동, 보안경찰활동, 외사경찰활동으로 구분하여 기술하고 있다.

1) 경찰학총론

(1) 경찰행정학

경찰조직의 효율적인 관리와 효과적 운영을 위한 기초이론으로 경찰조직, 경찰인사, 경찰예산, 경찰장비, 경찰홍보, 경찰통제 등으로 나눔으로써 경찰조직의 나아갈 방향을 제시하기 위한 체계적인 연구가 가능하다.

(2) 경찰행정법

경찰법학 분야에서는 크게 경찰조직법과 경찰작용법으로 나누고, 인사관리를 위한 경찰공무원법과 행정구제절차를 기술하고 있는 경찰구제법으로 나누어 접근할 수 있다. 무엇보다 경찰행정은 국민의 자유와 권리를 제한하는 권력적 행정작용이 대부분을 차지하고 있으므로 어떤 분야보다도 신중하고 치밀하게 다루어져야 한다.

(3) 경찰제도사

경찰제도사는 그 대상에 따라 우리나라 경찰의 조직과 제도 및 경찰활동 등에 대한 역사의 고찰을 통해 지금까지 우리 경찰이 가져다 준 교훈과 문제점을 재조명함으로써 현대사회의 경찰조직이 지향해야 할 바람직한 경찰상을 정립할 수 있도록 하는 자기성찰적 연구분야이다. 이러한 의미에서 경찰제도사는 경찰의 기원을 찾아 올바른 경찰역사를 규명함으로서 국가의 장래를 견고하게 지탱해주는 뿌리의 역할을 의미한다. 경찰제도사의 연구범주에는 경찰사상, 즉 경찰이념의 역사가 포함되어야 하며, 우리 경찰의 역사뿐만 아니라 법률과 국민성을 달리하고 있는 외국의 경찰역사와 제도를 포함하고 있다.

(4) 경찰철학

경찰철학은 모든 학문의 이론적 정립을 위한 기초학문으로서 변화하는 사회현상에 능동적으로 대처해야 하고 법을 집행하는 경찰에게는 가장 필수적인 가치체계라고 할 수 있다. 특히 철학적 이념을 바탕으로 효율적 조직운영의 방향을 제시하고, 윤리의식의 배양을 통해 구성원들에게 청렴하고 올바른 행위규범을 제공한다. 따라서 경찰이념론과 경찰윤리론의 분야로 나누어 경찰철학의 지도이념을 연구할 수 있다.

(5) 기타 경찰과학

경찰과학은 다양한 경찰활동에 대한 체계적인 접근과 명확한 문제해결을 위해 범죄학, 사회학, 심리학, 범죄예방학, 수사학, 교통공학, 정보학 등의 사회과학이나 자연과학의 성과를 활용하고 있다. 이러한 주변학문들의 적용과 활용을 통해 경찰과학의 체계화와 발전에 기여할 것이며, 경찰학의 학문적 객관화를 위한 심도있는 연구가 가능할 것이다.

2) 경찰학각론

(1) 생활안전경찰활동

범죄예방정책의 수립과 집행, 기타 이와 관련된 활동을 통하여 국민의 생명과 재산을 보호하고, 공공의 안녕과 질서를 유지하기 위한 경찰활동이다.

(2) 교통경찰활동

교통에서 발생되는 모든 위해를 방지하고 제거하여 교통의 안전과 원활한 교통소통을 도모함을 목적으로 하는 경찰활동을 의미한다.

(3) 수사경찰활동

범죄사건에 관한 공소제기 여부의 결정 또는 공소제기 및 이를 유지 · 수행하기 위한 준비로서, 범죄사실을 조사하고 범인 및 증거를 발견 · 수집 · 보전하는 일련의 경찰활동을 의미한다.

(4) 경비경찰활동

사회공공의 안녕이나 질서에 위험(Gefahr) 또는 경찰위반(Störung)의 상태가 발생되었거나 발생할 우려가 있는 경우, 이를 예방 · 진압하는 경찰활동을 의미한다.

(5) 정보경찰활동

사회공공의 안녕과 질서에 대한 위험 또는 경찰위반의 상태를 제거하기 위한 경찰활동을 위하여, 그 전제가 되는 치안정보 또는 그 배경이 되는 내외의 정치 · 경제 · 사회 · 문화 등의 일반적 정보 등을 수집 · 분석 · 작성 · 배포하는 경찰활동을 의미한다.

(6) 보안경찰활동

경찰법 제3조와 경찰관직무집행법 제2조에 규정된 공공의 안녕의 보호대상에는 국가의 존립과 기능의 유지가 포함되어 있으므로, 우리나라의 존립과 기능을 위협하는 요소들을 제거하여 국가안전보장의 임무를 수행하는 경찰활동을 의미한다.

(7) 외사경찰활동

대한민국의 안전과 사회공공의 안녕 및 질서유지를 목적으로 외국인, 해외교포 또는 외국과 관련된 기관, 단체 등 외사 대상에 대하여 이들의 동정을 관찰하고 이들과 관련된 범죄를 예방 · 단속하는 것을 주된 임무로 하는 경찰활동을 의미한다.

제2절 경찰의 의의

1. 경찰개념의 형성과 변천

경찰의 개념은 국가의 정치적 상황이나 사회적 특성에 따라 그 내용을 달리하고 있어서 일률적으로 정의하기는 어렵다. 즉, 경찰의 개념은 각 국가의 시대성과 역사성을 내포하고 있고 고유한 전통과 사상이 반영된 것이므로 개념적 획일화를 추구하기에는 어려움이 있는 것이다. 종래의 경찰개념은 주로 유럽국가의 전통과 사상을 반영한 경찰개념을 중심으로 논의가 이루어져 왔으므로 영・미의 경찰이념이 접목되어 있는 현대사회의 경찰개념과는 상이한 것이며, 경찰행정의 이해를 위한 접근법 자체가 서로 다르다.

따라서 경찰개념의 이해를 위해서는 어느 일방만을 강조하는 편향적인 사고를 탈피해서, 경찰은 과연 무엇을 하며 무엇을 위한 조직인가라고 하는 경찰의 존재이유와 임무 또는 목적을 반영하여 오늘날의 우리 경찰을 가장 잘 설명할 수 있는 개념을 도출해 낼 필요가 있다.[4)]

1) 고대 및 중세시대 경찰개념

Police라는 단어의 어원은 일반적으로는 그리스어의 'polis'에서 그 기원을 찾을 수 있다. 고대 그리스시대의 polis란 사회구성원들의 생명・재산・건강을 보전하고 법의 집행을 담보하기 위해 형성된 사법 및 행정체계를 총칭하는 용어였다.[5)] 이러한 polis라는 개념으로부터 '시민의 생존과 복지를 보살피는 일체의 관리활동'을 뜻하는 'politeia'라는 축소개념이 파생되었고, 이것이 영어의 정치를 위미하는 'politics', 정책을 의미하는 'policy', 경찰을 의미하는 'police'로 이어지게 된 것이다.[6)]

당시 police란 본래 사회구성원의 생존과 행복 및 질서유지를 총괄하는 개념이었으며, 실제로 polis의 책임자들은 공공질서・안전・도덕・식량공급・복지 등 시민생활과

4) 이운주, 「경찰학개론」(용인: 경찰대학), p. 3.
5) John L. Sullivan, Introduction to Police Science, 3rd ed.(New York: McGraw-Hill Book Co., 1977), pp. 1-2.
6) James J. Fyfe, Jack R. Greene, William F. Walsh, O. W. Wilson, Roy Clinton McLaren, Police Administration, 5th ed.(New York: McGraw-Hill Companies, Inc., 1997), p. 4.

관련된 일체의 도시업무를 총괄하였다. 그리스의 철학자들도 이들을 국가의 안전보장에 대한 최종책임자로 이해하였다.7)

이러한 경찰개념은 중세시대인 14세기 말에 이르러 프랑스의 policia에서 파생된 police라는 용어를 사용하면서 '국가가 행하는 일체의 작용'과 '국가목적 또는 국가작용'이라는 뜻으로 사용되었으며, 이 당시에는 교회의 권력이 국가와 대등할 만큼 강력하였으며, 국가는 이러한 교회권력과 국가권력을 구별하기 위해 경찰을 국가권력의 상징으로 사용하였다.

2) 15~17세기의 경찰개념

독일에서는 15세기 무렵 사회공공의 질서와 복리를 위해 봉건영주가 시행하는 특별한 통치권한을 뜻하는 라틴어의 'ius politiae'이라는 용어가 사용되었다. 16세기 초반(1530)에 제정된 독일의 "제국경찰법(Reichspolizeiordnung)"은 교회행정을 제외한 나머지 국가행정을 'Polizei'라고 규정하여 경찰의 개념을 '공권력을 통해 속세(俗世)의 사회질서를 유지하는 작용'으로 한정시켰다.8)

영국에서 'police'란 용어가 처음 사용된 것은 스코틀랜드 경찰위원회(Commission of Police for Scotland)이며, 1755년 존슨(Johnson)은 경찰이란 '주민과 관련된 도시나 국가의 규제와 통치'로 정의하고 있다.9) 그러나 1860년 영국에서 'police'라는 용어의 의미는 더 이상 정부 전체에 적용되는 개념이 아니라 정부의 특정부처를 지칭하는 뜻으로 사용되었다. 이에 대해 브로함(Lord Brougham)은 경찰(police)을 '법률위반사례를 예방하기 위한 보호, 범법자의 검거, 재판에의 회부, 법원판결의 집행'이라고 정의하였다.10)

이러한 'police'라는 용어는 17세기 말 프랑스에서 영어화되었고 17세기 말과 18세기 초 프랑스의 학자들은 police를 좀더 구체적으로 국가 전체가 아닌 하나의 도시에 대한 규제라고 정의하여 근대적 경찰개념의 토대를 마련하였다. 이러한 과정을 통해 'police'라는 현대적 의미의 정의가 내려졌다.11) 당시의 경찰개념은 교회의 권한을 제외

7) Brian Chapman, Police State (London: Pall Mall Press, 1970), pp. 11-12.
8) 이황우 · 조병인 · 최응렬, 「경찰학개론」(개정판) (서울: 한국형사정책연구원, 2004), p. 5.
9) Sir Leon Radzinowicz, A History of the English Criminal Law form 1750 (New York: Macmillan, 1948-86), Vol. Ⅲ, p. 2.
10) Henry Lord Brougham, Works (Edinburgh: Adam and Charles Black, 1873), Vol., p. 324.
11) 이황우 외, 전게서, p. 5.

한 일체의 국가행정을 의미하는 것이었으며, 경찰과 행정이 미분화된 상태였다. 어원에서 보는 것처럼 고대국가나 중세국가 시기에 경찰은 모든 국가활동을 통칭하는 것이었다가 점차 기능이 줄어들고 축소되었다. 17세기 절대왕권국가 즉, 경찰국가시대에 들어서야 비로소 외교・군사・재정・사법 등을 제외하고 내무행정만을 지칭하는 것으로 경찰개념이 축소된다.

3) 경찰국가시대의 경찰개념

17세기에 이르러 국가활동이 점차 분업화되고 전문화되어 감에 따라 외교, 사법, 군사, 재정 등이 경찰로부터 분리되어 경찰은 사회공공의 안녕과 복지를 직접 다루는 내무행정으로 축소되었다. 그러나 절대군주의 등장으로 내무행정에 관한 국가의 임무는 점차 확대되어 경찰로서 통치권의 전반을 행사하는 이른바 경찰국가시대가 도래하였다.

당시 절대군주들은 강력한 국가권력을 바탕으로 중상주의 경제정책을 추진하면서 경찰권을 확대・강화함으로써 국가의 통일을 달성하려 하였다. 그 결과 당시의 police 및 Polizei는 경찰권・행정권을 모두 포함하는 국가권력 전반을 뜻하는 것이었다. 또한 모든 결정권은 절대군주에게 있었고 민생에 관련된 모든 문제가 경찰에 의해 처리되었다. 경찰국가시대에는 이러한 절대군주의 경찰권에 의해 국민들의 인권은 탄압되었고, 경찰은 강력한 권한으로 국민생활을 통제하였다.[12)]

4) 법치국가시대의 경찰개념

18세기 후반의 자연법사상[13)]과 계몽주의[14)]를 이념으로 한 자유주의적 법치국가의 발전으로 적극적인 복리경찰은 제외되고, 경찰권의 발동이 소극적인 질서유지를 위한 위해방지에 국한되어 치안행정만을 의미하게 되었다. 이러한 사상적 흐름은 자유주의적

12) 이상안, 「알기 쉬운 경찰행정학」(개정7판) (서울: 대명출판사, 2005), pp. 44-45.

13) 자연법사상은 모든 사물이 자기의 본성에 따라 작용하고 활동하는 것을 그 본질로 한다. 즉, 모든 사물은 자신의 존재에 아무런 장애도 받지 않고 자기 본성에 따라 살아갈 수 있도록 하는 것이 바로 자연법의 논리이다.

14) 계몽주의(Enlightenment)는 봉건적 예속과 신분상의 특권, 행정상의 전횡과 비인간적인 사법제도, 검열과 박해, 교회의 불관용과 미신 등과 같은 전통적 제도와 관행으로부터 인간해방을 꾀하려는 하나의 혁명적 사상운동이다.

법치국가 사상을 보급하고 발전시키게 되었으며, 이는 곧 국가의 목적과 임무를 제한하고 권력분립의 원칙을 제도화하게 되었다. 자유주의 법치국가의 권력분립 사상은 경찰국가시대에 인정되던 적극적인 복리경찰이 경찰개념에서 제외되고 경찰권의 발동은 오로지 소극적인 공공에 대한 위험방지 분야에만 국한시키는 계기를 가져왔다.

(1) 프로이센의 일반란트(일반州)법과 프랑스의 죄와 형벌법전

계몽주의와 자연법사상 하에서 1794년 제정된 프로이센 일반란트법 제10조 제2항 제17호에서는 "공공의 평온, 안전 및 질서를 유지하고, 공중 또는 그 구성원들에 대한 절박한 위험을 방지하기 위하여 필요한 조치를 강구하는 것이 경찰의 직무이다"라고 규정하였다. 경찰의 직무를 소극목적에 한정되어야 한다는 주장은 1795년 프랑스의 죄와 형벌법전에서도 찾을 수 있다. 이 법에서는 "경찰은 공공의 질서, 자유, 재산 및 개인의 안전을 유지하는 것을 임무로 한다"고 규정하고 있다. 또한 1884년 지방자치법에서 「자치제경찰은 공공의 질서, 안전 및 위생을 확보하는 것을 목적으로 한다」고 규정하여 경찰의 직무를 소극적인 목적에 한정하고 있으나 위생사무와 같은 행정경찰사무가 포함되어 있었다.[15]

(2) 1850년 프로이센 경찰행정법

이러한 경찰개념의 축소화에도 불구하고 독일 경찰은 질서유지를 위한 위험방지라는 명분아래 경찰개념은 다시 확대되어 1850년의 프로이센 경찰행정법에서는 소극적인 질서유지 작용뿐만 아니라 복리증진 작용도 경찰임무의 일부가 되었다.

3) 크로이쯔베르크 판결

경찰의 개념이 소극적인 위험방지에 국한되어야 한다는 주장은 프로이센 고등행정법원의 1882년 크로이쯔베르크(Kreuzberg) 판결[16]에 의하여 분명해졌으며, 경찰의 임무는 소극적인 위험방지에 한정된다는 사상이 법해석상 확정되는 계기가 되었다.

---

15) 이황우 외, 전게서, p. 7.

16) 이 판결은 베를린 크로이쯔베르크 언덕에 있는 전승기념탑의 전망을 방해하지 않고, 그곳으로부터 시내를 내려다 볼 수 있는 조망을 방해하지 않기 위해서는 주변 토지에 대한 건축물의 높이를 제한하도록 하는 베를린 경찰청장의 법규명령을 무효로 선언한 것이다. 이러한 이유에서 경찰권은 소극적인 위해 방지를 위한 조치만을 할 수 있고 적극적으로 공공복리를 위한 조치를 할 권한이 없다는 것이다. 김동희, 「행정법Ⅱ」(제6판) (서울: 박영사, 2000), p. 158.

4) 근대의 경찰개념

1931년 프로이센 경찰행정법은 "경찰청은 일반 또는 개인에 대한 공공의 안전과 질서를 위협하는 위험을 방지하기 위하여 현행법의 범위 내에서 의무에 합당한 재량에 따라 필요한 조치를 취하여야 한다"고 규정하여 경찰의 직무는 소극적인 위험방지에 한정한다고 하는 개념이 확립되었다. 이러한 개념은 1986년 '독일연방 및 주의 통일경찰법모범초안'에서 "경찰은 공공의 안녕 또는 질서에 대한 위험방지를 그 임무로 한다"고 규정하여 이를 명백하게 유지하고 있다.

영국에서 근대경찰의 발전에 있어서 핵심적인 사건은 1829년 런던수도경찰청(Metropolitan Police)의 창설이다. 런던수도경찰청은 런던 최초의 중앙집권적이고, 제복을 입었으며, 전문적이며, 중앙의 통제를 받는 경찰이었다. 따라서 많은 역사학자들은 영국 런던에서 경찰의 진정한 역사는 1829년에 시작되었다고 본다. 따라서 1829년 이전 런던 경찰의 역사는 우선 기관으로서의 런던경찰청(Scotland Yard)의 기원을 찾기 위한 노력이 있었다. 로버트 필경(Sir Robert Peel)에 의해 처음으로 설립된 런던수도경찰청은 '보비(Bobbies)'들에 의해 전문적이고 중앙집권화된 경찰기관으로 발전하였다.[17]

우리나라에서 서구적 의미의 경찰이라는 단어가 처음 사용된 것은 고종 31년(1894) 갑오개혁 때에 제정된 신관제 실시에 따라 포도청이 폐지되고 내무아문(內務衙門) 소속하에 경무청을 설치하여 한성부 내의 일체의 경찰사무를 관장케 하면서부터이다.[18]

5) 20세기 초와 현대의 경찰개념

20세기에 들어서는 제국주의와 공산독재정권들이 등장하면서 다시금 과거 사상경찰이 강화되고 경찰권이 남용되는 역사가 반복되기 시작한다. 제2차 세계대전 이전의 일본·독일·이탈리아 및 스탈린 치하 소련의 국가상황은 경찰국가의 부활을 여실히 증명해주고 있다. 제2차 세계대전 이후에는 소방·영업·도로·위생·건축 등의 협의의 행

---

17) 이황우 외, 전게서, pp. 7-8.

18) 경찰(警察)이라는 한자의 의미에서 볼 때 일본에서는 경계사찰(警戒査察)의 준말이라고도 하나, '경'(警)이라는 글자는 '지키다'라는 뜻을 가지고 있기도 하고, '찰'(察)이라는 글자는 '살핀다'는 뜻을 가지고 있어서 경찰은 국민을 지키고 살피는, 즉 안전하게 보호한다는 의미로 사용할 수 있다. 大津英男, 「警察行政」(東京: 良書普及會, 1958), p. 22.

정경찰사무를 경찰로부터 분리하여 일반행정기관에 이관시키는 '비경찰화작업'이 단행되어 경찰은 보안경찰 사무만 수행하게 되었다. 이러한 경찰개념은 1986년「독일연방 및 주의 통일경찰법모범초안」에서「경찰은 공공의 안녕 또는 질서에 대한 위험방지를 그 임무로 한다」고 규정하여 이를 명백하게 유지하고 있다.

이후 전 세계적으로 공산국가의 붕괴와 냉전의 종식을 경험하면서 인간의 존엄성 및 기본권 의식이 확산되었고, 개인의 자유・평등・정의에 대한 국가의 보장책임이 강조되면서 국민생활에 대한 경찰의 간섭이 제한되고, 경찰은 단지 법집행을 통해 공공의 안전과 질서를 유지하고 국민에게 봉사하는 존재로 변모하였다. 그 결과 오늘날은 경찰을 '공공질서를 유지하고 위해와 범죄로부터 국민의 생명과 재산을 보호하며 국민에게 봉사와 도움을 제공하는 공공서비스 또는 공공재의 공급자'로 이해되고 있다.19)

6) 우리나라에서의 경찰개념

프랑스 죄와형벌법전이 일본의 1875년의 행정경찰규칙의 모범이 되었고, 이것이 1894년 우리나라의 행정경찰장정을 통하여 그대로 이식되었다. 행정경찰이라는 용어나 행정경찰의 정의는 다름 아닌 프랑스로부터 유래한 것이다. 일제강점기인 1914년 행정집행령(제령 제23호)이 제정되었는데, 이것은 일본이 프로이센의 영향 하에 1900년 제정한 행정집행법이 모범이 된 것으로, 행정집행령의 일정부분은 후에 경찰관직무집행법의 제정시 반영되면서 보호조치나 범죄의 예방과 제지 등의 개념이 도입되었다.

1945년 일본의 패전에 따라 미군정이 실시되면서 종래의 대륙법계의 치안유지중심의 행정경찰적 관점이 강조되던 입장으로부터 영미법계의 민주주의적 이념에 따른 경찰개념이 강조되면서 "국민의 생명, 신체 및 재산의 보호(일본 경찰법 제1조)"가 경찰의 책무로서 강조되었다. 우리나라의 경찰관직무집행법에는 프랑스와 독일(프로이센), 그리고 영・미의 경찰개념이 모두 반영되어 있다.

19) 이황우 외, 전게서, pp. 7-8.

■ 시대별 경찰개념의 변천

<table>
<tr><td>경찰의 어원</td><td>라틴어의 politia에 기원</td><td rowspan="2">경찰과 행정의 미분화</td></tr>
<tr><td>중세경찰
(15-16C)</td><td>교회의 권한을 제외한 일체의 국가 행정(polizey)</td></tr>
<tr><td>경찰국가시대
(17C)</td><td>외정, 군정, 재정, 사법이 제외된 내무행정만을 지칭
소극적인 치안유지와 적극적인 공공복지의 증진 역할 수행
시민은 경찰권의 객체</td><td rowspan="3">경찰과 행정의 분화</td></tr>
<tr><td>법치국가시대
(18C)</td><td>법치주의시대가 되자 복지경찰분야가 제외되고 위험방지분야에 한정
시민은 경찰권의 주체</td></tr>
<tr><td>제2차 대전 이후</td><td>협의의 행정경찰 사무가 비경찰화됨, 공공의 안녕과 질서유지 임무에 국한됨.</td></tr>
</table>

2. 형식적 의미의 경찰과 실질적 의미의 경찰

1) 형식적 의미의 경찰

형식적 의미의 경찰이라 함은 실정법상(정부조직법, 경찰법 등) 보통경찰기관에 분배되어 있는 임무를 달성하기 위하여 행하여지는 경찰활동을 의미하는데, 그 범위는 각국의 전통이나 현실적 환경에 따라 다르다. 따라서 형식적 의미의 경찰과 실질적 의미의 경찰은 반드시 일치하는 것은 아니어서 경찰기관이 행하는 경찰활동 중에는 성질상 실질적 의미의 경찰작용으로 볼 수 없는 것이 포함되어 있다.

예를 들어 우리나라 특유의 정보경찰 활동이나 보안경찰 활동 등은 다른 나라에서는 예를 찾아보기가 쉽지 않다. 또한 범죄의 수사 등 이른바 사법경찰이라고 불리우는 경찰활동은 형식적 의미의 경찰에는 속하지만, 실질적 의미의 경찰개념에는 속하지 않는다. 그리고 경찰이 맡고 있는 서비스적 활동은 아래의 실질적 의미의 경찰개념으로는 도저히 설명할 수 없는 경찰활동이고, 다만 형식적 의미의 경찰개념에 포함된다고 할 수 있다.

형식적 의미의 경찰은 경찰작용의 내용을 묻지 않고 경찰관서인 경찰청(1개), 지방경찰청(16), 경찰서(235), 지구대(825), 파출소(533) 등에서 수행하는 경찰활동 모두를 지칭한다. 쉽게 말해 경찰법 제3조, 경찰관직무집행법 제2조, 소년경찰직무규칙 제1조, 사법경찰관리집무규칙 제2조 등에 규정된 직무를 수행하는 것을 형식적의미의 경찰로 이해할 수 있다.

2) 실질적 의미의 경찰

실질적 의미의 경찰이라 함은 일반적으로 사회공공의 안녕과 질서를 유지하기 위하여 일반통치권에 의거, 국민에게 명령·강제하는 권력적 작용이라고 정의되고 있다. 이러한 실질적 의미의 경찰 개념은 조직구조가 아니라 경찰작용을 중심으로 파악하는 개념으로 일반통치권에 의거해서 일반 국민에게 명령 강제하는 권력적 작용을 의미한다. 일반행정기관의 행정작용이면서 동시에 실질적 의미의 경찰활동에 속하는 것에 건축경찰활동(건축허가)나 위생경찰활동(유흥주점의 허가), 산림경찰활동, 경제경찰활동 등이 있다.

우리나라의 생활안전경찰, 교통경찰, 경비경찰 등은 형식적 의미의 경찰과 실질적 의미의 경찰 모두에 포함되겠지만, 수사경찰과 정보경찰, 그리고 보안경찰은 경찰활동의 본질적 목적에 속하지 아니하므로 실질적 의미의 경찰 개념은 아니고 형식적 의미의 경찰 개념에만 포함된다고 하겠다.

본래, 실질적 의미의 경찰개념은 학문상으로 정립된 개념으로 독일의 행정법학에서 경찰법상의 이른바 일반조항(Generalklausel)의 존재를 전제로 경찰관청에 대한 권한의 포괄적 수권과 법치국가적 요청을 조화시키기 위하여 구성된 도구 개념으로서, 이른바 경찰권의 한계론도 이와 같은 배경하에서 형성된 것이다.

▣ 형식적 의미의 경찰과 실질적 의미의 경찰

형식적 의미의 경찰	실질적 의미의 경찰
① 실정법상 보통경찰기관에 분배되어 있는 임무를 달성하기 위하여 행하여지는 경찰활동 ② 각국의 전통이나 현실적 환경에 따라 다르다. ③ 형식적 의미의 경찰과 실질적 의미의 경찰은 반드시 일치하는 것은 아니다. ④ 역사적·제도적으로 발전해 온 개념 ⑤ 형식적 의미의 경찰 중에서 실질적 의미의 경찰작용으로 볼 수 없는 것 • 정보경찰활동	① 사회공공의 안녕과 질서를 유지하기 위하여 일반통치권에 의거해서 일반 국민에게 명령·강제하는 권력적 작용 ② 작용을 중심으로 파악 ③ 이론적·학문적으로 발전해 온 개념 : 행정작용 중 경찰작용이 가지는 공통적인 법적 특성을 추상화한 것 ④ 일반행정기관의 행정작용이면서도 실질적 의미의 경찰작용에 속하는 것

형식적 의미의 경찰	실질적 의미의 경찰
• 보안경찰활동 • 범죄수사 등 사법경찰활동 • 서비스활동	• 건축경찰활동 • 위생(영업)경찰활동 • 삼림경찰활동 • 경제경찰활동

3. 대륙법계 경찰개념(전통적 입장)과 영미법계 경찰개념(현대적 입장)

대륙법계 국가들은 국가의 통치권을 중심으로 경찰개념이 형성된데 비하여 영미법계 국가들은 시민의 자치권을 중심으로 경찰개념이 형성되었다. 즉, 대륙법계 국가의 경찰개념이 경찰권이라고 하는 통치권적 개념을 전제로 그 발동 범위와 성질을 기준으로 형성된 것이라면, 영·미의 경찰개념은 경찰을 시민과 대립적인 상대로 보지 아니하고, 오히려 주권자인 시민으로부터 자치 권한을 위임받은 조직체로서의 경찰이 주권자인 시민을 위해서 수행하는 기능(function) 또는 역할(role)을 중심으로 형성되었다고 볼 수 있다.

또한 대륙법계 국가들에서는 경찰과 시민의 관계가 대립관계인데 비하여 영미법계 국가들에서는 경찰과 시민의 관계가 동반자관계이다. 무엇보다 영미법계 경찰제도는 시민이 스스로 사회질서를 유지하는 책임을 갖는다는 데서 출발하기 때문에 경찰이 시민에게 봉사하는 기관이라는 인식이 강하다. 따라서 경찰은 시민을 위하여 법을 집행(law enforcement)하고 서비스(service)하는 기능 또는 역할을 수행하는 조직체라고 할 수 있을 것이다.

■ 대륙법계와 영미법계 경찰의 비교

	대륙법계(독일, 프랑스)	영미법계(영국, 미국)
경찰 개념	• 국가의 통치권을 배경으로 형성	• 시민의 자치권을 중심으로 형성
경찰과 시민	• 대립관계	• 동반자관계
경찰 조직	• 중앙집권적 국가경찰	• 지방분권적 자치경찰
경찰 사명	• 공공의 안녕과 질서유지에 중점	• 공공의 안녕과 질서유지 + 범죄수사

	대륙법계(독일, 프랑스)	영미법계(영국, 미국)
경찰 수단	• 권력적 · 명령적 · 강제적 수단	• 계몽 · 지도 · 봉사 차원의 비권력적인 서비스 제공
행정경찰과 사법경찰	• 구분	• 구분하지 않음
차이점	• 경찰을 규범적 강제작용 측면에 한정하여 본 견해	• 경찰을 사회공동체의 구성원이자 전문적인 문제 해결자로 본 견해

우리가 살아가고 있는 21세기는 전통적 경찰개념과 현대적 경찰개념의 장점들을 접목한 종합적 경찰개념이 요구되고 있다. 종래의 경찰개념은 주로 유럽대륙의 전통과 사상을 반영한 경찰개념을 중심으로 논의가 이루어져, 영 · 미의 경찰이념이 접목되어 있는 오늘날의 우리 경찰의 현실을 충분히 설명하지 못하고 있다. 따라서 경찰이 과연 무엇을 위한 조직인가라는 경찰의 존재이유와 임무 또는 목적을 반영하여 오늘날의 우리 경찰을 가장 잘 설명할 수 있는 개념을 도출해 낼 필요가 있을 것이다.

4. 현대적 의미의 경찰개념

현대사회에서 경찰은 단순히 법 집행자로서의 역할을 수행하도록 요구받지 않는다. 기존의 경찰의 역할이 법 집행과 질서유지였다면 이제는 국민과 주민의 요구에 부합하는 치안서비스의 제공이라 할 수 있을 것이다. 법 집행은 범죄의 억제, 예방 및 범인의 체포와 관련된 활동을 강조하며, 질서유지는 법 집행 기능에서 사용하는 수단 이외의 방법을 사용하는 것으로서 지역주민의 안전과 만족감을 증진시키는 업무들이 포함된다. 또한 서비스 제공은 주로 시민생활과 관련된 활동으로서 국민에게 편익을 제공하기 위하여 최대한의 서비스를 제공하는 기능이라고 할 수 있을 것이다. 경찰행정학자들이 주장하는 「사회적으로 공공의 질서를 유지하고 위해와 범죄로부터 국민 개개인의 생명과 재산을 보호하고 그리고 다양한 사회적 구원을 응원하는 공공서비스 또는 공공재」라는 개념을 빌리게 되면, 경찰활동이라는 것이 국민을 규제하고 통제하는 것만이 아니라 국민에게 봉사하고 헌신하는 활동이라는 현대적 경찰개념과 부합하게 된다.

5. 경찰의 종류

1) 정식경찰과 보조경찰(신분 및 자격에 따른 구분)

경찰은 경찰공무원의 자격으로 경찰업무를 주도적으로 처리하는 정식경찰과 그를 보조하는 역할을 수행하는 보조경찰로 나눌 수 있다.[20] 보조경찰에는 전투경찰, 의무경찰, 청원경찰, 민간경비원을 예로 들 수 있다. 전투경찰과 의무경찰은 군복무를 대신하여 경찰업무를 보조하는 자를 말하고, 청원경찰은 국가의 중요한 산업시설과 사업장에서 경비경찰업무를 보조하는 자로 실무상 경비경찰이 지도 · 감독을 한다. 민간경비원은 기타 시설에 근무하며 생활안전경찰업무를 보조하는 자로 생활안전경찰이 지도 · 감독을 한다.

2) 행정경찰과 사법경찰(3권분립사상에 따른 구분)

프랑스 죄와형벌법전 제18조에서는 행정경찰을 공공질서유지 · 범죄예방을 목적으로 하는 경찰로, 사법경찰을 범죄의 수사 · 체포를 목적으로 하는 경찰로 구분하였다. 행정경찰은 공공질서유지 및 범죄예방을 주로 하며 행정법규를 적용하지만 사법경찰은 형사사법활동을 주로 하며 형사소송법을 적용한다. 이는 경찰의 목적과 임무, 그리고 3권분립사상에 따라 경찰을 구분한 것이다.

▣ 행정경찰과 사법경찰의 비교

행 정 경 찰	사 법 경 찰
• 실질적 의미의 경찰 • 행정법규의 적용 • 예방경찰 • 경찰청장이 지휘	• 형식적 의미의 경찰 • 형사소송법의 적용 • 진압경찰 • 검사가 지휘

행정경찰은 업무의 독자성 여부에 따라 더 세분하여 보안경찰과 협의의 행정경찰로 구분할 수도 있고,[21] 보안경찰은 독립하여 행해지는 경찰작용이라면 협의의 행정경찰은 다른 행정작용에 부수하여 행해지는 경찰작용이다.

---

20) 이황우 외, 전게서, p. 10.

21) 김동희, 「행정법 Ⅱ」(서울: 박영사, 2002), p. 167.

3) 보안경찰과 협의의 행정경찰(업무의 독자성에 따른 구분)

(1) 보안경찰

광의의 행정경찰 중에서 경찰청의 분장사무처럼 사회공공의 안녕과 질서를 유지하기 위하여 다른 행정작용을 동반하지 아니하고 오로지 경찰작용만으로 행정의 일부분을 구성하는 경찰작용을 의미한다.

(2) 협의의 행정경찰

① 위생경찰, 건축경찰, 산림경찰처럼 다른 행정작용과 결합하여 특별한 사회적 이익의 보호를 목적으로 하면서, 그 부수작용으로서 사회공공의 안녕과 질서를 유지하기 위한 경찰작용이다.

② 제2차 세계대전 이후 비경찰화 작업의 대상

광의의 행정경찰 중에서 경찰청의 분장사무처럼 사회공공의 안녕과 질서를 유지하기 위하여 다른 행정작용을 동반하지 아니하고 오로지 경찰작용만으로 행정의 일부분을 구성하는 경찰작용이다.

▣ 보안경찰과 협의의 행정경찰

대분류	세분류	사례
광의의 행정경찰	보안경찰	정보경찰 보안경찰 교통경찰 생활안전경찰
	협의의 행정경찰	건축경찰 노동경찰 위생경찰 철도경찰 등

4) 평시경찰과 비상경찰(위해정도, 적용법규, 담당기관에 따른 구분)

평시경찰은 평온한 상태하에서, 일반경찰법규에 의하여, 보통경찰기관이 행하는 경찰작용을 말한고, 비상경찰은 전국 또는 어느 한 지방에 비상사태가 발생하여 계엄이 선포될 경우에, 군대가 병력으로 공공의 안녕과 질서를 유지하기 위하여 계엄법에 따라 행정사무의 일환으로 경찰사무를 관장하는 경우를 말한다.

5) 예방경찰과 진압경찰(경찰권발동의 시점에 따른 구분)

경찰권의 발동시점을 기준으로 살펴보면 예방경찰은 경찰목적상의 위해가 발생하기 이전에 사전조치를 취하는 권력적 작용이다. 예를 들어 정신착란자를 보호조치하는 것이나 술에 취한 사람을 파출소에 보호하는 경우, 총포 화학류의 취급을 제한하는 경우 등을 말한다. 진압경찰은 이미 발생한 범죄를 수사하거나 위험상황을 해소하기 위한 경찰활동을 말한다. 경찰법 제3조와 경찰관직무집행법 제2조에서 규정하고 있는 진압은 예방경찰과 진압경찰의 양자에 모두 관련된다.

예 예방경찰: 보호조치

예 진압경찰: 범죄의 제지

6) 국가경찰과 자치경찰(권한과 책임의 소재에 따른 구분)

경찰의 권한과 책임이 어디에 있느냐를 기준으로 살펴보면 국가에 경찰권이 있는 것이 국가경찰이고, 지방자치단체가 설립하고 관리하는 경찰이 자치경찰이다. 우리나라는 현재 국가경찰제도를 채택하고 있으나 앞으로는 자치경찰제도를 도입하여 병행할 예정으로 있다.

▣ 국가경찰과 자치경찰의 비교

구 분	국가경찰제도	자치체경찰제도
장점	• 국가권력을 배경으로 하므로 보다 강력한 기능을 발휘 • 조직의 통일적 운영과 경찰활동의 능률성 · 기동성을 발휘 • 전국적으로 균등한 경찰서비스를 제공 • 타 행정부문과의 긴밀한 협조 · 조정이 원활 • 전국적인 통계자료의 정확성	• 각 지방의 특성에 적합한 경찰행정이 행해질 수 있음 • 인권보장과 민주성이 보장되어 주민들의 지지를 받기 쉬움 • 지방별로 독립된 조직이므로 조직 · 운영의 개혁이 용이
단점	• 정부의 특정정책의 수행에 이용되어 본연의 임무를 벗어날 우려가 있음. • 관료화되어 주민과 멀어지고 국민을 위한 봉사가 저해될 수 있음 • 각 지방의 특수성 · 창의성이 저해되기 쉬움	• 전국적 · 광역적 활동에 부적합 • 타 경찰기관과의 협조 · 응원체제가 곤란 • 지방세력이 간섭하여 정실에 흐르기 쉬움 • 통계자료에 정확을 기하기 힘듦 • 전국적인 기동성이 약하고 조직체계가 무질서해지기 쉬움

7) 질서경찰과 봉사경찰(경찰활동의 질과 내용에 따른 구분)

경찰활동의 질과 내용을 기준으로 살펴보면 질서경찰은 수사나 즉시강제와 같이 강제력을 수단으로 법집행을 하는 경찰을 말하며, 봉사경찰은 강제력이 아닌 서비스·계몽·지도 등을 통하여 경찰업무를 수행하는 경찰을 말한다.

예 질서경찰: 범죄수사, 진압, 즉시강제, 교통위반자에 대한 처분 등

예 봉사경찰: 방범지도, 방범순찰, 청소년 선도, 교통정보의 제공 등

8) 기타 분류

성별을 기준으로 남성경찰과 여성경찰, 계급을 기준으로 경위 이상의 간부경찰과 경사이하의 비간부경찰, 제복을 기준으로 제복경찰과 사복경찰, 명령이나 강제력을 행사하는 권력적 경찰과 지도와 봉사를 위주로 하는 비권력적 경찰로 나눌 수도 있다. 또한 무기휴대 여부를 기준으로 무장경찰과 비무장경찰, 관할대상을 기준으로 일반경찰 해양경찰 공항경찰 공원경찰 대학경찰, 사이버공간을 기준으로 오프라인상의 일반경찰과 온라인상의 사이버경찰 등으로 구분할 수 있다.

제3절 경찰의 기본적 임무 및 수단

1. 경찰의 기본적 임무

1) 개념

경찰의 임무는 정부조직법상의 보통경찰기관을 전제로 한 것이며, 이는 형식적 의미의 경찰개념에 반영되어 있다. 그러나 국가의 권력구조나 정치상황에 따라 경찰의 기능도 달라지므로 현대경찰의 임무를 한마디로 단정짓기에는 어려움이 있다. 경찰의 임

무는 경찰의 존재이유에 대한 물음으로 시작된다. 우리나라 경찰의 사명과 임무는 경찰법 제3조에 나타나 있는 바와 같이 「국민의 생명 신체 및 재산의 보호와 공공의 안녕과 질서유지」이다.

경찰법 뿐만 아니라 경찰관직무집행법에도, 경찰의 임무는 국민의 자유와 권리의 보호 및 사회공공의 질서유지(경찰관직무집행법 제1조)로 규정되어 있으며, 이러한 경찰의 임무를 실현하기 위한 경찰 직무의 범위로는 범죄의 예방 진압 및 수사, 경비 요인경호 및 대 간첩작전 수행, 치안정보의 수집 작성 및 배포, 교통의 단속과 위해의 방지, 기타 공공의 안녕과 질서유지 등의 5대 직무(동법 제2조)라고 규정하고 있다.

▣ 경찰의 임무

경찰관직무집행법상(2조)의 임무	경찰법상(3조)의 임무
① 범죄의 예방 · 진압 및 수사 ② 경비 · 요인경호 및 대 간첩작전 수행 ③ 치안정보의 수집 · 작성 및 배포 ④ 교통의 단속과 위해의 방지 ⑤ 기타 공공의 안녕과 질서유지	① 국민의 생명 · 신체 및 재산의 보호 ② 범죄의 예방 · 진압 및 수사 ③ 치안정보의 수집 ④ 교통의 단속 ⑤ 기타 공공의 안녕과 질서유지

이러한 경찰의 기본적 임무들로부터 도출되는 경찰의 주요 3대 역할은 질서유지(order maintenance), 법집행(law enforcement)과 서비스 제공(public service)이라고 할 수 있다.

경찰의 3대 역할간의 관계를 살펴보면, 무질서와 범죄가 증가하게 되면 경찰은 질서유지와 법집행 역할을 강화하게 되고, 범죄와 무질서가 감소하게 되면 경찰은 법집행 역할보다는 서비스 제공자로서의 역할을 확대하게 된다. 정통성이 부족한 정권에서는 질서유지 역할이 강조되며, 범죄가 다발하는 정부에서는 법집행 역할이 강조되고, 시민의 협조와 지원이 필요한 시기에는 서비스역할이 강조되는 것이 역사적 경험이다. 또한 개인의 신변보호를 우선할 것인지 공공질서의 유지를 우선할 것인지 어느 임무를 먼저 처리할 것인지 우선순위의 선택문제가 제기되는 경우가 있다. 이러한 정책선택의 문제는 근본적으로는 가치관의 선택 문제로 귀결되어 개인주의와 집단주의의 선택문제가 되기도 한다.

이처럼 경찰의 기본적 임무를 연구하는 목적은 경찰의 활동내용에 따라 근거규정이

다르기 때문이다. 즉, 개입(침해)권한에 관한 수권규정과 범죄수사에 관한 수권규정, 그리고 서비스적 활동 등에 관한 근거규정이나 방식이 각각 다르다. 물론 수권규정이 있을 경우에도 개입할 것인가 말 것인가에 관한 결정은 임무의 성질에 따라 다르다. 특히, 개입여부를 잘못 결정한 경우에는 배상책임 등의 책임문제가 따르는데, 이 경우에도 임무를 명확히 인식하는 데서 출발한다. 따라서 경찰의 임무가 무엇인지에 관한 기본적인 원칙들을 확인해 두는 것이 이론적으로나 실천적으로 매우 중요하다는 것을 명심해야 한다.

민주경찰화, 선진경찰화 되어갈수록 법집행이나 질서유지 기능보다는 개인문제에 대한 지원기능의 비율이 증대할 것이다. 우리나라 경찰은 급속도로 민주화의 길을 걸어가고 있으므로 개인의 생명과 재산 그리고 자유를 보호하는 것이 주된 임무로 자리잡고 있다.

다음은 경찰의 기본적 임무를 크게 위험의 방지와 범죄의 수사, 그리고 대국민 치안서비스 제공의 세 가지로 나누어 살펴본다.

2) 위험의 방지

경찰이라고 보기 싫다거나 시끄럽다거나 하여 다른 사람의 사생활에 개입할 수 없으며 경찰이 개입할 수 있는 최소한의 요건이 있는데 그것이 바로 위험의 존재 여부이다. 그렇다면 경찰개입의 기준이 되는 위험이란 무엇이며, 위험방지 활동은 어떻게 해야 하는가?

위험이란 경찰상 보호되어야 할 법익에 손해를 끼치게 되는 상황을 말하는데, 평균인의 판단으로 볼 때 공공의 안녕과 질서와 같은 법익들을 침해하는 수준에 도달하여 경찰개입이 필요한 경우를 지칭한다.[22] 즉「가까운 장래에 공공의 안녕(또는 질서)에 손해가 나타날 수 있는 가능성이 개개의 경우에 충분히 존재하는 상태」를 위험이라고 말한다.

(1) 공공의 안녕

위험방지의 대상인 공공의 안녕이란「객관적 법질서, 개별 시민들의 주관적 권리와 법익들, 국가 또는 기타 공권력 주체의 제도와 조직의 불가침성」을 뜻한다. 공공의 안녕에는 법질서의 불가침성, 국가의 존립과 기능성, 개인의 권리와 법익의 불가침성의 3대 요소가 있다.

---

22) 임준태,「경찰의 직무집행」(서울: 법문사, 2004), p. 433.

① 법질서의 불가침성은 그 누구도 법질서를 침범해서는 안 된다는 의미이며, 구체적으로 공법규범(公法規範)에 대한 위반은 보통 공공의 안녕에 대한 위험으로 취급된다는 것이다. 특히 개인의 생명·건강·자유·명예·재산 등의 법익보호를 위하여는 경찰이 개입할 것인가, 말 것인가를 고려함이 없이 즉시 개입해야 한다는 경찰재량(警察裁量)의 0으로의 수축과 반사적 이익(反射的 利益)의 보호이익화, 개인이 경찰의 개입을 청구할 수 있는 경찰개입청구권(警察介入請求權)이 논의되는 추세이다. 물론 개인들간의 사법상의 문제에 대하여는 「법적 보호가 적시에 이루어지지 않고, 경찰의 원조 없이는 법을 실현시키는 것이 무효화되거나 사실상 어려워질 경우」에만 경찰이 개입할 수 있다는 보충성의 원칙이 적용된다. 그러나 공법규범을 위반한 경우에는 그 자체가 범죄가 되기 때문에 당연히 경찰이 개입할 수 있다.

▣ 경찰개입청구권

- 개념 – 경찰관청 등에 규제·감독 기타 경찰권발동의무가 부과되어 있는 경우에, 사인이 경찰관청 등에 그러한 경찰권 발동을 요구하는 권리
- 기원 – 국민에게 경찰개입청구권을 인정하는 띠톱판결 (1960. 독일 연방행정재판소)
- 내용 – 주거지역 석탄제조업체에서 배출되는 띠톱에서 배출되는 먼지와 소음 등으로 인근주민이 건축경찰상의 금지처분을 발할 것을 청구하자, 인근주민의 무하자재량행사청구권을 인정
- 경찰개입 여부는 원칙적으로 재량이지만, 일정한 상황하에서는 재량권이 영으로 수축되고, 이때 개인은 경찰당국에 대해 당해 조치를 취할 것을 청구할 수 있는 권리를 가짐

② 국가의 존립과 기능성은 군이 적국과의 관계에서 국가의 존립을 보호할 의무가 있는 것과 마찬가지로 경찰은 사회 공공과 관련하여 국가의 존립을 보호할 임무가 있음을 말한다. 구체적으로 내란죄와 외환의 죄, 그리고 형법적 가벌성의 범위 내에 이르지 아니하였을지라도 국민의 자유와 권리를 침해하지 아니하는 범위 내에서 정보, 보안, 외사경찰에 의한 정보수집과 수사활동을 할 수 있다. 또한 경찰은 국회, 정부, 법원, 자치단체 등 국가기관의 기능성을 보호하기 위하여 행정관청 또는 경찰의 활동에 대한 중대한 방해는 공공의 안녕에 대한 위험으로 간주하여 개입하고 있다.

③ 개인의 권리와 법익의 불가침성은 사권영역에 대한 경찰 개입의 한계를 의미하는데, 사유 재산적 가치 또는 무형의 권리도 보호하여야 하지만 경찰의 원조는 잠정적 보호에 국한되어야 함을 의미한다. 이러한 사권보호와 관련하여 자기 스스로 위험에 빠져

드는 행위를 보호할 것이냐가 논란이 된다.[23] 예를 들어 마약과 알코올의 남용행위, 자살기도행위, 노숙자의 노숙행위 등에 경찰이 개입할 수 있다고 보는데, 이는 자살기도 등의 저지를 통하여 인간의 생명을 보호하고 제3자의 법익을 보호하는 것이 경찰의 임무이기 때문이다.

즉, 개인은 효과적인 보호의 시기를 놓쳐 사법적(私法的)인 권리가 무효화될 우려가 있을 때에만 경찰에 원조를 요청할 수 있으며, 이 경우에도 경찰의 원조는 잠정적 보호에 국한되어야 하고 최종적인 규제는 법원이 해야 한다.

(2) 손해

경찰법상의 손해란 보호받는 개인 및 공동의 법익에 관한 정상적 상태의 객관적 감소를 뜻한다. 단순한 성가심, 불편함 등은 경찰개입의 대상이 아니며 보호법익에 대한 현저한 침해행위가 있어야만 한다.

(3) 위험의 규정과 분류

① 구체적 위험: 가까운 장래에 공공의 안녕과 질서에 손해가 나타날 수 있는 가능성이 개개의 경우에 충분히 존재하는 상태(구체적 위험상태)가 되어야 경찰이 개입할 수 있다.

② 추상적 위험: 추상적 위험이란 구체적 위험의 예상 가능성을 의미한다. 경찰의 개입은 구체적 위험 내지 적어도 추상적 위험이 있을 때에 가능하다. 범죄의 예방분야나 장래의 위험방지를 위한 준비행위는 구체적 위험이나 추상적 위험의 구성요소에 의해서도 제한되지 않으므로 경찰의 개입이 가능하다.

③ 외관적 위험: 경찰이 의무에 합당한 사려 깊은 상황판단을 했음에도 불구하고 위험을 잘못 긍정하는 경우이다.

④ 오상위험(추정적 위험) : 이성적이고 객관적으로 판단할 때 위험의 외관도 위험혐의도 정당화되지 아니함에도 불구하고 경찰이 위험의 존재를 잘못 추정한 경우이다. 이 경우에는 손해배상 청구의 문제가 발생할 수 있다.

⑤ 위험혐의 : 위험의 존재여부가 명백해질 때까지 예비적으로 행하는 위험조사 차원의 예비적 조치가 가능하다.

---

23) 임준태, 전게서, pp. 445-446.

위험(危險)의 방지와 관련하여 현행법 규정을 살펴보면, 경찰관직무집행법 제5조와 7조에서는 경찰관은 인명 또는 신체에 위해를 미치거나 재산에 중대한 손해를 끼칠 우려가 있는 천재, 사변, 공작물의 손괴, 교통사고, 위험물의 폭발, 광견 분마류 등의 출현, 극단한 혼잡 기타 위험한 사태가 있을 때에는 경고를 발하고 필요한 한도 내에서 사람을 억류하거나 피난시키고 위해방지조치를 하며, 국가중요시설에 대한 접근 또는 통행을 제한하거나 금지하고, 타인의 토지 건물 또는 선차 내에 출입할 수 있다고 규정하고 있다.

위험의 단계는 위험의 유무를 확인하는 위험의 탐색, 위험의 대비, 위험의 방지, 그리고 장해의 제거의 4단계로 나눌 수 있다.[24)]

▣ 위험의 종류

외관적 위험	• 경찰이 합리적 판단을 하였음에도 위험 인식에 잘못이 있는 경우로 판단과정이 정당화되어 배상이나 보상문제가 발생하지 않음
위험혐의	• 위험의 존재여부가 명백해질 때까지는 예비적 조치에 국한해야 함
오상위험 (추정적 위험)	• 위험의 외관 또는 혐의가 정당화되지 아니함에도 불구하고 경찰이 개입행위를 함으로써 배상 · 손실보상의 청구 문제 발생

3) 범죄의 수사

경찰법과 경찰관직무집행법에서는 각각 범죄의 수사를 경찰의 직무로 규정하고 있으나, 실제로 경찰은 수사권한을 독자적으로 행사할 수 없다. 왜냐하면 형사소송법에서 검사의 지휘를 받는 한도 내에서 경찰에 수사 권한을 수권하고 있기 때문이다(제196조). 그러나 현실적으로 경찰의 수사직무는 위험방지 임무와 연결되어 있다. 즉, 경찰이 범죄의 예방과 제지를 위한 예방적인 위험방지 조치를 취하는 경찰활동을 하는 경우와 그 위험이 현실화되어 어떠한 법익에 손해가 발생되는 경찰위반의 상태가 되는 경우는 상호 밀접하게 시간적으로나 장소적으로 연결되어 있기 때문에 경찰에게 수사권과 일반 경찰권을 동시에 부여하는 것이 효율적이다.

다만, 행정상의 경찰권의 행사가 편의주의원칙에 따라 「~할 수 있다」고 규정되어 있는 경우가 대부분인데 비하여, 수사에 관해서는 형사법 각조가 「~한다」고 규정함으

24) 홍정선, 「행정법특강」(제6판) (서울: 박영사, 2007), p. 20.

로써 법정주의원칙을 천명하고 있으므로, 경찰관은 범죄의 진압과 수사를 편의주의에 따라 실행여부를 결정할 재량이 없으며, 범죄행위가 있으면 친고죄나 반의사불벌죄 등 특별히 법률로서 규정된 경우를 경우를 제외하고는 반드시 수사해야 할 의무가 따른다.

또한 경찰은 범죄의 예방과 제지를 위한 예방적인 위험방지 조치가 가능할 뿐만 아니라(경찰관직무집행법 제6조), 위험이 현실화 될 때, 즉 어떠한 법익에 대한 손해가 이미 발생되어 경찰위반의 상태가 되고, 그것이 형법이나 행정법규에 위배되는 범죄의 구성요건을 충족시키는 경우에는 경찰의 수사 대상이 된다. 이러한 범죄의 수사는 형사사건에 관하여 공소제기 여부의 결정 또는 공소를 제기하고 이를 유지・수행하기 위한 준비로서 범죄사실을 조사하고 범인 및 증거를 발견・수집・보전하는 수사경찰의 일련의 활동을 의미한다.

4) 경찰 서비스

위험방지를 위한 명령・강제나 수사를 법집행(Law enforcement) 임무라고 한다면, 교통정보 또는 지리정보의 제공, 인명구조와 같은 각종 보호의 제공, 어린이 교통안전 교육, 순찰활동과 같은 것은 경찰 서비스(Service) 임무이다. 오늘날 경찰 서비스란 단순히 급부행정(給付行政) 차원에 그치는 것이 아니라 국민에게 헌법상 기본권을 향유할 수 있도록 권리를 제공하는 차원이며, 기본권 서비스의 제공을 위해 위험방지 활동을 하고 수사를 하는 것이다. 21세기적 복지행정이 강하게 요구되고 있는 오늘날에는 좁은 의미의 소극적인 위험방지를 위한 명령・강제나 범인의 체포・수사와 같은 법집행적인 임무뿐만 아니라, 적극적인 경찰 서비스 활동과 봉사기능이 요구되고 있으며, 정책적으로도 많은 배려가 필요하다.

▣ 경찰활동의 유형과 법적 성질

유형	내용	법적 성질	구제방법
즉시강제	경찰관직무집행법상 각종 수단	권력적 사실행위	항고소송 곤란 손해배상청구 가능
범죄수사	형사소송법상 각종 범죄수사활동	기속행위	부작위시 직무유기죄 손해배상청구 가능
행정처분	풍속・영업적 규제행정, 범칙금 납부통고서, 운전면허의 정지・취소	법률행위 권력행위	항고소송 가능 손해배상청구 가능

유형	내용	법적 성질	구제방법
	단순한 교통경찰관의 지시나 교통정리 등은 사실행위이므로 성질상 손해배상의 청구만 가능	규제행위	
급부행정	금전의 급부, 서비스의 제공, 신호기·도로표지시설의 설치 등	비권력적 행위	손해배상청구만 가능
사유재산권의 보호	유실물의 관리	보충적 작용	
행정지도	생활안전지도, 청소년선도 등	비권력적 사실행위	손해배상청구만 가능
정보수집	각종 경찰활동을 하는 데 있어 기초가 되는 활동	비권력적 사실행위	손해배상청구만 가능

2. 경찰의 수단

1) 권력적 수단

경찰의 수단이란 경찰이 그 임무를 수행하는 데 필요한 방법을 의미한다. 경찰수단에는 위험을 방지하거나 경찰위반상태를 제거하기 위하여 일반통치권에 근거하여 명령·강제함으로써 경찰에게 주어진 임무를 수행하는 권력적 수단과 계몽·지도·봉사와 같은 비권력적 수단, 그리고 범죄수사를 위한 수단이 있다.

경찰명령 혹은 경찰하명은 작위(作爲), 부작위(不作爲), 수인(受忍), 급부(給付)를 요구하면서 이루어진다. 경찰명령은 경찰책임자에게 경찰의무[25]를 발생시킨다. 경찰의무는 1차적으로는 경찰책임자의 작위·부작위·수인을 지향하고, 2차적으로는 재정적 책임을 부과한다. 예를 들어 고장난 차를 도로에 방치함으로써 도로교통에 위험을 야기하면 경찰책임자가 되는데, 그 책임자에게 경찰명령이 발해지면 고장난 차량을 견인할 의무가 발생한다. 그 책임자가 이행하지 않을 경우 경찰이 차량견인 조치를 시킨 후에 경찰책임자에게 재정적 책임을 부과하게 된다.

경찰강제는 실력행사를 통해서 경찰목적을 달성하려는 권력적 사실행위로 경찰상 강제집행(대집행, 강제징수, 집행벌, 직접강제)과 경찰상 즉시강제, 경찰상 조사가 있다.

---

25) 개인의 경찰의무는 행위책임과 상태책임이라는 두 가지 기본형태로 나타나며, 보통 경찰책임자에게 위험 또는 경찰위반의 내용이 귀속됨으로써, 그 위험 또는 경찰위반의 상태에 대한 방지의무도 원칙적으로는 경찰책임자에게 귀속된다.

경찰은 경찰강제를 통하여 실력으로 경찰목적을 달성할 수 있는데, 경찰관직무집행법은 즉시강제의 기본법이다. 이외에도 경찰허가(예를 들어 운전면허, 전당포 영업허가)나 확인(운전면허 시험의 합격 불합격의 결정), 공증(운전면허증의 교부) 또는 그 철회의 수단도 있다.

2) 비권력적 수단

경찰의 비권력적 수단에는 서비스 지향적 활동에 속하는 도보 · 차량순찰, 일상적인 교통의 관리, 정보의 제공, 지리안내, 권고 등의 행정지도와 범죄예방활동이 있다. 그밖에 정보경찰의 정보수집이나 작성 · 배포활동도 비권력적 경찰활동에 속하지만 일정한 제한이 따르고 있다.

3) 범죄수사

수사는 가장 중요한 경찰수단이라고 할 수 있다. 형사소송법에서는 범죄수사와 관련하여 임의수사를 원칙으로 하고, 강제수사를 통한 강제수단의 동원은 예외로 허용하고 있다(제199조). 체포 · 구속 · 압수 · 수색 등의 영장이 범죄수사를 위한 대표적인 강제수단이며, 각각에 대해서는 요건, 기간 등이 엄격히 법정되어 있고, 이를 위반할 경우에는 위법수사의 문제가 발생되고, 경찰관은 형법상의 직권남용죄 등으로 처벌되거나, 국가배상법상의 배상책임의 대상이 될 수 있다. 범죄수사를 위한 임의수단으로는 상대방의 동의나 임의의 협력을 얻어서 행해지는 수사활동, 예를 들어 임의 제출물 등의 압수(제108조)와 같은 것으로서 이러한 경우에는 영장 없이도 수사활동이 가능하다.

■ 경찰의 수단

권력적 작용	비권력적 작용	수사
• 행정처분(범칙금납부통고, 운전면허정지, 총포소지허가 등) • 즉시강제(불심검문, 정신착란자보호, 위험방지, 범죄예방, 경찰장구사용, 무기사용 등)	• 행정지도(방범지도, 청소년선도) • 정보수집등 사실행위 • 급부행정서비스(포상금 지급, 교통정보제공, 인명구조, 교통교육, 순찰 등) • 사유재산권보호활동(유실물관리)	• 임의수사 • 강제수사

3. 경찰활동의 근거

1) 경찰권의 개념

경찰권은 종래의 대륙법계 경찰개념에 따라, 사회공공의 안녕과 질서를 유지하기 위하여 일반통치권에 의거 국민에게 명령 · 강제하는 권력적 작용이라고 정의되어 왔으며, 실질적 의미의 경찰이 사용하는 통치권적 권한을 일반적으로 경찰권이라고 한다. 즉, 경찰권이란 경찰활동의 기초가 되는 통치권적 권한을 의미한다.

그러나 경찰활동에는 권력적 수단을 통한 강제작용과, 서비스나 봉사 등과 같은 비권력적 수단을 통해서도 임무수행이 가능한 활동이 있으므로 경찰권에 대한 개념정립에 주의하여야 한다. 이는 실질적 의미의 경찰과 형식적 의미의 경찰에 대한 개념구분상의 착오를 의미하며, 경찰의 범죄수사활동에 관한 내용을 포함한다. 즉, 경찰의 모든 활동을 경찰권의 발동으로만 설명할 수 없으며, 특히 형식적 의미의 경찰권한과 형사소송법에서 수권하고 있는 수사권한과는 경찰권 발동의 성질이 다르므로 이에 대한 명확한 이해가 필요하다.

2) 협의의 경찰권

협의의 경찰권은 넓은 의미의 경찰권 중 한 부분만을 의미하는 것이며, 광의의 경찰권은 협의의 경찰권과 수사권을 포괄하는 개념으로 이해할 수 있다.

즉, 사회공공의 안녕과 질서를 유지하기 위하여 일반통치권에 의거 국민에게 명령 · 강제하는 권한을 협의의 경찰권이라고 하며, 이러한 경찰작용은 국가와 국민사이의 일반통치 관계를 전제로 한다. 따라서 국회의장의 국회경호권(국회법 제143조)이나 법원의 법정경찰권(법원조직법 제58조)과 같이 일반통치권을 전제로 하지 않는 경우에는 협의의 경찰권에 해당하지 않는다.

이러한 협의의 경찰권의 상대방은 외교사절과 같이 국제법상 특례가 인정되는 경우를 제외하고 특별한 규정이 없는 한 통치권에 복종하는 모든 자가 대상이 된다.

▣ 경찰권

광의의 경찰권 = 협의의 경찰권 + 수사권

3) 수사권

수사권이라 함은 국가형벌권을 행사하기 위해 형사소송법에 의거 경찰에게 부여된 권한으로서, 사건에 관한 공소제기 여부의 결정 또는 공소제기 및 이를 유지 · 수행하기 위한 준비로서, 범죄사실을 조사하고 범인 및 증거를 발견 · 수집 · 보전하기 위한 경찰의 권한을 말한다. 현행 경찰의 수사권은 형사소송법 제196조의 규정에 의해 수사권자인 검사의 지휘로 일정한 제한을 받고 있다. 그리고 외교사절이나 주한미군의 범죄, 그리고 대통령과 국회의원에 대한 수사권한도 일정한 제한을 받는다.[26] 경찰의 수사권은 이러한 특례조항을 제외하고는 자연인은 물론 법인[27]에 대해서도 발동할 수 있으며, 원칙적으로 내국인은 물론 외국인에 대해서도 발동할 수 있다. 협의의 경찰권에 의해서는 일반처분이 가능하고, 경찰책임자 이외의 비책임자에게도 예외적으로 권한이 발동될 수 있는 데 대하여, 수사권의 경우에는 피의자나 참고인 등 형사소송법에서 규정된 관계자 이외에는 발동할 수 없다.

4. 경찰의 관할

1) 개념

경찰의 관할이란 경찰이 법률상 권한에 의거하여 유효하게 국가행위를 할 수 있는 범위를 말한다.

---

26) 외교사절에 대한 면책특권, SOFA협정에 따른 주한미군 범죄에 대한 수사, 대통령의 형사상 특권(헌법 제84조)과 국회의원의 불체포특권(제44조), 국회에서 직무상 행한 발언 · 표결의 원외면책(제45조) 등이 있다.

27) 예를 들어 압수 수색의 경우에는 법인에 대해서 가능하다고 하겠으나, 체포나 구속은 성질상 법인에게는 불가능하다.

2) 사물관할

사물관할이란 경찰이 개입할 수 있는 사무내용의 범위를 한정해준다는 의미가 있으며, 경찰이 처리할 수 있도록 규정되어 있고(재량행위), 처리하여야 하도록 규정되어 있는(기속행위) 사무내용의 범위를 말한다. 범죄수사에 관해서는 형사소송법 제197조와 사법경찰관리집무규칙, 범죄수사규칙 등에 각 사법경찰관리별로 자신의 관할구역이 규정되어 있다.

3) 인적관할

인적 관할이란 경찰권이 발동될 수 있는 인적 범위를 말하며 원칙적으로 대한민국 내에 있는 모든 사람에게 적용되고 예외적으로 대통령과 국회의원, 외교사절과 주한미군에 대해서는 제한이 있다.

4) 지역관할

지역관할이란 경찰권이 발동될 수 있는 지역적 범위를 말하며, 원칙적으로 경찰권은 대한민국 영역내에 모두 적용된다. 예외적으로 다른 행정기관・관청 또는 국제법적 근거에 의해 일정한 한계가 있으며, 해양경찰청, 철도공사, 국회 및 법정내부, 치외법권 지역에서도 일정한 제한이 있다.

(1) 해양경찰청

1996년 해양경찰청이 해양수산부 산하 독립외청으로 승격하면서 일반경찰과의 관할 범위가 명확히 구분되었다. 따라서 해양경찰청과그소속기관등직제 제3조의 규정에 의해 원칙적으로 해양경찰청은 해양에서의 경찰사무에 대하여 관할권을 가진다.

(2) 철도공사

2005년 1월 철도청이 공사화되면서 한국철도공사로 개편되었다. 따라서 열차내 및 역구내에서 발생한 현행범인은 건설교통부 소속 철도공안원이, 비현행범인은 경찰에서 처리한다. 살인, 화재, 변사사건 등은 철도공사으로부터 협조의뢰가 있을 때에만 경찰에서 처리한다. 열차내 및 역구내에는 일체 경찰관을 고정배치하지 않고 철도공사의 행정단속업무 협조요청이 있을 경우에만 경찰이 협조한다.[28)]

(3) 국회 및 법정내부

국회 내에 현행범인이 있을 때에는 경찰관은 이를 체포한 후 국회의장의 지시를 받아야 하며, 다만 회의장 안에 의원이 있는 경우에는 의장의 명령 없이 이를 체포할 수 없다. 국회의장의 요청으로 국회에 파견된 경우에도 경찰관은 회의장 건물 밖에서만 경호할 수 있다. 법원의 법정경찰권은 재판장이 행사한다.

(4) 치외법권 지역

외교공관과 외교관의 개인주택은 국제법상 치외법권 지역이므로 불가침의 대상이다. 외교사절의 승용차, 보트, 비행기 등 교통수단도 불가침의 특권을 갖는다. 화재나 전염병의 발생 등과 같이 경찰상의 상태책임과 관련해서 긴급을 요하는 경우에는 외교사절의 동의 없이도 공관에 들어갈 수 있다.

(5) 미군 영내

SOFA협정에 의거 대한민국 당국은 미군 당국이 동의하는 경우가 아니면 시설 또는 구역 내에서 사람이나 재산에 관하여 또는 시설 및 구역 내외를 불문하고, 미군의 재산에 관하여 압수 · 수색 또는 검증을 할 수 없다. 그러나 미군 당국이 동의한 경우와 중대한 죄를 범하고 도주하는 현행범인을 추적하는 때에는 대한민국 경찰도 미군시설 및 구역 내에서 범인을 체포할 수 있다.

---

28) 2005년 1월 1일 한국철도청이 한국철도공사로 공영화되면서 기존의 철도청 공무원들이 공기업 직원으로 신분이 전환되었다. 그러나 기존의 철도공안의 직무를 담당하던 공안원들이 공영화될 경우 공무원의 신분이 아니므로 사법경찰권이 부여되지 않는 문제가 발생하였다. 따라서 철도공안직을 제외한 일반직에 대해서만 신분을 전환하고, 기존 공안원들의 소속은 건설교통부로 전환되었다.

제4절 경찰의 기본이념

1. 경찰과 이념

경찰이 추구해야 할 정신적 가치인 경찰이념에는 민주주의, 법치주의, 인권존중주의, 정치적 중립주의, 경영주의, 합법성, 능률성, 효과성, 사회적 형평성 등 바람직한 가치라면 거의 모두 거론할 수 있다. 이러한 가치들 중 권력성을 내포한 경찰조직이 필수적으로 지녀야 할 이념으로서 중요하다고 여겨지는 민주주의, 법치주의, 정치적 중립주의, 인권존중주의에 관하여 다음과 같이 논의할 수 있다.

1) 민주주의

민주주의는 헌법 제 1조에 「대한민국은 민주공화국이며 주권은 국민에게 있고 모든 권력은 국민으로부터 나온다」는 규정에 바탕한다. 이에 근거하여 경찰권은 국민에게 있고 경찰 권력은 국민으로부터 나오며, 경찰은 민주주의 국가의 존립과 안녕을 보호할 책무를 진다. 그러므로 경찰권 행사는 권력자를 위하여 행사되기보다 국민을 위하여 행사되어야 하고, 경찰공무원은 국민전체에 대한 봉사자로서, 국민에게 책임을 지는(헌법 제7조 제1항, 경찰법 제4조) 자세로 업무에 임해야 한다.

경찰조직이 민주적으로 관리되기 위한 전제 조건은 다음과 같다.

첫째, 주권자인 국민의 경찰에 대한 민주적 통제와 참여장치가(경찰위원회와 같은 제도) 있어야 한다.[29]

둘째, 국민개개인이 직접 참여할 기회가 제공되어야 하며(민원제도), 경찰의 활동이 공개되어야(정보공개제도) 한다. 경찰활동이 투명하게 공개될수록 경찰의 민주화는 촉진된다.

셋째, 조직 내부적으로 권한의 분배가 적절히 이루어져야 한다. 책임과 권한은 균형

29) 2001년 7월 제정된 부패방지법 제4장에서는 만 20세 이상의 국민은 경찰의 비롯한 공공기관의 사무처리가 법령위반 또는 부패행위로 인하여 공익을 현저히 해하는 경우 일정수 이상의 연서로 감사원에 감사를 청구할 수 있도록 제도화하고 있다. 이는 주권자인 국민의 경찰에 대한 통제장치가 강화되었음을 의미한다.

을 이루어야 하며 경찰간부들은 경찰조직 전체를 민주적으로 관리 운영하는 민주적 리더십을 발휘하여야 한다.

2) 법치주의

국민의 자유와 권리를 제한하고 의무를 부과하는 모든 활동은 법률로써만 가능하다(헌법 제37조 제2항, 경찰법 제4조). 경찰관청은 적극적으로 법률에 근거하지 아니한 위법한 처분 등으로 국민의 법률상의 이익을 침해해서는 아니 되며 또한, 소극적으로 경찰관청에게 법률로써 정한 의무를 이행하지 아니하여 국민에게 피해를 발생시켜서도 안 된다.

경찰관청의 하자있는 재량행사(裁量行使)에 대해서는 침해배제청구권(侵害排除請求權)을 갖고, 부작위 등 소극적인 행사에 대하여는 일정한 요건 하에 경찰개입청구권이 인정된다.[30] 경찰관직무집행법 제2조(직무의 범위)규정은 일반적 수권조항성이 부정되고 있어 경찰법의 보완이 요구된다.

3) 정치적 중립주의

경찰공무원의 정치적 중립성은 법률이 정하는 바에 의하여 보장되며(헌법 제7조 제2항), 경찰은 국민전체에 대한 봉사자로서 공정중립을 지켜야 한다(경찰법 제4조).

무엇보다 경찰은 특정정당 기타 정치단체의 이익이나 이념을 위해 활동하여서는 아니 되며(국가공무원법 제65조), 오로지 주권자인 국민과 국가의 이익을 위하여 활동하여야 한다(헌법 제7조 제2항, 국가공무원법 제68조). 그리고 경찰공무원에게는 정치적 중립을 훼손하는 소속 상관의 위법한 지시에 따를 의무가 없다.

4) 인권존중주의

경찰은 그 직무를 수행함에 있어서 헌법과 법률에 따라 국민의 자유와 권리를 존중해야 한다(경찰법 제4조). 국민의 모든 자유와 권리를 제한할 수 있는 경우는 국가안전보

---

30) 경찰관청에게 재량권이 인정되더라도 재량권을 일탈·남용하여서는 아니 되며, 재량권이 0으로 수축되는 경우에는 반드시 법률이 정한 권한에 따라 의무를 이행해야 한다.

장・질서유지 또는 공공복리를 위하여 필요한 경우에 한하여 법률로써만 가능하며, 그 경우에도 자유와 권리의 본질적인 내용을 침해할 수 없다(헌법 제37조 제2항).

경찰은 그 권한을 행사함에 있어, 직무수행에 필요한 최소한도의 범위 내에서 행사하여야 하며 이를 남용하여서는 아니 되고(경찰관직무집행법 제1조 제2항, 경찰법 제4조), 복수의 수단을 선택할 수 있는 경우에는 그 사태를 해결하는 데 인권 제한의 정도가 가장 낮은 수단을 선택하여야 한다. 참새를 잡는 데 대포를 쏘아서는 안 된다는 예처럼 경찰봉으로 해결할 수 있는 사태를 권총으로 해결하려고 해서는 안 되는 것이다. 또한 법률에 규정된 실력행사에 있어서도 사회통념상 필요한 한도를 넘어서는 경찰권이 행사되어서는 안 된다.

아울러, 경찰은 경찰자신의 인권도 존중하여야 한다. 경찰자신의 인권이 존중될 때 비로소 경찰의 국민에 대한 인권존중도 가능할 것이기 때문이다.

2. 경찰과 윤리

경찰이 추구하는 이념인 민주주의나 법치주의, 인권존중주의와 같은 가치를 실현할 수 있으려면 경찰관들이 더 투철한 윤리의식으로 무장할 필요가 있다. 경찰윤리 확립의 필요성은 최근 일반 행정조직의 행정윤리 확립이 강조되는 이유와 연관지을 수 있다. 이를테면 현대사회의 행정환경이 행정권의 강화, 관료제의 역기능, 일반사회의 바람직하지 않은 윤리의식의 영향 등이 경찰조직의 상당한 재량에 의한 경찰권 행사, 위기상황하에서의 업무수행, 강한 유혹에의 직면 등의 특성과 결합하여 경찰관 개개인의 윤리의식 고취에 악영향을 미칠 수 있기 때문이다.

클라이니히(J. Kleinig)는 경찰관이 보통 사람과 다른 특별한 경찰윤리를 가져야 하는 이유에 대하여 다음과 같이 주장하고 있다.[31)]

첫째, 경찰관은 강력한 물리력을 사용하는 권한이 주어져 있고 그 사용에 있어 상당한 재량이 주어져 있기 때문에 특별한 경찰윤리가 필요하다.

둘째, 경찰업무의 상당부분은 비정상적이고 복잡 다양한 상황에 빈번히 노출되므로 경찰관으로서의 윤리의식이 확립되어 있어야 한다.

셋째, 경찰관은 신속한 대처가 필요한 위기상황 하에서 업무를 수행해야만 한다. 비

31) Kleinig, John. (1996). The Ethics of Policing, Cambridge Univ. press, p. 4.

상시에 대처하기 위해서는 도덕적 능력을 갖춘 준비가 필요하다.

넷째, 경찰관은 다른 직업인보다 더 많은 유혹에 노출되어 있다. 경찰관은 의무를 불이행하거나 옳지 못한 이득을 수용할 때 차라리 좋은 사람으로 받아들여지기도 하는 이중적인 상황에 처하기도 한다.

다섯째, 의무 불이행의 유혹은 외부로부터 뿐만 아니라 내부로부터도 초래된다. 경찰은 배타적인 집단을 형성하려는 경향이 있으며, 집단 규범에 동조하라는 동료들의 고도의 압력으로 연결되기도 한다. 따라서 구성원의 도덕적 자율과 도덕적 고결함을 파괴하지 않기 위해서는 구성원 개개인의 고도의 도덕적 용기가 요구된다.

경찰윤리가 일반윤리와 본질적인 측면에서 구별되는 것은 아니라 할지라도, 클라이니히(J. Kleinig)가 말하고 있는 경찰의 이러한 특수성들은 경찰윤리라는 이름으로 예비경찰관, 신임경찰관 그리고 선임경찰관들에게 윤리교육을 시켜야 할 근거들을 제공하고 있다.

3. 경찰활동의 사상적 토대

경찰활동의 사상적 토대는 사회계약설(social contract theory)에서 찾을 수 있다. 홉스(Hobbes), 로크(Locke), 루소(Rousseau)에 의해 주장된 근대의 사회계약설은 계약이라는 개념을 통해서 정부형태, 법 체제 등이 조직되는 원리를 설명하고 있다. 로크(John Locke)의 『정부에 관한 제2논문』(Second Treatise of Government)에서 사회계약론에 대한 의견을 들어보자.

로크는 시민사회 이전의 자연상태(state of nature)에서 사람들은 대립과 분쟁에 시달렸으며, 이를 해소하여 좀더 큰 안전을 보장받고자 사회계약이라는 방법을 통해서 정부를 구성하고 자기 자신의 권리를 정치기구에다 부여하게 되었으며, 대신 정부가 그들의 생명과 재산을 보호해주리라는 믿음을 갖고 있고, 만일 정부가 인민의 신탁을 배반하고 자연권을 침해하게 되면 인민은 정부에 저항할 수 있다고 생각했다.

민주경찰의 사상적 토대는 이러한 사회계약설에 있는 것이며, 이를 통해 「경찰이 시민을 위해 무엇을 해야 할 것인가」 하는 기준이 도출된다.

코헨(Cohen)과 펠드버그(Feldberg)는 경찰활동에 대한 사회계약설적 접근을 통해서 경찰활동이 지향하여야 할 다섯 가지의 기준을 제시한다.[32] 즉 공정한 접근의 확보, 공공의 신뢰확보, 생명과 재산의 안전보호, 협동, 냉정하고 객관적 자세 등이다.

1) 공정한 접근(fair access)의 보장

모든 시민들은 그들의 안전이 위험에 처할 때 경찰의 도움을 청할 권리를 가지고 있다. 왜냐하면, 사회계약적 관점에서 모든 시민들은 그들의 실력행사를 통한 자기보호의 권리를 안전을 위하여 정부에 이양하는 데 합의하였기 때문이다. 공정한 접근은 물론 법에 의해 경찰관이 제공하도록 되어있는 서비스들에 대한 것이다. 그들의 직업이 요구하는 범위를 넘어서는 방식으로 사회적 평등을 실현하려고 하는 것은 경찰관의 책임사항이 아니다. 경찰서비스에 대한 공정한 접근은 경찰서비스에 대한 동등한 필요를 가진 사람들이 그것을 받을 동등한 기회를 가져야 함을 의미한다. 그리고 필요만이 경찰이 주목해야 할 유일한 기준이다. 경찰관들은 필요 이외의 다른 기준들, 예를 들어 성, 나이, 전과의 유무 등에 의거해서 서비스의 제공을 거부하여서는 안 된다.

-2005년 일리노이州 흑인 상원의원인 '믹스' 의원이 탑승한 차량을 검문하던 경찰관이 욕설을 하고 총을 겨눈 사건이 발생하였다. 믹스 의원은 "흑인이 고급차량에 탑승하고 있었기 때문에 검문을 받고 인권침해를 당했다"라고 주장하는 등 유색인종에 대한 차별단속(racial profiling) 논란이 끊이지 않고 있는 가운데 시카고경찰은 경찰직무의 공정성 확보를 위해 순찰차량에 카메라 설치, 사건관계인 진술 녹화제도 도입, 목격자 조사규칙 재개정, 차별단속금지 TV홍보물 방영 등을 추진하겠다고 발표했다.-

평소 경찰에 비판적인 언행을 자주하던 시민단체 간부의 집에 강도가 들어 112에 신고를 하였더니 경찰관들이 그 인사의 행태가 마음에 들지 않는다는 이유로 출동을 늦게 하였다면 이는 공정하지 못한 일이다. 왜냐하면 경찰은 사회 전체의 필요에 의해서 생겨난 정부기구이고 따라서 국민 누구나에게 경찰 서비스에 대한 공정한 접근을 허용해야 하기 때문이다. 경찰서비스에 대한 공정한 접근은 경찰서비스에 대한 동등한 필요를 가진 사람들이 그것을 받을 동등한 기회를 가져야 함을 의미한다.

---

32) Cohen, Howard S. and Feldberg, Michael. (1990). Power and Restraint : The Moral Dimension of Police Work, Praeger, pp. 43~64.

2) 공공의 신뢰(public trust) 확보

시민들은 자신들의 권리를 자신의 힘으로 지킬 권리를 포기하는 대신, 경찰에게 믿고 맡긴다. 시민들은 사회계약을 통해 자연상태에서 가지고 있던 범인 체포 및 처벌의 권리를 공적인 기관들에 양도한 것이고, 그 대신 범죄가 발생했을 경우에 경찰이 수사, 공소제기, 재판 등의 업무를 수행하는 것이다.

예를 들어 내가 TV를 잃어버렸고, 옆집에 사는 사람이 의심스럽다고 하자. 그렇지만 법적으로 나는 몽둥이를 들고 함부로 이웃사람의 집에 들어가서 나의 물건을 찾아낼 수 없다. 그 대신 만약 내가 나의 물건을 되찾고 훔친 사람이 벌을 받기를 원한다면 형사사법제도를 이용하지 않으면 안 된다. 이를 위해서 경찰을 부른다. 경찰은 법원으로부터 수색영장을 얻는 등의 적정절차를 통해 합법적으로 이웃 사람의 집에 들어가 수색을 하고, 범인을 체포할 것이다.

-2004년 7월에 체포된 연쇄살인범 유영철(34)이 살해한 서울 황학동 노점상 안모씨(44) 사건에 대한 현장검증에는 안씨의 부인 ㄴ씨(42)와 남동생이 나왔다. 부인 ㄴ씨는 "내 남편 살려내라"며 울부짖다가 결국 실신했다. 남동생은 "(이 사건으로)살해범으로 지목될 뻔 하는 등 지난 2개월간 가정이 파탄할 지경이었다"며 유영철이 탄 차량을 가로막고 불만을 터뜨렸다. 경찰은 이들 피해자들의 분노와 한을 해소시켜 줄 수 있을 정도로 충실한 수사 활동을 전개하여야 하고 공정한 수사가 결과로 나타남으로써 공공의 신뢰는 확보될 수 있을 것이다.-

사회계약적 관점에 의하면, 경찰은 시민을 대신해서 시민을 위해 수사상의 권한을 사용하고 질서의 유지를 위하여 힘을 사용하거나 강제적인 수단을 사용할 권한을 가지고 있으므로, 경찰관은 시민들의 신뢰에 합당한 방식으로 권한을 사용하지 않으면 안 된다. 그리고 경찰은 피해자를 대신한 경찰권이나 수사권의 행사, 특히 물리력의 행사에 있어서도 최소한에 그쳐야 하고 사적인 이익을 위해서 자신의 직위를 이용해서도 곤란하다. 몇 천원을 훔친 절도범을 등 뒤에서 권총으로 쏘아 사망케 하는 일은 공공의 신뢰기준에 위배되는 사례라 하겠다.

3) 생명과 재산의 안전(safety and security) 보호

만약 경찰의 역할이 무엇이냐고 할 때 이에 대해 '법집행'이라고 답하는 것은 의사에게 그의 역할을 물을 때 그가 '수술'이라고 답하는 것과 마찬가지이다. 사회계약을 통해서 자연상태의 개인들이 시민사회를 만든 이유는 생명, 자유, 재산의 보호를 도모하기 위함이다. 바로 이런 생명과 재산의 안전이 사회계약의 목적이며, 법집행 자체가 사회계약의 궁극적인 목적은 아니다. 법은 생명과 재산의 안전을 도모하기 위한 하나의 수단이며, 법의 집행은 사회의 질서와 평화를 유지하는 데 사용되는 그 수단이다. 즉, 경찰은 국민의 생명과 재산의 보호라는 궁극적인 목적을 수행하는 것이 임무이고 법의 집행은 그 수단이 되는 것이다.

4) 협동(teamwork)

경찰이 효과적으로 업무를 수행하려면 경찰관 상호간, 과·계간 그리고 경찰조직단위 사이의 협력이 필수적이다. 또한 경찰은 경찰업무의 수행과 관련된 입법부 사법부 법무부 등과의 사이도 견제하면서 협력해야 할 의무를 갖는다. 특히 수사라는 동일영역을 담당하는 검찰과는 선의의 경쟁관계를 유지해야 할 필요가 있다.

다른 한편, 시민들도 자기보호를 위해 투쟁할 권리를 정부에 이양하는 데 합의하였기 때문에 정부의 활동에 최대한 협력할 의무에도 합의한 것으로 보아야 한다. 그렇기 때문에 경찰 서비스에 대한 평등한 접근(equal access)과 경찰서비스에 대한 동등한 복종(equal liability)은 동전의 양면과 같다. 시민들은 경찰의 서비스에 대한 권리를 가짐과 동시에 경찰의 서비스에 협조할 의무를 갖는다.

5) 냉정하고 객관적인 자세(objectivity)

사회계약론적 입장에서 볼 때 경찰관은 사회의 일부분이 아닌 사회 전체의 이익을 염두에 두어야 하며, 냉정하고 객관적인 방식으로 업무를 처리하여야 한다. 경찰관들도 인간이기 때문에 때에 따라서는 화를 내거나 객관성을 유지하기가 쉽지 않은 경우가 있다. 경찰관들은 악한들을 상대할 때가 있고, 비위에 거슬리는 범죄피해자를 만날 때도 있다. 그리고 가끔씩 경찰관은 맞기도 하고, 욕설을 당하기도 한다. 이런 상황에서 경찰관이 마음의 평정을 잃고 돌발적인 보복 행위를 해서는 곤란하다. 경찰관이 평정을 잃고 폭력을 행사할 경우에 보통 사람들이 평정을 잃을 경우와는 달리 대우받는다.

냉정함을 잃어버리는 원인은 두 가지이다. 하나는 과도한 개입(overinvolvement)으로서, 사태에 너무 감정적으로 깊숙이 개입하여 정확한 판단을 하지 못하거나 어느 한 쪽의 편을 드는 경우이다. 다른 하나는 무관심한 태도로서 전혀 당사자들의 말을 주의해서 듣지 않는 무시하는 행태를 보이는 경우이다.

■ 경찰활동의 기준

공정한 접근의 확보	• 경찰서비스에 대한 동등한 필요를 가진 사람들은 동등한 서비스 접근 기회를 가져야 함. 성과 나이에 의한 차별 금지 등
공공의 신뢰확보	• 경찰은 시민을 대신해서 강제적인 수단을 사용할 권한을 가지고 있으므로, 경찰관은 시민들의 신뢰에 합당하게 권한을 행사해야 함. • 경찰관은 자의적 권한 행사 금지, 필요최소한의 물리력 행사, 사적인 이익을 위한 직위를 이용 금지 등의 원칙을 준수해야 함.
생명과 재산의 안전보호	• 경찰의 법집행 활동은 사회계약의 궁극의 목적인 생명과 재산의 안전이라는 차원에서 이루어져야 한다.
협동	• 경찰기관은 상호 협력하여야 할 의무가 있음.
객관적인 자세	• 경찰관은 사회 전체의 이익을 염두에 두어 냉정하고 객관적인 방식으로 업무를 처리해야 한다. 과도한 개입이나 무관심 모두 금지.

4. 경찰윤리확립을 위한 실천과제

1) 자율적 임무수행

경찰관 개개인을 불신하며 획일적으로 통제하며, 근무 상황을 일일이 감시하며 정작 업무수행자보다 업무감시자가 더 많게 된다면 비효율적이라고 말할 수 있을 것이다. 타율은 인간을 비하시키며 경직된 사고를 유발한다. 그 결과 일의 효율과 생산성이 하락한다.

경찰관 개인에 대한 신뢰를 바탕으로 한 자율적 임무 수행을 요구하는 조직관리야말로 효율적이다. 경찰행정은 법정주의 원칙(法定主義 原則)이 적용되는 수사업무를 제외하고는 편의주의 원칙(便宜主義 原則)에 따라 그 활동에 있어 광범한 재량이 주어지는 것이 원칙이다. 그러므로 일선부서 근무자들에게 자율을 부여하고 자율을 실천할 수 있는 자율근무환경을 조성하여야 하며, 이를 위해서는 권한이 대폭 이양되어야 한다.

자율은 책임윤리가 바탕이 되어야 하며, 방종을 경계해야 한다. 따라서 경찰관은 업무에 대한 법률지식 등 전문지식과 직업윤리를 바탕으로 합리적인 판단능력을 배양해 가도록 노력하여야 한다.

2) 책임있는 임무수행

경찰관에게 책임감이 없다면 자율은 방종의 개찰구가 될 뿐이다. 참다운 책임감이란 개인의 일이든 조직의 일이든 자기 임무를 충실히 이행하고 평가받으려는 정직한 자세이다. 늘 범죄예방과 범죄해결의 새로운 방법을 생각하는 자세가 책임있는 경찰관의 자세다. 참다운 책임은 단순히 처벌을 피하려는 수동적인 관념이 아니라, 발전적이고 창의적이며, 능동적이고 개혁적인 창조의 과정이다. 참다운 책임감을 지닌 경찰관이라면 지금 어딘가에서 발생하는 범죄를 예방하지 못한 책임의 일부분이 나에게 있다고 생각한다.

「책임만 있고 권한이 없거나」, 또는 「책임과 권한이 심한 불균형을 이룰 때」 책임감이 약화된다. 이를 수사권 논의와 연결시켜 보면 경찰기관의 책임에 걸맞는 수사권의 적정한 분배가 경찰의 자기 능력강화와 책임의식의 강화로 연결된다는 것을 인식할 필요가 있다. 일본 경찰도 수사권을 받은 연후에 자질 향상을 위해 더 많은 노력을 하게 되었다.

책임감 강화를 위해 조직관리 차원에서 보면, 경찰조직 내부에서도 경찰기관간의 권한의 적정한 배분과 경찰계급간의 권한 안배, 특히 일선 근무 경찰관들에의 권한의 적정한 배분을 위한 노력을 경주해야 한다. 이를 통하여 책임을 다하는 경찰관, 책임행정을 하는 경찰조직을 이룰 수 있다.

3) 창의적인 임무수행

창의란 종래의 틀에 구속되지 않고 새롭게 독창적으로 사고하는 것이다. 경찰은 임무수행에 있어 가장 비용이 적게 들면서 효율이 가장 높은 방안을 강구하고, 국민들로부터 지지를 받을 수 있는 업무수행 방법을 고안해 내는 창의적인 자세가 필요하다.

그런데 창의적인 사고는 자율이 전제되어야 하고, 자율은 자율을 가능케 하는 권한의 분배를 전제로 한다. 따라서 자율과 창의, 이들과 권한분배는 동전의 양면과 같다. 자치경찰제를 통한 경찰 권한의 지방이양 또는 일선이양은 각 지방의 치안여건과 환경에 적합한 여러 가지 창의적인 대응을 가능케 하리라는 점에서 다양하고 복잡한 현대사회를 사는 우리 경찰에게도 요구되는 시대적 요청이라 하겠다.

4) 양심있는 임무수행

사람은 해서는 안 될 행위나 생각을 하면 양심이 작동하여 그것에 대해 거부반응을 일으킨다. 경찰윤리헌장은 「오직 양심에 따라 법을 집행」하는 정직하고, 공정하며, 사명감이 있는 경찰이 될 것을 요구하고 있다.

그러나 인간의 양심은 반복적인 양심의 침해를 통해서 마비될 수가 있다. 따라서 경찰은 양심을 조성하는 방향으로 근무환경이나 감독 방법을 전환하여야 하며, 촌지와 같이 아무리 작은 비양심 행위라도 거부하는 양심보호행동을 추구해 나가야 한다.

■ 경찰윤리의 실천과제

자율	• 경찰행정은 법정주의원칙이 적용되는 수사업무를 제외하고는 편의주의 원칙에 따라 그 활동에 있어 광범한 재량이 주어진다. • 경찰행정은 고도의 윤리수준과 책임을 전제로 한 자율성이 요구된다. • 경찰관은 업무에 대한 법률지식 등 전문지식과 직업윤리를 바탕으로 합리적인 판단능력이 요구된다.
창의	• 창의란 여러 가지 사안에 대해 종래의 틀에 구속되지 않고 새롭게 독창적으로 사고하는 힘이다. • 경찰은 임무수행에 있어 고효율의 치안 서비스를 제공해야 한다. • 창의적인 사고는 자율이 전제가 되어야 한다.
책임	• 책임은 처벌을 전제로 한 수동적인 관념이 아니라, 능동적인 관념이다. • 책임과 권한은 균형을 이루어야 하며, 수사권등 권한분배가 이루어져야 경찰의 자기 윤리통제의 강화와 책임의식의 강화가 이루어진다.
양심	• 경찰윤리헌장은 '오직 양심에 따라 법을 집행'하는 공정한 경찰을 천명하고 있다. • 부정한 행위에 대한 거부감, 바로 살아가려는 사명감이다.

제2장 한국경찰제도사

제1절 한국경찰제도사의 개설

우리가 역사를 되돌아보는 뜻은 역사의 교훈을 통하여 현재의 경찰을 비판적으로 분석해 보고 경찰의 미래를 바르게 설계하려는 데 있다.

한국 경찰사를 살펴보며 관심을 가져야 할 부분은 경찰의 역할과 성격이 어떻게 변천해 왔는가 하는 것이다. 각 시대를 지배한 최고지배자와 경찰의 관계, 지배계층과 경찰과의 관계가 어떤 변화를 보여 왔는가 하는 점이다. 지배계층의 이익에 봉사하는 경찰이라는 지배도구로서의 역할에 치우친 경찰로 계속 남을 것인가 아니면 피지배계층인 국민의 이익에 봉사하는 민주경찰로 어떻게 새로이 자리매김할 것인가를 고민하는 시간이 되어야 할 것이다.

또 다른 관심 영역은 경찰권한의 축소과정이 어떤 환경의 영향하에 어떤 과정을 거쳐 이루어져 왔는가 하는 것이다. 경찰권의 축소화가 과연 경찰 고유의 전문화로 연결되고 있는가도 주목할 부분이다. 경찰직에 대한 역사적 분석을 통하여 경찰이 담당해야할 영역이 어디까지이며 기준은 무엇이어야 하는지, 과연 경찰직의 전문화와 일반화를 어떻게 어느 선에서 조화시킬 것인지를 생각해 볼 필요가 있다.

제2장 한국경찰제도사에서는 우리나라의 경찰사를 1894년 갑오경장을 기준으로 그

이전을 전근대적 경찰로 그 이후를 근대적 경찰로 나누어 구성하였다. 또한 현대적 의미의 경찰의 등장은 1945년 광복을 기준으로 1991년 경찰법의 제정 이전과 이후로 나누어 서술하였다. 이러한 시대적 구분의 의미는 1894년 갑오경장을 통해서 근대적 의미의 경찰개념이 등장하였고, 한국 경찰의 조직법적 · 작용법적 근거가 최초로 마련되는 등 매우 중요한 역사적 자료로 기록되고 있기 때문이다. 또한 1945년은 해방과 동시에 국립경찰의 창설이라는 새로운 경찰사의 출발이었다는 점, 1991년은 경찰법이 제정된 해 이면서 경찰청이 외청으로 독립하여 경찰에 새로운 전기를 제공한 역사적 시기였다는 점을 감안하여 시대적 구분의 기준으로 삼은 것이다. 따라서 제2장에서는 이러한 역사적 사실들이 나타나고 있는 특정 시기를 기준으로 한국 경찰의 역사를 체계적으로 구분하여 설명하고 있다.

제2절 갑오경장 이전의 경찰제도

1. 부족국가시대

부족국가 시대의 경찰기능은 당시의 부족국가 수준의 지배 세력이, 지배체제를 유지하기 위하여 다른 기능, 예를 들어 군사, 재판, 형집행, 공물확보 등의 기능과 통합적으로 운용하였다.

고조선 시대에 팔조금법(八條禁法)중 삼조목(三條目)이 지금까지 전해져 내려오고 있다. 제1조목은 사람을 죽인 자는 사형(相殺以當時償殺), 제2조목은 사람을 상해한 자는 곡물로 배상하고(相傷以穀償), 제3조목은 남의 물건을 훔친 자는 남자인 경우 그 집의 노(奴)로, 여자인 경우 비(婢)로 되나, 스스로 속(贖)하려 하는 자는 오십만전을 내야 한다(相盜者男沒入爲其家奴 女子爲婢 欲自贖者 人五十萬)는 것이다. 이를 볼 때, 고조선 시대에 살인죄, 상해죄, 절도죄 등의 죄목을 정한 형벌법령이 있었고, 오늘날 경찰과 재판 및 형집행 기능에 해당하는 기관이 존재했다고 추측할 수 있다.

한(漢)은 군현경정리(郡縣卿亭里)의 행정체제를 취하여, 군(郡)에 문관직인 태수(太守)와 무관직인 도위(都尉)를 두었고, 현(縣)에는 현령(縣令) 또는 현장(縣長)을 두고 그 밑에 승(丞)과 위(尉), 두식(斗食)과 좌사(佐史)를 두어 도적을 잡아 가두는 일을 보게 하였다. 그리고 현 밑의 경(卿)에는 교화를 주관하는 삼로(三老)와 순찰과 도적을 방비하는 유요(遊徼)를 두었으며, 정(亭)에는 정장(亭長)을 두어 도적을 잡게 하였고, 이(里)에는 이괴(里魁)를 두어 풍속 등을 담당케 하였다. 이 가운데 위(尉)와 유요(遊徼) 및 정장에게는 각각 현・경・정의 도적을 검거하는 일을 관장하고 있었으므로 활・창・방패・검・갑옷의 五兵이 주어졌는데, 이들이 경찰기능을 담당하였다.

부여(夫餘)는 살인자는 사형에 처하고 그 가족은 노비로 삼으며, 남의 물건을 훔친 자는 12배로 배상하는 일책십이법(一責十二法)이 있었고, 남녀간에 간음을 범한 자와 부인으로서 투기(妬忌)하는 자는 모두 사형에 처하였다.

초기의 부족국가 고구려(高句麗)는 절도범을 일책십이법에 따라 12배의 배상을 하도록 하였다.

동예(東濊)는 각 읍락마다 경계가 설정되어 있어서 서로 경계를 침범하는 일이 있으면 노예나 우마(牛馬)로써 배상하는 책화제도(責禍制度)가 있었다.

2. 삼국시대

고구려는 욕살(褥薩)이라는 지방장관이 경찰권을 행사했다. 엄격한 형벌로 절도죄의 경우 12배 배상 또는 자녀를 노비로 삼아 상환함으로써 사회질서를 유지하였다. 고구려에는 요수(遼水) 서쪽에 무려라(武厲邏)를 설치하여 요수를 건너는 사람을 경찰하였다는 기록이 나오는데[1], 여기에 경계하고 살핀다는 의미의 경찰이라는 용어는 군사적 경계근무라는 측면이 강하여 현대적 의미의 경찰개념과는 거리가 있다. 무려(武厲)는 요서(遼西)에 있던 성(城)으로 여기에 라(邏)를 설치하여 국경을 경비하였던 것이다.

백제는 6좌평제중 위사(衛士, 군사), 조정(朝廷, 사법 치안), 병관좌평(兵官佐平, 지방군사)이 경찰기능을 했다. 지방에는 방령(方領), 수도에는 달솔(達率)이 있었는데 이들이 치안책임을 수행하였다.

신라는 지방에 주(州)의 군주(軍主)가 군사는 물론 경찰업무도 담당하였다.

삼국시대에도 경찰기능의 분화는 이루어지지 아니하고, 행정과 군사 및 경찰이 일체를 이루고 있었다. 그리고 경찰은 지배계층의 도구로만 기능했다.

---

1) 「高句麗 置邏於遼水之西 以警察 渡遼者」

3. 통일신라시대

신라는 통일 후에도 행정관제 등은 삼국시대의 것을 그대로 사용함으로써 병부(兵部) · 창부(倉部) · 예부(禮部) · 조부(祖部) · 사정부(司正部) · 이방부(理方府) 등의 행정관청이 그대로 존속되었다. 경찰과 상당한 연관이 있는 관청은 병부 · 사정부 · 이방부 등이었으며, 특히 이방부는 좌이방부(진덕여왕 5년), 우이방부(문무왕 7년)로 나뉘어 범죄의 수사와 집행을 맡아보았다.2)

한편 지방에는 지방장관격인 총관(摠管)이 파견되어 지방통치를 위한 기반으로 삼았으며 이들이 경찰기능도 수행하였다.

4. 고려시대

고려시대에 왕명의 출납과 군기(軍機)를 장악했던 중추원(추밀원)이 왕궁 경비를 주관하며 경비경찰기관을 겸하였다. 왕의 지시로 시정의 득실을 논하고 관리의 잘못을 규탄하던 어사대(御史臺: 뒤에 사헌부(司憲府)로 바뀜)는 특수경찰기관이다. 일반적인 경찰기능은 주로 법률과 소송을 다루었던 형부(刑部)와 군사 등을 다룬 병부(兵部)가 다루었다.

서울에 2군 6위가 있었는데, 이 중 금오위(金吾衛)가 경찰업무를 담당하였다. 금오위는 수도 개경의 순찰 및 포도금란(捕盜禁亂)의 업무와 비위예방을 담당하였다.

지방에서는 각 지방의 장이 행정, 사법, 군사, 경찰 등의 사무를 그 관할구역 내에서 통합적으로 처리하였다. 현위(縣尉)를 장으로 하는 위아(尉衙)는 현재의 경찰서로, 현위는 경찰서장격이다. 현위는 현 내의 비행 및 범죄의 방지와 그 처리, 치안 불안 지역에서의 질서 회복 · 유지 임무를 담당하였다.

이전의 고려 치안제도는 중앙의 성내좌우순검사(城內左右巡檢使) ·내순검군(內巡檢軍) ·점검군(點檢軍) ·가구소(街衢所), 그리고 지방에 양계순검사(兩界巡檢使) 등이 있었고 무신정권(武臣政權) 때에는 야별초(野別抄)가 치안을 담당하였다.

이후 고려 무신정권의 난이 일어나고 이의방, 정중부, 경대승, 이의민으로 이어지던 혼란을 최충헌의 집권으로 난이 수습되어 향후 60년간 최충헌 일가가 집권하게 된다. 이

2) 김형중, 「한국중세경찰사」(서울: 수서원, 1998), p. 35.

당시 최충헌은 자신의 신변보호와 경찰업무를 수행하기 위해 도방을 설치하였다. 그의 아들 최우는 치안유지를 위해 야별초를 만들고, 이후 좌별초, 우별초, 신의군을 통합하여 삼별초(三別抄)라고 칭하였다. 삼별초는 독립경찰기관으로서의 지위를 가지고 있었다.

고려시대에 오랜 대몽항쟁(對蒙抗爭)을 일단락짓고, 개성으로 환도한 다음 1277년(충렬왕 3년) 개성의 방도(防盜)와 야간경비를 담당하게 하기 위해 몽골의 제도를 본떠 순마소(巡馬所)를 설치한 것을 1300년에 확대 개편하여 순군만호부라 하였다. 3)

처음에는 순라군(巡邏軍)으로 편성된 단순한 치안 기구였으나 차차 변질되어 전토(田土)·노비에 관한 소송까지도 관장하였으며, 1310년에는 오직 순검(巡檢)업무만 전담하도록 어명을 내리기도 하였다. 그러나 이것은 일시적인 것으로 더욱 많은 기능을 갖게 되어 문신까지 참여하는 금군(禁軍)·근위(近衛), 또는 출정군(出征軍)으로도 활동하였고, 형옥(刑獄)까지 담당하게 됨으로써 이후 조선시대 의금부(義禁府)로 발전하게 되는 기반을 제공하였다.

고려시대에도 경찰기능의 분화는 거의 이루어지지 아니하고, 행정과 군사 및 경찰이 일체를 이루고 있었다. 그리고 경찰은 지배계층의 도구로만 기능했다.

5. 조선시대(갑오경장 이전)

조선시대에는 시정을 논하고 백관을 규찰하며 풍속의 교정을 담당하던 사헌부가 있었고, 경찰기능은 중앙의 경우, 병조와 형조가 담당하였다. 여기에 의금부(義禁府)가 왕명을 받들어 왕족의 범죄 및 관규(官規)를 문란케 한 자, 국사범, 모역죄(謀逆罪), 반역죄 등에 관한 사건, 사교(邪敎)에 관한 금령(禁令)을 범한 자, 상인(常人)의 왕실 및 왕족에 대한 범죄사건, 사헌부에서 탄핵한 사건 등 중요한 특별범죄를 관장하였다. 그리고 서울의 경우에는 한성부(漢城府)가, 지방의 경우에는 관찰사와 수령들이 지방행정과 함께 경찰기능도 함께 수행하였다.

포도청(捕盜廳)은 도적을 잡고 야간 순찰을 실시하는 등의 임무를 수행하였다. 위장(衛將)과 부장(副將)은 서울의 경비경찰대장의 역할을 하였다. 지방의 경우에는 관찰사와 수령들이 지방행정과 함께 경찰기능도 함께 수행하였다. 또한 암행어사는 정보경

3) 순마소(巡馬所)는 후에 순군만호부(巡軍萬戶府)로 개편되어, 도적을 막고 민란을 감시하는 방도금란(防盜禁亂)의 임무 외에 왕권보호 등의 정치경찰적 활동도 했던 특수경찰기관이다. 김형중, 전게서, pp. 254~257.

찰의 임무를 주로 수행하였으며, 지방관리의 횡포를 방지하는 역할을 하였다. 그러나 경찰권은 일원화되지 못하였으며, 각 관청이 소관사무와 관련하여 직권에 의하여 위법자를 체포하여 구금하였다. 이를 직수아문이라 하여 각 관청에 이러한 경찰권이 주어져 있었으며, 또한 궁방이나 권문세가 또는 서원 같은 곳에서는 수금과 사형이 자행되기도 하였다.

조선시대의 특징은 역시 경찰기능과 다른 행정작용 또는 군사작용이 미분화되어 있었다는 것이고, 경찰은 군사조직과 분화되지 아니하여, 군사가 경찰업무를 수행하는 것이 보통이었다. 고대로부터 조선시대까지 갑오경장 이전의 경찰사를 살펴보면 경찰권을 포함한 행정권 · 사법권이 미분화된 것이 특징이며, 중국의 영향을 많이 받은 것으로 나타나고 있다.

무엇보다 경찰은 사회질서를 유지함으로써 전제왕권의 유지를 목적으로 하는 통치도구 역할을 하였다. 경찰은 초기 부족국가시대 이후 왕권 등 통치체제의 보호가 중심 임무로 자리 잡아, 고려시대에는 순군만호부와 같이 노골적으로 정치경찰이 나타나기도 하였다. 이 시기에는 경찰작용을 위한 법적 근거나 재판 통제도 받음이 없이 전제적(專制的)인 경찰권이 행사되어 지배세력의 필요에 따라, 백성을 억압하는 수단을 동원하였다.

▣ 우리나라 경찰기관의 변천

시대	경찰기관
부족국가시대	• 고조선 : 팔조금법 • 부여 : 일책십이법 • 한사군 : 군현경정리 • 고구려 : 일책십이법 • 동예 : 책화제도
삼국시대	• 고구려 : 지방장관 욕살 • 백제 : 수도의 달솔, 지방의 방령 • 신라 : 지방의 군주
통일신라시대	• 중앙 : 이방부(좌이방부, 우이방부), 지방 : 총관
고려시대	• 중앙경찰 : 병부, 형부, 중추원, 이군육위(금오위) • 지방경찰 : 道 · 州 · 府 · 郡 · 縣의 長, 양계 병마사와 주현군, 진(鎭) 현의 위아–현재의 경찰서 • 특수경찰 : 야별초(夜別抄:三別抄), 순마소(巡馬所:巡軍萬戶府)– 정치경찰격, 어사대(御史臺)
조선시대	• 중앙경찰 : 병조, 형조, 의금부, 사헌부 • 지방경찰 : 관찰사, 부사, 목사, 군수, 현령 • 포도청 • 암행어사

제3절 갑오경장부터 한일합병 이전의 경찰

1. 갑오경장과 근대경찰의 창설

당시 일본은 동북아를 제패하기 위한 장기적 전략의 일환으로 우리의 국권을 침탈하고 경찰권을 상실시키는 등, 제국주의의 침략적 야욕을 여실히 드러내기 시작했다. 특히 이 시기는 일본이 드넓은 대륙으로 진출하기 위한 교두보로 우리나라를 그 희생양으로 삼아 약탈과 만행을 일삼고, 민족 말살과 와해를 시도했었다는 점에서 역사적으로 가장 암울했던 시기라고 할 수 있다. 현대사회를 살아가고 있는 우리는 구한말에서 한일합방으로 이어지는 이 국권상실의 시기를 가장 치욕적인 역사로 기억하고 있다.

우리나라에서 경찰이라는 용어가 처음 등장하는 것은 1894년 갑오경장을 시점으로 한다. 1894년 동학란을 계기로 일본은 청일전쟁의 구실의 하나로서 조선의 내정개혁을 요구하게 되는데, 이것이 갑오경장의 시발이다. 그 이후 일본에 의해 내무아문체제, 경부체제, 경무청체제, 통감부 경무부체제, 경시청제체, 통감부 경무국체제, 헌병경찰시대, 보통경찰시대로 변천해갔다.

친일 김홍집 내각은 1894년 경찰을 내무아문에 두고 조직법적 근거규정인 「경무청관제직장」과 작용법적 근거규정인 「행정경찰장정」을 제정하고, 수도인 한성부에 당시의 좌우포도청을 합설하여 「경무청」을 신설하고 한성부내의 경찰사무를 관장시켰다. 「경무청관제직장」은 일본의 「경시청관제」(1891년)를 그대로 인용하여, 경시청을 경무청으로, 일본의 계급인 경시총감, 경시, 경부, 순사를 경무사, 경무관, 총순, 순검으로 바꾸어 사용하였다. 한성부의 장으로는 「경무사(警務使)」를 두고 경찰사무와 감옥사무를 맡도록 하였고, 범죄인을 체포 수사하여 법사(法司)에 이송토록 하는 임무를 부여하였다.

이처럼 한국 경찰의 창설과정은 일본의 내정개혁 요구의 일환으로 이루어졌다. 일본제국주의자들이 한국을 침략하는 데 있어 가장 먼저 경찰권을 지배하려고 시도한 것이다. 한 국가를 통치해 나가는 데 있어 경찰이 지니고 있는 비중이 중요한 만큼 일본은 그들의 경찰체제를 그대로 복사하여 조선에 뿌리내리기를 바랐다. 이 시기의 경찰은 국민의 인권보다 일본 제국주의자들의 침략도구 내지 통치도구로 기능하였고, 일본인 경무고문의 의도와 계획하에 한국경찰은 철저히 일본 경찰화되었으며, 법제면에서도 일본화하여 오늘날까지 악영향을 미치고 있다.

경무청은 매우 광범한 영역의 사무를 담당하였는데, 영업, 시장, 회사에 관한 사무를 비롯하여, 소방, 전염병 예방 소독, 검역, 종두, 식물, 음수, 의약, 가축 등 위생에 관한 일체의 사무와, 결사, 집회, 신문잡지, 도서에 관한 사무까지도 담당하여 경찰업무와 일반 행정과의 미분화 현상을 나타냈다.

이 시기가 역사적으로 중요한 이유는 「경무청관제직장과 「행정경찰장정」의 제정을 통해 우리나라에서도 경찰의 조직법적 근거와 작용법적 근거규정이 처음으로 마련됨으로써 우리나라 최초의 근대적 경찰이라는 평가를 받게 되었기 때문이다.

2. 광무개혁과 경부경찰체제

조선은 1894년 을미사변과 1896년 아관파천 이후 1897년에는 년호를 광무로 개칭하고 국왕을 황제로 칭하며, 국호를 대한으로 바꾸는 등 대대적인 개혁을 단행하였다. 특히 일본의 압력과 간섭에 의해서 법령과 제도를 재개혁하였고, 경찰이 「내부」로부터 독립하여 1900년 6월 「경부관제」에 의해서 중앙관청으로서의 「경부」가 신설되는 변화를 가져왔다.

경부는 한성 및 각 개항시장의 경찰업무와 감옥서를 통할하는 조직으로 경부로 하여금 국내일체의 경찰사무를 관리하도록 하였고, 경부에는 대신 1인, 경무관 15인, 총순 40인, 감옥서장 1인 등을 두었다. 궁내 경찰서와 한성부내 5개 경찰서, 3개 분서를 두고, 이를 지휘하는 경무감독소를 두었으며, 한성부 이외의 각 관찰부에 총순을 두고 경부경찰체제를 출범시켰다.

1896년 2월에는 일본의 헌병대가 명목상으로는 자국민보호와 군사시설보호를 위해 조선에 주둔하기 시작하였다. 사실상 헌병은 군사경찰 이외에도 행정경찰 · 사법경찰 사무도 담당하였으므로 헌병경찰에 가깝다고 할 수 있다. 이는 곧 조선내 헌병경찰제도의 실시를 예고하는 것이었다.

3. 을사조약과 경찰권의 상실

1904년 러일전쟁 후 한국에 1904년 2월 한일의정서와, 1904년 8월, 제1차 한일협약,

1905년 11월 을사보호조약을 강요하고, 1907년 7월, 제2차 한일협약을 강제로 체결시켰다. 이후 조선 황제를 폐위하고 한국군대의 해산시켜, 사법권의 강탈하였으며, 별도의「취극서」를 통하여 경찰권마저 상실시켰고, 마침내 1910년 8월 22일 한일합병조약을 통하여 주권을 빼앗게 된다.

우리 경찰권의 상실과정을 보면, 1905년 일본 경찰이(丸山重俊 警視) 경무고문으로 용빙(傭聘)되어 조선의 경찰제도는 일본의 제도에 맞추어 정비되었다. 경무에 관한 일체의 사무는 경무고문의 동의를 거친 후 시행하도록 하는 등, 경찰사무의 일체가 일본의 동의 없이는 행사할 수 없도록 한국경찰의 일본화가 치밀한 계획하에 진행되었다. 1907년 일본은 한국의 경찰관청과 계급의 일본화를 추진하였는데, 종래의 경무청이 경시청으로, 경무사는 경시총감으로, 경무관은 경시로 각각 개칭되었다. 내부에 경무국을 두고 감옥에 관한 사무가 경찰사무에서 제외된다. 지방은 경무서와 경무분서가 일본과 마찬가지로 각각 경찰서, 경찰분서로 명칭이 변경되었다.

1908년 각 도에 내무부와 경찰부를 두어 경시의 경찰부장이 관찰사를 보좌하여 도내의 경찰사무를 관장하게 하였는데, 이것이 오늘날 지방경찰청의 원형으로 볼 수 있다. 그리고 마침내 1910년 한일합방과 동시에「한국 경찰사무 위탁에 관한 각서」로 한국의 경찰사무를 일본국 정부에 위탁하게 되었고, 1910년 한일합병부터 1919년까지는 이른바 무단통치로 불리우는 헌병경찰제도가 시행됨으로서 우리 국민들은 일본 헌병경찰의 총칼에 무참하게 유린당하는 처절한 세월을 살아가게 되었다.

제4절 식민지 기의 경찰

1. 조선총독부의 설치와 제령권

한편 일본은 1910년 8월 29일 한국의 국호를 대한제국에서 조선으로 다시 환원시키고, 우리나라를 효과적으로 감시하고 탄압하기 위해 조선총독부라고 하는 새로운 통치기구를 설치했다. 또한 조선총독에게는「조선에 시행할 법령에 관한 법률」(30호)을 통하여 제령권이라 불리우는 입법권이 부여되었으며, 조선총독은 이 제령권을 통하여 조선의 행정 · 입법 · 사법의 삼권을 장악하고 식민지체제를 더욱 공고히 하게 되었다.[4] 이러한 조선총독의 제령권은 조선 통치의 권력적 기반인 경찰권의 행사뿐만 아니라, 헌병경찰제도의 실시를 위한 법률적 근거를 마련하기 위한 법제화에도 전권을 행사하는 등 강력한 권한을 발휘하였다.

2. 헌병경찰제도

식민지기의 경찰제도는 성격을 달리하는 두 가지의 경찰제도가 존재했는데, 항일합병 후 무단통치시기의 헌병경찰제도와 1919년 이후의 보통경찰제도가 바로 그것이다. 이러한 헌병경찰과 보통경찰제도로 일제는 36년 동안이나 우리나라를 무력으로 점령하고 식민지화하였으며, 경찰력 행사의 목표는 오로지 일제의 식민지 지배체제의 공고화에 있었다고 볼 수 있다.

조선통독부 아래 경무총감부를 두었으나 헌병사령관이 경무총장이 되어 헌병경찰제도를 운영하였다. 헌병장교가 경무총장, 경무부장 또는 경시에, 헌병준사관, 하사는 경부에 임용되어 헌병과 경찰이 통합되었다.

일본 헌병은 군사경찰 이외에 사법경찰과 행정경찰의 업무를 수행하였으며, 헌병이 주로 치안유지에 관한 경찰업무를 관장하도록 하여 항일 독립운동을 탄압하는 역할을 하였다.[5] 특히 헌병경찰의 임무는 첩보의 수집, 의병의 토벌 등에 그치지 아니하고, 민사소송의 조정, 집달리 업무, 국경세관 업무, 일본어의 보급, 부업의 장려 등 광범위하게 미치고 있었으며,[6] 특히 지방에서는 한국민의 생사여탈권을 쥐고 있었다[7]고 할 정도로 그 권한이 막강하였다.

또한 일본은 조선총독에게 제령권을 부여하여 범죄즉결례, 조선태형령, 경찰범처벌규칙, 행정집행령 등의 규칙과 명령을 제정하고, 헌병경찰이 광범위하고 강력한 경찰권을 행사할 수 있도록 보안법, 집회단속에관한법률, 신문지법, 출판법 등을 제정하여 식민통치를 위한 근거를 마련하였다.

---

4) 경찰대학, 전게서, p. 78.

5) 1910년 9월 10일 「조선주답헌병조령」(칙령343호)에 의해 헌병이 일반치안을 담당한다고 하는 법적 근거가 마련되어, 헌병이 그 신분을 유지한 채 경찰관의 직무를 수행할 수 있게 되었다. 일반 경찰과의 역할 분담은, 일반 경찰관이 주로 개항장이나 도시에 배치된 데 대하여, 헌병은 주로 군사경찰상 필요한 지역, 의병활동 지역 등에 배치된 점에서 차이가 있었다.

6) 山辺健太郎, 日本統治下の朝鮮, 岩波書店, 1971, p. 17.

7) 在外財産調査會 編, 朝鮮における日本人の活動に關する調査, 湖北社, 1977, 東京, p. 125.

3. 보통경찰제도

1919년 3월 1일의 항일독립만세운동을 계기로 8월 경무총감부는 폐지되고, 그 대신에 경무국을 설치하여 전국의 경찰사무와 위생사무를 감독하도록 하였는데, 이는 헌병경찰제도에서 보통경찰제도로의 전환을 알리는 신호탄으로 작용하게 된다.

그러나 기본적으로 경찰의 직무와 권한에는 변화가 없었으며 치안유지 업무 이외에 각종 조장행정에의 원조, 민사쟁송조정사무, 집달리사무 등도 수행함으로써 경찰권 행사의 범위가 더욱 광범위하게 확대되었다. 특히 3.1운동을 기화로 제정된 정치범처벌법(제령7호)과 1925년 일본에서 제정된 치안유지법도 우리나라에 적용하였다.

특히, 1937년 중일전쟁 이후에는 경찰업무가 이른바 「총후의 정비」에 초점을 두고 경제경찰, 외사경찰까지 확대되었고, 1941년의 예비검속법 등을 통하여 독립운동에 대한 탄압을 강화하는 한편, 전시동원체제를 공고히 하는 데 경찰이 이용되었다.

일제하의 경찰은 독립운동을 탄압하고, 전시동원체제를 공고히 하는 데 이용되는등 일본 식민지배의 중추기관으로 역할 하였으며, 이로 인하여 「우는 아이도 순사 온다면 울음을 그친다」는 식으로 우리 나라 국민들의 잠재의식 속에 경찰이미지가 오도되어 심어지는 계기가 되었으며, 국민들 위에 군림하고 탄압하는 지배도구 혹은 권력자의 꼭두각시라는 이미지가 남게 되었다.

▣ 헌병경찰제도와 보통경찰제도의 비교

헌병경찰제도	보통경찰제도
• 보안법, 집회단속에관한법률, 신문지법, 출판법 • 조선총독의 제령권, 경무총장과 경무부장의 경찰명령권을 통하여 강하게 통제함 • 경무총감부	• 정치범처벌법, 치안유지법, 예비검속법 • 탄압의 지배체제는 한층 강화되고, 중일전쟁 이후에는 경제경찰, 외사경찰까지 확대됨 • 경무국(경찰사무와 위생사무를 담당)

제5절 미 군정하의 경찰

1. 식민경찰체제의 청산과 잔재

1945년 8월 15일 연합국의 승리와 함께 제국주의 일본은 패망하였고, 우리나라는 포츠담 회담의 내용에 따라 일본의 강압으로부터 해방되었다. 조국광복은 실현되었으나 일제에 의한 36년간의 강점은 우리 국민들의 생활과 문화, 조직, 치안 등을 황폐화시키기에 충분했다. 특히 치안문제에 있어서는 오랜 압박으로부터의 해방을 맞이한 기쁨으로 혼란과 무질서, 혼돈상태를 초래하게 되었고, 국가의 치안을 확립할 뚜렷한 대책이 마련되어 있지 않았다. 일제하의 한국 경찰관들은 민족을 탄압한 민족의 반역자로 몰려 전국 각처에서 집단으로 폭행・구타를 당하고 살해당하는 경우도 발생하였다. 따라서 대부분 다른 지방으로 도피・은신하게 되었고, 치안유지 보다는 자기신변 보호에 급급하였다. 해방후 치안유지를 위해 일본 경찰과 헌병대가 잠시 동안 수도경찰를 담당하였지만 출근율이 20%에도 미치지 못했다고 하니 당시의 상황을 짐작할 수 있다.[8)]

결국 이러한 혼란과 치안질서의 마비는 3주 후 미군이 진주하여 군정을 개시할 때까지, 자치적으로 조직된 각종 단체와 일본인의 생명과 재산을 보호하려는 조선주둔 일본군과 경찰에 의해 통제될 수밖에 없었다. 한편 패전을 예감한 조선총독부는 국내의 유력한 지도자 중에서 송진우, 안재홍, 여운형 등 3인을 지목하고 접촉한 결과, 여운형과의 교섭을 통하여 정권이양 문제를 상의하게 되었다. 새로운 국가가 건설되기까지의 과도기간의 질서유지와 국가권력의 순조로운 이양을 위한 중대한 책임을 떠맡게 된 여운형은 안재홍의 도움을 받아 조선건국준비위원회를 발족시키고 건국치안대[9)]를 조직하여 1945년 8월 16일부터 치안유지 활동을 개시하였다.

미국은 조선총독부(1945년 9월 19일에 미군정청으로 개칭)를 통한 통치체제를 그대로 유지하는 「태평양미군총사령부포고 1호」를 발표하고 일제시대의 경찰관도 동 포고 제2조의 「정부공공단체... 에 종사하는 자는... 종래의 직무에 종사하고..」에 따라 구관리

8) 경찰사편찬위원회, 「경찰 50년사」(서울: 경찰청, 1995), pp. 17～18.

9) 건국치안대는 1945년 9월 2일에야 건국준비위원회의 하부기구로 통일이 되나 실질적으로는 여운형의 지시에 의해 조직이 되면서부터 건준의 하부기구로 편입되었으며, 경위대, 보안대, 학도대, 자위대 등으로도 불리웠다.

들은 현직을 그대로 유지하였다. 이것이 해방은 되었으나 세계 냉전체제의 영향으로 식민경찰체제(植民警察體制)를 청산하지 못한 이유였다.

당시 친일경찰 인력의 청산이 이루어지지 못한 이유는 좌익에 대항하기 위함이었다. 우리나라는 일본과 달리 경찰을 민주적으로 개혁할 기회를 갖지 못하고 우리 국민과 독립 운동가를 탄압하던 일제하의 인물이 그 시대의 부정적 조직문화를 그대로 답습하며 경찰조직을 비민주적이고 부정의한 정부기관으로 남겨두는 어리석음을 범하였다.

2. 미 군정기의 경찰제도

미군정의 당면과제는 일본인 경찰관 및 친일 한국인 경찰관의 해직과 한국인 경찰관의 충원이었다.10) 특히 일제치하 강압경찰의 면모를 탈피하고 우리 국민을 위한 경찰조직으로 재탄생하기 위해 개혁움직임이 활발하게 이루어졌다. 이 기간은 대체로 조선총독부의 경찰조직을 거의 그대로 답습한 시기였으나 부분적인 경찰조직의 개편이 있었다. 미군정청은 총독부 경무국의 경무과, 경제경찰과, 보안과, 검열과, 위생과 및 경비과를 인수하였으나, 경비과는 일본군 철수와 더불어 기능이 소실되고, 위생과의 직무는 1945년 9월 24일자로 신설된 위생국에 인계되었다. 동년 9월 22자로 검열과가, 9월 29일에는 보안과가 그리고 10월 24일자로 경제경찰과가 각각 폐지되었다.11) 그리고 동년 10월 30일자로 법무국에 형사과를 설치함과 동시에 법무국 형사과 지문계의 업무를 경무국으로 이전하였다.

이러한 대대적인 개혁작업과 함께 경찰조직에 영미식의 민주적인 요소가 도입되는데, 경찰이 담당하였던 위생사무가 위생국으로 이관되고, 출판 검열업무도 공보부로 이관되었다. 일제가 우리 국민을 억압하기 위한 도구로 사용되던 경제경찰과 고등경찰이 폐지되고, 행정경찰사무가 경찰의 관할에서 분리되는 비경찰화(非警察化)작업이 진행되었다. 대신에 정보업무를 담당할 정보과가 신설되었다.

미군정청은 1945년 10월 21일 미군정청에 경무국을 창설하고 지방은 도지사 밑에

---

10) 1945년 9월 12일의 일본인 경찰국장 서광충웅의 면직을 시작으로 해서, 조선총독부 경무국의 일본인 경찰관은 9~11월 사이에 대체로 해직되었다. 서울 경무부의 일본인 경찰관은 9월 13일까지 실질적으로 완전히 교체되고, 인천에서는 10월 3일에 87명의 경찰관을 면직시켰다. 각 도에서도 경찰부장을 비롯한 일본인 경찰간부들의 해직이 10~11월 사이에 이루어졌다. 신상준, 「미군정기의 남한행정체제」(서울: 한국복지행정연구소, 1997), pp. 260~261.

11) Ordinance No.17, HQ USAFIK, Office of the Military Governor, 24 October 1945.

경찰부를 두어 본격적인 미군정에 의한 경찰체제가 출범하게 되었다. 이 날을 우리 경찰 창설일로 정하여 오늘날까지 맥을 이어옴으로써 경찰출범의 기원이 되었다. 1946년 미군정청은 경찰조직을 경무부로 지위를 격상시켰다. 1946년 5월에는 여자경찰관을 채용하였고, 7월에 경무부 여자경찰과가 신설되었으며, 1946년 11월 경찰서장의 즉결처분 및 훈계방면권이 사법부로 이관되었다. 1947년 11월에 6인의 위원으로 구성된 「중앙경찰위원회」(National Police Board)가 설치되어, 경무부의 경무정책 수립 등을 심의하는 등 경찰의 민주화를 위한 조치가 이루어졌다. 이념적으로는 경찰의 임무면에서 국민의 생명과 재산의 보호라는 민주적 요소가 강화되었다. 1948년 11월 4일 대통령령 제18호로 내무부 직제가 마련되어, 치안국에 경무과, 보안과, 경제과, 사찰과, 수사지도과, 감식과, 통신과, 여자경찰과, 소방과 등 9개 과를 두었다.[12] 국립경찰은 건국을 위한 초석을 다지는 데 커다란 역할을 했지만 강압적이고 권위주의적인 일제경찰의 이미지를 크게 변모시키지는 못했다. 하지만 미군정 경찰은 전투경찰로서의 군사성을 띠고 해방이후 혼란을 수습하여 대한민국 정부를 수립하는 데 공헌하였다. 무엇보다 대륙법계의 경찰에서 벗어나 민주주의적인 영미법계 경찰로 전환하는 계기가 되었다. 다음 그림은 1946년 9월 미군정청에 의한 경찰지휘체계이다.[13]

12) 대통령령 제18호(1948.11.4) 내무부 직제 제6조에 의한 치안국 각과의 분장사무는 다음과 같다.
① 경무과는 경찰조직, 경찰관의 복무와 교양훈련, 경찰의 피복과 총기탄약, 경찰에 관한 정보와 선전 및 局內 타과에 속하지 않는 사항을 관장한다.
② 보안과는 풍속경찰, 총포화약류, 교통경찰, 위생경찰 및 경비에 관한 사항을 관장한다.
③ 경제과는 경제경찰에 관한 사항을 관장한다.
④ 사찰과는 민정사찰 및 외사경찰에 관한 사항을 관장한다.
⑤ 수사지도과는 범죄수사지도에 관한 사항을 관장한다.
⑥ 감식과는 경찰지문감식 및 법의학적 감정에 관한 사항을 관장한다.
⑦ 통신과는 유선경비통신 및 무선경비통신에 관한 사항을 관장한다.
⑧ 여자경찰과는 부녀풍기, 부녀문제조정, 失家幼兒, 노인의 보호에 관한 사항을 관장한다.
⑨ 소방과는 소방행정, 소방의 훈련지도, 소방사상의 선전보급에 관한 사항을 관장한다.

13) 경찰청, 「경찰 50년사, 1995」(서울: 경찰청), p. 39.

▣ 주한미군정청의 경찰지휘체계

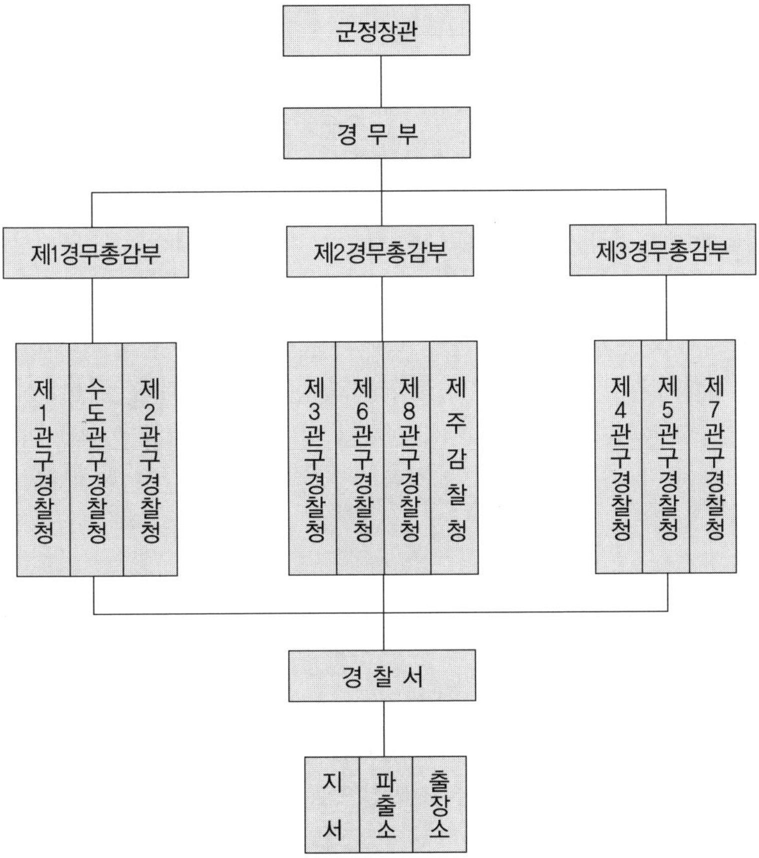

제6절 대한민국 정부수립과 경찰

1. 1991년 이전의 경찰

1948년 8월 대한민국정부가 수립되어 우리 경찰은 제헌헌법에 따라 새로운 행정조직의 체제 속에서 미군정하의 경무부를 내무부 치안국으로 격하 조정하여 그 지위를 내무부장관의 보조기관화시켰다. 그 이유는 제헌국회의 「정부조직법기초전문위원회」의 구성원이 일제시대 관리가 대부분이었기 때문에 일본의 행정조직을 모방하는데 급급했었고 일제경찰의 잔혹한 이미지가 작용하였던 것이다. 그 후 경찰은 단독 관청이 아닌 보조기관으로 존재하게 되었다.

그러나 이는 미군정 경찰과는 본질적으로 다른 현대법치국가의 민주경찰이라는 새로운 가치 하에 만들어진 자주경찰인 것이다. 건국 이후 극복하지 못한 이념 및 사상대립에서 비롯된 사회혼란 때문에 경찰의 임무도 국민의 생명・신체・재산의 보호라는 본래의 사명 이외에 대한민국의 기반을 공고히 하고 민주발전을 달성하며, 국민사상을 통일하고 북한실지를 회복하는 통일조국의 수립이라는 과업이 부과되었다. 이에 따라 좌익극렬분자들의 반란・파업・폭동・공비 진압을 위한 비상경비사령부를 설치하여 전투경찰과 구국경찰의 기능을 수행하지 않을 수 없었다. 이때의 경찰을 「경찰봉시대」 대신 「카빈소총시대」로 불려지는 것도 이 시대 상황을 대변하는 것이다. 이 시기의 우리 경찰의 목표는 자주적이며 독립적인 조국을 수립하겠다는 건국정신으로 일관되었다.[14]

1) 6. 25전란과 구국경찰

1950년 6. 25전란은 민주경찰로서의 기반을 다지기도 전에 주로 좌익 공산주의와 대처해야 하는 방위기능을 수행하는 시련기였다. 건국 전부터 본격화된 반란・폭동・파괴는 국지적인 것이었으나 6. 25전란은 전면전으로 발전한 것으로 경찰활동은 주로 전투였으며 그 주된 임무는 구국경찰로서의 기능과 전시 치안유지기능이었기 때문에 최소한의 기본임무도 수행하기 어려웠다. 따라서 경찰조직도 일반경찰조직과는 별도로 전투경찰대조직을 유지함으로써 이원구조를 형성하게 되었으나 전란의 진전과 더불어 전투조직을 확대하고 일반경찰조직은 전투지원기구로 전환시켰다.[15]

2) 전후복구와 경찰 관련 법령의 제정

휴전 후 공비잔당의 소탕을 위한 경비기구의 확대개편이 이루어지기도 했으나 전투

14) 임창호, 전게서, pp. 81～83.
15) 전투임무에 소요되는 인적・물적 자원의 투입도 급증되어 1951년 경찰의 인력은 6만 3,000명에 이르렀고 경찰예산은 국가일반회계의 약 30%를 차지하였으며 경찰장비도 중화기로 대체되었다. 전쟁 중 1만여 명의 경찰관이 전사하였고 6,500여 명의 부상자를 내는 등 구국・호국경찰로서의 임무를 수행하는 시련기였다고 할 수 있다.

임무가 끝나게 되자 인적 · 물적 · 법적 제도의 정비가 마련되어 경찰은 본연의 기능을 발휘할 수 있게 되었다. 1953년 12월 경찰관직무집행법이 제정되어 「국민의 생명, 신체, 재산의 보호」(제1조)라는 영미법적인 사고가 도입되었다. 그러나 경찰작용을 통괄하지 못하는 한계가 있었고 경찰조직에 관한 기본 조직법적 체계를 갖추지 못하였다. 범죄수사의 현대화를 위한 국립과학수사연구소의 신설(1955년)하고, 경찰활동의 법적 근거를 마련하기 위해 경찰관직무집행법(1953년) · 행정대집행법(1954년) · 경범죄처벌법(1953년) 등의 제정 및 업무의 표준화를 위한 기획기구의 설치 등은 경찰행정의 본질적 기능회복과 능률화를 위한 새로운 전기를 맞게 되었다. 또한 1953년에는 해양경찰대가 발족되었으나 1955년 6월 해무청으로 이관되었다가 1961년 10월 다시 경찰로 복귀되었다. 하지만 경찰행정체제의 정비가 어느 정도 완성되어 강력한 기능을 발휘하기도 전에 집권당의 정권수호라는 또 하나의 시련 앞에 직면하게 되었다.

3) 4.19와 5.16혁명

1950년대 이후의 경찰은 이승만 대통령기에 그의 독재정치의 수족으로 기능하였으며, 선거관리를 업무로 하는 내무부의 일국으로서, 1960년 3.15부정선거에의 개입하는 등 과오를 범하였다. 이때부터 한국 경찰은 정권안보의 도구로, 독재정치의 수단으로, 데모진압 병력으로 오랫동안 국민의 지탄을 받게 되었다. 특히 1960년 3. 15부정선거에의 개입과 4. 19혁명시의 과잉진압으로 경찰이 국민의 지탄의 대상이 되면서 데모가 빈발하여 무정부적인 상태 속에서 조직의 위기를 맞게 되었다. 신뢰가 실추된 경찰은 사기가 극도로 저하되어 질서유지가 사실상 불가능하였으며 경찰력의 무력화를 가져왔다. 이 때문에 국민의 뇌리에 부각된 경찰상은 민폐와 정권유지의 도구로 기억되었다.

경찰은 실추된 경찰이미지를 회복하고 민주경찰로 거듭나기 위한 노력으로 정치적 중립화를 추진하였다. 경찰의 정치적 중립은 헌법에 조문화되었으며 정부조직법에 이를 실질적으로 보장하기 위하여 공안위원회를 두도록 규정하였다. 경찰의 자체정화와 함께 재출발을 시도하던 중 맞게 된 1961년 5. 16군사혁명은 경찰존립의 정당성과 자주성을 위협하는 격동기의 시련으로 나타났다. 그러나 군사혁명정부는 경찰고유기능의 회복, 교육훈련의 강화, 경찰행정에 관리적 접근방법의 도입과 운용으로 인하여 경찰발전의 전환점을 이루는 시기였음을 부인할 수 없다.

4) 경찰행정의 복원과 안보치안

제3공화국 수립이후 조국 근대화라고 하는 국가목표달성과정에서 새로운 치안수요가 발생함에 따라 그 본연의 임무수행을 위한 관리의 개선, 질의 향상, 수사의 과학화 등을 통하여 봉사경찰 내지는 보호경찰로서의 실질적 발전을 도모하였다. 1966년 7월 경찰관 개개인이 투철한 이성과 냉철한 사명감을 가지고 모든 위해와 불법과 불의에 과감하게 대처하며 항상 청렴 · 검소한 생활로서 영리를 멀리하고 오직 양심에 따라 행동한다는 「경찰윤리헌장」을 제정한 것은 자율적이고도 적극적인 봉사자로서 갖추어야 할 기본정신과 실천하여야 할 윤리적 행동지표를 제시하여 민주경찰로의 발전의 발판이 되고 정신적 지주가 되었다.

또한 1969년 「경찰공무원법」의 제정으로 경찰직무의 강제성 · 긴급성 · 위험성 등 일반공무원과는 다른 특성을 제시하여 직능별 전문화와 자질향상을 도모하여 직업공무원제의 기틀을 마련하였다. 그러나 정치적 변동과정에서 당면한 1964년의 한 · 일회담 반대에 따른 학생데모와 각종 시국사건, 그리고 북한의 계속적인 도발은 1970년대에 들어와 반공체제의 재정비강화로 대 간첩작전을 전담할 전투경찰대를 신설하는 등 시국치안기능을 상대적으로 강화하여 결국 민주 · 민생경찰로서의 방향설정을 지체시키는 결과가 되었다. 특히 1968년 김신조 청와대 습격사건을 계기로 1970년 전투경찰대설치법을 제정함으로써 전투경찰대를 설치하게 되었다.

민주헌정이 중단되는 사태를 초래한 1972년의 '10월 유신' 이후 안보치안에 역점을 두는 경찰조직개편과 함께, 문세광의 8. 15 저격사건을 계기로 1974년 치안국이 치안본부로 승격되었다. 이 시기에는 학생데모진압과 대공간첩섬멸의 임무수행을 위한 기능강화가 이루어졌을 뿐 정치적 중립보장에 의한 직무수행의 독자성 확보, 경찰인사관리에 대한 외부영향 배제, 전문경찰인력의 체계적 양성, 인적 · 물적 자원의 효율적 관리 등 내적 충실화에 있어서는 여전히 발전의 한계를 해소하지 못했다.[16)]

5) 1980년대의 시국치안

1979년 10. 26 사태에 이은 5. 18 광주민주화 운동은 정권의 정당성 상실, 정책의 신

16) 임창호, 전게서, pp. 84～88.

뢰성 저하에 따른 정치적 공백상태에서 빚어지는 갈등과 분열, 극도의 사회적 혼란으로 계속되는 시위의 소용돌이 속에서 시국상황에 대처하기 위한 치안수요가 격증하게 되었다. 특히 경찰의 업무량을 덜기 위하여 1983년에 의무경찰제도를 도입하여 치안업무를 보조하게 하였으나 전문직업인으로서의 사명감이 부족하다는 비판이 일고 있어 직업경찰로의 전환이 시급한 상황에 있다.

이와 같은 상황에서 점증하는 사회적 요구인 민주화 주장과 강화된 경찰대응은 과격한 데모의 강경진압으로 나타나 1987년 6. 10 민주화항쟁에서 극한상황을 초래했고 6. 29 민주화선언으로 다시 한번 역할한계를 느끼게 되었다.

이후 제5공화국정부는 정의로운 민주복지국가건설에 국가목표를 두었기 때문에 경찰에서도 정의사회구현을 뒷받침하기 위해 사회기강 확립에 역점을 두면서 경찰관의 자질향상과 대민봉사자세를 확립함으로써 새시대 · 새경찰의 참된 경찰상을 부각시키기 위한 「새경찰신조」를 제정하여 자기정화에 노력하였다. 또한 「경찰공무원복무규정」을 개정하여 “경찰공무원은 국민의 수임자로서 일상의 직무수행에 있어서 국민의 자유와 권리를 존중하는 호국, 봉사, 정의의 정신을 그 바탕으로 삼는다”고 규정하였다. 따라서 경찰사상 처음으로 우리나라 경찰정신을 ‘호국, 봉사, 정의’의 3개항으로 새로 정립하고 호국안민의 의식개혁운동을 지속적으로 전개해 나갔다.

제6공화국에 들어서는 민주화와 개방화가 추진되면서 경찰의 정치적 중립에 대한 국민적 요구와 정치권의 합의가 이루어지고 남북간의 상호교류 및 협력관계도 개선되고 사회주의 · 공산주의 국가의 몰락에 따라 학생시위가 위축되어 정치적 부담을 경감시켜 주는 계기를 마련해 주었으나 전환기적 사회분위기에 편승하여 민생침해사범이 국민불안을 가중시켜 1991년 「범죄와의 전쟁」을 선포하는 등 민주 · 민생치안에 전념할 수 있는 풍토가 조성되기도 하였다.[17)]

2. 1991년 경찰법 제정 이후의 경찰

1991년 경찰법이 제정되고 경찰청시대가 도래하면서 국민에게 봉사하는 신뢰받는 민주경찰상을 정립하고자 「경찰헌장」을 제정하여 경찰의 정신적 지표가 되도록 하였다. 경찰헌장을 통하여 국립경찰 창설 이래 어려운 치안여건을 훌륭하게 극복한 경찰의 명

---

17) 임창호, 전게서, p. 88.

예와 긍지를 바탕으로 국민 모두에게 신뢰받는 경찰상을 제시하고 국민의 행복한 삶을 보장하기 위해 경찰이 해야 하는 본분을 실천덕목으로 구체화하였다.

경찰법은 "민주적인 관리 · 운영과 효율적인 임무수행"을 기본목적으로 설정하여 민주성과 효율성이 경찰행정의 기본이념이 됨을 분명히 제시하면서, 국민의 의사를 반영하고 정치적 중립성을 실현하기 위하여 경찰위원회를 설치하였으며, 경찰조직에 교통 · 방범 등 민생치안기능을 강화하여 대민봉사에 전념할 수 있게 하였다.

새로 제정된 경찰법에서는 내무부장관 소속하에 반독립적인 외청형태의 경찰청을 두도록 하여 독자적인 관리체제의 기반을 마련하였다. 또한 내무부장관 소속하에 경찰위원회를 두어 경찰행정에 관한 주요 정책을 심의 · 의결하도록 하였으며 민생치안의 효율화를 위해 일선경찰서의 인력을 보강하였다. 이후 문민정부가 출범하면서 경찰은 변화와 개혁을 통하여 민주화, 지방화, 세계화시대에 걸 맞는 양질의 치안서비스를 제공할 수 있는 토대를 마련하게 되었다고 할 수 있다.[18] 하지만 경찰법은 경찰을 내무부의 외청으로 존속시킨다는 점에서 완전한 의미의 경찰의 독립은 아니었으나, 경찰법의 제정이 갖는 의의는 크다.

이후 '국민의 정부'가 출범하면서 경찰의 정치적 중립과 자치경찰체제의 도입문제가 정책과제로 등장하게 되었다. 1998년 2월 여야간 정권이 교체되고, 종래의 내무부가 총무처와 합쳐져서 행정자치부로 바뀌면서 경찰은 내무부의 외청에서 행정자치부의 외청으로 전환되었으나 업무내용에는 변함이 없었다. 1998년 9월에 이른바 '경찰서비스헌장'을 제정하여, 경찰헌장에 제시된 대민 친절봉사정신이 구체화되었으며, 대민 접촉을 하는 경찰관의 구체적인 행동기준이 마련되었다.

특히 1999년 12월부터 시작된 경찰대개혁은 구시대의 제도와 관행 및 행태를 청산하고 21세기가 요구하는 국민의 경찰로 거듭나기 위한 조직개혁 운동이다. 경찰의 이러한 개혁적 움직임은 미래의 한국경찰을 국민들로부터 신뢰와 존경을 받는 경찰로, 나아가 선진국 경찰과 어깨를 나란히 하는 경찰로 우뚝서기 위한 조직적 차원의 노력으로 평가된다.

18) 이황우, 「경찰정신사와 경찰상 정립, 경찰창설 50주년과 경찰의 좌표」(서울: 치안연구소), 1995, pp. 29～40.

▣ 주요 경찰 연표

- 1946년 여자경찰과 신설
- 1947년 중앙경찰위원회 신설
- 1947년 경찰간부후보생제도 창설
- 1953년 국립과학수사연구소 설립, 해양경찰대의 설치, 경찰관직무집행법 제정
- 1968년 전투경찰대의 설치,
- 1969년 경찰공무원법 제정,
- 1975년 소방업무가 내무부 민방위본부로 이관
- 1981년 경찰대학 개교
- 1991년 경찰법 제정, 경찰위원회 신설
- 1996년 해양경찰청이 해양수산부로 이관
- 1998년 행정자치부 소속으로 변경
- 2003년 경찰청장 임기제 실시
- 2004년 지역경찰제 전면 실시
- 2006년 제주특별자치도 자치경찰관 출범

3. 한국경찰제도사의 재 조명

어떤 시대이건 간에 사람들이 공동체를 형성하여 삶을 영위하였다면 사회의 질서를 유지하는 경찰활동의 필요성이 어떤 형태로든지 존재한다. 공식화된 경찰활동의 형태는 고대 중국, 이집트, 그리스, 로마에서 찾아볼 수 있다. 원시사회에서의 경찰활동은 개인의 생명과 재산에 대한 자위적 활동으로부터 시작된 것이지만 사회가 발전함에 따라 개인이 경계·경비를 하는 것보다는 국가가 이러한 임무를 전문적으로 수행하는 것이 효과적이었기 때문에 경찰이라는 조직체가 생기게 된 것으로 볼 수 있다.[19)]

우리나라에서도 고대사회를 거쳐 근대적 의미의 경찰개념이 등장한 1894년 갑오경장까지의 경찰사를 살펴보면, 법적인 체제와 근거를 가진 제도화된 전문적인 경찰기관은 존재하지 않았지만 국가존립을 위한 통제기관으로서의 경찰은 존재하였음을 확인할 수 있다. 이러한 맥락에서 우리나라의 경찰사를 갑오경장의 전·후를 중심으로 살펴보면 다음과 같은 특징을 발견할 수 있다.

첫째, 갑오경장 이전의 경찰제도에서는 일반행정과 경찰, 군기능이 미분화되어 운영되었지만 갑오경장을 통하여 비로소 분화과정을 거쳐 제도적 의미의 경찰이 탄생되고,

19) Raymond J. Michalowski, Order, Law, and Crime (New York: Random House, 1985), p. 170.

경찰이라는 용어가 처음으로 등장하였다. 이 시기의 경찰이념은 국민의 인권을 보호하는 데 있지 아니하고, 통치권의 보호와 그 뒤에 숨겨진 일본의 제국주의적 침략을 확보하는 데 있었다. 경찰작용에 관해서도 경무청관제직장과 행정경찰장정이 제정되는 등 법적 기반이 마련되지만, 그 임무가 포괄적일 뿐만 아니라, 각종 명령을 통하여 경찰권이 발동되는 등 경찰권은 전제주의적 수준에 머물러 있었고, 그러한 경찰권은 일본의 제국주의적 침략을 위한 수단으로 활용되었다. 무엇보다 이 시기는 주도면밀한 일본의 의도와 계획하에 창설 · 정비 · 통합되어 일본 경찰화되는 과정이었으며, 법제면에서도 일본의 것이 그대로 이식되는 특징을 보이고 있다.

둘째, 갑오경장부터 일제강점기까지는 일본이 동북아제패를 위한 제국주의적 야욕을 실현시키기 위해 한국을 희생양으로 삼아 치밀한 계획하에 경찰권을 상실시켜가는 과정이 잘 나타난다. 이 시기는 경찰제도가 정비되어 가는 시기이면서 동시에 일본의 침략을 위한 준비과정이었다고 볼 수 있다. 경찰제도의 정비 또한 완전히 일본인 고문경찰의 손에 의하여 이루어졌고, 경찰제도 자체가 일본화하는 과정이었다. 우리 경찰의 역사상 가장 암울한 시기였던 일제강점기에는 모든 경찰기관이 일본의 강점을 위한 중추기관으로 작용하였음을 알 수 있다. 특히 조선총독에게 주어진 제령권과 경무총장, 경무부장 등의 명령권 등을 통한 각종 치안입법으로 전제주의적 · 제국주의적 경찰권의 행사가 가능하였으며, 경찰이념은 그러한 경찰권을 행사함으로써 한국 국민을 억압하고 탄압하는 존재로서 제국주의국 일본의 강점을 공고히 하는 데 있었다.

셋째, 해방이후 정부수립이전까지의 미군정 기간 동안에 발생한 경찰사적 의의는 먼저 조직법적 · 작용법적 정비에서 찾을 수 있다. 즉, 미군정의 실시와 더불어 시작된 구시대의 치안입법의 정비와 함께 조직법적 정비도 이루어져, 그 동안 국민들을 감시 통제하던 고등경찰이 폐지되고, 위생사무가 위생국 사무로 전환되었을 뿐 아니라, 일제의 전쟁수행을 위해 맡아왔던 경제경찰업무도 경찰로부터 제외되는 등 상당한 사무범위의 축소가 이루어지면서, 그만큼 경찰의 활동도 축소되는 계기를 가져왔다. 경찰사무가 다른 관청의 분장사무로 정리되는 이른바 비경찰화(Entpolizeilichung)작업이 진행된 것이다. 하지만 과거 일본제국주의의 잔재를 완전히 청산하지는 못했으며, 특히 경찰제도와 인력에 대한 대대적인 개혁은 이루어지지 아니하였다. 즉, 광복이후 남북의 분할통치와 좌우의 대립이라는 정치적 혼란 상황하에서 경찰은 유일한 질서유지 세력이었으므로, 미군정청은 좌익에 대항하기 위해서 일제시대 경찰제도와 인력을 그대로 활용하는 정책을 택하게 된다. 따라서 일제시대의 조직과 문화가 그 시대의 인물과 함께 그대로 답습되어 과거청산이 이루어지지 아니한 채 단독 정부수립이라는 새로운 시대를 맞이하게 된 것이다.

셋째, 정부수립이후 치안국 시대에는 경찰의 이념에 민주적인 요소가 도입되면서, 국민의 생명과 재산의 보호라는 새로운 자각이 일어나고, 조직면에서도 중앙경찰위원회를 통한 경찰통제가 시도되는 등 민주적 요소가 강화되었다. 특히 사회 공공의 안녕과 질서유지라는 임무를 부여받은 경찰로서는 광복이후의 좌우대립과 혼란의 극한상황을 극복함으로써 건국의 기초를 쌓는 데 많은 공헌을 하였다. 정부수립이후 치안국 시대의 경찰사적 의의는 경찰이 중앙조직으로는 내무부의 1개 국으로, 지방조직은 시 · 도지사의 보조기관으로 격하됨으로서 정치예속적 경찰로 그 지위가 약화되었다는 점에서 찾을 수 있다. 하지만 좌익세력의 준동, 6 · 25 사변 등과 같은 혼란기에 사회유일의 질서유지세력으로서 자유민주적 기본질서를 굳건히 수호함으로써 대한민국이라는 국가의 틀을 확고히 하는 데 기여하였으며, 경찰병원 · 과학수사연구소의 설립, 해양경찰 · 항공경찰의 창설, 경찰관직무집행법의 제정 등 경찰의 조직적 차원의 기반은 더욱 견고해지는 성과를 거두었다.

넷째, 치안본부시대의 경찰은 치안본부로의 확대라는 외적 위상을 강화하였으나 경제성장에 따른 치안수요의 감당에는 미흡하여 용역경비체제, 청원경찰, 의무경찰제의 도입 등 치안보조 역량을 강화하는 데 집중하게 되었다. 특히 경찰대학 · 중앙경찰학교의 설립으로 경찰의 조직적 내실을 다지는 기틀이 마련되었으며, 경찰민주화에 대한 논의도 활발하게 진행되었다. 그러나 결국 정치적 타협에 의해서 해결될 수밖에 없는 한계를 경험하게 되고, 경찰의 정치적 예속화는 계속 이어지게 된다.

다섯째, 현대사회의 경찰사적 의의는 1991년 경찰법 제정에서 찾을 수 있다. 경찰을 내무부의 외청으로 존속시킴으로써 만족스럽지는 못했지만 경찰청과 각 지방경찰청이 독립관청화하고 경찰위원회제도가 도입되어 경찰의 민주화에 공헌하였다. 그러나 그 동안 경찰이 정치적 중립성의 확보를 위해 노력해 온 것에 비하면 선거부처인 행정자치부로부터의 독립을 이루지 못하여 완전한 숙원을 이룬 것은 아니다. 따라서 한국 경찰의 남은 과제는 이념적으로는 국민을 위한 경찰로서, 헌법이 요구하는 국민전체에 대한 봉사자로서, 본연의 역할에 충실한 민주경찰로 국민들의 의식 속에 다시 태어나는 것이다. 아울러 미래를 준비하지 못한 이유로 일본 경찰의 지배를 받게 된 뼈아픈 과거를 교훈으로 삼아 우리나라 국민을 위한 최적의 경찰비전과 경찰제도를 주도면밀하게 연구하고 준비하여 민족통일에도 대비하는 경찰이 되어야 할 것이다. 구체적으로는 수사권 독립과 자치경찰제의 실시, 그리고 행정자치부로부터의 독립이 현안과제로 남아 있다.

▣ 대한민국경찰사의 구분

구분	시기	특징
전근대적 경찰	고조선 ~ 갑오경장 (1894년)	*경찰기능의 미분화 *중국의 영향
근대적 경찰	갑오경장(1894) ~ 조국광복(1945년)	*경찰기능의 분화 *일본의 영향 *경찰의 조직법적 · 작용법적 근거를 마련함으로써 근대적 경찰로 탄생하는 계기를 만듬
현대적 경찰	조국광복(1945년) ~ 경찰법 제정(1991년)	*경찰사에 있어서 새로운 출발을 지향한 시기 *한국이 자주적으로 경찰을 운용
	경찰법 제정(1991년) 이후	*경찰법 제정 *경찰청이 외청으로 독립하여 경찰에 새로운 전기를 가져다 주었다. *민주경찰로의 발전계기를 마련

제3장 비교경찰제도론

제1절 경찰제도의 유형

1. 중앙집권형 경찰제도

중앙집권형(centralized system) 경찰제도는 일반적으로 국가경찰체제를 의미하는 것으로 경찰의 권한과 책임이 중앙정부의 직접적인 통제하에 있는 체제를 의미한다. 즉, 국가가 경찰유지의 권한과 책임을 가지는 경찰로 중앙경찰(police générale)이라고도 한다. 이러한 국가경찰의 특징은 경찰조직에 대한 관리 형태나 구조가 분권화를 지향하더라도, 법집행의 성공과 실패에 대한 직접적인 책임은 중앙정부가 지게 된다. 국가경찰은 경찰조직을 중앙집권으로 하는가 지방분권화하는가에 따라 중앙집권적 국가경찰과 지방분권적 국가경찰이 있다. 통상 국가경찰은 중앙집권이 원칙이고, 자치경찰은 지방분권이 원칙이다. 예외적으로 연방국가는 복합적 형태를 가지는데, 연방이나 주는 중앙집권의 형태를, 연방이나 주를 구성하는 지방이 분권화하는 복합적 형태를 가지기 때문이다. 이러한 중앙집권적 경찰제도는 전체주의 국가에만 특징적으로 나타나는 것은 아니며, 중앙집권적 경찰제도가 민주주의와 반드시 대립되는 것은 아니다. 몇몇 민주국가에서 경찰국가화에 대한 두려움 없이 그러한 경찰제도를 운영하고 있다. 하지만 그러한 국가들은 영국의 보통법(Common Law) 전통을 가지고 있는 국가들에서처럼 시민의 자유에 대하여 특별한 관심을 보이고 있지는 않다. 미국인들은 개인의 자유를 보호하기 위하여 보다 큰 범죄와 범죄성을 용인할 태세가 되어 있는 반면에, 다른 나라에서는 사회의 권리를 개인적인 시민의 권리보다 더 중요시한다. 이러한 견해들은 비민주적인 것으로 보이지는 않지만, 민주주의를 보호하기 위해서 필요하다고 볼 수도 있다. 이러한 유형에 속하는 국가들로는 프랑스 · 이탈리아 · 핀란드 · 이스라엘 · 태국 · 대만 · 아일랜드 · 덴마크 · 스웨덴 및 한국 등이 있다. 분권화된 경찰제도를 운영하고 있는 국가들에서처럼, 이 유형에 속하는 국가들간에도 조정 · 통제의 방식은 나라마다 다르다.

2. 지방분권형 경찰제도

지방분권형(fragmented system) 경찰제도는 자치경찰체제를 의미하는 것으로 지방자치단체가 경찰유지의 권한과 책임을 지는 경찰제도를 지칭한다. 계층제에 의하여 준군대식으로 조직화된 경찰구조를 가지고 있었던 국가는 잠재적인 직권남용의 두려움 때문에 매우 많은 자치경찰기관을 탄생시켰다. 더구나 경찰의 조직화된 구조를 반대하고 있는 국가들은 경찰권에 대해서도 엄격한 제한을 가하고 있다. 반면에 경찰의 효과성의 정도는 국가의 크기, 지형, 인구밀도, 산업화의 정도, 정치풍토, 문화적 역사, 그리고 사회적 조건에 의하여 영향을 받는다. 지방분권화 경찰체제를 채택한 국가들은 보통 보다 광범위한 시민의 자유를 보장해 주는 대가로 그들 사회에서 상당 수준의 범죄를 관대하게 취급하는 경향이 있다. 이러한 분권화된 경찰 모형을 가지고 있는 나라들은 미국 · 벨기에 · 캐나다 · 네덜란드 및 스위스 등이다. 이러한 분권화된 경찰제도를 가지고 있는 나라들에서의 조정과 통제의 수준은 전체적인 효과성만큼이나 각 나라마다 다양하게 나타난다.[1)]

3. 통합형 · 절충형 경찰제도

절충형모델(integrated system)은 자치경찰과 국가경찰이 결합된 통합형 또는 혼합

1) 임창호, 전게서, pp. 94～95.

형이라고도 불리는데, 이는 중앙정부와 지방정부가 경찰에 대한 통제권한을 공유하고 있다는 데 특징이 있다. 이러한 체제들은 분권화된 체제에 비하여 효과적이고 효율적이고 통일적인 경찰서비스를 제공하는 국가경찰제도가, 자칫 빠질 수 있는 권한 남용의 가능성을 불식시키기 위해서 마련되었다. 이러한 체제는 경찰서비스의 제공에 대한 지방통제가 이루어지면서도, 국가적인 기준 또한 지켜지고 있다. 분권화된 체제에서 발견되는 다수의 자율적인 경찰기관들과는 달리 절충형 체제에서는 경찰기관의 수가 적은 편이다. 이러한 유형에 속하는 국가들로는 독일 · 영국 · 일본 · 호주 및 브라질 등을 들 수 있다.[2)]

본 장에서는 이러한 경찰제도의 세 가지 패러다임을 지니고 있는 각국의 경찰제도에 대한 체계적 비교를 통하여 제도의 공통개념과 일반원리를 탐색하는 것을 목적으로 한다. 이처럼 각국의 경찰제도와 역사를 비교 · 고찰하는 이유는 우리나라 경찰제도에 대한 정확한 인식을 바탕으로 문제의식을 가지고, 각국의 경찰제도의 동향을 예측함으로서 바람직한 모형을 제시하는 것이다. 특히 우리나라와 같이 일본이나 중국 등 외국으로부터 경찰제도를 강제적으로 계수한 나라에서는 외국경찰의 사례분석 과정을 통하여 바람직한 경찰제도의 정착에서 발생할 수 있는 시행착오를 줄일 수 있다. 따라서 본 장에서는 다음과 같은 연구문제를 설정하여 각국의 경찰제도와 역사들을 체계적으로 비교 · 고찰하겠다.

첫째, 다른 나라의 경찰사는 우리 경찰의 뿌리를 근원적으로 규명하는 데 유용하다.

둘째, 세계의 경찰을 넓은 시야로 바라봄으로써 세계 경찰사에 흐르고 있는 사상과 이념, 제도의 변화과정 등을 상호 비교할 수 있다.

셋째, 한국경찰에 접목되어 있는 이른바 대륙법계의 경찰제도와 영 · 미법계의 경찰제도에 대한 비교연구는 우리나라의 경찰제도에 관한 새로운 입법 및 실정법의 해석에 도움을 주고, 우리 경찰의 나아갈 방향을 시사해 준다.

---

2) Thomos Baker, Ronald D. Hunter, and Jeffery P. Rush, *Police System & Practice: An Introduction* (Englewood Cliffs, NJ: Prentice-Hall, 1997), p. 36.

제2절 영국 경찰

1. 영국 경찰의 역사

1) 고대 경찰

고대 영국에서 공공의 안녕을 유지하는 제1차 책임은 집단안전체제 또는 사회계약이라는 테두리 안에서 각각의 마을에 속해 있었다. 그렇기 때문에, 10가족을 단위로 10호반(Tything) 혹은 십인조(十人組)라는 제도를 만들어 성인남자들이 돌아가며 경계를 서는 등 스스로를 지키는 자치치안 전통이 생성되었다.

그리고 10호반이 모여 100호반을 구성하고 주민들 사이에서 관리책임자인 자경대장(constable)을 선출하여 범법자를 추적하고 체포하는 책임을 맡기었는데, 이 constable이 영국 최초의 경찰관의 기원이다.

100호반은 다시 합쳐져 샤이어(Shire, 郡, County)가 되고 국왕은 각 샤이어의 치안을 위해 군인이면서 법관인 국왕대관(國王代官, Shire reef)을 임명하였는데 이들이 미국에 존속하는 보안관(sheriff)의 원조이다. 이들은 국왕을 대표하여 세금을 징수하고 치안을 유지하며 재판권 등 국왕의 각종 권한을 행사하였다.

2) 중세경찰

에드워드 1세는 1285년 윈체스터법령(Statute of Winchester)에 의해 경찰활동을 규율하였다.

① 중소도시(Town)에 야경인(Watchman) 제도를 도입하여 종래 경찰관(Constable)의 임무를 보좌하게 하였다.

② '저놈 잡아라'(Hue and Cry) 하는 식의 범인추적협조제도를 법령화하였다.

③ 15세~60세 사이의 남자들에게 무기를 비치하고 관리하도록 하였다.

▣ 1285년 윈체스터법령

- 노르만침공과 1829년 수도경찰법 사이 약 600년 동안에 거의 유일하게 존재하여. 경찰활동을 규율하는 일반원칙으로 존재
- 중소도시(town)에 야경인(watchman)제도 도입(경찰관 임무를 보좌)
- 'Hue and cry' -'저놈 잡아라'라는 전통을 수립하고 주민에게 의무를 부과
- 범죄대처방안의 강화책으로 15세~60세 사이의 남자에게 계급에 따라 장비등을 보유할 수 있게 함

3) 근대경찰

1829년 로버트 필경(Sir Robert Peel)에 의해 수도경찰청(Metropolitan Police Service)이 탄생하였다. 이 법으로 여러 경찰조직을 통합하여 일원화하고 계급 · 제도 · 정복착용 등 개혁을 이루었다.

▣ 로버트 필경이 제시한 지휘지침(1829년)

① 경찰은 능률적이며 군대식으로 조직되어야 한다.
② 경찰은 정부지배를 받아야 한다.
③ 범죄의 부재는 경찰 존재 효과의 증명이다.
④ 경찰력을 시기별 또는 지역별로 배분하여 전개하는 것이 필요하다.
⑤ 완전한 감정통제 이상으로 경찰관에게 필요한 자질은 없으며 평온하고 결의에 찬 태도는 실력행사 이상의 효과를 갖는다.
⑥ 단정한 외모는 존경을 산다.
⑦ 적격자의 선발훈련은 능률의 근본요소이다.
⑧ 경찰본부는 중앙에 위치하고, 시민이 쉽게 찾을 수 있어야 한다.
⑨ 경찰관의 채용에는 시보기간을 두어야 한다.
⑩ 경찰력의 적절한 배치를 위하여 경찰문서가 필요하다.

지방도 1829년 농촌지역에서는 군경찰법(County Police Act)으로 인구 1천명당 1인의 경찰관을 임용하도록 하였으며, 1835년 도시자치법(Municipal Corporations Act)을 제정하여 시군경찰위원회(Watch Committee)를 발족하였다. 1856년 주 및 특별시 경찰법(County and Borough Police Act)을 제정하여 전국 경찰 표준화 작업을 하였고, 자치경찰에 대한 내무부장관의 감독권과 통제권을 강화하였다.

4) 현대경찰

경찰개혁을 위하여 1960년 1월에 왕립위원회(Royal Commission)가 발족되었다. 제출된 보고서에는 지방경찰의 통폐합, 경찰관의 근무조건 개선, 프랑스식의 국가경찰제로의 전환 등을 제안하였다. 그러나 국가경찰제의 도입은 영국의 자유주의적 전통 때문에 실현되지 않았다.

1964년에 경찰법이 제정되어 당시 183개의 경찰청들을 52개의 경찰청으로 통폐합하였다. 또한 내무부장관, 경찰위원회, 경찰청장간의 삼원체제(Tripartite system)가 규정되었다. 내무부장관(Home Secretary)은 능률성 향상을 위해 경찰위원회에 특정 경찰청장의 퇴직을 요구할 수 있고, 필요한 경우 특정 경찰청장으로 하여금 타경찰청을 원조토록 지휘할 수 있도록 하였다. 대신 각 경찰청 예산의 51%씩 지원(1994년 경찰법 이후 50%이하로 조정)하도록 하였다. 경찰위원회(Police Authority)는 1/3의 치안판사(Magistrate)와 2/3의 지방의회의원으로 구성되어 내무장관 동의하에 경찰청장을 임명하는 권한이 있고, 경찰청장(Chief Constable)은 해당지역 경찰을 지휘·통제하였다.

1984년에 경찰 및 형사증거법(Police and Criminal Evidence Act)이 제정되었으며, 1994년에는 경찰 및 치안판사법(Police and Magistrates's Courts Act)을 제정하여 삼원체제(Tripartite system)에서의 내무부장관의 영향력을 강화시켰다.

- 영국 국책연구소 '데모스(Demos)는 2006년 발간한 보고서를 통해 04년 경찰만족도가 94년(68%) 대비 10% 하락한 58%를 기록하였고 이와 같은 현상의 원인은 복잡한 사법·행정절차로 인해 경찰 업무부담이 가중되면서 치안서비스의 질이 낮아졌기 때문이라고 분석하고 그 대책으로 전국 43개 경찰조직을 12개로 통폐합하고 민간부문이 수행가능한 업무는 대폭 민영화해야 한다고 주장하였다. '05년 강도상해사건 58%, 강도사건 38%, 폭행사건 35%, 절도사건 42%가 경찰에 신고되지 않았다는 통계 또한 낮아진 경찰 신뢰도를 반영한 것이라고 한다.

■ 영국 경찰의 변천

1792	미들섹스법원법으로 런던에 7개의 간이재판소와 3명의 치안법관 6명의 경찰관을 임명
1829	런던경찰청 설립, 로버트 필 내무장관의 애칭인 보비가 런던경찰을 의미
1835	도시자치법 제정 시군경찰위원회를 발족하여 전국경찰표준화
1856	도 및 특별시 경찰법으로 자치경찰에 대한 감독권과 통제권 확립
1964	경찰본부를 경찰위원회로 통합 내무장관에게 합병권 부여
1984	경찰 및 형사증거법 제정으로 경찰력 강화
1985	범죄기소법으로 국립검찰청 창설하여 기소권 부여
1992	국립범죄정보국과 국립수사대 창설

2. 영국 경찰의 조직

영국의 경찰조직은 잉글랜드와 웨일즈에 43개, 스코틀랜드에 8개, 북아일랜드에 1개 등 52개의 경찰청들이 각기 독립적으로 운영되고 있고, 현재 내무부장관의 조정·통제를 받는 수도경찰청장과 북아일랜드 경찰청을 제외하고는 원칙적으로 상호 지휘나 감독 혹은 통제를 받지 않는 자치경찰제도를 유지하고 있다.

「잉글랜드」와 「웨일즈」 및 「북아일랜드」의 경찰책임자는 내무부장관이고, 「스코틀랜드」에서는 「스코틀랜드」부장관이다. 다만, 「북아일랜드」에 있어서는 경찰총감이 내무부장관의 책임 하에 경찰을 관리하고 있다. 그리고 「잉글랜드」와 「웨일즈」에 있어서의 소방 기타 특수경찰을 제외하고는 전 영국 경찰이 대체적으로 중앙경찰인 수도경찰과 지방자치경찰인 주경찰(County Police), 특별시경찰(County Borough Police), 병합경찰(Combined Police Force)로 대별한다.

영국 경찰조직의 관할지역별 경찰관리자, 책임자 등은 다음과 같다.

▣ 영국 경찰의 관할과 책임자

관할지역	경찰관리자	책임자	경찰재원
수도경찰청 관할지	내무부장관	수도경찰청장	수도청기금
런던시	시의회	런던시경찰청장	시비 및 반액정부부담
주(county)	주경찰위원회	경찰국장	주기금 및 반액정부부담
특별시	시공안위원회	경찰국장	일반지방세 및 반액정부부담
병합지역	병합경찰위원회	경찰국장	병합경찰기금 및 반액정부부담

영국의 경찰은 고대 앵글로색슨 시대 이래로 주민 자치치안(self policing)의 철학과 문화를 계승하여 그 조직의 형태와 운영이 끊임없이 변화되어 왔다. 그 변화를 두 가지로 살펴보면 첫째, 기술과 통신의 발달과 범죄의 광역화 · 전문화에 부응키 위해 필요한 중앙통제 장치들의 확산이고, 둘째, 주민이 필요로 하는 치안서비스를 제때 제공하고 경찰활동에 대한 지역주민의 참여를 보장하고자 하는 분권화의 증대이다. 이 두 가지 변화는 형태적으로는 철저한 지방자치경찰을 구축하고 실질적 중앙통제장치를 확보하는 동시에 주민에게 가까이 다가가는 다양한 시책과 기법의 효률적 실시를 통해 민주성과 효율성을 동시에 추진해 나가고자 하는 상호보완적 관계임을 알 수 있다.

1) 내무부 및 중앙경찰조직

(1) 내무부(Home Office)

내무부는 법률과 질서의 유지, 경찰업무, 소년범을 포함한 범법자의 처리, 보호관찰업무, 치안법원의 조직, 형사재판에 관한 법안작성 등의 치안 관련 정책수립 및 업무를 수행하는 부서이다. 그 장은 내무부장관(Home Secretary)이며 각 기능을 담당하는 6명의 차관(Minister-2명, Under-Secretary of State-4명)과 직할, 부속, 외청 등 각종 조직과 기관, 기구를 통한 연구, 지방정부 및 타기능 지원 · 자문에서부터 실제 집행까지의 치안과 법질서에 관련한 업무를 총괄하고 있다.

(2) 중앙경찰조직

영국의 중앙경찰은 국가경찰에서 자치경찰로 전환된 수도경찰청(The Metropolitan

Police)과 관할구역을 달리하는 자치체경찰로서의 런던시경찰(Police of London City)이 있다.

▣ 영국의 중앙경찰

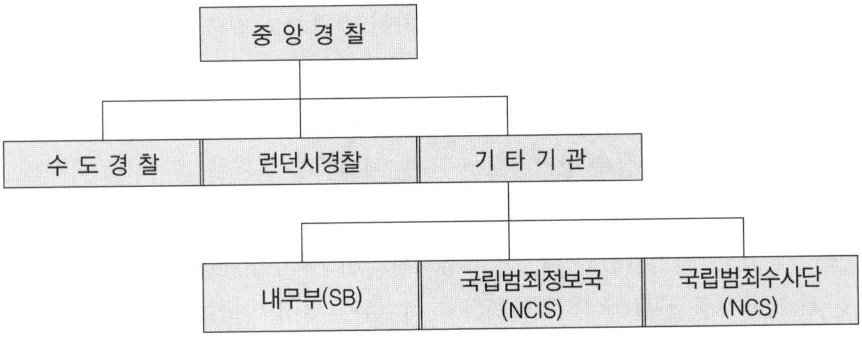

① 수도경찰청(The Metropolitan Police)

영국은 고대부터 지방자치경찰의 전통을 유지해 왔으며 산업혁명으로 도시인구의 집중화, 범죄의 다양화에 대응하기 위함과 왕국, 상·하원, 외국대사관, 공관 등에서 발생하는 사건이 지방의 이해관계를 넘어 국가적인 것이 많아 이를 정부가 직접 관할하기 위하여 1829년에 수도경찰청이 창설되었다. 이 후로 근대적 경찰조직이 발달하기 시작하였다. 그리고 창설이래 171년 만인 2000년 7월부터 영국은 다른 지방경찰청과 마찬가지로 경찰위원회 관리하에 자치체경찰로 전환된 것이다.

수도경찰청은 영국 경찰의 역사라 해도 과언이 아니고, 그 창설로부터 영국 법 집행의 대명사이며 여타 지방경찰의 창설과 운영에 있어서 모범과 선도역할을 해 오고 있다. 또한 국제적 정치·금융·문화·외교의 중심지인 런던의 중요시설 및 요인경호 등 특수치안 수요, 북아일랜드공화국군(IRA) 등 국제적 테러단의 테러 위협 등의 특수성으로 인해 영국 경찰의 실질적인 총괄 최상급 기관이라고 할 수 있다.

② 런던시경찰(Police of London City)

런던시경찰은 런던시를 관장하는 자치체경찰이다. 런던에는 시티(city)라고 불리우는 특별지역이 있으며 예전부터 몇 가지 정치적 특권을 가지고 있다. 면적은 겨우 2.6km^2이며 영국 경제의 중심지로서 주간인구 60만, 야간인구 5천 3백 명인 특수지역이다. 여기에는 예전부터 독립된 경찰이 설치되어 있었다. 1829년 수도경찰청이 창설될 무렵, 시경찰을 경찰청에 합병하려는 움직임이 있었지만, 시의회가 반대하여 실현되지 못하고 현재까지 독립된 시경찰로 남아 있다. 예전에는 정부로부터 완전히 독립되어 보조금과 감찰관의 감찰도 받지 않았으나, 1919년 이후 다른 경찰에 비해서는 낮은 비율이지만 보조금을 받고 형식적인 감찰도 받고 있다.

③ 국립범죄정보국(NCIS: National Criminal Intelligence Service)

국립범죄정보국은 1992년에 4월에 조직되어 범죄정보의 수집 · 분석 · 배포업무를 수행하는 내무부장관 직속의 경찰기관으로 설치 · 운영되어 오던 수사보조기관이다. 고도의 지능범죄의 퇴치, 영국 주요 범죄자의 체포, 범죄망의 일망타진 등을 목표로 활동하고 있다. NCIS 업무의 핵심은 범죄정보를 분류, 처리하고 범죄를 분석하여 국내외 법 집행기관들의 활동을 지원하는 것이다. 그러나 1997년 경찰법의 개정을 통해 자체 수사기능을 보유케 하고, 독립기관인 국립범죄정보관리위원회(National Criminal Intelligence Service Authority)를 신설하여, 그 관리하로 이관함으로서 미국의 FBI와 유사한 국가수사기구로 재창설되었다.

④ 국립범죄수사단 (NCS: National Crime Squad)

국립범죄수사단은 1997년 경찰법에 따라 1998년 4월에 기존의 광역수사대들(Regional Crime Squads)를 일원화된 중앙집권적 국가수사기구로 재편한 것이다. 독자적 수사와 각 지방경찰청의 강력 · 조직 · 광역범죄 수사에 대한 지원을 병행하되 업무의 중점은 중대한 범죄와 조직 · 국제적 범죄 수사에 둔다. 국가권력의 과도한 확대를 방지하기 위해 기존의 내무부 관리체제로부터 새로 설치된 국립수사관리위원회(National Crime Squad Service Authority)로 그 관리기구를 이관하여 형태적으로는 독립적이고 중립적이며 민주적인 관리체제를 구성하였다.

▣ 국립범죄정보국(NCIS : National Criminal Intelligence Service)

- 최초 내무부장관의 직속기관으로 창설
- 범죄정보의 수집 · 분포 · 배포업무 수행
- 자체수사기능을 가짐
- 관리기관으로 국립정보위원회
- 미국 FBI 국가수사기구와 유사(광역 · 조직 · 국제범죄에 대응)

2) 지방경찰조직

영국 경찰제도의 요체는 광역단위의 자치경찰이다. 다시 말하면, 주민의 필요와 선택에 따라 그 지역의 치안정책이 결정되고 그 집행 과정에 주민들이 여러 경로를 거쳐 직접 참여하고 그 결과를 주민들에게 보고하여 최종 평가를 받게 된다는 것이 영국식 경찰제도의 이념이다. 영국의 근대식 지방경찰 조직은 수도경찰청이 창설되어 정착되고, 이를 모델로 각 지역의 사정과 여건에 맞게 형성되었으며 이후 대대적인 지방행정의 통폐합(amalgamation) 및 지방경찰조직 정비 과정을 거치며 1964년 경찰법에 의해 지금의 수도경찰청 · 런던시경찰청과 41개(Scotland 제외)의 지방경찰청 체제가 구축되었고, 그 관할구역은 「1994년 경찰과 치안법원에 관한 법률(Police And Magistrates' Courts Act 1994)」로 정비되었다.

영국의 자치경찰은 방범 · 교통 · 경비 · 수사 등 모든 경찰업무를 독자적으로 수행한다. 경찰관의 임무로는 법질서 유지 및 국민의 생명과 재산 보호, 범죄예방, 범죄자의 추적 및 검거, 피의자의 기소 여부 결정, 교통통제 및 지방정부에 대한 교통관련 조언, 국민에 대한 긴급구조 등이 확립되어 있다. 지방경찰의 예산은 경찰보조금(Police Grant)이라고 하는 내무부지원 50%와 중앙정부 보조금 25%, 지방정부 주민세(Council Tax) 25%로 구성된다. 지방경찰의 수입과 지출은 모두 경찰위원회를 통해 이루어진다. 지방의회와 지방경찰청의 관계에서 지방의회는 경찰위원회 9명을 선임하고, 지방 치안관련 질의 · 답변요구를 하지만 경찰의 지휘 · 운영에는 관여하지 못한다. 지방의회 질의에는 경찰위원회에서 서면 또는 출석으로 답변하고 경찰청장의 출석요구를 하지는 못한다.

▣ 영국 지방자치체 경찰의 3원 체제

내무부장관	전국적 경찰업무의 수행, 경찰업무의 통일성 유지
지방경찰위원회	지역주민의 대표로 중앙정부의 영향을 차단하여 정치적 중립성을 확보하는 역할을 하며, 지방경찰청장 임명권, 예산 재정권으로 감독함
지방경찰청장	독자적이고 고유한 지휘운영권으로 경찰업무 수행.

(1) 지방경찰위원회 (Local Police Authority)

지방경찰위원회는 지방의회와 분리되어 독자성을 확보하여 법률로 부여된 권한과

의무를 자율적으로 행사하는 독립협력기관의 지위를 갖게 되었다.

구성원은 원칙적으로 17인으로 구성되는데, 각 지방경찰위원회는 매년 그 위원 중에서 의장을 호선하여야 한다. 모든 경찰위원회 위원의 임기는 4년, 임기 중 70세가 된 자는 사퇴하여야 하며 연임할 수 있다. 17명의 경찰위원(members of police authorities)은 지방의회(local council)에서 선임된 지방의원 9명, 지역 치안판사선임위원회(panel)에서 선임한 지역 치안판사(magistrates) 3명, 별도의 선발위원회(selection panel)에서 선발하거나 내무부장관이 추천한 독립적 의원 5명으로 구성되어 있다.

(2) 지방경찰청장(Chief Constables)

지방경찰청장은 경찰간부 중에서 최고 직급이며 경찰서비스 분야의 전문경영인으로서, 또 경찰행정기관의 총 지휘자로서 과거보다 더 많은 권한을 부여받게 되었다. 이러한 권한을 가진 지방경찰청장은 그 임면 및 예산권을 가진 지방경찰위원회가 선임하여 내무부장관의 승인을 얻어 임명한다. 지방경찰청장은 관할지역의 지방경찰계획안(Local Police Plan)과 예산안을 기초해야 하며 인력, 재산, 물자, 장비 등에 대한 책임을 진다. 또한 경찰력의 효율성과 효과성을 책임지며 이에 대하여 중앙경찰감사단의 성과평가인 연례감사를 받게 되어 있다.

(3) 주경찰(County Police)

영국의 지방경찰조직을 설명하기에 앞서 주의해야 할 점은 수도경찰과 런던시경찰을 제외한 영국의 지방경찰은 주경찰(County Police), 특별시경찰(County Borough Police), 병합경찰(Combined Police Force)로 나뉘어지고, 이들 모두 자치체경찰이다. 이러한 지방경찰은 주로 잉글랜드 · 웨일즈의 제도를 의미하며, 정치적 색채를 지니고 있는 스코틀랜드와 북아일랜드의 경우와는 다소 차이가 있다는 점이다.

주경찰은 주의회(County Council)의 내부위원회인 경찰위원회(Police Committee)가 관리하고 있으며, 경찰위원회는 주의회의 위원회로서 주의회 의원의 2/3와 지방법원판사 1/3로 구성되어 있다. 주경찰청은 규모와 인원이 작기 때문에 산하 하부 경찰기관이 조직의 중심이 되고 있다.

(4) 특별시경찰(County Borough Police)

특별시경찰은 경찰위원회(Watch Committee)제도를 가지고 있다. 이는 시장과 시의회에서 선임된 1/3이내의 시의원으로 구성된다. 의원의 임기는 1년이며 재선될 수 있다. 주경찰에서는 경찰청장이 사실상의 중심이나, 특별시경찰에서는 경찰위원회가 경찰권 행사의 중심이며, 중요한 안건은 본 위원회에서 결정하고, 상대적으로 경찰청장의 권한은 빈약하다. 따라서 경찰위원회는 경찰청장이하 전 경찰관의 임명·해임·징계·정직·승진 등에 대한 모든 권한을 가지고 있으며, 근무규정의 제정, 경찰지도방침의 결정, 경찰재원의 경리 등을 담당하고 있다.

특별시경찰의 조직은 시의 규모에 따라 차이가 있지만 작은 경찰청은 산하에 경찰서가 없을 뿐 아니라 큰 경찰서와 비슷하고, 수명의 직원을 가지고 있는 형사계와 교통계가 있을 뿐이며, 기타 경찰업무는 청장이 소수의 보조 경찰관과 함께 직접 수행한다. 반면에 큰 경찰청은 그 조직이 복잡하고, 관내를 수 개의 구로 나누어 총경 또는 경정을 장으로 하는 경찰서를 두고 있으며, 외근근무를 위주로 부서를 조직하고, 교통근무와 순찰근무를 주임무로 하고 있다.

(5) 병합경찰(Combined Police Force)

병합경찰은 「1946년 경찰병합법」에 의하여 설치되었으며, 1964년 경찰법의 제정에 의한 통합계획(Amalgamation Scheme)에 따라 주와 특별시의 통합지역을 관할한다. 주 또는 특별시는 자치단체로서의 강한 권한을 가지고 있으므로, 통합함에 양자 대등한 입장에서 단일 경찰에 통합하는 방식을 취한 것이다.

이와 같은 병합경찰의 설치 이유는 경찰의 능률증진에 있다. 즉 교통·통신이 발달된 오늘날 어느 정도의 관할구역의 확대는 활동이 편리하고 능률이 향상되지만, 이를 위한 주·특별시간의 관할구역의 통합은 자치체경찰을 근본이념으로 하는 영국 자치단체 고유의 경찰권 박탈을 의미하게 되므로, 자치업무 가운데 경찰만을 통합할 필요에서 비롯된 것이다. 이는 임의합병이든 강제합병이든 어느 경우에나 공익상 필요에 의한 내무부장관의 명령형식에 따라 결정된다.

병합경찰의 관리는 병합경찰위원회(Combined Police Authority)가 담당하며, 그 경찰을 구성할 주 또는 특별시의 위원회가 선출한 위원으로 구성된다. 병합경찰은 대부분 주경찰의 성격을 갖게 되며, 경찰국 및 경찰서·분서·파출소 등의 배치와 시설, 경찰활동 등은 주경찰과 유사하다.

(6) 스코틀랜드경찰

스코틀랜드는 스코틀랜드부장관이 경찰을 포함한 내정 전반을 총괄하고 있다. 스코틀랜드 경찰도 잉글랜드・웨일즈 경찰과 비슷한 역사를 거쳐왔다. 스코틀랜드의 근대적 경찰제도는 잉글랜드・웨일즈보다 약간 늦은 「1857년 스코틀랜드경찰법」에 의하여 확립되었다. 스코틀랜드에서는 쉐리프(Sheriff)가 전통적인 지방판사로서 세력을 가지고 있으며 치안판사제도가 발달되지 않았다는 것이 특징이다.

현재의 스코틀랜드 경찰제도는 1956년의 경찰법을 주된 근거로 하고 있는데 1964년에 중앙감독강화 등을 위한 비교적 대폭적인 개정이 이루어진 이래 현재에 이르고 있다. 현재 스코틀랜드 경찰에는 카운티(County)에 설치된 경찰과 특별시에 설치된 경찰, 거기에 약간의 병합경찰이 있으며 경찰의 관리방식, 중앙과 지방경찰과의 관계, 경찰관의 임무와 권한・활동 등은 거의 잉글랜드・웨일즈 경찰의 경우와 마찬가지다.

(7) 북아일랜드경찰

북아일랜드 또한 내무부장관 대신에 북아일랜드부장관이 경찰업무를 포함한 업무 전반을 총괄하고 있다. 과거 영국의 식민지였던 관계로 종래 정부가 파견한 감독관이 통할하는 식민지형 경찰제도가 실시되고 있었다. 그러나 아일랜드의 종교분쟁 및 독립운동의 역사와 더불어 경찰조직도 몇 차례 변천을 거듭해 왔다. 1822년에 설립되어 1836년에 체계를 갖추게된 아일랜드경찰대는 5천명~6천명으로 이루어진 부대로서 아일랜드 전역을 몇 개의 지방으로 나누어 각 지방에 한사람의 경찰본부장을 배치하여 치안유지를 담당하게 했다.

그러나 아일랜드경찰대는 아일랜드 독립에 따라 해체되고 영국 본국으로 남게 된 북아일랜드 지방에 새로 「왕립알스터경찰대(Royal Ulster Constabulary)」가 설립되어 오늘날에 이르고 있다. 왕립알스터경찰대는 내무부장관의 소관 하에 있는 국가경찰이며, 관리방식, 경찰 내부조직, 경찰관의 임무와 권한・활동 등은 잉글랜드・웨일즈, 스코틀랜드와 거의 같다.

제3절 미국 경찰

1. 미국 경찰의 역사

1) 식민지 시대

미국의 경찰제도는 영국의 경찰제도를 모방한 것인데, 영국과 마찬가지로 시민의 자유가 정부에 의해 침해당할 것을 우려하여 「작은 정부」를 지향하고 있으며 분권화 되어 있다. 제퍼슨(Jefferson)이 '중앙정부는 작게 하는 대신 지방정부는 빈곤한 자의 보호, 도로의 관리, 경찰, 경미한 사건에 관한 사법행정, 시민군의 기본훈련 등 강력한 권한을 행사해야 한다'고 말했던 것처럼 자치경찰제가 발달되어 있다.3)

식민지시대의 미국에 있어서 법집행의 기본제도는, 영국의 제도를 도입한 것으로 보안관(Sheriff), 치안관(Constable) 그리고 야경원(Watchman)제도였다. 보안관은 일찍부터 가장 중요한 법집행관으로 등장하였다. 보안관은 법집행의 임무 외에도 징세의 책임을 지고 있었으며, 또 선거를 관리하고 교량이나 도로 등의 공공시설을 유지하는 것도 보안관의 임무였다. 치안관은 식민지 사회에서 읍(town)이나 도시(city)에서 소보안관으로서의 기능을 수행하였다. 특히 범법사항뿐 아니라 시민생활에 있어서 비교적 넓은 영역에 관여하였다.

야경원는 야간에 화재 · 범죄 · 불법 그리고 의심스러운 자들로부터 도시를 보호해야 할 책임을 지고 있었다. 야경원제도는 후에 몇몇 대도시에서 주간 경비제도로 변형시키기도 하였지만, 어디까지나 야간활동이 원칙이었다.

그러나 보안관, 치안관, 그리고 야경원에 의해서 수행되는 법집행의 내용은 실제적으로는 대단히 미약한 것이었으며, 당시의 제도로서 범죄를 예방하거나 범죄자를 체포하기에는 제도적으로 미비하였다. 식민지시대의 여러 도시에는 무질서가 난무하여 조직화된 폭동이 빈번히 일어났다. 야경원제도는 단지 야간에만 활용되었고 또 장비면에서도 중대한 무질서 상태를 취급하기에는 너무나도 미약하였다. 보안관과 치안관은 주간근무가 그들의 임무였지만 그들의 활동 능력에는 한계가 있었다.

---

3) Pursley, R. D. (1980). Introduction to Criminal Justice, Glencoe, pp. 132～134

■ 식민지시대의 미국 경찰

식민지시대	• 영국의 보안관제도를 뉴잉글랜드 등 도시지역이 도입 • 영국의 치안관제도를 남부의 농촌지역이 도입 • 최초의 경찰은 1631년 보스턴의 야경제도(6인의 야경원)
미국독립초기	• 1790년대 뉴욕에서 경찰계급제도 성립-시장, 상급치안관, 치안관, 마샬, 야경원 • 연방지방검사제도 성립 • 주지사가 지휘하는 주군인경찰 성립(state militia)

2) 근대 경찰의 창설

1830, 40년대 미대륙은 도시화 · 산업화 및 이민자들의 증가로 폭동과 무질서가 난무하는 혼란의 시기를 경험하게 된다. 기존의 법집행 기관인 치안관 · 보안관 · 야경원만으로는 범죄와 혼란상황에 대처할 수 없는 상황에 이르렀다. 이러한 난관에 대응하고자 1838년에 보스턴시 경찰, 1844년에 뉴욕시 경찰,[4)]1833년과 1848년에 필라델피아 경찰 등 도시경찰이 등장하게 되었다. 보스턴시에서는 보스턴 시경찰국(Boston City Police Department)이 탄생하였다. 이때에 최초의 제복경찰관도 등장하였다. 특히 서부개척 당시는 민간방범대(Vigilance Committee), 보안관(Sheriff) 등과 함께 철도를 통한 금괴나 현금의 호송을 전담하는 최초의 민간경비회사도 생겨났다.

3) 정치적 유착기(1840～1920)

이 시기는 정치와 경찰이 강한 유착관계를 지녔던 시기로 비전문성 및 부패와 비능률이 지배하고 있었다. 이러한 모든 부조리의 원천은 정치적 영향이었다. 정치는 경찰인사에의 관여, 편파적 법의 집행, 경찰체제의 변혁 등 경찰행정 전반에 걸쳐 상당한 영향을 미치고 있었다. 경찰관의 채용에 있어서도 경찰관의 선발 기준은 전혀 존재하지 않았고, 다만 정치적 접촉으로 경찰관이 될 수 있었다. 특히 개인의 연령 · 건강 · 도덕성 등은 문제시되지 않았으며 이들에 대하여 그 어떤 공식적 훈련도 이루어지지 않았다. 또한 경찰관리의 선발이 정치적으로 이루어졌기 때문에 대도시에 있어서 상이한 인종, 집단

4) 뉴욕시 경찰의 창설은 1834년의 폭동사건과 1841년의 Mary Cecilia Rogers암살이란 극적인 사건으로 이룩된 것이었다.

간에 격렬한 정치적 투쟁이 전개되었다. 왜냐하면 경찰관직은 집단 간의 투쟁에서 승리한 측의 전리품으로 간주되었기 때문이다.

4) 경찰개혁 시대(1920~1970)

미국의 경찰개혁은 19세기 경찰의 법집행의 실패에서 연유되었다. 개혁에 있어 가장 문제가 되었던 것은 어느 집단이 경찰관서를 장악, 통제하느냐 하는 것이었다. 20세기 초기에 이르자, 새로운 세대의 지도자들은 미국 경찰의 전문화를 위한 캠페인을 벌이기 시작하였는데, 흔히 경찰전문화 운동으로 지칭되는 이 운동은 진보적 성격의 광범위한 개혁운동의 한 부분이었다. 이때 등장한 리차드 실베스터(Richard Sylvester)와 오거스트 볼머(August Vollmer)[5]는 경찰전문화 운동의 선봉이었던 대표적인 개혁론자들이었다. 실베스터와 볼머를 중심으로 한 많은 개혁론자들은 먼저 개혁의 기본목표에 합의하였다. 그 목표는 '경찰에서 정치를 축출하고, 정치로부터 경찰을 분리시키는 것'이었고, 개혁의 구체적 과제는 ①경찰관서의 관리를 위한 경험 있는 행정관리의 채용, ②경찰지휘·통제력의 집중화, ③경찰인사기준의 제고, ④전문화된 업무단위의 편성, ⑤경찰임무에 대한 사명감의 진작 등 5개항에 관한 것이었다.

이처럼 기술적 혁신과 더불어 효율적인 능률성이 요구되고 있는 상황에서 윌슨(O. W. Willson)[6] 경찰행정의 주도적 전문가로서 등장하였다. 그는 순찰차의 효율적 운영과 조직구조의 개편을 주장하였는데, 순찰차 배치에 있어서 1인승 순찰차 2대가 2인승 순찰차 1대보다 2배나 효율적이며 안전하다고 하였다. 그리고 조직구조의 개편에 있어서는 의사소통의 원활과 명령체계의 확립을 위하여 집중적 관리체계로 개편하여야 한다고 하였다.

20세기에 들어와 중요한 새로운 법집행기관이 탄생하게 되는데, 바로 주경찰과 연

---

5) 리차드 실베스터는 1898년부터 1915년까지 콜럼비아 지역경찰의 총경이었으며, 1901년부터 1915년 사이에는 IACP의 회장이기도 하였다. 그는 IACP의 총수로서 이 기구를 경찰전문화운동에 앞장서게 하였으며 미국 경찰의 이상을 실현하는 견인차 역할을 하도록 유도하였다. 오거스트 볼머는 1905년부터 1932년까지 캘리포니아주 버클리시에서 경찰장을 재임하고 있었고, 그의 공적은 무엇보다도 경찰관 교육을 위한 이상을 실현한 것이었다. 그는 대학졸업생들을 버클리 경찰로 채용하고, 1916년 처음으로 캘리포니아대학에서 대학수준의 경찰학과 과정을 편성하여 교육을 실시하였다.

6) 윌슨(O. W. Willson)은 1928년부터 1939년까지는 캔사스주 Wichita에서 경찰장으로 재직하였고 그 후 1960년까지는 버클리대학 형사대학원 교수 겸 원장으로 재임하였다.

방수사국이다. 주경찰기관은 19세기에도 존재했었지만 법집행 분야에는 별다른 역할을 하지 않고 있었다. 펜실베이니아주에서는 1905년에 펜실베이니아 주경찰대를 창설함으로서 새 시대를 맞이하였다. 그것은 상당히 권한 집중적이고 군대식 체제로서 개혁과제의 이상을 반영한 것이었다. 그 후 많은 주에서는 펜실베이니아의 경찰대처럼 그렇게 군대식은 아닐지라도 그와 유사한 법집행기구를 창설하였다. 이러한 법집행기구들은 대체로 2개의 범주로 구분할 수 있는데, 제한된 사법권을 지닌 고속도로순찰대와 일반적인 법집행권을 가진 주경찰이 그것이다. 1908년까지 연방정부는 극히 제한된 수사권 혹은 법집행권만을 가지고 있었다.

1935년에는 연방범죄수사국 FBI가 창설되었다. 20세기에는 「경찰로부터의 정치의 분리와 정치로부터의 경찰의 분리(get politics out of the police and get the police out of politics)」를 목표로 경찰의 전문직화(Police professionalism)가 주장되었다. 1931년 「준법 및 법집행에 대한 실태조사위원회(The National Commission on Law Ob- servance and Enforcement)」보고서는 정치적 간섭배제, 경찰채용기준의 강화, 근무조건의 개선 등을 제안하였다.

연방대법원은 지속적으로 경찰업무 집행에서도 적법절차(due process of law)를 요구하였다. 1914년의 윅스(Weeks)판결, 1943년의 맥납(NcNabb)판결, 1957년의 맬로리(Mallory)판결, 1961년의 맵(Mapp)판결, 1964년의 에스코베도(Escobedo)판결, 1966년의 미란다(Miranda)판결이 그것이다.

이러한 노력들은 경찰기관에의 자금지원, 경찰개선을 위한 조사연구, 경찰관련 교육지원 등을 위한 법집행원조청(LEAA: Law Enforcement Assistance Administration)의 설치로 이어지게 되고, 법집행원조청은 현재까지도 미국 경찰의 조직운영을 위한 지침을 제공하고 있다.

1970년대 이후부터 현재까지는 지방자치경찰의 확대와 과거 전문직업경찰화의 한계로 인하여 지역사회 경찰활동시대가 도래하게 되었고, 경찰과 지역주민이 범죄문제와 지역안전에 대해 상호협력하며 보완의 관계를 유지하고 있다.

2. 미국 경찰의 조직

미국의 경찰조직은 연방경찰, 주경찰, 지방경찰로 나누고, 지방경찰은 도시경찰(city

police)과 군보안관(county sheriff)이 있다. 도시의 치안은 자치체경찰이 수행하고, 농촌 지역의 치안유지는 보안관이 맡는다. 현재 미국에는 약 3천개의 郡이 있는데 알래스카를 제외한 모든 주의 군에서는 1명이 보안관을 두고 있다. 그밖에 특별경찰(교육구 등 특별구경찰, 대학경찰, 공원경찰 등)이 있다.

연방수정헌법 제10조[7]에 따라 경찰권은 각 주에 유보되어 있고, 주정부(state government)는 경찰권을 직접 행사하거나 하급지방정부인 city, town, village, county 등에 위임하여 행사하고 있다. 분권화된 경찰 기관 상호간에는 상하관계가 아닌 지원·협력·응원관계에 있다.

1) 연방 경찰

미국은 연방의 여러 부처에 다수의 연방 경찰 또는 연방 법집행기관(Federal Law Enforcement Agency)이 있으며, 연방경찰기관의 권한은 국가적 범죄 및 주간의 범죄단속에 한정된다. 광범위한 연방의 법집행 업무는 4개의 부에 분산되어 있는 9개 기관에 의해서 수행된다.

연방 정부에는 가장 규모가 큰 법무부 산하의 연방 범죄수사국(Federal Bureau of Investigation : FBI)을 비롯하여, 두 번째로 규모가 큰 재무부 산하의 대통령 경호 등을 담당하는 씨크리트 써비스(Secret Service)등 113개의 연방법집행기관이 있다. 이들 법집행기관은 연방정부의 각 기관에 속해 있으며 그 가운데서도 법무부와 재무부에 가장 많다. 우편국과 함께 우편감시과는 별개의 정부관리기관이며 세 번째의 규모이다. 또 미보안국은 94명의 집행관과 18,000명의 부집행관을 두고 있는바, 여러 가지 복잡한 기능을 행사하고 있다. 그 직원은 법집행과 법원관련 업무를 수행하고 있으며, 그들은 여러 개의 상이한 연방 법원에 배치되어 있다.

연방경찰기관은 연방수사국을 제외하면 모두 특정한 법영역만을 담당하는 좁은 분야의 법집행기관이다. 미국의 자치체경찰이 지역사회 중심의 치안업무를 담당하는 것처럼, 연방정부의 여러 법집행 기관도 그 특정분야의 필요성에 의해서 조직된 것이다. 그러나 조직의 난립으로 인한 업무의 중복과 비효율성, 비경제성의 문제가 제기되고 있어서 연방법집행기관의 조직 재편성이 논의되고 있는 실정이다.[8]

---

7) 「The powers not delegated to the United States by the Constitution, nor prohibited by it to the States, are reserved to the States respectively, or to the people.」

▣ 연방경찰의 조직구성

연방경찰

법무부	재무부	내무부	기타	대통령직속
· 연방범죄수사국(FBI)	· 알코올담배무기국	· 개간국	· 교통부	· 중앙정보국(CIA)
· 연방검찰청	· 관세청	· 동물보호국	· 연방항공국	
· 연방보안관실	· 연방법집행센타	· 국립공원국	· 해안경비대	
· 형사국	· 특별업무국	· 토지관리국	· 연방도로국	
· 이민국		· 인디언보호국	· 교통국	
· 법집행지원처				
· 인터폴중앙사무국				

2) 주 경찰(State Police)

주경찰은 20세기부터 급속히 발전한 경찰조직으로 각 주마다 그 임무가 다르고, 조직의 형태도 그 지역적 특색, 임무의 차이, 발전과정에 따라 각각 다르다. 그러나 하와이를 제외한 모든 주는 주정부에 경찰국(State Police Department)을 가지고 있는데, 주경찰은 주 전역을 관할하는 일반적 경찰권한을 가지고 순찰, 수사, 방범 등의 기본적 경찰기능을 수행하는 형태와 주요 고속도로에서 순찰활동만 하는 고속도로 순찰대(Highway Patrol)의 형태가 있으며, 특정분야에만 권한이 한정된 특별법집행기관이 존재하고 있는데, 각 주에 따라 그 임무 · 조직 · 기능은 다양하다.

또한 그 중에는 보통법(Common Law) 이래의 전통으로서 자원자를 중심으로 하는 주 군인경찰(State Militia, National Guard)을 가지고 있는 주가 있는데, 이들은 지사 직할의 조직으로 주지사가 비상시에 치안유지를 위해 동원할 수 있도록 되어 있다. 주경찰의 관리형태는 지사에게 속하는 곳(펜실베이니아), 지사 밑에 경찰위원회(조지아, 뉴멕시코,

8) 연방기관의 역할과 임무는 각기 법규로 규정되어 있다. 연방법은 연방의 특정기관의 직원은 법집행을 할 수 있도록 특별규정을 두고 있다. 연방의 법집행관은 도시경찰과는 달리 모호하고도 어려운 질서유지의 책임이 없는 것이다. 흔히 도시경찰관은 어떤 사건이 발생하였을 때, 출동하여 그 진상을 정확히 구명하고, 어려운 재량적 판단을 하여야 하는데, 연방 직원은 그같은 막연한 사건에 반드시 출동할 필요가 없는 것이다. 현재까지도 연방법집행기관 특히, FBI의 역할과 임무에 관하여는 논란의 대상이 되고 있다.

텍사스)를 두어 관리하는 곳, 지사 밑에 법집행청을 두고 이 안에 경찰국, 수사국, 소방국을 두는 곳(일리노이) 등 다양하다.

3) 지방 경찰(Local Police)

(1) 도시 경찰

지방자치 도시인 시(City), 법인격을 가진 타운(Incorporated Town), 빌리지(Village)의 경찰을 총칭하며, 미국의 지방자치체 경찰의 주력일 뿐 아니라, 법집행기관 중에서 그 규모나 역할, 대외 활동 및 정치적 특징 등으로 가장 규모가 크고 중요하다.

도시경찰의 역할은 다른 경찰기관보다 훨씬 더 복합적이고 다양하며, 광범위한 법집행, 질서유지 및 봉사기능을 수행하고 있다. 우리나라의 112와 같은 상시 신고대응체제를 유지하면서 다른 공공기관이나 민간기관이 접근할 수 없는 모든 사회문제에 대응한다. 시경찰 중에서도 규모가 큰 것은 뉴욕시경찰처럼 약 3만 명이 넘는 직원을 가지고 있는 경우부터 작은 것은 10명 이하의 경찰에 이르기까지 다양하므로, 그 조직을 일괄하기는 어렵다. 또한 시 이외의 자치체인 타운(Incorporated Town), 빌리지(Village) 등에도 시경찰과 유사한 경찰조직이 있지만 일반적으로 시경찰보다 조직이 간단하고 활동도 미약하며, 독자적인 경찰조직을 가지지 않고 소속 County나 인접 도시경찰에게 경비를 부담하고 치안유지를 위임하고 있는 곳도 많다. 따라서 자치체 도시의 숫자와 도시경찰기관이 숫자는 반드시 일치하지 않는다.

오늘날 도시경찰은 주의 중앙통제에 있는 시를 제외하고는 경찰장을 선출하는 방식, 합의제의 경찰위원회(Board of Police)에 의한 방식,[9] 위원회정부제도(Commission Government System)를 갖춘 도시의 경찰위원(Commission of Public Safety)에 의한 방식,[10] 독임제 경찰관리자를 두는 방식,[11] 주정부를 통한 직접 관리방식[12] 등 다양한 형

9) 위원은 시장이 임명하고 시의회가 이를 승인하는 형태가 가장 일반적이지만, 시의회의 승인을 요하지 않는 곳도 있으며, 시의회가 이를 직접 임명하거나 지사가 임명하는 곳, 주민의 선거로 선출하는 곳 등 다양하다. 이러한 형태를 취하는 도시는 캘리포니아 주의 로스앤젤레스시나 미주리주의 세인트루이스시, 캔자스시티시, 디트로이트시 등이다.

10) 이는 시 자체가 위원회정부제도를 채택한 도시에서 볼 수 있는 형태로, 선거로 구성된 위원회의 위원이 각각 행정상 관리를 행하기 위하여 시행정의 각 부문을 하나씩 분담하고 그중 경찰위원(Commissioner of Public Safety)으로 선출한 1명의 위원이 시경찰청을 관리하는 형태로서, 1901년 텍사스 주의 갈베스톤시에서 처음 실시하였고, 오레곤 주의 포틀랜드시, 오클라호마 주 툴사시 등 일부 중소규모의 자치체에서에서 시행하고 있다.

태로 관리되고 있다.

(2) 기타 지방경찰

지방경찰은 미국의 지방 행정조직 중 자치체인 도시경찰을 제외한 군(County), 면(Town or Village) 및 특별구(Special District)의 경찰을 말한다. 오늘날 도시경찰의 발달로 그 중요성이 많이 줄어들기는 했지만 아직도 미국의 많은 지역의 치안유지는 식민지 시대이후 보안관으로 유지되고 있다.

각 지방경찰에 공통적인 것으로 군(County)의 보안관(Sheriff)과 검시관(Coroner), 특별구(Special District)를 관할하는 경찰 등이 있다.

▣ 미국 경찰의 현재

2004년 미국의 범죄율은 1973년 범죄 집계를 시작한 이래 최저수준이며, 93년을 기준으로 할 때 04년의 경우 전체 범죄피해자(12세 이상)는 57%, 대물범죄는 50%가 각각 감소하였다고 한다. 폭력사범의 경우 피해자 12세 이상을 기준으로 했을 때 04년에는 1,000명중 21.4명이 성폭행 · 무장강도 등 폭력범죄를 당했는데, 이는 주민 47명당 1명이 피해를 본 것이며, 주거침입절도 · 단순절도 · 차량절도 등 재산범죄의 경우도 03년 1,000명당 163명에서 04년 161명으로 다소 줄어들었고, 살인의 경우 03년도 1만 6천 500건에서 04년 1만 5천 910건으로 3.6% 감소하였다. 이와 같은 감소원인에 대해 대외적으로 전쟁과 테러문제로 인해 폭력범죄에 대한 부정적인 사회적 분위기, 수감자가 200만 명에 이를 정도의 강력한 단속과 처벌, 90년대 중반이후 경찰관 20만 명 증원 등에 따른 것으로 파악하고 있다.

미국 경찰은 2006년 인력난 해소 마련에 부심하고 있다. 미국 1,700여 경찰관서 중 80% 이상이 정원미달현상을 겪고 있는 등 극심한 인력난에 시달리고 있는데 주원인으로는 현직경찰관들이 아프간 · 이라크戰 이후 선호직종으로 부상한 안보분야에 대거 지원하고, '70년대에 고용된 베이비붐 세대 경찰관들의 퇴직이 시작되고, 최근 청년층의 경찰직 기피현상이 늘고 있기 때문이다. 그러나 과거 '89년 워싱턴경찰이 채용기준을 완화, 조직폭력전과자 · 신용불량자 · 마약복용자 등을 채용한 사례가 있어 고민하고 있다.

---

11) 사회의 전문화 복잡 다양화와 범죄의 증가 · 흉악화 등 사회정세의 변화로 종래의 경찰위원회나 경찰위원으로 하는 경찰관리 등의 복수합의제나 선거제 경찰관리제가 다같이 비전문적 경찰관리로서 충분한 효과를 거두지 못하자, 특히 대도시를 중심으로 점차 경찰전문가가 하는 단일 경찰관리, 즉 독임제의 경찰관리자 제도로 바뀌고 있다. 이러한 경찰관리자로는 경찰관리관(Director or Adminstrator of Public Safety ; 트리브랜드시, 콜럼버스시, 덴버시 등), 경찰위원(Commissioner ; 뉴욕시, 보스턴시, 볼티모어시, 버팔로시 등), 경찰장(Chief of Police, Superintendent of Police, Police Administrator)의 3가지 형태가 있다.

12) 도시경찰을 州의 직접통제하에 두는 형태로 보스턴시, 볼티모어시, 기타 약간의 도시가 이런 형태를 취하고 있다.

제4절 독일 경찰

1. 독일 경찰의 역사

독일에서는 전통적으로 14세기 이후부터 봉건영주에게 영주로서의 권한 행사를 최대한 보장하기 위하여 포괄적 기능을 행하는 경찰이 창설되었고, 농촌에서는 기마경찰, 도시에서는 자치경찰 형태로 출발하였다. 프로이센에서는 경찰은 처음부터 국가사무이고, 국가의 관리 또는 정부로부터 위임받아 그 업무를 특정한 자치경찰의 경찰관이 담당하게 하였다. 프로이센 경찰의 초기 형태는 촌락에서는 기마경찰이며 도시에서는 주 정부의 승인을 얻어 임명한 자치경찰이었다. 1812년에 종래의 기마경찰을 개편하여 정식으로 경찰대를 창설하였고, 도시에서의 자치경찰도 1848년 베를린에서 처음으로 국가경찰인 정복경찰이 생겼다. 1차세계대전 중인 1919년에 중앙집권적인 경찰을 창설하였지만, 연합국은 해체를 요구하여 중앙집권적 조직을 금지하였다. 그 후 히틀러의 나치독일에서는 경찰권을 중앙정부로 귀속하고 전국의 정치경찰사무를 담당하는 게슈타포[비밀경찰(Geheime Staatspolizei : Gestapo)]을 두었었다가, 2차대전 이후 연합군은 다시 독일 경찰조직을 분권화하였다. 특히 연합국은 독일 경찰의 일대개혁을 시도하였고 개편의 기본방향으로서 경찰의 지방분권화, 자치단체화, 행정경찰과 집행경찰의 분리 등의 3대 목표를 설정하고 추진하였다.

1949년에 제정한 독일기본법에 따라 일반 경찰행정권은 주정부의 권한에 속하도록 하였다. 이로써 독일 경찰조직의 중점이 1933년 이전과 같이 다시 주에게 이전되었으며, 각 주는 고유의 경찰법을 제정하게 되었다. 이들 경찰법은 경찰의 임무와 권한, 경찰의 구조와 편제 및 재정에 관한 법규가 중심이 되었다.

특히 전국적인 특수상황 즉 독일연방지역의 국경경비를 위한 국경경비경찰과 무기·마약 등의 밀매, 통화위조 등의 일정한 범죄에 대한 수사 및 정보수집에서 연방 및 각 주간의 협력을 위한 연방범죄수사청을 설립하였다.

1970년대에는 범죄양상의 변화와 테러범죄 등의 증가를 계기로 대터러부대(GSG-9)가 설치되었다. 1972년 연방 및 각 주 내무부장관들로 된 내무부장관회의에서 경찰조직을 제외한 주 경찰의 임무 및 권한 등의 통일을 기하기 위한 서독의 대내 안전계획을 채택하고 1976년의 "연방 및 각 주 통일 경찰법 모범초안" 및 1977년 최종안을 제정하여 대부분의 주에서는 이에 따라 전체 또는 부분적으로 경찰법의 개정을 하였다. 1979년 바이에른 주 경찰도 이러한 영향으로 국가경찰제도로 전환하였다.

▣ 2차대전 이후 독일 경찰의 개편

- 경찰의 탈나치화
- 경찰의 탈군사화
- 경찰의 비정치화
- 경찰의 민주화
- 경찰의 지방분권화
- 소방, 영업, 도로, 위생 등의 업무를 일반행정기관으로의 이관하여 비경찰화

2. 독일 경찰의 조직

독일의 경찰조직에 대하여 독일의 헌법에 해당하는 基本法(Grundgesetz : GG)은 제30조, 제70조의 규정으로 연방과 주의 입법사항을 배분하여 규정하고 있는데, 경찰조직은 각 주의 입법사항으로 규정되어 있다. 따라서 경찰권은 원칙적으로 주정부에 속해 있으며, 다만 전국적인 특수상황에 대비하기 위하여 연방경찰이 병존한다. 연방경찰은 국경경비와 특수한 업무만을 담당하고 있어 사실상 지역치안은 주경찰이 전담하고 있으며, 따라서 독일 경찰조직의 핵심은 주경찰이다. 독일의 경찰은 행정조직상 연방경찰은 연방정부 내무부에, 주경찰은 주정부 내무부의 소속으로 되어 있다.

1) 연방 경찰

연방경찰은 기본법 제87조 제1항에 따라, 반헌정질서범죄 및 범죄자에 대한 정보수집 및 배포 임무를 맡는 연방헌법보호청(Bundesamt für Verfassungs- schutz : BVS), 독일연방지역의 국경경비를 위한 연방국경경비대(Bundesgrenz- schutz : BGS), 반헌정질서범죄 및 국제적·광역적 범죄에 대한 수사권을 행사하는 聯邦犯罪搜査局(Bundeskriminalamt : BKA) 등이 설립되어 있다. 그러나 연방내무부장관은 주경찰에 대하여 원칙적으로 재정부담이나 지휘통솔의 권한을 가지지 않는다.

2) 주 경찰

독일기본법에 따르면 경찰의 시설 및 조직은 기본적으로 주의 관할사항으로 규정되어 있어, 일반 경찰행정권은 각 주 정부에 속하는 것이 원칙이다. 대다수의 주에서는 주를 국가로 하는 국가경찰체제를 유지하고 있으며, 브레멘 주 등 일부 주에서는 예외적으로 국가경찰에 읍면의 자치체경찰을 가미하고 있다. 주경찰의 기본임무는 사회공공의 안녕과 질서유지에 있고, 각주는 대개 고유한 경찰법(Polizeigesetz)을 제정하여 독자적인 경찰을 운영한다.

주 내무부는 주의 최상급 경찰관청이며 각급 경찰관서는 내무부 소속기관으로서 직무집행에 관하여 내무부의 지휘·감독에 복종하여야 한다. 주 내무부는 경찰법의 시행을 위한 각종 법규명령, 행정규칙 등을 제정한다.

독일의 주경찰 조직은 보안경찰(Schutzpolizei), 수사경찰(Kriminalpolizei), 기동경찰(Bereitschaftspolizei)과 몇몇 주의 수상경찰(Wasserschutzpolizei)이 있다.

보안경찰은 치안경찰이라고도 하며, 정복을 착용하고 전통적·전형적 경찰업무를 수행하는 경찰이다. 수사경찰은 정복을 입지 않고 사복으로 근무하면서, 범죄의 수사 및 예방업무를 담당하며, 이들은 사건을 직접 인지하기도 하고 치안경찰을 통하여 인지된 사건을 처리하기도 한다. 대부분의 주는 치안경찰과 혼합하여 조직하고 있지만, 일부 주에서는 처음부터 치안경찰과 분리한 2원조직을 가지고 있다. 각 주에서는 연방범죄수사국법(BKAG)에 따라 주의 수사업무를 관할하고, 연방수사국과의 업무협조를 위한 주범죄수사국을 운영한다. 기동경찰은 폭동이나 시위 등 전국적인 긴급치안상황시 진압경찰의 역할을 수행한다.

제5절 프랑스 경찰

1. 프랑스 경찰의 역사

프랑스에서는 국왕의 친위순찰대격인 프레보(1032년)가 재판과 경찰을 담당하였다.

11세기부터 코뮌(commune)의 시장(mairie)이 행정경찰권을 행사하기 시작하면서 자치체경찰(police municipale)이 생기는데 이것이 지방자치경찰의 시초이다.

국립군경찰(Gendarmerie Nationale)은 12세기의 기마순찰대에서 시작되어 오늘날 농촌에서 일반경찰관 대신 군경찰(헌병)이 경찰업무를 담당하는 전통으로 이어졌다. 프랑스 대혁명을 거치면서 파리시는 국립민간방위대(Garde Nationale)가 지방은 국립군경찰이 치안을 담당하게 되었다. 프랑스에서는 경찰의 자치적인 성격을 제거하려는 노력으로 1934년 기존의 내무부 경찰청을 국립경찰청으로 변경하여 중앙집권화를 강화하였다. 1941년에는 인구 1만 명 이상의 도시는 모두 국가경찰화하였다.

2. 프랑스 경찰의 조직

프랑스의 경찰체계는 전반적인 국가경찰형태로서 내무부장관의 지휘하에 전국적인 조직을 가지고 중앙에서 일반적 지휘감독을 행하고 있으며, 국방부장관 소속의 군경찰이 있다.

국가경찰은 인구 2만 명 이상의 코뮌에 배치되는 전국적 조직을 가지는 국립경찰과 국가경찰기동대 및 파리와 인접 3개도를 관할하는 파리경찰청이 있다. 파리지역에는 국립경찰과 군경찰이 상호 중첩되게 배치되어 있는데, 이는 상호견제를 통해 정확하고 상세한 정보수집 체계를 유지하기 위한 목적이 있다.

인구 2만 명 이상의 코뮌에 배치되는 국립경찰은 도지사가 관장하며, 인구 2만 명 미만의 코뮌에서의 경찰업무는 코뮌장의 권한에 속한다. 국립경찰과 자치체경찰은 각자 담당하는 경찰업무가 명확히 구분되어 분업 및 협동체계를 이루게 되어 있어 상호충돌이 없다. 국립경찰은 방범 · 수사 · 교통 · 질서유지 등 일반적 경찰업무를 담당하고, 자치체경찰은 지방자치단체장의 규칙 등 극히 지역적인 경찰업무를 담당한다. 국방부장관하에 소속되어 일반경찰 사무도 담당하는 군경찰은 국립경찰이 배치되지 않은 코뮌에서 일반경찰임무를 수행한다. 국립경찰과 군경찰의 직무분담은 일반적으로 인구 2만 명 이상의 코뮌에서는 국립경찰이, 2만 명 미만의 코뮌에서는 군경찰이 담당한다.[13)]

---

13) 이는 지방자치법 제2214-1조의 적용범위에 관한 1996년 9월 19일 제96-827호 데크레에 의거, 1개 코뮌 또는 인접 코뮌이 인구 2만 명을 넘고 범죄의 양상이 도시화되었을 경우 국립경찰이 치안을 담당한다는 규정에 따른 것이다.

1) 국가 경찰

(1) 내무부

프랑스의 내무부장관은 치안업무에 대해 국방부장관, 각 시도지사와 함께 책임자로서 그 밑에 국립경찰청 등을 두고 있다. 내무부장관의 임무에는 국가 업무 전반에 대한 관리와 시민과 재산의 안전보장이 있는데, 특히 후자의 임무를 경찰이 담당한다.

(2) 국립 경찰청

프랑스의 국립경찰은 프랑스 경찰의 중심으로서 인구 2만 명 이상의 도시지역에서 운용되고 있으며, 내무부장관의 지휘하에 국립경찰청의 경찰청장(Directeur Général de la Police Nationale)이 전국 통일적으로 지휘・감독한다. 국가 소속인 경찰관은 정복경찰과 사복경찰의 둘 중 어느 하나에 속하며, 정복경찰관은 외근・교통・경비 등 업무를 담당하고, 사복경찰은 수사나 형사업무를 담당한다.

경찰청장 밑에는 경무부와 실무부가 있고, 실무부 밑에는 외근・방범업무를 담당하는 도시경찰국(Direction Centrale des Polices Urbaines : D.C.P.U), 범죄를 진압하고 수사하는 수사국(Direction Centrale de la Police Judiciaire : D.C.P.J), 정보를 수집하고 제공하는 정보국(Direction Centrale des Reseignements Généraux : D.C.R.G.), 국토감시국(Direction de la Surveillance du Territoire : D.S.T.), 외사국, 국제기술협력국, 경호국 등이 있으며, 그밖에 경찰기동대(Compagnies Républicaines de Sécurité : C.R.S.)가 있다.

(3) 파리 경찰청

파리는 프랑스의 정치・경제・사회・문화의 중심지로서 중앙권력의 직접통제를 받을 필요성이 있어 수도경찰로서 파리경찰청이 창설되었다. 이에 따라 파리경찰청장(Préfet de Police)은 센느도지사와 마찬가지로 내무부장관의 추천으로 대통령이 임명하며, 경찰청장은 센느道와 파리市의 경찰권(Pouvoir de Police)을 가진다. 프랑스에서는 중앙에서 임명하는 도지사가 행정의 집행, 치안유지를 담당하지만 수도라는 특수사정으로 파리시와 센느도만은 예외로서 도지사는 일반행정만을 행하고 경찰권을 가지지 않으며, 지사와 동급인 파리경찰청장이 그 임무를 담당하고 있다. 파리경찰청의 조직은 치안총감 밑에 2명의 차장이 있어 사법경찰업무와 행정경찰업무를 각각 관장한다.

(4) 군 경찰

국가경찰로서 군경찰은 경찰기관이 없는 인구 2만 명 미만의 소도시와 농촌지역, 주로 간선 도로 등 전국토의 95%에 해당하는 지역의 경찰업무를 담당한다. 군경찰은 국방부 소속으로 군으로서 임무를 수행할 때는 군인이지만, 경찰업무를 집행할 때는 국가경찰로서 경찰법령에 따라 활동한다. 군경찰 중 관할 구역에 관계없이 활동하는 군경찰기동대(Gendarmerie Mobile)는 경찰업무지원에 동원되면 경찰청장, 각 도지사, 파리경찰청장의 지휘를 받는다.

2) 자치체 경찰

자치체경찰은 1884년 4월 5일 법률 제102조 및 지방자치법 제131-1조 이하에 의거, 인구가 1만 명 미만이거나 도시의 교외에 인구가 많지 않은 지역의 코뮌의 장이 자치체 내의 공공의 안전과 질서를 유지하기 위하여 설치한다. 그러나 1996년부터는 기초자치단체인 코뮌 중 인구 2만 명 미만의 시나 코뮌에서도 치안상 필요에 따라 자치경찰을 허용하고 있어 자치경찰을 설치하는 자치단체가 늘고 있다.

▣ 프랑스 경찰의 현재

프랑스는 9만 4,000명의 정복경찰과 2만 4,000명의 사복경찰 등 모두 11만 8,000명의 경찰을 보유하고 있으며 이와 별도로 국방부소속의 헌병군이 경찰업무를 지원하고 있다.

국립범죄관측소는 2006년 프랑스 국민 14세 이상자 14,000명을 표본 조사한 결과 신체에 대한 폭력피해자는 86만 명, 언어 폭력과 협박을 포함하면 피해자수는 250만 명이라고 발표했다. 연령별로는 연령이 적을수록 피해자가 많고 지역별로는 도심거주자일수록 폭력에 노출될 위험이 높게 나타났다.

가정폭력의 경우 '04년 200명의 부녀가 가정에서 살해되고 부부강간사건이 도시전체 강간사건의 12%를 차지하는 등 가정폭력이 사회문제로 대두하고 있다. 프랑스는 부부간 상대방의 동의가 없을 경우 강간죄가 성립된다. 이와 관련 경찰은 가정 내 성폭력범죄 처벌을 강화할 방침이라 한다.

프랑스 경찰은 마약범죄에 대처하기 위해 마약 중계상에 대한 단속강화, 경찰·검찰·수사판사 등 법집행기관간 마약정보·단속방법 공유, 대규모 마약조직망에 대한 단속강화, 경찰청 수사국 내 마약센터 설치, 부처간 마약단속 업무 조정·정책 입안, 마약으로 형성된 자금·재산 몰수 조치 강화, 금융전문 인력 확보 등을 추진하고 있다.

■ 프랑스의 마약소비 현황

종류	소비인구(연간)	특 이 사 항
코카인	약 2,000명	미국의 강경 퇴치정책으로 인해 유럽 판매망 확대, 증가 추세
헤로인	약 3,000명	엑스터시 보급 확산과 마약성분 함유 의료처방 의약품으로 대체, 감소 추세
엑스터시	약 1,500명	증가 추세, 프랑스 · 스페인으로 유입
카나비스	약 82,000명	주로 제3국에 입국하기 위하여 프랑스 경유

프랑스 경찰관의 자살건수는 해마다 급증하고 있다. 보베시에서 여경관이 자신의 세 자녀를 총으로 쏘아 숨지게 한 후 동반자살, 사회에 큰 충격을 던졌다. 특히 보베시의 경우 75명의 경찰관이 근무하고 있는데 지난 30개월 동안 5명이 자살했다. 경찰관의 자살률은 1,000명당 35명으로 국민평균인 22.1명보다 크게 높은 것으로 나타났다. 경찰관 자살은 25~55세에 걸쳐 광범위한 연령에서 나타나고 있는데 특히 35~39세의 자살률이 높은 것으로 조사됐다. 이 같은 자살문제에 대해 경찰노조측은 열악한 근무환경과 스트레스 과로 박봉 등을 지적하고 있다(서울신문, 2007-06-16).

제6절 일본 경찰

1. 일본 경찰의 역사

일본은 1868년의 명치유신으로 왕정복고를 통한 중앙집권적인 왕정체제가 들어서기까지는 여러 경찰의 임무를 수행하는 기관이 있었지만 각 지방의 번(藩)을 중심으로 하는 지방분권적인 체제가 지배하고 있었고, 각 번의 맹주인 번주와 그의 지배를 받는 무사(사무라이)들이 각자 나름대로의 조직과 방식으로 자기 지방의 치안을 담당하였다.

1) 명치유신 이후의 경찰

일본은 명치유신 후 왕정복고를 통한 중앙집권적 왕정체제가 들어선 후 식산흥업

(殖産興業)을 통한 부국강병을 꾀함으로써 궁극적으로는 동양의 제국주의국으로 군림하려는 국가목표를 가지게 되었다. 이러한 국가목표를 달성하기 위해서 가장 우선되어야 할 것이 국내치안의 안정이었으며, 이를 위해 근대적 경찰제도의 필요성을 절감하게 된다. 일본의 근대적 경찰은 시민의 필요나 자치적 의지에 따라 창설된 것은 아니었으며, 제국주의국으로 발돋움하려는 국가적 의지에 따라 국내적 안정기반을 확보하기 위한 차원에서 창설되었고, 경찰활동도 그에 초점을 맞추어 이루어졌으며, 천황의 독립명령권 등은 이를 잘 뒷받침하는 것이었다. 우리나라의 경찰권을 침탈한 것도 바로 이러한 시기에 탄생된 일본의 경찰에 의해서이다.

2) 병부성 시대의 경찰

명치초기에는 군무관(후의 병무성)의 지휘하에 번에서 차출된 무사들로 번병·부병이 조직되어, 동경부의 치안을 담당하였으며, 각 지방에서도 부병·현병을 조직하여 치안을 담당하였다. 그러나 1871년에는 모든 번이 폐지되고 현이 설치되는 폐번치현 조치에 따라 부병이나 현병은 그 존재의 기반이 상실되었다.

3) 사법성 시대의 경찰

1871년 10월 동경부에 나졸(邏卒)3000인이 창설되면서 근대적 경찰이 처음으로 등장하게 되었으며, 나졸은 1872년 8월부터 사법성의 관할로 이관되었다. 이때 '경보료직제장정'이라는 경찰의 조직과 임무에 관한 규정이 제정되었는데, 이 장정은 행정경찰로서의 경찰업무를 규정하고 있으며, 사법경찰업무는 '사법직무정제'에 의거, 검사가 수행하도록 되어 있었다.

한편, '경보료직제장정'은 일종의 자치경찰제적인 민설민급의 번인제도를 규정하고 있어, 이 시기에는 관설관급의 경시, 경부, 관설민급의 순사와 함께 세 가지 형태가 병존하고 있었다. 지방에서는 '현치조례'가 제정되어 지방 경라에 관한 규정을 두었으며, 이로써 전국 통일의 경찰조직으로 정비되어 갔다.[14)]

---

14) 임창호, 전게서, pp. 119～120.

4) 내무성 시대의 경찰

1873년 11월 내무성이 설치되고, 1874년 1월에는 사법성의 경보료를 내무성으로 이관하였으며, '경보료직제'를 통하여 사회의 안전과 질서에 대한 장해를 사전에 방지하는 행정경찰업무를 경보료의 중심업무로 규정하였다.

1874년 1월 내무성의 관할하에 동경경시청이 창설되었으며, 종래의 나졸은 순사가 되었다. 동경경시청은 당시의 농민반란 등을 진압하기 위해 1877년 10월 일시 폐지되고 그 업무를 내무성의 경보료가 직접 집행하다가 1881년 1월에 다시 경시청으로 부활하여, 경시청은 전후 경찰제도의 일대 개혁시에도 변함없이 존치되었으며, 유명한 정치경찰인 특별고등경찰과가 1911년 경시청에 설치되었다.

1875년 경찰활동의 근거법규인 행정경찰규칙을 제정한 이후, 내무성은 전국 지방의 실태를 조사하여 동년 11월에 종전의 현치조례를 폐지하고 부현직제병사무장정을 제정하여 부현내의 제4과가 경찰사무를 담당하도록 하였다. 그러나 이 장정은 1878년 7월 폐지되고 그 대신에 부현관직제를 통하여 경부가 지사나 현령의 관할하에 관내의 경찰사무를 관장하게 되었으며, 지방경찰의 경우에도 국사사무만큼은 내무대신의 지휘와 명령을 받도록 되어 있어, 전국적인 정치경찰에의 편향을 드러냈다.

그러나 1886년에는 지방관관제를 통하여 현에도 지사를 두고 지사로 하여금 관내의 경찰사무를 총괄하도록 하되, 각 부현에 경찰본부를 설치하여 경찰사무를 관할하도록 하였고, 1890년에는 경찰본부가 경찰부로, 1905년에는 다시 제4부로, 1907년에는 각 부현에 내무부와 경찰부가 설치되면서 경찰부가 경찰사무를 관장하였다.

보통경찰기관 외에 1881년 헌병조례에 의하여 설치된 헌병도 군사경찰 이외에 행정경찰과 사법경찰을 겸하도록 하고 있어서 경찰기관으로서 활동하였다.

이러한 유럽대륙의 중앙집권적인 경찰조직을 갖춘 일본은 행정경찰규칙을 통하여 광범위한 경찰활동의 근거 법규를 마련하였고, 1889년에 제정된 명치헌법상의 천황의 독립명령권(제29조)을 통하여 경찰권발동의 근거부여가 가능한 외에, 출판법(1893년), 치안경찰법(1900년), 행정집행법(1900년), 신문지법(1909년), 치안유지법(1925년), 사상범보호관찰법(1936년), 국방보안법(1941년), 위경죄즉결례(1885년), 경찰범처벌령(1908년) 등 각종 치안입법을 통하여, 경찰은 후발 제국주의국·군국주의국 일본의 국내안정의 핵심세력으로서 국민의 사상까지도 감시하는 등 국민의 인권이나 생명·재산의 보호보다는 정부와 그 시책을 보호하는 데 중심을 두고 활약하였다.

5) 미 군정하의 경찰

미국은 일본의 군국주의 및 그 침략의 정신을 뒷받침하는 제도를 근절하기 위해 비밀경찰조직의 철폐와 경찰제도의 개혁을 단행하였다. 1945년 10월 4일에는 이른바 인권지령에 의해 실현되어 종래의 각종 치안입법이 폐지되고, 내무대신 이하 경찰수뇌부와 전국의 사상경찰 관계자 등이 파면되었고, 특고경찰 등 정치경찰이 철폐되고 헌병대도 폐지되었다. 그리고 내무경찰이라고도 불리는 경찰체제의 정점에 서 있던 내무부도 폐지되었으며, 천황의 독립명령권 등 전제적 요소를 가지고 있던 명치헌법도 폐지되고 국회를 유일한 입법기관으로 하고 기본적 인권의 불가침성과 지방자치를 보장하는 신헌법이 제정되었다. 기존의 경찰사무 중 위생사무와 같은 협의의 행정경찰 사무는 다른 행정기관에 이관하는 등 비경찰화 작업이 일본에서도 전개되었다. 미군정의 영향으로 범죄수사가 경찰법에 경찰의 임무로 정식 규정되고, 수사권 또한 검사의 독점을 철폐하고 경찰에게도 수사권을 분산시키는 개혁을 시도하였다. 또한 각종 치안입법이 폐지되는 대신 1948년 7월에는 경찰관등직무집행법이 제정되어 경찰관의 권한행사의 범위나 수단을 엄격히 제한하였다.

6) 현행 경찰제도

1947년 12월 경찰법을 제정하여 공안위원회제도를 도입하고, 시와 인구 5,000인 이상에 자치체경찰을 두고, 그 이외의 지역에는 국가지방경찰을 두는 등 이원적 구조를 가진 경찰제도를 창설하여, 1948년 3월부터 시행하였다.[15] 그러나 민주적 자치의식이 미약하여 실패하고 1954년 5월에 도도부현(都道府縣)단위의 자치경찰제도와 공안위원회에 의한 경찰제도가 마련되었다.

일본 공안위원회와 경찰청은 지난 2000년 8월부터 5개년 계획으로 추진해온 「경찰개혁요강」에 대해 지난해 말 종합평가를 실시한 바 당초 계획을 성실히 이행함으로써 치안역량을 강화하였음에도 불구하고 경찰예산을 부정하게 사용하고 70-80년대와 대비하여 범죄발생량이 2배나 증가하는 등 개선이 필요한 사안이 여전히 많은 것으로 판단, 지속적으로 경찰개혁을 추진하기로 하였다. 향후 개혁 추진방향은 「조직범죄대응, 안심할

15) 이운주, 「경찰학개론」 (용인: 경찰대학, 1999), p. 132.

수 있는 마을 만들기, 범죄에 강한 사회실현, 교통사고 사망자 5천명 이하로 감소」를 주제로 설정하고 이를 위해 전직원 의식개혁 및 이를 위한 간부들의 솔선수범과 회계 투명성 확보, 업무상 위법행위 방지, 위법행위시 엄중처벌, 관리감독 책임강화를 내세우고 있다.

2. 일본 경찰의 조직

일본의 경찰조직은 국가경찰인 경찰청과 관구경찰국, 도도부현경찰인 동경도 경시청과 도부현 경찰본부로 이루어진 2중 체계이고, 경찰관리기관으로 국가와 도도부현에 공안위원회를 설치 · 운영하고 있다.[16] 경비부담은 도도부현경찰에 요하는 경비가운데 경시정 이상의 경찰관의 봉급 기타의 급여, 경찰교육시설의 유지관리, 경찰통신시설의 유지관리 등 경찰법 제37조 제1항이 정하는 경비로서 정령으로 정한 사항은 국고에서 부담하고 그 이외의 경비는 도도부현에서 부담하므로, 도도부현경찰의 경비는 원칙적으로 도도부현이 부담하고 예외적으로 국가가 부담한다고 할 수 있다. 경찰관의 신분은 국가경찰기관에 소속된 경찰관은 국가공무원이고, 도도부현에 소속된 경찰관은 지방공무원이다. 다만, 경시정 이상으로서 도도부현에 근무하는 지방경무관은 국가공무원이며, 국가공안위원회가 도도부현 공안위원회의 동의를 얻어 임면한다. 경찰청은 1994년 6월 내부 부국을 장관관방 및 5개국으로 대폭 개편하였다.

1) 국가 경찰

일본의 경찰조직 중 국가경찰은 경찰청과 관구경찰국이 있다. 경찰청은 국가공안위원회에 두나 단순한 보조기관이 아니고 관청이다. 경찰청에는 장관을 두며, 경찰청장관은 국가공안위원회가 내각총리대신의 동의를 얻어 임면한다.

경찰청의 관리기관으로서 내각총리대신의 소할하에 국가공안위원회가 있어, 경찰예산 · 경찰교양 · 경찰통신 · 범죄감식 · 경찰장비 · 황궁경찰 등의 경찰청의 소장사무에 대해서 경찰청을 관리한다. 경찰청장은 경찰청의 소장사무의 범위내에서 도도부현경

16) 국가경찰인 경찰청은 내각총리대신의 소할하에 국가공안위원회가 관리하고, 도도부현경찰은 지사의 소할하에 도도부현 공안위원회가 있어 경시청과 도부현경찰본부를 관리한다.

찰을 지휘 · 감독한다.

경찰청에는 장관관방과 생활안전국 · 형사국 · 교통국 · 경비국 · 정보통신국이 있으며, 장관관방 밑에 국제부, 형사국 밑에 폭력단대책부가 있다. 그리고 부속기관으로서 경찰대학교 · 과학경찰연구소 · 황궁경찰본부가 있다. 관구경찰국은 경찰청의 지방기관으로서 전국에 7개의 관구경찰국이 있으며, 관구경찰국장이 관구경찰국의 소장사무의 범위 내에서 부현경찰을 관리한다.

2) 도도부현 경찰

도도부현 경찰에는 동경도 경시청과 도부현경찰본부가 있으며, 경찰관리기관으로 지사의 소할하에 도도부현에 공안위원회를 설치 · 운영하고 있다. 그러나 도부현경찰본부의 사무를 분장하기 위하여 지정시에 시경찰부를 두며, 북해도에는 5이내의 방면본부를 두고 방면본부마다 방면공안위원회를 두도록 되어 있다.

경시청에는 경시총감을 두되, 예외적으로 국가공안위원회가 도공안위원회의 동의를 얻어 내각총리대신의 승인을 받아 임면하고, 도부현경찰본부에는 경찰본부장을 두되, 경찰본부장은 국가공안위원회가 도부현 공안위원회의 동의를 얻어 임면한다.

도도부현 지사는 공안위원회를 소할하에 두고 있을 뿐이므로, 경찰의 운영에 관하여 위원회를 지휘 · 감독할 권한을 가지고 있지 않으나, 위원회의 위원의 임명에 관한 권한 외에 지방자치법상 가지고 있는 직무권한, 즉 도도부현경찰에 관한 조례안 및 예산안의 의회 제출권, 예산의 지출명령권, 경찰서의 설치권 등을 가지고 있다.

일본의 도도부현경찰은 자치경찰적 성격과 국가경찰적 성격이 혼합되어 있는 특이한 형태의 경찰이다.

■ 일본의 경찰조직

국가 경찰	• 경찰청과 관구경찰국이 있다. • 경찰청의 관리기관은 국가공안위원회(내각총리대신의 소할)
도도부현 경찰	• 동경도 경시청과 도부현 경찰본부가 있다. • 관리기관은 도도부현 공안위원회(지사의 소할) • 신분은 지방공무원, 단 경시정 이상으로서 도도부현에 근무하는 「지방경찰관」은 국가공무원이며 국가공안위원회가 도도부현 공안위원회의 동의를 얻어 임면

<table>
<tr><td rowspan="4"></td><td colspan="2">• 경비부담
원칙적으로 도도부현이 부담, 예외적으로 국가가 부담
경시정 이상의 경찰관의 봉급 기타급여, 경찰교육시설의 유지관리, 경찰통신시설의 유지관리는 국가 부담</td></tr>
<tr><td>동경도
경시청</td><td>• 경시총감은 국가공안위원회가 도공안위원회의 동의를 얻어 내각총리대신의 승인을 얻어 임면</td></tr>
<tr><td>도부현
경찰본부</td><td>• 경찰본부장은 국가공안위원회가 도부현 공안위원회의 동의를 얻어 임면
• 시경찰부를 두고, 북해도에는 방면본부를 두며 방면본부마다 공안위원회가 설치</td></tr>
<tr><td>도도부현 지사</td><td>• 위원회의 위원의 임명에 관한 권한, 도도부현경찰에 관한 조례안・예산안의 의회제출권, 예산지출 명령권, 경찰서의 설치권 등을 보유
• 공안위원회를 지휘・감독할 권한을 갖지 못함.</td></tr>
<tr><td>기타</td><td colspan="2">• 내각총리대신과 경찰청장관의 중앙통제를 인정하는 예외 상황은 대규모재해, 소요 기타 긴급사태 발생시
• 광역수사를 위한 필요에 의해 국가경찰의 개입 또는 도도부현간 관할의 극복 등을 위한 제도적 장치 마련</td></tr>
</table>

3) 일본 경찰의 인력

일본 경찰은 05년 4월 경찰법시행령을 개정, 3개년 계획으로 추진 중인 경찰관 1만 명 증원계획의 일환으로 05년 3천 명 증원에 이어 06년 4월 2단계 증원을 실시 국가경찰인 지방경무관 3명, 지방경찰인 도도부현 경찰관 3,500명, 경찰청 내부부국・기관별 23명 등 총 3,526명을 증원하였다. 경찰청은 현정부의 공무원 정원 5% 감축계획에도 불구하고 형사범과 외국인범죄 증가에 효과적으로 대응하고 국민의 안전욕구를 충족시키기 위하여 증원하였다.

▣ 일본 경찰의 인력 증원('05. 4. 1. 이후)　(단위: 명)

계	경찰청	지방경무관	지방경찰
254,895	7,524	610	246,761

제7절 스페인 경찰

1. 스페인 경찰의 역사

스페인은 마드리드를 수도로 17개의 자치주(comunidad autonomia)와 52개의 도(provincia) 및 그 아래 8,101개의 시(municipio)로 구성되어 있고, 각 지역은 뚜렷한 지방적 특색을 갖고 있다. 특히 스페인은 지형적인 특색과 여러 민족들의 유입으로 인해 통일된 언어를 가지지 못하고 있다. 이러한 이유들로 인해 지역간의 뚜렷한 특성과 큰 인구의 편차를 보이는 특색이 있다. 스페인은 중앙정부, 주정부, 지방자치단체로 나뉘어져 있으며, 이러한 구분에 따라 경찰조직은 중앙정부에 속한 국가 중앙경찰, 광역자치단체에 속한 주경찰, 그리고 기초자치단체에 속한 자치경찰이 있다.[17]

1) 근대적 의미의 경찰

스페인에서 근대적 의미의 경찰의 시작은 1908년 2월 27일 법에 따라 탄생한 치안대(Cuerpo de Seguridad), 순찰대(Cuerpo de Vigilancia), 특수업무대(Cuerpo de Servicios especiales)이다. 치안대는 경비 및 방범기능을 한 제복경찰로 군법이 적용되고, 군대 단위로 이루어져 있다. 순찰대는 수사 및 정보 기능을 하는 사복경찰이며, 특수업무대는 외국인 및 국경통제 업무를 수행한다.

1912년 2월 경찰청 창설되고 1930년 에밀리오 몰라가 경찰청장이 되면서 경찰관의 권리 · 의무 및 책임을 정한 임시규칙을 만들어 국가경찰의 기초를 구성하게 되었다. 1931년부터 다시 발생한 사회혼란으로 경찰청에 기동타격대(機動打擊隊) 창설하는 변화를 가져왔다. 1939년부터 발생한 스페인내전이 1975년에 끝난 후에는 경찰조직의 대대적인 변화를 가져왔는데, 기존의 순찰대는 일반경찰대로, 치안대는 무장순찰대로 변경하게 되었다. 곧이어 전국적 관할을 가진 4개 경찰국과 6개의 지방경찰청이 설치되고 기존의 경찰국은 현재 정보국, 방범국, 경비국, 사법국, 국경국, 외사경찰국의 모태가 되었다. 특히 6개의 지방경찰청은 현재의 13개 지방경찰청의 모태가 된다.

17) 신현기, 이영남. 「경찰인사관리론」(서울: 법문사, 2003), p. 191.

2) 법령의 정비와 현대적 의미의 경찰

경찰법이 제정된 1978년에는 일반경찰대가 정복근무의 전문경찰대로 변경되고, 무장순찰대는 사복근무의 국립경찰로 재탄생되었다. 국가경찰의 2대 조직은 중・소도시 이상의 관할권을 가진 국립경찰과, 기타 지역의 관할권을 가진 민병대가 구성되어 있다. 그러나 경찰법의 제정시 경찰청의 조직을 내무부장관, 경찰차관, 경찰청장, 차장의 순서로 함으로써 경찰의 독자성을 저해하고 경찰발전에 걸림돌이 되는 문제가 발생하였다. 1986년 3월 13일에는 경찰조직법 제정되고, 1978년의 국립경찰과 민병대 두 조직을 다시 개편하여 하나의 합리적이고 일괄적인 기구인 국립경찰로 거듭나게 되었으며, 이에 따라 전문경찰대(정복경찰)와 국립경찰대(사복경찰)로 개편되었다. 특히 정복경찰과 사복경찰을 1인의 청장 밑에 두는 형태로 경찰청 밑에 중앙조직은 국(7개), 경찰국(4개), 지방조직은 지방경찰청(13개), 도지방경찰청(52개), 시경찰서(143개)로 구성되어 있다. 이후 1987년 12월 4일에는 왕령으로 경찰의 계급과 직위에 따라 그 복제 및 장비를 정하는 내부규정을 정하고 이에 따라 국가경찰은 내무부장관의 지휘를 받는 완전한 경찰조직으로 정착하게 되었다.

3) 군인 경찰의 역사

군인 경찰은 평소에는 내무부장관의 지휘를 받지만 전시나 비상계엄 때는 국방부장관의 지휘를 받는 이원적 지휘체계를 가진 경찰조직이다. 현대적 의미의 모태는 치안혼란을 해결하기 위해 1844년 왕령으로 현대적 의미의 군인경찰대가 창설되었으며, 이러한 군인경찰의 기본 임무는 공공질서유지 및 범죄행위로부터 시민의 생명과 재산을 보호하는 것이었다. 이때부터 조직과 행정면에서는 국방부에 종속되고, 임무수행에 있어서는 내무부에 종속되는 구조를 유지하게 된다. 특히 업무에 있어서는 당시 관할에 따라 도지사의 근무지시나 명령을 받거나(단 인사, 징계, 장비, 보급 등은 군인경찰대장의 지휘감독), 시장 등의 협조요청에 따라 필요한 업무를 수행하였다.

4) 사법 경찰의 역사

1882년 형사소송법 공포로 1987년 사법경찰관의 직무에 관한 왕령에 이르기까지 사법경찰은 계속적인 변천을 거듭하는데, 초기에는 경찰이 기타의 관청의 치안담당기관과 함께 사법경찰의 일원이 되었다. 이러한 형태는 1985년 사법권조직법이 생기기까지 계속되었다. 경찰의 조직과 임무에 관한 여러 입법의 노력 끝에 사법권조직법은 정치적 · 행정적 관할에 따른 그 소속이 다른 3개의 경찰조직인 국립경찰, 광역자치경찰, 기초자치경찰에 각각 사법경찰의 임무를 부여하였다.

사법경찰에 관한 입법의 역사에서 사법권조직법과 경찰조직법은 사법경찰의 조직적 측면을 정하고 있고, 형사소송법은 범인의 추적 및 처벌 등 특정 직무와 관련하여 구체적으로 정하고 있다. 형사소송법은 1821년의 최초 초안이 채택되지 아니하고 1872년에야 비로소 제정되었다. 그후 1879년, 1882년에 개정되어 오늘에 이르고 있다. 형사소송법에 따르면 사법경찰은 예심판사와 검찰의 보조자라고 규정하고 있다. 하지만 헌법은 법관, 법원 및 검찰에 종속한다고 정하여 그 관계를 더욱 명시하고 있다.

▣ 스페인 경찰의 구분 및 현황

구 분		인 력	지휘권	비 고
국가경찰	국가일반경찰	45,362명	내무부장관	
	국가군경찰	72,500명	내무부장관 (평시)	
자치경찰	주경찰	13,700명	자치단체장	바스크, 까탈루니아 나바라
	기초자치경찰	50,000여명	자치단체장	

2. 스페인 경찰의 조직

스페인은 프랑스의 영향을 받아 중앙집권의 성향이 강하나 까딸루니아 지방 등은 독립권을 주장하고 있다. 스페인에는 국가경찰 외에 인구 2만 명 이상의 시에 시장소속으로 자치경찰을 두고 있으며, 자치경찰은 교통문제나 주민분쟁 등 사소한 사건을 처리하고 있다. 자치경찰과 국가경찰간에는 원활한 협력관계가 이루어지고 있으며, 자치경찰에 대한 인사권은 시장이 가지고 있다는 점에서 우리나라의 도입안과 유사한 형태를 가지고 있어 많은 시사점을 주고 있다.[18]

스페인은 국가경찰과 자치경찰의 조직으로 2원적 체제를 구성하고 있지만 구분이 복잡하고 업무의 영역 또한 다양하다. 특히 무장기관인 군인경찰국을 운영하고 있고, 국가경찰은 내무부 장관의 소할하에 공안청장의 지휘를 받는 국립경찰국, 군인경찰관리국, 치안행정국으로 구성되어 있다. 군인경찰은 평상시에는 내무부장관의 지휘하에서 일상적인 치안업무를 수행하고 있지만, 전시와 계엄상황에서는 국방부장관의 지휘를 받는다.[19] 치안행정국은 1997년 3월 7일 스페인 왕령341호에 따라 창설되었지만, 2004년 내무부의 조직개편으로 폐지되었다.[20]

1) 국가 경찰

(1) 국립 경찰

국립경찰과 군인경찰로 구성된 국가경찰은 양 조직의 공통 상급조직으로 전국적 관할권이 있는 내무부장관과 경찰차관이 있고, 각 도별로 도의 범위 안에서만 관할 지휘권을 가진 도지사가 있다. 그 아래에 국립경찰과 군인경찰에만 각각 지휘 통제권을 가지는 경찰청장과 군인경찰대장이 있고, 다시 그 밑에 각각의 하위 조직이 있다.

경찰조직법 제9조 제1의 1항은 "국립경찰은 내무부장관에 속하며 군이 아닌 민간의 성격을 가진 무장을 한 조직이다"고 정한다. 제2항은 "내무부장관의 직접 지휘 하에 국립경찰과 군인경찰을 동 법이 정하는 범위 안에서 직접 지휘하는 경찰차관을 둔다"고 규정하고, 제3항에 "각 도는 도지사가 치안조직의 직접 책임자가 된다"고 하여 중앙과 도의 경찰 최고책임자를 명백히 인정하고 있다.

국립 경찰청장은 내무부장관의 지휘를 받으며 경찰차관에 직접 종속되어 국립경찰의 책임자로서 소속 중앙조직과 외부조직을 지휘 통제하며 명칭은 청장이나 법령상 지

18) 경찰혁신위원회, 「선진국 자치경찰 운영사례를 위한 현지시찰 자료집」(서울: 경찰청, 2004), pp. 15～24.

19) 스페인 경찰조직법 제11조 제5항과 제6항에는 각 경찰기관간의 분쟁해결과 권한의 범위를 명확히 설정하여 기관간의 권한 다툼으로 발생할 수 있는 경찰력 손실을 최소화하고 있다.

20) 신현기 외, 전게서, p. 193.

위는 차관급 상당의 고급공무원으로서 현재 민간인이 맡고 있다. 경찰차관의 지휘를 받아 행동하지만 경찰차관이 주로 국가안보문제에 관여하는 반면 청장은 치안문제에 직접적으로 영향력을 행사한다. 도지방경찰청장, 각 국의 과장 및 계장급의 임면권을 가진다.

국가경찰청의 중앙조직으로는 경무기획국, 경비작전국, 정보국, 형사국, 방범국, 출입국관리 및 외사국, 감찰국, 인사국, 예산국, 장비국, 교육 및 훈련국이 있다.

지방경찰조직은 중앙조직의 지휘, 조정, 통제를 받아 각 지방에서 직접 업무를 처리한다. 인구지수, 사회적 · 범죄적 갈등원인, 기타 경찰의 특성을 고려하여 각기 서로 다른 그룹(A에서 H까지의 8개)으로 나눈다. 이러한 지방조직은 일반 행정조직과 일치하지 않는 독특한 것이다. 스페인의 지방경찰조직으로는 광역지방경찰청,[21] 도지방경찰청,[22] 시경찰서,[23] 대도시광역경찰서,[24] 대도시경찰서,[25] 국경검문소,[26] 특별사법경찰대,[27] 등이 있다.

(2) 군인 경찰

군인경찰은 국립경찰과 함께 국가경찰이지만 무장을 하고 있는 준군사적 성격을 가지고, 주로 시골에서 질서를 유지하고 국경지역과 도로를 순찰하는 임무를 맡고 있다. 그 지휘는 육군 중장이 하지만 소속은 내무부로 되어 있어 경찰조직법이 정하는 업무를 수행한다. 하지만 군사적인 임무를 할 때는 국방부장관의 지휘를 받고, 전시나 비상계엄 때는 국방부장관에게 소속한다. 내무부장관은 대원의 보수, 근무지, 병영시설에 관한 업무와 시민의 안전에 관계된 업무수행의 모든 것을 관할하고, 국방부장관은 대원의 승진, 근

---

21) 1개 또는 수 개의 도를 관할하는 1인의 지방경찰청장으로 구성된 단일 조직이다. 1941년 스페인 내란 이후 마드리드, 바르셀로나 등 6개에 지방경찰청을 설치한 것에서 유래한다.

22) 50개 도의 수도와 2개 식민도시에 있고, 1인의 청장과 도 단위 4개 경찰서로 구성되어 있다. 청장은 권한 안에서 경찰관에 대한 지휘감독권이 있으나 도지사의 권한을 침해하지 못한다.

23) 도의 수도가 아닌 143개 중소도시에 있으며, 도 경찰청의 업무를 그대로 처리한다. 서장은 도 지방경찰청장과 도지사 아래에서 권한 내의 업무를 집행한다.

24) 거대도시인 A그룹의 마드리드(6개)와 바르셀로나(4개)에만 있으며, 3개 과와 수 개의 지구경찰서가 있다. 서장은 도지방경찰청장의 지휘 감독을 받아 관할 내의 업무를 처리한다.

25) B-E군에 속한 주의 수도 가운데 11개 도시에 35개가 있다. 해당 도 지방경찰청장의 지휘 감독을 받아 업무를 처리하며 3개 부서가 있다.

26) 내 · 외국의 출입국 통제업무를 수행하며 전국에 26개가 있다.

27) 특별사법경찰대는 구체적 사정에 따라 법원이나 검찰청에 사법경찰관을 파견하여 근무한다. 이는 도형사국의 일부조직으로서 형사국장이 임명하고, 필요한 장비의 지원을 받지만 업무에서는 법원이나 검찰에 완전 종속된다. 사임이나 전보 등 법적 사유가 발생할 때는 사전 통지 없이 파견을 해제할 수 있다.

무체제 등에 관한 사항을 관할한다. 양 장관은 합동으로 대원의 교육, 선발, 무기, 관할에 관한 사항을 결정하고 군인경찰대장의 임명을 정부에 건의한다.

이 조직은 군사적 성격을 가지고 있어 자체의 특별규정의 적용을 받고 정당이나 노조의 가입과 집단청원권을 금지한다. 하지만 국방부장관이 대원을 해임할 때는 사전에 내무부장관에게 통지하여야 한다. 군인경찰의 중앙조직으로는 군인경찰대장, 직속참모조직,[28] 부속실 및 기획실,[29] 경비 · 작전국, 인사국, 병참국 등이 있다. 군인경찰의 지방조직으로는 기본적으로 관할지구대와 출장소의 2가지로 구성되어 있다.

2) 자치 경찰

(1) 광역 자치경찰

광역자치단체인 지방을 중심으로 조직하는 자치경찰이다. 헌법 제148조 제1항 22호와 제149조 제1항 29의 규정에서 그 창설을 규정하고 있지만 자치경찰(local policia)은 기초자치단체에 창설되어 있으며, 일부 주(까딸루니아, 바스크, 나바라)에만 주(州)경찰을 창설하였다. 까딸루니아와 바스크 지역은 국가경찰을 대체하는 주경찰로 편성되어 있으나, 나바라 지역은 기초자치단체에 설치된 자치경찰과 같이 국가경찰과 이원적으로 구성된 주경찰을 운영하고 있다.[30] 자치경찰 또한 광역자치단체인 지방을 중심으로 조직하는 광역자치경찰과,[31] 자치단체장이 임명하고 지휘 · 감독하는 계층적 구조를 가진 민간 성격의 무장기관인 기초자치경찰로 구분할 수 있다.

---

28) 직속 참모조직으로는 경무국, 인사국, 장비국 및 부속실 등이 있다. 이에는 다시 공보실, 기획감찰실, 송무과, 민원실 등이 있다.

29) 군인경찰대장에 직접 소속되어 군인경찰 소속기관의 활동에 대한 지휘 · 조정 · 통제기능을 수행한다.

30) 1986년 3월 경찰조직법(Ley Organica de Fuerzas y Cuerpos de Seguridad del Estado)에 따라, 기본적으로 공공안전에 관한 보장 임무는 국가에 있으며, 주 등 지방정부는 이에 공동으로 참여할 의무를 가지게 된다. 특히 17개주 가운데 7개 주의 법규에 주경찰의 창설을 규정하고 있으나, 현재는 3개주인 카딸루니아, 바스크, 나바라에만 주경찰을 설치하고, 나머지 4개주는 국가경찰이 주경찰 기능을 대리하고 있다. 주경찰이 창설되지 않은 주정부는 주정부내에 치안관련부서를 설치하여 기초자치단체 경찰에 대한 선발, 교육, 재정지원, 정보공유, 장비기준설정 등의 지원역할을 수행하고 있다.

31) 자치경찰이 있는 지역에서는 이들이 헌법상의 경찰임무를 수행하나, 자치경찰을 조직하지 않은 지역에서는 헌법 제37조 제2항, 제39조 및 제47조에 따라 기초자치단체와 광역자치단체에 지정되어 있는 국가경찰을 통하여 경찰임무를 수행하고 있다. 이들은 기능적으로는 광역자치단체 소속이지만 조직상으로는 내무부장관에 소속되어 있다.

자치경찰이 있는 지역에서는 이들이 헌법상의 경찰임무를 수행하지만, 자치경찰을 조직하지 않은 지역에서는 헌법 제37조 제2항, 제39조 및 제47조에 따라 기초자치단체와 광역자치단체에 지정하게 되어 있는 국가경찰을 통하여 경찰임무를 행한다. 후자는 기능적으로는 광역자치단체 소속이지만 조직상으로는 내무부장관에 속한다.

(2) 기초 자치경찰

기초자치경찰은 전국에 8천 53개에 이르는 기초자치단체에 조직하게 되어 있다. 하지만 이것을 조직하지 않은 자치단체에서는 경비원, 순찰대원, 기타 이에 준하는 자를 두고 경찰업무를 행한다. 현재 기초자치단체 중 도는 자체 도경찰을 보유하고 있지 않으며, 국가경찰, 광역자치경찰이나 다른 기초자치경찰을 통해 경찰기능을 수행한다. 기초자치경찰은 계층적 구조를 가진 민간 성격의 무장을 한 조직이며, 자치단체장이 임명하고 그 지휘 감독을 한다. 마드리드 시의 경우 경감 · 경정급의 경찰관이 자치단체장의 지휘를 받아 전체 시 경찰을 통제한다. 이러한 기초자치경찰의 종류는 교통경찰, 경비경찰, 경무경찰, 특별사법경찰 등이 있다. 특히 우리나라 자치경찰의 모형이 되고 있는 스페인의 기초자치경찰은 그 업무에 있어서도 기초단체 소속 기관 및 시설물의 보호감시와 도로교통법령이 정하는 바에 따라 도시내의 교통단속, 소통, 지도 및 도시내의 교통사고의 조사, 자치단체조례의 집행과 관련한 행정경찰의 기능, 사법경찰과의 협약, 이때 수집한 증거자료나 피의자 등은 사법경찰에 인계, 국가경찰, 광역경찰과의 협조, 공공장소의 감시, 시위보호, 다중집회장소의 공공질서 유지 등의 업무를 수행하고 있어 국회에서 심의 중인 우리나라의 자치경찰법(안)과 매우 유사하다는 것을 알 수 있다. 스페인의 자치경찰의 총 인력은 약 5만 명으로 추산되며, 1,700여 개 단위조직으로 구성되어 전체 기초자치단체 중 20% 이상이 자치경찰조직을 보유하고 있으며, 전체 인구의 90% 이상이 자치경찰서비스를 제공받고 있다.[32)]

32) 자치경찰제실무추진단. 「유럽자치경찰제도」(서울: 행정자치부, 2006), p. 20.

제4장 경찰행정법

제1절 경찰행정법의 개념

1. 경찰행정법의 의미

경찰행정법이란 공공의 안녕과 질서유지를 위한 국가작용의 내용, 범위 및 형식에 관한 성문 및 불문의 법체계를 의미한다. 경찰행정법은 일반경찰행정법과 특별경찰행정법으로 나눌 수 있다. 일반경찰행정법은 본래의 행정목적자체가 위험방지 및 질서유지를 내용으로 하는 경찰작용에 관한 법으로서, 경찰법과 경찰관직무집행법이 기본법이라고 할 수 있다. 특별경찰행정법이란 특별법상으로 규정된 실질적 경찰관련법으로서 건축법상의 경찰규정, 영업법상의 경찰규정, 보건위생법상의 경찰규정, 환경행정법상의 경찰규정 등을 들 수 있다. 따라서 이 경우에는 원래의 행정목적은 경찰작용이 아니며, 당해 행정의 수행에 수반되는 위해방지의 필요성에 의해서 인정되는 법규범을 의미한다.[1)]

---

1) 허경미, 「경찰행정법」(서울: 법문사, 2003), p. 17.

2. 경찰행정법의 기본원리

경찰임무는 개인의 생명 · 신체 및 재산을 보호하고 공공의 안전과 질서를 유지하는 것이다. 어느 시대, 어떠한 국가일지라도 공공의 안전과 질서유지가 도모되지 않으면 국가로서 존립할 수 없음은 물론, 국민이 평온한 일상생활을 영위할 수도 없다.

하지만 인간의 권리 · 자유를 제한하는 경찰의 권한행사가 남용된다면 국민의 권리 · 자유에 위협을 줄 수 있으므로 이를 방지할 필요가 있는 것이다. 인간의 권리 · 자유를 제한할 수 있는 권한은 다른 행정기관도 가지고 있으므로 남용의 방지 필요성이 경찰에게만 있는 것은 아니나 경찰이 직접 국민과 일상적으로 접촉하고 조직적 실력을 가지고 있는 기관인 만큼 권한의 남용방지 필요성이 한층 크다고 할 수 있다. 구체적으로 상대방의 권리 · 자유를 제한하기 위해서는 헌법상의 법치주의 원칙으로부터 법률적 근거를 필요로 함은 당연한 것이다.

1) 민주주의

헌법은 민주주의를 그 기본적 원리의 하나로 하고 있으므로 경찰 조직은 그 민주주의적 이념을 다하여야 한다. 경찰은 본래 국민을 위하여 국민에 의해 그 권한을 부여받아 조직으로 이루어진 것이기 때문에 그 권한행사는 국민의 대표자가 결정하는 바에 따라 어디까지나 국민 본위로 행하여져야 한다는 것이다. 특히 경찰은 국민에게 직결되고 그 권한행사의 적절함이 강하게 요구되는 조직이기 때문에 이 이념을 조직에 반영시키는 것이 중요하다. 경찰조직은 경찰이 이 자유민주주의 이념에 따라 내부적으로 관리되어 일반국민에 대하여 권한행사를 하는 경우에도 이 이념에 따른 조직 운용이 이루어져야 한다. 경찰법 제1조는 이와 같은 견지에서 「경찰의 민주적인 관리 · 운영과 효율적인 임무수행을 위하여」 경찰의 기본조직 및 직무범위 기타 필요한 사항을 규정함을 목적으로 하고 있음을 명확히 하고 있다.

현행법상 경찰조직의 민주성에 관한 규정으로는 주권재민(헌법 제1조 제1항)과 국민전체에 대한 봉사성과 책임성(헌법 제7조 제1항), 경찰관청의 설치와 직무범위의 법률주의 채택(정부조직법 제2조, 경찰법 제1조) 국가공무원의 정치활동 금지(국가공무원법 제65조) 등이 있다. 또 경찰위원회를 두어 경찰의 인사 · 예산 · 장비 · 통신 등에 관한 주요정책 및 경찰업무발전에 관한 사항과 인권보호와 관련되는 경찰의 운영 · 개선에 관한 사항 등을 심의 · 의결하도록 하고 있는 것 등은 경찰조직의 민주성 확립을 위한 통제 장치로 볼 수 있다.

2) 정치적 중립

헌법 제7조 제1, 2항에서는 '공무원은 국민전체에 대한 봉사자이며, 국민에 대하여 책임을 진다. 공무원의 신분과 정치적 중립성은 법률이 정하는 바에 의하여 보장된다'고 규정하여 국가공무가 정치적으로 이용되어서는 아니됨을 명확히 하고 있다. 따라서 경찰이 정치적 중립성을 유지하기 위해서는 개개의 경찰관이 직권을 행사할 때에 정치적 영향으로부터 배제되어야 한다. 이러한 경찰의 정치적 중립성 확보는 위에서 언급한 헌법 제7조의 규정이외에 국가공무원법은 공무원의 정치운동금지를 명문화하고 있다(동법 제65조). 그리고 경찰법은 "경찰의 공정중립성"(동법 제4조)과 정당에 소속되었던 사람은 당적을 이탈한 날로부터 3년이 경과하지 아니한 자는 경찰위원회 위원이 될 수 없도록 규정하고 있다(동법 제6, 7조).

3) 효율성

경찰법 제1조에서는 '효율적인 임무수행을 위하여 경찰의 기본조직 및 직무범위 기타 필요한 사항을 규정한다'고 명확히 함으로써 경찰행정의 효율성 확보를 조직운영을 위한 높은 가치로 인정하고 있다. 경찰은 국민의 자유와 권리를 보호하고 사회공공의 질서를 유지하는 것을 그 주된 임무로 하기 때문에 그 임무를 완수하는 데 충분한 조직이어야 한다는 것이다. 또한 국민의 세금으로 유지되는 이상, 조직의 중복 등으로 인해 쓸데없는 경비를 요하지 않고 효율적으로 직무를 수행할 수 있는 합리적인 조직이어야 한다.

4) 집권성

우리나라 경찰조직은 중앙정부의 직접적인 통제하에 놓여 있는 집권화된 체제이다. 관리 형태나 구조와 관련해서 경찰조직이 분권화되어 있을지라도 중앙정부가 법집행의 성공과 실패에 대한 직접적인 책임을 지게 되는 것이다. 이러한 집권적 경찰조직이 민주주의와 반드시 대립되는 것은 아니다. 현행법상 경찰조직은 행정조직의 일부로서 대통령과 국무총리의 통할 아래 현실적으로 경찰사무를 관장하는 경찰행정관청과 경찰집행기관이 있다.

5) 법치주의

경찰의 모든 활동은 법률 및 이에 근거한 명령, 조례에 규정이 있으면 이에 따라 행하여져야 하고 국민의 권리 · 자유를 제한하는 활동 등은 이러한 규정, 즉 법률 및 이에 근거한 명령, 조례의 규정에 의해 인정될 때에 한하여 할 수 있다.

경찰기관의 활동은 바로 이러한 법률을 근거로 행하여지며 법률에 반하는 것은 허용되지 않는다. 또한 국민의 권리 · 자유를 제한하는 것은 법률규정이 있어야만 비로소 행할 수 있다. 단, 조례는 법률이 아니나 자치입법으로서 법률에 반하지 않는 한도 내에서 제정할 수 있으며, 경찰기관은 법률의 위임을 받은 경우에 그 범위 내에서 실질적인 입법을 할 수 있도록 되어 있다. 경찰의 그 고유한 권한행사는 당해 법률 등의 목적 범위 내에서 그 규정에 따라 행하여져야 하고 다른 목적을 위하여 행사되어서는 안 되며, 각 행정기관은 그 설치법에서 인정한 범위에서 국민의 권리 · 자유를 제한하지 않는 행위를 할 수 있도록 되어 있다. 경찰활동 역시 경찰법으로 인정된 경찰 임무의 범위 내에서 각종 국민의 권리 · 자유를 제한하지 않는 활동을 할 수 있음을 의미하는 것이다. 따라서 이러한 경찰활동은 법률에 의한 행정의 원리에 의하여 수행되며, 경찰행정활동은 다음 세 가지 차원에서 법에 구속된다. 첫째, 조직규범으로서 법률에 정해진 권한의 범위 내에서만 경찰활동이 행해진다. 둘째, 제약규범으로서 법률에 정해진 권한 범위를 위반해서는 안 된다. 셋째, 근거규범으로서 법률이 정해준 권한 부여가 없으면 경찰기관은 자기의 판단에 따라 독창적으로 행위할 수 없다. 물론 경찰기관이 권력적 수단으로 활동하는 경우에만 법률의 수권이 필요하다고 보는 권력유보설이 타당하지만 일반 원칙은 수권하는 근거규정이 필수적이다.

6) 인권 존중주의

우리 헌법 제37조에서는 기본적 인권 존중을 그 기본원리 중의 하나로 하고 있으며 기본적 인권은 공공복지에 반하지 않는 한 입법권으로도 침해할 수 없도록 하고 있다. 모든 경찰기관은 이 헌법에 따라 활동하여야 한다. 특히 경찰활동은 국민의 권리 · 자유와 관련되는 것이 많기 때문에 국민의 자유와 권리를 존중하고, 국민전체에 대한 봉사자로서 공정중립을 지켜야 하며, 부여된 권한을 남용하여서는 아니된다(경찰법 제4조).

공공의 복지에 따른 기본적 인권 제한은 어디까지나 필요한 한도에 한정되기 때문에 국민의 권리 · 자유를 제한하는 규정에 관해서는 형식적으로 경찰이 권한을 행사할 수 있더라도 필요한 경우에만 한정되어야 하며, 경찰에게 자유재량을 인정하는 경우일지라도 그 재량은 합리적이어야 한다. 법률상 복수의 수단 중 어느 하나를 선택할 수 있을 때에는 가능한 한 인권제한이 적은 수단을 행사하여야 할 것이며, 가장 인권을 제한하게 되는 수단을 행사할 수 있는 경우는 다른 방법으로는 목적을 달성할 수 없을 때에 한한다. 이와 같이 경찰활동이 목적달성에 비례하는 한도에서만 허용된다고 해석됨은 헌법의 기본적 인권의 존중, 즉 인권의 제한은 공공복지에 필요최소한도에 한정되어야 함을 의미하는 것이다.

3. 경찰행정법의 법원

1) 경찰법원(法源)의 유형

경찰법의 존재형식(法源)에는 성문법원으로 헌법, 법률, 조약 및 국제법규, 자치법규, 각종 명령, 조례와 규칙 등이 있다. 불문법원으로는 관습법, 판례법, 조리 등이 있다.

여기서 조례와 규칙, 조리의 명확한 구별이 필요한데, 조례란 지방자치단체의 의회가 법령의 범위 안에서 지방자치권에 의거하여 제정하는 법규를 말하며(지방자치법 제15조), 규칙이란 지방자치단체의 장이 법령 또는 조례가 위임한 범위 안에서 그 권한에 속하는 사무에 관하여 제정하는 법규를 말한다(제16조). 반면에 조리(條理)란 정의에 합치되는 보편적 원리로서 인정되고 있는 원칙으로, 평등의 원칙, 비례의 원칙, 금반언의 원칙, 신의성실의 원칙 등을 말한다.

법률로서 중요한 것에는 경찰법, 경찰공무원법, 경찰관직무집행법, 행정절차법, 행정대집행법, 도로교통법, 국가배상법, 행정심판법, 행정소송법 등이 있으며, 이와는 별도로 범죄 수사에 관하여는 형사소송법이 있다.

경찰행정을 규율하는 경찰법을 크게 나누면, 경찰행정 조직이나 기구에 관한 경찰조직법, 경찰행정의 내용을 정한 경찰작용법, 위법한 경찰활동에 의해 불이익을 받은 국민의 구제절차를 정한 구제법, 행정절차법 등으로 살펴볼 수 있다.

▣ 경찰법의 법원

성 문 법 원	불 문 법 원
• 헌법 • 법률 • 조약 및 국제법규 • 자치법규(조례, 규칙) • 명령 - 법규명령(대통령령, 총리령, 부령) - 행정규칙	• 관습법 • 판례법 • 조리

2) 명령과 훈령

행정권이 정하는 명령에는 대통령령, 총리령, 부령이 있다.

명령에는 집행명령과 위임명령이 있다. 집행명령은 법률을 집행하기 위하여 필요한 부수적 · 세목적 규정을 정하는 경우이고, 위임명령은 법률의 개별적 · 구체적 위임에 근거해서 법률의 내용을 보충하고 구체화하는 규정을 두는 경우이다.

훈령이라 함은 상급기관이 하급기관의 권한행사를 상당히 장기간에 걸쳐 일반적으로 지시하기 위하여 발하는 명령(단순한 직무명령은 제외한다) 및 지시문서이다. 현대행정은 더 이상 법률에 의한 행정이 아니라, 훈령에 의한 행정이라는 말이 나올 정도로 빈번하게 사용되고 있다. 훈련에는 다음 「표」와 같이 협의의 훈련, 지시, 예규, 일일명령이 있다.

▣ 훈령의 종류

협의의 훈령	• 상급경찰관청이 하급경찰관청의 권한행사를 상당히 장기간에 걸쳐 일반적으로 지휘하기 위하여 발하는 명령
지시	• 상급경찰관청이 하급경찰관청에 대하여 개별적 · 구체적으로 발하는 명령
예규	• 반복적 경찰사무의 기준을 제시하기 위하여 발하는 명령
일일명령	• 당직 · 출장 · 휴가 등의 일일업무에 관하여 발하는 명령

훈령의 행사에는 다음 표와 같이 형식적 요건과 실질적 요건을 충족해야 한다.

▣ 훈령의 요건

<table>
<tr><td rowspan="2">훈령의 요건</td><td>형식적 요건</td><td>• 훈령권있는 상급관청이 발한 것일 것
• 하급관청의 권한내의 사항에 관한 것일 것
• 직무상 독립된 범위에 속하는 사항이 아닐 것</td></tr>
<tr><td>실질적 요건</td><td>• 훈령이 법규에 저촉되지 않을 것
• 공익에 반하지 않을 것
• 현실가능하고 명백할 것</td></tr>
</table>

직무명령이 상사가 부하인 경찰공무원 개인에 대하여 발해지는 명령인 데 비하여, 훈령은 상급경찰관청이 하급의 경찰관청에 대하여 발해지는 명령이라는 점에서 차이가 있다. 그 상세한 차이점은 다음 표와 같다.

▣ 법 · 직무명령 · 훈령의 상이(相異)점

법	• 법은 경찰관을 국가에 대하여 구속받게 한다. • 법은 경찰관을 국민에 대한 관계에서도 구속한다. • 법은 쌍면적(雙面的) 구속력을 갖는다.
훈령	• 하급경찰관청의 권한행사에 대한 명령. • 하급경찰관청의 구성원에 변동이 있어도 계속 유효. • 훈령은 특별한 법적근거가 없어도 발동이 가능. • 훈령은 구두나 문서에 의해 상대방에 통지함으로써 효력이 발생, 반드시 관보에 공고할 필요는 없다. • 훈령은 동시에 직무명령의 성질을 가진다.
직무명령	• 상관이 직무에 관하여 부하에게 발하는 명령으로 상급자에게 편면적(片面的)으로 준수의무를 진다. • 직무명령은 훈령의 성질을 갖지 못함 • 경찰관 개인을 구속하므로 수명(受命) 경찰공무원의 변동이 있는 경우에는 당연히 효력 상실. • 직무수행에 필요하다고 인정되는 한 경찰공무원의 생활행동에 대해서도 규율

제2절 경찰조직법

1. 경찰조직의 개념

1) 경찰행정기관

(1) 의의

경찰행정기관이란 행정주체인 국가를 위하여 현실적으로 직무를 수행하는 경찰기관이다. 경찰행정기관의 직무의 한계에는 직무의 내용에 의한 한계(사항적 한계), 직무를 행할 지역에 관한 한계(지역적 한계), 어떠한 행위를 할 수 있는가 하는 기능에 관한 한계(기능적 한계) 등이 있다.

(2) 종류

① 경찰행정관청

경찰행정관청이란 행정주체의 법률상의 의사를 결정하여 외부에 표시하는 권한을 가지는 기관을 말한다. 경찰행정관청은 경찰청장, 지방경찰청장, 경찰서장이 계층적 구조를 이루고 있다. 순찰지구대장은 경찰행정관청이 아니다.

경찰청장은 경찰관청으로서는 최상급인 중앙보통경찰관청으로 행정자치부의 외청으로 소속되어 있는 중앙행정기관이다. 독임제 형태인 우리나라 경찰청장은 경찰에 관한 사무를 통할하고 청무를 관장하며, 소속공무원 및 각급 경찰기관의 장을 지휘・감독한다. 경찰청장의 계급은 치안총감이며, 경찰위원회의 동의를 얻어 중앙인사위원회위원장의 제청으로 국무총리를 거쳐 대통령이 임명한다(경찰법 제11조, 국가공무원법 부칙 제5조-개정 2004. 3. 11). 경찰청장의 임기는 2년이며, 중임할 수 없다. 경찰청장은 탄핵의 대상으로, 그 직무집행에 있어서 헌법이나 법률을 위배한 때에는 국회는 탄핵의 소추를 의결할 수 있다(경찰법 제11조 제5항, 제6항 신설 - 개정 2003. 12. 31).

② 경찰자문기관

경찰자문기관은 행정청으로부터 자문을 받아 그 의견을 제시하는 기관을 말한다.

지방의 치안행정협의회는 경찰자문기관의 역할을 수행하고 있다.

③ 경찰참여(의결)기관

경찰참여(의결)기관은 행정관청의 의사를 구속하는 의결을 행하는 행정기관을 말한다. 행정청이 참여기관의 의결을 거치지 아니하고 행위한 경우에는 무권한의 행위가 되며 무효가 된다. 우리나라 경찰위원회는 법문상 심의 · 의결(경찰법 제5조)하기 위한 기관이지만, 행정자치부장관에게는 심의 · 의결사항에 대하여 재의요구권이 있으므로, 행정관청의 의사를 구속하지 못한다는 점에서 심의기관에 가깝다.

④ 감사기관

감사기관은 행정기관의 사무나 회계를 검사하여 그 적부를 감사하는 기관을 말한다.

⑤ 경찰집행기관

경찰집행기관은 경찰행정목적을 실현하기 위하여 필요한 실력을 행사하는 기관을 말한다.

⑥ 보조기관

보조기관은 행정관청 기타의 행정기관의 직무를 보조하기 위하여 일상적인 직무를 수행하는 기관으로서 차장, 국장, 부장, 과장, 계장 등의 직원이 여기에 해당한다.

2. 경찰조직법

1) 유형

경찰조직법은 경찰의 조직에 관한 기본법이다. 1991년 경찰법이 제정되어 경찰청은 종래 내무부의 보조기관이었던 치안본부에서 내무부의 외청으로 승격되었으며, 지방경찰청도 시 · 도지사의 보조기관에서 독립된 관청으로 승격되었다. 그리고 내무부에 경찰위원회를 두고, 지방에는 시도지사 밑에 치안행정협의회를 두고 있다.

그리고 1998년 2월 정권교체 후, 내무부가 총무처와 합쳐 행정자치부로 바뀌면서, 경찰청은 내무부의 외청에서 현재 행정자치부의 외청으로 전환되었다.

경찰조직은 경찰에 관한 국가의사를 결정하여 표시할 수 있는 기관인 경찰행정관청과 그 의사를 구체적으로 실현하는 기관인 경찰집행기관으로 나눈다. 상하로는 중앙의 경찰청과 지방의 지방경찰청, 경찰서로 나누고, 치안에 관한 의결 및 협의기관으로서 경찰위원회와 치안행정협의회가 있다.

▣ 경찰행정기관의 유형

<table>
<tr><td rowspan="5">보통경찰기관</td><td rowspan="2">경찰관청</td><td>보통경찰관청</td><td>• 경찰청장(최상급의 보통경찰관청), 지방경찰청장(지방상급경찰관청), 경찰서장(지방하급경찰관청)</td></tr>
<tr><td>특별경찰관청</td><td>• 해양경찰청장, 해양경찰서장</td></tr>
<tr><td>경찰의결기관 · 자문기구</td><td colspan="2">• 경찰위원회, 치안행정협의회</td></tr>
<tr><td rowspan="2">경찰집행기관</td><td>보통경찰집행기관</td><td>• 치안총감～순경</td></tr>
<tr><td>특별경찰집행기관</td><td>• 소방공무원, 헌병전투경찰대, 청원경찰관, 해양경찰청</td></tr>
<tr><td rowspan="2">특별경찰기관</td><td>협의의 행정경찰기관</td><td colspan="2">• 산림청장(산림경찰), 보건복지부장관(위생경찰), 관세청장(관세경찰) 등</td></tr>
<tr><td>비상경찰기관</td><td colspan="2">• 계엄사령관, 위수사령관</td></tr>
</table>

2) 경찰위원회

(1) 목적

경찰의 정치적 중립보장과 민주적 운영을 위하여 경찰위원회가 설치되어 있다(경찰법 제5조). 경찰위원회는 경찰청의 중요한 정책결정에 참여하면서 경찰의 민주적 운영과 정치적 중립을 목적으로 하며, 합의제 다수결을 통해 민주적 토론에 의한 결정이 이루어지도록 함으로써 경찰 단독결정의 단점을 보완하는 기능을 한다.

(2) 경찰위원회의 구성

① 위원과 위원장

위원회는 위원장 1인을 포함한 7인의 위원으로 구성하되, 위원장 및 5인의 위원은 비상임, 1인의 위원은 상임으로 한다. 상임위원은 정무직 차관급이다.

② 위원의 임명 및 결격사유

위원은 행정자치부장관의 제청으로 국무총리를 거쳐 대통령이 임명한다. 위원중 2인은 법관의 자격이 있는 자이어야 하며, 당적을 이탈한 날부터 3년이 경과하지 아니한 자, 선거에 의하여 취임하는 공직에서 퇴직한 날부터 3년이 경과하지 않은 자, 경찰·검찰·안전기획부 직원 또는 군인의 직에서 퇴직한 날부터 3년이 경과되지 아니한 자, 국가공무원법 제33조 각호의 1에 해당하는 자 등은 위원이 될 수 없다.

▣ 경찰위원회 위원의 자격과 결격사유

경찰위원의 자격
• 위원은 중앙인사위원회위원장의 제청으로 국무총리를 거쳐 대통령이 임명한다. • 위원장은 비상임위원중에서 호선한다. • 위원 중 2인은 법관의 자격이 있는 자이어야 한다. • 중앙인사위원회위원장은 위원을 제청함에 있어서 경찰의 정치적 중립이 보장되도록 하여야 한다.
경찰위원의 결격사유
• 당적 이탈한 날로부터 3년이 경과되지 아니한 자 • 선거직 공직에서 이임한 날로부터 3년이 경과되지 아니한 자 • 국가공무원법 제33조 각 호의 1에 해당한 자 • 경찰·검찰·국가정보원·군인의 직에서 퇴직한 날로부터 3년 미만 경과자

(3) 경찰위원회 위원의 임기 및 신분보장

① 위원의 임기는 3년으로 하며 연임할 수 없다. 위원은 중대한 심신상의 장애로 직무를 수행할 수 없게 된 경우를 제외하고는 그 의사에 반하여 면직되지 아니한다. 경찰위원회 위원에 대하여는 국가공무원법 제60조의 비밀엄수의무와 제65조의 정치운동금지의무를 준용한다.

② 임무와 권한

다음 사항은 반드시 경찰위원회의 심의·의결을 거쳐야 한다. 의결은 재적위원 과반수의 출석과 출석위원 과반수의 찬성으로 한다.

첫째로, 경찰의 인사·예산·장비·통신 등에 관한 주요정책 및 경찰업무발전에 관한 사항으로서, 경찰인사에 관계되는 법규·훈령·예규 및 운영기준에 관한 사항, 경찰교육기본계획, 경찰장비와 통신의 개발·보강 및 운영에 관한 기본계획 등으로 경찰의 장기적인 업무발전에 관한 내용이다.

둘째로, 인권보호와 관련되는 경찰의 운영·개선에 관한 사항으로서, 국민의 권리의무와 직접 관련되는 경찰행정 및 수사절차, 경찰행정과 관련되는 과태료·범칙금 기타 벌칙에 관한 사항, 경찰행정과 관련되는 국민의 부담에 관한 사항 등이다.

셋째로, 경찰임무 외의 다른 국가기관으로부터의 업무협조요청에 관한 사항이나 행정자치부장관 및 경찰청장이 중요하다고 인정하여 위원회에 부의한 사항에 대하여 심의하고 의결한다.

③ 재의요구(再議要求)

행정자치부장관은 위원회의 의결사항이 부적정하다고 판단될 때에는 재의를 요구할 수 있다. 재의요구는 10일 이내에 하여야 하고 위원회는 7일 이내에 재의결하여야 한다.

④ 위원회의 운영 및 경찰위원회규정

위원회의 사무는 경찰청에서 수행한다. 위원회에는 간사 1인을 두는데, 간사는 경찰청 기획담당관이 된다.

위원회의 회의는 정기회의와 임시회의로 구분한다. 정기회의는 특별한 사유가 있는 경우를 제외하고는 매월 1회 위원장이 소집한다. 위원장은 필요한 경우 임시회의를 소집할 수 있으며, 위원 3인 이상과 행정자치부장관 또는 경찰청장은 위원장에게 임시회의의 소집을 요구할 수 있다.

3) 경찰청

경찰청장은 경찰위원회의 동의를 얻어 행정자치부장관의 제청으로 국무총리를 거쳐 대통령이 임명하며, 경찰청장은 경찰에 관한 사무를 통할하고 청무(廳務)를 관장하며, 소속공무원 및 각급 경찰기관의 장을 지휘·감독한다. 차장은 경찰청장을 보좌하며 경찰청장이 사고가 있을 때에는 그 직무를 대행한다. 경찰청장 밑에 공보관이, 차장 밑에 기획관리관·감사관·전산통신관리관 및 외사관리관이 있다.

▣ 경찰청장 소속기관

- 경찰대학 – 경찰대학은 경찰간부를 양성하기 위하여 설립된 4년제 국립대학이다. 부설기관인 경찰수사보안연수소가 있다.
- 경찰종합학교 – 경찰종합학교에서는 간부후보생과 초급간부(경사, 경위)에 대한 필수기본교육 및 일선현장에서 필요로 하는 기능별 직무교육을 담당하고 있다.
- 중앙경찰학교 – 1987년 충주에 설립된 중앙경찰학교에서는 신임순경에 대한 신규채용교육 및 전・의경교육을 담당하고 있다. 신임순경에 대하여 6개월 동안 실시하는 신규채용교육은 일반 공개채용자와 10경비단, 여경요원 등을 대상으로 하고 있으며, 전・의경교육은 신임교육을 포함한 각종 전문교육과정을 전담하고 있다.
- 경찰병원 – 경찰병원은 경찰관(전・의경 포함) 및 일반시민들의 진료 및 건강관리를 위하여 설립된 국립병원이다.

4) 지방경찰기관

(1) 지방경찰청

지방경찰청은 관할 구역 안에서의 치안에 관한 사무를 수행하는데, 지방경찰청의 명칭, 위치 및 그 관할구역은 행정자치부령으로 정한다.

지방경찰청장은 행정자치부령이 정하는 범위 내에서 차장(지방경찰청에 차장을 두지 아니하는 경우에는 지방경찰청장) 밑에 직할대를 둘 수 있다.

(2) 경찰서

지방경찰청장의 소관사무를 분장하기 위하여 경찰서를 두고 총경의 경찰서장을 두며, 경찰서장은 지방경찰청장의 지휘・감독을 받아 관할구역안의 소관사무를 관장하고 소속공무원을 지휘・감독한다. 그리고 경찰서의 하부조직, 명칭・위치・관할구역 기타 필요한 사항은 행정자치부령으로 정한다.

(3) 파출소 등

지방경찰청장은 경찰서장의 소관사무를 분장하기 위하여 경찰청장의 승인을 얻어 경찰서장 소속하에 지서 또는 파출소를 둘 수 있으며, 필요한 경우에는 출장소를 둘 수 있다. 파출소・지서 및 출장소의 명칭・위치 및 관할구역과 기타 필요한 사항은 지방경찰청장이 정한다. 파출소는 경찰관청이 아니며, 경찰서 소속의 보조기관이다.

▣ 경찰관청의 유형

경찰청장	• 행정자치부의 외청으로서 중앙행정기관 • 경찰청장은 경찰위원회의 동의를 얻어 행정자치부장관의 제청으로 국무총리를 거쳐 대통령이 임명(경찰법 제11조). • 경찰청장은 독임제를 택함 • 부속기관으로는 경찰대학, 경찰종합학교, 중앙경찰학교, 경찰병원 등 • 경찰청장은 치안총감으로 보함(차장은 치안정감). • 경찰청의 설치 근거법은 경찰법, 정부조직법
지방경찰청장	• 시·도지사 소속 하에 설치 • 치안정감·치안감 또는 경무관으로 보함 • 지방경찰청에 차장을 둘 수 있음(경기도, 제주도 제외) • 지방의 상급경찰관청으로서 경찰청장의 지휘·감독을 받아 관할구역 안의 경찰사무를 관장
경찰서장	• 지방경찰청소속 하에 설치 • 경찰서장은 총경 또는 경정으로 보함 • 경찰서 소속으로 파출소를 두고 필요시에는 출장소를 둘 수 있음 • 경찰서의 설치근거는 경찰법
파출소	• 파출소는 경찰서 소속의 보조기관이다. • 경찰청장의 승인을 얻어 지방경찰청장이 설치한다(경찰청과그소속기관등직제 44조 제1항). • 파출소 및 출장소의 명칭·위치 및 관할구역과 기타 필요한 사항은 지방경찰청장이 정한다(경찰청과그소속기관등직제 제44조③). • 파출소의 법적근거는 경찰법 제17조 제3항, 경찰청과그소속기관등직제 제44조

(4) 치안행정협의회

지방행정과 치안행정의 업무협조 기타 필요한 사항을 협의·조정하기 위하여 시·도지사 소속하에 치안행정협의회를 두는데, 협의회는 부시장 또는 부지사의 위원장과 8인의 위원 등 9인으로 구성되며, 위원장의 소집하에 매분기 1회 개최한다.

▣ 경찰위원회와 치안행정협의회의 비교

	경찰위원회	치안행정협의회
구성	• 위원회는 위원장 1인을 포함한 7인의 위원으로 구성 • 위원장은 비상임위원중에서 호선.	• 위원장을 포함한 9인의 위원으로 구성 • 치안행정협의회는 시·도지사 소속하에 두고 있다.
법적성격	• 심의·의결기관	• 단순자문기구

	경찰위원회	치안행정협의회
심의사항	• 경찰의 인사 · 예산 · 장비 · 통신 등에 주요정책 및 경찰업무발전에 관한 사항 • 인권보호와 관련되는 경찰의 운영 · 개선에 관한 사항 • 경찰임무외의 다른 국가기관으로 부터의 업무협조요청에 관한 사항	• 지역주민과 경찰관의 협조 및 요망사항 • 민방위 및 재해대책 운영에 관한 사항 • 질서확립운동 등 지역사회 운동의 효율적 추진에 관한 사항 • 기타 지방행정과 치안행정간 상호지원에 관한 사항

3. 경찰조직의 권한행사

1) 권한의 위임 · 대리 · 대결

(1) 권한의 위임

권한의 위임이란 자기에게 주어진 권한의 일부를 하급행정기관에 위임해서 행사하게 하는 것을 말한다. 위임에는 법령의 근거가 필요하다. 권한이 위임되면 위임한 행정청은 그 권한을 상실하며, 위임을 받은 기관이 자기의 이름과 책임하에 그 권한을 행사하게 된다.

▣ 권한의 위임의 특징

- 해당관청의 권한자체가 수임관청에게 이전됨을 의미
- 법령으로 정하여진 경찰관청의 권한을 타 경찰관청에게 이전하는 효과를 가져오므로 법적 근거를 요함
- 주로 하급관청에 대하여 행하여짐
- 수임하급관청은 위임된 권한을 자기명의와 책임하에 행하고 쟁송(爭訟)시 피고도 수임기관이 된다.
- 위임자 부담이 원칙.

(2) 권한의 대리

권한의 대리에는 수권대리와 법정대리의 두 종류가 있다. 수권대리라 함은 본래의 행정청의 수권에 의해 대리관계가 발생하는 경우를 말한다. 수권대리에는 법의 근거를 요하지 않는다. 이때 대리기관은 대리관계와 피대리행정관청을 명시하여 의사표시 등을 행한다.

한편, 법정대리라 함은 다른 행정기관이 본래의 행정관청의 권한의 전부를 당연히 대행하는 것을 말한다. 법정대리에는 미리 본래의 행정관청이 지정해 둔 기관이 대리권을 갖는 지정대리와, 경찰청 차장이 경찰청장에게 사고가 있을 경우에 그 직무를 대행하는 경우와 같이 법률의 규정에 따라 일정한 기관이 당연히 대리권을 행사하는 협의의 법정대리가 있다.

▣ 권한의 대리의 특징

- 대리자가 권한을 대신 행사할 뿐이고 권한 자체의 이전을 가져오지 않음
- 법정대리는 법령의 근거를 요하나 임의대리는 법령의 근거가 없어도 가능
- 보조기관이 대리인이 됨
- 임의대리는 복대리가 원칙적으로 불가능하고, 법정대리는 복대리가 가능
- 법정대리는 대리자의 모든 책임하에 권한행사, 임의대리는 피대리관청의 지휘·감독을 받음

▣ 권한의 위임과 대리의 비교

	임의대리	법정대리	권한의 위임
권한의 이전여부	• 대리관청에 이전되지 않음		• 권한이 수임청에 이전
법적 근거요부	• 법적 근거 불요	• 법적 근거 필요	• 법적 근거 필요
권한의 범위	• 권한의 일부만 대리가능	• 전부대리가 원칙	• 위임청의 권한의 일부만 위임 가능
권한행사의 귀속·책임	• 피대리관청 (행정소송의 피고)	• 대리관청 (행정소송의 피고)	• 수임청이 책임부담 (행정소송의 피고는 수임청이 됨)
지휘감독	• 지휘감독 가능	• 지휘감독 불가	• 감독권에 의한 지휘감독은 가능
복대리·재위임	• 복대리 불가	• 복대리 가능	• 법령의 근거가 있는 경우 재위임 가능
상대방	• 주로 피대리관청은 보조기관		• 주로 하급관청

대결(代決) 혹은 전결(專決)이란, 행정관청이 그 보조기관에 사무처리에 관한 결정을 맡기지만, 외부에 대해서는 본래의 행정청의 이름으로 표시하는 내부적 위임을 말한다. 그러므로 법령상의 근거는 필요하지 않다.

제3절 경찰공무원법

1. 경찰공무원의 분류

경찰공무원은 국가공무원이며, 국가공무원법과는 별도로 경찰공무원법(1982. 12. 31. 법률 제3606호)을 두고 있다.

1) 경찰공무원의 개념과 분류

(1) 경찰공무원의 개념

경찰공무원이란, 경찰공무원법의 대상이 되는 국가의 공무원으로서 경찰의 직무에 종사하는 자를 말한다. 조직상 경찰기관에 근무하는 일반직이나 기능직 등의 공무원은 경찰공무원에 해당되지 아니하며, 작전전투경찰순경이나 의무전투경찰순경도 경찰공무원에 해당되지 아니한다.

그러나 이들 작전전투경찰순경이나 의무전투경찰순경도 형법상의 공무집행방해죄의 공무원에 해당됨은 물론, 국가배상법상의 공무원 개념에는 포함된다.

(2) 경찰공무원의 분류

경찰공무원은 경력직에 속하면서 특정직으로 분류되어 있다.

경찰공무원법은 경찰공무원을 다시 계급, 경과와 특기 등 3가지 기준으로 분류하고 있다. 계급은 직책의 난이도와 보수의 차이를 두기 위한 것이고, 경과와 특기는 개인의 능력과 자격을 활용하기 위한 목적을 가지고 있다.

① 계급제는 경찰공무원이 가지는 개인의 특성, 즉 학력, 경력, 자격을 기준으로 하여 유사한 개인적 특성을 가진 공무원을 여러 범주와 집단으로 구분하여 계층을 구분하는 것을 말하는데, 경찰공무원은 순경, 경장, 경사, 경위, 경감, 경정, 총경, 경무관, 치안감, 치안정감, 치안총감 등 11개 계급으로 되어 있다.

② 경과와 특기는 개개 경찰관의 특성, 자격과 능력, 그리고 경력을 활용하기 위해 수평적으로 분류하는 것이다. 경과는 총경이하에 적용되고 운전경과만은 경사이하에만

부여된다. 경과는 일반경과와 보안경과 및 특수경과로 대별되고, 특수경과는 다시 항공경과, 통신경과 그리고 운전경과로 나누어진다.

③ 특기제도는, 일반특기와 전문특기로 나누어지는데, 일반경과는 일반특기로서 기획, 감사, 경무, 방범, 교통, 경비, 작전, 형사, 수사, 정보, 보안, 외사 등 12가지가 있으며, 전문특기로서는 형사, 조사, 감식, 정보관리, 정보분석, 보안수사공작, 보안수사심문, 외사 및 기술(통신, 항공, 운전)의 특기가 있다. 특기는 경위이상 경정이하의 모든 경찰관에서 주어진다.

▣ 경과의 유형

일반경과	• 경무, 방범, 교통, 경비, 형사, 수사, 외사 등
보안경과	• 경정 이하의 경찰공무원으로 한다.
특수경과	• 해양, 운전, 항공, 통신경과가 있다. • 운전경과는 경사 이하의 경찰공무원.

▣ 특기의 유형

일반특기	• 기획 · 감사 · 경무 · 방범 · 교통 · 경비 · 수사 · 형사 · 작전 · 정보 · 보안 · 외사
전문특기	• 형사 · 조사 · 감식 · 정보관리 · 정보분석 · 보안수사공작 · 보안수사신문 · 외사 및 기술(통신 · 해양 · 항공)

2. 경찰공무원의 임용

1) 경찰인사기관과 그 권한

(1) 경찰의 인사권자

총경이상의 경찰관은 대통령이 임용하고, 경정이하의 경찰관은 경찰청장이 임용한다. 총경의 전보, 휴직, 직위해제, 정직, 복직은 경찰청장이 결정한다.

■ 경찰공무원의 임용권자

임 용 권 자	임 용
대 통 령	• 총경 이상의 임용(경찰청장추천→중앙인사위원회위원장제청→국무총리→대통령) • 경정에의 신규채용 · 승진임용 및 면직(경찰청장의 제청→국무총리→대통령)
경 찰 청 장	• 경정 이하 임용 • 총경의 전보 · 휴직 · 직위해제 · 정직 · 복직은 경찰청장이 행함 ※ 권한의 일부를 소속 기관장과 지방경찰청장에게 위임가능
지방경찰청장 경찰종합학교장 경찰병원장 중앙경찰학교장 경찰대학장	• 경찰청장의 권한을 위임받아 소속경찰관 중 경정의 전보 · 파견 · 휴직 · 직위해제 및 복직에 관한 권한과 경감 이하의 임용권 보유
경 찰 서 장	• 지방경찰청장의 권한을 위임받아 소속경찰관 경감 이하의 승급 · 전보

(2) 경찰인사위원회

경찰은 인사에 관련된 중요사항을 처리해야 할 경우 경찰청장의 자문에 응하기 위하여 경찰공무원인사위원회를 두고 있다.

① 인사위원회의 기능

경찰공무원의 인사행정에 관한 방침과 기준 및 기본계획에 대해서 심의하고, 경찰공무원의 인사에 관한 법령의 제정 또는 개폐, 기타 경찰청장이 부의하는 사항에 대하여 심의한다.

② 인사위원회의 구성과 의결방법

인사위원회는 5인 이상 7인 이하로 구성되는데, 위원장은 경찰청 인사담당 국장이 되고, 위원은 경찰청 소속 총경이상의 경찰관 중에서 경찰청장이 임명한다.

(3) 소청심사위원회(訴請審査委員會)

공무원이 징계처분이나 강임, 휴직, 면직처분 기타 그의 의사에 반하는 불리한 처분을 받았을 때에는 그 시정을 요청할 수 있도록 소청심사위원회가 행정부, 사법부 그리고 입법부에 별도로 설치되어 있다.

경찰공무원은 행정자치부에 설치되어 있는 소청심사위원회에 소청심사를 청구한다. 그러나 전경대의 대원중 경사이하의 경찰공무원(전경포함)은 그 소속에 따라 경찰청,

각 시 · 도 지방경찰청에 소청을 제기하여야 하며 이때 각 소속의 장들은 경찰관보통징계위원회를 구성하여 소청내용을 심사한다.

① 소청심사위원회의 구성

소청심사위원회는 위원장 1인을 포함하여 5인 이상 7인 이내의 상임위원으로 구성되며, 필요할 때에는 약간 명의 비상임위원을 둘 수 있다. 위원장과 위원은 행정자치부장관이 제청하여 대통령이 임명한다. 그리고 그 자격은 법관, 검사 또는 변호사의 직에 5년 이상 근무한 자, 대학에서 행정학, 정치학 또는 법률학을 담당한 부교수이상의 직에 5년 이상 근무한 자, 3급 이상의 공무원으로 3년 이상 근무한 자이다. 위원의 임기는 3년이며 1차에 한하여 연임될 수 있고 겸직은 허용되지 않는다.

▣ 각종 위원회의 구성원수

소청심사위원회	• 위원장을 포함한 5인 이상 7인 이내의 상임위원으로 구성
경찰인사위원회	• 위원장을 포함한 5인 이상 7인 이하
경찰위원회	• 위원장 1인을 포함한 7인의 위원
치안행정협의회	• 위원장 1인을 포함한 9인의 위원
중앙승진심사위원회	• 위원장포함 총경 이상의 위원 5인 이상 7인 이하로 구성
보통승진심사위원회	• 위원장 포함한 5인 이상 7인 이하의 위원으로 구성
중앙징계위원회	• 위원장을 포함한 위원 5인 이상 7인 이하
보통징계위원회	• 위원장을 포함한 위원 3인 이상 7인 이하

② 소청심사

소청인(대리인)의 의견진술의 기회가 부여된다. 그렇지 않으면 그 결정은 무효이다. 결정은 재적위원 2/3출석과 재적위원 과반수의 합의에 의한다.

③ 소청심사결정과 불복

소청심사위원회의 결정이 부당하면, 당사자는 그 결정통지를 받은 날로부터 10일 이내에 재심청구를 할 수 있다.

소청심사위원회의 결정은 징계처분보다 중한 징계처분을 할 수 없다.

2) 경찰공무원의 근무관계

(1) 경찰공무원 관계의 성립요건

경찰공무원 관계의 성립이란, 특정인에게 경찰공무원으로서의 신분을 부여하여 근무관계를 설정하는 행위이다. 경찰공무원법 제8조에서는 이러한 행위를 '채용'이라고 한다.

경찰공무원이 되기 위한 요건은 소극요건으로는, 경찰공무원법상 결격사유(제7조)에 해당되는 경우, 구체적으로는 대한민국 국적을 가지지 아니한 자, 금치산자 또는 한정치산자, 파산자로서 복권되지 아니한 자, 자격정지 이상의 형의 선고를 받은 자, 자격정지 이상의 형의 선고유예를 받고 그 선고 유예기간 중에 있는 자, 징계에 의하여 파면 또는 해임의 처분을 받은 자는 경찰공무원이 될 수 없다.

적극요건으로는 능력주의(성적주의)가 적용되어, 경정과 순경의 신규채용은 공개경쟁시험의 성적에 의하는 것이 원칙이나, 경위의 신규채용은 경찰대학 졸업자 등에 대한 예외가 인정되며, 제한경쟁시험에 의한 특별채용도 가능하다(제8조).

경찰공무원은 신규채용하는 경우 시보로 임용된다. 자세한 내용은 아래 표와 같다.

▣ 시보임용

• 시보임용은 경정 이하의 경찰공무원을 신규채용하는 경우 일정한 기간을 정하여 그 기간동안 자질·적성 등을 검토·심사하는 제도 • 시보기간 중에는 공무원으로서 신분보장이 되지 않는다. • 시보기간은 1년이다. • 시보임용기간 중에 있는 자의 근무성적 또는 교육훈련성적이 불량한 때에는 면직시키거나, 면직을 제청할 수 있다.

(2) 경찰공무원 관계의 변경

경찰공무원 관계의 변경은, 경찰공무원으로서의 신분을 유지하면서 경찰공무원 관계의 내용의 전부 또는 일부를 변경함을 말하며, 이에는 승진·전보·파견·휴직·직위해제·강임, 정직 등의 징계처분이 있다.

① 경찰승진임용은 크게 시험승진과 심사승진, 특별승진, 근속승진으로 나눌 수 있는데, 경장에서 경정까지는 심사승진과 시험승진을 각각 절반의 비율로 선발하고 있다.

2004년에는 총경이하 총 10,304명이 승진한 바, 이 중 심사승진이 3,699명, 시험승진이 3,595명, 근속승진이 3,010명이었다.

▣ 승진의 유형

심사승진	• 경무관이하
시험승진	• 경정 이하의 경찰관을 시험성적에 의하여 연 1회 승진임용하며 계급별 또는 경과별 · 직무분야별로 실시한다.
특별승진	• 현저한 공적이 있는 자를 승진시키는 것
근속승진	• 순경-경장(6년), 경장-경사(7년), 경사-경위(8년)

② 경찰공무원의 승진소요 최저 근무기간은 총경이 4년, 경감과 경정이 3년, 기타는 2년이다.

▣ 승진소요 최저 근무년수

총　　경	4년
경정 · 경감	3년
경위· 경사· 경장· 순경	2년

③ 경찰공무원의 승진에 관한 의사결정은 승진심사위원회에서 실시한다. 승진심사위원회에는 총경 이상의 승진을 관할하는 중앙승진심사위원회와 경정 이하의 승진을 관할하는 보통승진심사위원회가 있다.

▣ 승진심사위원회

중앙승진심사위원회	보통승진심사위원회
• 위원장포함 총경 이상의 위원 5인 이상 7인 이하로 구성	• 위원장 포함한 5인 이상 7인 이하의 위원으로 구성
• 경찰청에 설치	• 경찰청 · 지방경찰청 등 소속기관 경찰서에 설치
• 총경 이상의 승진심사 관할	• 경정 이하의 승진심사 관할

④ 경찰공무원의 휴직제도는 신분은 유지하면서 직무를 면하는 것이다. 이에는 직권휴직과 의원휴직이 있다. 직권휴직은 공무원이 신체정신상의 장애로 장기요양을 요할 때나 생사 또는 소재가 불명하게 되었을 때 등의 경우에 본인의 의사에 불구하고 휴직을 명하는 조치이다.

▣ 경찰공무원의 휴직제도

<table>
<tr><td>의의</td><td colspan="2">경찰관으로서의 신분은 가지면서 일정기간 직무담당을 해제.</td></tr>
<tr><td rowspan="3">직권
휴직</td><td>• 신체정신상의 장애로 장기요양을 요할 때</td><td>1년 이내</td></tr>
<tr><td>• 병역법에 의한 병역복무를 필하기 위하여 징집 또는 소집되었을 때
• 기타 법률의 규정에 의한 의무를 수행하기 위하여 직무를 이탈하게 되었을 때</td><td>복무 및 의무기간이 만료될 때까지</td></tr>
<tr><td>• 천재·지변 또는 전시·사변이나 기타의 사유로 인하여 생사 또는 소재가 불명하게 된 때</td><td>법원의 실종선고를 받는 날까지(경공법 23조 ①항)</td></tr>
<tr><td rowspan="5">의원
휴직</td><td>• 국제기구 · 외국기관 · 국내외대학 또는 국내외 연구기관에 임시로 채용될 때</td><td>채용기간</td></tr>
<tr><td>• 해외유학을 하게 된 때
• 외국에서 근무 · 유학 또는 연수하게 되는 배우자를 동반하게 된 때</td><td>3년 이내로 하되, 학위취득 등 부득이한 경우에는 2년의 범위 내에서 연장할 수 있다.</td></tr>
<tr><td>• 경찰청장이 지정하는 교육기관이나 연구기관에서 연수하게 된 때</td><td>2년 이내</td></tr>
<tr><td>• 자녀(휴직신청 당시 1세 미만인 자녀에 한함)를 양육하기 위하여 필요한 때</td><td>1년 이내</td></tr>
<tr><td>• 사고 또는 질병 등으로 장기간의 요양을 요하는 부모·배우자·자녀 또는 배우자의 부모의 간호를 위하여 필요한 때</td><td>1년 이내로 하되, 재직기간 중 총 3년을 초과할 수 없다.</td></tr>
<tr><td>효력</td><td colspan="2">① 휴직기간 중 신분은 보유하나 직무에 종사하지 못한다.</td></tr>
</table>

⑤ 정직

경찰관 신분은 가지면서 1개월 이상 3개월 이하의 기간 동안 직무담당이 정지되고 보수의 1/3을 지급 받는 것이다.

⑥ 직위해제

직위해제는 직무수행능력이 부족하거나 근무성적이 극히 불량한 자, 징계의결 요구

중인 자, 형사사건으로 기소된 자(약식명령이 청구된 자는 제외한다) 등에 대하여 직위를 부여하지 아니하는 조치이며, 직위해제된 자에 대하여는 3월 이내의 기간 동안 대기를 명하고, 이 기간 동안 능력회복이나 근무성적의 향상을 위한 교육훈련 또는 특별한 연구과제의 부여 등 필요한 조치를 취한다.

⑦ 강임

강임은 하위직급으로 이동하는 것을 의미하는 것으로 직제변경 등으로 직위가 없어졌을 때 퇴직을 회피하는 수단으로 주로 활용되나, 우리나라 경찰공무원에게는 강임이라는 수직적 인사이동이 적용되지 않는다.

(3) 경찰공무원 관계의 소멸

공무원 관계의 소멸은 경찰공무원법상 당연퇴직(제21조) · 직권면직(제22조) · 정년(제24조), 의원면직, 파면 · 해임 등의 징계처분 등이 있다.

직권면직은 직제와 정원의 개폐 또는 예산의 감소 등에 의하여 폐직 또는 과원이 되었을 때, 휴직기간의 만료 또는 휴직사유가 소멸된 후에도 직무에 복귀하지 아니하거나 직무를 감당할 수 없을 때, 직위해제자가 그 기간 중 능력 또는 근무성적의 향상을 기대하기 어렵다고 인정된 때 등의 경우에 관할 징계위원회의 의견을 들어 취하는 조치이다.

의원면직의 경우에는 사직의 의사표시만으로는 부족하고, 서면에 의한 사직서를 제출하여 임명권자의 승인을 받아야 한다는 제한이 따르는 특징이 있다.

경찰공무원의 연령정년은 경정 이상은 60세, 경감 이하는 57세이다. 그리고 계급정년은 경정부터 적용된다.

■ 경찰공무원의 정년제도

연 령 정 년	계 급 정 년	
• 경정 이상 - 60세 • 경감 이하 - 57세 ※경감 이하 연령정년(3년 연장)제도 폐지	• 치안감 - 4년 • 경무관 - 6년 • 총 경 - 11년	• 경 정 - 14년 • 경 감 - 폐지 • 경 위 - 폐지

3. 경찰공무원의 권리 · 의무 · 책임

1) 경찰공무원의 권리

경찰공무원의 권리로는 헌법이 보장하고 있는 기본권과 경찰공무원법 등의 개별법상의 권리로 나눌 수 있으며, 개별법상의 권리는 신분상의 권리와 재산상의 권리로 나눌 수 있다. 그리고 이러한 실체적 권리를 보장하기 위한 절차적 권리가 있다. 구체적 권리는 다음 표와 같다.

▣ 경찰공무원의 권리

신분상의 권리	재산상의 권리
• 신분 및 직위보유권 • 직무수행권 • 쟁송제기권 • 제복착용권 • 무기휴대 및 사용권	• 보수청구권 • 연금청구권 • 실비변상 · 실물대여를 받을 권리 • 보상청구권

경찰공무원은 법정의 사유에 의하지 아니하는 한, 그 의사에 반하여 휴직 · 강임 · 면직을 당하지 아니하고 직무를 수행할 권리를 가진다. 다만 치안총감과 치안정감의 경우에는 그러하지 아니하다

2) 경찰공무원의 의무

경찰공무원은 국민전체의 봉사자(헌법 제7조)로서, 공공의 이익을 위하여 근무하며, 직무를 수행함에 있어서는 전력을 다하여 전념하지 않으면 안 된다.

경찰공무원은 다음 표와 같은 많은 의무를 부과받고 있다.

▣ 경찰공무원의 의무

<table>
<tr><td>일반의무</td><td colspan="2">• 선서의무, 성실의무</td></tr>
<tr><td rowspan="3">직무상 의 무</td><td>국가공무원법</td><td>• 법령준수의무, 복종의무, 직무전념의무, 친절공정의무</td></tr>
<tr><td>경찰공무원법</td><td>• 허위보고 및 직무유기 금지의무, 지휘권남용금지의무, 제복착용의무</td></tr>
<tr><td>경찰공무원 복무규정</td><td>• 지정장소 외에서의 직무수행 금지, 근무시간 중 음주금지, 민사분쟁에의 부당개입금지</td></tr>
<tr><td>신분상 의 무</td><td colspan="2">• 비밀엄수의무, 청렴의무, 품위유지의무, 영예 등의 제한, 정치운동금지의무, 집단행동금지의무</td></tr>
</table>

특히 경찰공무원은 취임할 때에 소속기관장 앞에서 다음과 같이 선서할 의무를 지고 있다.

▣ 선서문

본인은 공직자로서 긍지와 보람을 가지고 국가와 국민을 위하여 신명을 바칠 것을 다짐하면서 다음과 같이 선서합니다.
1. 본인은 법령을 준수하고 상사의 직무상의 명령에 복종한다.
1. 본인은 국민의 편에 서서 정직과 성실로 직무에 전념한다.
1. 본인은 창의적인 노력과 능동적인 자세로 소임을 완수한다.
1. 본인은 재직 중은 물론 퇴직 후에라도 직무상 알게 된 기밀을 절 대로 누설하지 아니한다.
1. 본인은 정의의 실천자로서 부정의 발본에 앞장선다.

3) 경찰공무원의 책임

경찰공무원의 책임을 묻는 제도로는 징계책임, 변상책임, 민사책임, 형사책임이 있다. 여기서 형사책임은 형법상의 책임과 경찰관직무집행법 제12조의 벌칙과 같이 행정법상의 책임도 포함한다. 징계란 경찰공무원의 의무위반에 대하여 공법상 특별권력관계의 질서를 유지하기 위하여 국가가 그 특별권력에 의거하여 과하는 제재를 말하며, 그 제재로서의 벌을 징계벌이라고 하고, 그 제재를 받을 책임을 징계책임이라고 한다.

(1) 징계의 종류

징계는 징계벌이지만 형벌은 아니기 때문에, 징계책임과 형벌은 병과가 가능하다.

징계사유는 법정주의로, 법령위반, 직무상의 의무위반, 직무의 내외를 불문하고 그 체면 또는 위신을 손상하는 행위 등이다(국가공무원법 제78조). 그러나 직무명령위반도 직무상의 의무위반이 되는 한 징계사유가 되며, 직무명령은 반드시 법률에 근거하는 것에만 한정되지 않으므로, 법정주의는 그만큼 축소된다.

징계의 종류는 중징계로 파면 · 해임 · 정직이 있고, 경징계로 감봉 · 견책이 있다(경찰공무원징계령 제2조). 그 밖에 실무상 징계기각 계고, 일반계고, 특별교양이 있다. 전투경찰대 설치법상의 징계로 영창, 근신이 있다. 정직의 경우 1월 이상 3월 이하의 기간중 공무원의 신분은 보유하나 직무에 종사하지 못하며, 보수의 3분의 2를 감한다. 감봉은 1월 이상 3월 이하의 기간으로 하고, 보수의 3분의 1을 감한다.

파면의 경우에는 공무원연금법상의 급여가 제한된다는 점에서 해임과 차이가 있다.

징계처분을 받은 자는 그 징계처분을 받은 날 또는 그 집행이 종료된 날로부터 승진임용과 승급에 있어 제한을 받으며, 파면 또는 해임처분을 받은 자는 경찰공무원의 임용자격이 없다.

▣ 징계의 종류

• 파 면	연금지급제한, 5년간 공무원자격 상실
• 해 임	3년간 공무원자격 상실
• 정 직	1-3개월 직무정지, 보수의 2/3감액
• 감 봉	1-3개월 직무정지, 보수의 1/3감액
• 견 책	전과에 대한 훈계

(2) 징계권자

경찰공무원의 경징계는 징계위원회의 의결을 거쳐 징계위원회가 설치된 소속기관의 장이 행하게 되어 있다. 경무관이상은 국무총리소속하에 설치된 징계위원회에서 의결하여 경찰청장이 행한다.

중징계인 파면 · 해임 및 정직은 징계위원회의 의결을 거쳐 당해 경찰공무원의 임용권자가 행하되, 경무관이상의 정직과 경정이상의 파면 및 해임은 경찰청장의 제청으로 행정자치부장관과 국무총리를 거쳐 대통령이 행하고, 총경 및 경정의 정직은 경찰청장이 행한다(경찰공무원법 제27조).

■ 계급별 징계위원회

경무관 이상	국무총리소속하 중앙징계위원회
총경 및 경정	경찰공무원 중앙징계위원회
경감 이하	경찰청 · 지방경찰청 등 경찰기관에 설치된 보통징계위원회
경사 이하	그 밖의 기관에 설치된 보통징계위원회

(3) 징계의 양정

징계처분과 관련한 임명권자의 재량권은, 징계를 할 경우에 어떠한 처분을 선택할 것인가에 있고, 징계의 요건 자체에 대해서는 없다.

경찰공무원 징계령은 제16조에서 징계의 양정기준으로서 징계심의대상자의 소행, 근무성적, 공적, 개전의 정과 징계의결을 요구한 자의 의견을 참작하도록 하고 있다.

(4) 징계의 절차

경찰공무원의 징계처분에 대해서는 행정절차법(1996.12.31. 법률 제5241호)의 불이익처분에 관한 사전 절차적 규정이 적용되지 않는다(제3조 제2항 제9호). 국가공무원법과 경찰공무원법에서는 징계위원회의 의결을 거치도록 하고 있다.

(5) 징계에 대한 불복

징계처분을 받은 자는 처분사유 설명서를 받은 날로부터 30일 이내에 소청심사위원회에 심사를 청구할 수 있다. 이에도 불복이 있을 경우에는 행정소송을 통하여 다툴 수 있다. 이 경우 경찰청장이 피고가 되며, 다만 임용권을 위임한 경우에는 그 위임을 받은 자를 피고로 한다.

(6) 철회의 제한

공무원의 징계처분에 대해서는 이를 철회할 수 없다.

■ 경찰공무원의 징계

징계의 사유	• 국가공무원법 및 경찰공무원법에 의한 명령에 위반하였을 때 • 직무상 의무에 위반하거나 직무를 태만히 할 때 • 체면 또는 위신을 손상하는 행위를 할 때
징계의 종류	• 중징계 – 파면 · 해임 · 정직, 경징계 – 감봉 · 견책(경사 이하의 전투경찰대원은 영창 · 근신).
징계권자 및 징계절차	• 징계권자는 임용권자 • 징계는 징계위원회의 의결을 거쳐 징계위원회가 설치된 소속기관의 장이 행하되, 국가공무원법에 의하여 국무총리 소속하에 설치된 징계위원회에서 의결된 징계는 경찰청장이 행한다. • 파면, 해임 및 정직은 징계위원회의 의결을 거쳐 당해 경찰공무원의 임용권자가 행하되 경무관 이상의 정직과 경정 이상의 파면 및 해임은 경찰청장의 제청으로 행정자치부장관 및 국무총리를 거쳐 대통령이 행하고, 총경 및 경정의 정직은 경찰청장이 행한다. • 경찰공무원의 징계절차는 징계의결 요구권자의 요구에 의하여 관할 징계위원회의 의결을 거쳐 징계권자가 행한다. • 징계위원회는 징계사건을 심의할 때 반드시 징계혐의자를 출석시켜 진술의 기회를 부여하여야 하며, 그 진술의 기회를 주지 않고 한 징계의결은 무효.
징계사유의 시효	• 징계사유의 시효는 징계사유 발생일로부터 2년 이내. 다만 금품 및 향응수수, 공금의 횡령 · 유용의 경우는 3년 이내이다.

제4절 경찰작용법

1. 경찰작용의 기초

1) 의의

경찰작용법은 경찰행정의 내용을 규율하는 법규로서, 경찰행정상의 법률관계의 성립 · 변경 · 소멸에 관련된 모든 법규를 말한다. 이것은 경찰의 임무, 경찰권 발동의 근거와 한계, 경찰행정의 유형, 경찰상 처분의 법적 효력, 경찰강제 등에 관한 규율을 내용으로 한다.

2) 경찰권 발동의 근거

경찰권 발동의 근거는 법률이 원칙이고 조리와 관습법, 명령과 자치법규, 그리고 경찰관직무집행법에 있다. 그러나 입법기관이 미리 모든 경찰권의 발동사태를 상정해서 그 요건을 법률에 규정하는 것은 불가능하므로 개별적 수권조항이외에 일반조항이 필요하다. 그러나 우리나라의 경찰관직무집행법 제2조, 제5호는 직무의 범위를 정한 사물관할에 관한 조항에 불과하다는 견해와 개괄적 수권조항으로 보는 판례(대판 86.1.28. 85도2448)가 대립하고 있다. 그러므로 독일에서와 같이 「경찰은 필요한 조치를 취할 수 있다」는 명시적 수권이 요청되고, 통합경찰법 또는 경찰작용법의 통합제정이 필요하다.

▣ 경찰권발동의 근거

원 칙	• 법률
예 외	• 법규명령 · 조약 · 자치법규(조례 · 규칙)
관습법 · 조리	• 조리상의 원칙 및 관습
경찰권발동의 일반법	• 경찰관직무집행법

3) 관련법

경찰작용에 관한 일반법은 경찰관직무집행법, 방범에 관계된 것으로는 사격및사격장단속법, 총포 · 도검 · 화약류단속법, 전당포영업법, 신용조사업법, 사행행위등규제법, 미성년자보호법, 경범죄처벌법, 용역경비업법 등이 있고, 교통에 관한 경찰작용법으로는 도로교통법, 교통사고처리특례법, 도로법 등이 있으며, 경비에 관한 것으로는 경찰직무응원법, 수난구호법, 청원경찰법 등이 있다.

4) 경찰권에 관한 논리의 변화

경찰권을 언제 발동할 수 있느냐에 관하여 편의주의 원칙과 반사적이익론으로부터 경찰재량의 0으로의 수축과 경찰개입권의 인정으로 변화하고 있다.

(1) 경찰권 행사의 편의주의 원칙

경찰권 행사의 편의주의 원칙은 경찰관청은 재량에 따라 위험방지를 위한 활동을 할 것인가 말 것인가와 어떻게 활동하여야 하는가에 대하여 결정할 수 있다는 원칙이다. 즉, 경찰위반의 상태가 있는 경우에 반드시 경찰권을 발동해야 하는 것은 아니고, 발동의 여부 또는 어떠한 수단의 선택에 있어서, 경찰관청에 재량이 있다는 원칙이다. 물론 경찰재량은 완전한 자유재량이 아니고 의무에 합당한 재량이다.

(2) 편의주의의 한계

편의주의의 한계의 문제는 경찰이 개입한 경우(작위)와 개입하지 않은 경우(부작위)로 나눈다. 경찰관청이 개입한 경우에는 하자있는 재량행사의 문제와 비례의 원칙의 문제가 발생되고, 부작위의 경우에는 재량권 수축론의 법리가 작용한다.

재량권의 0으로의 수축이론은 목전의 상황이 매우 중대하고 긴박한 것이거나, 그로 인하여 국민의 중대한 법익이 침해될 우려가 있는 경우에는, 경찰개입결정만이 의무에 합당한 적법한 재량행사로 인정된다는 것이다.

최근에는 요건이 완화되어, 비둘기 사육으로 인한 생활상의 불편, 과도한 교통소음, 수인하기 어려운 교회의 종소리, 개인차고 앞의 불법주차 등의 교통방해 등의 경우에도 재량권의 수축법리를 적용한다. 이처럼 재량권이 0으로 수축되는 경우 부작위에 대하여는 의무이행심판(독일에 있어서는 의무이행소송) 및 부작위위법확인소송, 그리고 그로 인하여 손해가 발생한 경우에는 손해배상소송을 제기하여 구제 받을 수 있다.[2)]

(3) 반사적 이익론의 극복

전통적인 반사적 이익론은 행정관청의 규제권한의 행사를 오로지 공익목적만을 위한 것으로 보고, 혹 이로 인해 사인이 어떠한 이익을 향유하더라도 그것은 반사적 이익에 불과하다는 것이며, 경찰관청이 권한의 행사를 게을리 하여 그 결과 관계자가 손해를 입더라도 국가배상법상 보호의 대상으로도 되지 아니하였다.

이러한 반사적 이익론을 극복하는 판결이 1960년 8월 18일의 이른바 띠톱판결이다. 독일 국민에게 경찰개입청구권을 인정하는 판결로 반사적 이익론의 극복과 재량권의 0

---

2) 대법원 1974. 7. 26. 선고 74다3 판결. 1.21사태와 관련된 경찰관 등의 부작위로 인한 손해배상청구 사건에서 「망인의 사망사고는 피고 예하 공무원들이 즉시 출동하지 아니한 직무유기행위로 인하여 발생된 것이라고 못 볼 바 아니다」라고 하면서, 국가의 손해배상책임을 인정하였다.

으로의 수축법리를 모두 채용하고 있다.

우리나라에서도 연탄공장 허가에 관한 대법원 판결[3]에서 「도시계획법과 건축법의 보호이익은 단순한 반사적 이익이나 사실상의 이익이 아니라, 바로 법률에 의하여 보호되는 이익이라고 할 것이다」고 하면서 반사적 이익론을 극복하고 있다.

최근에는 복지국가형 행정이 요구되고 급부행정이 중요시됨에 따라 의무이행소송과 경찰개입청구권이 인정되는 추세이다.

2. 경찰작용의 형태

1) 경찰하명

(1) 의의

경찰하명이란 경찰목적을 위하여 개인에게 특정한 작위 부작위 수인 또는 급부의 의무를 명하는 행정행위이며 법규의 근거가 필요하다. 경찰하명의 효과는 수명자에만 발생한다. 경찰의무를 이행하지 않을 경우에는 경찰상 강제집행이, 경찰위반의 경우 경찰벌이 과하여진다.

▣ 경찰하명의 의의

개념	• 경찰목적을 위하여 작위, 부작위, 급부, 수인을 명하는 행위. • 부작위 의무를 과하는 것을 금지 • 작위 급부 수인의무를 과하는 것을 명령
효과	• 수명자에게만 발생하나, 대물적 하명의 경우 법적 지위를 승계한 자도 효과 있음
위반의 효과	• 경찰의무의 불이행의 경우 경찰상의 강제집행이 행해질 수 있고, 경찰위반의 경우 경찰벌이 과하여진다.
구제	• 위법한 하명으로 인하여 권리와 이익이 침해된 자는 행정심판 또는 행정소송을 제기

3) 대법원 1975. 5. 13. 선고 73누96, 73누97 판결.

(2) 종류

경찰하명은 내용과 대상에 따라 구분할 수 있으며, 내용에 따라서는 작위하명과 부작위하명, 수인하명, 급부하명이 있고, 대상에 따라서는 개별하명과 일반하명, 대인적하명과 대물적하명, 혼합적하명이 있다.

① 작위하명은 화재발견시 신고의무와 같이 적극적으로 어떤 행위를 하도록 의무를 명하는 것이다.

② 부작위하명은 소극적으로 어떤 행위를 하지 않을 의무를 명하는 것이다. 이를 경찰금지라 한다. 수인하명은 경찰권 발동으로 인하여 자신의 신체 재산에 가하여지는 사실상의 침해를 수인할 의무를 지는 하명을 말한다. 급부하명은 금전 또는 물품의 급부의무를 과하는 하명이다.

③ 개별하명은 특정인에 대한 영업정지처분과 같은 것이고, 일반하명은 불특정 다수인에 대한 무허가영업금지와 같은 것이다. 대인적 하명은 무면허운전의 금지와 같이 사람의 행위에 대한 것이고, 대물적하명은 무등록 차량의 사용금지와 같이 물적인 상태에 관한 것이다.

■ 경찰하명의 종류

내용에 의한 분류	작위하명	
	부작위하명	절대적 금지, 상대적 금지
		일반금지, 개별금지
		무조건금지, 특별금지
	수인하명	
	급부하명	
대상에 의한 분류	개별하명과 일반하명	
	대인적하명과 대물적하명	
	혼합적하명	

(3) 형식

경찰하명은 법규하명과 경찰처분의 형식을 갖는다.

① 법규하명은 미성년자의 음주금지, 미성년자의 흡연금지, 좌측통행 등과 같이 법률의 규정만으로 명하여지고 그 효과발생을 위하여 특별한 행정행위를 요하지 않는 경우이다.

② 경찰처분은 위험도로의 통행금지와 같이 하명의 권한에 대한 근거만 규정되어 있어 이에 의거하여 구체적으로 명령하거나 금지하는 행정행위가 있음으로써 비로소 하명의 효과가 발생하는 경우이다.

2) 경찰허가

(1) 의의

경찰허가란 경찰상 목적을 위해 일반적 상대적 금지를 특정한 경우에 해제하여 적법하게 특정행위를 할 수 있도록 자연적 자유를 회복시켜 주는 경찰처분이다.

① 경찰허가는 경찰금지 중에서 상대적 금지를 해제하여 주는 것이며 면제와 구별된다.

② 의무를 해제하는 명령적 행정행위이며 특허와 구별된다.

③ 경찰허가는 자유재량이 아니고 기속재량처분이므로 허가를 거부하는 것은 위법이다.

④ 경찰허가는 당사자의 신청을 필요로 하는 쌍방적 행정행위이다.

⑤ 경찰허가는 행정주체의 의사표시를 구성요소로 하는 법률행위적 행정행위로 사실적 행위인 경찰강제와 구별된다.

(2) 종류

경찰허가는 대인적 허가, 대물적 허가, 혼합적 허가로 나눌 수 있다.

운전면허가 대인적 허가라면, 자동차검사합격처분은 대물적 허가이며, 유기장영업허가는 혼합적 허가이다.

(3) 효과

경찰허가는 경찰금지를 해제한다.

(4) 경찰허가의 부관

경찰허가의 부관은 경찰허가의 일반적 효과를 제한하기 위하여 그 행위의 요소인 의사표시의 주된 내용에 부가되는 종된 의사표시이다. 즉 경찰허가의 효력의 발생 또는 소멸을 장래의 불확실한 사실의 성부에 의존케 하는 의사표시이다. 여기에는 조건이 성취되면 효력이 발생하는 정지조건과 조건이 성취되면 효력이 소멸되는 해제조건이 있다.

3) 경찰면제

경찰면제란 법령에 의하여 과하여진 경찰상의 작위 급부 수인의 의무를 특정한 경우에 해제하여 주는 경찰상의 행정행위를 말한다. 이는 명령적 행위이고 기속재량이다.

4) 경찰강제

(1) 의의

① 경찰강제란 경찰기관이 경찰목적을 달성하기 위하여 개인의 신체 및 재산에 직접 실력을 행사함으로써 경찰상 필요한 상태를 실현시키는 작용이다.

② 행정처분이 법적으로 국민의 권리, 의무를 변동시키는데 비하여, 경찰강제는 국민에게 직접 실력을 행사하므로 기본적 인권에 중대한 위협이 될 수 있다.

③ 경찰강제에는 의무의 내용을 행정기관이 강제적으로 실현하는 경우(경찰상의 강제집행)와, 국민의 의무와는 상관없이 행정기관이 실력을 행사하는 즉시강제가 있어 인권침해의 소지가 높다.

(2) 경찰강제의 종류

경찰강제에는 경찰상의 강제집행, 즉시강제, 조사가 있다.

① 경찰상의 강제집행

경찰상의 강제집행은 경찰하명에 따른 경찰의무의 불이행이 있는 경우에 상대방의 신체 또는 재산이나 주거 등에 실력을 행사하여 경찰상 필요한 상태를 실현시키는 작용이다.

대집행과 직접강제, 집행벌, 강제징수가 있다. 그러나 직접강제는 인권침해의 가능성이 높아 원칙적으로 허용되지 않는다. 강제집행의 예로는 도로교통법 제31조의 정차·주차위반 차량에 대한 대집행과 대집행 비용의 강제징수이다.

② 경찰상의 즉시강제

경찰상의 즉시강제는 경찰상의 강제집행과는 달리, 미리 의무를 과하여 의무자의 이행을 기다리지 않고 처음부터 경찰강제에 들어가는 것으로서, 예외적인 경우에 한하여 인정된다. 경찰관직무집행법에 의한 피난 등의 조치(제5조)가 여기에 속한다.

③ 경찰상의 조사

경찰상의 조사는 대인적 조사, 대물적 조사 및 대가택적 조사로 나눈다.

(3) 경찰상의 강제집행

① 경찰상의 강제집행은 경찰의무의 존재 및 그 불이행을 전제로 하는 점에서 경찰상 즉시강제와 구별되고, 의사표시를 요소로 하지 않는 사실작용인 점에서 경찰하명 및 경찰특허와 구별되며, 장래에 향하여 의무이행을 강제하는 점에서 경찰벌과 구별되고, 경찰권이 자력으로 집행하는 점에서 사법상 강제집행과 구별된다.

② 경찰상 강제집행의 근거로는 행정대집행법, 국세징수법, 출입국관리법, 관세법 등이 있다.

③ 경찰상의 대집행은 경찰관청이 의무를 대신 이행하고 그에 관한 비용을 의무자로부터 징수하는 경찰상의 강제집행이다. 실행요건으로는 의무의 불이행, 다른 수단으로는 그 이행을 확보하기 곤란한 보충성의 원칙, 그 불이행으로 공익이 침해받는 경우이다. 절차는 대집행의 계고→ 대집행영장에 의한 통지 → 대집행의 실행 → 비용의 징수가 있다.

④ 집행벌은 경찰법상 의무를 이행하지 않는 경우 의무 이행을 강제하기 위하여 강제금을 과하는 벌이다.

⑤ 경찰상 강제징수는 국세징수법에 의한 체납처분절차와 같이 금전급부의무를 실현하는 것이다. 절차는 독촉→ 체납처분(압류, 매각, 청산)을 거친다.

⑥ 직접강제는 경찰법상의 의무불이행에 대한 최후의 수단으로서, 직접적으로 의무자의 신체와 재산에 실력을 가하여 의무이행을 실현하는 것이다.

(4) 경찰상 즉시강제

① 경찰상 즉시강제는 목전의 급박한 경찰상 장해를 제거하고 장해발생을 예방하기 위하여 미리의무를 명할 시간적 여유가 없을 때 국민의 신체 또는 재산에 실력을 가하는 것이다.

② 근거법으로는 경찰관직무집행법과 마약류관리에 관한 법률, 소방법 등이 있다.

③ 수단으로는 대인적 강제, 대물적 강제, 대가택적 강제가 있다.

ⓐ 대인적 강제 : 대인적 강제는 사람의 자유를 구속하는 경찰강제인바, 경찰관직무

집행법상의 불심검문(제3조), 보호조치(제4조), 위험발생의 방지(제5조), 범죄의 예방과 제지(제6조), 장구의 사용(제10조), 최루탄의 사용(제10조의 2), 무기의 사용(제11조) 등이 있다.

ⓑ 대물적 강제 : 대물적 강제는 물건에 관한 소유권 기타의 권리를 침해하는 경우로서, 특별법의 규정으로는 불량식품의 폐기(식품위생법 제24조)나 불량의약품의 폐기(약사법 제65조 제2항), 불법광고물의 철거(광고물단속법 제5조 제2항) 등이 여기에 속하며, 경찰관직무집행법상으로는 피구호자의 무기·흉기 등의 임시영치(제4조 제3항)와, 미성년자보호법상 경찰서장의 권한으로 되어 있는 담배, 주류, 불량만화, 음란물 등의 폐기처분(제5조)이 여기에 해당된다.

ⓒ 대가택 강제 : 대가택 강제는 소유자나 관리자의 의사에 반하여 타인의 건물 등에 들어가 위해의 방지나 구조 등 경찰상 필요한 조치를 취하는 경우이다. 경찰관의 전당포 영업소나 전당물 보관장소의 출입과 조사(전당포영업법 제26조), 총포·도검·화약류 등의 제조소·판매소·저장소·사용장소 등의 출입 및 조사(총포·도검·화약류등단속법 제44조) 등이나, 경찰관직무집행법상의 위험방지를 위한 출입(제7조)이 이에 해당된다.

④ 경찰상 즉시강제의 한계는 법규상의 한계와 조리상의 한계가 있다. 조리사의 한계로는 급박성, 보충성, 비례의 원칙, 소극성이 있다.

⑤ 경찰상의 즉시강제와 영장주의: 경찰상의 즉시강제는 극히 다양한 상황하에 다양한 방법으로 이루어지며, 더욱이 긴급을 요하는 조치이기 때문에, 영장주의를 일률적으로 적용하기에는 곤란하다. 예를 들어 생명·신체·재산 등에 대한 절박한 위험을 방지하기 위해 행해지는 출입(경찰관직무집행법 제7조)과 같은 경우에 그 긴급성을 고려할 때, 엄격하게 영장주의를 관철할 수는 없는 것이다. 행정목적을 위한 행정경찰 활동을 위해서도 수사지휘권을 가지고 있는 검사를 통해 영장을 청구할 수밖에 없는 제도적 모순을 지니고 있기 때문에, 경찰관직무집행법 제4조 제7항에서 규정한 제한시간 또는 기일을 초과할 경우를 제외하고는 현실적으로 영장주의를 적용할 여지는 없다.

⑥ 즉시강제와 유형력의 행사: 경찰관은 즉시강제를 규정한 법의 목적을 실현하기 위하여, 구체적 상황에 따라 필요한 최소한의 강제력을 행사할 수 있다고 할 수 있다. 그러나 필요 이상으로 실력을 행사하여 상대방의 신체를 침해하거나, 경찰책임자 이외의 자에게 유형력을 행사하는 것은 위법이 되며, 국가배상법상의 손해배상의 대상이 될 수 있다. 따라서 경찰관은 즉시강제시의 실력행사를 위해서는 경찰비례의 원칙·경찰책임의 원칙 등 한계를 엄격히 지키지 않으면 안 된다.

⑦ 즉시강제에 대한 구제

ⓐ 행정쟁송 : 즉시강제로 인해 침해를 받은 개인은 원칙적으로는 행정심판이나 행정소송에 의하여 구제를 받아야 하나, 행정쟁송에 의한 구제는 즉시강제의 성질상 적합하지 아니하다.

ⓑ 손해배상제도 : 불법한 즉시강제에 의하여 권리나 이익의 침해를 받은 개인은 국가배상법에 의한 배상을 통해서 구제를 받을 수 있다.

ⓒ 정당방위 : 경찰상 즉시강제가 자기 또는 타인의 법익에 대한 현재의 부당한 침해에 해당되는 경우에는 정당방위도 가능하다.

5) 행정처분

행정처분이란 행정청이 행하는 구체적 사실에 관한 법집행으로서의 공권력의 행사와 관련된 행정작용을 말한다. 경찰작용 중에 처분의 형식으로 행해지는 것으로는 노래방의 허가, 전당포의 허가 등 풍속・영업적 규제행정과, 교통 스티커의 발부, 운전면허의 정지・취소 등 교통관련 규제행정 등이다.

행정처분에 의하여 개인의 권리 또는 이익이 침해를 받은 경우에는 취소소송 등 항고소송을 제기할 수 있을 뿐만 아니라, 경찰공무원의 고의 또는 과실에 의한 위법행위로 손해를 입은 경우에는 손해배상의 청구도 가능하다. 행정처분이 아닌 단순한 교통 경찰관의 지시나 교통정리 등과 같은 사실행위에 대해서는 손해배상청구로만 다툴 수 있다.

6) 임의활동

경찰의 활동 중에는 개인의 권리 또는 자유에 대해 개입 또는 침해하지 않으면서 수행하는 임의활동이 있다. 여기에는 서비스 지향적 활동에 속하는 도보・차량 순찰, 일상적인 교통의 관리, 정보의 제공과 안내, 권고 등이 있다. 방범지도, 청소년선도, 경비정보, 범죄정보, 보안정보, 외사정보 등의 정보수집활동도 그 법적 성질은 사실행위에 속한다.

3. 경찰작용의 한계

경찰권발동의 한계는 법규상 한계(경찰관직무집행법상의 무기사용의 제한규정)와 조리상의 한계로 나눌 수 있다.

1) 조리상의 한계

경찰권 발동의 한계에는 경찰소극목적의 원칙, 경찰공공의 원칙, 경찰책임의 원칙, 경찰비례의 원칙 등이 있다.

(1) 경찰소극목적의 원칙

경찰권은 공공의 안녕과 질서의 유지라는 소극목적을 위해서만 발동될 수 있으며, 적극적으로 복리의 증진을 위해서는 발동될 수 없다는 원칙이다.

(2) 경찰공공의 원칙

경찰권은 공공의 안녕과 질서의 유지에 관계없는 사적관계에 발동되어서는 안 된다는 원칙이다. 여기에는 사생활불가침의 원칙, 사주소부가침의 원칙, 민사관계 불간섭의 원칙, 사경제자유의 원칙이 있다.

① 사생활불간섭의 원칙 : 경찰은 공공의 안녕과 질서에 직접적인 관계가 없는 개인의 사생활에 대하여는 간섭할 수 없다는 원칙이다.

② 사주소불가침의 원칙 : 경찰은 일반사회와 직접적인 접촉이 없는 사주소내의 활동에 대하여는 개입할 수 없다는 원칙이다.

③ 민사관계불간섭의 원칙 : 개인의 재산권의 행사, 계약관계 등 민사관계의 영역에 대하여는 경찰권이 개입할 수 없다는 원칙이다.

④ 사경제자유의 원칙 : 개인의 사경제적 거래는 경찰권이 관여하지 못한다는 원칙이다.

(3) 경찰책임의 원칙

경찰책임의 원칙은 경찰권은 원칙적으로 경찰위반의 행위 또는 상태의 발생, 발생위험에 대하여 직접 책임을 질 자인 경찰책임자에 대해서만 발동할 수 있고, 제3자에 대해서는 발동할 수 없다는 원칙이다.

(4) 경찰비례의 원칙

경찰비례의 원칙은 과잉금지의 원칙으로, 경찰권 발동의 조건은 공공의 안녕과 질서의 유지를 위하여 묵과할 수 없는 장해가 발생한 경우에 할 수 있고, 경찰권 발동의 정도는 필요한 최소한도 내의 범위 내여야 한다는 원칙이다.

그러므로 경찰권 행사는 목적달성에 적합해야 하고, 최소 침해의 원칙에 따라 필요한 한도 이내에서 행사되어야 하고, 경찰은 대포로 참새를 쏘아서는 안 된다는 말과 같이 경찰권 행사에 따른 이익이 불이익보다 클 경우에 행사되어야 한다. 즉, 적합성의 원칙, 필요성의 원칙, 상당성의 원칙이 지켜져야 한다.

(5) 경찰평등의 원칙

경찰권은 그 대상이 되는 모든 사람에게 차별 없이 평등하게 행사되어야 한다는 원칙이다.

▣ 경찰권의 조리상의 한계

경찰소극목적의 원칙	• 소극목적을 위해서만 발동될 수 있고, 복리증진이라는 적극목적을 위하여 발동될 수 없다.
경찰공공의 원칙	• 사생활불가침의 원칙 • 사주소불가침의 원칙 • 민사관계불간섭의 원칙 • 사경제자유의 원칙
경찰비례의 원칙 (과잉금지의 원칙)	• 적합성의 원칙(목적달성에 적합한 수단이어야 함) • 필요성의 원칙(목적달성에 필요한 최소침해의 원칙) • 상당성의 원칙(협의의 비례의 원칙, 경찰은 대포로 참새를 쏘아서는 안 된다. 조치결과에 따른 불이익과 이익을 비교하여 이익일 경우시행)
경찰책임의 원칙	• 행위책임(자기책임) 우선 • 상태책임(고의 · 과실 불문)
경찰평등의 원칙	• 경찰권을 행사함에 있어서 성별 · 종교 · 사회적 신분 등을 이유로 하는 차별대우는 용인될 수 없다.

2) 전통적 한계이론의 재검토

경찰권발동의 조리상의 한계들을 독일에서는 법률 또는 기본법을 통해서 구체적으로 규정하고 있다.

(1) 소극목적의 원칙

경찰권을 위험방지임무의 범위 내로 한정하려고 하는 사상은 Kreuzberg-Urteil(크로이쯔베르크 판결)에서 가장 명백하게 표명되고 있다. 독일 경찰법 모범초안은 제1조 제1항에서 경찰의 임무를 공공의 안녕 또는 질서에 대한 위험방지에 한정하고 있다.

(2) 보충성의 원칙

경찰권의 작용은 특별히 권한 있는 다른 기관이 있으면 먼저 그 관청의 권한행사가 우선된다는 원칙으로, 이에 관한 모범초안의 규정으로는 제1조 제2항(민사문제), 제1조의a(타관청과의 관계), 제8조 제2항(타법령의 집행)을 들 수 있다.

(3) 비례의 원칙

경찰비례의 원칙은 그 권한행사의 태양, 정도 등에 관한 기준을 제시할 필요에서 둔 규정이다. 모범초안 제2조 제1항은 경찰이 가능하고 적정한 다수의 조치 중에서 개인과 공공에 대하여 침해를 최소화하는 조치를 취하여야 한다고 규정하고, 제2항은 조치는 얻어지는 효과에 비하여 현저하게 비례관계를 잃는 불이익을 초래해서는 안 된다고 규정하고 있으며, 제3항은 조치는 그 목적이 달성되거나 목적달성의 불가능이 명백해진 때까지만 허용된다고 규정하고 있다.

(4) 편의주의의 원칙

편의주의 원칙은 재량원칙이라고도 부르며, 경찰위반의 상태가 있는 경우에는 반드시 경찰권을 발동해야 하는 것은 아니고, 발동할 것인가 말 것인가, 또는 어떠한 수단을 택할 것인가는 당해 경찰관청의 의무에 합당한 재량에 따른다는 원칙이다.(모범초안 제3조 제1항, 제3조 제2항)

(5) 경찰책임의 원칙

경찰책임의 원칙은 경찰권의 작용은 사람의 행위나, 사물의 상태에 대하여 책임있는 자에게 취해야 한다는 원칙이다. 이에 관한 모범초안의 규정으로는 제4조(사람의 행위에 대한 책임), 제5조(사물의 상태에 관한 책임), 제5조의a(조치의 직접시행), 제6조(비책임자에 대한 요구) 등이 있다.

4. 경찰관 직무집행법

1) 의의

경찰활동은 사회공공의 안녕과 질서유지를 위해 필수적인 국가권력의 발동이지만, 시민의 자유와 권리를 침해할 소지가 많은 활동이기도 하다. 따라서 경찰활동에 있어 효율적인 경찰권 행사와 더불어 경찰권남용의 방지를 위하여 구체적인 경찰활동에 관한 사항을 여러 가지 단행법률로 규정하고 있다. 이 중 가장 기본적인 법률이 바로 경찰관직무집행법이다. 경찰작용은 법률행위적 작용과 사실상의 작용으로 구분할 수 있는데, 경찰하명이나 경찰허가와 같은 행정행위는 법률행위적 작용이고 경찰강제와 경찰벌은 사실상의 작용에 해당한다. 경찰강제에는 강제집행과 즉시강제가 있는데 경찰관직무집행법은 이 중 경찰상 즉시강제에 관한 일반법이다.

2) 연혁

우리나라에 최초로 경찰작용에 관한 법이 만들어진 것은 1894년의 행정경찰장정이었으며, 이 장정은 일본의 행정규칙을 모방한 것이었다. 그 후 대한민국정부 수립 후 경찰작용법으로서 제정된 것은 1953년 12월 14일 법률 제299호로 제정 · 공포된 경찰관직무집행법이다. 이후 경찰관직무집행법은 1981년과 1988년, 1989년, 1991년, 1996년, 그리고 1999년에 6차에 걸쳐 개정이 이루어져 현재에 이르고 있다.

1953년의 제정법률은 1948년에 제정된 일본의 경찰관직무집행법을 거의 그대로 모방하여 전문 9개조로 제정 공포되었다. 원래 일본의 경찰제도는 독일의 프로이센 경찰제도를 모델로 성립된 것이다. 이에 따라 경찰이란 "공공의 안전과 질서를 위협하는 위해를 방지하기 위한 국가작용"을 의미하는 것으로 보아 강력한 중앙집권적 경찰체제를 유지하였으나 제2차 세계대전 후 미 점령당국의 비경찰화 정책의 영향을 받아 경찰의 직무영역을 보안경찰 또는 사법경찰로 국한하였다. 즉 질서행정의 수행에 법적 권한과 근거를 부여한다는 적극적인 면보다는 경찰권 발동에 제약과 한계를 분명히 함으로써 개인의 기본권보호라는 소극적 측면에 중점을 두었던 것이다. 이러한 일본 경찰법을 계수한 우리나라의 경찰관직무집행법은 국민의 생명, 신체, 재산의 보호와 범죄의 예방, 공안의 유지 기타 법령집행 등의 직무를 충실히 수행하기 위하여 필요한 조치를 규정함을 목적으로 하여 불심검문(제2조), 보호조치(제3조), 위험발생의 방지(제4조), 범죄예방과 제지(제5조), 위험방지를 위한 출입(제6조), 무기의 사용(제7조) 등을 규정하였다. 그러나 우리나라의 치안여건을 제대로 고려하지 못하여 작전, 경호, 정보업무 등의 국가 목적적 경찰작용에 대한 법적 근거를 마련해 주지 못하는 등 문제점을 내포하고 있었다. 이러한 상황하에서는 경찰목적의 달성을 위해서 부득이한 경우 법적 근거 없이 경찰행위가 이루어질 수밖에 없었다. 그 결과 정당한 경찰활동의 근거와 범위가 정해지지 않아 경찰활동에 불법시비가 잇따랐으며 권한남용의 위험도 컸다. 국민의 입장에서는 경찰권발동의 범위와 정도에 관한 예측가능성이 없어 법적 안정성을 해친다는 지적이 있었다. 이러한 점에서 경찰작용 전반에 관한 근거법이 될 수 있는 경찰작용법의 제정이 절실히 요청되었던 것이다. 본 법은 경찰공무원법상의 경찰공무원과 전투경찰대설치법상의 작전전투경찰순경 및 의무전투경찰순경의 직무수행에 적용된다. 해양경찰은 경찰법의 적용대상은 아니나 경찰공무원법의 적용대상이며, 해양에서 경찰관직무집행법에 의해 직무를 수행한다. 청원경찰의 경우 청원경찰법 제3조에 의거하여 그 경비구역내에 한하여 경찰관직무집행법에 의한 직무를 수행하도록 되어 있다.

▣ 경찰관직무집행법의 연혁

1차(81년) - 유치장 설치근거 마련
2차(88년) - 임시영치기간을 30일에서 10일로 단축, 경찰직권 남용 벌칙을 6월 이하에서 1년 이하의 징역, 금고로 개정
3차(89년) - 최루탄 사용 조항 신설
4차(91년) - 임의동행시 경찰관서에 머물 수 있는 시간을 3시간에서 6시간으로 개정
5차(96년) - 해양경찰이 해양수산부로 이관됨에 따라 해양경찰에게도 동법을 적용하도록 개정
6차(99년) - 경찰장비의 사용 등 경찰장구의 정의 등을 신설

3) 직무의 범위

(1) 범죄의 예방 · 진압 및 수사

범죄의 예방 · 진압은 경찰의 주임무이다. 범죄예방이란 형벌법령에 저촉되는 행위의 발생을 사전에 방지하는 것이며, 범죄의 진압이란 일단 발생한 범죄를 제압하는 것이다. 그 수단으로는 불심검문 · 범죄의 예방과 제지 등이 있으며, 특별수단으로 전당포영업법에서 영업에 대한 경찰서장의 허가, 총포 · 도검 · 화약류등단속법에서 총포 · 도검

등 소지시 관할 경찰서장의 허가, 집회및시위에관한법률에서 옥외집회 및 시위의 신고 등이 있다.

한편, 범죄의 수사는 형사소송법 제196조에서 규정하고 있고, 사법경찰활동인 수사를 본법에서 직무로 규정하고 있는 것은 경찰법 제3조에서와 마찬가지로 사물관할의 범위를 규정한 것이다.

(2) 경비·요인경호 및 대 간첩작전의 수행

경비란 인명과 재산을 인위적 자연적 위해로부터 보호하기 위하여 특정지역과 시설 및 행위 등에 대하여 경계·순찰 및 방위하는 임무이며, 요인경호는 특수한 사람에 대해 가해지는 위해의 방지 또는 제거하는 활동으로 종래 대통령경호실법, 경호규정 등에 근거하였으나, 본법에서 경찰의 고유업무로 명시하고 있다.

(3) 치안정보의 수집·작성 및 배포

과거에는 관행이나 각종 법령에 단편적으로 규정되어 시행되어 오던 것을 명문화하여 경찰의 직무로 규정하였다. 이는 공공의 안녕과 질서에 대한 위험 또는 경찰위반의 상태를 제거하기 위하여, 그 전제가 되는 치안정보 또는 그 배경이 되는 내외의 정치·경제·사회·문화 등의 일반적 정보 등을 수집·분석·작성·배포하는 경찰활동이다.

(4) 교통의 단속과 위해의 방지

교통의 단속과 위해의 방지란 도로에서 발생하는 위해를 방지하고 교통법규의 위반에 대한 지도 단속을 하는 것을 경찰활동을 말한다.

(5) 기타 공공의 안녕과 질서유지

공공의 안녕과 질서유지에 관계되는 사항은 모두 경찰의 직무범위에 포함된다.

4) 경찰관 직무집행법의 주요 내용

(1) 대인적 즉시강제 수단 : 불심검문(제3조), 보호조치(제4조), 위험발생방지조치

(제5조), 범죄의 예방과 제지조치(제6조), 장구의 사용(제10조), 최루탄의 사용(제10조의 2), 무기의 사용(제11조)

(2) 대물적 즉시강제 수단 : 임시영치(제4조)

(3) 대가택적 즉시강제 수단 : 위험방지를 위한 출입 및 대 간첩작전지역내 검색(제7조)

(4) 직무수행을 위한 임의적 사실행위 : 사실확인 및 출석요구(제8조)

5) 경찰관 직무집행법상의 기본 원칙

경찰관이 경찰관직무집행법상의 직무를 수행함에 있어서는 다음과 같은 기본원칙을 충실히 지켜야 한다.

(1) 협의의 비례의 원칙

경찰관직무집행법에서 규정된 직권은 직무수행을 위하여 필요한 최소한도의 범위내에서 행사하여야 한다는 원칙이다. 이 원칙은 경찰관직무집행법상의 모든 직무를 수행하는 데 있어 기본 원칙이므로, 위험방지를 위한 출입이나 최루탄의 사용, 무기의 사용의 경우에 추가로 규정하고 있는 것은, 인권침해의 가능성이 높은 그와 같은 경우에는 특히 비례의 원칙이 요구됨을 강조하는 것이다.

(2) 상당성의 원칙

경찰관은 불심검문(제3조), 보호조치(제4조), 사실의 확인(제8조), 장구의 사용(제10조) 등의 경우에, 그러한 조치를 취하여야 할 상당한 이유가 있어야 즉시강제가 가능하며, 상당한 이유가 없는데도 직권을 행사해서는 아니 된다.

(3) 필요성의 원칙

경찰관은 사실의 확인(제8조), 장구의 사용(제10조), 최루탄의 사용(제10조의 2), 무기의 사용(제11조) 등의 경우에, 그러한 조치를 취하여야 할 필요 또는 부득이한 경우에 한하여 직권의 행사가 가능하다.

(4) 보충성의 원칙

경찰관은 무기의 사용시에는 무기를 사용하지 않고는 다른 수단이 없을 때에 한하여 사용이 가능하다(제11조 제1, 2, 3호). 다만 대 간첩작전의 수행시 무장간첩이 경찰관의 투항명령을 받고도 이에 불응하는 경우에는 보충성을 요하지 아니한다.

6) 경찰관 직무집행법의 문제점

현행 경찰관직무집행법을 살펴보면, 몇 가지 문제점을 발견할 수 있다.

첫째, 경찰직무의 한계로서 타 기관과의 관계에 대한 규정이 결여되어 있는 점,

둘째, 경찰의 사권보호와 관련하여 민사관계에 관한 경찰의 개입한계 또는 원칙이 미비하다는 점,

셋째, 경찰권 행사의 제한 기준이 부족하다는 점,

넷째, 경찰책임의 불명확(비용부담의 문제)하다는 점,

다섯째, 기타 경찰강제, 손실보상, 상환청구권과 배상청구권 등의 불비, 나아가 현재의 각종 경찰활동의 법적 근거에 대하여 구체적 수권이 의문시되는 사안 등이 문제점으로 지적되고 있다.

7) 통합 경찰작용법의 제정 필요성[4)]

경찰작용법은 경찰행정의 내용을 규율하는 법규로서, 경찰행정상의 법률관계의 성립 · 변경 · 소멸에 관련된 모든 법규를 말한다. 이것은 경찰의 임무, 경찰권 발동의 근거와 한계, 경찰행정의 유형, 경찰상 처분의 법적 효력, 경찰강제 등에 관한 규율을 내용으로 하는 것으로, 현행법상 경찰작용에 관한 법으로는 그 일반법이라고 할 수 있는 경찰관직무집행법이 있는 외에, 다수의 단행법이 존재하고 있으나 결함이 많은 실정이다. 또한 경찰작용법 전체가 체계적 통합성과 법적 명확성을 가지고 있지 못한 한계를 지니고 있고, 그 결과 경찰조직이 어떠한 법령에 의하여 규율 받고 있는지를 잘 알 수 없는 실정이어서, 국민의 권익보호에도 장애가 되고 있다.

---

4) 홍준형, 「경찰통합법에 관한 연구」(서울: 치안연구소,, 1997).

제5장 경찰관리론

제1절 경찰관리의 개념

1. 경찰관리의 의의

경찰관리란 경찰조직을 성공적으로 운용해 나가는 기술을 의미한다. 즉 경찰관들이 경찰업무를 성공적으로 수행하도록 임무와 역할에 따라 배치하고 목표를 설정하고 그 달성을 지휘하며, 결과를 평가하는 순환과정을 말한다. 현대사회에서 효율적인 경찰관리를 위해서는 조직의 기본이념인 경영주의 이념을 도입할 필요가 있다. 즉, 경찰의 업무 자체가 공공재적 성질을 가지고 있으므로, 그 관리를 궁극적으로 시장경제원리에 바탕을 둔 조직구성과 인적 · 물적 자원의 배분이 이루어질 수 있도록 하는 조직관리기법이 마련되어야 한다는 것이다.

2. 경찰관리자

1) 의의

경찰관리자는 조직목적을 달성하기 위해서 조직의 인적 · 물적 자원을 활용하여 업무를 추진해 가는 사람을 말한다. 경찰에서 관리자란 보통 총경급 이상을 지칭하나, 총경급 이상의 관리자들을 고위관리자로, 그 이하의 과장이나 계장, 반장 등의 관리자는 중간관리자로 하는 데 경찰관리자의 역할은 막중하다. 이러한 경찰관리자는 사회적 존재인 경찰이 사회로부터 이해와 협력을 이끌어 내고 경찰목적을 달성하는데 기여하도록 하여야 한다. 또한 경찰관리자는 조직구성원에 대해 리더십을 발휘하고, 직원들을 좋은 환경과 조건에서 일할 수 있도록 창의력을 발휘하여야 하며, 직원들의 사기와 자질 향상을 위해서도 노력해야 한다.

2) 최고관리자의 역할

거대한 경찰조직의 최고관리자인 경찰청장은 다음과 같은 역할을 수행해야 한다.[1)]

(1) 비전(vision)의 제시 : 관리자는 조직의 목적에 의거하여 조직의 비전을 제시하고, 구체적인 목표를 부여하며, 조직 구성원들로 하여금 그 목표에 따르도록 지도하는 역할을 한다.

(2) 환경에 대한 적응성 확보 : 경찰조직의 관리자는 경찰조직을 둘러싼 환경에 대해 신축적으로 대응하기 위해 조직 내부와 시민으로부터 지지와 협력을 획득하는 역할을 한다.

---

1) 귤릭(L H. Gulick)은 'POSDCORB'라 하여 최고관리층의 기능을 계획 · 조직 · 인사 · 지휘 · 조정 · 보고 · 예산의 7가지로 제시하였다. ① 계획(planning): 정책의 형성 및 집행에 있어서 준비행위나 전략에 해당하는 것으로 장기적이고 광범위한 것이다. ② 조직(organizing): 목표를 성취하기 위하여 인력과 자원을 동원하고 이들의 상호관계를 조정하기 위하여 권한을 배분하고 공식화하는 것이다. ③ 인사(staffing): 채용 · 승진 · 전보 · 훈련 등 인사행정의 전반에 관한 관리를 한다. ④ 지휘(direction): 결정한 일을 수행하기 위하여 필요한 명령 · 훈령을 내리고 책임 있는 지도자로서 일을 다하는 것이다. ⑤ 조정(coordinating): 공동목표를 수행하기 위한 각 단위활동의 통일화 과정이다. ⑥ 보고(reporting): 일을 수행하는 과정에서 부하가 상관에게 업무를 보고하며 여러 가지 정보를 제공하는 일이다. 특히 최고관리층은 국회, 국민 및 언론기관을 상대로 보고가 이루어진다. ⑦ 예산(budgeting): 예산을 편성하고 집행하는 등 재무행정에 관한 모든 관리를 총괄한다.

(3) 조정과 통합 : 관리자는 전문성을 가진 개별 경찰 부서가 경찰목적에 이바지하도록 조정하는 역할을 한다. 각 부서의 장이나 직원들은 각각의 부서가 갖는 하위목표에만 몰두하는 경우가 많기 때문에 갈등을 최소한으로 줄이고, 관할권에 대한 분쟁을 해결해야 한다.

(4) 직원의 지도 육성 : 관리자는 직원의 능력을 향상시키고 성장하도록 사기를 높이는 역할을 한다. 이것은 업무의 효율적 수행과 사기를 높이는데도 직결된다.

(5) 직원의 사기관리 : 관리자는 조직구성원의 자발적인 근무의욕을 향상시킨다. 직원의 사기관리는 리더의 중요한 책무이며, 그것은 조직의 성과에 직접 연결된다. 경찰의 사기는 근본적으로 인사 등의 공정성, 인격적 대우, 경찰관의 인권보장 등과 밀접하게 관련됨을 직시하고, 이러한 환경조성에 힘써야 한다.

(6) 직원의 생활지도 : 관리자는 경찰관들이 근무시간 외 일지라도 품위유지를 할 수 있도록 관심을 가져야 한다.

3) 중간관리자의 역할

중간관리자는 중간적 위치에 있는 리더이므로, 자신의 중간적 위치와 역할을 인식하고 상하간에 원활한 관계의 형성과 조정역할을 충실히 하여야 한다. 또한 상급관리자는 중간간부를 충분히 장악 · 지도하고, 그 능력을 최대한으로 발휘하도록 해야 한다.

(1) 상사의 보좌 : 중간관리자는 상급관리자가 결정한 방침에 따라 각 부문의 실천계획을 수립하고 시행해 가야 한다. 따라서 중간관리층이라고 하는 애매모호한 태도와 의식을 불식하고, 자발적으로 책임감을 가지고 상사를 보좌하며 부하를 관리하여야 한다.

(2) 커뮤니케이션(Communication) : 중간관리자는 상하좌우의 커뮤니케이션이 충분히 잘 이루어질 수 있도록 하여야 한다. 특히 상의하달식 의사전달 뿐만 아니라 하의상달의 의사전달도 원활히 이루어져야 하는데 이러한 중요한 부분을 중간관리자가 담당하여야 한다. 무엇보다 중간관리자는 이러한 의사전달과정에서 발생하는 저해요소들을 제거하는 데 노력해야 한다.

(3) 지도감독 : 지도업무는 업무를 추진하는 기능뿐만 아니라, 부하를 육성하는 기능도 한다. 특히 경찰집행업무는 중간관리자의 지도감독에 의존하는 면이 크기 때문에 이에 충실하여야 한다.

4) 경찰관리자의 요건

(1) 넓은 시야 : 관리자는 조직을 전체적인 시야와 감각에서 파악하여 환경의 변화에 적응하는 능력을 가져야 한다. 뿐만 아니라 조직을 둘러싸고 있는 환경의 변화를 직시하여, 조직이 활력있게 기능하도록 개혁의 큰 흐름과 틀 속에서 경찰을 개혁해 나가야 하며, 이러한 환경변화에 적응하도록 조직 구성원의 윤리와 성숙한 조직 문화의 형성을 위해서도 노력해야 한다.

(2) 기획능력 : 조직목적을 달성하기 위해서는 사회정세 변화에 잘 적응할 수 있는 새로운 기획능력이 요구된다. 장 · 단기의 계획을 수립하여 착착 실행에 옮겨 나가지 않으면 조직의 존속이 어렵게 된다. 좋은 기획을 위해서는 조직과 인력이 뒷받침되어야 하는데, 기획능력은 다른 여러 가지 능력과 깊은 관계를 갖는 사고력이며, 관련된 정보를 창조적으로 활용하는 능력이라고 할 수 있다.

(3) 리더십(Leadership) : 관리자는 명령이외에 직원의 창의와 열성을 이끌어내는 리더십이 요구된다. 관리자는 솔선수범을 통해 지휘 · 통솔함으로써 직원의 창의와 열성을 이끌어낼 수 있도록 하는 자세가 필요하다.

(4) 집행력 : 법집행조직인 경찰에서는 집행력이 무엇보다 중요하다. 설정된 방침과 결정을 힘있게 추진해 가는 능력이 없다면 경찰업무를 효율적으로 해나갈 수 없으므로, 주어진 목표와 정책을 힘 있게 추진해 가는 능력이 요구된다.

(5) 대외 교섭력 : 관리자는 대외적으로는 조직을 대표하고 다른 기관이나 시민들의 협력을 얻어내는 대외적 교섭능력이 매우 중요하다.

(6) 판단력 : 관리자는 돌발적으로 발생하는 각종 사태에 신속하고 정확히 판단하고 결단을 내려야 한다.

(7) 업무지식 : 관리자는 업무에 대해 깊은 지식을 가져야 하고 자기계발을 계속해 나가야 한다.

(8) 포용력 : 관리자는 대외적으로나 대내적으로 많은 사람들을 편견없이 대하고 넓은 이해와 시야로 용서할 줄 아는 포용력이 요구된다.

제2절 경찰조직관리

1. 경찰조직의 개념

경찰조직은 경찰의 집합체로써 경찰조직 특유의 목적을 추구하기 위해 의식적으로 구성된 사회적 단위라고 할 수 있다. 경찰조직은 공식화된 분화와 통합의 구조 및 과정 그리고 규범을 내포하는 조직체로써 환경과 교호작용하는 일반 조직의 성격도 포함하고 있으며, 질서유지를 위한 명령과 강제를 할 수 있는 권력적인 특수한 성격을 갖고 있기도 하다.2)

경찰조직은 전문성, 법규, 계층제, 실적주의로 인한 책임한계의 명확성 등을 유지함으로써 그야말로 전형적인 관료조직이다. 그러나 국가 통치기능과 국민 보호기능을 수행하는 과정에서 간혹 권력의 남용과 부정부패와 연루되는 경우에는 그로 인해 비난의 대상이 되기도 하는 특수한 조직이다. 경찰의 임무가 사회공공의 안녕과 질서를 유지하기 위하여 국민의 생명과 재산을 보호하고 범죄의 수사 및 범인의 체포 등 특수임무를 띠고 있기 때문에 그 조직이나 관리면에 있어서도 일반행정조직과는 다른 특수한 요소를 내포하고 있다.3) 따라서 경찰조직은 민주적인 관리·운영을 위해서 조직되어야 하고, 또 효율적인 임무수행에 적합하게 조직되어야 하는 것이다. 양자간의 조화를 위해서는 리더십 또한 요청된다.

2. 경찰조직편성의 원리

19C말 이후의 고전적 조직론자들은 과학적 관리법의 영향을 받아 조직의 편성과 관리에 있어서 보편적으로 적용할 수 있는 과학적이고 보편적인 조직의 원리를 탐구하였다. 이러한 고전적 조직원리로서 경찰조직의 편성원리로는 분업(전문화)의 원리, 계층제의 원리, 통솔범위의 원리, 명령통일의 원리, 조정의 원리, 공식화, 집권화와 분권화 등을

---

2) 이영남, "경찰조직의 효과성 제고를 위한 복지체계에 관한 연구," 명지대학교 대학원, 「박사학위논문」, 1991, p. 27.
3) 이영남, 신현기, 「경찰조직관리론」(서울: 법문사, 2004), pp. 36~37.

들 수 있다.[4] 먼저 경찰조직의 구조를 편성하기 위해서는 어떻게 하는 것이 범죄예방과 대응을 효율적으로 할 수 있는가의 관점에서 출발해야 할 필요가 있다.

1) 분업(전문화)의 원리

분업(division of labour) 또는 전문화(specialization)란 업무를 그 종류와 성질별로 구분하여 조직구성원에게 가능한 한 한 가지의 주된 업무를 분담시킴으로써 조직관리상의 능률을 향상시키려는 것을 말한다.

이러한 분업은 조직의 상층부만이 아니라 모든 계층에 다 적용되는 것으로서 현대행정의 주요한 질적 특징은 행정의 전문화라 할 수 있다. 따라서 이러한 전문화의 필요성에 대해서 정리하면, 사람은 성격 · 능력 · 기술 · 적성에 차이가 있으므로 전문화에 의하여 사무를 능률적으로 수행할 수 있고 전문가가 될 수 있고, 한 사람이 습득할 수 있는 지식과 기술의 횡적 범위에는 한계가 있으므로 특정분야에 관한 전문가가 필요하고 세분화가 필요하다는 것이다. 특히 업무를 세분할수록 업무를 습득하는데 걸리는 시간을 단축시켜 행정의 능률화에 기여할 수 있고 직업의 질(Quality)도 높일 수 있기 때문이라고 할 수 있다.

2) 계층제의 원리

계층제(hierarchy)란 조직에 있어서 직무를 권한과 책임의 정도에 따라 등급화하고 상하조직단위간에 지휘 · 명령과 복종관계를 확립하는 것을 말한다. 계층제의 원리를 적용하면 지휘계통을 확립하고 대규모 경찰조직의 업무수행에 질서와 통일을 기할 수 있다. 권한과 책임에 따라 질서가 유지되고, 조직내의 분쟁이나 갈등이 계층구조 속에서 용해된다. 그러나 계층제 원리에 의한 경찰조직은 하나의 일을 하더라도 항상 지시와 명령을 받아야 하는 체계이므로, 업무의 흐름이 차단되거나 처리시간이 지연되는 사태가 일어날 수 있다. 업무처리과정의 지연으로 엄청난 관리비용을 발생시키고 있으며 계층간 갈등의 원인이 되기도 한다. 오늘날 대규모조직은 관료제조직이며 행정조직을 비롯한 이러한 관료제조직은 피라미드형의 수직적인 계층제를 확립시키고 있다. 그러나 우리나

---

4) 김규정, 「신판 행정학원론」(서울: 법문사, 1999), pp. 286～299.

라 경찰의 경우에는 필요 이상으로 계층의 수가 많아 성과와 능률의 저하를 초래할 가능성이 있으므로, 복잡한 계층구조를 지양할 필요가 있다.5)

(1) 계층제의 순기능

① 지휘 · 명령 · 보고의 공식적인 통로가 된다.

② 공식적인 의사전달의 통로가 된다. 계층제의 통로는 정보가 질서 있게 흘러 다닐 수 있는 혈맥의 역할을 한다.

③ 권한위임의 통로가 된다. 모든 직무와 책임을 상하간에 명백히 하고 구성원간의 상호관계를 분명히 해준다.

④ 행정목표의 설정과 상하간에 업무분담의 통로가 된다.

⑤ 정책결정의 책임소재를 밝혀준다. 즉, 계층제는 중하위관리층에서 일어나는 정책결정의 타당성을 검토하고 정책의 일관성을 확보하는 역할을 함과 동시에 특정행정활동에 대한 책임소재를 밝혀 준다.

⑥ 조직 내에 있어서 분쟁의 조정과 해결의 수단이 된다. 하위부서간에 자기조정이 안 되어 조정이 가능한 계층에까지 보고 · 전달되는 동안 조정비용이 많이 소용되기도 하지만 궁극적으로는 계층에 의하여 조정이 이루어진다.

⑦ 승진의 경로가 되어 사기를 앙양시킨다.

⑧ 조직내 통일성과 일체감을 증진시켜 주는 수단으로 활용될 수 있다.

(2) 계층제의 역기능

① 상하간의 지나친 수직적 서열주의의 강조로 수평적으로 할거주의나 배타주의가 나타나기 쉽고, 하급자들의 근무의욕을 저하시키며 조직의 경직화를 초래한다.

② 계층의 수가 증가함에 따라 의사전달의 왜곡을 초래하기 쉽다.

③ 변동하는 외부환경에 즉각적인 적응을 못하고 경직성과 보수성을 띠기 쉽다.

④ 하위계층의 창의력 저해와 민주적이고 동태적인 인간관계의 형성을 방해한다.

⑤ 계층제는 능률적인 직무수행체계로서보다 비민주적이고 비합리적인 인간지배의 수단으로 인식되기 쉽다.

⑥ 엄격한 계층제는 인간의 개성을 상실하게 하고 조직구성원의 귀속감을 박탈한다.

---

5) 임창호, 전게서, p. 228.

3) 통솔범위의 원리

통솔범위(span of control)란 한 명의 상관 또는 감독자가 효과적으로 직접 통솔할 수 있는 부하의 수를 말한다. 통솔범위가 너무 커서 부하의 수가 지나치게 많게 되면 통솔력이 약화되게 된다. 왜냐하면 인간은 정신적 · 육체적 능력과 시간에 있어서 일정한 한계가 있을 뿐만 아니라 각 개인마다 업무수행능력에 차이가 있기 때문이다. 특히, 신설 부서보다는 오래된 부서, 지리적으로 분산된 부서보다는 근접한 부서, 복잡한 업무보다는 단순한 업무의 경우에 통솔범위는 넓어질 수 있다. 따라서 통솔범위에 영향을 미치는 여러 요인들을 고려하여 적정한 통솔범위를 설정해야 할 것이다.

4) 명령통일의 원리

명령통일(unity of command)의 원리란 조직의 어떠한 구성원도 오직 한 사람의 상관으로부터 명령을 받아야 하며 두 사람 이상의 상관을 섬겨서는 안 된다는 것을 의미한다. 즉 어떠한 조직에 있어서도 계층제의 각 단계에 있어서 결정을 내리는 최종권위는 명백히 위치되어야 하고 이해되어야 한다는 것을 의미한다. 여러 상관으로부터 명령을 받는 부하는 혼란을 일으키고 비능률적이며 무책임하지만 한 사람의 상관으로부터 명령을 받는 부하는 조직적 · 능률적이며 책임 있게 일을 할 수 있다.[6] 그러나 현대사회의 조직유형을 보면 복종보다는 협조에 중점을 두어야 하는 경우가 많으므로 전통적 조직이론에 근거를 두고 있는 이러한 명령통일의 원리는 수정되고 있는 실정이다.

5) 조정의 원리

오늘날 행정조직은 전문화 · 세분화되어 있으므로 전체적인 조화와 통합을 위하여 조정이 중요하며 목표달성과정에서 야기되는 각종 이해관계의 조정, 정치적 개입, 갈등의 해결 등을 위하여 조정이 필요하다. 즉, 이러한 조정과 통합의 원리는 갈등을 조정하

---

6) Luther H. Gulick, "Notes on the Theory of Orgaanization," in Luther H. Gulick and Lyndall Urwick(eds.), Papers on the Science of Administration(New York: Institute of Public Administration, 1937), p. 9.

고 조직의 목표를 향해 모든 구성원을 통합해 가는 것을 말한다. 조직내 갈등은 분업의 원리에 의한 부서만의 텃세나 이기주의, 과다한 업무 분화로 인한 의사소통의 단절, 목표나 이해관계의 상충, 인적자원에 대한 경쟁, 물적 자원에 대한 경쟁, 가치관이나 신념의 차이, 지위나 신분이동의 불공정성, 의사전달의 왜곡, 대안 선택기준의 차이, 자기 역할의 애매성 등으로 업무의 효율성을 떨어뜨린다. 갈등을 해결하는 방법은 우선 갈등의 원인을 진단하고 갈등이 생기는 원인을 근원적으로 찾아내어 문제를 해결해주는 것이 좋을 것이다. 갈등에 관한 장기적인 대응방안으로는 조직의 구조, 보상체계, 인사 등의 문제점을 제도개선을 통해 해결하는 것이 필요하다.

6) 공식화

공식화(formalization)란 조직내의 직무가 정형화 · 표준화된 정도를 말하는데 직무가 공식화되면 직무담당자의 재량 및 자율성은 줄어들고 예측가능성을 높여준다. 공식화의 척도 및 방법으로서는 ① 직무기술서와 규정들이 세분화된 정도, ② 감독의 정도, ③ 종업원과 경영자들에게 주어진 자유재량권의 정도, ④ 작업표준화의 정도, ⑤ 규정이 존재하고 강요되는 정도 등이다.[7)]

7) 집권화와 분권화

집권화(centralization) 또는 분권화(decentralization)는 조직내의 권력배분양태에 관한 개념이며 권력중추로부터 권력의 위임되는 수준을 설명하려는 개념이다. 여기서 말하는 권력의 위임은 권력의 포기와는 다른 것이다. 권력의 위임주체는 피위임주체의 권력행사를 취소할 수 있는 최종적인 권력을 유보한다.

집권화와 분권화는 서로 반대되는 의미를 지니는 개념이지만 두 개념은 결코 분리될 수 없는 관계에 있다. 집권화와 분권화는 연속선상의 현상을 설명하는 개념으로서 표리의 관계를 이루고 있다. 따라서 두 가지 개념이 설명하려는 현상을 하나의 개념만으로도 설명할 수 있다. 집권화의 수준이 높은 것은 분권화의 수준이 낮은 것이며, 집권화의 수준이 낮은 것은 분권화의 수준이 높은 것이다.

---

7) 김중규, 「뉴 밀레니엄 행정학」(서울: 성지각, 1999), p. 428.

집권화 또는 분권화의 지표로서 가장 중요한 것은 의사결정의 권리가 어느 정도 위임되어 있느냐 하는 것이다. 의사결정권의 위임도를 지표로 삼을 때는 의사결정이라는 현상이 결코 단순한 것은 아니며 그것은 조직 내의 여러 가지 요인과 결부되어 있다는 점을 유념해야 한다. 예컨대 의사결정 결과보고의 정도와 대상, 의사결정 후의 집행에 대한 평가의 주체와 평가수준, 의사결정 단계별 참여의 정도 등을 고려해야 한다.

3. 경찰관료제

1) 관료제의 개념

관료제(bureaucracy)는 매우 다의적인 개념이며 불확실한 개념이지만 구조적 특징을 가진 대규모조직으로서 보는 개념과 정치적 · 비판적 의미로 해석하여 정치권력을 장악한 집단으로서의 통치조직으로 보는 개념이 있다. 일반적으로 관료제라 하면 오늘날 동태적 조직(Adhocracy)에 의해 비판이 대상의 되고 있는 구조적 측면의 이념형 관료제를 의미한다고 할 수 있다.[8)]

2) 경찰관료제의 의의와 특성

경찰관료제란 국가권력하에서 부하경찰관은 상급경찰관에 대해 절대적으로 복종해야 하고 상관에 대해 무비판적으로 명령에 따라야 하는 동시에 엄격한 계급 내에서 공공의 안녕과 질서유지를 위해 이루어지는 일련의 경찰활동 과정이라고 볼 수 있다. 즉, 경찰조직은 군대식 조직에 가까운 관료제(bureaucracy) 형태를 유지하고 있으며, 이러한 경찰관료제의 특성에는 명령하달과 하부통제, 법규에 의한 권한의 범위와 직위부여, 경찰관료의 계서주의에 따른 특성, 문서관리주의에 따른 특성, 법규우선주의에 따른 특성, 경찰관료의 전문화에 따른 특성으로 나누어 볼 수 있다.[9)]

즉, 경찰관료제의 지배원리는 전통이나 개인적 자질에 의한 카리스마에 의존하는 것이 아니라, 합리적이고 민주적인 절차에 따라 제정된 법규에 의한 관리를 의미하는 것이다.[10)]

---

8) 김중규, 전게서, p. 442.
9) 손봉선, 송재복, 「경찰조직관리론」(서울: 대왕사, 2002), p. 48.

① 명령하달과 하부통제

경찰관료제에 있어서 가장 큰 특징은 상급직이나 상급자는 하급자나 하급조직에 대해 복종을 요구하게 되고 명령을 통해 직무를 수행해 나가고 있다는 점이다. 경찰관료는 독자적으로 입수한 정보 등을 공개하지 않으려 하고, 심지어는 이른바 비밀주의 방식에 따라 자신을 보호하기 위한 권한까지도 행사하려 한다. 즉, 경찰관료들은 경찰조직 내에서 공식적 규율에 복종하면서 자신의 이익을 위해서도 상급이든 하급이든 관료제적 특성들을 유지하려는 경향이 있다는 것이다. 그러나 이러한 명령통일의 원리를 지나치게 우선시하고 지킨다면 실제 업무수행에 더 큰 지체와 혼란을 야기시킬 수 있을 것이다.

② 법규에 의한 권한의 범위와 직위부여

경찰은 경찰법, 경찰공무원법, 경찰관직무집행법 등에 의해 경찰업무를 수행해 나가고 있다. 따라서 경찰관료들에게 부여되는 직위에 따른 권한이라든가 관할권의 범위는 반드시 법규에 의해 규정된다. 경찰의 권한은 경찰 개인에게 부여되는 것이 아니고 경찰관료의 직위에 주어지는 것이다. 경찰관료는 법규에 따라 직위를 부여받고 자기에게 주어진 권한을 법규의 범위 내에서 행사하게 된다.

③ 경찰관료의 계서주의에 따른 특성

계층제의 원리에 따라 권한의 계층이 명확하게 분리되어 있고, 경찰관료들 역시 엄격하게 분리된 계층에 소속되고 계서주의에 따라 상명하복체제를 유지해 나가고 있다. 상위 서열에 속해 있는 경찰관료는 하위서열에 속해 있는 경찰관료들을 관리하고 감독한다. 이와 같은 상명하복에 따른 지휘나 감독의 권한은 계층서열주의에 따라 부여된 경찰의 직위에 토대를 두고 있는 것이다. 이러한 계서주의는 권위주의가 행정에서 나타나는 형태로서 대민관계에 있어서는 관인지배주의나 관존민비의 형태로 나타난다. 또한 조직 내에서는 동급부서간의 협조가 잘 이루어지지 않고 계서상 상관의 명령에 의해서만 비로소 일이 효과적으로 성취될 수 있다는 식으로 나타난다.

④ 문서관리주의

모든 법규는 문서화되어 있다. 따라서 모든 경찰의 직위에 따라 부여받은 권한이나 임무 등은 당연히 문서화된 법규에 토대를 두고 있다. 경찰관이 권한이나 의무를 수행하

10) 독일의 유명한 사회학자 막스 베버(Max Weber)의 이론은 관료제의 보편성 및 합법적이고 합리적이라는 점뿐만 아니라 권위의 정당성을 중심으로 하고 있다. 관료제론에서 막스 베버는 지배유형에 대해 권위의 정당성을 기준으로 하여 전통적 지배·카리스마적 지배·합법적 지배와 같은 세 가지의 지배유형을 제시하였다.

는 일련의 내용들은 모두 문서화와 관련된다. 따라서 문서의 작성과 보관 등도 경찰관료제에서 중요한 특성 중 하나이다.

⑤ 법규우선주의

경찰관료들은 법규우선주의에 따라 선발되어 직위를 부여받은 사람들이다. 이에 따라 그들은 경찰조직 내에서 추구하는 직위의 목표나 법규에 호응해 의무를 다해야 한다. 이러한 의미에서 경찰관료는 직무수행과정에서 애정이나 증오 등의 개인적 감정에 의하지 않고 법규에 따라 임무를 수행해야 하며, 오직 법규우선주의원칙에 따라 공평무사한 경찰임무의 수행이 요구되는 특성을 지니고 있다.

⑥ 경찰관료의 전문화

경찰조직에서는 특수한 경찰의 임무를 수행해 나가야 하는 특성으로 인해 적합하고 전문화된 인력을 필요로 한다. 이와 같은 특성 때문에 경찰관료들을 임용하는 데 있어서 후보자가 전문적 능력을 소유했느냐 안 했느냐가 중요한 기준이 되고 있다. 즉 임용후보자는 경찰업무를 수행해 나가는 데 있어서 제반 법규에 따라 공평무사하게 업무를 처리할 수 있는 지식을 소유하고 있어야 하는 것이다. 이러한 전문적 지식을 소유하고 임용된 경찰관료들은 지속적으로 교육과 훈련을 받게 되며, 직무수행의 대가로 급료를 정규적으로 받고, 승진 및 퇴직금 등의 직업적 보상을 받는다.

⑦ 분업

원래 경찰의 일반 업무는 경찰의 특성상 대부분이 여러 명이 공동의 협력을 발휘해서 이루어 나가는 것이 바람직하다. 특히 경찰관 다수가 주어진 임무들을 나누어서 분명하게 부과하고 협력을 하도록 하는 취지는 인간능력의 한계를 원활히 극복하고 경찰업무를 더욱 효과적으로 수행해 나가도록 하기 위한 것이다.

4. 한국 경찰 조직상의 과제

한국경찰의 조직상 과제들을 구체적으로 다음과 같이 정리할 수 있다.

첫째, 민주성과 관련하여, 현행의 경찰위원회는 권한면에 있어서나 운영면에 있어서나 미흡한 것이 사실이다. 이러한 경찰위원회에 실질적인 권한을 부여하고 운영을 정상화할 필요가 있다.

둘째, 자치경찰제가 실시되고 정착되기 위해서는 관련된 제반여건인 수사권 확보 등의 제도적 변화가 뒤따라야 한다.

셋째, 효율성 또는 능률성과 관련하여, 중간관리층의 지나친 인원부족, 3~4단계의 계층구조의 적정화, 농어촌 등 과소지역과 도시 등 과밀지역간의 획일적인 조직구조의 타당성, 집행기능과 정책입안기능의 혼재의 적합여부 등이 검토되어야 할 것이다.

넷째, 명령통일의 원리와 관련하여 경찰업무에 대한 외부기관에 의한 지휘·통제 등이 극복되어야 한다. 경찰업무는 정보·보안 활동과 관련하여 국가정보원의 조정과 통제를 받도록 되어 있으며, 대 간첩작전의 수행과 관련하여서는 국방부의 통제를 받는다. 또한 수사와 관련하여서는 검사의 지휘를 받도록 되어 있다. 이와 같은 현실의 개선 노력은 경찰조직의 정체성을 확보하기 위해서도 반드시 필요하다.

다섯째, 경찰조직관리에 있어 사무의 합리화, 책임의 명확화, 조정의 통일화, 감독의 철저화가 필요하다.

여섯째, 계층구조와 관련하여 경찰계급제도의 혁신이 필요하다는 일선 경찰관들의 주장이 많다.

합리화 및 효율화된 조직관리와 21세기 선진경찰로 거듭나기 위한 경찰조직의 과제를 다음과 같이 정리할 수 있다.

▣ 경찰조직의 과제

민주화	• 경찰위원회 권능의 강화, 자치경찰제의 준비, 수사권의 현실화
효율화	• 중간관리층의 슬림화, 계층구조의 간소화, 신축적인 조직관리
조직의 독립	• 외부기관 협조업무로부터의 독립
사무의 합리화	• 사무의 질적 향상·시간의 단축·경비의 절감·업무수행 중 사고 방지
책임의 명확화	• 각 업무간의 사무분장·권한분장·책임소재 규정
조정의 통일화	• 경찰본래의 기능의 통일.
감독의 철저화	• 사무감찰과 사무감독의 철저화

제3절 경찰인사관리

1. 경찰인사관리의 개념

1) 경찰인사관리의 의의

경찰인사관리(police personnel management)란 경찰조직의 목적을 달성하기 위하여 자질 있고 젊은 유능한 인재를 찾아내어 인적자원을 동원하고, 경찰조직의 이용가능한 모든 자원을 효율적으로 활용하여 생상성의 극대화를 추구하는 것을 말한다. 이러한 경찰인사관리는 '인사행정(personnel administration)', '인적자원관리(human resources management)'라는 용어와 혼용되고 있으나 본서에서는 가장 보편적으로 사용되는 용어인 '인사관리(personnel management)'로 총칭하여 사용하기로 하겠다. 왜냐하면 경찰인사 업무에는 경찰관의 모집, 선발, 교육훈련, 보수, 승진, 퇴직관리, 복지 등을 포함하고 있으므로 관리라는 용어가 이를 포괄하여 설명하는 데 보다 용이하기 때문이다.

2) 경찰인사관리의 목적

경찰인사관리는 인간의 권리와 생명에 직접 관련된 업무를 담당하는 경찰조직의 인적 자원을 관리한다는 점에서 매우 중요한 것이다. 따라서 고도로 향상된 양질의 치안서비스를 제공하기 위한 인적 자원의 효율적인 활용을 위해서는 인사부서의 계속적인 관심과 발전노력이 필요하다. 왜냐하면 경찰업무의 성공은 경찰장비에 달려 있다기보다는 경찰관의 자질과 다른 사람과의 상호작용능력에 의해 결정되는 것이기 때문이다.[11)] 이러한 점을 고려할 때 인사관리의 목적을 구체적으로 열거하면 다음과 같다.

첫째, 효율적인 경찰인력의 운영이다. 경찰관들의 근무의욕과 사기가 높은 수준을 유지하도록 하는 것이 중요한데 이러한 목적을 수행해 나가는데 있어서 경찰관의 자질과 개성, 경력 등을 충분히 고려해 합리적으로 인력수급계획을 추진해 나가는 일은 무엇보다 중요하다.

11) 이황우, 「경찰행정학」(제3판) (서울: 법문사, 2002), p. 284.

둘째, 합리적이고 객관적인 기준을 중심으로 한 공정성의 확보문제이다. 정실인사는 배격되어야 하며 가능한 한 실적에 토대를 두고 채용이나 교육훈련, 보직, 근무성적관리 및 승진 등이 공정하게 이루어지도록 해야 한다.

셋째, 경찰조직과 경찰관 개개인의 욕구에 대한 조화이다. 개인의 욕구가 어느 정도는 충족될 때 전체조직도 활성화될 수 있을 것이다. 우선 경찰관 개인의 만족이 중요시되는데 경찰 개개인의 만족을 좌우하는 요인들은 성취감이나 안정감을 비롯해 책임이나 승진 및 성장이기 때문이다.

넷째, 조직의 효과성에 대한 제고문제이다. 우수한 경찰관들을 다수 확보하여 그들의 능력을 확대시켜주고 보다 나은 근무의욕을 갖도록 해 주는 것도 중요한 경찰인사행정의 요소라고 할 수 있다. 이렇게 함으로써 경찰조직의 효과성이 더 한층 제고될 수 있는 것이다.

다섯째, 환경변화에 대한 적응성 문제이다. 환경의 변화에 제대로 적응할 수 있는 토대를 마련해 주는 노력이 지속화될 때 경찰관들은 그 조직에서 자부심을 가지고 의욕적으로 근무할 수 있는 것이다. 따라서 이러한 문제를 경찰조직이 마련해 주는 것 또한 경찰인사행정의 중요한 목적 중에 하나이다.

3) 엽관주의와 정실주의

(1) 엽관주의 제도

엽관주의 제도(spoils system)란 미국에서 발달된 제도로써 공직에의 임명을 개인의 능력 · 자질 · 업적에 따라 하지 않고 당파성, 즉 특정정당에 대한 충성도 및 공헌도를 기준으로 하는 제도이다. 엽관주의는 정실주의와 혼용되기도 하지만 영국을 중심으로 발달한 정실주의(patronage system)와는 구분되어야 한다. 이러한 정실주의는 공직에의 임명을 개인적 충성심, 학연 · 지연 · 혈연 등 정실에 따라서 하는 인사제도이다.[12)]

엽관주의는 현대적 의미로 정권이 교체되면 새 주인을 따라 들어오는 사람들에게 기존 재직자들은 자리를 내 놓아야 한다는 원리인 경질정책(rotation of office) 또는 교체임용주의(doctrine of rotation)를 내포한다.[13)] 공무원들이 공직에 머무르는 동안에도 정

12) 이황우, 김진혁, 임창호, 「경찰인사행정론」(서울: 법문사, 2003), p. 65.

13) 미국에서 엽관주의가 철저하게 지배하였던 시기는 1845년 포크 대통령이 취임한 때부터 남북전쟁이 끝난 1865년 링컨 대통령에 이르기까지의 20년간으로써 이 시기는 "전리품은 승자에게 속

당적 유대와 충성심을 유지하도록 처방하며, 민주성과 형평성을 궁극적 가치로써 추구하고 그 수단적 가치로는 정치적 · 정당적 대응성을 들 수 있다.[14] 다만 엽관주의하에서는 정권교체가 되면 공직에 대대적으로 교체된 반면 정실주의하에서는 대대적인 교체가 없으며 일단 임용되면 종신적이었다는 점에서는 구별된다.

이러한 엽관주의는 정당이념의 철저한 실현에 도움이 되며, 국민의 지지를 받은 정당의 당원이 관직에 임명됨으로써 민주통제의 강화와 행정의 민주화 및 정부 관료의 민주화에 기여할 수 있다는 것이 이점으로 작용한다. 또한 대폭적인 공직경질을 통하여 관료의 특권화 · 침체화 · 관료주의화를 방지할 수 있으며, 관직의 특권화를 배제함으로써 평등의 이념에 부합된다. 그리고 공무원의 적극적인 충성심과 정당정치의 발달에 공헌한다는 점을 엽관주의의 이점으로 보고 있다.[15]

우리나라의 인사행정은 공식적 · 제도적으로는 정부 수립이래 실적주의를 표방해 왔으나 실제의 제도운영은 심한 형식주의를 빚어 현격한 괴리와 불일치 현상을 보여 주었다. 이러한 형식주의는 우선 정실인사의 팽배에서 볼 수 있었다. 공식적인 인사원리는 실적주의를 지향하는 것이었으나 실제로는 정실임용이 널리 행하여졌던 것이 사실이다. 또한 정실인사의 고려요인도 정당적 특수이익에 한정된 것이 아니었으므로 엽관주의적이라기 보다는 정실주의적 색채가 강했다.

(2) 실적주의 제도

실적주의 제도(merit system)란 공직에의 임명을 당파성이나 혈연 · 지연 기타 정실적 요소를 고려치 않고 개인의 능력 · 자격 · 실적에 따라서 행하는 인사제도이다. 실적제도는 경찰직업공무원제도와 함께 현대 경찰인사행정의 근간으로 실적에 기초하여 경찰공무원이 채용되고, 유지되고, 승진되고, 징계를 받고, 해고되도록 하는 제도를 의미한다.

실적제도는 미국에서 지방정치인들의 권력남용을 억제하기 위한 시도로써 주정부에 의하여 입법화된 장치들 중의 하나였다. 이러한 실적제도는 정치인이 자격이 없는 자

한다(to the victor belongs the spoils)"라는 슬로건이 정계를 지배하고 있었으며 대통령 선거는 공직이라는 전리품을 쟁탈하기 위한 투쟁이었다. 이 엽관주의는 미국에서 발달되기 시작한 것으로 제3대 제퍼슨 대통령시절부터 부분적으로 행한바 있다. 그리고 1820년 제5대 대통령 제임스 먼로시대에 법제화 되고, 1829년 제7대 앤드류 잭슨 대통령에 이르러 널리 활용되어진다, 잭슨이 엽관주의의 시조로 알려지게 된 계기는 그가 국가의 정식 인사정책으로 엽관주의를 채택할 것을 1829년의 대통령교서에 명시했기 때문이다.

14) 오석홍, 「인사행정론」(신정판)(서울:박영사, 2000), p. 2.

15) 최종술, 「경찰인사관리론」(서울: 대왕사, 2004), p. 19.

신의 주변사람들을 채용하지 못하도록 막고, 임의적인 해고로부터 경찰관들을 보호하려는 채용표준을 확립하도록 만들었다.[16] 미국에서의 실적제도는 경찰활동을 개혁하고 경찰전문화를 촉진시키기 위한 제도였다.

실적주의의 기본원리는 민주적이며, 능력본위의 인사행정으로, 19세기말 이후 정실주의 · 엽관주의를 극복한 영 · 미를 비롯한 근대국가 인사행정의 기본이념으로 자리 잡았다. 그런데, 실적주의는 생애직으로서의 경찰직업공무원제도와 일치하는 것은 아니다. 즉, 실적제도가 경찰공무원의 채용을 정실에 의하지 않고 실적과 자격에 의하고 신분보장을 하는 등 엽관주의와 대립된 개념이라면, 경찰직업공무원제도는 실적제도가 의미하는 실적과 자격에 의한 채용, 신분보장은 물론 더 나아가 젊은 나이에 경찰공무원으로 들어와 평생 동안 근무하며 이로 인해 보람된 삶을 영유토록 하는 제도를 의미한다.

실적주의는 궁극적으로 인사행정의 능률성, 민주성, 그리고 형평성을 추구한다. 이러한 실적주의의 장점으로는, 우선 공개경쟁시험을 통하여 공직임용의 기회균등을 보장하고, 무자격자나 정치적 부정행위자의 배제를 통해 엽관의 폐해를 극복할 수 있다는 것이다. 또한 유능한 인재의 등용이 가능하므로 행정의 계속성과 안정성을 유지할 수 있고, 행정의 전문화를 촉진시켜 종합적인 능률성 향상에 기여하는 측면도 있다. 그리고 공무원의 정치적 중립이 확보되어 정치 · 행정적 부패감소와 더불어 행정의 공정성을 보장하고 행정관료가 공익의 대변자로서 그 기능을 충실히 할 수 있다는 것도 커다란 장점이라고 할 수 있다.[17]

한편, 실적주의는 그 본래의 이념적 특수성과 시대적 상황의 변화로 인한 단점들도 많이 나타나고 있다. 첫째, 인사행정에 대한 정치적 간섭 배제와 비적격자의 배제, 신분보장에만 급급하여 인사행정의 집권화를 초래하고 효율적 인사운영을 저해할 수 있다. 둘째, 임용을 위한 자격요건과 시험내용이 직무수행 능력과의 연계성이 약하다. 셋째, 공무원의 정치적 중립은 국민이나 정치지도자들의 요구에 공무원을 무감각하게 만드는 요인이 된다. 넷째, 공무원에 대한 지나친 보호주의는 결국 관료주의와 관료의 특권화 및 보수화를 초래할 우려가 있으며, 민주통제를 어렵게 한다.

---

16) 1917년 공화당은 민주당으로부터 Kentucky주 Louisville에서 지방정부에 대한 통제권을 확보하게 되어, 429명의 경찰관 중 300명이 해고당하게 되었으며, 경사(sergeant)계급 이상의 경찰관은 모두 해고당하는 결과를 불러왔다. 이황우 등, 전게서, p. 67.

17) 오석홍, 전게서, p. 31.

■ 엽관주의와 실적주의의 비교

	엽관주의	실적주의
의의	• 엽관주의란 모든 공직임용에 있어서 능력, 자격, 업적 기준보다 충성심, 당파성, 정치적 영향력 등에 기준을 두는 인사제도이다. 즉, 전쟁에서 승리한 자에게 전리품(SPoils)이 귀속되는 것처럼 관직도 승리한 정당이 갖는 전리품이 되어야 한다.	• 실적주의(merit system)란 인사행정의 기준을 당파성이나 정실, 혈연, 지연이 아니라 개인의 능력, 자격, 성적에 두는 제도를 말한다.
장점	• 정당이념의 철저한 실현이 가능하다. • 공직경질을 통하여 관료제의 특권화와 침체화를 방지한다. • 국민의사를 존중하는 민주통제의 강화와 책임행정을 구현할 수 있다.	• 기회균등 및 사회적 평등의 실현 • 정실적, 정치적 인사행정의 극복 • 행정의 안정성, 계속성, 전문성 확보 • 공무원의 정치적 중립과 부패방지
단점	• 정치의 부패를 초래한다. • 정책의 일관성이나 행정의 안정성, 행정의 전문화를 저해한다. • 불필요한 관직을 설치하는 위인설관 현상이 나타나 예산의 낭비와 비능률 초래. • 공직의 기회균등정신에 위배되고 임용의 공정성을 상실.	• 독립적 중앙인사기관의 권한을 강화함으로써 인사행정의 지나친 집권화를 초래한다. • 형식화, 비인간화 : 객관적인 인사행정에 주력한 나머지 융통성 있는 인사행정을 저해한다. • 대응성과 책임성 저해

4) 직업공무원제와 직위분류제

(1) 직업공무원제도

직업공무원제도(career civil service system)는 젊고 유능한 젊은이들이 공직을 명예롭고 생애의 보람 있는 일(a worthwhile life work)로 생각하면서, 공직에 평생토록 봉사할 수 있도록 인사체제를 조직 · 운영하는 공무원제도를 말한다. 즉, 공직을 명예로운 직업으로 알고 학교를 갓 졸업한 젊은 나이에 공직에 들어와 그 안에서 성장하고 상급직에 진출하면서 노동력이 있는 동안의 전 생애를 보낼 수 있도록 마련된 인사제도라고 정의할 수 있다.18)

따라서 직업공무원제는 공직에의 임용에 있어서 대체적으로 폐쇄형 체제의 성격이

18) Stahl, O. G. (1983). Public personnel administration, 7th ed. Harper & Row, p. 181.

강하다. 즉, 공직의 임용체계에 있어서 중간계층에 대한 임용을 허용하는 개방형과는 달리 폐쇄형은 중간계층에 대한 임용을 허용하지 않는 것이다. 경찰조직은 원칙적으로 폐쇄형 체제를 유지하고 있다. 이는 경찰업무의 특수성과 준 군대적 특성을 지닌 경찰조직 문화에서 연유된 것으로 보인다. 그러나, 최근 경찰업무를 수행하는 하위직이 아닌 중간계층에 대한 문호의 개방이 부분적으로 진행되고 있어 시대적 변화를 수용하는 것으로 보인다.

경찰공무원은 국가공무원법상 직업공무원제의 성격이 강한 경력직 공무원[19]에 속하면서 특정직으로 분류되어 있다. 경찰공무원은 계급과 경과, 그리고 특기의 3가지 기준으로 분류하고 있으며, 일반적으로 계급은 직책의 난이도와 보수의 차이를 두기 위한 것이고, 경과와 특기는 개인의 능력이나 적성, 자격 등을 활용하기 위한 목적을 가지고 있다. 이처럼, 원칙적으로 계급제에 바탕을 둔 폐쇄형 제도에서는 일반능력자주의적인 임용정책을 채택하고 있으며, 관련분야의 전문가보다는 일반관리자들이 관료집단의 중핵을 이루고 있다.

특히, 폐쇄형 제도는 개방형 제도와는 달리 당해 직무가 폐지되더라도 대부분 배치전환으로써 공무원을 계속 근무토록 하고, 조직이 공무원의 발전과 지위향상을 위해 각별한 정책적 관심을 가지고 책임을 지기 때문에 폐쇄형 제도는 절대적으로 재직 중인 공무원을 중심으로 운영되는 제도라고 할 수 있다.

하지만, 폐쇄형 제도는 경찰공무원에게 승진기회의 확대로 인한 사기고취, 절대적 신분보장으로 인한 경찰행정의 일관성과 안전성, 행정의 능률성 향상과 직업공무원으로써의 직업적 안정성을 제공한다는 장점이 있다. 반면에, 경찰조직의 침체와 관료화, 개혁에 대한 거부, 유능한 외부 인재 등용의 어려움으로 질적 저하, 민주적 통제의 어려움 등의 단점이 나타나고 있다.[20]

경찰공무원은 신분상의 지위나 자격에 중점을 두고 개인의 특성을 고려하여, 계급체계를 구성하고 있으며, 임용의 중요한 기준이 된다. 즉, 계급이 높을수록 직무수행의

---

19) 경력직 공무원이라 함은 실적과 자격에 의해 임용되고 그 신분이 보장되며, 평생 동안 공무원으로써 근무할 것이 예정되는 직업공무원을 말한다. 일반적으로 실적주의의 원칙을 적용받는 공무원을 일반직이라고 하고 그렇지 않은 공무원을 별정직이라고 한다. 그러나 별정직 가운데 실적주의의 적용을 받는 공무원이 많아지고, 구분이 지나치게 단순화되어 인사관리의 결함이 발생되면서 다시금 경력직과 특수경력직으로 구분하게 되었다. 경찰공무원은 직업공무원으로써 정부로부터 보수 · 신분보장 · 연금 등의 해택을 받으며 실적주의의 적용을 받고, 특수한 분야의 업무를 담당하는 특정직 공무원으로 다른 법률에 의해서 지정되어 있다.

20) 이황우 등, 전게서, p. 72.

곤란성이나 책임성이 높은 직책에 보임된다. 또한 보수에 있어서도 기본급에서 획일적인 차이를 두고 있지만 계급의 상승에 따라 보수 또한 증가하는 체계로 구성되어 있다.

이러한 계급제는 직무수행에 요구되는 능력이나 자격, 계급수준의 조화가 이루어질 때에 효율적일 수 있지만, 계급수준에 비해 능력이나 자격이 미달되거나 적합하지 않을 때에는 오히려 인사관리에 어려움이 따르게 된다.[21] 계급제는 직업공무원제의 특성을 살릴 수 있고 경찰공무원의 사기를 증진시킨다는 장점이 있는 반면에, 장기적인 측면에서 경찰공무원의 질적 저하와 더불어 행정환경 변화에 따른 새로운 과제들을 경찰조직에 정착시키기 어려워 공직의 침체와 관료주의를 낳을 우려가 있다.

(2) 직위분류제

직위분류제(position classification)는 조직 내의 수많은 직위를 직무의 종류와 수준에 따라 분류하여 관리하는 제도이다. 직위분류제는 계급제와 달리 직무의 특성이나 차이를 중심으로 공직구조를 형성하는 직무 지향적 제도이다.[22]

직위분류제는 일과 책임의 단위인 직위를 기초로 하여 그 직위에 내포된 직무의 특성이나 차이를 기준으로 하여, 유사한 직무를 수평적으로 분류하고, 직무의 곤란성이나 책임성이 유사한 직무를 수직적으로 분류하여 공직을 체계화하는 것이다. 이처럼 직위분류제는 해당 직위가 지니고 있는 직무를 분석하고 평가하여 적합한 지식과 기술, 능력과 경험을 가진 인물을 임용하는 제도이므로 폐쇄형 임용체제인 계급제와는 달리 외부인사의 임용이 자유로운 개방형 임용체제이다. 직위분류제는 현대 인사행정에서 다음과 같은 장점을 가지고 있다.

첫째, 보수결정의 합리적 기준을 제공한다.

둘째, 채용 및 전직 · 승진의 객관적 기준을 제공한다.

셋째, 교육훈련의 수요를 파악하는 데 필요한 정보를 제공한다.

넷째, 근무성적평정의 기준을 제공한다.

다섯째, 행정의 분업화 · 전문화에 기여한다.

여섯째, 조직구조의 합리화를 도모한다.

일곱째, 인사행정상의 용어를 통일할 수 있다.

여덟째, 인력계획의 수립과 노동시장의 안정에 기여한다.

---

21) 최종술, 전게서, p. 44.

22) Stahl, op. cit., p. 183.

그러나 직위분류제는 동일한 직렬이나 직군 안에서만 승진, 전직, 전보 등의 배치이동이 가능하여 인사행정의 탄력성과 융통성이 떨어지며, 신분보장의 불투명으로 소속감 등 사기가 저하되며, 인사행정의 운영에 비용이 많이 들고, 타부서나 타 기관과의 유기적 업무협조가 어렵다는 단점들이 있다.

직업공무원제하에서의 경찰은 계급제를 근간으로 하고 있으므로 계급간의 경계가 엄격하고, 타 계급으로의 이동이 폐쇄적이며 차등이 심하다. 계급제에서의 경찰은 공석의 충원을 동일계급의 다른 경찰공무원 또는 하위계급에서 승진한 경찰공무원을 대상으로 대부분 내부에서 임명하고 있다. 이처럼 충원이 폐쇄적으로 이루어지고 있는 경찰공무원의 구성에서 이미 신분보장은 충분히 예측될 수 있는 상황이다.

계급제하의 경찰공무원은 일이 아닌 사람 중심으로 채용되었기 때문에, 자리와 생존을 같이 해야 하는 직위분류제하의 공무원과는 그 성격을 달리하고 있다. 따라서, 자치경찰에의 적용가능성은 계급제가 아닌 직위 또는 직급과 직군으로 구성되는 일반 행정조직의 개방적 인사체제를 도입할 때 가능할 것이다. 국가경찰조직의 형태와 그 업무적 특성을 계수하고 있는 자치경찰에서의 적용가능성은 희박하다고 할 수 있다.

다만, 최근에 개방형 임용제도의 도입으로 경찰조직에서도 중간계급의 외부입직이 가능해지게 되면서 경찰조직에서의 채용이 사람 중심이 아닌 자리 중심으로 이루어졌다는 점에서 주목 할만하다. 하지만 기본적으로 계급제 구조를 유지하고 직업공무원의 기틀을 확립하고 있는 경찰조직은 외부로부터의 영입이 극히 제한적이며 특정 직위에 한정되어 있다. 또한 개방형 직위공모를 통해 채용된 사람들이 경찰 고유의 직무를 수행하는 직업경찰공무원이 아니라는 점에서 경찰특유의 한계를 지적하지 않을 수 없다.

현재 실시되고 있는 경찰의 개방형직위 모집은 경찰병원장, 치안정책연구소장, 해양경찰청(정보화담당관) 등이 있고, 행정자치부에서 시행하는 국립과학수사연구소의 의무직(의무사무관 5급 상당)과 별정직(7급 상당), 연구직을 제한경쟁특별채용시험을 통해 모집하고 있다.

경찰병원장은 경찰청에서 개방형직위로 지정되어 채용계약을 통해 보임되며, 계약기간동안 국가공무원법 및 계약직 공무원규정에 의한 계약직 공무원으로서 신분을 유지한다. 임용기간은 통상 2년이며 근무실적에 따라 3년에 한하여 연장할 수 있다. 보직가능직급은 의무2급 또는 3급 상당의 계약직 공무원이다. 또한 임용 당시에 경력직공무원으로서 전보, 승진, 전직 등을 통해 해당직위에 임용이 가능한 경우에는 경력직공무원으로 임용할 수 있다.

치안정책연구소장은 보직가능직급이 치안감 또는 계약직공무원(2호)으로 2년간 임용하고 3년의 범위 내에서 연장가능하다. 치안정책연구소장의 신분은 민간인의 경우 채용계약을 통해 해당직위에 보임되고, 계약기간 동안 국가공무원법 및 계약직 공무원규정에 의한 계약직공무원으로서 신분이 유지된다. 또한 임용당시 경력직공무원으로서 전보, 승진, 전직 등을 통해 해당직위에 임용이 가능한 경우에는 경력직공무원으로 임용할 수 있다.

■ 계급제와 직위분류제의 비교

	계급제	직위분류제
의의	• 공무원의 자격 및 신분을 중심으로 계급을 만드는 제도 • 관료제 전통이 강한 독일, 프랑스, 일본 등이 채택	• 개개의 직위에 내포되어 있는 직무의 종류와 책임도 및 곤란도에 따라 분류하는 제도
분류방법	• 사람중심	• 직무중심
충원방식	• 폐쇄형 충원	• 개방형 충원
장점	• 일반적 교양·능력을 가진 사람을 채용하여 신분보장과 함께 장기간에 걸쳐 능력이 키워지므로 공무원이 보다 종합적 능력을 가질 수 있고, 기관간의 협조가 용이.	• 시험·채용·전직의 합리적 기준을 제공하여 인사행정의 합리화 • 동일직무에 대한 동일보수의 원칙으로 보수제도의 합리화 • 행정의 전문화에 기여
단점	• 계급간의 차별이 심하고, 전문행정가의 확보가 어렵다.	• 유능한 일반행정가의 확보곤란, 인사배치의 비융통성, 신분보장의 미흡
우리나라	• 계급제 위주에 직위분류제적 요소를 가미	

5) 경찰인사행정기관

경찰인사행정기관이란 경찰의 인사행정을 전문적으로 관장하는 기관을 말한다. 경찰인사행정기관으로 경찰청 경무기획국, 지방경찰청 경무부(과), 경찰서 경무과, 경찰위원회, 경찰공무원인사위원회, 승진심사위원회, 경찰공무원고충심사위원회, 소청심사위원회, 경찰공무원징계위원회를 두고 있다.

(1) 경찰청 경무기획국

우리나라 경찰의 인사관리기관은 경찰청 경무기획국이다. 경무기획국은 경찰청장의 막료기관으로서 인사관계법규와 중앙인사기관의 계획과 방침에 따라 경찰청장의 인사권행사를 보좌하고 기관 내의 각종 인사관리를 책임진다. 전문적인 규모의 인사관리는 경찰청의 경무국에서 하고, 각 지방규모의 인사관리는 지방경찰청 경무과와 경찰서의 경무과가 담당한다. 한편 경찰관의 정원관리는 경찰청 경무기회국 혁신기획과에서 하고, 전경에 대한 인사관리는 경비국 경비2과에서 담당하고 있다.23)

(2) 경찰공무원인사위원회

경찰공무원의 인사에 관한 중요사항에 관하여 경찰청장 또는 해양경찰청장의 자문에 응하기 위하여 경찰청 및 해양경찰청에 경찰공무원인사위원회를 두고 있다(경찰공무원법 제4조).

경찰공무원인사위원회는 경찰공무원의 인사행정에 관한 방침과 기준 및 기본계획을 심의하고, 경찰공무원의 인사에 관한 법령의 제정 또는 개폐에 관한 사항을 심의한다. 그리고 경찰청장 또는 해양경찰청장이 부의하는 사항을 심의한다(경찰공무원법 제5조).

경찰공무원인사위원회는 위원장을 포함한 5인 이상 7인 이하의 위원으로 구성되며, 위원장은 경찰청 및 해양경찰청 인사담당국장이 된다. 그리고 경찰공무원인사위원회의 위원은 경찰청 및 해양경찰청 소속 총경 이상의 경찰공무원 중에서 경찰청장 또는 해양경찰청장이 임명한다(경찰공무원임용령 제9조). 위원장이 부득이한 사유로 직무를 수행할 수 없는 때에는 위원 중에서 최상위계급 또는 선임의 경찰경찰관이 그 직무를 대행한다(경찰공무원임용령 제10조).

2. 경찰공무원의 임용

1) 경찰공무원의 모집

(1) 모집의 개념

예로부터 유능한 인재의 등용은 국가발전을 위한 최대의 목표였으며, 기반을 마련

23) 이운주, 「경찰학개론」(용인: 경찰대학, 2004), p. 212.

하기 위한 가장 중요한 것이라고 하였다. 이러한 의미에서 경찰공무원의 모집은 경찰관이 되고자 하는 유능한 잠재적 인적자원을 찾아내어 공무원 채용시험에 지원하도록 유도하는 활동을 말한다. 모집의 의미는 공직희망자에게 단순히 시험기회를 부여하는 데 있는 것이 아니라, 공무원으로 적격한 유능한 인재들이 공직에의 응시에 관심을 갖게 하는 데 있다

이러한 경찰공무원의 모집은 기본적으로 노동시장의 인적자원수급 상황과 모집방법에 달려 있는데, 효과적인 모집은 노동시장의 인적자원의 질적 수준과 공급수준에 의하여 결정된다고 할 수 있다. 최근에 경제사정의 악화와 사회적 불안으로 인해 직업선택의 기회가 줄어들면서, 경찰직을 희망하는 이들이 기하급수적으로 증가하고 있다. 그러나 좀더 효과적인 모집을 위해서는 민간기업과의 인재유치 경쟁에서 뒤떨어지지 않으며, 유능한 인재들이 공직에 많은 관심을 갖고 채용시험에 지원하도록 하는 적극적인 모집방법이 필요하다.

따라서, 유능한 인적자원을 유도하지 못한다면, 선발인원 확보에 차질이 발생하여 직무수행능력을 갖추지 못한 후보자를 채용함으로써, 교육훈련이나 감독 등의 추가비용 발생으로 인한 부담을 주게 된다.

(2) 적극적 모집

모집활동을 적극적인 관점에서 파악하기 시작한 것은 2차 세계대전을 전후로 하여 당시의 선진국들에 의해서이다. 제2차 세계대전 이전에는 정실주의적 내지 엽관주의적 요소를 배제하면 자연히 유능한 사람들이 공직에 들어오게 될 것이라는 관점에서 모집의 개념을 이해하였다. 한편으로는 공직에의 입직을 희망하는 지원자들 중에서 부적격자를 걸러내기 위한 관점에서 모집의 기능을 이해하는 데 지나지 않았다.[24)]

우리나라는 역사적으로 공직에 대한 사회적 평가가 높을 뿐만 아니라, 최근에 경제위기상황으로 인해 안정적인 직장을 얻고자 하는 지원자들이 대거 공직에의 입직을 희망하고 있어서 많은 지원자를 확보하는 데 그다지 어려움이 없었다. 따라서 적극적인 모집활동을 통한 인적자원의 확보는 필요치 않았고, 다만 정기적인 모집공고를 통한 소극적 모집활동 만으로 결원을 충원하는 데 국한되었다.

이러한 현상은 지원자의 양적 요소에만 치우쳐 질적 요소라는 중요성을 간과한 때문이다. 즉, 인적자원 확보를 위한 모집활동의 성공이라는 척도가 얼마나 많은 인원이 지

24) 이황우 등, 전게서, p. 84.

원하였는가? 또는 얼마나 경쟁률이 높은가? 하는 양적 차원에만 맞추어져 있어서, 높은 교육수준과 훌륭한 품성, 적극적 자세, 공직 적격성 등의 자질을 갖춘 유능한 인재가 얼마나 지원하였나? 하는 질적 차원의 접근의식이 부족했던 것이다.

모집공고의 목표는 경찰업무를 바라는 유능한 지원자들의 총인원(pool)들 중에서 자격이 있고, 또 경찰관이 되는 것에 대단히 관심을 가지고 있는 사람들을 유치하는데 있다. 따라서 유능한 지원자를 더 많이 유치하여 그 중에서도 더욱 유능한 최고의 적격자를 가려내는 것이 경찰예산을 가장 효율적으로 운용하는 것이라 할 수 있다.

(3) 장 · 단기 인력수급계획

우수한 인적자원을 모집하기 위해서는 인력수요의 예측이 중심이 되는 인력수급계획(human resources planning)에 의한 합리적인 장 · 단기 모집계획을 수립하여야 한다. 경찰인력수급 계획은 장기적인 안목에서 노동시장의 관리를 가능하게 함으로써 앞으로의 경찰공무원 모집에서 야기될 수 있는 인적 자원의 고갈현상을 미연에 방지할 수 있는 장점을 지니고 있다. 장 · 단기 인력수급계획은 매 기수별로 균등한 인원의 모집과, 모집시기의 정례화를 가져와 경찰공무원이 되고자 하는 지원자들이 모집의 예측과 그에 따른 준비를 할 수 있도록 돕는다.

인력수급계획은 유능한 인적자원을 적정인원 확보할 수 있고, 인력수급의 원활로 승진 등의 내부임용 과정을 적절히 수행할 수 있어 구성원들에 대한 사기진작에 도움이 된다. 또한 인력충원에 있어서 장기적인 계획에 의해 신중하게 처리할 수 있고, 예산집행을 효율적으로 할 수 있도록 도와준다. 경찰공무원의 인력수급계획은 사회적 변화와 경찰 내 · 외적 변화를 고려하여 임용방법, 선발방법, 시험일정, 모집인원, 모집방법 등을 설정하고, 융통성 있고 일관성 있는 모집정책을 유지해야 한다. 모집계획을 집행한 뒤에는 결과를 평가하여 모집체제 및 인력기획체제의 활동을 재정비하거나 강화하는 절차가 필요하다.[25]

(4) 응시자격의 기준

경찰공무원의 모집에서 지원자의 자격요건은 일반직 공무원이나 사기업과는 다르며 업무적 특수성 즉, 돌발성, 시급성, 위험성 등으로 인해 모집에 있어서 일정한 제한을

25) 이황우 외, 전게서, p. 87.

두고 있다.

새로운 경찰관을 선발하기 위해 경찰기관은 어떤 유형의 사람들이 경찰직에 관심이 있는지를 파악해야 한다. 이것을 결정하기 위하여 경찰기관은 먼저 경찰이 어떤 유형의 일을 하는지 결정해야 한다. 그 후 어떤 유형의 사람들이 그 일을 할 수 있는지 자격을 결정해야 한다. 이러한 직무분석은 경찰에 의해 수행되어야 하는 중요한 작업이며 경찰업무를 수행하는 데 필요한 지식(knowledge), 기술(skills), 능력(abilities)을 확인하는 것이다.26)

이러한 자질을 갖춘 경찰공무원을 모집하기 위해서 각국에서는 경찰공무원 지원자의 신체조건, 연령, 국적, 교육여건, 성별 기타의 자격요건 등을 공통적으로 규정하고 있는데, 이러한 사항 또한 경찰공무원의 모집에 영향을 미치는 요인이라고 할 수 있다.

▣ 경찰공무원의 응시자격 기준(순경)

연 령	남자는 18세 이상 30세 이하, 여자는 18세 이상 27세 이하 ※제대군인 응시상한 연령을 다음과 같이 연장함 군복무기간 1년 미만 1세, 1년 이상 2년 미만 2세, 2년 이상 3세 연장
병 역	남자는 병역을 필한자 (병역면제자 또는 면접시험 전일까지 전역예정자 포함)
학 력	고등학교 졸업 또는 동등 이상의 학력을 가진 자
국 적	대한민국 국적을 취득한 자
기 타	경찰공무원법 제7조 제2항의 각호의 1항에 해당하지 않는 자

① 국적

우리나라의 경우 국적은 제한하는 객관적 자격요건 중에서 가장 기본적인 요소가 된다. 대부분의 나라가 자국인과 외국인을 구분하여 외국인에 대해서는 원칙적으로 모집대상에서 제외하고 있다.

② 연령

연령에 관해서는 응시연령을 제한하는 이유가 경찰직이라는 특수성에서 기인된 때문이기도 하지만, 학교를 갓 졸업한 젊은 사람들이 일반적으로 직무에 대한 성의와 의욕이 높으며, 직업경찰관의 양성은 나이가 젊을 때부터 시작하는 것이 효과적이기 때문이

26) 상게서, p. 88.

며, 경찰직의 특성상 나이로 인한 조직운영상의 장애가 산재해 있기 때문에 불가피하다.

③ 신체조건

경찰공무원은 직무특성상 타 직종과는 달리 신체적 물리력의 사용이 요구되는 일선 경찰업무를 대부분 수행하고 있다. 일반적으로, 일선경찰업무에서의 직무수행능력이라고 하면 순찰활동을 위한 적정한 운동능력, 시력, 청력, 지구력, 민첩성 등과 범인체포 및 검거과정에서 요구되는 상황대처능력, 범인제압능력 등의 강도 높은 물리력의 행사가 가능한 정도의 신체적 적합성을 의미한다고 할 수 있다.

신체적으로 적합한 경찰공무원을 선발함으로써 얻는 이익은 첫째, 우수한 경찰력으로 봉사할 수 있으며 둘째, 무능으로 인한 퇴직자의 수와 인원보충의 비용이 절감되며 셋째, 경찰에 대한 이미지가 향상되고, 끝으로 경찰공무원들이 긍지와 자부심을 갖게 될 것이다. 그 외에도 향상된 심장조직기능으로 인해 정신적 건강상태도 호전되며 조기퇴직의 주요원인이 되는 질병을 방지할 수 있고, 또한 수명도 길어진다고 하여 경찰공무원의 신체적 적격성을 강조하고 있다.[27]

■ 경찰공무원의 신체검사 기준표(순경)

(2007년 현재)

항 목	기 준	비 고
체 격	체격이 강건하고 사지가 완전하며 가슴, 배, 입, 구강, 내장의 질환이 없어야 함	남여동일
신 장	남자: 167㎝ 이상(특수기술분야 165㎝ 이상) 여자: 157㎝ 이상(특수기술분야 155㎝ 이상)	
체 중	남자: 57㎏ 이상(특수기술분야 55㎏ 이상) 여자: 47㎏ 이상(특수기술분야 45㎏ 이상)	
흉 위	남자는 신장의 2분의 1 이상, 여자는 제한 없음	
시 력	각각 0.8 이상(교정시력인 경우 나안시력이 각각 0.2 이상)	남여동일

27) 최근 경찰청은 기존에 경찰관 채용시 적용해오던 남자 신장 167cm이상 몸무게 57kg이상(여자는 신장 157cm이상 몸무게 47kg 이상)의 제한규정을 폐지하고, 체력검사를 강화하는 방향으로 채용시험 신체조건 규정을 개정한다는 내용을 발표하였다. 이는 신체기준에 미달한 경찰직 지망생들에 대한 기본권 침해 논란을 해소하고, 이들에게도 경찰관 채용시험에 응시할 수 있는 기회를 부여하기 위한 것이다. 그러나 경찰업무의 특성상 신체적 접촉이 많고, 범죄인 보다 체력적 우위를 확보해야 할 불가피한 필요성이 있다는 점을 감안하여, 현행 체력검사 종목(100m달리기, 윗몸일으키기, 제자리멀리뛰기)의 평가기준을 상향조정하고 범인제압, 사격술 등 경찰업무 수행과 직접연관이 있는 좌우 악력 종목을 추가하여 총 4개 종목으로 체력검사를 실시할 계획으로 있으며, 일정기간의 유예기간을 거쳐 2008년 하반기부터 시행할 예정이다.

항 목	기 준	비 고
색 신	색약을 포함해서 색약이 아니어야 함	남여동일
청 력	청력이 완전해야 함(20db 이하가 정상)	남여동일
혈 압	고혈압(수축기혈압이 145㎜Hg을 초과하거나 확장기혈압이 90㎜Hg을 초과하는 것) 또는 저혈압(수축기혈압이 90㎜Hg을 초과하거나 확장기혈압이 60㎜Hg을 초과하는 것)이 아니어야 함	남여동일
운동신경	운동신경이 발달하고 각종 질환의 후유증으로 신경 및 신체기능의 장애가 없어야 함	남여동일
용 모	기형 등으로 용모가 추악하지 않아야 함	남여동일

④ 학력

계급제 전통을 유지하고 있는 대부분의 국가에서는 공직에의 입직을 위한 중요한 자격요건 중의 하나가 교육정도이다. 교육정도는 학력을 의미한다. 이는 경찰공무원 모집대상을 제한하는 중요한 기준이 되기도 한다.[28] 우리나라의 경찰공무원 신규모집에 있어서 핵심은 고등학교 졸업학력과 동등 이상의 학력을 갖출 것을 요건으로 하는 데 있다. 경찰대학 졸업자에 대한 경위 임용제도가 있기는 하지만 논의에서는 제외하기로 한다. 공개경쟁채용시험을 통한 경찰관임용은 거의 대부분 순경에서 출발하는 것을 원칙으로 하고 있다. 우리나라에서는 경찰공무원 모집시에 특별채용 대상으로 4년제 경찰행정학과 졸업생(졸업예정자 포함)에게 혜택을 부여하고 있으나, 순경에 임용하는 것이 혜택이라고 보기는 어렵다.[29]

⑤ 거주지

공무원의 모집요건에 있어서 거주지에 대한 제한은 본래 지방자치제에서 유래된 것이다. 거주지 제한은 자치단체의 납세자로서 애향심이 높고, 지역에 대한 많은 정보를 가지고 있다는 점에서 지역주민에 의해 행정이 이루어진다는 장점이 있으나 실적주의 및

28) 영국을 비롯하여 프랑스, 독일, 일본 등과 같이 계급제를 유지하고 있는 나라에서는 학력요건을 엄격하게 규정한 반면, 직위분류제를 채택해 온 미국과 호주 등의 국가에서는 학력요건을 획일적으로 적용하지 않고 있다.

29) 이와는 별도로, 학사경장 제도가 운영되고 있는데 이는 4년제 경찰행정학과와 법학과 졸업자로서 학사학위 이상의 소지자를 대상으로 하여 조사요원을 특별채용하는 경우와, 중국어 · 러시아어 · 불어 등 해당학과 졸업자 또는 해당지역 2년 이상 유학자로서 학사학위 이상 소지자를 경장으로 특별채용하는 것이다. 이외에도 사이버범죄수사 전문요원, 대 테러 여경특공대원, 항공요원, 항공전자통신정비사 등을 특별채용하고 있다. 이 또한 학력과 경력에 대한 엄격한 자격요건을 갖춘 자에 대해 극히 제한적으로 모집하고 있다.

기회균등원칙을 위배하고, 지방공무원의 자질을 떨어뜨릴 우려가 있다.[30] 현재 경찰공무원 모집공고에 거주지 제한의 조건은 없고, 지역별 모집에 따라 지원하는 근무예정지역은 본인의 주민등록지 등 거주요건과 관계없이 근무예정지역별로 합격자를 결정하며, 합격자는 당해 근무예정 지역에 소재한 그 경찰기관에 임용하는 것을 원칙으로 하고 있다.

⑥ 결격사유

공무원 임용시험에서는 객관적 응시기준 이외에 신규채용시 우대조건과 결격사유를 별도로 규정하고 있는 것이 일반적이다. 모집대상에 대한 우대조건은 특별채용의 경우 해당분야의 자격증 소지자 및 학위소자자를 우대한다. 그리고 대부분의 국가에서 공무원 채용시 국가유공자 및 제대군인을 우대하는 제도를 도입하고 있다. 우리나라의 경우 제대군인에게 신규채용시 가산점을 부여하던 우대제도가 공무부담에 대한 평등권을 침해한다는 이유로 1999년 헌법재판소의 헌법불합치 결정에 의하여 폐지되었다.[31] 경찰공무원에 대한 결격사유는 대부분의 나라에서 엄격하게 규정하고 있다.

경찰공무원법 제7조(임용자격 및 결격사유)에 의하면 경찰공무원은 신체 및 사상이 건전하고 품행이 방정한 자 중에서 임용하며, 다음의 각호 1에 해당하는 자는 경찰공무원으로 임용될 수 없도록 하고 있다.

1. 대한민국국적을 가지지 아니한 자
2. 금치산자 또는 한정치산자
3. 파산자로서 복권되지 아니한 자
4. 자격정지 이상의 형을 선고 받은 자
5. 자격정지 이상의 형의 선고유예를 받고 그 선고유예기간 중에 있는 자
6. 징계에 의하여 파면 또는 해임의 처분을 받은 자

이러한 결격사유에 해당하는 자는 원칙적으로 경찰공무원에 임용될 수 없다.

모집단계에서 결격사유해당자가 배제되지 않아도 이들이 결국 경찰공무원으로 임용되지 못하도록 되어 있으므로, 결격사유는 모집대상을 제한하는 효과를 가지고 있다고 할 수 있다.

30) Wilson(1963)은 "관할 구역 이외의 출신자를 임용하는 것이 유리하다. 그들은 관할 구역 내에 업무수행을 방해할 수도 있는 제휴관계가 없으며 그들의 출신배경이나 기대 생활수준이 도시 출신자들보다 경찰업무수행에 만족을 느낄 수 있도록 도와줄 수 있을 것이다"라고 하였다. 이황우 등, 전게서, p. 94.

31) 제대군인지원에관한법률 제8조 제1항 등 위헌확인[전원재판부 1999, 12, 23, 98헌마363]

2) 경찰공무원의 채용

(1) 공개경쟁채용

채용은 일반적으로 외부로부터의 임용을 의미하는 것으로서 공개경쟁채용과 특별채용이 있다. 공개경쟁채용이란 자격 있는 모든 사람에게 공직에 지원할 기회를 주고 공개경쟁시험을 통하여 채용후보자를 결정하는 방법이다. 여기에서 가장 중요한 것은 평등의 원칙이 지배하는 공개경쟁을 보장하는 일이다.

현재, 우리나라에서 경찰공무원을 모집하는 계급은 순경·경장·경위·경정으로 나뉘어져 있다. 순경의 경우에는 공개경쟁채용과 특별채용이 있으며, 경장의 경우에 경찰행정학과와 법학과 졸업자로서 학사학위 이상 소지자를 대상으로 조사요원을 채용하는 특별채용이 있다.

경위의 경우에는, 간부후보생 채용제도와 경찰대학 졸업생에 한하여 경찰공무원임용령 제39조(연령 및 신체조건) 및 제40조(학력)에 정한 자격을 갖추고 공개경쟁시험에 의하여 선발된 자(경찰간부후보생)로서 교육훈련을 마치고 소정의 시험에 합격한 자 중에서 특별채용을 통하여 임용이 이루어지며, 경정의 경우에는 사법고등고시합격자에 한하여 특별채용이 이루어진다. 우리나라에서는 경찰공무원의 입직이 이러한 순경·경장·경위·경정의 계급에서 외부로부터의 신규임용에 의해 이루어진다. 이러한 외부임용은 외부로부터 인력을 충원하는 것으로 폐쇄적인 인사제도에서는 신규채용이 중심이 된다고 할 수 있다.

(2) 특별채용

특별채용이란 공개경쟁채용 시험에 의한 경찰공무원의 채용이 부적당하거나 곤란한 경우, 또는 특별한 자격을 가지고 있는 사람을 채용하고자 하는 경우의 채용방법을 말한다. 즉, 특별채용은 경쟁을 제한하는 별도의 선발절차를 거쳐 공무원을 신규로 채용하는 것을 말한다. 오늘날 실적주의를 채택하고 있는 인사제도 하에서는 경찰공무원의 채용은 원칙적으로 공개경쟁에 의하여 이루어져야 한다. 그러나 현대정부의 인적자원의 수요는 매우 복잡하고 현실적으로 모든 경찰공무원을 공개경쟁에 의하여 채용할 수는 없으므로 특별채용이라는 예외를 인정하지 않을 수 없다.

경찰공무원법 제8조 제3항은 다음과 같은 요건에 해당하는 경우에는 특별채용시험에 의하여 경찰공무원을 신규채용 할 수 있도록 규정하고 있다.

첫째, 퇴직한 경찰공무원을 퇴직한 날로부터 2년 이내에 퇴직 시에 재직한 계급의 경찰공무원으로 재임용하는 경우

둘째, 공개경쟁시험에 의하여 임용하는 것이 부적당한 경우에 임용예정 직무에 관련된 자격증 소지자를 임용하는 경우

셋째, 임용예정직에 상응한 근무실적 또는 연구실적이 있거나 전문지식을 가진 자를 임용하는 경우

넷째, 국가공무원법에 의한 5급 공무원의 공개경쟁채용시험이나 사법시험법에 의한 사법시험에 합격한 자를 경정 이하의 경찰공무원으로 임용하는 경우

다섯째, 국가공무원법 제85조의 규정에 의하여 재학 중 장학금을 받고 졸업한 자를 임용하는 경우

여섯째, 도서・벽지 등 특수지역에 근무할 자를 임용하는 경우

일곱째, 외국어에 능통한 자를 임용하는 경우 등이다.

특별채용에 있어서는 동일한 사유에 해당하는 다수인을 제한경쟁의 방법에 의하여 채용할 수 있으며, 특별채용할 수 있는 경찰공무원의 계급, 임용예정직에 관련된 자격증의 구분, 근무실적 또는 연구실적, 전보제한 등에 대하여 필요한 사항은 대통령령으로 정한다.

(3) 채용시험

경찰공무원법 제15조 제1항의 규정에 의해 경찰공무원의 신규채용시험 및 승진시험과 경찰간부후보생 선발시험은 경찰청장 또는 해양경찰청장이 실시한다. 다만, 경찰청장 또는 해양경찰청장이 필요하다고 인정할 때에는 대통령령이 정하는 바에 의하여 그 권한의 일부를 소속기관의 장과 지방경찰청장 또는 지방해양경찰관서의 장에게 위임할 수 있다.[32] 시험방법은 경찰공무원임용령 제35조의 규정에 의해 경찰공무원의 채용시험은 신체검사・체력검사・필기시험・종합적성검사・면접시험 또는 실기시험과 서류전형에 의한다. 다만, 시험실시권자는 업무내용의 특수성 기타 사유로 필요하다고 인정하는 경우에는 체력검사를 실시하지 아니할 수 있다.

---

32) 경찰청장 또는 해양경찰청장 또는 경찰공무원임용령 제33조의 규정에 의하여 시험실기권의 위임을 받은 자(이하 '시험실시권자'라 한다)는 공개경쟁채용시험을 실시할 때에는 임용예정계급, 응시자격, 선발예정인원, 시험의 방법・시기・장소, 시험과목 및 배점에 관한 사항을 시험실시 20일 전까지 공고하여야 한다(경찰공무원임용령 제34조).

① 신체검사

경찰공무원의 신체검사는 직무수행에 필요한 신체조건 및 건강상태를 검정하는 것이다. 신체검사는 필기시험 전에 실시하는 신장, 체중, 흉위, 시력 기타[33] 등의 신체조건을 검사하는 신체검사와 필기시험에 합격한 자를 대상으로 경찰병원에서 행하는 신체검사가 있다.

② 필기시험

필기시험이란 문제에 대한 필답기술식 시험을 말하는 것으로 공무원임용과정에서 가장 널리 활용되는 시험이다. 다른 형식의 시험에 비하여 그렇게 고도의 기술적인 숙련을 요하지 않으며, 시험관리가 간단하고 비용이 적게 들며 객관적 평가가 가능하다. 이러한 필기시험은 문제형식 또는 답안작성 형식에 따라 주관식시험과 객관식시험으로 구분된다. 경찰공무원의 필기시험은 교양부문과 전문부문으로 구분하되, 교양부문은 일반교양정도를, 전문부문은 직무수행에 필요한 지식과 그 응용능력을 검정하는 것으로 한다.

③ 체력검사

경찰공무원의 체력검사는 직무수행에 필요한 민첩성 · 지구력 등 체력을 검정하는 것이다. 체력검사 종목은 100m 달리기, 윗몸일으키기, 제자리멀리뛰기 등의 3종목으로 나누어 실시하고 있다.

④ 종합적성검사

종합적성검사는 앞으로 적합한 훈련을 받고 경험을 쌓으면 일정한 직무를 배워 잘 수행할 수 있는 소질 또는 잠재적 능력을 측정하려는 시험이다. 인성검사와 정밀신원조회로 구분하여 실시하는데 직무수행에 필요한 적성과 자질을 종합적으로 검정하고 있다. 일반능력검사, U-K검사, 간이흥미검사, 전기적 자료검사, 간이성격검사 등 5개 항목의 검사를 실시하고 있다.

⑤ 면접시험

면접시험은 필기시험이나 배경조사를 통하여 평가할 수 없는 지원자의 직무수행에 필요한 능력, 발전성 및 적격성을 검정하는 것이다. 면접시험의 평정요소로는 ① 경찰공무원으로서의 적성, ② 전문지식과 그 응용능력, ③ 의사발표의 정확성과 논리성, ④ 용모 · 예의 · 품행 및 성실성, ⑤ 창의력 · 의지력 기타 발전가능성 등이다.

33) 색맹, 색약 및 사시가 아니고, 청력과 혈압이 정상이며, 사지가 완전하고 난치질환이 없는 자

■ 면접시험의 평정요소

<table>
<tr><th colspan="2">평 점 항 목</th><th>배점</th><th>득 점</th></tr>
<tr><td colspan="2">1. 경찰공무원으로서의 적성</td><td>5</td><td></td></tr>
<tr><td colspan="2">2. 의사발표의 정확성과 논리성 및 전문지식</td><td>5</td><td></td></tr>
<tr><td colspan="2">3. 용모 · 예의 · 품행 · 봉사성 · 정직성 · 성실성 · 발전가능성</td><td>5</td><td></td></tr>
<tr><td colspan="2">4. 무도, 운전, 기타 경찰업무 관련 특수 기술능력</td><td>5</td><td></td></tr>
<tr><td colspan="2">득 점 계</td><td>20</td><td></td></tr>
<tr><td rowspan="2">(　　)의원</td><td>계 급</td><td colspan="2">성 명</td></tr>
<tr><td></td><td colspan="2">㊞</td></tr>
</table>

1. 각 평정 요소의 평점은 1점부터 5점까지 점수로 표시한다.
2. 제1호의 배점기준은 적성검사 결과 1등급은 5점, 2등급은 4점, 3등급은 3점, 4등급은 2점, 5등급은 1점으로 한다.
3. 최종합격자 결정기준은 필기성적 6.5할+체력검사 1.5할 면접시험 2할이다.

3. 경찰공무원의 교육훈련

1) 교육훈련의 개념

조직의 발전은 조직 구성원의 능력수준과 그 효과적인 활용에 크게 의존한다. 따라서 조직과 조직구성원은 의식적인 노력을 통하여 잠재력을 충분히 계발(啓發)하고, 이것이 조직체의 목표달성 과정에서 충분히 발휘될 수 있도록 많은 노력을 기울여야 한다. 이러한 의미에서 교육훈련은 직무수행에 필요한 지식 및 기술을 주입하거나 직무수행에 적합한 태도 및 가치관을 가지도록 개인을 발전시키는 기능을 수행하는 것이다. 경찰공무원의 교육훈련은 현대사회에서 경찰공무원이 직무수행에 필요한 지식과 기술, 그리고 직무태도 등을 개발하고 촉진시키려는 체계적이고 지속적인 과정을 의미한다. 이러한 교육훈련은 신규채용자의 적응, 능력향상, 상위직 진출을 위한 대비, 그리고 업무변동 등에 대한 수요를 충족시켜 준다.

이러한 교육훈련은 신규채용자훈련, 일반재직자 보수교육, 감독자나 관리자훈련 등으로 나누고 있으며, 교육훈련의 방법은 전통적 강의식, 패널 · 심포지엄 · 포럼과 같은 토론식, 사례연구, 역할연기, 현장훈련(on-the-job training: OJT), 감수성 훈련 등 다양한 방법으로 진행된다.

2) 교육훈련의 목적

경찰공무원 교육훈련의 목적은 경찰관 개개인으로 하여금 경찰조직의 목표달성에 기여할 수 있는 능력을 향상시켜 조직의 성과를 높이는 것뿐만 아니라 개인의 발전기회를 제공하려는 데 있다. 이러한 교육훈련의 목적달성을 위한 보다 구체적인 하위목표들은 다음과 같다.

첫째, 경찰교육훈련은 직무수행에 필요한 지식과 기술의 습득, 경찰관 개인의 태도와 인식의 변화를 통해 경찰행정의 능률성 향상과 경찰서비스 질의 향상을 도모하기 위한 것이다.

둘째, 경찰교육훈련은 장래 경찰조직의 인력수요와 요구를 충족시키는 데 기여할 뿐만 아니라 내부인력의 신축적 활용을 가능하게 하여 원활한 인사관리에 긍정적 영향을 준다.

셋째, 경찰교육훈련은 조직 내에 만연해 있는 형식주의와 무사안일, 그리고 창조정신의 결여 등 관료제의 병폐를 시정할 수 있어서 상관의 통제업무를 줄일 수 있고, 동료들 간의 업무협조를 용이하게 한다.

넷째, 경찰교육훈련은 경찰관 자신의 발전을 도모할 수 있는 계기로 작용한다. 특히 자기실현욕구와 성장욕구를 충족시키고 인간적인 발전을 촉진시킬 수 있다.

다섯째, 사회구조의 대규모화와 전문화, 그리고 행정환경의 급속한 변화에 대응하기 위함이다. 그러므로 경찰교육훈련은 전문화되고 다양화된 각종 사회현상과 범죄문제에 경찰공무원이 신속히 대응하고 적절히 처리할 수 있는 능력을 배양하기 위함이다.

여섯째, 경찰공무원의 직무수행능력과 변화대처능력, 공직사회에서의 적응능력의 요청으로 경찰교육훈련은 일반 행정공무원이나 타 부처 구성원들보다 사회변화에 뛰어난 적응력을 필요로 하고 또한 능동적으로 반응하여 고유한 영역인 경찰직무를 수행하는데 차질이 없도록 하기 위함이다.

일곱째, 경찰업무는 경제적 여건과 사회환경의 복잡다양화로 인한 기술적이고 전문적 영역에 대한 지식의 습득이 필요하다. 따라서 경찰교육훈련은 이러한 변화와 동반되는 새로운 가치체계와 부수적 요소들이 지니고 있는 의미를 파악하여 경찰활동의 전문성을 강화하기 위함이다.

여덟째, 경찰교육훈련을 통한 개인의 직무능력향상은 근무의욕을 높이고, 위탁교육 등을 통한 학위취득은 동기유발을 가져올 수 있으며, 장래의 경력발전을 위해 준비할 수 있는 기회를 제공하여 준다.[34)]

■ 교육훈련의 방법

훈련방법	구분	내 용
강의	의의	교육대상자를 한곳에 모아놓고 일방적으로 정보를 전달하는 방법이다
	장점	비용이 저렴하고 조직적 · 체계적 전달이 가능하며, 교육내용을 조정할 수 있고, 일시에 많은 인원을 교육할 수 있다
	단점	피교육자의 흥미유발이 곤란하고, 적극적인 행동유발이 곤란하며, 형식적이며, 유능한 교수요원 확보가 곤란하다
시찰 · 견학	장점	시야확대의 효과가 크다
	단점	비용과 시간의 소모가 많다
사례연구	의의	감독자나 관리자의 인간관계에 관한 훈련에 활용되는 방법으로 실제의 구체적 사례를 가지고 토의하는 방법이다
	장점	분석적 사고와 문제해결능력 개발, 경험활용가능, 자유로운 토의가능, 독단회피가능
	단점	다수의 교육대상자의 교육에 부적합, 자료준비에 많은 노력필요, 시간소요가 많다
분임토의	의의	교육대상자를 몇 개의 소집단으로 편성하여 각 집단별로 연구과제를 주어 훈련시키는 방법이다
	장점	교육대상자들 간의 접촉이 긴밀해지고, 관리자의 관리기술과 태도향상에 효과적이다
	단점	교육기간이 너무 짧고, 유능한 교관의 확보가 곤란하다
대집단토론	의의	몇 사람의 연사로 하여금 주제를 발표하게 하고 피교육자들도 이에 참여시켜 토론하도록 하는 방법이다
	장점	피교육자의 관심유발이 가능하다
	단점	소수만이 참여할 수 있다
기 타		회의, 독서, 통신교육, 계획학습, 모의연수(simulation), 역할연기(role playing) 등이 있다

3) 신규채용자 교육훈련

신규채용자 교육훈련(academy training)은 적응교육훈련(introduction or orientation)이라고도 하며 경찰공무원으로서의 최초의 교육훈련이다. 이러한 신규채용자 교육훈련은 신임경찰관으로서 알아야 할 조직의 문화, 규범, 직업윤리 등의 기초 소양교육과, 담당할 직무에 대한 성격, 필요한 지식, 태도 등 직무적응에 필요한 요소들을 안내하고 습득하는 과정이다. 즉, 경찰관서에 대한 목표와 목적을 주입시키고, 경찰업무에 요구되는 필요한 기술 및 지식을 제공한다는 점에서 신임경찰관에게는 가장 중요한 과정이라고 할 수 있다. 이러한 신규채용자 교육기관으로는 우리나라에서 중앙경찰학교와 경찰종합

34) 신현기 외, 전게서, p. 185.

학교가 있다. 이외에도 경찰대학에서는 초급간부양성을 위해 고교졸업자를 선발하여 4년간 신임교육과정을 운영하고 있다.

중앙경찰학교에서는 기초 또는 적응훈련으로서 신임경찰관에게 담당할 업무에 대해 미리 적응시키는 신임교육과정으로 순경계급에 대해 24주간의 과정을 이수케 하고 있다. 중앙경찰학교는 경찰조직의 기초치안인력 양성을 목적으로 경찰공무원법 제17조의 규정에 의하여 경찰공무원(전투경찰순경 포함)으로 임용될 자에 대한 교육훈련을 실시하기 위하여 설치되었다. 중앙경찰학교의 교육과정은 일반 남자・여자순경, 101경비단 과정, 사이버범죄수사과정, 신임교육 미 이수자 과정 등을 개설하고 운영하고 있다. 일반 신임순경의 단계별 교육과정은 다음의 표와 같다.

▣ 신임순경 교육과정

과정	기간	교육내용
1단계(정신・체력 단련기)	3주간	집중적인 정신교육 및 체력단련 무도, 체포술, 제식, 산악훈련 등
2단계(실무능력 배양기)	12주간	법률 및 외근업무에 필요한 실무교육
3단계(현장실습기)	4주간	경찰서 및 지구대 치안현장 체험 지구대 경찰관과 합동근무로 실무습득
4단계(종합정리기)	5주간	현장실습내용 사례발표 및 분임토의 실무과목별 종합정리 및 평가

경찰종합학교에서는 간부후보생 시험합격자에 대한 초급간부 신임교육과정을 개설하여 12개월간 경찰간부로서 갖추어야 할 기본자세 정립 및 지휘능력을 배양하고 있다. 특히 지식정보화시대에 부응하는 창의적・전문적인 경찰간부의 육성과, 학습자 중심의 교육환경 전환으로 실제 문제해결능력 등을 제고하기 위해 단계별 교육과정을 진행하고 있다. 단계별 교육과정은 다음의 표와 같다.

▣ 신임 초급간부 교육과정

과 정	내 용
1단계(4주)	기본적응교육
2단계(15주)	기본소양 및 기본실무교육
3단계(18주)	실무전문화교육
4단계(15주)	지휘능력배양교육

4) 경찰공무원의 보직배치

경찰공무원의 신규임용을 위한 마지막 단계는 배치라고 할 수 있다. 이러한 배치는 모집과 채용, 교육훈련의 과정을 마치고 경찰공무원으로서의 일생을 시작하는 출발점으로써 매우 중요한 의미를 지닌다. 이러한 의미에서 신규배치는 경찰관으로서 개인적으로 다양한 경험의 축적을 통해 자신의 적성을 개발함으로써 구성원 개개인의 자아발전이 가능하고 직위에 상응한 임무를 효율적으로 달성할 수 있도록 인력을 적재적소에 배치하는 것을 뜻한다. 이러한 배치에 대해서는 일반적으로 보직관리라는 용어를 사용하고 있다.

경찰공무원의 신규 또는 초임배치는 순경으로 임용된 자는 최하급 경찰기관에 배치하되 수사 및 정보업무를 제외한 외근부서에 배치하여야 하며, 특수기술요원(운전이나 통신)과 특별채용 대상자와 같이 임용예정 직위가 결정되어 있는 경우에는 경찰공무원임용령 제22조(보직관리의 원칙)의 규정에도 불구하고 예외로 하고 있다. 경위 이상으로 신규채용된 경찰공무원은 관리능력을 배양할 수 있도록 전공 및 적성을 고려하여 합리적인 보직을 부여하고 있다. 특히 경위이상의 간부를 신규임용 하는 경우 순환보직의 기간은 통상 2년으로 하며, 1차 보직으로 방범 · 교통 · 경비 중의 1개 부서에서 6개월을 복무하고, 2차 보직으로 수사 · 형사 · 정보 · 보안 중의 1개 부서에서 6개월, 3차 보직으로 순찰지구대(특수파출소)에서 1년의 기간 동안 복무하도록 하고 있다.[35]

5) 경찰공무원의 전보

(1) 전보의 개념

전보(reassignment)는 배치전환이라고도 하며, 동일한 계급 또는 동일한 직급간의 수평적 이동을 의미하는 것이다. 이는 상이한 계급 또는 상이한 직급간의 수직적 이동인 승진 · 강임과 구별된다. 즉, 전보란 동일한 직급 · 직류 · 직렬 내에서 직위만 변동되는 보직변경을 의미하며 시험을 거칠 필요가 없다. 전보가 적절하게 행하여지지 않고 기관장이 경질될 때마다 당연한 행사처럼 빈번하게 행하여지면 공무원의 불안 · 불만과 정실의 개입은 불가피하게 된다.[36]

---

35) 이황우 등, 전게서, p. 247.

(2) 전보의 제한

경찰공무원의 경우에도 당해 직위에 임용된 날로부터 1년 이내(감사업무를 담당하는 경찰공무원의 경우에는 2년 이내)에는 다른 직위로 전보할 수 없다(경찰공무원임용령 제27조). 이는 지나치게 잦은 전보로 인한 경찰업무의 능률저하를 방지하고 안정적인 직무수행을 도모하기 위해 특별한 사정이 없는 한 정기적인 전보를 실시하고 있다. 이외에도 경찰대학 · 경찰종합학교 · 중앙경찰학교 또는 해양경찰학교의 교수요원으로 임용된 자는 그 임용일로부터 1년 이상 3년 이하의 범위 내에서 경찰청장 또는 해양경찰청장이 정하는 기간 안에는 다른 직위에 전보할 수 없으며(경찰공무원임용령 제27조 제2항), 도서 · 벽지 등 특수지역에 근무할 것을 조건으로 특별채용된 자 또한 그 채용일로부터 5년의 범위 안에서 경찰청장 또는 해양경찰청장이 정하는 기간 안에는 채용조건에 해당하는 기관 또는 부서 외의 기관 또는 부서로 전보할 수 없다(경찰공무원임용령 제27조 제3항).

(3) 전보의 예외

전보의 예외 규정은 다음과 같다.

① 직제상의 최저단위 보조기관(담당관을 포함한다) 내에서의 전보
② 경찰청 및 해양경찰청과 그 소속기관 등 또는 상호간의 교류를 위한 전보
③ 기구의 개편, 직제 또는 및 정원의 변경으로 인한 해당 경찰공무원의 전보
④ 당해 경찰공무원을 승진시키는 경우
⑤ 특수한 기술을 가진 경찰공무원 또는 전문특기자를 당해 직무분야에 보직하는 경우
⑥ 징계처분을 받은 경우
⑦ 형사사건에 관련되어 수사기관에서 조사를 받고 있는 겯우
⑧ 경찰기동대 기타 특수임무부서와의 정기적인 교체에 의하는 경우
⑨ 교육훈련기관의 교수요원으로 보직하는 경우
⑩ 시보임용 중인 경우
⑪ 신규채용된 경위 이상으로 순환보직 중인 자
⑫ 감사담당 경찰공무원 가운데 부적격자로 인정되는 경우 등

이러한 경우의 전보는 예외적으로 허용하고 있다.

---

36) 전직이란 직급은 동일하나 직렬을 달리 하는 직위로 수평적 이동을 하는 것이다. 전직은 직렬이 달라지므로 전직시험에 합격한 후에 가능하다.

6) 파견근무

파견근무는 전보와 유사한 수평이동이지만 경찰관이 국가적 사업을 지원하거나 개인의 능력발전을 위하여 원래의 소속을 바꾸지 않고 보수도 원래의 소속부서에서 받으면서 임시로 일정기간 다른 기관에서 근무하는 것을 말한다.

경찰공무원의 파견근무는 ① 국가기관 외의 기관·단체에서의 국가적 사업의 수행을 위하여 특히 필요한 경우, ② 다른 기관의 업무폭주로 인한 행정지원이 필요한 경우, ③ 관련기관간의 긴밀한 협조를 요하는 특수업무의 공동수행을 위하여 필요한 경우, ④ 공무원교육훈련법에 의한 교육훈련을 위하여 필요한 경우, ⑤ 공무원교육훈련법에 의한 공무원교육훈련기관의 교수요원으로 선발된 경우, ⑥ 국내외의 교육·연구기관 및 국제기구에서 능력을 개발하기 위하여 필요한 경우 등의 경우에 해당한다(경찰공무원임용령 제30조).

▣ 경찰공무원 채용시험의 최근동향

【경찰공무원은 경력직공무원 중 특정직공무원으로 업무특성을 고려하여 '공개채용'과 '특별채용'을 통하여 유능하고 발전 가능성 있는 우수한 인재를 채용하고 있다.】

◎ 2007년 신규채용 인원은 남자순경 1,240명, 101단 순경 279명, 여자순경 412명, 간부후보생 50명 등 1,981명이다. 2004년에는 총 2,235명을 선발 임용하였고[37] 매년 비슷한 수의 경찰관을 채용하고 있다. 07년도 순경 1차 시험 원서접수결과 총 출원인원은 35,205명으로 33.2대 1의 경쟁률을 기록하였다.[38] 남자의 경우 790명 모집에 총 25,644명이 출원해 32.5대1, 여자의 경우 270명 모집에 총 9,561명이 출원해 35.4대1의 경쟁률을 각각 기록했다. 부산(남자 94.3대1,여자 90.9대1), 대구(남자 70.3대1,여자 84.4대1)의 경쟁률이 비교적 높게 나타났으며, 반대로 제주는 남자 16.7대1, 여자 16.5대1로 전국에서 가장 낮은 경쟁률을 보였다. 경찰행정학과 특채는 남자가 40명 모집에 295명 출원으로 7.4대1, 여자가 20명 모집에 149명 출원으로 7.5대1의 경쟁률을 각각 기록했다. 아울러 서울지방청에서 별도로 모집한 101단 시험은 135명 모집에 2,845명이 출원해 21대1의 경쟁률을 보였다.

◎ 2007년 6월 204기 사이버 특채과정에서 상이군경 7급인 이○○(남 31세) 졸업생과 지체장애 4급 김○○(여 31세) 졸업생이 최초로 장애인으로 경찰이 되었다. 또한 204기 외사(중국어) 특채 신○○(여 39세) 졸업생은 조선족으로 하얼빈에서 대학을 졸업하였고 1995년 중국에서 귀화 후 이화여대 한중통역 대학원까지 졸업한 수재이다.

◎ 경찰시험 수험공부를 시작하는 수험생들이 특히 궁금해 하는 사항인 승진과 보수를 보면, 순경으로 시작해 경장, 경장에서 경사, 경사에서 경위가 되는 데는 평균 16년이 걸린다. 경위로 임관해 처음 받는 한달 월급은 활동비를 제외하고 195만원, 순경의 경우는 156만7000원이다.

◎ 필기시험의 합격선은 평균 최소 80점 이상이어야 하고, 85점 정도 받아야 안정권으로 볼 수 있다. 수험생들이 어렵게 느끼면서도 투자를 하지 않으려는 과목이 영어이다. 대부분의 학생이 경찰학이나 수사 등의 성적은 잘 나오는데 영어에서 평균 점수를 깎아먹기 때문에 경찰시험의 당락도 영어에 달려 있는 셈이다.

4. 경찰공무원의 근무성적 평정

1) 근무성적 평정의 의의

근무성적 평정(performance evaluation)이란 경찰관이 근무하고 있는 조직체에 있어서의 근무실적과 직무수행태도, 그리고 직무수행능력을 일정한 기준에 따라 체계적・정기적으로 그의 감독자가 평가하는 제도를 말한다. 근무성적평정제도는 1887년경부터 미국에서 최초로 시작되었으며, 우리나라에서는 1961년 국가공무원법에 의거하여 통일적인 규정이 제정되어 실시되어 왔다.[39] 이러한 근무성적평정의 대상은 총경과 경정 이하의 모든 경찰공무원이 해당된다.

경찰근무성적평정제도는 첫째, 경찰행정의 능률을 향상시키고, 둘째, 능력과 실적 중심의 공정한 인사관리의 기초를 제공함과 동시에, 셋째, 공무원의 이익과 권리를 보호하는 데 목적이 있다.[40] 이러한 근무성적평정을 통해 수집된 정보는 직원의 권익보호, 채용시험의 타당도측정, 상벌목적 및 인사관리의 기준, 능률향상, 적재적소의 배치, 보수 및 내부임용결정 등에서 그 근거로 사용된다.[41]

---

37) 특히, 여성경찰관의 수요가 증가하면서 신규채용 인원의 13.8%인 308명을 선발하였다. 경찰대학 졸업자 112명, 경찰간부후보생 50명, 일반순경 공채 1,959명 등 2,121명을 공개채용 하였으며 경찰행정학과 50명, 경찰특공대 22명 등 114명을 특별채용 하였다.

38) 경찰대학의 경우에도 경쟁률은 비슷하다. 2007학년도 원서 마감 결과 120명 모집에 4725명이 지원, 경쟁률이 39.4 대 1로 나타났다. 남학생은 108명 모집에 3878명이 지원해 경쟁률이 35.9 대 1이며 여학생은 12명 모집에 847명이 지원해 경쟁률이 70.6 대 1이다.

39) 경찰에서는 1969년 경찰공무원법이 제정되어 독자적인 근무성적평정제도를 갖추었지만 객관적인 기준을 확립하지 못했다는 비판으로 1982년 경찰인사고과제가 채택되었으나, 이것도 문제점이 있어 1989년 이를 폐지하고 근무성적평정제도와 통합하여 실시하였고 1995년 근무성적평정은 승진, 전보, 특별승급 및 특별상여금 지급 등 각종 인사관리에 반영하고 있다.

40) 이황우 등, 전게서, p. 176.

41) 경찰공무원의 근무성적, 경력 및 교육훈련성적의 평정은 연 1회 실시하되, 근무성적평정은 10월

경찰공무원근무성적의 평정자는 3인으로 하되, 제1차 평정자는 피평정자의 직근상급감독자가, 제2차평정자는 제1차평정자의 직근상급감독자가, 제3차평정자는 제2차평정자의 직근상급감독자가 된다. 다만, 경찰청장은 평정자를 특정하기가 곤란하다고 인정할 경우에는 따로 평정자를 지정할 수 있게 하고 있다(경찰공무원승진임용규정시행규칙 제6조).

2) 근무성적 평정요소

경찰공무원의 근무성적평정은 제1평정요소에 의한 평정(객관적 평정요소)과 제2평정요소에 의한 평정(주관적 평정요소)을 종합하여 평가하되, 제1평정요소는 경찰업무발전에의 기여도, 포상실적, 기타 행정자치부령 또는 해양수산부령이 정하는 평정요소(직장훈련, 첩보제출, 근무태도)로 구분하고, 제2평정요소는 근무실적, 직무수행능력 및 직무수행태도로 구분한다. 다만, 총경의 근무성적평정은 제2평정요소에 의하여만 평정한다(경찰공무원승진임용규정 제7조 제2항).

3) 근무성적 평정방법

근무성적평정의 방법에는 구성원 개인과 관련된 방법, 행동에 의한 방법, 그리고 결과에 의한 방법이 있다. 또한 직무상황까지를 포함하여 상기의 모든 요소들을 복합적으로 측정하는 방법이 있다.

경찰공무원승진임용규정시행규칙 제7조에 의하여 총경인 경찰공무원의 근무성적의 총평정점은 50점 만점으로 하되, 제1차 평정자와 제2차 평정자는 각각 15점을, 제3차 평정자는 20점을 최고점로 하여 평정한다.

경정 이하의 경찰공무원의 근무성적의 총평정점은 50점 만점으로 하되, 제1평정요소에 의한 평점정을 30점으로 하고, 제2평정요소에 의한 평점점을 20점으로 하며, 제2평정요소에 의한 평정에 있어서 제1차평정자와 제2차평정자는 각각 7.5점을, 제3차평정자는 5점을 최고점으로 하여 평정한다.

근무성정평점점의 분포비율은 수 2할, 우 3할, 양 4할, 가 1할로 하되, 근무성적이 가

말일, 경력 및 교육훈련성적의 평정은 12월 말일을 기준으로 한다. 다만, 총경의 경력 및 교육훈련성적의 평정은 10월 말일을 기준으로 한다(경찰공무원승진임용규정시행규칙 제4조).

에 해당하는 자가 없을 경우에는 이를 적용하지 아니할 수 있으며, 이 경우 가의 비율을 양에 가산한다(경찰공무원승진임용규정 제7조 제3항).

4) 평정결과

근무성적평정의 결과는 승진결정의 공정성 등 여러 가지 용도로 중요하게 이용되기 때문에 평정자로 인한 편차를 조정하여 공정성을 확보할 필요가 있다.

경찰공무원승진임용규정 제7조 제5항에 의하여 경찰공무원의 근무성적평정의 결과는 공개하지 아니한다. 그리고 경찰공무원의 근무성적평정결과는 승진, 전보, 특별승급 및 특별상여금 지급 등에 크게 작용한다. 특히, 근무성적평정은 심사승진대상자 명부작성에 있어서 5할의 비율을 차지하고 있으며, 시험승진의 경우에는 2.5할의 비율을 차지하여 중요한 위치를 점하고 있다(경찰공무원승진임용규정 제11조 제1항 및 제33조 제3항).

5. 경찰공무원의 승진

1) 승진의 의의

승진(promotion)은 경력발전(career development) 또는 경력이동(career mobility)의 한 형태로서, 조직내 직급(계급)상의 직위상승을 의미한다. 승진은 하위직급에서 직무의 책임도와 난이도가 높은 상위직급으로 또는 하위직급에서 상위직급으로의 수직적 · 상향적인 인사이동을 의미하므로 동일한 직급 내지 등급 내에서 호봉만 올라가는 승급이나 횡적인 인사이동인 전보와 구별된다.

승진은 조직내 인적자원체제(human resources system)내 주요 영역으로서 조직과 개인의 두 측면에서 중요한 의미를 지니고 있다. 우선 조직의 차원에서 승진은 개인에게 동기를 유발하여 조직의 안정과 성과를 제고하는 역할을 수행한다. 일반적으로 승진을 통하여 개인은 더 높은 책임을 부여받음과 동시에 그에 상응한 의무와 보수도 높아지게 되며, 보다 큰 권한과 지위를 향유하게 된다.

2) 승진의 일반적 기준

승진을 통해 조직과 개인에게 기대되는 효과를 얻기 위해서는 무엇보다도 승진기준의 설정이 중요한 과제로 등장하고 있다. 승진기준에 있어서 가장 문제시되는 것은 실적 또는 능력(competence)과 선임권 또는 경력(seniority)의 상대적 중요성이라고 할 수 있다. 즉, 실적이 위주가 되어야 할 것인가 또는 경력이 위주가 되어야 할 것인가 하는 문제이다.

(1) 실적

실적위주의 승진기준이란 구성원의 성적, 능력 내지 실적에 따른 경쟁의 원리를 적용하는 것을 말한다. 이는 주관적인 방법인 인사권자의 판단, 승진심사위원회의 결정, 근무성적평정 등의 방법에 의한 것과 시험 등 객관적인 방법에 의한 것을 포함한다. 실적에 의한 승진은 개인의 조직에 대한 적응력, 근면성, 협동성 그리고 충성심 등을 평가함에 유용하여 조직의 침체성을 방지하여 적극성을 유도하는 장점이 있다. 반면에, 연공서열체제에 익숙한 행정문화 속에서 기득권층 반발과 안정감 상실, 그리고 실적의 개념이 불분명하고 정확한 측정이 곤란하여 오히려 인사권자의 주관적 판단에 따른 정실개입의 가능성이 높은 단점을 지닌다.[42)]

(2) 경력

경력(연공서열)위주의 승진기준은 근무연한, 학력, 경험 등을 기준으로 하는 것을 의미하며, 계급과 직책에 따라서 이들의 비중을 달리하기도 한다. 이러한 기준은 승진의 객관성을 보장하여 조직의 질서와 안정에 기여하며, 상의하달식 명령체제가 확립된 단순 집행업무수행의 경우 능률성을 제고하는 장점이 있다. 그러나 유능한 인재등용이 어렵고 행정이 침체되어 오히려 비능률과 하향평준화에 따른 무능을 초래하는 문제점이 있다.[43)]

이처럼 실적기준과 경력기준 모두 각기 나름대로 장점과 단점을 지니고 있는 바, 실제 승진의 결정에 있어서 복수의 기준을 혼합하여 적용하는 것이 보통이다.

---

42) 최종술, 전게서, pp. 256～257.
43) 상게서, pp. 258～259.

3) 현행 경찰공무원 승진제도

우리나라 경찰공무원의 승진은 근무성적과 경력 및 기타 능력의 실증에 의해 이루어진다(경찰공무원법 제11조 1항). 현행 경찰공무원의 승진은 크게 심사승진, 시험승진, 특별승진, 근속승진으로 구분하여 실시하고 있다. 경무관 이하 계급에의 승진은 심사승진에 의하며, 다만 경정 이하 계급의 승진에 있어서는 대통령령에 의한 비율에 따라 승진시험을 병행할 수 있다. 승진임용을 위해서는 경찰공무원승진임용규정 제5조에 정한 승진소요최저근무년수(총경 4년, 경정 3년, 경감 3년, 경위 2년, 경사 1년, 경장 1년, 순경 1년) 기간 이상 당해 계급에 재직하여야 한다.

단, 징계의결요구 · 징계처분 · 직위해제 · 휴직 또는 시보임용기간 중에 있는 자, 징계처분의 집행이 종료된 날로부터 일정기간(정직 18개월, 감봉 12월, 견책 6월)이 경과되지 아니한 자, 징계에 관하여 경찰공무원과 다른 법령의 적용을 받는 경찰공무원이 경찰공무원으로 임용된 경우 종전의 신분에서 강등의 징계처분을 받고 그 처분 종료일로부터 24개월이 경과되지 아니한 자와 근신 · 영창 기타 이와 유사한 징계처분을 받고 그 처분 종료일로부터 6월이 경과되지 아니한 자, 경찰공무원법 제24조 제3항의 규정에 의하여 정년의 연장을 받은 자 등은 승진임용을 할 수 없다(경찰공무원승진임용규정 제6조).

(1) 심사승진

① 심사승진대상자명부 작성

총경 이하의 심사승진은 승진예정인원수의 5배수까지 뽑아서 작성한 승진대상자서열명부에서부터 시작된다. 승진에 필요한 요건을 갖춘 총경 이하 경찰공무원에 대하여 근무성적평정평정점 5할, 경력평정점 3.5할, 교육훈련성적평정점 1.5할의 비율에 따라 계급별로 승진대상자명부를 작성한다(경찰공무원승진임용규정 제11조 제1항). 다만, 가점평정을 한 경우에는 3점의 범위 안에서 그 가산점을 합산한 점수를 명부의 총평점으로 한다(경찰공무원승진임용규정 제11조 제2항). 승진대상자명부는 매년 1월 1일을 기준으로 작성하는데 경무관에의 승진대상자명부는 매년 11월 1일을 기준으로 작성한다(경찰공무원승진임용규정 제11조 제6항).

■ 심사승진의 절차

승진대상자의 명부작성		승진심사대상자 선정		승진심사위원회에서 승진 후보자 선발
승진소요 최저근무년수에 달한 자를 근무성적·경력·교육훈련·가점평정을 합산한 고득점의 순으로 작성	⇒	승진대상자명부순위에 의한 심사승진 임용예정자의 5배수 이내 자	⇒	승진심사기준에 의해 평가 후 결정

② 동점자의 순위

5배수에 뽑힌 경찰공무원의 승진대상자명부에서 점수가 동일한 동점자가 있을 때에는 다음 각 호의 순위에 의하여 선순위자를 결정한다(경찰공무원승진임용규정 제12조).

1. 당해 계급에서 장기근무한 자
2. 바로 하위계급에서 장기근무한 자
3. 근무성적이 우수한 자

③ 승진심사위원회

경찰공무원법 제12조(승진심사위원회)의 규정에 의해 승진심사를 하기 위하여 경찰청에 중앙승진심사위원회를, 경찰청·해양경찰청·지방경찰청·대통령이 정하는 경찰기관 및 지방해양경찰관서에 보통승진심사위원회를 둔다. 중앙승진심사위원회는 총경이상에의 승진심사를, 보통승진심사위원회는 경정이하에의 승진심사를 행하되 경찰서·해양경찰서 또는 정비창 소속 경찰공무원 중 경사 이하에의 승진심사는 원칙적으로 경찰서·해양경찰서 또는 정비창의 보통승진심사위원회에서 행한다.

■ 승진심사위원회의 구성

구분	설치	구성	대상계급
중앙승진심사위원회	경찰청	심사대상자보다 상위계급으로서 위원장 포함 5인 이상 7인 이하 위원	총경 이상에의 승진
보통승진심사위원회	소속기관	소속기관별 경감 이상으로서 위원장 포함 5인 이상 7인 이하 위원	경정 이하에의 승진

④ 승진심사의 기준

승진심사위원회는 5배수로 작성된 승진대상자중 2배수를 승진심사의 기준에 따라 선발한다(경찰공무원승진임용규정 제22조).

■ 승진심사기준

평가항목	평가기준
경 력	경험한 직책, 승진기록, 경찰직무와 관련된 교육경력
근무성과	현 계급에서의 연도별 근무성적, 상벌, 소속경찰기관의 장의 평가・추천
적 성	국가관, 청렴도, 적격성 및 발전성, 인품

(2) 시험승진

시험승진은 객관적 성격을 지니고 있으므로 인사권자에 의한 정실이 개입될 여지가 적고, 승진의 공정성을 확보할 수 있다는 장점을 지니고 있다. 그러나 지나치게 시험에만 비중을 둘 경우 성실히 오랫동안 근무한 경찰관의 과거근무성적이나 근무연한이 무시되어 사기를 저하시킬 우려가 있다.[44] 시험에 의한 경찰공무원의 승진시험은 계급별로 실시하고 있고, 필요하다고 인정될 때에는 경과별・직무분야별로 실시할 수 있다. 경정 이하 경찰공무원은 50% 정도가 시험에 의해 승진하고 있다.

필기시험인 제1차시험 및 제2차시험에서는 매 과목 4할 이상 득점한 자 중에서 선발예정인원을 고려하여 고득점자순으로 합격자를 결정하고(경찰공무원승진임용규정 제33조 제1항), 면접시험인 제3차시험에서는 합격・불합격만을 결정한다(경찰공무원승진임용규정 제33조 제2항). 최종합격자의 결정은 제3차시험 합격자중에서 제1차 시험성적 3할, 제2차 시험성적 3할, 당해 계급에서의 근무성적 2.5할 및 교육훈련성적 1.5할의 비율로 합산한 성적의 고득점자순으로 합격자를 결정한다. 이 경우 당해 계급에서의 근무성적은 시험실시연도 기준일로부터 최근 2년 이내에 당해 계급에서 평정한 평정점을 대상으로 다음의 계산방식에 의하여 산정한다(최근 1년 이내에 평정한 평정점×60/100)＋(최근 1년전 2년 이내에 평정한 평정점×40/100).

44) 임창호, 전게서, p. 267.

(3) 특별승진

특별승진제도는 경찰공무원의 사기와 능력발휘를 위해 특별히 채택된 것이며, 헌신적인 대민봉사와 적극적인 대민업무 처리로 그 실적이 뚜렷하여 모든 경찰공무원의 귀감이 되는 자로서 전국단위심사에서 선발된 자가 그 대상이 된다. 즉, 경찰공무원으로서 전사 또는 순직한 자, 직무수행에 남달리 뛰어난 공적이 있는 자가 심사승진에 의하지 않고 1계급 또는 2계급(경위 이하에 한함)승진되는 것을 말한다. 이러한 특별승진은 경감 이하 계급에 한하여 적용된다.

특별승진 대상이 되는 일정한 사유에 해당하는 자는 경찰공무원법 제11조의 규정에도 불구하고 1계급 특별승진시킬 수 있음을 규정하고 있다. 다만, 경위 이하의 경찰공무원으로서 경찰의 귀감이 되는 공을 세우고 전사하거나 순직한 자에 대하여는 2계급 특별승진시킬 수 있다(경찰공무원법 제14조).

다음은 특별승진 대상자에 해당하는 경우이다(경찰공무원법 제14조, 경찰공무원승진임용규정 제37조 및 제38조).

① 청백리포상에 관한 규정에 의하여 포상을 받은 자(경정 이하에의 승진에 적용된다).

② 소속기관 등의 장이 행정의 능률을 향상시키고 예산을 절감하는 등 직무수행능력이 탁월하여 경찰행정발전에 기여한 공이 매우 크다고 인정하는 자(경감 이하의 승진에 적용된다).

③ 창안등급 동상 이상을 받은 자로서 경찰행정발전에 기여한 실적이 뚜렷한 자(경감 이하의 승진에 적용된다).

④ 20년 이상 근속하고 정년 1년 전까지의 기간 중 자진하여 퇴직하는 자로서 재직 중 특별한 공적이 있다고 인정되는 자(치안정감 이하에의 승진에 적용된다).

이와는 별도로 경찰공무원법 제14조 제1항 제2호의 규정(전사하거나 순직한 자)에 의한 특별승진의 대상은 전투・대 간첩작전 기타 이에 준하는 업무수행 중 현저한 공을 세우고 사망하였거나 부상을 입어 사망한 자 또는 직무수행 중 다른 사람의 모범이 되는 공을 세우고 사망하였거나 부상을 입어 사망한 자로 한다. 이 규정에 의한 특별승진은 모든 계급에의 승진에 적용된다.

경찰공무원법 제14조 제1항 제3호의 규정(직무수행 중 현저한 공적을 세운 자)에 의한 특별승진의 대상은 다음에 해당하는 경찰공무원으로 한다.

① 헌신적인 노력으로 간첩 또는 무장공비를 사살 또는 검거한 자(경감 이하에의 승진)

② 국가안전을 해하는 중한 범죄의 주모자를 검거한 자(경감 이하에의 승진)

③ 전시・사변 또는 이에 준하는 비상사태하에서 위험을 무릅쓰고 헌신분투하여 사태진압에 특별한 공을 세운 자(경감 이하에의 승진)

④ 살인・강도・조직폭력 등 중한 범죄의 범인검거에 헌신 분투하여 그 공이 특히 현저한 자(경감 이하에의 승진)

⑤ 천재・지변 기타 재난의 발생시 위험을 무릅쓰고 인명을 구조하거나 재산을 보호한 공이 특히 현저한 자(경감 이하에의 승진)

⑥ 국가원수급의 경호를 헌신적으로 수행한 공이 특히 현저한 자(경위 이하에의 승진)

⑦ 특별경비부서에서 헌신적으로 직무를 수행한 공이 있고, 상위직의 직무수행능력이 있다고 인정되는 자(경감 이하에의 승진)

경찰공무원의 특별승진은 경찰청장 또는 해양경찰청장이 특히 필요하다고 인정하는 경우에 수시로 이를 실시할 수 있다(경찰공무원승진임용규정 제39조).

(4) 근속승진

근속승진제도는 장기간 성실히 근무하고 헌신적으로 직무를 수행한 자로서 상위직의 직무수행능력이 인정되는 자를 상위계급으로 1계급 승진 임용하는 제도를 말한다. 이는 행정기관의조직과정원에관한통칙 제26조에 근거해서 이루어진다. 2006년 4월 7일 이전까지는 순경으로 7년간 근무한 자는 경장으로, 경장에서 경사는 8년 이상 근무하면 근속승진을 할 수 있었다(경찰공무원법 제11조 제2항). 그러나 2006년 1월 입법예고된 근속승진제도에 대한 개정안은 동년 4월 7일을 기해 새로이 적용되었는데, 기존의 순경에서 경사까지의 근속승진제도를 경위계급까지 확대함으로써 오랜 기간을 근무한 비간부들의 사기고양에 상당한 요인으로 작용하게 되었다.

즉, 순경 6년, 경장 7년, 경사8년의 기간을 성실히 근무하게 되면 경위로 승진이 가능하게 되는 이른바 6・7・8제도가 시행된 것이다. 실제로 경사계급으로 8년 이상을 근무한 경찰공무원들을 대상으로 1차로 2,455명이 동년 9월에도 1,331명 가량이 경위계급으로 근속승진하게 되었다.

6. 경찰공무원의 사기

1) 사기의 의의

경찰관의 사기(morale)라 함은 경찰관이 개인적 · 집단적으로 경찰조직의 목적달성을 위한 열의와 솔선, 결의와 용기 등으로 고취된 정신적 상태를 말한다.[45] 경찰에서 이러한 사기는 건전한 근무상황의 지표인 동시에 조직목표를 달성하기 위하여 개인적 관심 · 충성심을 공통적 관심과 집단적 충성심으로 통합시킬 수 있는 적극적 수단으로 활용될 수 있다.

2) 사기의 효과

경찰관의 사기를 고취 · 유지함으로써 경찰기관과 경찰관에게 미치는 효과는 다음과 같다.

첫째, 경찰관들이 임무를 열성적으로 완수하게 된다.

둘째, 높은 사기는 경찰기관의 이미지를 좋게 하여, 보다 우수한 인재가 경찰기관에 지원토록 한다.

셋째, 경찰관들은 경찰조직과 그 관리자에게 충성을 다한다.

넷째, 경찰관들은 규칙이나 직무명령 및 규범들을 자발적으로 준수하게 된다.

다섯째, 경찰관의 자발적인 협력을 바탕으로 경찰기관의 위기극복 능력을 증대시켜 준다.

여섯째, 경찰관들이 조직과 담당직무에 대한 관심이 높아지고 창의성을 발휘하게 된다.

3) 사기의 성격

(1) 자발적 · 자주적 성격

사기는 자발적인 근무의욕으로 타율적인 통제나 규율을 배제하는 개념이다.

자발적이고 자주적인 성격을 갖는 사기는 스스로 행동에 책임감과 적응성을 길러주

---

45) Sullivan, John L. (1977). Introduction to police science, McGraw-Hill, p. 203.

고, 나아가서는 창의성과 자기개발을 통한 자기혁신을 계속하게 함으로써 조직목표 달성에 기여하게 한다.

(2) 집단적 · 조직적 성격

사기는 협동성, 단결성, 단체성 등을 전제로 한다. 각 경찰관의 사기는 개인의 직무뿐만 아니라 동료의 사기에도 기여한다. 만약 다른 경찰관의 근무의욕을 저하시키면서 자기혼자 사기가 충천해 있다면 그것은 독주요 독단, 독선에 지나지 않는다.

(3) 사회적 성격

사기는 단순히 개개 경찰관 또는 개개 경찰기관의 자기만족을 의미하는 것이 아니며, 보다 큰 사회적 가치 및 효용과 결부될 때 참 의미가 있다.

4) 사기의 결정요인

사기의 결정요인에 대해서는 내용이론과 과정이론이 있다. 내용이론에서는 사기는 조직내의 인간관계, 근무조건, 신분의 안정, 보수, 승진 등 복합적 요인에 의하여 결정된다고 본다. 이와 관련하여 Maslow는 인간의 기본적 욕구를 생리적 욕구(physical needs), 안정 또는 안전 욕구(safety needs), 사회적 욕구(social needs), 존경욕구(ego needs), 자기실현 욕구(self-actualizing needs) 등 계층적 구조로 파악하고 있는바, 경찰관의 사기도 상기의 복합적 요인 충족 여부에 의하여 영향을 받는다. 과정이론에서는 욕구보다도 자기행동이 가져오는 결과를 판단하고 영향을 받는다고 한다.

▣ Maslow의 인간 욕구 5단계

생리적 욕구	• 수면, 목마름, 배고픔 등의 의식주 해결욕구나 성적 욕구	보수, 휴가제도
안전 욕구	• 안전, 안정, 보호에 대한 욕구	신분보장, 연금제도
사회적 욕구	• 사랑, 소속감, 타인과의 관계를 맺으려는 욕구	인간관계 개선, 고충상담
존경 욕구	• 존경, 인정, 확신의 욕구	참여확대, 권한위임, 제안제도, 포상제도
자기실현욕구	• 자신의 능력과 소질을 창의적으로 발휘할 수 있도록 성장하고 성숙하려는 욕구	공정한 승진, 공무원단체유지

■ 사기결정이론

내용이론	• 사람을 움직이고 일하게 하는 구체적인 실체가 인간의 마음속에 있다는 이론이다. • 사람이 동기부여되는 과정에서 인간의 욕구가 무엇인가를 초점으로 본다. • 내용이론의 대표적인 학자는 Maslow이다.
과정이론	• 인간의 욕구가 곧바로 인간행동을 유발하는 것이 아니라 자신의 행동이 가져오는 결과를 고려하여 행동한다는 이론이다. • 포터와 롤러는 사람은 과거에 습득한 경험이나 미래에 대한 기대감과 보상의 공평성에 대한 지각에서 동기가 부여된다고 한다.

5) 사기의 앙양방법

경찰관의 사기를 앙양시키는 기초적이고 근본적인 방법은 사기의 결정요인들을 충족시켜 만족감을 얻게 해 주는 데 있다.

첫째, 인간의 자율성의 존중을 들 수 있다. 획일적인 지시는 타성적인 근무와 면종복배의 결과를 낳는다.

둘째, 인간으로서의 인격을 존중해 주어야 한다. 경찰관 개개인을 계급으로서가 아니라 인격의 주체로서 합당하게 대우해 주어야 상사에 대해서나 동료, 부하에 대해서 인간적인 인정감이나 귀속감을 갖게 된다.

셋째, 경찰관 개인의 기본적 인권을 존중해 주어야 한다. 근무시간이나 근무방법에 있어 기본적 인권이 고려되도록 배려하여야 한다.

넷째, 기회의 평등성이 보장되어야 한다. 경찰관은 능력주의에 따라 승진 · 전보 등의 기회가 주어진다. 지역 · 학연 등에 의한 편파적인 인사는 당연히 배제되어야 한다.

다섯째, 정당한 보상이 이루어져야 한다.

여섯째, 인사상의 불이익 처분이나 불만, 갈등 등을 해결할 수 있는 통로가 마련되어 있어야 한다.

이 밖에도 경찰공무원의 사기를 앙양시키기 위한 방안으로 고충처리제도[46]와 경찰공무원 제안제도[47], 표창제도[48] 등이 있다.

---

46) 고충처리란 공무원의 근무조건 · 인사관리 · 신상문제나 직장생활관계와 관련하여 표시하는 불만인 고충(grievance)을 심사하고 그 해결책을 강구하는 것을 의미한다.

47) 제안제도(suggestion system)란 공무원으로 하여금 조직운영이나 업무개선에 관한 창의적인 의견이나 고안을 제안케 하여 이러한 제안이 행정의 능률화 · 합리화에 이바지할 수 있다고 판정될

제4절 경찰예산관리

1. 경찰예산의 개념

1) 경찰예산의 의의

예산(budget)이란 일정기간(1회계연도) 동안 국가의 세입(수입)과 세출(지출)의 예정액 또는 계획안을 의미하는데, 정부가 수행해야 할 국가정책이나 사업계획은 예산을 통해 구체화되고 실제행동에 옮겨지게 되는 것이다. 형식적으로 본다면 예산은 헌법과 예산회계법에 의거하여 일정한 형식에 따라 편성되어 국회의 심의 · 의결을 받은 각 회계연도의 재정계획을 말한다. 경찰조직에서의 예산은 일반적으로 일정한 기간 동안(보통 1년 동안) 경찰운영자금을 공급하기 위한 공식적 재정계획을 말한다.[49] 즉, 경찰예산은 본질적으로 정부에 의한 재정상의 계획이며, 경찰정책의 목표를 달성하기 위해 경찰기관에 자금을 할당하는 것으로 정의할 수 있다.

2) 경찰예산의 주요 기능

첫째, 경찰예산은 국민의 조세부담을 전제로 하고 있으며, 적정 재원의 확보와 확보된 재원의 배분을 통해 효과적으로 범죄에 대처할 수 있는 경찰활동을 조장 · 유도하기 위한 것이다.

둘째, 경찰예산은 경찰의 보수, 교육훈련, 시설제공, 근무환경개선 등 기본 수요를 충족시켜 나감으로써, 궁극적으로 국민생활의 안녕과 질서를 유지해 주기 위한 것이다.[50] 따라서 경찰예산관리자는 한정된 재원의 효율적인 배분과 조정을 통해 재정지출의 생산성을 최대한 확보할 수 있도록 노력해야 한다.

때 그 정도에 따라 우수제안자를 포상하고 인사상의 특전을 부여함으로써 공무원의 참여의식과 사기를 진작시키는 데 그 목적이 있는 제도를 말한다.

48) 상훈법에 의한 서훈 또는 정부표창규정(대통령령)에 의한 표창제도 이외에 경찰청훈령으로 '경찰표창규칙'(경찰청훈령)을 제정하여 시행하고 있다. 경찰표창규칙은 경찰표창의 종류를 공적상, 우등상, 협조상으로 구분하여 규정하고 있다(경찰표창규칙 제2조).

49) 이황우, 「경찰행정학」(제3판) (서울: 법문사, 2002), p. 442.

50) 임창호, 전게서, p. 273～274.

2. 경찰예산의 편성과정

1) 신규 및 주요 계속사업계획서 제출

경찰청은 예산요구에 앞서 매년 2월말까지 다음연도의 신규 및 주요 사업계획서를 작성하여 기획예산처장관에게 제출하여야 한다.

2) 예산편성지침의 시달

기획예산처장관은 매년 3월 31일까지 국무회의의 심의를 거쳐 대통령의 승인을 얻은 다음연도의 예산편성지침을 각 중앙관서의 장에게 시달한다.

3) 예산요구서 제출

경찰청장은 다음연도의 세입 · 세출예산, 계속비, 명시이월비 및 국고채무상환부담행위요구서를 작성하여 매년 5월 31일까지 기획예산처장관에게 제출하여야 하고, 기획예산처는 가용재원을 가지고, 각 부처의 주요 정책사업이나 단위사업에 대하여 재원배분을 한다. 예산의 조정과정에서는 관련기관과의 협의가 수시로 이루어지며, 각 중앙관서의 장과 기획예산처장관과의 예산협의와 투쟁이 이루어지는데, 이 과정에서 경찰청은 예산확보를 위해 총력을 기울인다.

4) 정부안의 확정 및 국회제출

기획예산처장관은 정부예산안을 편성하여 국무회의의 심의를 거쳐 대통령의 승인을 얻어 회계연도 개시 90일 전까지 국회에 제출한다.

5) 국회의 심의 · 의결

국회 예산결산특별위원회는 ① 종합정책질의, ② 부처별 심의, ③ 계수조정소위원회의 계수조정, ④ 예결위전체회의에서 소위원회의 조정안 승인의 순서로 예산심의를 한다. 이 과정에서 가장 중요한 것은 부처별 심의와 소위원회의 계수조정이라 할 수 있는데, 예산안의 실질적인 조정작업이 여기서 이루어진다. 예결위의 종합심사가 끝나면 회계연도 개시 30일 전까지 국회 본회의 의결을 거침으로써 예산안이 확정되게 된다.

6) 경찰예산의 집행

예산의 집행이란 국회에서 의결 · 확정된 예산에 따라 재원을 조달하고 경비를 지출하는 재정활동을 의미한다. 정부는 세출예산을 집행할 때 원칙적으로 표시된 목적과 금액의 한도 내에서 지출을 하여야 하며, 세입예산의 집행에 있어서도 법률에 정하여진 세율 및 징수방식을 엄격히 준수하여야 한다.

경찰예산의 집행과정을 보면 다음과 같다.

첫째, 예산이 국회에서 통과되어 행정부로 넘어오면 경찰청장은 사업운영계획 및 이에 의한 세입 · 세출예산, 계속비와 국고채무 부담행위를 포함한 예산배정요구서를 기획예산처장관에게 제출한다.

둘째, 기획예산처장관은 4분기별 예산배정계획을 작성하고 월별자금계획과 함께 국무회의의 심의를 거쳐 대통령의 승인을 얻는다. 예산배정계획에 대한 대통령의 승인이 나면 기획예산처장관은 경찰청장에게 4분기별로 예산을 배정한다.

셋째, 경찰청장이 기획예산처장관으로부터 배정받은 범위 내에서 다시 산하기관에 대하여 예산을 배정한다. 예산집행은 예산의 배정으로 시작된다. 즉 국회를 통과하여 예산이 확정되었더라도 해당예산이 배정되지 않은 상태에서는 지급원인행위를 할 수 없다. 단, 예외규정 또는 특별한 사유가 있는 경우에 한하여 이체 · 전용 가능하다. 이와 같은 신축적 예산집행제도는 모두 예산집행의 효율성을 증진하기 위한 장치들이다.

예산이 배정되면 경찰청은 배정된 예산범위 내에서 계약 등 지급원인행위를 하게 된다. 모든 예산은 지급원인행위를 한 때로부터 예산을 지급할 수 있는 근거가 생기게 되는데, 경찰의 경우 경찰청장 또는 위임을 받은 자가 지급원인행위를 할 수 있다. 지출은 그 요건 구비가 선행되어야 하나, 경리운용상 불편이 적지 않기 때문에 특례를 인정하고 있으며, 경찰과 관련한 지출의 특례로는 관서의 일상경비(예산회계법 제65조)와 도급경비의 교부(제69조) 등이 있다.

4. 결산 및 회계검사

1) 의의

결산 및 회계검사는 예산과정의 마지막 단계로서 배정된 예산이 합법적 · 합리적으로 사용 · 집행되었는지를 확인하는 과정을 의미하며, 기관별 회계정리와 결산, 재정경제부의 종합검토, 감사원의 회계검사를 거쳐 결산서가 국회에 통과되는 것으로 예산과정이 완료된다. 현대 행정에서는 예산집행의 효율성과 효과성까지도 검토하는 것이 회계검사의 새로운 추세지만, 우리나라의 회계검사는 아직도 부정과 낭비를 감시하는 데 주안점을 두고 있다.[51)]

2) 결산

결산이란 각 회계연도 중의 정부의 수입과 지출의 실적을 확정적 계수로서 표시하는 행위이며, 예산에 의하여 수입과 지출을 한 정부의 사후적 재정보고이다. 따라서 결산은 예산의 집행결과 입법부의 의도와 재정적 한계를 보다 명확하게 파악할 수 있게 하는 중요한 절차이다. 결산의 기능은 입법부의 재정통제 이외에도 장래의 예산의 편성과 심의, 재정계획의 효율적인 운영을 위한 자료의 역할도 한다. 정부의 지출요소가 예산에 의하여 국회의 사전감독을 받는 것과 마찬가지로 결산에 의하여 국회로부터 사후에 감독을 받는다. 결산은 회계검사기관인 감사원의 결산 확인과 국회의 심의 · 의결에 의하여 확정되며 이러한 확정을 통하여 정부의 책임이 해제된다.

3) 회계검사

회계검사는 정부기관의 재정활동과 회계에 관한 계산서나 증거서류 및 기타 관계서

51) 정진환, 「경찰행정론」(서울: 대영문화사, 1998), p. 263.

류를 공권에 의해 확인하는 행위로 감사원이 담당한다. 회계검사는 재정적 활동이 관계 법령과 예산에 합치되는가 또는 수지의 결말이 사실에 적합한가를 검토하고, 그 재정적 활동 가운데 부정이나 과오 등을 적발 · 처리하는 합법성 보장에만 그치는 것이 아니라 재정적 활동이 그가 추구하는 목적에 합치되도록 보장함으로써 항상 회계의 적정을 도모하도록 하여야 한다.[52)]

회계관계 경찰공무원(경찰서 경무과장: 재무관, 경찰서 경리계장: 지출관, 순찰지구대 도급경비 취급공무원: 순찰지구대장, 순찰지구대 도급경비 처리공무원 : 순찰지구대 사무소장)이 고의 또는 중대한 과실로 직무상 업무에 위배하여 국가에 손해를 끼친 경우에 그 손해를 변상하여야 한다(변상책임).[53)]

회계관계직원은 그 직무상 직접 국가의 재산상 이해에 관계되는 일이 많으므로 그 취급을 신중하게 하기 위한 예방적 목적과 일단 손해가 발생한 경우에는 재산상 손해를 신속히 해결하기 위한 손해배상 목적으로 회계관계직원들의책임에관한법률을 제정하여 운용하고 있다. 최근에 들어서는 합법성을 강조하는 소극적인 회계감사에 대한 논란이 빈번히 발생하자 적발적 · 비판적 · 지도적 기능을 포함시켜 합법성과 효과성을 추구하게 되었다.[54)]

제5절 경찰장비관리

1. 경찰장비관리의 개념

1) 의의

경찰업무를 효율적 · 효과적으로 수행하기 위해서는 예산과 인력, 그리고 장비가 필수적으로 요구된다. 특히 날로 흉포화 · 지능화 · 광역화 하고 있는 범죄문제를 효과적으

52) 이황우, 전게서, p. 445.
53) 임창호, 전게서, pp. 277～278.
54) 유훈, 「재무행정론」(서울: 법문사, 1973), pp. 246～248.

로 예방하고 진압하기 위해서는 경찰장비의 질적인 발전과 자원의 확보에 노력을 기울여야 한다.

따라서 경찰장비관리 또는 경찰물품관리는 경찰업무를 수행하는데 필요한 물품을 취득하여 효율적으로 보관 · 사용하고, 사용 후에 합리적으로 처분하는 과정이라고 정의할 수 있다. 정부물품관리의 기본법인 물품관리법 제1조에서는 "이 법은 국가물품의 취득, 보관, 사용 및 처분에 관한 기본적 사항을 규정함으로써 물품의 효율적이며 적정한 관리를 도모함을 목적으로 한다"고 규정하고 있다. 경찰장비관리를 위한 주요기능별 내용은 장비의 취득, 장비의 보관, 장비의 사용, 장비의 처분 등으로 구분된다.

2) 경찰장비관리의 목표

경찰의 장비관리의 목표는 능률성, 효과성, 경제성에 있으므로, 절약과 능률을 근간으로 과학적인 관리기법을 적용하여 낭비적 요소를 제거하는데 있다. 따라서 경찰장비 관리 담당자들은 우리 국민들의 세금으로 마련된 경찰예산과 물자를 절약하도록 노력하여야 한다.

2. 주요 경찰장비 관리

1) 개념

경찰장비에는 차량 등 기동장비, 무기 · 탄약 및 화학 장비, 진압장비, 전투장비, 통신장비, 항공장비 등 여러 가지가 있으나, 어느 경우에나 장비 본래의 목적에 맞게 사용하여야 하며, 특히 국민의 생명 · 신체 · 재산에 위해를 미칠 우려가 있는 장비는 사용전 안전검사를 실시하고, 사용시 안전수칙을 준수하여 경찰목적 달성을 위하여 최소한도내에서 적법하게 사용하여야 한다.

2) 무기 및 탄약관리

(1) 법적근거

경찰공무원은 경찰공무원법 제20조에 의거 직무수행을 위하여 필요한 때에는 무기를 휴대할 수 있으며, 경찰관직무집행법 제10조의4에 의거 대 간첩작전 수행 등 일정 요건하에서 무기를 사용할 수 있으므로, 경찰장비에 있어서 무기 및 탄약관리는 매우 중요하다. 특히, 무기의 사용은 사람의 생명과 신체에 대한 중대한 침해가 되므로, 법정 요건과 직무상의 지침에 어긋나는 무기 사용으로 인하여, 타인에게 침해를 입힌 경우에는 형사상, 민사상 책임을 면할 수 없을 뿐만 아니라, 무기사용 요건위반 등 남용시에도 1년 이하의 징역 또는 금고에 해당하는 책임(경찰관직무집행법 제12조)을 지게 되므로, 세심한 주의를 기울여야 한다.

(2) 관리책임

무기 · 탄약관리 및 사용시에는 반드시 법정요건을 준수하고 안전수칙을 지켜야 할 뿐만 아니라, 무기지급 및 회수시에는 반드시 책임간부가 입회하에 출 · 입고 조치하여야 하며, 부적격자에게는 무기휴대를 금지시키는 등 주의하여야 한다. 특히 무기 및 탄약관리에 있어서는 규정에 따라 반드시 무기고 시설을 갖추고, 열쇠관리는 일과시간 중에는 관리책임자가, 일과 후에는 상황실장(순찰지구대는 대장)이 철저하게 관리하여야 하며, 만일의 경우에 대비하여 상시 사용할 수 있는 상태로 철저하게 관리해야 한다(무기탄약관리규칙 1996. 8. 30. 경찰청훈령 제187호).

3) 진압장비 관리

경찰관직무집행법 제10조의3에서 최루탄의 사용근거와 한계를 명시하고 있다. 불법 · 폭력적 집회 및 시위가 빈번히 발생하고 있는 최근의 상황을 고려할 때, 경찰의 다중범죄진압을 위해 진압장비의 중요성을 간과해서는 아니 된다. 왜냐하면 잘 정비된 고성능의 장비를 갖추고 사용할 수 있어야 시위군중의 폭력행위를 효과적으로 진압할 수 있을 뿐만 아니라, 시위대와 진압경찰의 안전을 도모할 수 있기 때문이다. 특히 최루탄 등 진압장비의 사용은 경찰위반의 상태를 야기한 경찰책임자에게만 영향을 미칠 뿐만 아니라, 주변의 선량한 시민에게도 영향을 미치므로, 장비사용에 있어서 비례성의 원칙을 준수하여 남용되지 않도록 안전관리에 만전을 기해야 한다.

경찰장비사용과 관련하여 경찰관직무집행법 제10조의 3에서는 '경찰관은 범인의 체포·도주의 방지 또는 불법집회·시위로 인하여 자기 또는 타인의 생명·신체와 재산 및 공공시설 안전에 대한 현저한 위해의 발생을 억제하기 위하여 부득이한 경우, 현장책임자의 판단으로 필요한 최소한의 범위 안에서 분사기 또는 최루탄을 사용할 수 있다'고 규정하고 있으며, 동법 제11조 최루탄 등의 사용시에는 '그 책임자는 사용일시·사용장소·사용대상·현장책임자·종류·수량 등을 기록하여 보관하여야 한다'고 규정함으로써, 장비 및 최루탄 사용에 관한 법적인 통제를 명확히 하고 있다. 이는 진압경찰의 안전 및 시민의 안전을 보호하고, 경찰장비의 효율적 관리와 장비사용의 남용을 방지하기 위한 제도적 안전장치라는 점에서 매우 중요한 의미가 있다.

4) 차량관리

경찰의 차량은 기동화, 광역화되어 가는 범죄에 대응하기 위해서 필수적인 장비로서 중요하나, 차량의 운행에 따른 교통사고의 발생시 인명 등에 손상을 입히는 등 대형사고의 가능성이 높아 차량의 적정한 관리가 요구되고 있다. 이에 따라 차량은 단위기관별로 집중관리를 원칙으로 하며, 차량운행의 절차를 준수하여야 하고, 차량점검이나 운전자 교육에도 주의를 기울여야 한다. 또한 경찰차량은 범죄에의 대응이나 작전 등에 대비하여 항상 긴급출동의 태세를 갖추고 만일의 사태에 대비하여야 한다. 그리고 경찰차량의 운전자들이 흔히 빠지기 쉬운 특권의식의 불식에도 힘써야 하며, 운행시 교통법규를 준수하여 다른 운전자들의 모범이 되도록 주의하여야 한다.[55)]

▣ 경찰유사장구류의 소지·사용에 대한 견해

◎ '수갑, 방탄복, 교통지시봉, 방검장갑, 음주측정기, 경찰방패' 등 경찰유사장구가 인터넷 등을 통해 시중에 판매되어 범죄에 악용될 우려가 있다. 이러한 유사경찰장구를 단순히 제조하거나 판매하는 행위에 대해서는 현행법상 처벌할 수 없으나, 이를 사용할 경우에는 경범죄처벌법상 '관명사칭'이나 형법상 '공무원자격의사칭'으로 처벌할 수 있다.

◎ 경찰청에서는 경찰유사장구나 복제를 단순 소지, 판매하는 행위를 처벌하는 법규제정에 대해 지난 1999년도부터 수차례 검토한 바 있다. 주된 내용으로는 다음과 같다.

55) 임창호, 전게서, p. 282.

첫째, 경찰행세를 한다던지 하는 장구의 불법사용시에는 형법 등 현행법규로 처벌할 수 있지만, 경찰, 교도관, 검찰 등 다양한 기관에서 경찰장구류를 사용하고 있어 이에 대한 포괄적이고 모호한 단속규정 제정으로 인한 법집행의 실효성 문제가 제기됨.
둘째, 교통지시봉이나 방패 등의 장구류는 용역업체나 공사현장에서도 사용되고 있는데 이를 모두 단속하는 법규제정의 가능성 여부와, 시민들이 각종 범죄로 부터 자신을 보호하기 위해 방검장갑 등 각종 호신용장구류를 휴대하고 있음에도 시민들의 범죄자구책 강구를 제한한다는 비난여론이 우려됨.
셋째, 미국, 일본, 영국 등 대다수의 외국에서도 사용에 대해서는 처벌하나, 단순소지, 판매를 처벌하지 않고 있는 점 등을 이유로 단속법규 제정추진을 보류하고 있다.

제6절 경찰보안관리

1. 경찰보안관리의 개념

1) 보안의 의의

보안이란 국가의 안전보장을 위하여 국가가 보호를 필요로 하는 비밀이나 인원, 문서, 자재, 시설 및 지역 등을 보호하는 소극적 예방활동과 국가안전보장을 해치고자 하는 간첩, 태업이나 전복으로 국가를 위태롭게 하는 불순분자에 대하여 탐지, 조사, 체포하는 등의 적극적인 예방활동을 말하는 바, 적극적 보안활동은 보안경찰에서 다루고 있으므로, 여기에서는 소극적인 보안활동을 의미한다.

2) 보안의 중요성

오늘날 인터넷과 정보통신 기술의 발달로 전산통신과 컴퓨터보안이 필요해지는 등, 보안의 중요성은 날로 증가하고 있으며, 비밀보호나 비밀에 대한 침투를 예방하기 위한 적극적인 대책이 요구된다. 경찰활동의 대부분은 국가안보와 개인의 비밀과 밀접하게 관련되어 있어서 밖으로 유출되는 경우에는 국가안보에 해를 가하거나, 개인의 비밀이 침해되는 위험을 가져올 수 있다. 따라서 보안되어야 할 대상이 보안되지 않을 경우에 국가안전보장이나 국가이익이 크게 침해되므로 보안의 중요성은 강조되지 않을 수 없다.

3) 보안책임

보안업무규정 제3조는 "국가안전보장에 관련되는 인원, 문서, 자재, 시설 및 지역을 관리하는 자와 관계기관의 장은 이에 대한 보안의 책임을 진다"라고 규정하고 있다.

(1) 행정책임

보안업무를 담당하는 공무원과 관계기관의 장이 고의와 관계없이 보안누설이나 보안사고 등에 대해 지는 징계책임 또는 보안업무처리상 하자로 인해 부담하는 징계책임을 말한다.

(2) 형사책임

형사책임은 공무원이 자기가 취급하는 비밀이나 업무상 전해들은 비밀을 누설하여 실제로 국가정책에 차질을 초래하여 공무상비밀누설죄(형법 제127조)로 처벌받게 되는 것을 말한다.

2. 보안업무의 원칙

보안업무에는 한정의 원칙, 부분화의 원칙, 보안과 효율의 조화의 원칙이 있다.

▣ 보안업무의 원칙

한정의 원칙	• 보안의 대상이 되는 사실을 전파할 때 꼭 필요한 가 또는 피전파자가 반드시 전파받아야 하며 필요한 것인가를 검토하여 알 사람만 알도록 한다는 원칙
부분화 원칙	• 한번에 다량의 비밀이나 정보의 유출이 없도록 하는 원칙
보안과 업무효율의 조화 원칙	• 보안과 업무효율이 균형을 유지하여야 한다는 원칙.

1) 비밀분류의 원칙

보안을 위하여 비밀분류시에는 과도 또는 과소분류금지, 독립분류, 외국 또는 국제기구의 비밀존중 등의 원칙이 있다.

▣ 비밀분류의 원칙

과도 또는 과소분류의 금지	• 비밀은 보호 가능한 최저 등급으로 분류하여야 하며 과도 또는 과소하게 분류하여서는 안 된다.
독립분류의 원칙	• 비밀은 그 자체의 내용에 따라 분류해야 하며, 다른 비밀과 관련하여 분류하여서는 안 된다.
외국 또는 국제기구의 비밀존중원칙	• 외국 또는 국제기구로부터 접수한 비밀은 그 발행기관이 필요로 하는 정도 또는 그 이상으로 보호할 수 있도록 분류하여야 한다.

2) 비밀의 구분

비밀의 구분은 비밀을 작성하거나 생산하는 자가 그 비밀내용의 중요성과 가치의 정도에 따라 Ⅰ급비밀, Ⅱ급비밀, Ⅲ급비밀로 분류한다.

▣ 비밀의 구분

Ⅰ급비밀	누설되는 경우 대한민국과 외교관계가 단절되고 전쟁을 유발하며, 국가의 방위계획 · 정보활동 및 국가방위상 필요불가결한 과학과 기술의 개발을 위태롭게 하는 등의 우려가 있는 비밀
Ⅱ급비밀	누설되는 경우 국가안전보장에 막대한 지장을 초래할 우려가 있는 비밀
Ⅲ급비밀	누설되는 경우 국가안전보장에 손해를 끼칠 우려가 있는 비밀

3. 보안의 대상 및 방법

1) 보안의 대상

보안의 대상은 인원, 문서 및 자재, 시설, 지역으로 나눌 수 있다.

▣ 보안의 대상

인 원	• 지위고하 불문, 내방 중인 외국인도 포함
문서 및 자재	• 내용의 중요성과 가치의 정도에 따라 각 급으로 분류
시 설	• 중요산업시설로서 특별히 보호가 요청되는 시설
지 역	• 국가안전보장상 특별히 보호가 요청되는 지역

2) 인원보안

(1) 인원보안업무의 취급

인원보안에 관한 사무는 각급 경찰기관의 인사업무 취급부서에서 분장한다.

(2) 인원보안의 대상

경찰공무원을 포함하여 국가 · 지방공무원 등은 인원보안의 대상이다.

3) 문서보안

문서보안은 국가기밀을 담고 있는 문서를 각종 위험으로부터 보호하는 것을 의미한다. 보안의 대상이 되는 문서는 일반문서와 비밀문서 모두를 포함한다.

4) 시설보안

국가 비밀의 보호와 국가중요시설 장비 및 자재의 보호를 위하여 필요한 장소에 일정한 범위를 정하여 제한지역, 제한구역, 통제구역 등의 보호구역을 설정할 수 있으며, 보호구역 설정자는 보안상 불필요한 인원의 접근 또는 출입을 제한하거나 금지시킬 수 있다.

▣ 시설보안의 유형

보호구역	내 용	구 역
제한지역	• 비밀 또는 정부재산의 보호를 위하여 울타리 또는 경호원에 의하여 일반인의 출입의 감시가 요구되는 지역	
제한구역	• 비밀 또는 주요시설 및 자재에 대한 비인가자의 접근을 방지하기 위하여 그 출입에 안내가 요구되는 구역	• 무전 및 TT실, 경찰교환실 및 기계실, 발간실(경찰기관), 송신 및 중계소, 경찰청 항공대 및 지방경찰청 항공대, 작전 · 경호 및 정보업무 · 보안업무 담당부서 전역, 자동무선전화실, 과학수사과
통제구역	• 비인가자의 출입이 금지되는 보안상 극히 중요한 구역	• 암호취급소, 정보 · 보안기록실, 무기고 및 탄약고, 치안상황실, 통신보안감청실, 정보상황실, 비밀발간실, 전자계산소, 컴퓨터실

4. 보안감사

1) 보안감사의 의의

보안감사란 보안의 대상인 인원, 문서, 자재, 시설, 지역 및 장비 등의 보안관리 상태에 대한 적정여부를 조사하는 것을 말하며, 정기감사와 수시감사가 있다.

2) 보안심사위원회

경찰보안업무의 효율적인 운영과 중요 보안사항을 심의 · 결정하기 위하여 경찰청, 직속기관, 각 시 · 도 지방경찰청, 경찰서에 보안심사위원회를 운영한다.

제7절 경찰홍보

1. 경찰홍보의 개념

1) 의의

경찰홍보란 협의의 개념으로는 경찰의 활동이나 업무와 관련된 사항을 널리 알려서 경찰의 목적달성에 유리한 환경을 조성하는 행위로 정의할 수 있고, 광의의 개념으로는 지역주민의 경찰활동에 대한 참여를 확대하고, 각종 기관 · 단체 및 언론 등과의 상호 협조체제를 강화하여 이를 경찰이 수행하는 모든 업무에 연계시키는 것으로 정의할 수 있다. 이처럼 경찰홍보에 대한 개념은 그 의미와 가치를 이해하는 정도에 따라 다양하게 정의할 수 있다.

이에 대해 경찰청에서는 경찰홍보의 개념을 “공중을 표적으로 하여 대상 공중의 우호적 태도와 전 사회적인 호의적 분위기를 조성하기 위해 쌍방적이고 설득적인 커뮤니케이션 방법을 통하여 경찰의 활동상황을 전파하는 활동”[56]으로 정의하고 있다. 즉, 경찰목적을 달성하기 위해 전반적인 사회상황, 특히 관련 집단 및 대중과의 관계를 호의적인 것으로 만드는 쌍방향 커뮤니케이션이 경찰홍보이며 이러한 자유로운 정보와 의견교환을 전제로 하는 경찰홍보는 궁극적으로 사회와 대중의 욕구와 기대 등을 파악하여 반영하고 실천함으로써 경찰의 발전과 사회 및 대중과의 관계개선을 도모한다고 이해할 수 있다. 최근에는 현대사회의 시대적 조류를 반영하여 경찰홍보 활동에도 사기업의 이미지 광고와 같은 적극적 홍보활동이 요청되고 있다.

56) 경찰청, 「홍보심리활동(이론과 실제)」(서울: 경찰청, 1993), p. 10.

2) 협의의 홍보(Public Relations : PR)

유인물, 팸플릿 등 각종 매체를 통해 개인이나 단체의 좋은 점을 일방적으로 알리는 활동을 의미한다.

3) 지역공동체관계(Community Relations : CR)

지역사회내의 각종 기관 및 단체, 주민들과 유기적인 연락 및 협조체제를 유지하여 경찰활동의 긍정적인 측면을 지역사회에 널리 알리는 지역사회 홍보체계를 의미한다.

4) 언론관계(Press Relations)

사건 사고에 대한 기자들의 질의에 답하는 대응적(reactive)이고 소극적인 홍보활동이다.

5) 대중매체 관계(Media Relations, Media Services)

신문 · 방송 및 영상물 등 각종 대중매체 제작자와 긴밀한 협조관계를 구축 · 유지하여 경찰의 긍정적인 측면을 널리 알리는 활동이다. 이는 대중매체에 대한 종합적인 이해와 전문적 지식이 필요한 적극적 홍보활동이므로, 경찰관보다는 전직 언론인 · 문화산업 종사자 등 전문가를 초빙하여 경찰홍보 활동을 전개하는 것이 바람직하다.

6) 기업이미지 광고식 경찰홍보

영 · 미에서 발달한 적극적인 홍보활동으로 경찰업무의 서비스개념에서 주민을 '소비자(consumer)'로 보는 관점에서 발달한 개념이다. 사기업의 홍보활동과 마찬가지로 전문 홍보업체에 의뢰하여 경찰조직의 긍정적 이미지를 홍보함으로써 대국민 신뢰회복, 긍정적인 사회적 평가 등을 유도하여, 국민적지지 및 협력확보, 예산획득 등의 목적을 달성하는 종합적이고 계획적인 신개념 홍보활동이다.

▣ PR과 CR의 비교

	차 이 점	유 사 점
PR(Public Relations)	일반 국민대상	국민의 지지협력을 얻기 위한 대외적 활동
CR (Community Relations)	지역사회의 주민 · 사회 각 계층의 인사 대상	

2. 경찰홍보의 목적

1) 경찰홍보의 목적

경찰홍보의 궁극적인 목적은 경찰활동의 상황을 국민들에게 정확하게 전달함과 동시에, 경찰에 대한 의견이나 요망을 파악하여 경찰활동에 반영시킴으로서 나아가 경찰조직의 발전을 꾀하는 데 있다.

2) 경찰홍보의 중요성

경찰홍보업무는 경찰과 국민과의 접점, 경찰과 국민을 연결하는 교량으로서 중요한 역할을 담당하고 있다. 따라서 모든 경찰관이 경찰홍보 담당자임을 인식하여 국민의 신뢰를 얻을 수 있도록 업무수행에 만전을 기하고, 각종 홍보매체를 활용한 적극적인 홍보활동을 수행함으로서 경찰과 국민, 경찰과 언론기관과의 관계 재정립에 노력하여야 한다.

▣ 미국 경찰의 현재

◎ 미국의 대도시 경찰기관장협회(Major Cities Chiefs Association)는 경찰이 이민세관단속국(ICE)과 연방수사국(FBI)의 불법체류자 단속업무에 협조해 온 것과 관련, 산하 경찰관서에 단속업무 중단을 지시했다. 이 협회는 LA, 디트로이트, 시애틀, 마이애미, 미네아폴리스, 휴스턴 등 인구 150만 명 이상, 경찰관 1,000명 이상의 57개 경찰기관장으로 구성되어 있다. 이러한 조치는 경찰의 이미지 홍보를 위해서이다. 경찰의 불법체류자 단속업무가 사회적 약자들을 '보호하고 봉사하는'(protect and serve : 미국 경찰의 전통적 모토) 경찰이미지에 부정적 영향을 미칠 뿐만 아니라 불법체류자들의 신고와 증언이 범죄예방과 수사에 상당부분 기여하고 있는 현실에서 단속은 역효과가 크기 때문이다. 그만큼 경찰의 이미지는 중요하다.

3) 경찰과 대중매체와의 관계

대중매체(the media)는 공공의 장(public sphere)으로 들어가는 통로를 장악하고 있으며, 경찰은 검찰 · 변호사협회 · 재야인권단체 등 다른 관련단체 · 조직들과 경쟁하고 있으므로, 공공의 장에서 자신을 제대로 표현하여 유리한 여론을 형성할 필요가 있다. 영국 수도경찰청장을 지낸 로버트 마크경(Sir Robert Mark)은 경찰과 대중매체의 관계를 단란하고 행복스럽지는 않더라도, 오래 지속되는 결혼생활이라고 비유했으며, 경찰학자인 크랜든(Crandon)은 경찰과 대중매체는 서로를 필요로 하는 공생관계라고 주장하였다. 이는 경찰이 범죄문제의 해결과 원활한 업무수행을 위해서는 대중매체가 필요한 반면, 대중매체는 국민들에게 사건, 사고 등의 알거리 제공과 홍미유발이라는 제기능을 수행하기 위해 경찰을 필요로 한다는 것이다. 한편 에릭슨(Ericson)은 양자간의 관계에 대해 보다 광범위하고 정치적인 관점을 제시하고 있는데, 경찰과 대중매체는 서로 연합하여 그 사회의 일탈에 대한 개념을 규정하며, 도덕성과 정의를 규정짓는 사회적 엘리트 집단이라고 평가하였다.[57)]

3. 경찰홍보전략

경찰의 홍보전략은 적극적 전략과 소극적 전략으로 나눌 수 있다.

1) 소극적 홍보전략

(1) 공보실과 기자실

경찰의 경우 경찰청과 지방경찰청 단위에 공보실을 두고 언론 보도내용을 배포하고, 기자실을 운영 · 관리하며, 출입기자들의 취재에 대한 협조업무를 수행하고, 각종행사의 사진촬영 등 '협의의 홍보'와 '언론관계'의 일부기능을 수행하고 있다.

57) 임창호, 전게서, pp. 288～289.

(2) 비밀주의와 공개최소화 원칙

경찰은 업무상 비밀주의와 경찰정보의 공개최소화의 원칙에 의해 출입 및 보도기자에 대한 태도가 정보를 공개하는 데 있어서 극히 소극적・냉소적이다.

(3) 언론접촉 규제

현재 우리 경찰은 상급기관이나 상관의 허락없이 언론과 접촉하는 것이 허용되지 않는 분위기이며, 오히려 사실의 왜곡이 발생하는 등의 부작용이 적지 않다.

(4) 홍보와 타기능의 분리

경찰의 공보기능은 형사・방범・교통 등 타기능과 유기적인 협조체제가 구축되어 있지 않고, 특별히 언론사 내부사정에 정통하거나 언론관련 전문지식을 갖추고 있는 전문가가 확보되어 있는 것도 아니다.

2) 적극적 홍보전략

(1) 대중매체의 이용

선진국에서는 공보담당자가 적극적으로 대중매체를 이용하는 홍보전략을 수립・시행하고 있다.

(2) 공개주의와 비밀최소화 원칙

영국 경찰의 홍보전략은 '필요최소한을 제외하고는 모두 공개'하는 공개정책을 채택하고 있다.

(3) 전 경찰의 홍보요원화

전 경찰교육과정에 대 언론 대응훈련을 실시하여 모든 경찰관들에게 특정사안(정책관련, 내부비리, 경호 등)을 제외한 모든 경우에 자유로이 언론을 접촉하도록 허용하고 있다.

(4) 홍보와 타 기능의 연계를 통한 총체적 홍보전략

선진경찰에서는 경찰의 모든 업무가 실시간으로 홍보실에 제공되는 시스템을 갖추고 언론사의 문의에 답하고 기사를 제공할 수 있도록 하여, 기자들이 업무담당자를 직접 찾아 업무수행에 지장을 주는 부작용을 최소화하고 있다.

▣ 경찰홍보전략

소극적 홍보전략	• 공보실과 기자실 • 언론접촉규제	• 비밀주의와 공개최소화 원칙 • 홍보기능의 고립
적극적 홍보전략	• 대중매체에 이용 • 언론접촉장려	• 공개주의와 비밀최소화의 원칙 • 타기능의 연계를 통한 총체적 홍보전략

3) 사이버 홍보활동

우리나라 인터넷 이용자수는 만 6세 이상 인구 중 전국민의 70.2%에 해당하는 3,158만 명이나 된다. 이제 인터넷은 오프라인을 뛰어넘는 새로운 정보전달 매체로 떠오르고 있다. 기존 언론매체를 통한 홍보활동의 한계를 극복하기 위해 경찰청 홈페이지 사이버경찰청(police.go.kr)에 홍보전용 콘텐츠를 설치하고 경찰청 뉴스(npa.news.go.kr) 사이트를 개설하는 등 사이버 홍보활동을 강화하고 있다. 사이버경찰청의 「경찰은 지금」코너에 「브리핑 룸」의 홍보전용 콘텐츠를 개설하고 경찰 최신뉴스, 보도자료, 사건과 진실, 영상뉴스 등 콘텐츠를 보강하는 한편 경찰청 뉴스 사이트에 「영상 뉴스」, 「외국경찰 최신동향」등 콘텐츠를 보강하고, 「지방청 뉴스」코너를 신설하고 전담요원을 지정, 다양한 치안소식을 전달하고자 노력하고 있다. 또한, 경찰의 엄정한 집회·시위 관리를 홍보하고 과잉진압이라는 국민 오해소지를 사전에 차단하기 위해 집회·시위상황을 인터넷을 통해 실시간 전파하고 있다.

4. 경찰공보 기능의 법적 · 사회적 통제

1) 경찰공보 관련 법률

우리 헌법은 사생활의 보호(제17조), 형사피고인의 무죄추정(제27조 제4항)을 규정하고 있고, 형법 제126조는 경찰이 범죄수사 중 알게 된 피의사실을 공판청구전에 공표한 때에는 피의사실공표죄를 구성하도록 되어 있으며, 형사소송법 제196조는 사법경찰관리의 비밀엄수의무와 인권존중의무를 규정하고 있다. 반면에 국민에게는 헌법상 언론 · 출판의 자유(제21조)의 알권리에 관한 규정과, 형법상의 정당행위(제20조)와 위법성조각사유(제310조)의 규정이 정면으로 충돌하고 있음으로 해서, 상호간의 이익 또는 권리를 고려한 경찰공보 기능의 원활은 사실상 어렵다고 할 수 있다.

2) 경찰공보의 제한

첫째, 경찰은 범죄사실이라도 공공의 이익을 위한 것이 아닌 경우에는 발표해서는 안 된다. 예를 들어 연예인이나 정치인과 같은 이른바 공인에 관한 사건과, 범죄의 재발방지와 국민 불안의 해소 등 공익목적을 위해 경우에 따라 언론 발표가 가능하다.

둘째, 발표할 경우에도 범죄사실 및 그와 밀접히 관련되어 있는 사실에 한정해야 한다. 당해 범죄사실과 밀접히 관련되어 있는 경우를 제외하고는 피의자의 경력, 교우관계 등 범죄사실 이외의 사실은 원칙적으로 발표해서는 안 된다.

셋째, 진실의 증명이 불가능한 사실 또는 진실이라고 믿기에 상당한 이유가 없는 경우에는 발표해서는 안 된다. 예를 들어 피의자가 자백한 경우라도 증거가 없는 경우라든지, 민사분쟁과 연결된 형사사건으로서 일방당사자의 주장만 듣고 타방 당사자의 주장에 대해서 충분히 수사하지 않은 경우에는 발표해서는 안 되는 것이다.

넷째, 청소년 범죄의 소년범이나 성범죄자에 대해서는 실명으로 발표해서는 안 된다.

다섯째, 경찰의 보도기관에의 발표담당자는 지방경찰청장, 경찰서장이나 수사본부장 또는 그 지정을 받은 책임있는 지위에 있는 자이어야 한다.

이와 같은 기준을 지키지 않을 경우 경찰은 피의사실공표죄나 손해배상 등의 책임[58]을 질 수 있을 뿐만 아니라, 경우에 따라서는 정치적 또는 사회적 분쟁에 개입될 가능성이 있으므로 주의하여야 한다.

3) 사건보도의 기준

우리사회는 언론과 대중매체의 기능을 통제하고 인권존중을 위한 사건보도 기준이 마련되어 있다. 사건보도는 객관적 사실에 충실하면서도 개인의 명예와 사생활을 침해하지 않아야 하며, 국민의 알 권리와 인권보호라는 두 가지 가치를 동시에 충족시키는 역할을 한다. 이러한 맥락에서 우리 헌법의 '언론 · 출판은 타인의 명예나 권리, 또는 공중도덕이나 사회윤리를 침해하여서는 아니 된다'는 규정과 '형사피고인은 유죄의 판결이 확정될 때까지는 무죄로 추정된다'는 규정은 현대사회를 살아가는 우리가 지켜야할 중요한 가치인 것이다. 다음의 내용은 사건보도의 기준을 정리한 것이다.

(1) 실명과 익명을 엄격히 구분한다

① 실명보도를 원칙으로 한다. 그러나 실명 보도시 당사자 또는 관련자에게 중대한 불이익이 생길 염려가 있는 경우에는 익명으로 한다.

② 국회의원, 지방의원, 고위공무원, 법조인, 기업체 간부, 단체임원 등 공인 및 그에 준하는 인사와 사인을 명확하게 구분한다. 특별한 사유가 없는 한 사인은 익명으로 한다.

③ 실명 또는 익명 여부는 완벽한 취재를 통해 사실관계가 명백해진 다음 결정한다.

④ 익명을 쓸 때는 신원이 철저히 보호되도록 주소, 가족관계, 직업, 직위 등을 밝히는데 신중을 기한다.

⑤ 익명은 성만 쓰는 것을 원칙으로 한다. 성을 써서 누구인지 알 수 있을 경우 K, L, P 등과 같은 영문 두문자로 쓴다.

(2) 다음과 같은 범죄관련 보도는 익명을 우선으로 한다

① 범행과 직접 관련이 없는 인물은 익명으로 한다.

② 제보자와 증인은 공개된 재판에서 공표된 경우를 제외하고는 익명으로 한다.

③ 미성년자는 반인륜적 죄를 범했거나 흉악범죄 후 도주해 지명수배된 경우 등을

58) 대법원 1996. 8. 20. 선고 94다29928 판결 참조.

제외하고는 익명으로 한다. 미성년자의 보호자도 특단의 사유가 없는 한 익명으로 한다.

④ 성범죄 및 약취 · 유인 · 매매 사건의 피해자는 익명으로 한다.

⑤ 범죄의 신고인, 고발인 등 보복피해가 염려되는 사람은 본인이나 보호자, 대리인이 허락한 경우를 제외하고는 익명으로 한다.

⑥ 참고인은 사회적으로 중요한 사건에 관련된 경우나 공인 및 그에 준하는 인사를 제외하고는 익명으로 한다.

⑦ 정신장애인은 흉악범 및 재범이 염려되는 도주자와 알콜, 약물, 각성제 등에 중독되거나 이상성격, 노이로제 등으로 범행한 사람을 제외하고는 익명으로 한다.

(3) 개인의 사생활은 침해하지 않는다

① 공익을 위해 부득이한 경우를 제외하고는 개인의 사생활은 보도하지 않는다.

② 공인 및 그에 준하는 인사의 사생활은 보도할 수 있다.

③ 사인의 사생활은 공공의 이해와 관련되거나 범죄와 직접 관련이 있는 경우에 한하여 보도할 수 있다.

④ 전염병 환자와 장애인 및 그 보호자의 신원은 밝히지 않는다.

⑤ 자살한 사람의 신원은 밝히지 않는다. 다만, 공인 및 그에 준하는 인사가 자살했거나 사인의 자살이 사회적으로 교훈이 될 만하다고 판단될 경우에는 그 신원을 밝힐 수 있다.

(4) 당사자의 반론권을 존중한다

① 고소 · 고발등 상대방이 있는 사건이나 다수의 주장이 대립하는 갈등관계를 보도할 때는 반대 당사자의 의견을 싣도록 노력한다.

② 범죄용의자, 피의자, 피고인의 반론권을 싣도록 노력한다.

③ 당사자의 반론을 불가피하게 받을 수 없는 경우에는 가족, 대리인, 기타 관계자의 의견을 반영한다.

④ 당사자와 연락이 닿지 않거나, 인터뷰에 응하지 않는 경우에는 그 사유를 기사화할 수 있다.

⑤ 마감시각으로 인해 불가피하게 반론을 싣지 못한 경우에는 사후에 반론을 보도한다.

⑥ 범인으로 보도된 후 무죄판결 또는 무혐의 처리된 경우에는 그 내용을 추후 보도한다.

(5) 경칭은 범죄인에게도 쓴다

① 범죄인에게 경칭을 사용하는 것을 원칙으로 한다.
② 경칭은 이름 뒤에 '씨'자를 붙이거나 직책을 쓴다.
③ 사법절차에 따라 '용의자', '피의자', '피고인'으로 호칭할 수 있다.
④ 형이 확정된 사람은 경칭을 생략할 수 있다.
⑤ 반인륜적 흉악범죄나 반국가적 범죄의 혐의가 분명할 경우 경칭을 쓰지 않을 수 있다.

▣ 경찰홍보의 맥락

개념	• 홍보란 진실을 있는 그대로 널리 알리는 작업이다.
홍보의 목적	• 경찰조직과 경찰활동을 국민이 이해하도록 하는 것이며, 공중의 편견 · 무관심 · 적대감을 해소하는 활동이다. 경찰홍보는 경찰과 지역주민과의 원활한 의사소통을 통해 주민의 협조를 바탕으로 한 효율적 치안체제를 구축하는데 있다.
홍보의 수단	• 대중매체 • 각종 책자 • 이벤트 • 각종 행사
홍보와 여론형성	• 홍보는 여론 관리수단이다. • 여론과 반대되는 홍보는 실패할 수 밖에 없다.
소극적 홍보전략	• 공보실과 기자실 • 비밀주의와 공개최소화 원칙 • 언론접촉규제 • 홍보기능의 고립
적극적 홍보전략	• 대중매체에 이용 • 공개주의와 비밀최소화의 원칙 • 언론접촉장려 • 홍보와 타 기능의 연계를 통한 총체적 홍보전략
공보부서의 기본임무	• 주요 공중의 태도변화를 비롯한 환경변화의 파악 • 공중과 경찰간의 쌍방적 커뮤니케이션의 매개자 역할
홍보의 원칙	• 공중이 알고 싶어하는 것을 알려야 한다. • 경찰의 공신력을 유지할 수 있도록 해야 한다. • 설득적이어야 한다.
언론인 대응방안	• 언론인에게 호의를 구걸하거나 그들의 비판을 두려워하지마라. • 언론인을 적대시하지마라 • 거짓말을 하지마라 • 언론인과 함부로 잡담하지마라 • 제목 · 사진설명 · 편집사항 등에 대해 기자를 비난하지마라

▣ 경찰의 이미지

◎ 경찰은 우리를 감시하고 간섭을 일삼는 사람인가? 아니면 민중의 지팡이인가? 이러한 물음에 대한 각국의 경찰이미지는 상이할 것이다.

◎ 독일 경찰
부부싸움을 하고 있을 때 초인종이 울려 나가보니 경찰관 2명이 웃으며 서 있었다. 그들의 손에는 포도주 한 병이 들려 있었다. "주민들의 신고를 받고 왔으나 집안문제인 것 같아 포도주라도 나눠 마시며 조용히 해결하는 것이 어떻겠느냐"는 말을 남기고 떠났다.

◎ 일본 경찰
'오마와리 상'(걸어서 순찰하는 사람)이라는 애칭으로 불리고 아무리 하찮은 가정 일이라도 의논상대가 돼 주는 '친근한 이웃'으로 불리운다. 일본 경찰은 주민들의 전화를 받으면 먼저 끊는 법 없이 친절하게 대답하는 것으로도 유명하다.

◎ 영국 경찰
흔히 '보비(bobby) 아저씨'로 불리는 영국 경찰은 뛰거나 빨리 걷지도 않는다. 경찰관이 뛰면 주민들이 불안해 한다는 이유에서다. 2인 1조인 순찰조의 유일한 무기는 곤봉이다.

◎ 한국경찰
러시아, 중국, 미국, 한국의 경찰관들이 내기를 했다. 누가 가장 빨리 토끼를 잡아오느냐는 것이다. 러시아 경찰은 산으로 올라가 모든 동물들을 매수한 끝에 토끼의 은신처를 찾아내 사흘 만에 토끼를 잡아왔다. 중국경찰은 엄청난 인원을 풀어 이틀 만에 토끼 체포에 성공하였고, 미국 경찰은 온갖 첨단 수사 장비를 동원함으로써 단 하루 만에 개가를 올렸다. 한국경찰은 수갑 하나만 달랑 차고 산으로 어슬렁 어슬렁 올라가더니 2시간 후 곰 한 마리를 잡아왔다. 다들 어안이 벙벙해 있자, 한국 경찰관이 곰의 옆구리를 쿡 찔렀다. 흠칫 놀란 곰 曰, "저 토낀데요." 이는 많은 생각이 교차되는 대목이다.

◎ 이러한 이야기가 떠돌던 1990년대 한국 경찰의 이미지는 '투 캅스' 였다. 범죄자들과 결탁해 수뢰를 일삼고 상인들을 등치는 투캅스는 영화 첫 부분에 '본 영화는 특정 경찰과 관계가 없습니다'란 자막을 넣기로 경찰청과 강우석 감독간에 타협이 이루어져 어렵사리 개봉한 영화이다. 당시 우리나라 경찰은 오랜 세월 독재 정권의 앞잡이로, '민중의 몽둥이'로, 이근안 경감으로 대표되는 '고문 기술자'로 오명(汚名)을 받아야 했다. 창설 초기부터 일제경찰 출신을 받아들였다는 태생적(胎生的) 한계로 인하여 우리나라 경찰은 국민들을 감시하고 억압하는 존재로, 비난과 기피의 대상으로 낙인찍히게 되었다. 국민의 생명과 재산을 지키고 나라의 안녕과 법질서를 수호하는 경찰로의 이미지 바로 세우기 없이는 우리 경찰의 장래도 그다지 밝지 않다.

제8절 경찰통제

1. 경찰통제의 개념

1) 경찰통제의 의의

경찰은 강제력을 포함하는 강력한 권한을 가지고 있고, 또한 그 업무가 국민들의 일상생활과 밀접한 관계를 가지고 있을 뿐만 아니라, 정보수집활동 등 그 업무 범위가 매우 광범하고 다양한 특성을 지니고 있다. 이러한 맥락에서 경찰통제란 경찰조직과 경찰활동의 적정성을 도모하기 위하여 경찰의 조직과 활동을 감시하는 제도적 장치 또는 활동을 의미한다. 따라서 경찰통제는 경찰조직이나 경찰활동의 효율성을 확보하기 위한 활동이 아니라는 점에서 그 의미가 사뭇 다르다.

2) 경찰통제의 필요성

경찰은 그 고유의 권한과 임무로부터 비롯되는 특수성으로 인해 다른 어느 행정기관보다 각종 유혹을 받기가 쉽고 일탈의 가능성 또한 많은 것이 사실이다. 따라서 경찰 개개인은 그 누구보다 윤리적 · 도덕적으로 완전할 것을 요구받고 있고, 특히 비리와 부패로부터 자유로워지기 위해서 경찰통제의 필요성은 요청되고 있는 것이다. 경찰통제의 필요성은 다음과 같이 정리할 수 있다.

(1) 경찰의 민주적 운영을 위한 것이다.

경찰의 민주적인 운영 · 관리는 경찰법 제1조에서 정하는 기본 이념이다. 그러므로 민주주의를 기본이념으로 하는 경찰은 민주적으로 조직되고 운영되고 관리되어야 한다. 우리 경찰은 민주적 통제를 위한 장치로 경찰위원회를 도입하여 운영하고 있다.

(2) 경찰의 정치적 중립을 확보하기 위한 것이다.

독립이후 우리 경찰은 정치적 중립을 위한 끊임없는 개혁적 의지로 조직적 · 임무적 차원의 제도개혁을 거듭하고 있다.

(3) 경찰활동에 있어 법치주의를 확립하기 위한 것이다.

경찰활동은 법의 수권범위 내에서 직무 권한이 행사되어야 하며, 이를 일탈하여서는 아니 된다. 이를 일탈할 경우에는 물론 법적 책임을 묻게 된다.

(4) 국민의 인권을 보호하기 위한 것이다.

경찰활동은 성격상 국민의 인권과의 접경에서 이루어지는 일이 많아 인권침해적 요소가 산재해 있다. 그러나 경찰활동의 궁극적인 목표가 국민의 인권 보호에 있다고 볼 때, 경찰활동 자체에서 오는 인권침해의 여지를 제거하는 것은 당연한 것이다.

(5) 경찰조직 자체의 부패를 방지하기 위한 것이다. 경찰의 조직이나 예산, 인력, 장비 등의 운영에 있어 낭비나 안이한 관리, 방만한 요소, 비리에 대한 철저한 점검이 필요하다.

2. 경찰통제의 대상과 기본방향

경찰통제의 대상은 권한을 확대하려는 성향, 경찰권 발동의 한계를 확대하려는 성향, 부패행위를 범하려는 성향 등이다. 이에 대응하여 경찰통제의 기본 방향은 권한의 분산, 경찰자료의 공개, 민주적 참여, 책임 추궁, 시정과 환류 등이어야 한다.

1) 권한의 분산(decentralization)

권한의 분산은 경찰의 중앙조직과 지방조직간의 권한의 분산, 상위계급자와 하급계급자간의 권한의 분산을 말한다. 지방통제(local control)라 하여 지방으로의 권한 분산, 즉 자치경찰제를 운영하고 있는 경우도 있다.

2) 공개(opening)

정보의 공개는 행정통제의 근본이다. 정보가 공개되지 않는다면 참여할 수 없고, 이러한 참여없이는 통제가 불가능하다. 국민의 알 권리를 보장하고 국정에 대한 국민의 참여와 국정운영의 투명성을 확보함을 목적으로 행정기관의 정보공개가 강력히 요청되고 있어 공공기관의정보공개에관한법률이 제정되어 1998년부터 시행되고 있다. 동 법률에 의하여 원칙적으로 경찰청의 정보는 적용제외 대상(제7조)에 포함되지 아니하는 한 공개에 예외일 수 없다.

3) 참여(participation)

행정절차법에 의한 절차적 권리가 보편적으로 인정되고 있다. 국민의 경찰행정에 대한 참여를 도모하기 위한 목적으로 경찰위원회가 구성되어 있고, 자치경찰제도가 시행된다면 경찰행정에 대한 주민의 참여의 폭은 더 넓어질 것이다.

4) 책임(accountability)

경찰은 그 구성원 개인의 위법행위나 비위에 대해서 형사책임・민사책임이나 징계책임 등의 책임(responsibility)을 져야 할 뿐만 아니라, 경찰기관의 행정에 대해서 조직으로서 책임(accountability)을 져야 할 경우가 있다. 이러한 책임추궁은 단순히 처벌의 문제라기보다는, 발전을 위한 과정이 되어야 한다.

5) 환류(feedback)

경찰통제는 경찰 목적달성의 결과에 따라 책임을 추궁하고 나아가 환류를 통하여 순환을 발전적으로 유도해야 한다.

3. 경찰통제의 유형

경찰통제의 유형은 민주적 통제와 사법적 통제, 사전 통제와 사후 통제, 내부적 통제와 외부적 통제 등으로 나눈다.

1) 민주적 통제와 사법적 통제

(1) 개설

영미법계 국가에서는 경찰위원회나, 경찰책임자의 선거, 자치경찰제도의 시행 등을 통해 시민이 직접 감시하는 시스템을 구축하고 있는 반면, 대륙법계의 국가에서는 경찰행정에 대한 사법심사, 예를 들어 행정소송이나 국가배상제도 등을 통해 법원이 행정부를 통제하는 시스템을 구축하고 있다. 특히 대륙법계의 국가에서는 열기주의에서 개괄주의로 전환하고 있다.[59]

(2) 우리나라의 제도

① 민주적 통제

국회는 입법활동, 예산심의,해임건의, 국정감사 또는 조사권의 행사를 통해 경찰을 통제한다. 또한 경찰위원회가 도입되어 있지만 행정자치부장관의 재의요구권(제9조 제2항)이 있어 실질적으로는 심의회 수준에 머물고 있다. 이러한 맥락에서 자치경찰제의 실시는 지방경찰에 대한 민주적 통제를 강화하는 계기로 작용할 것이다.

② 사법적 통제

사후적 통제로서 행정소송법과 국가배상법을 통하여 손해배상 청구를 함으로써 행정의 위법한 처분 등의 행위에 대하여 통제를 가하고 있다.

---

59) 열기주의는 행정소송을 허용하는 사항을 특정하여 열기(列記)하고, 그 사항만을 행정소송의 대상으로 인정하는 입법주의이다. 반면 개괄주의(槪括主義)는 행정소송을 제기할 수 있는 사항을 정하는 방법으로서 열기주의(列記主義)의 상대개념이다. 개괄주의는 행정행위에 의하여 권리나 이익을 침해당한 경우에 법률상 예외가 인정되는 특별한 사항을 제외하고는 불복신청 또는 소송을 제기할 수 있도록 널리 인정하는 입법주의이다. 이 개괄주의는 행정소송의 범위를 널리 인정함으로써 권리구제에 충실하다는 장점이 있으나, 행정소송의 남발을 초래할 우려와 행정소송의 한계가 명확하지 않다는 단점이 있다. 반면에 열기주의는 행정소송의 범위는 명확한 반면에 권리구제에는 충실하지 못한 것이 단점이다. 우리나라의 현행법은 개괄주의를 채택하고 있다.

2) 사전 통제와 사후 통제

(1) 개설

오늘날에는 사전 통제를 강화하고 있다. 왜냐하면 사후 구제는 시간과 비용이 많이 들고 이미 침해된 권리나 이익의 원상회복이 불가능하기 때문이다.

(2) 우리나라의 제도

① 사전 통제

사전 통제의 강화는 행정의 능률성을 저해할 소지가 있으나, 참다운 능률은 민주적 절차를 통할 때 가능하다. 행정절차법에 행정청이 불이익 처분 등을 행할 경우에 상대방에 대하여 청문 등의 절차에 참여케 하여 자기의 이익에 관해 변명할 기회를 부여하고 있으며, 입법이나 행정계획 등을 수립할 경우에도 관계자의 권리나 이익을 고려하여 입법예고제(행정절차법 제41조)나 행정예고제(제46조) 등을 통하여 계획·정책 등의 수립에 이해관계인의 참여 권리를 인정하고 있다. 그러나 경찰과 관련하여 형사 관계법령에 의하여 행하는 사항이나 공무원 인사 관계법령에 의한 징계, 기타 처분에 대해서는 행정절차법에 의한 사전 절차가 적용되지 아니 한다(제3조). 국회가 입법권, 예산 심의권 등을 통하여 경찰관계법령의 제정이나 경찰예산의 편성과정에서 통제를 가할 수 있다.

② 사후 통제

사후 통제는 사법부의 사법심사에 의한 통제가 중심을 이루나, 행정부 내에서는 징계책임이나, 상급기관의 하급기관에 대한 감독권, 행정심판을 통한 통제가 가능하고, 입법부를 통해서는 국회의 예산결산권이나 국정 감사·조사권 등의 행정감독 기능을 통하여 통제가 가능하다.

3) 내부적 통제와 외부적 통제

(1) 우리나라의 제도

① 내부적 통제

㉠ 감사관 제도

경찰조직 내에서 자체 통제를 기하는 조직으로 청문감사관제도를 운영하고 있다.

감사는 비위 경찰공무원에 대한 징계처분을 통한 통제로 피동적인 억지 효과는 있다고 보여지나, 조직의 경직을 초래할 수도 있고 자율성에 바탕을 둔 동기부여에는 그 효과가 미치지 못하므로, 건설적인 방향의 감사관 제도의 운용이 요구된다.

▣ 청문감사관제도

목적	• 수사·형사·교통·방범 등 대민업무 관련 민원인의 고충 등 불편사항을 상담, 해소하고 피의자·참고인 등의 인권을 옹호하기 위해 설치
설치	• 청문감사관은 경찰서에 둔다.
직무 범위	• 수사·교통사고 진행문의 카드제 및 진술인 의견청취제 운용실태 확인 및 지도 • 고소·고발사건 및 교통사고사건 등 관련 민원인 불편·불만 사항 상담 및 해소 • 범죄 다발지역에 대한 순찰강화 등 주민 요구사항이 제대로 반영되고 있는지 여부에 대한 확인 및 시정 • 대민 친절봉사 이행실태 점검 및 지도 • 유치장 형사계 등 구속 또는 조사장소 인권보호 실태 점검 및 지도 • 경찰서의 감찰·감사업무도 함께 관장
감독	• 청문감사관의 직무에 관하여는 지방경찰청 감사담당관의 감독을 받음
권한	• 관련서면 등 자료제출 요구권 • 질의에 대한 담당자 등 관련자의 구두 및 서면 답변요구권 • 필요시 관련사항에 대한 직접조사권 • 청문감사관은 경찰서장에게 경찰관 교체를 건의할 수 있다.
신분 보장	① 청문감사관(경정 경감 또는 경위계급) 및 부청문감사관(경위이하)은 징계사유가 있을 때, 형사사건에 계류중인 때, 질병 등으로 직무를 수행할 수 없거나 직무수행 능력이 극히 부족할 때, 품위손상 등으로 물의가 야기되었을 때 등을 제외하고는 본인의 의사에 반하여 인사조치 등 신분상 불이익 처분을 받지 않는다. ② 청문감사관 및 부청문감사관은 ①의 사유가 없는 한 한곳에서 1년 이상 계속 근무케 하여야 한다.

㉡ **훈령권, 직무명령권**

상급기관이 하급기관에 대하여 지시권이나 감독권 등의 훈령권을 행사함으로써 하급기관의 위법이나 재량권 행사의 오류를 시정한다. 상급자는 하급 경찰공무원에 대하여 직무명령을 통하여 그 행위를 통제한다.

㉢ **행정심판의 재결권**

행정심판의 경우에는 당해 행정청의 직근상급행정기관이 재결청이 되므로(행정심판법 제5조), 상급경찰관청은 하급경찰관청에 대해 행정심판의 재결청으로서 통제를 가할 수 있다. 다만, 집회및시위에관한법률에 의거, 집회의 금지통고에 대하여는 금지통고를 행한 경찰관서의 행정구역을 관할하는 시·도지사에게 재결권이 있으므로(제9조), 그 범위 내에서는 외부적 통제에 해당하며, 경찰공무원의 징계 등 불이익 처분에 관한 심사청구는 행정자치부에 설치된 소청심사위원회에서 심사하므로 마찬가지로 외부적 통제에 해당한다.

② 외부적 통제

㉠ **경찰위원회 :** 우리나라의 경찰위원회가 형식적 수준에 머물러 있어 외부적 통제 기능을 제대로 수행하고 있지 못한다.

㉡ **국회에 의한 통제 :** 국회는 입법권과 예산의 심의 결산권, 국정감사·조사권 등의 권능을 행사함으로써 경찰의 입법과정, 예산 책정과 결산과정 그리고 경찰행정에 대하여 감사하고 조사함으로써 경찰을 통제할 수 있다.

㉢ **사법통제 :** 법원의 사법심사를 통한 통제로, 위법한 처분 등을 취소 등을 통하여 시정케 할 뿐만 아니라, 공무원 개인에게도 민사상·형사상의 책임을 물을 수 있다는 측면에서 위법한 행정작용을 억지하는 통제효과를 가져온다.

㉣ **행정부에 의한 통제**

ⓐ 행정수반인 대통령에 의한 통제 : 대통령은 경찰청장의 임명권, 경찰위원회 위원의 임명권 등을 통하여 경찰을 통제하며, 행정수반으로서 주요 정책결정을 통하여 경찰을 통제할 수 있다.

ⓑ 감사원 : 경찰기관의 세입·세출의 결산뿐만 아니라, 경찰기관 및 경찰공무원의 직무에 대한 감찰을 통하여 경찰을 통제한다.

ⓒ 행정자치부장관에 의한 통제 : 경찰청은 행정자치부장관 소속하에 두게 되어 있고(경찰법 제2조), 행정자치부장관은 경찰청장과 경찰위원회 위원의 임명제청권을 가지므로 상급관청으로서의 권한행사를 통하여 경찰을 통제할 수 있다.

ⓓ 국민고충처리위원회에 의한 통제 : 국민의 고충민원을 접수·상담하는 과정에서 국민고충처리위원회가 경찰을 통제한다. 동 위원회는 고충민원에 관한 상담·조사 및 처리, 고충민원에 관한 조사의 결과 위법·부당한 처분 등에 대한 시정조치의 권고, 행정제도 및 운영의 개선에 관한 권고 또는 의견표명 등의 기능을 수행하므로(제16조), 그러한 범위 내에서 경찰에 대한 통제기능을 수행한다. 다만, 수사에 관한 사항이나, 경찰공무원 또는 직원에 관한 인사행정상의 행위에 관한 사항 등은 위원회의 관할범위에 속하지 아니한다.

ⓔ 기타 : 경찰은 정보·보안 업무와 관련하여서는 국가정보원의 조정과 통제를 받고 있으며, 대 간첩작전은 국방부의 통제를, 그리고 수사업무는 검찰에 의한 지휘를 받고 있다. 특히, 검사는 수사지휘권(형사소송법 제196조, 검찰청법 제53조), 경찰서 등의 구속장소 감찰권(형사소송법 제198조의 2), 교체임용 요구권(검찰청법 제54조) 등을 통하여 경찰을 통제한다.

㉤ **민중통제**

민중통제는 여론, 이익집단, 언론기관, 정당 등을 통한 통제를 의미하는 것이며, 이는 민주국가의 특징이라고 할 수 있다. 특히 언론기관에 의한 통제는 현대 경찰조직의 정책, 각 기능별 경찰활동, 경찰관 개개인의 행동윤리 등에 대한 가장 강력한 통제기능을 발휘하고 있다. 각종 매체를 통해 국민들에게 알권리를 제공하고 여론을 형성한다는 점에서 경찰에 대한 또 하나의 통제장치로 자리하고 있으며, 국가의 정책결정에도 엄청난 영향력을 행사하고 있다.

▣ **경찰통제의 유형**

민주적 통제	• 경찰위원회
사법적 통제	• 행정소송법과 국가배상법
사전 통제	• 행정절차법 • 입법권, 예산심의권
사후 통제	• 사법부 : 사법심사에 의한 통제 • 입법부 : 국회의 예산결산권이나 국정 감사·조사권 등의 행정감독 기능을 통한 통제 • 행정부 : 징계책임이나 상급기관의 하급기관의 감사권, 행정심판을 통한 통제
내부 통제	• 감사관 제도 • 훈령권, 직무명령권 • 행정심판의 재결권

외부 통제	• 국회에 의한 통제 • 경찰위원회 • 사법통제 • 행정부에 의한 통제 • 민중통제
직위 해제 사유	• 직무수행 능력이 부족하거나 근무성적이 극히 불량한 자(이 경우 임용권자 또는 임용제청권자는 직위해제된 자에 대하여 3월 이내의 기간 대기를 명한다) • 징계의결이 요구중인 자 • 형사사건으로 기소된 자(약식명령이 청구된 자는 제외)
효 력	• 직위해제가 된 때에는 직무에 종사하지 못한다. 임용권자 또는 임용제청권자는 직위해제사유가 소멸한 경우 지체없이 직위를 부여하여야 한다. • 휴직기간 중 신분은 보유하나 직무에 종사하지는 못한다. 휴직기간 중에 휴직사유가 소멸될 때에는 30일 이내로 임용권자 또는 임용제청권자에게 이를 신고하여야 하며, 임용권자는 지체없이 복직을 명하여야 하고, 휴직기간이 만료된 당해 공무원이 30일 이내에 복귀신고를 한 때에는 당연 복직된다.

4) 치안참정권의 확보

1991년 제정된 경찰법은 경찰을 행자부 산하기관(외청)으로 규정하고 있어서 행정자치부장관이 경찰위원회 위원과 청장, 총경 이상 간부 임명에 대한 제청권과 함께 의결사항 재의권까지 독점하고 있다. 반면 경찰위원회는 예산 및 주요 업무사항의 심의권을 갖고 있으나 경찰력 동원 등의 실질적인 권한이 없어 들러리 기관에 불과하다는 지적이 많으며, 경찰법 제 6 조의 「행자부장관은 경찰위원 제청 때 경찰의 정치적 중립이 보장되도록 하여야 한다」는 형식적 조항만 두고 있을 뿐이다.

각 시 · 도지사 산하에 설치되는 치안행정협의회도 일부 행정업무에 대한 경찰과 지자체간 힘겨루기에 밀려 유명무실한 기구가 된 지 오래이다. 협의회 규정에 따라 전국 15개 시 · 도의 치안행정협의회가 최소한 연간 60차례 회의를 열어야 함에도 불구하고, 실제로는 92년 35회, 93년 10회에 그치고 있으며, 협의회별로 회의가 전혀 없거나 연간 한두 차례 열린 것이 고작이다. 1995년 본격적인 지방자치제 도입 후에는 민선 지방정부와 경찰간 대립이 심화하면서 사실상 그 기능이 정지되어 서울의 경우는 올 상반기 아예 회의가 열리지 않았다.

이처럼 민주적 통제가 빈약한 상황에서 반세기 동안 중앙집권적 조직으로 육성된 경찰은 정치적 영향과 조직의 관료화로 시국치안을 위한 기능만 강화되었고, 민생치안 부서의 인력부족과 부실한 근무여건을 만성화시키는 폐해를 낳았다.

연방국인 미국은 치안참정권이 각종 법률과 제도면에서 가장 폭넓게 보장되고 있다. 치안의 핵심인 주경찰은 주의회에서 임명되는 주 감독관이나 주 경찰위원회의 통제를 받는다. 지방경찰 중 도시경찰은 직선 경찰장, 합의제 경찰위원회, 독임제 등 3~4가지 관리방식으로 운영되며 군경찰은 직선 치안관이 맡는 형태를 취하고 있다.

영국도 주경찰, 런던시 경찰, 특별시 경찰 등 여러 형태의 자치경찰제를 통해 치안참정권을 실현하고 있다. 내무부 직속의 국가경찰은 수도경찰청과 북아일랜드 지역만 관리하며, 나머지는 공안위원회와 경찰위원회 산하 자치경찰로 지방의회 통제를 받는다(스코틀랜드 지역은 자체 국가경찰제).

프랑스는 내무장관 밑에 경찰총국을 두고 전국을 통제하는 국가경찰제를 실시하고 있다. 그러나 인구 1만 명 미만인 코뮌 지역(시・읍・면에 해당)에는 자체 파출소・순찰대 등 다양한 형태의 자치경찰제를 허용하고 있다.

치안분권주의를 채택한 독일은 각 주정부가 독자적인 국가경찰제를 실시하고 있다. 하지만 일부 주는 시・읍・면에 자치제 경찰을 혼용하거나 국가・자치경찰의 이원체제를 유지하고 있으며 경찰조직에 민간인을 다수 참여시켜 관료화의 폐해를 막고 있다.

일본은 원래 관료형 국가경찰제를 발전시켰으나 2차대전 패전 뒤 자치경찰제를 도입해 공안위원회의 통제를 받는 국가경찰과 행정단위인 도・도・부・현별 지방공안위원회와 지방경찰본부로 조직이 이원화돼 있다. 특히 국가 및 지방 공안위원의 임명 때는 반드시 국회와 지방의회의 동의를 거치도록 하고 있다.

이처럼 치안참정권을 어떻게 실현할 것인가는 쉽지 않은 과제지만, 최근 지방자치제 확대에 따른 주민들의 자치욕구가 높아지면서 여러 대안들이 활발히 모색되고 있다. 현재 가장 널리 알려진 대안으로는 자치경찰제를 들 수 있다. 생활안전, 교통, 기초수사 등 민생치안 업무를 지역의회와 자치단체장의 통제를 받는 자치경찰에게 맡겨 치안에 서비스 개념을 도입하자는 안이다. 한편 자치경찰제 이외의 대안들은 치안감시관 제도, 지방의회 중심의 치안청문회 개최 등이 언급되고 있다.

제6장 한국경찰의 향후 과제

제1절 경찰개혁

1. 경찰개혁의 방향

1) 경찰개혁의 개념

(1) 의의

경찰개혁은 행정개혁[1]의 개념을 원용(援用)하여 경찰에 적용한 하위개념으로 파악할 수 있다. 경찰개혁이란 국가발전의 적극적인 목표를 향해 경찰행정체계를 개선하면서, 새로운 가치를 지향하고 새로운 환경에 능동적으로 대처하기 위하여 구조・절차・방법 등을 개선시키려는 의도적인 변혁과정이라고 정의할 수 있다.[2] 이러한 경찰개혁의

1) 행정개혁(administrative reform)이란 행정을 현재 상태보다 더 나은 상태・방향으로 유도하려는 의도적・계획적 변동을 의미한다. 행정개혁은 행정조직의 구조변동과 새로운 정책・기술・방법의 채택・적용뿐만 아니라 행정인의 가치관・신념・태도를 변화시켜 개인발전과 조직발전을 통합시키려는 것이다.

2) 이황우, 「경찰행정학」 (제3판) (서울: 법문사, 2002), p. 530.

궁극적인 목표는 경찰제도 및 경찰활동의 개선을 통해 국민에게 양질의 치안서비스를 제공함으로서 국민만족도 향상을 꾀하는 데 있다.

(2) 경찰개혁의 특성

① 저항성

개혁은 저항성을 지니고 있다. 저항성은 곧 저항세력을 의미하는데 그 주체가 조직 내부의 경찰관일 수도 있고, 경찰활동의 대상인 시민과 각종 압력단체 등이 주체가 될 수도 있다. 이러한 저항세력에 의한 저항의 양태는 소극적 저항과 중립적 저항이 있다. 반면에 적극적으로 반대논리를 펴서 개혁을 부정하는 반대세력도 있을 수 있으나, 경찰관료의 특성상 전자의 두 유형이 다수일 수가 있다.[3)]

② 기술성, 정치성

조직관리의 기술적 성격과 정치적 지지에 영향을 받는다.

③ 계속성

새로운 행정수요가 제기되고 계속적 해결방안이 요청된다.

④ 목표지향성

미래의 목표를 향해서 행해지는 통태적인 성격이다.

⑤ 바람직한 가치의 실현

동적 변혁의 의미를 지니는 경찰개혁은 그 변혁의 방향으로서 바람직한 가치실현, 즉 인권 · 자유 · 질서 · 공익 · 정의 · 봉사 등 가치실현을 내포하고 있다.

⑥ 개방적 · 외부지향적 성격

경찰개혁은 경찰조직 내부의 기능재배치나 축소 등 수단적 규범의 쇄신, 수용을 의미하는 폐쇄적이고도 내부지향적인 개념에 국한되지 않고 국민의 생명, 재산보호와 질서유지에 의한 국민편익제공 등 개방적이고 외부지향적인 개념을 포함하고 있다.

⑦ 인위적 · 계획적 변혁

경찰개혁은 시대의 흐름에 따라 저절로 일어나는 변화를 의미하는 것이 아니다. 즉, 인위적이고 계획적인 전략을 통한 변혁을 의미하며, 경찰개혁을 위한 전략에는 목표달

---

3) 이상안, “경찰개혁의 평가와 지속화 전략”, 치안연구소, 「제12회 치안정책학술세미나 자료집」, 2000, p, 20.

성을 위해 상당한 시간에 걸쳐 집요하게 추진하는 지속적 전략과 일순간에 해치우는 단속적 전략이 있다. 지속적인 전략은 경찰조직 구성원의 의식, 행태, 가치관을 내면화하기 위해서 사용되는 전략이며, 단속적 전략은 일정기간 내에 조직, 규제, 지침 등을 개선하기 위한 전략이라고 할 수 있다.

⑧ 불확실성과 위험

새로운 방법을 고안하여 적응하려는 노력으로 불확실성과 위험을 내포한다.

(3) 경찰개혁의 필요성

첫째, 과학기술의 발달로 인한 요청이다. 특히 가상공간, IT기술, Network화, 정보의 자원화와 공유, 사이버범죄 · 테러의 등장, 집권형 구조에서 다극화 구조화, 폐쇄형 사회의 몰락이 경찰개혁에 과학기술의 도입을 촉구하고 있다.

둘째, 국민의식 수준 향상에 따른 요청이다. 과거 산업사회에서 정보화사회로의 전환은 국민의식의 향상을 가져옴으로써 참여와 정보공개 등 행정통제가 강화되었다.

셋째, 고객지향적 경찰서비스의 요청이다. 과거 획일적 경찰서비스가 아닌 다양한 맞춤형 경찰서비스의 제공이 요구되면서 고객구조의 변화가 일어나고 있다.

넷째, 중앙정부의 새로운 철학적 가치추구로 인하여 정치이념이 변화되면서 경찰개혁의 필요성이 강조되고 있다.

다섯째, 경찰행정에 대한 새로운 수요 발생과 기관장의 변동으로 경찰개혁이 요구되고 있다.[4]

(4) 경찰개혁에 대한 저항의 원인

개혁의 추진에는 항상 반대와 저항이 따르게 마련이고 개혁의 성과가 충분히 나타나기까지에는 많은 기간이 소요된다. 개혁에 있어서 공무원과 정치인 및 국민이 반대 또는 저항하는 이유는 각 개혁안의 종류와 성격에 따라 다르지만 각국의 개혁에 대한 공통적인 주요 저항원인을 제시하면 다음과 같다.[5]

첫째, 개혁에 대한 불안감으로 기존의 질서와 현상이 유지되길 원하기 때문이다.

둘째, 개혁으로 인한 이익의 상실 또는 불이익에 대한 두려움 때문이다.

---

4) 임창호, 전게서, p. 340.

5) Roy R. Roberg and Jack Kuykendall, Police Management (LA: Roxbury Publishing Campany, 1997), pp. 386-390.

셋째, 개혁으로 새로운 임무가 부여된 데 대한 적응의 두려움 때문이다.

넷째, 상부로부터의 일방적인 개혁정책 결정에 대한 불만 때문이다.

다섯째, 개혁의 목적·방향 및 결과에 대한 이해부족 등 피개혁자의 능력부족 때문이다.

여섯째, 관료제의 경직성과 보수적 경향, 그리고 기득권 침해에 대한 우려 때문이다.6)

(5) 저항원인에 대한 극복방안

경찰개혁에 있어서 발생하는 저항원인에 대한 극복방안으로는 경제적 보상을 이용하는 공리적 전략과 제재를 통한 강제적 전략, 그리고 리더십과 여론 및 의식개혁 등을 이용한 규범적 전략이 있다.7)

2) 경찰개혁의 접근방법

경찰개혁은 먼저 경찰조직의 내부적·외부적 개혁이 있고, 이론적 근거에 기반하여 공직윤리적 접근방법과 구조과정적 접근방법을 통한 경찰개혁으로 구분하기도 한다. 특히 공직윤리적 접근방법은 사람의 개혁에 중점을 둔 것이며, 구조과정적 접근방법 조직의 개혁에 중점을 두는 접근방법이다.8) 이 외에도 급진적 방법과 점진적 방법, 하향적 방법과 상향적 방법으로 구분할 수도 있다.

(1) 내부적 개혁과 외부적 개혁

내부적 개혁으로는 첫째, e-Policing의 구현을 위해 전자정부에 걸맞는 지식정보기반의 구축과, 사이버경찰청 창설, 둘째, 잘못된 의식·제도·관행의 타파, 셋째, 자율·창의·책임의 개혁이념 내면화, 넷째, 사기진작 및 자긍심고취, 다섯째, 경찰서비스의 생산성·경쟁력 개념도입, 여섯째, 지역사회 경찰활동(Community Policing)의 방범분야

---

6) 임창호, 전게서, p. 342.

7) 이러한 규범적 전략은 참여확대, 의사소통의 촉진, 개혁의 공공성 확보, 개혁방법과 기술의 수정, 개혁의 점진적 추진, 관료조직의 혁신 등을 들 수 있다.

8) 공직윤리적 접근방법은 인간중심 접근법으로서 의식행태(자율, 창의, 책임), 규범가치(인권, 평등, 질서, 공익, 정의, 봉사), 경찰문화(신뢰, 경쟁, 도덕성)을 하위개념으로 하고 있으며, 구조과정적 접근방법은 직무중심 접근법으로서 기능재조정(권한과 책임의 명확화, 집권과 분권), 기술적 접근(처리절차, 업무량, 정보화), 과정적 접근(토론, 협조, 정보교류, 의사소통), 감축관리(기구와 기능의 축소, 예산재배분)을 하위개념으로 하고 있다. 이황우, 전게서, p. 534.

적용 등의 개혁이 해당된다.[9] 외부적 개혁으로는 수사권독립과 자치경찰제의 도입 등을 들 수 있다.

(2) 경찰개혁의 전략

경찰개혁을 위한 전략으로는 개혁의 범위와 속도에 따른 전략과 추진방향에 따른 전략으로 구분할 수 있다. 각 전략의 특징은 다음과 같다.

첫째, 급진적 · 전면적 전략은 근본적인 변화를 일시에 달성하려는 광범위하고 빠른 속도의 추진전략을 의미하며, 개발도상국에서 주로 사용하는 전략이다. 하지만 급진적이고 상의하달식의 개혁은 경찰조직의 인적자원 관리에 대한 심각한 문제를 초래할 수 있다.

둘째, 점진적 · 부분적 전략은 개혁의 영향 · 수용태세 동원자원을 감안하여 완만하게 추진하려는 전략을 의미하며 소극적 개혁이라고도 한다. 그러나 점진적이고도 구성원들의 참여를 허용하는 경찰개혁은 너무 신중하고 다양한 의견을 종합하려 하다가는 획기적인 경찰개혁안이 나올 수 없다는 단점이 있다.

셋째, 명령적 · 하향적 전략은 대내 · 외의 참여 없이 상층부에서 일방적으로 추진하는 전략으로서 저항을 유발하고, 지속화가 곤란하다는 문제가 있다.

넷째, 참여적 · 상향적 방법은 구성원의 아이디어를 수집하고 그들의 의견을 반영하여 추진하는 전략으로서 저항을 최소화하고, 신속한 변화가 곤란하다는 문제가 있다.[10]

3) 우리나라 경찰행정의 개혁

경찰은 주변 환경변화에 따라 늘 혁신하고 변화해 나가야 한다. 경찰청에서는 10대 혁신선도과제를 선정하여 추진하고 있으며, 2003년 4월 30일 전문성과 개혁성을 겸비한 외부인사 18명으로 '경찰혁신위원회'를 구성하여 경찰혁신의 추진방향, 주요혁신과제의 심의 등 국민의 입장에서 경찰혁신의 요구를 반영할 수 있는 기구를 신설하였다. 경찰혁신위원회는 업무혁신 · 자치경찰 · 수사제도의 3개 분과위로 구성되었으며, '경찰혁신기획단'을 설치하여 실무적으로 경찰혁신위원회를 보좌하고 경찰혁신을 주도하는 혁신추진체계를 마련하였다.

9) 임창호, 전게서, p. 343.
10) 상게서, p. 343.

▣ 경찰혁신 선도과제

주 제	내 용
불합리한 행태 및 관행 타파	음주단속방법 개선, 일제검문검색방법 개선
혁신공감대 조성	인터넷 혁신코너 운영, 전문경찰관제도
국민참여 제도화	청문감사관실의 고객지원센터화
국민인권보호	인권실 설치, 범죄피해자 진술녹화제 시행
사회적 약자 보호	외국인 근로자 범죄피해신고센터 운영
부정부패 척결	경찰관 행동강령 제정, 시민감사관제 도입
인사투명성 및 공정성 제고	직위공모제, 특진예고제, 다면평가제 시행
분권 및 자율의 신장	정원조정권 이양, 기획수사의 자율성 보장
사기진작	주 40시간 근무제, 계급별 인력구조 개선
경찰이미지 개선	인터넷 홍보팀 운영, 모범경찰관 선발

2. 주요 경찰개혁 과제

1) 자치경찰제의 실시

한국 경찰이 당면한 최대 현안은 자치경찰제 실시와 관련된 조직 개편과 수사권 제도 개편이다. 국가경찰은 경찰조직의 능률성에, 자치체경찰은 경찰조직의 민주성에 중점을 둔다.

제주특별자치도 설치 및 국제자유도시 조성을 위한 특별법 108조에서는 제주자치경찰단이 처리하는 자치경찰사무로 주민의 생활안전활동에 관한 사무, 지역교통활동에 관한 사무, 공공시설 및 지역행사장 등의 지역경비에 관한 사무, 사법경찰관리의 직무를 행할 자와 그 직무범위에 관한 법률에서 자치경찰공무원의 직무로 규정하고 있는 사법경찰관리의직무를 규정하고 있다. 자치경찰사무의 예를 들면 순찰 및 시설운영, 주민참여 방범활동 지원, 안전사고 및 재해재난 등으로부터의 주민보호, 아동 청소년 노인 여성 등에 대한 보호, 가정폭력, 학교폭력 등의 예방 등이다.

■ 국가경찰제도와 자치경찰제도의 비교

	국 가 경 찰 제 도	자 치 경 찰 제 도
장 점	• 국가권력을 배경으로 경찰활동의 능률성 · 기동성 확보 • 균등한 경찰서비스 제공 • 타 행정부문과의 긴밀한 협조	• 각 지방의 특성에 적합한 경찰행정 • 인권보장과 민주성 보장에 유리 • 조직 · 운영의 자율적 개혁이 용이
단 점	• 중앙정치에 이용될 우려 • 관료화되어 주민과 멀어짐 • 각 지방의 특수성 저해	• 전국적, 광역적 활동에 부적합 • 타 경찰기관과의 협조가 곤란 • 지방세력의 간섭으로 정실 우려

2) 규제개혁

경찰개혁의 또 다른 과제는 지속적인 경찰규제개혁의 추진이다. 2004년부터 정부는 국무조정실에 규제개혁기획단을 설립하여 기업활동을 제약하는 덩어리 규제를 획기적으로 정비해 나가고 있다. 경찰에서는 국민생활의 불편해소와 경제활성화를 위하여 개선해야 할 규제를 적극 발굴하여 정비해 나가야 한다.

3) 제안제도의 활성화

경찰혁신을 위해서는 경찰관 자신에 의한 혁신추진이 필요하다. 제안제도는 공무원의 창의적인 의견과 고안을 장려하고 계발하여 이를 정부시책에 반영함으로써 행정의 능률화와 경비의 절감을 기하고, 공무원의 참여의식과 과학적 문제해결 능력의 증진 및 사기앙양을 위한 제도이다. 경찰에서도 이러한 제안제도를 활용하여 업무개선·발전 및 대국민 치안서비스 향상에 기여하기 위해서 「경찰청자체제안제도운영규칙」(경찰청 훈령 제327호)을 제정 · 시행하고 있다.

4) 경찰서비스헌장제 운영

행정서비스헌장제는 '행정기관이 제공하는 ①서비스의 기준 및 내용 ②제공절차와 방법 ③잘못된 서비스에 대한 시정 및 보상조치 등을 국민과의 협의를 통해 구체적으로 정하여 공표하고 이의 실천을 약속하는 제도'로 '90년대 초부터 행정서비스의 질적 향상과 정부개혁의 일환으로 미국·영국 등 선진국을 중심으로 시작되었다.

경찰청에서는 1998년 9월 30일 경찰서비스헌장을 제정·공포하였고, 1999년부터는 각급 경찰관서에서도 지역실정에 맞는 서비스헌장을 제정, 실천함으로써 치안행정에 대한 주민참여 모델로 자리잡아 가고 있다.

5) 주 40시간 근무제 실시 참여

(1) 추진 배경

2003년 8월 근로기준법 개정으로 주 40시간 근무제 시행의 법적 토대가 마련되게 되었고 이에 따라 연간 2,379시간에 달하는 우리나라의 근로시간을 선진국 수준인 2,000시간 이내로 점진적 단축함으로써 삶의 질 향상, 일자리 나누기를 통한 실업문제 해결 및 경제 활성화 기여 등을 위해 추진하게 되었으며, 경찰청도 24시간 상시근무체제를 유지해야 하는 업무특성상 전면 참여가 불가능한 교대근무자의 보상방안에 대한 필요성 증대에 따라 자체적으로 추진하였다.

(2) 경찰청 실시 경과

경찰청에서는 2003년 6월부터 부분 실시하여 내근 위주로 약 30% 정도만이 참여할 수 있었으나 근무방법·형태 등을 개선 각 기능별 특성에 맞는 근무제도를 발굴하여 시행하였고 운영상의 문제점이나 휴무 토요일의 치안 공백·국민 불편 등은 나타나지 않았다.

6) 고객만족 치안행정

(1) 고객만족 치안행정의 추진

권력기관이 아니라 고객만족의 서비스 기관으로 거듭나기 위해 꾸준히 노력하여 경찰행정 국민만족도가 65.7('04) → 66.1('05) → 67.6('06 上) → 70.2('06 下)로 향상되고 있다. 경찰행정 전반에 걸쳐 고객편익을 중심으로 다양한 시책을 추진함으로써 국민만족도가 대폭 개선되고 있다.

■ 경찰행정에 대한 국민만족도

구 분	'02	'03	'04	'05	'06.上	'06.下
국민만족도	67.2	67.6	65.7	66.1	67.6	70.2
증감(P)	–	+0.4	−1.9	+0.4	+1.5	+2.6

* (여론조사기관, 3만 여 명)

특히 경찰청은 치안서비스 품질 향상을 통한 고객 체감 치안행정 구현을 위해 2007년 3월 교보생명과 교류협력 약정을 체결하고 서비스 수준을 우수 민간기업 수준으로 향상시키는 노력을 펴고 있다. 경찰청은 '고객만족 모니터실'을 개소하고 치안고객만족지수를 개발하고 全 경찰관서에 실질적인 CS교육 및 컨설팅 등을 진행하여 고객 체감 만족도를 높이고, 고객만족 전담부서 설치('06. 7) 및 「고객만족 치안행정전략」을 추진('06. 11)하고 있다.

(2) 고객만족 치안행정의 성과

고객만족 치안행정의 성과를 보면, 수요자인 국민을 중심으로 한 민원프로세스 전반에 대한 혁신('06.6)을 들 수 있다.

① 절도사건 피해자조사 One-stop 처리제 : 소요시간 280 시간→ 100시간 ▶ 고소·고발사건 책임수사제(즉일조사 등) : 이송·장기사건 90% ↓

② 운전면허증 재교부 절차개선 : 재발급 소요기간 15일 → 7일 이내

③ 원스톱 사실확인원 파출소까지 확대 발급(사실확인원(6종) : 사건사고·도난신고·도난해지·변사·교통사고)

④ 도서지역(487개)에 「찾아가는 수사민원 서비스」 제공

⑤ 적극적인 도움이 필요한 「독거노인 안전확인 서비스」 등의 시책을 펴고 있다.

⑥ 「사이버범죄 민원콜센터(CTI)」 전면 활성화, 네티즌 만족도 향상

⑦ 관서별 CS리더, CS서포터 등 촉진그룹을 구성하여 자율적 CS 혁신활동 정착을 도모하는 등 종합적인 추진체계 구축

⑧ 고객만족 모니터실 설치·운영('07.4)으로 조사설계 및 통계분석, 전문모니터요원 등 총 26명 규모, 고객 만족도·전화친절도·Call-back 조사 및 치안정책 모니터링 수행 등의 성과를 올리고 있다.

⑨ 치안고객만족 서비스 시스템(PCSS) 구축

【 PCSS 구성체계 】

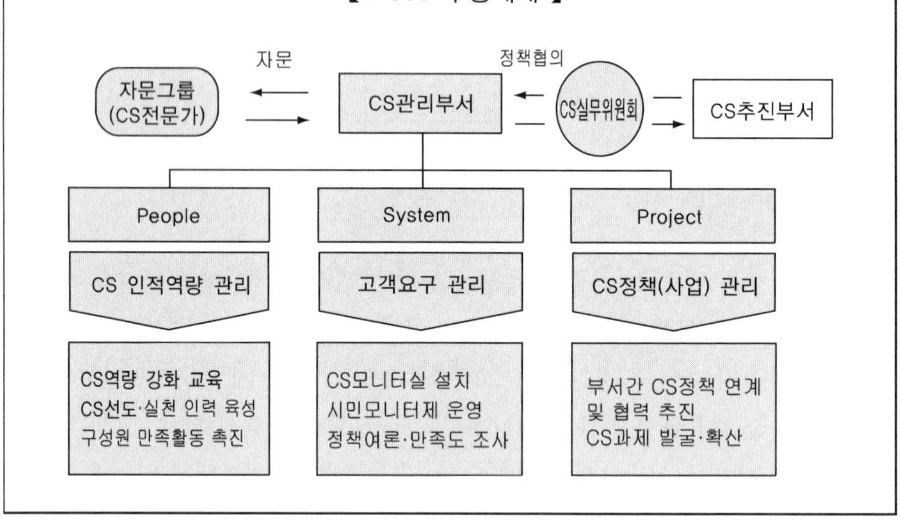

제2절 경찰수사권 독립

1. 현행 검사와 경찰의 권한관계

범죄수사에 있어서 현행 경찰법 제3조와 경찰관직무집행법 제2조에서는 각각 범죄수사를 경찰의 임무(직무)로 규정하고 있다. 그러나 경찰의 수사권은 형사소송법 제196조의 규정 등에 의거, 검사의 지휘를 받도록 되어 있는 등 제한적인 범위내에서 행사가 가능하도록 규정되어 있다. 검사와 사법경찰관리와의 관계에 대하여 우리나라는 검사를 수사의 주재자로 하고 범죄수사에 관하여 검사의 사법경찰관리에 대한 지휘감독권을 인정하고 있다(형사소송법 제196조, 검찰청법 제4조). 특히 검찰청법 제53조에서는 사법경찰관리의 검사에 대한 복종의무를 명문화하여 양자의 관계를 상명하복관계로 규정하고 있다.[11)]

11) 서보학, "검찰 · 경찰간의 합리적 수사권 조정방안," 수사권조정자문위원회, 「검 · 경 수사권조정에 관한 공청회 자료집」, 2005. 4. 11, pp. 198～199.

1) 현행 경찰수사권의 실태

(1) 수사개시

경찰은 범죄수사에 있어서 경찰법 제3조, 경찰관직무집행법 제2조 제1호, 사법경찰관리집무규칙 제2조 제2항에 의해 그 임무로 규정되어 있고, 실무에서도 독자적으로 범죄를 입건・수사하는 수사개시권을 행사하고 있다. 또한 사법경찰관에게는 검찰에 대한 수사사무보고・정보보고의무(사법경찰관리집무규칙 제11조・제12조), 사법경찰관리가 타관할 수사시 관할지방검찰청 검사장 또는 지청장에게의 보고의무(형사소송법 제210조) 등이 부과되어 있다. 하지만 이러한 규정들은 사법경찰관리의 수사개시에 있어서도 독자성을 부정하는 조항으로 볼 수 있으며, 경찰의 고유한 범지예방 및 정보조치에 대하여도 검찰이 개입하려는 의도로 볼 수밖에 없다.

(2) 수사실행

첫째, 강제수사에 있어서 독자적 영장청구권이 경찰에게는 인정되지 않기 때문에 반드시 검사에게 신청하여 검사의 청구로 관할지방법원판사의 구속영장을 받아야만 피의자를 구속할 수 있다(헌법 제12조 제3항, 형사소송법 제201조・제215조). 따라서 사법경찰관은 직접 법원에 영장을 청구할 수 없고, 오직 검사에게 신청하여 검사가 그 필요여부를 판단한 후 판사에게 청구토록 되어 있다. 영장의 집행은 사법경찰관리가 행하나 이것 역시 검사의 지휘에 의하도록 되어 있다(형사소송법 제81조, 사법경찰관리집무규칙 제23조 3항).

둘째, 서장이 아닌 경정 이하의 사법경찰관리가 직무집행에 관하여 부당한 행위를 하는 경우에는 관할지방검찰청 검사장은 당해사건의 수사중지를 명하고, 임용권자에게 그 교체임용을 요구할 수 있다. 이 요구가 있는 때에 임용권자는 정당한 이유를 제시하지 아니하는 한 교체임용의 요구에 응하여야 한다(검찰청법 제54조).

셋째, 지방검찰청 검사장 또는 지청장은 불법체포·구속의 유무를 조사하기 위하여 검사로 하여금 매월 1회 이상 관하수사관서의 피의자의 체포·구속장소를 감찰하게 하여야 한다. 감찰하는 검사는 체포 또는 구속된 자를 심문하고 관련서류를 조사하여야 한다. 그리고 피구속자가 불법으로 구속된 것이라고 의심할 만한 상당한 이유가 있을 때에는 즉시 체포 또는 구속된 자를 석방하거나 사건을 검찰에 송치할 것을 명한다(형사소송법 제198조의 2).

넷째, 변사체가 발생하면 사법경찰관은 검사에게 보고하고 지휘를 받으며, 그 명에 의하여 검시조서를 작성한다(형사소송법 제222조, 사법경찰관리집무규칙 제33조). 이는 수사의 단서에 해당하는 영역까지 검사의 지휘권을 인정한 규정이다.

다섯째, 사법경찰관리가 관할구역 외에서 수사를 하거나 관할구역 외의 사법경찰관리의 촉탁을 받아 수사할 때에는 관할지방검찰청 검사장 또는 지청장에게 보고하여야 하며, 긴급을 요할 때에는 사후에 보고할 수 있다(형사소송법 제210조).

여섯째, 관할지방검찰청 검사장은 폭력행위등처벌에관한법률위반의 범죄가 발생하였음에도 불구하고, 이를 그에게 보고하지 아니하거나, 그 수사를 태만히 하거나, 또는 수사능력부족 기타의 이유로써 사법경찰관리로서 부적당하다고 인정하는 자에 대해서는 그 임명권자에게 당해 사법경찰관리의 징계・해임 또는 체임을 요구할 수 있다. 이 요구가 있을 경우에 임명권자는 2주일 이내에 당해 사법경찰관리에 대하여 행정처분을 한 후 이를 관할지방검찰청 검사장에게 통보하여야 한다(폭력행위등처벌에관한법률 제10조). 이는 검찰이 경찰의 행정처분까지 간섭할 수 있는 규정이다.

일곱째, 우리나라 형사소송법에서는 검찰의 피의자신문조서와 경찰의 피의자신문조서의 증거능력에 차이를 두고 있다. 이러한 경찰의 피의자신문조서는 공판정에서 피고인이 그 내용에 대한 진정을 인정할 때에만 증거능력으로 인정하고 있다. 이는 기본적으로 경찰수사에 대한 신뢰의 문제이며, 수사과정에서 사건관계자 들의 불편과 업무의 중복을 초래하는 등 많은 문제점을 양산하고 있다.

(3) 수사종결

사법경찰관은 수사종결권이 없으므로 모든 사건을 수사종결시 관할지방검찰청 검사장 또는 지청장에게 송치하여야 한다(사법경찰관리집무규칙 제54조). 특히 사법경찰은 “혐의 없음”과 “죄가 안됨” 및 “공소권 없음”의 불기소사건에 대해서도 자체적인 수사종결권을 가지고 있지 않다. 고소・고발사건의 경우 2개월 내 수사를 완료하여 송치하여야 하고, 만약 그 기간내 완료치 못한 때에는 검사로부터 그 연장품신을 받아야 한다(사법경찰관리직무규칙 제39조).

송치 후 수사를 속행하는 경우 미리 주임검사의 지휘를 받아야 하며(동 규칙 제59조 제1항), 사건의 송치 후 당해 사건에 속하는 피의자의 여죄를 발견하였을 때에는 즉시 주임검사에게 보고하여 그 지휘를 받아야 한다(동 규칙 제59조 제2항).

이처럼 현행법규는 검사를 수사의 주재자로 규정하여 모든 범죄사건을 지휘하고 수사하여야 하지만, 국가중대범죄나 사회적으로 이슈화된 범죄, 경제범죄, 주요 인물수사 등을 제외한 대부분의 범죄사건은 실질적으로 경찰이 전담하여 수사개시부터 종결까지 담당하고 있다. 현실이 이러함에도 불구하고 경찰은 합당한 법적지위를 인정받지 못하고 있으며, 사건현장에서도 권한과 책임의 불일치를 체감하고 있다.

▣ 현행 법제상 수사구조

- ▶ 검사의 경무관이하 사법경찰관리에 대한 수사지휘권(형사소송법 제196조)
- ▶ 범죄수사상 사법경찰관리에 대한 검사의 지휘 · 감독권(검찰청법 제4조 제1항 제2호)
- ▶ 범죄수사상 사법경찰관리의 검사에의 복종의무(검찰청법 제53조)
- ▶ 서장 아닌 경정이하의 사법경찰관리에 대한 교체임용권(검찰청법 제54조)
- ▶ 검사의 영장청구권 독점(헌법 제12조 3항 및 형사소송법 제200조의 2 제1항, 제201조, 제215조 제2항)
- ▶ 변사체 검시나 압수물의 환부, 가환부시 검사의 지휘(형사소송법 제222조 제3항, 제219조 단서)
- ▶ 구속영장, 압수 · 수색영장의 집행시 검사의 지휘(형사소송법 제81조 제1항, 제115조 제1항)
- ▶ 사법경찰관리 작성서류의 증거능력제한(형사소송법 제312조 제2항)
- ▶ 검사의 경찰서 구속장소 감찰권(형사소송법 제198조의 2 제2항)
- ▶ 관할구역 외에서 수사할 경우 사법경찰관리의 관할지방검찰청 검사장 또는 지청장에의 보고의무(형사소송법 제210조)
- ▶ 피의자 긴급체포시 검사의 승인(형사소송법 제200조의 3 제2항)
- ▶ 사법경찰관의 관할지방검찰청검사장 또는 지청장에 대한 수사사무보고, 사법경찰관의 정보보고, 구속피의자 및 현행범인 석방시 검사에게 보고(사법경찰관리 집무규칙 제11조, 제12조, 제26조, 제32조)
- ▶ 구속피의자 석방시 검사의 지휘(사법경찰관리 집무규칙 제26조)등이다.

2) 외국의 실태

영미법계인 영국과 미국은 경찰을 독자적인 수사기관으로 인정하고 있다. 대륙법계에서는 행정경찰 기능은 행정권에 속하고, 사법경찰 기능은 사법권에 속한다고 하고 있으나, 영미법계 국가에서는 이와 같은 구분을 인정하고 있지 않고 경찰이 사법권을 행사하고 있다.

반면, 대륙법계인 독일, 프랑스에서는 경찰에게 독자적인 수사권이 부여되지 않고, 경찰은 수사의 주재자인 검찰의 보조기관에 불과하다.

■ 각국의 검사와 사법경찰과의 관계

국가	수 사 기 관	검사와 (사법)경찰과의 관계
영국	◦ 잉글랜드, 웨일즈 -검사: 소추권, -경찰: 수사권 ◦ 스코틀랜드 -국가검찰관: 기소권, 수사의 감독관 -경찰: 수사의 주체	◦ 잉글랜드, 웨일즈 -형식적, 실질적 : 상호협력관계 ※경찰이 독자적 수사권을 보유 ◦ 스코틀랜드 -검사가 수사지도 및 감독
미국	-검사: 범죄사건의 소추 -경찰: 연방범죄나 기타 법률에 의하여 지정된 범죄에 대하여는 연방경찰이, 주법에 규정된 범죄는 주 경찰이, 이외의 수사는 지방경찰에 수사권 부여	-법률조언 및 협력관계 ※경찰이 원칙적으로 독자적 수사권을 보유
독일	-검사: 수사 주재자 -사법경찰: 수사보조자(경찰에게 독자적인 초동수사권 인정)	-지휘감독관계 ※검사는 경제사범, 테러범, 정치범, 강력범의 경우에만 수사에 관여하고, 기타사건은 경찰에 독자적 수사를 위임
프랑스	-검사: 수사주재자(예심판사도 수사의 주재자임) -사법경찰: 수사보조자	-지휘감독관계 ※검사는 10년 이상의 중죄, 복잡한 범죄에 대하여는 예심판사에게 청구하며 대부분의 경우 사법경찰관이 예심판사의 지시에 따라 수사를 수행하고, 일반적인 사건은 경찰에서 검사의 지휘하에 수사
일본	-검사: 소추권, 수사권 -사법경찰: 일반사건의 제1차적 수사권	-상호협력관계 ※사법경찰이 독자적 수사권을 가지고 있으나, 고도의 법률지식을 요하거나 정치성을 띠는 사건은 검사가 직접수사

2. 독자적 수사권 확보의 타당성

1) 범죄수사의 효율성 저하

범죄수사는 범죄의 혐의 유무를 명백히 가려 범법자를 처벌하는 데 그 목적이 있고, 범죄자의 처벌은 수사, 공소제기, 공소유지, 재판, 형의 집행 등 일련의 과정을 통하여 실현되는 것이다. 따라서 범죄수사는 범인을 발견・보전하고 증거를 발견, 수집, 보존하여 공소의 제기 및 이의 수행을 위한 준비행위이다. 검찰은 범죄수사의 목적달성을 위한 각종 수사활동과 사건 현장에의 임장배치, 본연의 임무인 공소제기 및 유지에도 수사의 주재자로서의 임무를 맡고 있다.

그러나 이러한 방대한 업무를 수행하기 위한 검찰의 인력은 턱없이 부족한 실정이며, 따라서 대부분의 수사업무를 직접 수사하기보다는 서면지휘 형식으로 실시하고 있다. 결국 검찰의 과다한 업무는 범죄수사의 효율성뿐만 아니라 그 고유사무의 수행에도 많은 허점을 드러낼 수밖에 없는 구조적 모순을 지니고 있는 것이다. 그리고 경찰은 검사의 수사보조자로서의 법적 지위로 인해 범죄수사의 효율성 및 경찰의 사기저하를 초래하고 있으며, 각종 행정업무의 중복으로 인력과 비용 등의 수사비능률을 초래하고 있다.

2) 검사의 과도한 수사지휘권

수사에 있어서 신속성과 능률성은 국민의 인권보장 못지 않게 매우 중요한 것이다. 하지만 현재의 검사의 수사독점권은 기동화 · 도시화 · 광역화 · 조직화 · 지능화되어 있는 범죄추세에 효율적으로 대처하기가 어려운 실정이다. 무엇보다 검사는 경찰업무에 개입, 수사지휘 등의 광범위한 수사지휘권을 행사함으로써 경찰법 및 경찰관직무집행법에 규정된 경찰의 고유한 권한과 의무에 대해서도 통제하고 있다.[12)]

3) 사법경찰의 사기저하

실질적으로 수사업무의 대부분을 사법경찰이 처리하고 있음에도 불구하고, 매사에 검사의 지휘를 받아 수사하도록 되어 있는 바, 수사활동에 있어 주체성을 상실하고 있다. 나아가 검사가 경정이하 사법경찰의 교체임용까지 요구하고 있으며, 검사의 사법경찰관리에 대한 행정책임 요구권까지 인정하고 있어 수사요원의 사기를 저하시키고 있다. 또한 검찰은 수사업무와는 관련이 없는 방범일지의 조사나 경찰서장의 즉결심판에까지 관여하

12) 감정유치 피의자 등의 감호(검찰사건사무규칙 제27조 감정유치청구등), 수형자 등의 호송(피의자유치및호송규칙 제9장), 대용감방 운용(행형법 제68조), 벌과금 징수 등 제조사 업무(검찰징수사무규칙 제43조), 수사경찰 검찰파견근무(경찰공무원임용령 제30조) 등의 규정을 근거로 경찰업무의 차질을 초래하고 있다.

고 있는 등 사실상 사법경찰뿐만 아니라 행정경찰까지 수사지휘를 하고 있는 것이다.

4) 권한과 책임의 불일치

행정의 지도이념상 행정기관에게는 책임에 일치 또는 비례하는 권한이 부여되어야 함은 당연한 이치이다. 그러나 대부분의 수사업무를 담당하는 현행 사법경찰관리에게는 수사에 대한 권한도 없이, 오직 책임만 지고 검사의 수사지휘에 따라야 한다는 것은 사법경찰의 사기저하 및 이에 따르는 문제점이 발생하게 될 것이다. 그러므로 경찰수사권의 독립으로 인해 법상 책임소재가 명확해짐으로써 민주주의 원칙에도 부합되고 책임과 권한 균형의 조직원리에도 부합될 것이다.

5) 행정조직의 원칙에 위배

행정조직의 기본원리는 명령 · 지휘계통의 일원화, 즉 명령통일의 원리를 중요한 요소로 하고 있다. 형사소송법 제196조에는 검사와 사법경찰관에게 수사권을 부여하고 있고 사법경찰리는 검사와 사법경찰관의 지휘를 받아 수사를 보조하도록 규정하고 있다. 그런데 사법경찰관에 해당하는 경무관과 총경의 경우 사법업무만을 담당하는 것이 아니라 하위의 행정경찰과 사법경찰을 총괄하는 일종의 경찰관청이기도 하므로 단독된 관청인 검사가 소속을 달리하고 있는 경찰관청에 대한 지휘권의 행사는 타당하지 않다. 뿐만 아니라 실제로 대부분의 범죄수사 업무를 담당하고 있는 사법경찰리는 사법경찰관과 검사의 이중적인 지휘 · 명령을 받게 되어 수사업무에 효율성을 저해할 수가 있다. 이러한 명령계통의 이원화는 행정조직의 원칙에 위배되는 것이다.

6) 권한집중으로 인한 남용의 우려

경찰의 수사권 독립은 검찰권력의 분산과 견제를 위해 필요하다. 우리나라 검찰은 단순히 범죄수사권만 가지고 있는 것이 아니라 경찰의 고유영역인 범죄예방에서부터 형사사법의 전분야에 걸쳐 검찰이 관여하고 있다. 특히 검찰은 수사지휘권, 기소재량권, 공소취소권 등을 가지고 있어 사법처리의 여부와 대상, 범위 등을 독자적 재량으로 결정할 수 있는 막강한 권한을 행사하고 있다. 게다가 검찰 그 자신의 정책적 판단에 따라 정치권 및 사회의 흐름에 중대한 영향을 미칠 수 있기 때문에 검찰 자체가 커다란 권력집단으로 자리잡고 있는 현실이다. 검찰로의 지나친 권력집중현상은 검찰에 대한 견제나 통제 수단이 없는 현실을 고려할 때, 검찰의 권한남용의 우려가 있는 것이 사실이다.

7) 경찰수사권에 대한 반대 견해

첫째로 경찰은 이미 경찰법 제3조, 경찰관직무집행법 제2조 제1호 및 사법경찰관리 집무규칙 제2조 제2항의 규정에 의해 '범죄수사'를 경찰관의 임무로 수행하고 있다. 특히 경찰서장의 즉결심판권이 부여되어 있어 수사개시, 수사종결, 재판까지의 전과정을 경찰이 담당하고 있어서 오히려 권한 남용이 우려된다.

둘째로 범죄수사란 본질적으로 법원에 공소를 제기할 것인가를 결정하기 위한 준비 행위이기 때문에 소추권을 갖는 법률전문가인 검사가 수사의 주체가 되어야 한다.[13)]

셋째로 법률전문가가 아닌 사법경찰관으로 하여금 독자적으로 수사를 하게 하는 경우 자칫하면 수사의 합목적성만을 추구하는 나머지 적정절차와 인권존중의 요청을 외면하기 쉽다.[14)]

넷째로 법률전문가가 수사의 전과정을 지휘함으로써 혹시 법률지식의 미흡에서 올지도 모르는 법집행의 왜곡을 막고, 국민의 인권옹호에 더 충실할 수 있다.

다섯째로 막강한 정보 수집력을 가지고 있는 경찰에게 수사권을 부여하는 경우 경찰에의 권력집중으로 인한 폐해를 우려하는 시각이 있다.[15)]

여섯째로 복잡·다기해지는 범죄현상에 효율적으로 대처하기 위해 경찰은 검찰의 수사지휘아래 전문법률지식을 보완받아 수사임무에 종사함이 수사력 강화의 측면에서 도움이 된다.

검찰에서는 이러한 논거들로 경찰의 독자적인 수사권한을 부정하고 있으며, 경찰이 수사의 보조자로서 마치 전혀 수사권을 행사하지 못하고 있는 것처럼 주장하는 것은 타당하지 않다고 하여 경찰수사권에 대한 논란들을 일축하고 있다.[16)]

---

13) 석진강, 「왜 검사의 수사지휘가 필요한가」『시민과 변호사』, 1995. 1, p. 238.
14) 강구진, 「형사소송법」(서울: 학연사, 1987), pp. 99～100.
15) 김진우, 「검찰과 경찰과의 관계」『사법행정』 1989. 7, p. 31.
16) 송광섭, 「형사소송법원론」(서울: 대왕사, 1994), p. 344.

■ 행정쇄신위원회의 견해

<table>
<tr><th>찬 성 론</th><th>반 대 론</th></tr>
<tr><td>▶ 경찰이 검찰총장의 단일지휘하에 있는 검사의 구체적인 수사지휘를 받지 않으므로 정치로부터 완전히 독립할 수 있음
▶ 범죄의 예방업무와 진압(수사)업무가 법적 뒷받침 아래 단일기관에 의해 관장, 운영되므로 치안확보에 혁신적 발전 가능
▶ 법상 책임소재가 명확해짐으로써 민주주의의 원칙에도 부합되고 책임과 권한균형의 조직원리에도 부합
▶ 범죄수사에 대한 지휘체계가 확립되어 강력하고 철저한 감독을 행할 수 있기 때문에 일부경찰관의 비위를 철저히 방지하고 인권을 옹호할 수 있음
▶ 외부의 지휘 없이 독자적인 수사를 전개함으로써 경찰의 사기가 진작되고 능률적으로 최일선 수사기관인 경찰수사에 우수인력의 유치가 가능
▶ 수사의 능률성을 향상시킬 수 있고 공소권의 순수성을 보장할 수 있어 형사소송법의 이념에 더욱 충실하여 국리민복에 이바지</td><td>▶ 검사가 범죄수사에 대하여 사법경찰의 수사를 지휘, 감독하고 있지만, 사실상 형사정책의 차원이나 법률적 차원이지 사법경찰은 현재도 수사개시 및 진행을 그들의 고유권한으로 행함
▶ 사법경찰이 검찰의 수사지휘 및 감독에서 벗어나 수사가 독립되기 위해서는 경찰의 조직이 행정경찰과 사법경찰로 분리되어야 함
▶ 범죄수사는 소추를 전제로 하고 있으므로 소추권자가 수사 전과정을 통제해야 함
▶ 형사소송법에서 사법경찰이 작성한 수사조서의 증거능력을 배척한 것은 경찰의 수사자질을 신뢰할 수 없다는 취지임
▶ 경찰의 막대한 정보기능과 수사기능이 결합되어 견제가 어려워지고 국민의 인권보장에 중대한 위험을 초래
▶ 검사와 경찰간에 수사의 충돌과 경쟁이 야기되어 인권침해의 소지와 부작용이 우려
▶ 경찰의 수사권독립은 선진국의 입법례와 추세에 역행</td></tr>
</table>

3. 경찰의 당면과제

우리나라의 현행 형사소송법은 영미법계의 당사자주의적인 형사소송구조를 도입하여 채택하고 있음에도 불구하고 수사권체제만은 대륙법계의 영향을 받아 검사주재수사권체제를 고수하고 있다. 이로 인하여 사법경찰관리는 법무부 소속 검사의 지휘・통제를 받아 범죄수사를 하고 있으며, 경찰은 전체범죄의 95%이상을 직접 처리하고 있음에도 불구하고 검사의 수사보조자로서의 지위를 벗어나지 못하고 있다. 특히 경찰의 수사기능이 검찰에 예속됨으로써 수사경찰의 능동성과 효율성을 저해하고 있음은 물론 경찰전체의 사기와 합리적인 경찰발전에 부정적인 영향을 미치고 있다.

이처럼 경찰에게 독자적인 수사권을 인정하지 못하는 가장 큰 요인으로는 경찰의 자질과 인권침해의 우려 때문이라고 하나, 전통적으로 인권을 중요시 해 온 영국이나 미국에서도 사법경찰의 수사권을 인정해오고 있으며, 과거 일본에서 경찰에게 독자적인 수사권을 인정할 당시 우려했던 인권침해의 문제는 한낱 기우에 불과했음이 입증되고 있다. 특히 현재의 일본 경찰은 권한의 부여에 따른 자기윤리의 강화 등을 통하여, 일본 내에서 가장 신뢰받는 조직이 되어 있다. 이처럼 권한과 책임이 일치되고 그에 따른 사회적 평가가 수반될 때, 양질의 인재가 경찰을 지원하게 되는 것이고, 이러한 환경이 경찰을 가장 신뢰받는 조직으로 변화시키는 원동력이 됨을 증명하는 것이다.

우리나라 또한 형사소송법 제정 당시보다 급격히 변화한 사회문화여건과 국민수준, 범죄양상, 검찰의 과중한 업무량, 경찰의 향상된 자질 등을 고려해 볼 때, 하루빨리 현행 제도의 모순된 점을 개선하고 경찰에게 독자적인 수사권을 부여할 필요가 있다. 무엇보다 이러한 수사구조의 개선을 통해 범죄수사의 효율성을 확보하고, 경찰의 사기진작과 책임감을 심어주어 국가발전에 밑거름이 될 수 있도록 하는 전기를 마련하여야 할 것이다.

독자적인 수사권 확보를 위한 우리 경찰의 당면과제를 제시하면 다음과 같다.

첫째, 수사경찰에게 일정한 권한과 책임을 부여하여 검찰과 수사경찰이 수사권을 적절히 배분함으로써 격변하는 수사환경에 능동적으로 신속히 대처할 수 있도록 하는 수사체제의 개선이 요구된다.

둘째, 경찰에게 독자적인 수사권을 부여하여 수사업무의 능률향상과, 검찰에게 공소권의 순수성을 보장함으로서 형사소송법의 이념에 부합하는 수사행정을 구현해야 한다.

셋째, 경찰은 외부의 지휘없는 독자적인 수사권 행사로 사기진작과 능률적인 업무수행을 도모하고, 형식적인 수사지휘 없이 신속한 형사사법의 실현으로 국민의 시간적 · 경제적 편의를 고려한 효율적 수사행정이 정착되어야 한다.

넷째, 수사업무에 있어서 책임과 권한이 일치하는 책임행정을 구현하여 민주주의 이념에 부합할 수 있어야 하며, 검찰과 경찰 상호간에 각 수사권의 실체를 인정하고 상명하복 관계가 아닌 상호협력관계를 이루어 수사체제의 발전을 추구해야 할 것이다.

다섯째, 형사사법의 궁극적 목적이 실체적 진실발견 및 정확한 법적용과 인권보호라는 측면을 염두에 두고, 수사현실에 부합하는 법률의 제정과 개정이 이루어질 수 있도록 정부와 당사자들의 정책적인 합의와 결단이 요구된다.

경찰의 독자적 수사권은 경찰이념에 따라 인권보호 등 국민을 올바르게 섬기기 위한 것이 궁극목적이고, 이를 위해서는 경찰 스스로가 수사권 여부에 관계없이 국민의 인권보호를 위해 정확하고 공정하며 신속한 수사 서비스를 제공하려는 노력을 경주하며, 전문지식을 갖추어 나가야 한다. 이러할 때 국민은 무엇이 진정으로 국민을 위하는 길인지를 선택할 것이다.

제3절 자치경찰제의 시행

1. 자치경찰제에 관한 일반이론

자치경찰제의 시행은 지방자치의 발전과 함께 자치행정과 치안행정과의 조화 요구가 확산되면서 경찰행정의 주민접근성을 높이고 주민에 대한 치안서비스를 제도화하여 주민친화적 경찰행정을 도모하기 위한 시대적 요구사항이다. 특히 지역민의 특성과 의사를 반영한 정책으로 가장 괄목할 만한 지방분권사상의 완성으로 평가할 수 있다. 자치경찰제의 시행 목적은 지방행정과 치안행정의 연계성을 확보하고 지역특성에 적합한 주민생활 중심의 치안서비스를 제공함으로써, 지역주민의 복리를 증진하기 위한 지방자치단체의 종합행정력을 높이는 한편, 국가전체의 치안역량을 강화할 수 있는 제도적 기반을 마련하기 위함이다.[17)]

1) 자치경찰제의 개념

경찰권이 어디에 있느냐에 따라 국가경찰과 자치경찰로 나눌 수 있다. 국가경찰은 경찰활동을 국가업무의 하나로 보고 국가가 가지는 것인데 비하여 자치경찰제는 경찰활동을 하나의 자치행정의 일부로 보고 지방자치단체가 경찰권을 갖는 제도다. 자치경찰제(Municipal Police System)는 지역민 스스로의 노력과 경비로 지역 치안문제를 해결하기 위하여 노력하는 과정이라고 규정할 수 있다. 지방자치경찰의 기본개념에 대한 학자들의 견해를 보면 이황우[18)]는 "지방분권의 정치사상에 따라 경찰이 지방자치단체의 권한과 책임 하에 지역주민의 의사에 기하여 치안업무를 자주적으로 수행하는 제도"로 정의하고 있고, 김진혁[19)]은 "지방경찰이 지방자치권에 근거하여 지방자치단체의 권한과 책임 하에 지역주민의 의사에 따라 치안업무를 자주적으로 수행하는 경찰제도로 「주민에 의한 경찰행정」, 「주민을 위한 경찰행정」, 「주민의 경찰행정」에 기초한 경찰제도"라고 정의하고 있다.

---

17) 이종배, 「자치경찰법안의 기본방향과 주요내용」(자치경찰법 제정 대토론회), 2000, p. 13.
18) 이황우, 「우리나라 실정에 맞는 지방자치경찰제도」(지방자치경찰제도 공청회 자료집), 경찰개혁위원회, 1998. p. 5.
19) 김진혁, 「바람직한 자치경찰제에 대하여」(전국시도지사협의회), 2005. p. 3.

안영훈[20]은 자치경찰이란 "지리적인 경계를 정한 국가경찰의 하위단위로 기능 하지만(local policing), 관할 자치구역 내에서 지역사회와 관련 자치단체와의 협력관계를 바탕으로(local partnership with local governments) 하기 때문에 국가경찰과는 다른 접근 방식을 통하여 자율적이며 창조적으로 공공질서유지와 법집행뿐만 아니라(administrative policing), 지역사회의 문제해결을 지향하는 방향에서 경찰활동을 집행하는(community policing) 지역사회의 치안유지 및 봉사활동(public service)"이라고 정의하고 있다. 김종수[21]는 이러한 자치경찰제의 정의에 대해 "지역사회의 종합행정력을 강화하고 지역주민의 의사와 특성을 고려한 맞춤형 치안서비스를 제공함으로써 지역사회경찰활동을 실현하는 지방행정경찰작용"이라고 정의하고 있다.

2) 자치경찰제의 성격

자치경찰제는 경찰권을 고유한 자치권의 일부로 인식하여 지방적 이해관계 아래 경찰행정의 지방분권화를 추진하여 지역주민의 자치에 의한 민주성 내지는 자치성을 추구하는 것이다. 그러나 진정한 의미에서는 민주성과 능률성은 상호 보완됨으로써 그 가치를 인정받게 되므로 상호 밀접한 관련을 가지게 된다.[22]

자치경찰제는 단순한 경찰 자치 그 이상의 의미를 갖는다. 인간의 삶에 있어 가장 소중한 것은 개인의 자유이며, 이 자유를 지키는 가장 바람직한 방법이 다수결의 원리에 충실한 민주주의다. 이러한 점에서 자치경찰제는 민주주의적 관점에서 이해해야할 사안이며, 민주주의 방식이 요구하는 가장 본질적이고 근본적인 것이다.

자치경찰제 하에서의 경찰활동은 경찰권의 주체가 자치단체이며, 경찰권은 자치단체장에 주어진다. 이러한 자치경찰의 주된 활동은 개인의 생명과 재산의 보호, 범죄의 수사, 범인 체포, 교통관리 등 민생치안과 관련된 분야로 한정되며, 각종 시위나 폭동의 진압, 국가 안보와 관련된 국가권력적 차원 등 광역적이고 전국적인 경찰활동은 자치경찰제에서 제외된다. 주된 활동이 바로 민생치안이며, 지역주민 가까이서 주민과 함께 하는 치안이 된다.

20) 안영훈, 「우리나라 자치경찰제도 설계를 위한 실증적 준거틀」(동계 학술세미나 자료집), 한국지방자치학회 2004, p. 17.
21) 김종수, "자치경찰의 신규임용 방안에 관한 연구," 계명대학교 대학원, 「박사학위논문」, 2006, p. 11.
22) 최응렬, "자치경찰과 지방정부와의 관계," 한국공안행정학회, 「한국공안행정학회보」, 제18호, 2004, 10, pp. 81～82.

3) 자치경찰제의 장점

자치경찰제는 국가경찰제의 단점을 보완할 수 있는 측면이 강하다.

(1) 지역적 특수성의 반영

경찰권을 자치단체에 부여함으로써 경찰활동에 지역적인 특수성을 충분히 반영할 수 있는 장점이 있다. 도시지역과 농어촌 지역, 범죄가 심한 지역과 그렇지 않은 지역, 주민의 경찰에 대한 인식이 좋은 지역과 그렇지 못한 지역 등 다양한 지역적인 특성이 반영된 치안정책의 수립과 집행이 가능하다. 또한 자치경찰은 지역에서 특별사법경찰업무를 담당하게 됨으로써 각 자치단체의 법집행력을 보강할 수 있으며, 지방행정의 종합성을 제고할 수 있다는 장점이 있다.

(2) 지방분권적 기능의 강화

자치경찰제가 지역주민의 생명과 재산보호, 주민복지 증진 등의 기능을 수행한다는 관점에서 볼 때 당연히 치안서비스는 지역행정에 포함되는 것이다. 지방자치단체는 지역치안에 대하여 권한과 책임이 있으며, 지역주민과 밀착된 경찰기능이나 서비스를 제공하여야 한다. 이미 선진국에서는 경찰기능을 국가와 지방자치 단체간에 적절히 배분하고 있다. 선진국의 경우 지방자치단체가 담당하는 경찰기능의 범위, 지방경찰을 관리하는 방법에 있어서는 차이가 있지만 자치경찰제를 채택하지 않는 나라는 하나도 없다. 이처럼 자치경찰제는 경찰권의 합리적인 분권을 통해 경찰활동의 민주성과 중립성, 봉사성 확보라는 분권화의 원리로서, 중앙의 획일적인 간섭에서 벗어나, 지방실정에 맞는 적합한 경찰행정이 수행될 수 있도록 그 집행권을 지방에 분산시키기 위한 것이며, 중앙집권화된 경찰권을 지방에 이양함으로써 지역치안은 그 지역 경찰의 책임하에 자율적으로 수행토록 하여 지역주민 위주의 봉사행정을 실현하기 위한 것이다.[23]

(3) 경찰활동에 대한 지역주민의 지지 획득

경찰활동에 대한 지역주민들의 적극적인 참여와 경찰활동에 대한지지 획득이 가능하다. 국가적 차원에서의 동원에 신경 쓸 필요없이 주어진 자치단체 내의 치안 수요에 적

---

23) 김진혁 외, 전게서, p. 3.

극 대처함으로써 주민과 함께 할 수 있고, 지역주민의 협조도 쉽게 획득할 수 있다. 지금까지 한국 경찰이 늘 '주민과 함께 하는 경찰'이라고 외치며 노력해 왔지만 구호에 그치고 말았던 것은 경찰권 그 자체가 국가경찰로서 민생치안 보다는 전국적인 치안수요에 대처하기 위하여 동원되었기 때문이다. 자치경찰제가 되면 바로 이런 문제들이 해결되고 경찰이 민생치안에 집중할 수 있어 주민의 협조 획득이 용이해진다.

(4) 경찰활동의 투명성 확보

지방자치단체가 경찰활동의 재원 일부를 분담함으로써 주민통제가 가능하며, 경찰인력에 대한 지역민의 참여가 보장되어 경찰활동의 투명성이 확보될 가능성이 높다. 국가경찰 하에서 경찰활동에 대한 경비는 전적으로 국가부담이며 이에 대한 주민들의 통제는 거의 전무한 상태였다. 그러나, 자치단체가 부담하는 경비는 지역주민의 부담이므로 경찰활동에 대한 비능률이나 낭비는 곧 지역주민들의 통제의 대상이 될 수 있다. 그리고, 지역출신 경찰관들이 늘어남으로써 경찰활동에 대한 부패의 가능성 상대적으로 낮아질 수 있다.[24]

4) 자치경찰제의 단점

반면에 자치경찰제가 도입되면, 긴급동원이 어렵고, 범죄수사에 대한 공조가 어려우며, 새로운 정치적 의미의 중립성이 훼손되어 인사의 공정성이 저해될 것이란 우려가 있으며, 비능률적인 경찰활동이 될 것이라고 우려한다. 그러나, 이것은 자치경찰제 그 자체만을 두고 보면 그렇지만 자체경찰제를 도입하면서 국가경찰과 이원화 시킨다면 문제될 것들이 아니다.

24) 물론 지역출신 경찰관이 많아지면 지역주민과 결탁하여 경찰부패의 가능성이 높아진다는 논리도 있다. 그러나, 지역출신 경찰관은 이동이 적고 생활이 안정적이기 때문에 상대적으로 부패의 가능성이 낮다.

2. 자치경찰제의 도입 환경

1) 21세기 한국의 경찰환경

(1) 사회지배적 사상의 변화

해방이후 한국 사회의 지배적 사상은 정치적으로 자유민주주의와 경제적으로 자본주의였다. 오늘날까지 이 사상은 지배적인 사상으로 남아 있지만 20세기 말부터 미국을 중심으로 신자유주의라는 하나의 새로운 개념이 형성되었고, 이 사상이 21세기 한국경찰의 주변 환경의 하나로 자리잡고 있다. 신자유주의 사상은 자유주의 사상으로의 일부 회귀를 의미하며, 자유주의 사상 하에서의 정부의 역할에 수정을 가한 것으로 이해하면 된다. 자유주의 사상 하에서 국가는 야경국가였다. 경찰활동은 가능한 치안유지에 한정하였고, 국민의 생활에 간섭을 배제하였다. 그러나, 반독점정책과 사회복지정책이 핵심인 신자유주의 사상은 자본주의 본질적 자유경쟁의 논리를 바탕으로 하되 국가는 자유경쟁을 저해하는 독점을 해체하고, 제도를 통하여 자율경쟁의 위해 요소를 제거하는 것이다.

(2) 고비용사회로의 진입

IMF의 도움과 국민적 노력으로 외환위기를 성공적인 극복하였으며 안정된 자본주의 경제로의 발전의 기틀이 다져가고 있다. 지속적인 수출의 증가에 힘입어 선진국으로의 도약이 기대된다. 고가상품의 수출과 저가상품의 수입으로 국민들의 일상생활에 수입상품이 일상화되고 있고, 인력부족의 충원을 위하여 저개발국가로의 인력 수입이 본격화되고 있다. 선진사회의 특징인 좋은 서비스를 위한 고비용사회로 접어들고 있고, 부부가 함께 소득원이 되는 사회로 진입하고 있다. 또한 정부의 부패방지 의지에 따라 투명한 사회, 투명한 조세정책의 확립 등으로 선진국 진입의 문턱에 서있다.

따라서, 경찰활동에 대한 국민의 관심도 높아지고, 양질의 서비스 제공에 대한 요구도 높아질 것이다.

(3) 시민의식의 향상

한국 국민의 학력 수준은 세계 어느 국가보다도 높다. 최저 문맹률을 기록하고 있고,

행정 자치를 통한 자치제에 대한 성공적인 경험도 있다. 높은 시민의식을 바탕으로 경제발전과 정치발전의 적절한 조화를 이루어 내고 있다. 뿐만 자기 역할에 충실하고자하며 합리주의적 사고방식이 날로 충만해지고 있다. 자신의 일에 충실하면 경찰관을 알려고 할 필요도 없고 알아도 도움될 것이 없다는 의식이 높아지고 있다. 따라서, 경찰활동이 시민의 높은 의식 수준에 따라가기 위하여 많은 노력이 요구된다.

(4) 경찰 내부 구성원의 수준향상과 의식변화

경찰활동을 위한 전문지식을 습득하고 신사고를 가진 건전하고 튼튼한 고학력 젊은이들이 대거 경찰에 입문하고 있다. 이들은 나약하거나 이기적인 것이 아니라 합리적이며, 컴퓨터 관련 신정보를 소유하고 변화하는 사회에 적절히 적응할 수 있는 수준 높은 의식을 가진 젊은이들이다. 이들의 유입은 경찰사회의 일대 변화의 초석이 될 것으로 판단된다.

이들의 합리적 사고는 규칙과 절차를 소중히 하고 공사간 구별을 철저히 하여 직무의 능률화는 물론 경찰부패의 소지를 조기에 차단할 것이며, 또한 직무 중심의 사고에 의하여 그 동안의 강력한 수직적 상하관계에 일대 변화를 초래하여 경찰 조직내 상호 존중의 분위기를 형성할 것이다. 그리고, 원시적 경찰장비에 만족하지 않고 현대화된 장비를 요구할 것이고 이들의 확보를 위하여 노력할 것으로 기대된다. 나아가 고학력 소유자의 특유의 유연함과 인권에 대한 의식은 강압 수사 등으로 인하여 손상되었던 경찰의 이미지 개선에 큰 역할을 할 것으로 기대된다.

2) 자치경찰제 도입의 당위성

(1) 대한민국 헌법정신의 구현

헌법 제1조 제1항에 의하면, '대한민국은 민주 공화국이다.' 대한민국의 국체는 바로 민주주의다. 이는 국가체제가 민주주의적 방식에 따라 움직인다는 선언이다. 민주주의란 다수결의 원리를 의사결정의 바탕으로 하고 있고, 국가권력뿐만 아니라 사회 모든 분야를 다수가 지배하는 체제이다. 이런 논리에 따라 행정은 이미 지방자치제를 실시하고 있고 성공적으로 정착되어 가고 있다.

자치경찰제는 바로 이러한 헌법정신을 실현하는 것이다. 자치경찰제는 경찰권을 국가가 독점하는 것이 아니라 자치단체와 서로 나누어 가짐으로써 국가는 국가로서의 역할을 하고 자치단체는 스스로의 힘과 노력으로 국민의 생명과 재산을 보호하고 치안을 유지하자는 것이다.

(2) 민주주의 실현을 위한 최첨단 제도

성공한 선진국 모두가 민주주의적 바탕하에 국가를 운영하고 있고, 모든 국가가 정도의 차이를 두고 있을 뿐 자치경찰제를 도입하여 운용하고 있다. 따라서, 자치경찰제는 민주주의를 실현하는 다양한 제도 중 하나이며 주요 수단이다. 경찰도 국가기관으로서 민주적 방식과 절차에 맞게 재편되어야 한다.

(3) 참여가 보장된 제도

자치경찰제는 다수 지역주민들과 함께 경찰활동을 전개함으로써 참여가 잘 보장되는 제도라 할 수 있다. 자치경찰제가 도입되면 상대적으로 경찰 조직내부로부터의 참여가 보장되어 수직적이고 경직된 경찰 의사결정 구조를 변화 시킬 수 있다. 외부적으로는 지역주민들이 스스로 참여하여 경찰활동에 대한 지지를 보낼 수 있는 제도적 장치가 된다. '지역주민과 함께 하는 치안'이란 구호를 걸어 두고 실재는 민생치안 보다는 광역적 치안 수요에 투입되어 주민과 먼 거리에 있는 그런 경찰활동으로부터 벗어날 수 있는 제도다.

(4) 분권화를 통한 경찰위상 강화와 존경받는 경찰상 확립

국가경찰과 자치경찰로 이원화되었을 때 국가경찰은 기존의 정치적 문제, 노사분규 등 사회문제 해결에 전념할 것이고, 자치경찰은 지역의 절도, 폭력 등 민생 관련 범죄를 담당할 것이다. 자치경찰은 지역사회경찰활동을 통하여 지역주민들의 참여를 유도하며, 지역문제 발생의 소지를 사전에 차단하여 경찰문제의 해소에 도움을 줄 수 있다. 따라서, 사회문제에 대한 책임을 벗어나 지역 치안에 충실함으로써 존경받는 경찰상 확립이 가능할 것이다.

(5) 업무의 계속성 유지와 지역실정을 반영한 경찰활동

현 국가 경찰제도 하에서 경찰간부진의 잦은 인사이동은 업무의 계속성이란 차원에서 도움이 되지 못한다. 경찰서장과 간부의 잦은 이동은 지역실정의 파악이 잘 되지 못할 뿐만 아니라 주민관계의 설정에도 도움이 되지 못하며, 경찰간부의 지역실정 파악을 위한 노력에 상대적인 제약 요인이 된다. 따라서, 자치경찰제는 이러한 문제점을 해결하는데 도움이 될 수 있다.

(6) 경찰의 정치적 중립성 확보

국가경찰제 하에서 정치적 중립성의 확보는 대단히 어렵다. 특히 민주화가 정착되지 못한 나라에서 치안불안의 대부분은 정치적 문제나 노사관계 문제에 기인한다. 비민주적인 국가일수록 위정자의 일방적 국정운영이 많으며 정경유착을 통한 부패의 소지가 많다. 때문에 이에 대한 국민들의 저항은 대단히 심하다. 정부가 민주적인 방식의 도입이나 정경유착의 고리를 끊음으로써 이러한 문제를 근원적으로 해소할 생각은 하지 않고 경찰권을 활용하여 임시 방편적 해결을 함으로써 경찰이 지나치게 동원되는가 하면 경찰불신의 근원이 된다. 자치경찰제가 도입되면 지역 내의 치안활동에 전념함으로써 동원횟수가 줄어들고 정치권으로 부터의 영향력도 배제할 수 있어 초연한 입장에서 민생치안에 집중할 수 있다.25)

3) 자치경찰제 도입에 대한 경찰의 인식

자치경찰제 도입이 시대적 소명이며 거슬릴 수 없는 과제임에도 불구하고 경찰수뇌부는 다양한 논리로 도입에 대하여 부정적인 인식을 갖고 있거나 도입은 하되 최소한의 범위 내에서 도입되기를 희망하고 있다.

(1) 치안연구소 연구사업

자치경찰제 도입이 경찰제도를 변화시키는 일대 소중한 정책임에도 불구하고 치안연구소가 주관한 2001년도에서 2003년도 연구사업 54편(자체연구과제 36편, 용역 연구과제 18편) 중에 자치경찰제 도입에 관한 내용은 단 한편도 없다. 치안연구소의 연구사업 그 자체를 가지고 경찰 전체의 견해로 보기는 어렵지만 연구사업이 주체 기관의 요구에

---

25) 자치경찰제가 도입되면 중앙 무대로 부터의 정치적 중립성을 보장될 수 있지만 지역 유지 등으로 부터의 정치적 중립성 확보는 더욱 어렵다는 비판이 있다. 그러나, 지역 유지에 의한 정치적 중립성의 훼손은 현재도 이루어지고 있다는 측면을 생각할 때 중앙으로 부터의 정치적 중립성이 확보된다면 대단한 경찰발전이라고 평가해야 한다.

의하여 이루어진다고 볼 때, 치안연구소의 연구사업을 통하여 경찰수뇌부의 자치경찰제 도입 의지를 읽을 수는 있다. 한 마디로 자치경찰제 도입은 경찰수뇌부에게는 관심 대상의 밖이라고 하는 편이 옳을 것 같다.

(2) 현직 경찰간부들의 자치경찰제 도입에 대한 부정적인 시각

비간부직과 하위직 간부 경찰관들은 대부분 찬성하는 편이지만 고위 간부직으로 가면 갈수록 자치경찰제 도입에 대하여 부정적이거나 미온적이다. 간부직에서 자치경찰제에 대하여 부정적인 시각을 갖는 이유는 크게 여섯 가지로 요약된다.

첫째, 자치경찰제가 도입되면 지역간 경찰활동의 공조가 어려워 치안유지가 곤란하다.

둘째, 국가 위기 상황이 발생하였을 때 긴급동원이 어렵다.

셋째, 자치단체의 재정자립도에 따라 경찰보수상의 문제점이 발생할 수 있다.

넷째, 경찰인사권의 독립 보장이 어렵다.

다섯째, 열악한 근무조건의 개선이 어렵다.

4) 자치경찰제의 정착을 위한 경찰관의 인식전환

자치경찰제 도입은 경찰의 필요에 의하여 조정되거나 미루어질 사안이 아니다. 시대적 소명이며 민주화를 위하여 풀어야 할 과제다. 새로운 제도의 도입과 성공적인 정착은 관련자들의 노력이 절대로 필요하며, 냉소적이거나 부정적인 시각이 많을수록 조기에 정착하기 어렵다. 따라서, 자치경찰제가 도입되면 경찰관들의 다음과 같은 인식의 전환이 있어야 한다.

(1) 지역간 공조에 대한 부정적 인식의 해소

한국경찰은 국가공무원법과 경찰법, 경찰공무원법과 경찰관직무집행법, 그리고 각 규정이 명시하는 바에 따라 엄정하게 활동하면 된다. 국가경찰 하에서 경찰은 필요에 따라 전국 경찰이 공조를 하도록 되어 있다. 그러나, 경찰제도가 바뀌어 특정지역만의 치안을 담당하도록 하면 그에 충실하면 된다. 국가경찰이 담당하게 될 업무와 자치경찰이 담당하게 될 업무의 성격과 내용에 따라 충실히 이행하면 된다. 자치경찰제가 도입되면 전국 공조가 어려워 범죄 소탕이 어려울 것이란 인식을 버려야 한다.

(2) 국가위기 등 필요할 경우 긴급동원이 어렵다는 인식의 전환

정부 수립 후 50년 동안 경찰의 긴급동원이 왜 필요했는가? 누구를 위한 긴급동원이었는가를 생각하여야 한다. 그 동안의 대부분의 긴급동원은 독재자와 정경유착으로 부패한 정치인과 기업인들을 위하여 이루어졌음에도 불구하고 그 책임에 대해서는 모두 경찰이 짊어졌다. 6·25전쟁을 제외하고는 모두가 정치·경제적 이유였다. 그 동안 경찰은 정치적으로는 독재자의 전횡 앞에 항거하는 민주화 운동을 억제하여 특정한 권력을 유지해주는 수단이 되었고, 사회적으로는 정경유착에 의한 대기업의 부패와 그릇된 기업경영으로 인하여 악화된 노사관계에 따른 노조파업의 진압을 위한 역할을 담당해 왔다. 전시에 경찰의 동원은 필요는 하지만 큰 힘을 발휘하기 어렵다. 민주화가 이루어지고 난 후 학생운동과 재야민주화 운동이 사라지면서 정치적 필요성에 의한 긴급동원은 사라졌다. 삼성과 같이 근로자들의 복지에 많은 투자를 하는 기업은 상대적으로 경찰의 힘을 필요로 하지 않는다는 것을 깊이 생각해야 한다.

(3) 자치경찰제 도입으로 임금이나 보수에 어려움이 있다는 인식의 전환

자치단체의 재정자립도가 낮아서 자치경찰제가 도입되면 임금이나 보수가 자치단체별로 차이가 나거나 임금 등 그 자체가 어려움을 겪게 될 것이란 인식이 지배적이다. 조직 운영에 있어 최우선 지불은 임금이다. 지방자치제가 도입되기 전에 많은 공무원들이 이 문제를 걱정하였지만 그 어떤 자치단체도 공무원 임금 문제가 발생하지 않았다. 따라서, 자치경찰제의 도입과 임금과는 무관하다는 사실을 알아야 한다.

(4) 경찰인사권 침해에 대한 인식의 전환

자치경찰제가 되어 경찰권이 자치단체장 하에 소속되면 인사권을 침해당할 것이란 생각을 하고 있다. 이 또한 그릇된 생각이다. 현재의 경찰인사권이 합리적이고 과학적인가라는 질문에 대답해 보면 알 수 있다. 경찰인사권 만큼 비합리적이고 추상적인 것은 없다. 경찰수뇌부는 인사권을 통하여 위계질서 유지를 꾀하고 있고, 일반경찰은 인사권에 묶여 충실하게 길들여진 사람들로 전락하였다. 그 동안 경찰이 경찰을 보호하였다고 생각하면 착각이다. 한국 경찰의 인사제도는 인사권 행사를 통하여 손쉽게 부하를 장악한 하나의 그릇된 비합리적이고 비과학적인 인사제도였다.

(5) 열악한 근무 조건의 개선이 어렵다는 인식의 전환

열악한 근무 조건의 개선이 어렵다는 인식은 전적으로 그릇된 것이다. 그 동안 얼마나 열악하였는가. 이 이상 어떻게 더 열악한 근무조건이 있을 수 있었던가에 대하여 생각해 봐야 한다. 이무영 경찰청장 이후 경찰의 근무조건이 획기적으로 개선되기 이전까지의 경찰의 근무조건은 최악의 상황이었다. 그것은 경찰수뇌부가 대부분 과거 어려웠던 시절에 경찰활동을 하면서 진급하였기 때문에 일선 경찰의 어려움을 헤아리지 못한 때문이다. 대한민국 경찰도 한 사람의 국민이며, 헌법상 인간으로서의 존엄과 가치를 가지며, 인간다운 생활을 할 권리를 가진다. 또한 건강하고 쾌적한 환경에서 살 권리를 가진다. 그 동안 근무조건이 열악하다고 하는 것이 비조직적이었다면 자치경찰제의 도입과 함께 열악한 근무조건을 방치하는 것이 비조직적이요 비경찰적인 행동이 될 것이다.

(6) 다양한 의사 개진으로 명령체계의 확립이 어려울 것이란 인식의 전환

신속하고 정확한 경찰활동을 위하여 명령체계의 확립은 매우 중요한 것이다. 그러나, 명령과 복종은 경찰활동을 하는데 필요한 경우에 한정되어야 한다. 직장 내외적으로 공사 구별이 되는 명령체계와 합리적 근무, 합리적이고 합법적인 명령체계의 확립이 필요하다. 경찰청에 의하면 앞으로 수사경찰도 근무시간이 지나면 퇴근할 수 있는 방안을 마련중이라고 한다. 청장이 퇴근하지 않으면 퇴근할 수 없는 이런 분위기는 버려야 한다. 편안함을 추구하면서 편안해질 수 있는 제도가 도입되는 데도 부정적인 시각을 버리지 못한다면 구시대적 사고에 불과하다.

3. 자치경찰제 도입을 위한 정부의 노력

정부 수립 이후 자치경찰제 도입에 대한 논의는 끊이지 않고 계속되었다. 그러나, 정치적 논리와 기득권을 옹호하는 경찰수뇌부의 의지 부족으로 수없이 논의만 되면서 지금까지 미루어져 왔다. 자치경찰제 도입을 위한 지금까지의 주요 활동을 기술하면 다음과 같다.

1) 정부 수립기

1948년 정부조직법 제정시 경찰의 정치적 중립을 위하여 자치경찰제의 도입을 논의했으나 좁은 국토에 자치경찰제의 도입이 부적절하고, 좌・우이념 대립이 극심한 상황에서 공산주의자의 준동이 우려되며, 지방재정이 빈약하여 각종 운용 자금의 조달이 어렵고, 신속한 업무 수행을 위하여 국가경찰제가 바람직하다는 결론에 도달하여 국가경찰제를 도입하였다. 그 후 1955년 자치경찰제 성격을 가미한 경찰법안을 국회에 상정했으나 폐기되었다.

2) 윤보선 정부

4・19 민주화 운동에 따라 자유당 정부가 붕괴되었다. 이 과정에서 이승만 정부의 지시에 따라 시민을 향하여 경찰이 총기를 난사함으로써 경찰권이 도마에 올랐다. 1960년 5월 국회에서 「경찰중립화기초특별위원회」가 구성되어 경찰중립화법안을 기초하면서 국립경찰과 자치경찰로 이원화하는 내용을 검토하였다.

3) 박정희 정부

박정희 정부 하에서 자치경찰제는 물론 행정자치제 실시조차도 논의의 대상이 되지 못하였다. 유신 헌법에 적절한 기반이 조성되면 실시하도록 규정하였다.

4) 전두환 정부

1985년 12월 당시 치안본부가 '200년대를 향한 경찰발전방향'이란 기획안에 자치경찰제 도입을 계획하였다. 시・도 단위 자치경찰제를 도입하고 경찰위원회 관리 하에 지방경찰청을 설치하는 것을 검토하였다.

5) 노태우 정부

1989년 당시 내무부가 '내무부 새로운 위상과 기능'이라는 정책안을 작성하여 그 속에 자치경찰제 도입을 위한 방안을 검토하였는데 국가경찰과 지방경찰을 이원화하는 방안과 국가직 경찰과 지방직 경찰을 혼제하여 배치하는 두 가지 안을 제시하였다. 1989년 7월 행정개혁위원회에서 경찰체제는 국가경찰체제를 유지하되 지방자치제가 정착된 후 검토할 것을 건의하였다. 1990년 행정쇄신위원회에서 경찰행정쇄신방안에 자치경찰제 도입을 3단계로 나누어 검토하였고, 1992년 경찰이 한국개발연구원에 용역 의뢰하여 자체경찰제 도입을 연구하였다.

6) 김영삼 정부

김영삼 정부는 행정자치제를 실시하였으며 경찰자치제 도입을 위해서도 많은 검토를 하였다. 1994년 민주당 정책위원회에서 자치경찰제 도입을 위한 정책 토론회를 개최하는 등 노력하였다. 1994년 12월 국회에 경찰법개정법률안에 자치경찰제 도입을 시도했으나 폐기되었다. 그리고, 1996년 자민련에서 경찰법개정법률안에 자치경찰제 도입을 위한 안을 제안하였으나 자동 폐기되었다.

7) 김대중 정부

1997년 12월 대통령 선거에서 당시 국민회의 대통령 김대중 후보가 자치경찰제 도입을 공약하였으며, 당선 후 자치경찰제 도입을 천명하였다. 그리고, 1998년 12월 경찰개혁위원회에서 자치경찰제 도입을 위한 공청회를 개최하는 등의 노력을 하였으나 실패하였다.

8) 노무현 정부

2002년 12월 대통령 선거에서 민주당 노무현 대통령 후보가 자치경찰제 도입을 공약하였다. 2003년 1월 경찰청은 대통령직인수위원회에 자치경찰제 도입방안을 보고하였고, 2003년 7월 정부혁신 및 지방분권위원회에서 자치경찰제 관련 로드맵을 발표하였다. 국가경찰과 자치경찰로 이원화하되 교통과 보안 등 자치단체 고유업무에 해당하는 분야만 자치경찰제로 이관하고 나머지 경찰활동은 국가경찰이 담당하는 것으로 가닥이 잡히고 있다.

노무현 정부는 선거공약과 취임사에서 자치경찰제 도입을 천명하였다. 자치경찰제를 '국가권력의 분권차원에서 이해해야 하며, 경찰의 정치적 중립성을 확보하기 위한 제도적 방안 마련을 위해 필요하다.'라고 했다. 현재 국회에 계류되어 논의중인 자치경찰제 도입안에서는 2006년부터 자치경찰제를 전면적으로 실시한다는 계획하에 자치경찰제 실무추진단을 구성하여 정착을 위한 준비에 착수하였다. 그러나 국회에서 거듭 상정이 연기되고 있고, 자치경찰제(안)의 통과여부가 불투명한 실정이다.

이러한 실정에도 불구하고 현재 노무현 정부는 자치경찰제 도입을 위한 강력한 의지로 2006년 7월 1일부터는 제주특별자치도에서 자치경찰제를 실시하고 있다.

4. 자치경찰제의 도입범위

정부가 추진 중인 기초단위 자치경찰제도는 시 · 군 · 구청의 조직 안에 자치경찰과를 설치하고 기초자치단체장이 자치경찰의 임용권을 갖는 것이다. 이는 유럽식 자치경찰제이다. 자치경찰제 도입 방향에 관한 논의는 자치경찰 조직, 인사, 재정, 업무 범위, 긴급사태시의 경찰권행사를 중심으로 이루어져야 할 것이다. 자치경찰의 주요 업무는 범죄예방을 위한 순찰, 교통, 단속, 시설경비 등이 된다.

1) 경찰의 조직구성

자치경찰제의 조직적 근간은 국가경찰과 자치경찰의 이원화다. 국가경찰은 경찰권을 중앙정부가 가지고 집중적으로 행사하며 국가사무와 관련된 전국적이고 긴급한 치안질서 유지를 담당하는 것이다. 자치경찰제는 경찰권을 자치단체가 가지고 자치단체 고유의 업무를 중심으로 교통, 방범 등과 같은 생활안전 분야에 대한 경찰활동을 하는 것을 의미한다.

(1) 국가경찰

국가경찰은 그 조직을 정치적 중립성을 훼손할 수 없는 독립적인 기구로 만들어야 한다. 합의제 행정관청으로서 경찰위원회를 설치하고 그 위상을 격상시켜 경찰의 사기를 진작시키고, 정치적 중립성 시비로부터 벗어날 수 있는 위치를 확보하여야 한다. 경찰위원회는 국회에서 인사청문회를 통하여 그 능력과 자질을 검증한 후 동의를 얻어서 대통령이 임명하도록 하여야 한다. 위원의 직급은 가능한 장관급 이상으로 하는 것이 좋으며, 임기는 정치적 중립성을 확보하기 위하여 대통령의 임기 보다 길게 하는 것이 바람직하다.

경찰위원회 아래 집행기관으로서 경찰청을 두고 경찰활동을 총괄하도록 해야 한다. 경찰청장은 경찰위원회의 제청으로 대통령이 임명하되 국회 청문회를 거치도록 해야 하며, 중대한 문제가 발생하지 않는 한 임기는 반드시 보장되어야 한다.

(2) 자치경찰제

한국 실정을 고려할 때 자치경찰제의 실시는 특별시, 광역시, 그리고 도 단위로 하는 것이 적정하다. 시도지사 소속하에 경찰위원회를 구성하고 이를 통하여 자치경찰활동을 관리함으로써 시도지사의 지나친 경찰 개입을 방지하여야 한다. 위원의 임명은 시도지사가 관련 분야에 전문성이 있는 사람을 추천하여 시도의회의 동의를 얻어 임명하는 것이 바람직하다. 위원에 대한 정당 추천은 정치적 중립성의 확보하는 데 저해요인이 될 수 있다. 위원의 직급은 가능한 지방경찰청장 보다 높은 것이 바람직하며, 임기를 보장하여야 한다.

시 · 도 경찰청장은 시 · 도지사가 추천하여 시도의회 동의를 얻은 후 대통령이 국가경찰청장의 의견을 물은 후 임명하도록 하여야 한다. 이는 국가경찰과 자치경찰의 상호의존적 의사교환의 하나로 이해하면 된다. 그리고, 경찰청장의 임기는 시 · 도지사 임기보다 길게 하여 정치적 중립성을 확보하여야 하며, 임기는 보장하여야 한다. 가능한 모든 정치적 영향력으로부터 벗어날 수 있는 방법을 강구하여야 한다.

그리고, 자치경찰과 국가경찰의 이원화 과정에서 불필요한 모든 조직을 통폐합하여야 한다. 지구대의 창설로 불필요해진 파출소를 폐합하여 경비절감은 물론 업무의 능률화를 기할 수 있도록 하여야 한다.

▣ 자치경찰제의 예상 조직도

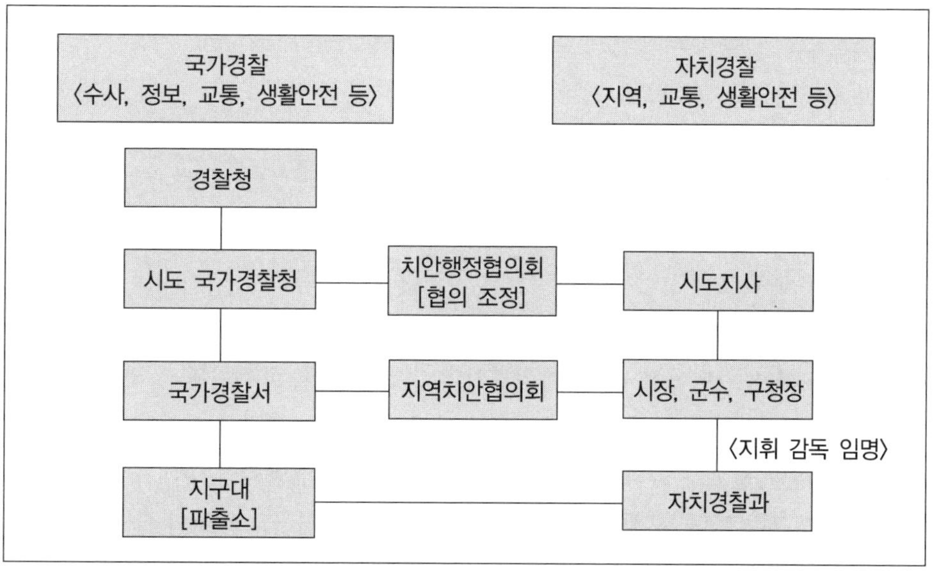

2) 자치경찰의 인사관리

국가경찰과 자치경찰제로의 이원화는 소속 경찰관들을 국가공무원으로 할 것인가 지방공무원으로 할 것인가의 문제를 야기시킨다. 국가경찰과 자치경찰간의 상호 의견의 조율이나 업무 공조, 긴급 동원 등을 고려할 때 경정 이상은 국가공무원으로 하여야 한다. 경찰서장은 일정기간 자치경찰에 근무하는 것을 원칙으로 하되 국가경찰과의 교류를 할 수 있도록 하는 것이 바람직하다. 경정 이상을 국가공무원으로 하는 것은 경정급은 일선 경찰서의 과장급으로 경찰활동의 중추적 역할을 담당하고 있기 때문에 경찰서장과의 보완적 관계를 유지하기 위한 것이다. 그리고 그 이하는 직급은 지방공무원으로 하여 일선 자치경찰로 근무하도록 하는 것이 바람직하다.

경찰서장은 자치경찰위원회의 의견을 들어 시・도경찰청장의 제청으로 경찰청장이 임명하며, 일정기간 자치경찰에 근무하는 것을 원칙으로 하여 국가경찰과 자치경찰간의 원활한 업무 협조가 가능하도록 하여야 한다.

자치경찰위원회에 경찰에 대한 징계요구권이나 의견제시권을 부여하여 경찰 통제의 수단으로 삼아야 한다. 이러한 통제 수단을 통하여 새로운 의미의 정치적 중립성 시비를 차단하고 경찰부패를 방지할 수 있는 제도적 장치로 활용하여야 한다.

3) 자치경찰의 재정관리

지방자치제는 본질적으로 지역주민이 스스로의 힘과 예산으로 지역문제를 해결하는 것이다. 그러나, 경찰문제는 지역주민 스스로 해결하는 데는 많은 한계를 가지고 있을 뿐만 아니라 재정 또한 여건상 자치단체에서 모두 해결하는 것은 현실적으로 불가능한 일이다. 따라서 이에 대한 적절한 대책 마련이 요구되고 있다.

자치사무에 필요한 경비는 원칙적으로 자치단체가 부담하고, 국가사무에 필요한 경비는 국가가 지원해야 한다. 그리고, 자치단체의 부족한 경비 조달을 위하여 시도경찰재정교부금제도가 도입되어야 하며, 자치경찰의 업무 실적별 차등지원금 제도의 도입도 필요하다. 자치경찰에 제공되는 자치단체의 경비 부족을 메우기 위하여 국세의 일부를 지방세로 전환할 필요가 있다. 경찰범칙금인 교통단속과 경범죄의 과태료 등을 자치단체로 이양하고 경찰관련 분야의 새로운 세원 마련을 위한 연구도 있어야 할 것이다. 또한 자치경찰의 안정된 치안 서비스 제공을 위하여 경찰재정을 일반회계로부터 독립하여 특별회계로 운영하는 것이 바람직할 것 같다.

이번 자치경찰제 시행방안에 의하면 과 단위 자치경찰과로 설치할 경우 평균 25명 내외의 인력이 필요하므로 전국적으로 총 6,000명 정도의 인력이 소요되고 이에 필요한 예산은 3,000억 원으로 예상하고 있다. 이외에도 시설과 장비 등에도 많은 비용이 소요될 것으로 보인다.

4) 자치경찰의 사무배분

자치경찰제가 담당해야 할 업무는 민생치안과 관련된 기본적인 활동이어야 하며, 국가경찰활동과 명백히 구분되어야 한다. 자치경찰활동은 민생치안과 관련된 범인의 검거, 범죄 예방활동, 경찰서비스 제공, 교통단속, 생활 안전 등으로 한정하여야 한다.

범죄의 검거나 치안유지 등 단일 자치단체의 범위를 넘는 경찰활동 대상에 대하여서는 자치경찰간에 적절한 공조가 가능하도록 적절한 규정이 있어야 하며, 자치경찰은 각 자치단체의 이해를 떠나 신속하게 공조할 수 있도록 하여야 한다.

경찰권이 아니더라도 실행 가능한 업무인 유흥업소 단속, 청소년대상업소 단속, 성매매피해자 및 아동학대피해자 · 가정폭력피해자를 위한 상담시설 운영, 운전면허업무,

자동자사용정치처분, 도로교통시설물의 설치 및 관리 등은 자치단체에 환원하거나 중복되지 않도록 잘 조정하여야 한다. 이러한 조정을 통하여 업무의 능률성을 확보하고 예산을 절감하여야 한다.

그리고, 기존의 경찰서비스 활동을 강화하고 그 내용을 보다 다양하게 하여 주민들 가까이 가는 경찰상을 확립할 수 있도록 업무를 조정하여야 할 것이다. 지역사회문제를 해결하는 해결사적 역할을 담당할 수 있도록 해야 한다.

▣ 자치경찰의 주요업무

주요업무	내 용
생활안전	생활안전을 위한 순찰 및 시설 운영, 주민협력 방범활동, 안전사고 예방활동, 아동·노인·여성학대 및 가정·학교폭력 예방 등의 사회적 약자 보호활동, 기초질서의 유지 및 위반행위 지도·단속활동
지역교통	지역교통활동에 관한 사무중 교통안전 및 소통활동, 교통법규위반 지도·단속활동, 주민협력 지역교통활동
지역경비	시·군·구의 공공시설 및 지역행사장 등의 지역경비에 관한 사무, 자치단체주관 축제·행사 등에 대한 지원활동, 각종 혼잡상황에 대한 안전유지활동
특사경사무	사법경찰관리의직무를행할자와그직무범위에관한법률이 정하는 바에 따라 자치경찰공무원이 수행하는 17종의 특별사법경찰관리의 직무

5) 긴급사태시의 경찰권 행사

전시나 사변과 같은 긴급사태 또는 국가비상사태가 발생하면 시·도경찰청장에 대한 경찰청장이 지휘명령권을 행사할 수 있도록 하여야 한다. 긴급사태를 명문화하여 경찰청장의 독단이나 정치적 고려에 의한 결정이 이루어지지 않도록 해야 한다.

사실 그 동안 한국은 비민주적 정치행태로 인하여 정치적 혼란이 많았으며, 불안한 노사관계로 인하여 경찰동원이 많았다. 경찰은 말로만 민생치안을 외치며 집회나 시위진압에 투입되어 독재자의 권력을 유지하는 하나의 수단으로 활용되었다는 오명과 사회불안을 부추기는 세력으로 국민들로부터 지탄을 받아왔다. 그 결과 경찰의 사기는 땅에 떨어졌다.

전시나 대간첩대책과 같은 긴급사태가 발생한다면 그 책무는 원칙적으로 군이 맡아야 하고, 지역적으로 필요한 분야는 경찰이 보조하도록 해야 한다. 집회나 시위는 민주화가 진행될수록 적어질 것이고, 노사관계도 차츰 선진화되면서 사회불안의 요소는 적어질 것이기 때문에 자치경찰제를 도입하면서 이러한 문제점은 충분히 고려하여야 할 것이다.

5. 자치경찰제의 정착과제

우리 정부와 경찰은 지역중심의 치안서비스 제공과 주민에 밀착된 복지행정 기능의 자치경찰제를 정착시키기 위해서는 직면하고 있는 다음과 같은 당면과제의 심도있는 연구와 개발을 통해 효율적이고 실효성 있는 정책대안을 수립해야 한다.

1) 자치경찰의 사무

기존 정부의 자치경찰제(안)은 자치경찰기능이 지역의 교통, 방범 등에 제한되어 있어 치안서비스 제고효과가 그다지 크지 않을 것으로 보인다.[26] 즉, 기존의 자치단체 각 부서의 사무인 보건 · 위생, 환경 등 각종 단속업무를 자치경찰에 모두 이전하는 것에 지나지 않으므로 민생치안범죄 예방을 위한 기능적 실효성이 우려된다.[27] 따라서 현재의 정부안이 제시하고 있는 자치경찰사무는 기존에 자치단체가 직면하고 있던 특별사법경찰사무 수행의 한계를 극복하기 위한 것으로 볼 수 있으며, 실질적으로는 자치단체장에게 직무책임과 재정부담만 전가하는 형태로 변질될 가능성이 있다.[28]

---

26) 자치경찰기능이 지역의 교통, 방범활동, 질서 유지 및 이미 시군구가 수행하고 있는 특별사법경찰기능을 수행하는 데 국한되어 있다. 더욱이 수사기능은 없고 단속기능만 있어 형사 사건의 경우, 단속하는 대로 국가경찰로 이첩하는 방식으로 운영될 것이 예상된다. 특히 자치경찰인력이 20-100명 정도로 운영될 것이므로 주민에 대한 획기적인 치안서비스를 제공하는 데에는 무리가 있다고 할 것이다.

27) 현재 자치단체가 수행하고 있는 법 집행 및 특별사법경찰사무를 보면, ㉠ 행정경찰사무(풍속 · 공중접객, 보건 · 위생, 건설 · 건축 · 산림 · 공원 · 하천, 환경, 도로 · 차량 등 관련 50여 종), ㉡ 특별사법경찰사무(보건 · 위생, 교통, 환경, 문화, 경제 등 20여종), ㉢ 청원경찰법 · 경비업법상 일정한 경비사무 등을 들 수 있다.

28) 신봉기, "자치경찰법안의 주요내용," 「자치경찰법안공청회 자료집」, 2006, pp. 9～11.

■ 현행법상 자치단체가 가지는 특별사법경찰사무

1. 산림보호·국유림경영(산림, 그 임산물과 수렵에 관한 범죄) 2. 식품단속(식품위생법·보건범죄단속에 관한 특별조치법 중) 3. 의약품단속(약사법·보건범죄단속에 관한 특별조치법 중) 4. 계량검사(계량에 관한 법률에 규정된 범죄) 5. 문화재의 보호(문화재 보호법에 규정된 범죄) 6. 공원관리(자연공원법에 규정된 범죄) 7. 어업감독(수산업에 관한 범죄 및 어업자원보호법 위반범죄) 8. 공중위생단속(공중위생관리법에 규정된 범죄) 9. 환경단속(대기·수질환경보전법 등 환경과 관련된 범죄) 10. 차량운행제한단속 및 도로시설관리(도로법 위반범죄) 11. 관광지도(관광진흥법에 규정된 범죄) 12. 청소년보호업무(청소년보호법에 규정된 범죄) 13. 농수산물등 단속(농수산물 원산지·유전자변형농산물표시에 관한 범죄) 14. 원산지표시단속(대외무역법에 규정된 원산지표시에 관한 범죄) 15. 외화획득용원료·기재의 수입 및 사용 등 업무(대외무역법 규정에 위반되는 범죄) 16. 농약 및 비료 단속(농약관리법·비료관리법에 규정된 범죄) 17. 하천감시(하천법에 규정된 범죄) 18. 가축방역·검역(가축전염병예방법에 규정된 범죄) 19. 자동차관리단속(자동차관리법에 규정된 범죄) 20. 소방업무(소방기본법, 위험물안전관리법 등 위반범죄).

2) 자치경찰의 조직

현재 정부법(안)에서는 자치경찰의 조직을 시·도와 같은 광역자치단체와 전혀 무관하게 국가경찰과 기초자치경찰로 이분하는 형태의 구조를 채택하고 있다. 이는 국가경찰과 지방자치단체의 조직구조면에서 보면 부자연스러운 것이며, 자치경찰의 기능상 자치경찰대가 국가경찰의 보조기관으로 될 우려가 있으며, 지역내 국가경찰인 지구대·치안센터가 함께 경찰기능을 수행함에 따라 사무에 있어서 갈등이 초래될 수 있다.

3) 자치경찰의 재정

정부안은 광역시·도 단위에서 요구되는 자치경찰의 수요를 간과하고 기초시·군·구 단위에 자치경찰대를 창설하게 되면 자치단체간 재정자립도 및 중앙의 지배 및 재정력 격차에 따라 치안서비스에 심각한 불균형이 우려되며, 결과적으로 재정상황이 열악한 기초자치단체에 비용부담과 책임만 가중시키게 될 수 있다.

■ 자치단체별 재정자립도의 비교

(2004년도 당초예산, 단위 : %)

구 분	특별시	광역시	도	시	군	자치구
평 균	94.5	68.8	41.3	38.8	16.6	42.6
최 고	94.5(서울)	72.7(부산)	78.0(경기)	70.4(성남)	48.6(울주)	92.7(서울중구)
최 저	–	54.6(광주)	14.2(전남)	12.3(삼척)	7.1(신안)	19.4(광주남구)

4) 자치경찰의 인력

정부안에서는 국가경찰로부터 자치경찰 소요인력 50%를 이관하도록 방침을 정하고 있는 바, 이에 따른 자치경찰의 인력확보에 문제가 발생할 수 있다. 자치경찰은 경찰체제상 상급기관인 국가경찰의 하부조직에 해당되므로 기존의 국가경찰관들이 하급기관인 자치경찰로의 이동을 크게 선호하지는 않을 가능성이 높다. 또한 직무의 난이도와 곤란도가 상대적으로 낮은 자치경찰사무를 정규경찰 교육훈련을 받은 숙련된 전문경찰관으로 하여금 수행하도록 하는 것은 효율적이라고 할 수 없다. 더군다나 현행 경찰관을 자치경찰공무원으로 전환하는 경우, 기존의 국가경찰과는 성격이 다른 자치경찰사무를 수행해야 하므로 직무교육 등 사전교육이 또다시 필요하게 됨으로써 이중적인 교육훈련의 문제가 발생하게 되어 이에 대한 대응책이 강구되어야 한다.

자치경찰제의 정착을 위해서는 제시된 선결과제들이 충족되어야 할 것이다. 특히 기존에 형식적으로 운영되던 경찰위원회의 권한강화를 위해 실효성 있는 조직으로 거듭나야 할 것이며, 지방의 치안행정협의회를 지방경찰위원회로의 격상 등 경찰에 대한 민주적 통제장치를 보완하여야 할 것이다. 또한 지방경찰청장에게 대폭적인 권한위임을 통해 지방자치경찰의 설립목적과 이념에 부합할 수 있는 맞춤형 치안서비스를 지역민들에게 제공할 수 있어야 할 것이다.

02편

경찰학 각론

제1장 생활안전 경찰활동

제1절 생활안전 경찰활동의 영역

1. 범죄통제와 범죄예방

1) 범죄예방의 개념

범죄예방(Crime Prevention)이란 범죄의 위험을 예견, 인식, 평가하여 범죄를 감소 또는 근절시키기 위한 사전활동을 말한다. 범죄예방이란 범죄가 발생하지 않도록 미리 그 원인을 제거하고 범인성 환경을 정비하며 또 그 피해가 확산되는 것을 방지하는 제반 활동을 말한다. 미국범죄예방연구소(National Crime Prevention Institute: NCPI)는 범죄예방이란 범죄적 기회를 감소시키려는 사전적 활동이며, 범죄에 관련된 환경적 기회를 제거하려는 직접적 통제활동이다. 범죄가 저질러지는 요소를 범죄욕구, 범죄기술, 범죄기회로 구분할 경우, 범죄예방은 범죄욕구나 범죄기술에 대한 예방이 아니라 범죄기회를 감소시키려는 활동이라고 하였다.[1)]

1) National Crime Prevention Institute, *Understanding Crime Prevention* (Boston, MA: Butterworth

이에 대해 랩(Steven P. Lab)은 범죄예방이란 실제의 범죄발생뿐만 아니라 범죄에 대한 시민의 두려움을 줄이는 사전적 활동으로 보고 있다.[2] 랩은 범죄예방의 개념에 대해 비교적 폭넓은 의미로 정의하고 있는데, 그는 범죄예방을 "실제의 범죄발생과 범죄에 대한 공중의 두려움(the perceived fear of crime)을 줄이는 사전활동"으로 정의하였다. 이는 실질적으로 범죄발생을 줄이려는 사전 노력이기도 하고, 심리적인 측면에서 안전성의 확보, 범죄에 대한 두려움의 제거를 위한 노력이기도 하다.

2) 범죄통제의 방법

범죄통제(crime control)의 방법은 형사사법 철학의 발전과 더불어 크게 네 가지의 형태로 변화해 왔다. 근세이전에는「응보와 복수」로, 고전주의 사상가들은「형벌과 제재」로, 실증주의 사상가들은「교정과 치료」로, 그리고 20세기 이후의 범죄사회학자들은「범죄예방」을 통하여 범죄문제를 해결하려고 하였다. 이 네 가지의 범죄통제 모델을 범죄발생의 시점을 기준으로 구분할 때에, 앞의 세 가지의 방법들은 범죄발생 이후에 이루어지는 범죄대응방법이라고 볼 수 있다. 그러나 이러한「사후 대응방법」이 현대의 범죄학자들에 의해 비판을 받게 되었고 새로이 중요성이 강조된 것이 바로 범죄예방(crime prevention)인 것이다.

■ 범죄통제방법의 변천

근세이전	응보와 복수	범죄가 발생한 이후의 대응(사후통제)
고전주의 사상가	형벌과 제재	
실증주의 사상가	교정과 치료	
20세기 이후	범죄예방	범죄가 발생하기 이전의 대응(사전통제)

범죄는 이미 발생한 경우 그 범죄에 대한 피해는 거의 회복이 불가능하고(특히 생명피해), 범죄자의 검거·교정 등에 많은 비용이 들며, 실질적인 교정 또한 어렵다. 범죄의 증가는 범죄자 및 피해자가 증가한다는 것을 의미하고 이는 사회적 관계에서의 불신과

Heinemann, 1986), p. 2.

2) Steven. P. Lab, *Crime: Prevention Approaches, Practices and Evaluation* (Cincinnati, Ohio: Anderson Publishing Co., 1992), pp. 12～13.

불안, 두려움, 법의 권위추락 등 부정적인 환경을 조성하여 결국 사회해체(social disorganization)현상을 불러온다[3].

C. R. Jeffery는 범죄통제의 모형을 형벌을 통한 범죄억제 모델, 범죄자의 치료와 갱생정책을 통한 사회복귀 모델, 사회환경개선을 통한 범죄예방 모델의 세 가지로 구분하여 제시하였다.[4] 그에 의하면, 범죄예방 모델은 ① 범죄가 저질러지기 이전의 활동이며, ② 행동에 대한 직접적 통제이고, ③ 범죄가 발생하는 환경과 환경에 대한 사람들의 상호작용에 초점을 두며, ④ 사람의 행동을 연구하는 다양한 학문에 기초한 모형이라고 한다. 이러한 범죄예방 모델에서 범죄예방은 "범죄가 발생하기 전에 이루어지는 직접적인 활동으로 주로 범죄환경에 초점이 두어지는 활동"으로 규정된다.

한편, P. J. Brantingham와 F. L. Faust는 세 가지의 범죄예방 유형을 제시하였다.[5]

첫째로, 1차적 범죄예방은 물리적 · 사회적 환경 중에서 범죄원인이 되는 조건들을 개선시키는 데 초점을 두고 있다. 환경설계, 이웃감시, 민간경비, 방범교육 등과 형사사법기관의 활동은 1차적 범죄예방의 범주에 속한다고 할 수 있다.

둘째로, 2차적 범죄예방은 잠재적 범죄자를 초기에 발견하고 비합법적 행위가 발생하기 이전에 예방하고자 하는 것이다. 2차적 범죄예방은 우범지역에 초점을 맞춘다. 1차적 예방의 프로그램이 범죄행위를 야기할 가능성을 가진 문제들을 방지하는 것을 목적으로 하는 반면, 2차적 예방에서는 이미 존재하는 요인들과 일탈행위를 조장하는 요인들에 더 초점을 맞춘다. 따라서 2차적 예방활동은 우범환경이나 우범자를 대상으로 이들과 많이 접하는 지역사회 지도자, 교육자, 부모에 의해 이루어진다.

셋째로, 3차적 범죄예방은 실제 범죄자를 대상으로 범죄자들이 더 이상 범죄를 저지르지 않도록 하기 위한 활동을 말한다. 체포, 기소, 교도소구금, 치료, 사회복귀와 같은 것이 3차적 예방과 관련되는 것이다. 3차적 예방활동의 대부분은 형사사법기관이 담당하는 것이라고 볼 수 있다. 이 외에도 민간단체나 지역사회의 교정프로그램도 3차적 활동에 포함된다.

3) J. E. Conklin, The impact of crime, Macmillan Pub., 1975, p. 356.
4) 이보령, 형사정책, 제일법규, 1996, p. 355 ; 기광도, 범죄예방활동에 관한 이론, 형사정책연구소식 26호, 1994, pp. 21 - 31.
5) P. J. Brantingham & F. L. Faust, 「A conceptual model of crime prevention」, Crime and Delinquency 22, 1976, p. 292.

▣ 범죄예방의 3단계 접근법(Brantingham와 Faust)

1차적 예방	• 건축설계, 조명, 자물쇠장치, 접근통제 등과 같은 환경설계, 감시, 이웃감시, 경찰방범활동, 범죄예방교육, 민간경비 등	일반대중
2차적 예방	• 범죄예측, 범죄지역분석, 전환제도 등	우범자나 우범집단
3차적 예방	• 체포, 기소, 교도소, 교정프로그램 등	범죄자

이러한 이론을 바탕으로 범죄예방활동에 대한 정의를 내리면 다음과 같다.

범죄예방활동은 ①사전적 활동이다. 즉 범죄사건 이후에 대응하는 활동이 아니라 범죄가 발생하기 전에 수행되는 행위이고, ②실제의 범죄 및 공중에게 인지된 범죄에 대한 두려움을 감소시키는 활동이며, ③범죄환경에 대한 직접적 통제뿐만 아니라 간접적인 활동도 포함한다. 즉 범죄가 발생되는 상황적 기회를 제거하는 활동뿐만 아니라, 범죄의 근본적 원인이 되는 사회적 · 경제적 환경을 개선시키는 활동, 실제 범죄자를 대상으로 하여 범죄자들이 더 이상 범죄를 저지르지 않도록 하기 위한 활동까지 포함하는 것이다.

한편 현대 범죄학의 범죄통제이론은 크게 억제이론 → 치료 및 갱생이론 → 사회발전이론 → 상황적 예방이론으로 발전해 왔다. 억제이론은 처벌의 확실성을 강조하는 반면에 사회발전이론은 범죄유해환경의 개선을, 그리고 상황적 예방이론은 범죄기회와 범죄이익의 박탈을 강조한다.

▣ 범죄통제이론의 유형

억제이론	• 고전학파 범죄이론으로서, 인간의 자유의지와 도덕적 책임감을 강조하며, 범죄자를 합리적인 존재로 파악 • 범죄는 개인의 책임이다. • 범죄에 대한 강력하고 확실한 처벌 주장 • 반드시 처벌된다는 처벌의 확실성을 보여줌으로써 일반예방효과가 발생하고, 엄격하게 처벌 할 때 특별예방효과가 나타난다.
치료 및 갱생이론	• 생물학 · 심리학적 범죄이론을 바탕으로 한 예방이론 • 범죄는 사회의 책임이다. • 인간의 자유의지를 부정하는 결정론적 인간관 • 범죄자의 치료와 갱생을 통한 특별예방효과에 중점
사회발전이론	• 사회학적 범죄학에 근거한 범죄예방이론 • 범죄유발환경의 개선을 통한 범죄예방 추구
상황적 예방이론	• 범죄행위에 대한 감시와 위험을 높여 범죄기회를 줄이고 범죄이익을 감소시켜 범죄를 예방

3) 주요 범죄예방이론

(1) 환경설계를 통한 범죄예방이론(Crime Prevention Through Environmental Design; CPTED)

환경설계를 통한 범죄예방이론은 경찰의 범죄예방활동의 일환으로서 범죄가 발생하기 전에 적극적인 범죄예방활동의 하나로서 고려되어진 것이다. 이러한 환경설계를 통한 범죄예방이란 '범죄로부터 피해를 입을 가능성이 있는 잠재적 피해자들을 보호하기 위하여 범죄의 구성요건이 되는 가해자, 대상, 장소들 간의 상관관계를 분석하여 범죄를 예방하거나 범죄의 불안감을 감소시키기 위한 일련의 물리적 설계'를 의미한다.[6]

CPTED란 용어의 시초는 1971년 Jeffery[7]의 '환경설계를 통한 범죄예방'이라는 책에서 처음으로 소개되었다.[8] Jeffery는 여기서 물리적 설계는 물론 향상된 시민참여와 더욱 효과적인 경찰력의 사용을 포함하는 3중전략을 제안하였으며 범죄를 예방하는 방법은 범죄가 감소하거나 소멸되게 하기 위한 기회를 만드는 방법으로 전체환경을 설계해야 한다고 주장하였다. 이러한 물리적 환경의 변화를 통한 범죄예방은 1차적 범죄예방에 해당하는 것으로 해당지역의 방어공간의 특성을 강화함으로써 잠재적 범죄자의 입장에서 볼 때 검거의 위험을 증가시키는 것이다[9]라고 하였다.

CPTED의 개념의 정립과 이론적 근거의 연구는 1968년 Newman의 '방어공간(Defensible Space)'[10]에서 유래된 것으로 특정한 건축설계와 주민들이 주거지역의 주변공간에 대하여 책임을 갖도록 설계함으로써 범죄를 예방할 수 있다는 것이다. 예를 들면

6) CPTED 기법은 경찰관할지역내 해당지역의 방어공간적 특성을 강화함으로서 잠재적 범죄자들에게 체포의 위험성을 증가시키거나 범행의 성공가능성을 현저히 낮게 인식시켜 범죄를 억제시키고자 사회내의 물리적, 사회적 환경개선을 통해 예견되는 미래의 개연성이 높은 범죄기회를 줄이고자 노력하는 경찰활동이라고 할 수 있다. 최응렬, "환경설계를 통한 범죄예방에 관한 연구", 동국대학교 대학원 「박사학위논문」, 1994, p. 13.

7) C. Ray Jeffery. Crime Prevention through Environmental Design (Beverly Hills. California : Sage Publications. Inc., 1977), pp. 224～227.

8) CPTED란 용어의 기원은 1971년 미국의 국립법집행 및 형사사법연구소(National Institute of Law Enforcement and Criminal Justice)가 전기회사인 Westinghouse에 주거용, 상업용, 교육용, 운송용 시설의 4가지 시설에 대하여 범죄환경을 위한 환경설계 프로그램을 위탁하면서 비롯되었다.

9) National Crime Prevention Institute(NCPI), Understanding Crime Prevention (Stoneham,, MA: Butterworths Publishers, 1986), p. 120.

10) 방어공간(Defensible Space)이란, 거주자와 지역주민을 범죄로부터 보호해 줄 수 있도록 환경을 조성해 놓은 주거공간을 지칭하는 개념이다. 즉 사회자체를 방어하는 물리적인 사회구조를 창출함으로서 범죄를 억제할 수 있는 효과를 거두고자 하는 개념에 기초한 것이다.

건축물의 층수가 적고 복도와 계단 및 입구의 설계는 감시가 용이하도록 설계하고 공공지역과 사유지역을 구분하기 위해 표지를 사용하는 것 등이 있다.

Newman[11]은 그의 저서에서 소개된 안전한 환경의 창조에 개별적이거나 복합적으로 작용하는 범죄예방과 방어공간을 위한 물리적인 설계의 4가지 기본요소로서 영역성(Territoriality), 자연적 감시(Natural Surveillance), 이미지(Image), 그리고 입지조건(Milieu)을 제시하여 개념구성을 하였는데, 이 기본사상과 과정들은 1972년 이후 범죄예방정책의 기초가 되었다.

CPTED란 범죄와 그에 대한 두려움을 감소시킴으로써 삶의 질을 향상시킬 수 있는 행태적 효과를 거둘 수 있도록 물리적 환경을 개선시킬 수 있다는 것을 의미한다. 즉, CPTED는 잠재적인 범죄자들에게는 범행을 더 어렵게 하여 비범죄자 즉 선량한 시민들에게는 자기들의 환경 속에서 안전을 느낄 수 있도록 인위적으로 구조화한 범죄예방전략인 것이다.

이러한 CPTED의 행태적 효과는 범죄행동을 유인하는 물리적 환경특성을 변화시켜 특정지역의 방어공간 기능을 향상시킴으로써 범죄의 위험성을 증가시키려는데 있다. 예를 들면 조명의 증가, 시건장치의 개선, 문의 강화, 감시장비의 이용, 기타 물리적인 환경의 변화는 사회적 응집, 시민의 관심과 참여를 가져오고, 궁극적으로는 범죄를 예방하고, 범죄에 대한 두려움을 감소시키는 것을 의미한다. 따라서 CPTED는 환경자체에 밀접하게 연관된 범죄피해원인들을 인위적으로 조작함으로써 일정한 환경 안에서 발생하는 어떤 특정범죄나 두려움을 제거하려는데 목적이 있다.

(2) 깨진창이론(Broken-Window Theory)

깨진창이론은 윌슨(James Q. Wilson)과 켈링(George Kelling)에 의해 1982년 「월간 애틀란틱(Atlantic Monthly)」에 처음으로 발표되었다. 깨진창이론은 미국의 우범가에서 깨진 유리창을 방치한 결과 시민들의 준법의식이 없어져 강력범죄가 증가하였다는 것으로 기초질서가 문란해지면 범죄의 발생 개연성이 높아진다는 것을 보여준 이론이다.[12]

---

11) Oscar Newman, Defensible Space(New York: Macmillan Publishing Co., Inc., 1972). pp. 3. 최응렬, 전게논문, pp. 14~28.

12) 사회심리학자들과 경찰관들은 만일 건물에 있는 유리창 하나가 깨어져 수리되지 않은 상태로 남겨진다면 나머지 유리창 모두가 깨어질 것이라는 것에 동의하고 있는데, 어떤 지역은 유리창 파괴자가 많이 거주하고 다른 지역들은 정상적인 사람들이 거주하고 있기 때문에 대규모의 창문깨기가 일어나는 것이 아니라 수리되지 않은 창문이 누구도 신경 쓰지 않는다고 하는 것의 신호가 될 때 창문을 깨는 것은 더 이상 위험한 일이 되지 않는다는 것이다. J. Q. Wilson, and G. L.

난폭한 행동이 체크되지 않았을 때, 지역사회의 통제는 무너져 버린다. 창문들이 깨어지고 '아무도 돌보지 않는다'라는 환경을 만들면서 잡초와 파편 쪼가리들이 증가하는 것을 허용하게 된다. 술 취한 사람, 구걸하는 사람, 창녀들, 마약 중독자들, 제멋대로 구는 십대들, 어슬렁거리는 사람들 그리고 정신질환자들이 거리로 몰려들 때 겁에 질린 거주자들은 더 이상 밖에 나가지 않고 지역사회 거주자들의 통제가 상실된다. 십대들이 도시 거리의 통행을 막게 놔두고 난폭하게 놓아둔다면 무질서한 행동은 더 심각한 범죄 행위로 발전할 것이다.[13] 반대로 대중 질서에 대한 경찰의 강제는 지역에 활기를 불어넣고 궁극적으로는 범죄를 줄이도록 도와 줄 수 있다. 경찰관들이 자신들의 순찰 구역을 순찰하고 순찰지역 거주자들에게 익숙해져 있는 비공식적인 규칙들을 시행할 때 경찰들은 자신들의 순찰지역에서의 거주자들의 더 높은 참여와 관계를 고무시키면서 대중질서를 복원하고 거주자들에게 안전감을 제공하게 된다는 것으로 이러한 깨진창이론은 지역사회 경찰활동의 근간이 되는 범죄예방 이론이다.

(3) 10퍼센터 프로그램(Ten-Percenter Program)

LA경찰은 최근 수개월간의 범죄통계를 연구한 결과 전체 범죄발생건수의 약 절반이 10%의 전과자에 의해 발생했다고 분석하고 누범에 해당하는 경우 중범죄는 물론 경범죄에 대해서는 최고형량을 구형하는 '10퍼센터 프로그램'을 추진중이다. 퍼센터(percenter)는 '범죄발생에 기여하는 10%의 사람'을 의미하는데, 윌리엄 브래튼 경찰국장은 LA경찰의 경우 경찰관 1인당 담당인구가 418명으로 상대적으로 열악한 근무환경에서 효과적인 범죄예방이 중요하다고 밝히고 프로그램의 시행으로 10%의 고질적 범죄자들에게 법집행활동을 집중, 가시적인 성과를 거둘 것으로 기대한다고 강조하고 있다.

Kelling, "Broken Windows"(Atlantic Monthly, March, 1982), p. 31.

13) J. Q. Wilson, and G. L. Kelling, Making neighborhood safe, (Atlantic Monthly: February, 1989), pp. 47～48.

2. 지역사회 경찰활동(Community Policing)

1) 지역사회 경찰활동의 개념

지역사회 경찰활동(Community Policing)은 지역사회 지향적 경찰활동(Community Oriented Policing)을 줄인 말로써 지역사회 지향적인 경찰활동을 통해서 범죄를 비롯한 지역사회의 근본문제를 개선해 가고자 하는 경찰과 시민의 관계를 중시하는 경찰활동을 의미하는 것이다. 이러한 지역사회 경찰활동은 오늘날 세계적인 경찰활동의 추세로 잡리잡고 있다.

지역사회 경찰활동은 경찰과 지역사회의 재결합을 의미하는 것이며, 이것은 경찰활동의 하나의 철학으로 같은 지역 내에서 오랫동안 같은 경찰관이 활동함으로써 범죄와 무질서, 범죄에 대한 두려움을 감소시키기 위해 고안된 것이다. 특히 현대의 범죄, 마약, 범죄에 대한 공포, 이웃의 부정에 대한 문제를 억제하는 과정에서 시민들을 동반자로 여기며, 지역사회의 전반적인 삶의 질을 개선시키기 위한 노력으로 경찰기관의 철학적 관여를 요구하고 있는 접근법이다. 현재 미국 내에 240개 이상의 지역사회 프로그램이 있으며, 대외적으로 영국, 호주, 캐나다 네덜란드, 일본 등의 국가에서도 지역사회 경찰활동을 운용하고 있다.

따라서 지역사회 경찰활동은 이러한 경찰활동의 본질에 대한 전통적인 관념에서 벗어나 새로운 가치체계를 설립하고자 하는 철학이며 새로운 패러다임이라고 할 수 있다. 지역사회 경찰활동은 문제지향적 경찰활동(problem oriented policing), 지역사회 문제지향적 경찰활동(community problem oriented policing), 이웃지향적 경찰활동(neighborhood oriented policing), 목표지향적 경찰활동(target oriented policing), 이웃 도보순찰(neighborhood foot patrol), 지역사회 도보순찰(community foot patrol)등 많은 유사개념이 있으며 이러한 개념들은 모두 같은 것으로 취급되고 있다.[14)]

---

14) 이상원, 「방범론」(서울: 대명사, 2001), pp. 248~249.

▣ 지역사회 경찰활동에 의한 지역사회와 경찰의 이익[15)]

	지역사회의 이익	경찰의 이익
지역사회 경찰활동이 가져다 주는 이익	◎ 경찰이 범죄에 대해 사후대응하는 데만 급급하지 않고 범죄의 예방에 관심을 기울이게 된다	◎ 경찰은 지역사회의 전폭적인 지지와 지원을 받게 된다.
	◎ 경찰이 어떤 일을 하고 왜 하는가를 지역사회가 잘 알 수 있기 때문에 경찰에 대한 감독이 쉽다	◎ 경찰은 범죄와 무질서에 대한 통제의 책임을 지역사회주민들과 나누어지게 된다.
	◎ 경찰관들이 자신의 행동에 대하여 소속 경찰서뿐만 아니라 지역사회 주민에게도 책임을 져야 한다.	◎ 경찰관들은 문제해결에 있어서의 자신들의 공헌을 확인할 수 있기 때문에 직무만족이 커지게 된다.
	◎ 경찰서비스가 지역주민 개개인의 요구에 맞춤형으로 부응할 수 있게 된다.	◎ 경찰의 각 부서들 사이의 의사전달과 협조가 더욱 고양된다.
	◎ 지역주민들의 경찰활동참여가 늘어남에 따라 지역사회가 더욱 조직화되고 지역사회의 문제에 더욱 효과적으로 대처할 수 있게 된다.	◎ 경찰은 조직구조와 조직관리 관행을 재검토하게 된다.

▣ 지역사회 경찰활동의 4가지 기본요소(J.Skolnick)

① 지역사회 범죄예방활동
② 주민에 대한 일반서비스 제공을 위한 순찰활동으로의 방향전환
③ 주민에 대한 책임성 중시
④ 정책결정과정에서의 주민참여를 포함한 권한의 분산화

2) 지역사회 경찰활동의 특성

지역사회 경찰활동에서 경찰은 기본적 목표를 범죄의 통제에서 한 걸음 더 나아가 범죄예방, 범죄에 대한 시민의 두려움의 감소, 공공서비스 강화를 통한 시민생활의 향상으로 확대되고 있다. 또한 이러한 목표는 경찰만에 의하여 달성될 수 있는 것이 아니라

15) Adapted from Lee P. Brown, "Community policing: A Practical Guide for Police Officials", Perspectives on Policing(Washington, D.C.: National Institute of Justice, 1989). Willard M. Oliver, "Community- Oriented Policing(A Systemic Approach to Policing 2nd Ed.)", New Jersey: Prentice Hall, 2001, p. 477.

지역사회 및 다른 기관과의 협력을 통하여 이루어질 수 있다는 데에 근거한다. 이와 같이 범죄의 통제에 초점을 둔 전통적 경찰활동에 비하여 지역사회경찰활동에서는 사전적인 범죄예방활동, 지역주민의 안전 및 복지가 강조되며, 경찰활동에의 지역주민의 참여가 중시되고 있다.

이처럼 지역사회경찰활동은 이전의 전통적 경찰활동과 달리 경찰과 시민의 협조관계를 중시하고 범죄의 사후대응보다는 사전예방에 더 중점을 두며, 분권화와 자율근무를 중시한다.

■ 전통적인 경찰활동과 지역사회 경찰활동의 비교16)

	전통적인 경찰활동	지역사회 경찰활동
경찰은 누구?	법집행을 담당하는 정부기관	경찰관은 시민을 위해 존재하는 사람
경찰과 다른 공공기관과의 관계는?	업무상 잦은 충돌	시민의 삶의 질을 향상시키는 정부기관
경찰의 역할은?	범죄문제해결	사회문제해결자
업무성과측정방법은?	범죄발견과 범인검거율	범죄 무질서의 타파여부
최우선 해결 범죄는?	피해액이 큰 재산범죄와 강력범죄	지역사회의 여론에 따름
경찰이 다룰 문제는?	범죄사건	시민의 걱정과 문제들
효과성 판단 기준은?	신고대응시간	시민과의 협력관계
시민불평에 대한 인식	경찰이 할 일인가 심사숙고	지역문제해결에 좋은 기회
좋은 정보란?	범죄에 대한 정보	범죄인에 대한 정보
책임의 본질	법률에 따른 행동인가	필요에 대응한 행동인가

이러한 전통적인 경찰활동의 비판에서 시작된 지역사회 경찰활동의 특성에 대한 학자들의 견해는 차이가 있지만 다음과 같은 공통점이 있다.

첫째, 지역사회 지향적 경찰활동에서 경찰은 스스로를 지역사회 하나의 구성원으로 인식하고, 지역사회와 친밀한 관계를 유지해야 한다는 점.

둘째, 경찰은 지역주민들과 언제든지 접촉할 수 있어야 하며, 지역사회의 주민간 유대를 강화하여 범죄대응 능력 및 비공식적 사회통제 능력을 높이고 경찰활동에 자발적으로 참여해야 한다는 점.

---

16) Ronald Hunter, Pamela Mayhall, & Thomas Barker, Police-Community Relations and the Administration of Justice(Upper Saddle River, New Jersey: Prentice-Hall, 2000), p. 64.

셋째, 경찰과 지역사회를 직접적으로 연결시킬 수 있는 지역사회담당경찰관이 필요하다는 점.

넷째, 지역사회 경찰활동은 수동적인 사후활동이 아니라 적극적인 사전활동이라는 점.

다섯째, 경찰활동에 기술 및 장비의 혁신을 병행한다는 점.

여섯째, 지역사회경찰활동은 경찰의 내부적 통합에 기초한다는 점.

일곱째, 조직구조에서는 분권화, 개방화, 통합적 구조의 특성을 갖는다는 점이다.

▣ 전통적 경찰활동과 지역사회 경찰활동의 차이점

	전통적 경찰활동	지역사회 경찰활동
정의	• 경찰이 범죄예방의 책임을 짐	• 경찰과 시민 모두에게 범죄방지의무가 있음
업무평가방식	• 범인검거율	• 범죄와 무질서가 얼마나 적은가
효율성	• 범죄신고에 대한 반응시간이 얼마나 짧은가	• 주민의 경찰업무에의 협조도
강조	• 집중화된 조직구조, 법과 규범에 의해 규제, 법을 엄격히 준수하는 책임강조	• 지역사회의 요구에 부응하는 분권화된 경찰과 개개인의 능력을 강조
역할	• 범죄해결자	• 지역사회문제해결자

3) 지역사회 경찰활동에 관한 제이론

(1) 개방체제이론(Open System Theory)

어느 한 조직이 융통성이 있고 적응성이 있으며 유기적이라고 하는 특성을 갖는다면 이러한 조직은 개방체제이론으로 설명될 수 있다.[17] 모든 조직은 조직특성에 따라 폐쇄체제(closed system)와 개방체제(open system)로 나눠볼 수 있는데 여기에서 개방과 폐쇄라는 용어는 절대적 개념이 아니라 조직이 개방적이거나 폐쇄적인 정도를 대략적으로 나타내보기 위한 것이라고 할 수 있다.

개방체제이론은 경찰조직관리자에게 실제 현실과 괴리가 없이 조직을 운영할 수 있게 해주며 경찰조직이 폐쇄적 체제가 아니라 오히려 경찰조직이 한 부분으로서 구성하고 있는 더 큰 사회와 역동적으로 상호작용하고 있는 개방체제이기 때문에 개방체제이

17) Charles R. Swanson, Leonard Territo, and Robert W. Taylor, "Police Administration, 5th ed." (New Jersey: Prentice Hall, 2001), p. 136.

론은 더욱 중요하다고 할 수 있다. 이렇듯 경찰활동(policing)의 본질이 상호작용적(interactive)이라는 것은 지역사회경찰활동에 있어 핵심적 근거를 제공하고 있다. 즉 개방체제이론과 지역사회경찰활동은 같은 지향점을 공유하고 있다고 할 수 있다.[18]

(2) 사회학 이론 : 규범적 후원이론(Normative Sponsorship Theory)과 비판적 사회이론(Critical Social Theory)

규범적 후원이론은 대부분의 사람이 선한 자유의지를 가지고 있으며 공감대를 형성하기 위해 서로 협력한다는 것을 전제로 한다. 그러한 전제하에 어떤 집단이 보다 많은 공동의 가치, 신념, 목표를 가질수록 공동의 목표에 쉽게 수긍하고 그 달성을 위해 협력한다는 것이다.[19] 이 이론에서는 공동의 가치, 신념, 목표를 최대한으로 확보할 것을 조건으로 한다. 따라서 단순히 현대사회에서 시민들의 무관심이 심각하다는 것을 근거로 하는 비판은 진정한 비판이 아니라 불평에 가까운 것으로 평가된다.

비판적 사회이론(Critical Social Theory)은 사람들이 자신의 요구를 관철하는 데 장애가 되는 사회경제적, 정치적 문제를 극복하기 위해 어떻게 그리고 왜 협력하는가를 보여준다. 비판적 사회이론은 세 가지 요소[20]를 포함하며, 세 가지 요소는 일련의 단계를 거쳐 이루어진다. 사람들은 일단 사태파악을 하고 일정한 행동을 취하여 자신이 원하는 바를 성취한다는 것이 주된 내용이다. 이를 경찰활동과 관련하여 본다면 경찰활동과 관련된 정보는 시민에게 공개되어야 하고, 시민이 경찰활동에 직 · 간접적으로 참여해야 한다. 궁극적으로는 공동체 내의 문제를 해결하게 되고 이러한 결과는 경찰과 시민의 합작품으로 평가되는 것이다.[21]

(3) 팀 경찰활동(Team Policing)

팀 경찰활동은 지역사회지향의 견지에서 경찰업무를 재정의하기 위한 최초의 노력 중의 하나로써 1960년대 말에 시작되어 1970년대까지 지속되었다. 팀 경찰활동은 경찰

---

18) Ibid., p. 158.

19) Robert Torjanowicz, Bonnie Bucqueroux, Community Policing and The Challenge of Diversity, East Lansing, MI: Natinal Center for Community Policing, 1991. pp. 12～13.

20) 계몽 내지는 인지(Enlightenment), 권한의 부여 내지는 획득(Empowerment), 행동 내지는 참여(Emancipation)의 세 가지 요소를 가진다고 한다.

21) 이형근, "시민지향적 경찰활동에 관한 연구; 미국의 경우를 중심으로," 서울대학교 대학원 「석사학위논문」, 2001, pp. 22～24.

국을 개혁하고 경찰 · 지역사회관계를 개선하며, 경찰관들의 사기를 향상시키고 경찰조직내의 변화를 촉진시키려는 의도에서 시도된 것이다. 즉, 팀 경찰활동은 책임구역에 배치된 경찰팀의 구성원간에 상호작용을 보장하고, 팀으로 구성된 경찰관들이 그 구역 내에서 모든 서비스를 책임지는 경찰활동의 하나였다. 이들 경찰팀은 다양한 전문지식과 기능이 다른 여러 경찰관들이 함께 일하도록 임무가 부여되었다. 이들 팀 경찰활동은 경찰조직의 전문성을 증진시켰고, 경찰기관과 지역사회의 밀접한 관계를 가져다주었으며, 임무와 기능이 다른 경찰관 상호간의 의사소통이 원활해지고 경찰관 개인의 업무능력 증진의 기회가 주어져 경찰관의 업무만족도 또한 향상되었다. 이러한 팀 경찰활동은 전통적 경찰활동에 비해 근본적으로 다른 접근법이 시도되었다는 점에서 의미가 있다. 팀 경찰활동이 비록 성과를 거두지는 못했지만 지역사회 경찰활동의 정착을 위해 많은 과제를 가져다 주었다.

즉, 팀 경찰활동을 위한 실험들이 빈약한 계획과 성급한 수행으로 인해 실패했음을 암시해주고 있고, 팀 경찰활동의 개념이 내포하고 있는 많은 요소들을 분명하게 정의하지 못함으로서, 경찰이 정책결정에 관여한 시민들이 어떻게 일을 완수했는지 명백하게 파악하지 못하였다는 것을 의미한다.

(4) 문제지향적 경찰활동(Problem Oriented Policing)

1979년 허먼 골드스타인(Herman Goldstein)은 문제지향적 경찰활동의 개념을 제시했는데, 그는 경찰활동을 증진시키기 위한 시도들은 더 나은 인원들을 모집하고 장비를 현대화하고 경찰활동과 관행을 통합시키는 것과 같은 행정적인 개선에 주로 초점을 맞추고 있었다고 비판하고 경찰활동이 효과적이려면 시민의 요구에 많은 시간과 주의를 기울여 반드시 장기적이고 유의미한 해결책을 제시해야 한다고 주장했다.[22)]

경찰활동에 있어 전문적인 모델(professional model)은 중앙집권적인 경찰조직구조, 명령의 하향식 전달, 범죄진압업무, 비밀엄수에 대한 규칙, 성문화된 규칙과 절차에 대한 집착, 순찰경찰관에 대한 세심한 감독, 시민으로부터 경찰의 분리로 특징지어진다. 이러한 접근방법은 첫째로, 경찰력이 어디에서나 존재하고 있다는 인상을 심어 주고 범죄사건에 대응하기 위해 자동차와 무전기 등으로 장비를 갖춘 경찰력과 둘째로, 범죄를 해결하고 예방하는 수단으로서 전문화된 지문감식과 범죄기록의 활용과 같이 정교한 범죄수

22) H. Goldstein, "Improving policing: A problem-oriented approach,"(Crime and Delinquency 25, no. 2, 1979), pp. 238-239.

사방법으로 훈련된 수사부서들과 같은 새로운 활동 기술에 중점을 두고 있다.[23]

골드스타인은 다음과 같이 문제지향적 경찰활동을 설명하고 있다.[24]:

① 경찰활동은 단지 범죄뿐만 아니라 폭 넓은 다른 문제들의 범위를 다루는 것으로 구성된다.

② 이러한 문제들은 상호 연관되어 있고, 이런 문제들에 주어진 우선순위는 전통적인 방법으로 순위 매겨지는 것이 아니라 반드시 재평가되어야 한다.

③ 각각의 문제는 모든 문제에 대해 동시에 적용되는 대응이 아니라 각각에 맞는 다른 대응을 요구한다.

④ 형법의 사용은 유일한 수단이 아니라 문제에 대응하는 한 가지 수단일 뿐이다.

⑤ 경찰은 이미 발생한 사건에 대해 능률적으로 대응할 때보다는 문제를 예방하기 위해서 일할 때 더 많은 것을 성취할 수 있다.

⑥ 문제에 대한 효과적인 대응을 발전시키는 것은 단순히 전통적인 관행에 따르는 것보다 사전 분석을 요구한다.

⑦ 경찰이 만들어 내었고 사람들이 믿고 있는 경찰능력에 대한 신화와는 달리 경찰의 능력은 극히 제한되어 있다.

⑧ 경찰의 역할은 지역사회가 지역사회의 기준을 유지할 수 있게 장려하고 있기 때문에, 그것에 대한 종합적인 책임을 질 수 있는 기구라기보다는 촉진자의 역할에 더 가깝다.

(5) SARA 모델

에크(John E. Eck)와 스펠만(William Spelman)은 사라 모델(SARA model)이라는 경찰기구들을 위한 문제해결과정을 제시하고 있다. 버지니아州 뉴포트 뉴스에서 실험한 SARA모델은 문제지향적 경찰활동을 실행하고 있는 경찰관서의 문제해결을 위해 사용되어야 할 과정으로서 항상 추천되고 있다.

SARA모델에서의 문제해결 과정은 다음의 네 가지 단계로 구성된다.

첫째, 탐색(scanning) - 문제를 인식

둘째, 분석(analysis)- 문제의 원인, 범위와 결과를 학습

셋째, 반응(response) - 문제를 해결하기 위한 활동

넷째, 평가(assessment)- 반응이 효과가 있었는지를 결정

---

23) M. H. Moore and R. C. Trojanowicz, "Corporate strategies for policing", (Washington, D.C.: National Institute of Justice, 1988), p. 5.

24) Goldstein, op. cit., 1990, p. 179.

이러한 문제해결과정은 탐색 또는 문제확인으로 시작된다. 문제는 '하나 또는 여러 가지 면에서 동일하고 경찰과 대중에 대한 관심이 있는 지역사회 속에서 발생하는 한 무리의 사건'으로 정의될 수 있다.[25] 그 다음 단계는 문제를 분석하는 것이다. 자료와 정보는 경찰기록보다는 다양한 출처들로부터 수집되어야 한다. 분석은 '누가, 무엇을, 어떻게, 언제, 어디서, 왜'에 대해서 이루어진다. 분석은 즉 위반자, 희생자 그리고 대응을 해야 하는 당사자들로서 관련된 사람들을 확인한다. 분석은 문제의 범위와 언제 문제가 발생했고 어느 위치에서 문제가 발생했는가 하는 정확한 것들을 규정한다. 분석은 문제를 일으키는 사건의 순서를 추적하고 사건에 기여하거나 사건을 촉진시키는 요소들을 위치, 개인과 집단의 관심, 기구와 정부의 정책과 절차 등으로 나누어 확인하려고 시도한다. 마지막으로 분석은 문제에 대한 현재의 지역사회와 제도상의 반응과 그러한 반응의 효과들을 검토한다.[26]

문제를 해결하는 과정에서 세 번째 단계는 문제에 반응하는 것이다. 사바나 경찰서는 '문제에 대한 반응을 질문에서 직접적으로 그리고 적절하게 문제, 사건 또는 상황을 다루는 행동으로 규정'했다. 반응은 자원, 외부 자원, 계획 요구사항들을 고려한다. 반응은 문제를 제거하거나 다룰 수 있는 범위로 줄이려고 모색하는 과정이다.[27] 문제해결과정에서 마지막 단계는 가능성 있는 개선을 확인하고 필요할 때 계획을 수정하면서 행동에 옮겨진 계획의 결과와 효과를 평가하는 것이다.

4) 지역사회 경찰활동의 한계와 당면과제

(1) 지역사회 경찰활동의 한계

지역사회 경찰활동은 전통적으로 인식되어져 오던 경찰의 역할을 확장시키고 이를 통해 범죄와 범죄에 대한 두려움, 사회적 · 물리적 무질서, 그리고 지역사회의 생활환경 악화와 같은 지역사회의 문제를 조망하고 해결하기 위한 것이다. 무엇보다 지역주민의 삶의 질을 향상시키고 협력관계를 조성하는 새로운 경찰활동으로서 많은 장점을 갖고 있으나, 반면에 많은 우려와 비판이 제기되고 있다.[28]

---

25) J. E. Eck & W. Spelman, "Problem solving: Problem-oriented policing in Newport News", (Washington, D.C.: National Institute of Justice, 1988) p. 42.

26) Savannah Police Department, "Community Policing and Problem Solving Workshop: Participant's Handbook", (Washinton, D.C,: National Institute of Justice, 1994), pp. 5～7.

27) Ibid., pp. 5～8.

첫째, 현대사회에 진정한 공동체가 존재하느냐의 문제이다.[29]

둘째, 일선경찰관이 수행하는 일들이 과연 경찰에 적절한 역할인가 하는 문제이다.

셋째, 지역사회 경찰활동이 혹시 경찰의 정치적 중립성을 해치는 것은 아닌가 하는 우려이다.

넷째, 지역사회 경찰활동이 범죄와 무질서를 해결하지 못한다 하더라도 과연 의미가 있는 것인가 하는 비판이다.

다섯째, 경찰관에게 너무 많은 재량을 주는 것이 아닌가 하는 우려이다.

여섯째, 지역사회 경찰활동이라는 것이 단지 널리 유행하는 값비싼 속임수나 장난이 아니냐는 비판이 있다.

일곱째, 일선경찰관이 지역사회 경찰활동을 수행할 만큼의 지적 능력과 자질을 갖추고 있느냐 하는 우려이다.

여덟째, 경찰관서가 스스로 변화하려고 할 것인가 하는 우려이다.

아홉째, 지역사회 경찰활동의 업적에 대한 적절한 평가가 가능할 것인가에 대한 우려이다.

이러한 지역사회 경찰활동의 문제점과 한계는 아직 완전하게 해결된 것이 아니다. 전통적 경찰활동의 한계를 극복하기 위해 시도되었던 다양한 노력도 당시에는 상당한 주목을 받고 좋은 평가를 받았을 것이다. 그러나 그 이후 지역사회 경찰활동에 의해 대체되거나 포섭되어 버리고 말았다. 이러한 과정을 감안한다면 현재의 지역사회경찰활동은 완전무결한 결정체가 아닌 바람직한 방향으로의 변화에 관대한, 그리고 지금도 발전 중인 현재 진행형이라고 할 것이다.[30]

(2) 지역사회 경찰활동의 향후 과제

오늘날 세계의 경찰활동은 패러다임(paradigm)의 대 전환기에 있다. 즉 지역사회 공동체의 모든 분야와 협력하여 범죄발생을 예방하고 범죄로부터의 피해를 줄이는 것을 목표로 하는 지역사회 경찰활동에로의 전환이다. 지역사회 경찰활동은 지역사회의 효율적인 범죄에 대한 관심과 삶의 질의 문제해결에 실패한 것으로 알려진 전통적 경찰활동에 대한 대안으로서 출현한 것으로 오늘날 선진경찰의 흐름으로 알려져 있다. 이것은 지

28) 이형근 전게논문, pp. 16～19.

29) Kenneth J. Peak and Ronald W. Glensor, Community Policing and Solving: Strategies and Practice, Upper Saddle River, New Jersey: Prentice Hall, Inc., 1996, pp. 275～276.

30) 이형근, 전게논문, pp. 16～19.

역사회 경찰관들이 시민과의 상호작용을 통해서 지역사회 문제를 해결하기 위한 가정의 사로서 행동한다는 가정을 근거로 한 것이기 때문에 선진국가로 진입하는 한국경찰의 발전방향이기도 하다.[31)]

지역사회 경찰활동의 성공이나 실패는 현대의 경찰활동을 특징짓는 조직구조와 진행과정에 의해 영향을 받는다.[32)] 따라서 지역사회 경찰활동은 생존을 위한 것이 아니라 미래를 풍요롭게 한다는 믿음과 그 믿음을 근거로 모든 관련기관이나 관련된 사람들이 자기들의 몫을 다 한다는 것을 기초로 해야 한다. 지금까지 논의한 내용을 근거로 지역사회 경찰활동의 정착을 위한 과제를 제시할 수 있다.

첫째, 한국경찰이 지역사회 경찰활동의 도입을 위해서 경찰관들의 적극적인 의지와 지역사회의 적절한 협력을 얻는 것이 필수적이라고 생각한다. 즉, 경찰의 의지와 지역사회의 협력은 지역사회 경찰활동의 중요한 변수이기 때문이다.

둘째, 개념적 변화의 소개와 적응을 위한 훈련이 뒤따라야 할 것이다. 지역사회 경찰활동에 대한 훈련을 통하여 조직의 진정한 변화가 이루어질 수 있는데, 지역사회경찰활동의 업무는 경찰체제의 차이나 법적 구조, 문화적 차이 등에 따라 다양할 수 있기 때문에 교육훈련은 다양하게 진행할 필요가 있다. 이러한 교육훈련의 주제에는 기존의 교과목 외에 대화술, 논리적 · 연역적 능력, 독창력과 분별력, 지역사회에 대한 정보, 특수지식훈련, 지역사회조직과 동기부여, 협상기술 등이 포함되어야 할 것이다.

셋째, 이 외에 경찰조직원들의 사기와 업무만족도를 증진시키기 위한 제도상의 뒷받침이 필요할 것이다.

넷째, 효과적이고도 능률적인 전략을 개발하고 이를 실행키 위한 프로그램이 계획되어야 하며, 여기에는 지역사회 경찰활동의 실행과 철학에 대한 아이디어를 제공할 수 있는 전문가의 지원이 필요할 것이다.

다섯째, 지역사회 경찰활동이 채택된다고 하더라도 전통적 경찰활동을 소홀히 해서는 안될 것이며 범죄예방활동과 병행하여 지역사회 경찰활동을 전개하여야 할 것이다.

여섯째, 지역사회 경찰활동을 위한 경찰정책수립 단계시 또는 프로그램계획 수립단계부터 지역사회의 참여가 있어야 할 것이며, 양자가 동반자의 관계로서 지역주민의 대표와 경찰기관의 긴밀한 협조관계가 유지되어야 하겠고, 지역사회의 협조가 필요할 때는 전폭적인 지원과 지지를 받을 수 있는 관계가 유지되어야 하겠다.[33)]

31) 이상원, 전게서, p. 268.
32) Greene, Bergman, Mclaughlim, "Implementing Community Policing: Cultural and Structural Change in Police Organization", (Thousand Oak, CA: Sage Publication), 1994, p. 93.

3. 지역경찰제(Community-Oriented Policing System)

경찰청이 2003년 8월부터 전국적으로 실시하고 있는 지역경찰제는 기존의 파출소 제도에 대한 획기적인 변혁이라 할 수 있을 것이다. 특히 이것은 순찰지구대 체제를 핵심으로 하고 있다. 순찰지구대 체제는 전국의 기존 파출소를 지역 실정(인구, 면적, 생활권, 교통망 등)을 종합적으로 고려하여 3-5개 권역으로 묶고 권역별로 순찰지구대를 편성하여 운영하는 방식이다. 이와 같은 순찰지구대 체제는 방범 자원을 효율적으로 운영하게 하고 기동성 있는 범죄와 집단적인 범죄 등에 적극 대처하기 위한 목적을 가지고 있다. 그리고 과거의 파출소를 치안센터로 바꾸어 민원담당관이라는 봉사전담 경찰관을 배치하여 운영하고 있다.

1) 지역경찰제의 의의

(1) 개념 및 목적

지역경찰이란 관할지역의 실태를 파악하여 그에 알맞은 활동을 하고, 항상 즉응 체제를 유지하여 경찰업무 전반에 걸쳐 초동조치를 함으로써 주민생활의 안전과 평온을 확보하는 경찰이다. 지역경찰관은 지역치안을 책임진다는 사명감을 가지고 경찰활동을 수행하고 주민에 대한 적극적인 봉사 및 원활한 관계유지에 노력하여야 한다(지역 경찰조직 및 운영에 관한 규칙 제2조). 지역경찰의 범위는 순찰지구대, 파출소, 분소, 초소 및 소속 경찰관과 지역경찰업무 담당 부서를 모두 포함한다(지역 경찰조직 및 운영에 관한 규칙 제3조).

이러한 지역경찰을 순찰지구대 체제로 개편한 제도를 지역경찰제라 한다. 즉 이것은 기존의 파출소 제도에 대응되는 개념으로서 순찰지구대 체제를 가장 큰 특징으로 하는 것이다. 순찰지구대 체제는 경찰서 관할 구역을 인구, 면적, 주민생활권, 교통망 등 지역실정을 종합적으로 고려하여 3-5개 권역으로 나누고 권역별로 순찰지구대를 편성하여 운영하는 방식이다.

이와 같은 순찰지구대는 ⓐ 방범능력의 개선 ⓑ 순찰효과의 증진 ⓒ 인력·재정·시설·장비 등의 효율적 이용 ⓓ 범죄에 대한 신속하고 강력한 대처 ⓔ 지역 업주 등과

33) 이상원, 전게서, pp. 171-173.

의 유착 방지 등의 목적을 가지고 있다.[34] 이러한 지역경찰제는 지역사회 경찰활동의 일환으로 실시되고 있는 것이다. 즉, 지역경찰제는 지역사회 경찰활동에서 근원을 찾을 수 있다.

그러나 이러한 지역경찰제는 현장 대응성 강화, 업무 집중성 향상 등에서는 합격점을 받고 있지만 경찰관의 책임감 부재, 농촌지역 치안 부재, 지역주민들의 반발과 높아진 범죄두려움, 경찰관들의 사기 저하 등의 많은 문제점 또한 노출시키고 있다.

(2) 도입배경

경찰 창설 후 60여 년이 지난 2003년 우리 경찰은 지속적인 개혁 시도 끝에 '순찰지구대 체제'를 탄생시켰다. 기존 파출소제도의 모순과 문제점을 개선하기 위해 도입한 순찰지구대 체제는 지역경찰제의 모태가 되는 것이다. 2003년 6월 한달 동안 전국 40개 경찰서를 대상으로 기존 3-5개의 파출소 인력과 장비를 1개 파출소에 집중시킨 순찰지구대를 설치하여 시범적으로 운영하였다. 그 결과 공무집행방해가 크게 감소하고 강·절도범 검거가 늘어나는 등의 성과를 보인 것으로 나타났으며 경찰관들을 대상으로 한 설문조사 결과 80% 이상이 순찰지구대 체제를 지지하는 것으로 나타나 2003년 8월부터는 이를 전국적으로 확대 실시하였으며 지역경찰조직 및 운영에 관한 규칙이 경찰청훈령으로 제정되었다.

지역경찰제의 도입배경을 살펴보면 다음과 같다.

첫째, 효율적인 자원 배분 문제로서 현 참여정부는 주요 정책결정과정에서 '선택과 집중[35]'을 경쟁력 확보의 전제조건으로 화두에 올리고 있는데, 이러한 정부의 '선택과 집중' 원리는 경찰의 현행 지역경찰제 도입에 있어서도 반영되었다. 여기에서 '선택'은 광역화·초스피드화·집단화·흉포화 되고 있는 범죄에 강력히 대처할 수 있는 조직과 지역사회 문제를 능동적으로 발굴하여 해결하는 조직으로 분리·선택하는 것을, '집중'은 각각 그 선택에 걸맞는 기동성과 협력성을 집중적으로 강화시키겠다는 의도를 의미하고 있다.[36] 즉 경찰은 치안여건의 변화에 적절히 대응하여 치안서비스의 경쟁력을 갖

---

34) 최응렬, "순찰지구대의 운영실태와 개선방안," 「원광대·계명대 경찰행정학과 합동학술세미나 발표자료」, 2003, p. 2.

35) '선택과 집중'의 원리가 우리나라에서 관심을 받게 된 것은 1998년 IMF 외환 위기를 통해 기본과 원칙에 충실하지 못한 우리 사회의 총체적인 부실을 체험하면서부터라고 볼 수 있는데, 당시 경쟁력도 없이 덩치만 키운 대기업들의 부실화는 우리 사회에 '선택과 집중' 원리의 필요성을 실증적으로 깨닫게 만든 값진 교훈이 되었다.

36) 조강원, "지역경찰제의 실태 및 개선방안에 관한 연구," 「경찰학연구」,2004. 6, pp. 135~136.

추기 위한 핵심역량으로서 강력한 범죄대응과 사전 범죄예방을 선택하고 그러한 역량을 육성하는 데 집중 지원하고자 한 것이다. 이것은 치안수요를 고려한 범죄대응력과 국민의 삶의 질 및 의식수준 향상에 의한 양질의 치안서비스를 효율적인 치안인력 및 장비 배분으로서 제공하고자 하는 것이다.

둘째, 파출소제도의 한계 인식 문제로 그 동안 경찰은 기존 파출소 제도가 진정한 대민봉사 기관으로서의 국민신뢰 획득 실패, 소규모 파출소단위로 경찰력이 과도하게 분산되어 집단폭력 등에 대한 현장 대응력 취약, 관할인구와 면적 등 치안수요를 고려하지 않은 행정구역상의 획일적 파출소 배치, 경찰인력 충원의 경직성 등으로 파출소 인력부족 현상의 심화 등에 대한 문제점을 가지고 있음을 인식하고 개선방안들을 모색해 왔다.37)

셋째, 경찰내 구조적 문제 해결을 위한 시도로서 우리 경찰은 오랫동안 계급 적체 현상을 앓아 왔으며, 이로 인해 내부적으로 승진 불만에 의한 경찰관들의 사기 저하, 비전부재, 무사안일주의 등 부정적인 현상이 일어나고 있다. 이에 경찰서와 파출소의 중간 단계인 순찰지구대를 운영함으로써 경장, 경사, 경위, 경감 등의 계급에 대한 대거 승진 확보가 가능해졌고, 따라서 계급의 적체가 어느 정도 해소될 것으로 예상한 것이다.

넷째로, 2003년 7월에 발표된 참여정부의 지방분권추진 로드맵에 따르면, 현행 경찰제도의 지역특성에 부응하는 치안행정 실현, 주민참여 확보, 치안행정의 종합적 수행, 지역치안에 대한 자기책임성 확보 등을 위하여 자치경찰제도에 관한 개정안을 2003-2004년에 마련하고, 2005년에 법제화 및 실시준비를 갖춰, 2006년에는 실시 및 보완을 추진하게 되다. 이와 같은 참여정부의 자치경찰제 도입안에 맞추어 그 준비과정으로서 지역경찰제가 실행된 것이다.

2) 조직 및 구성

지역경찰제(순찰지구대 체제)의 운영체계는 기본형(도시형), 농촌형으로 나뉘어 진다.

(1) 기본형(도시형)

지방경찰청장은 인구, 면적, 행정구역과 사건사고의 발생상황 등을 고려하여 경찰

37) 2000년 5월 '파출소 통폐합 및 초소 · 분소 전환제'를 통하여, 기존의 3,229개 파출소 중 317개를 폐지하고 80개 초소 · 분소를 신설하는 등 치안수요 분석을 통한 전국 파출소 인력 및 관할구역 재조정 작업을 시행한 바 있다.

서의 관할지역을 나누어 순찰지구대를 설치한다. 순찰지구대는 관할지역 내의 파출소, 분소, 초소를 총괄 관리 · 운영한다. 지방경찰청장은 순찰지구대를 설치하거나 폐지할 때에는 경찰청장에게 보고하여야 한다. 순찰지구대에는 순찰 등 지역경찰활동에 필요한 적정 인력을 배치하여야 하며, 그 기준은 따로 정한다.[38)]

순찰지구대(PD, Patrol Division)는 보통 파출소 3개를 묶어 1개 지구대를 편성하며, 순찰지구대는 순찰지구대장 · 사무소장 · 순찰지도관 · 관리요원 · 순찰요원 및 민원담당관으로 구성한다.[39)]

지구대 편성의 기본 원칙은 다음과 같다.[40)]

첫째, 지구대의 기본인원은 30명(총원)으로 하며 치안수요에 따라 증원한다(단, 특수파출소 근무자는 인원 산정에서 제외).

둘째, 파출소(분소, 초소는 제외)는 3개를 기준으로 하여 묶어서 1개 지구대를 편성한다. 2개 이하, 5개 이상 파출소의 편성은 지양한다.

셋째, 3개 파출소씩의 획일적 지정시에는 동시 출동과 상호 지원이 곤란할 수 있으므로 원거리 파출소는 특수파출소로 과감히 인정한다.

넷째, 치안수요가 과다한 파출소끼리의 무리한 권역 획정은 지양한다. 대도시 주변 신흥 도시권에서는 치안수요가 지속적으로 증가하고 있으므로 파출소 또는 도시권 치안수요 밀집 파출소는 독자적으로 지구대화 하거나 특수파출소로 운영한다.

순찰지구대장은 순찰지구대 활동과 업무의 총괄지휘 및 지역책임자이다. 이는 경감급을 배치함을 원칙으로 하며, 선임 경위 급 또는 제1소장을 직무대리로 발령하도록 한다. 지구대장 아래에는 순찰팀장으로 교대제의 순찰지구대 사무소장을 둔다. 소장은 소속순찰요원의 근무를 감독하고 제반 사건 · 사고의 발생시에 현장상황을 지휘 · 처리한다. 소장을 보좌하고 부재시의 업무대행을 위해 순찰팀별 부소장을 둘 수도 있다. 이는 경위급으로 3명을 배치하는 것을 원칙으로 하며, 제 1 · 2 · 3 소장으로 발령한다. 각 사무소장별 구역(파출소) 담당을 지정한다.

---

38) 지방경찰청장 또는 경찰서장은 ① 지역경찰의 정원을 다른 부서에 우선해서 충원 ② 지역경찰의 근무방법 등을 표준화하여 능률적으로 수행 ③ 지역경찰의 직무수행능력 향상을 위해 필요한 교육 실시 ④ 지역경찰관의 자율적이고 적극적인 근무자세 및 의욕 고취 ⑤ 지역경찰활동의 적정 수행 및 고충해소를 위한 지도방문 실시의 사항들을 준수하여야 한다.

39) 순찰지구대란 경찰서 관할을 지역실정에 맞게 3-5개 권역으로 구분하여 경찰서 생활안전과장 아래에 순찰지구대를 설치하고 권역내 파출소의 인력과 장비를 집중적으로 운영하여 현장치안활동을 수행하는 체계이다.

40) 경찰청, 「지역경찰 업무지침」(서울: 경찰청, 2003), pp. 8～10.

순찰요원의 근무상황을 지도하고 지구대 관리 업무를 관장하도록 일근제의 순찰 지도관을 둘 수 있다. 여기에는 경위 또는 경사 급을 배치하며 관리반장을 겸직하도록 한다. 1급지 경찰서의 경우에는 지구대 총원이 50명 이상일 경우에 배치한다.

순찰요원은 순찰 팀별로 편성·배치하여 교대제근무를 실시하고 순찰지구대 관할 지역에 대한 현장치안활동을 수행한다. 이는 기존 파출소의 인원을 1/3씩 분할하여 순찰 1·2·3팀으로 혼합 편성한다. 팀별 부소장(1명)을 임명하여 소장(순찰 지도관) 유고 시에는 업무를 대행하도록 한다.

민원담당관은 파출소에서 일근 근무를 원칙으로 하며 민원업무처리 및 지역사회 봉사활동 등을 수행한다. 이는 경사 급을 배치함을 원칙으로 하며 19인형 이하는 1-2명으로, 20인형 이상은 2~3명으로 한다(지역실정에 맞도록 경찰서장이 인원 조정 가능). 그러나 예외적으로 지구대 직할 파출소의 민원담당관은 1명만 배치하며, 농촌지역 30인 미만 지구대의 직할 파출소는 관리요원과 민원담당관을 1명이 겸직하며, 농촌지역 30인 이상 지구대의 직할 파출소 관리요원이 각 1명일 때에는 민원담당관은 관리요원의 업무를 겸직(민원담당관 경리 전담)한다.

관리요원은 일근제로 순찰지구대 행정 및 경리업무 등을 담당한다. 이는 2명을 배치함을 원칙으로 하며, 농촌 지역 30인 미만 지구대는 1명 배치를 원칙으로 한다. 경리업무 유경험자 및 행정업무 능력이 있는 자로 배치한다. 순찰팀별 1명을 관리보조요원으로 지정하여 팀별 서무업무를 수행한다.

경찰서 사정에 따른 인력은 탄력적으로 배치한다. 관리요원, 민원담당관 등은 장기근속 경사 급을 우선적으로 선발하여 배치하고, 민원담당관은 직위 공모 등을 통하여 희망자를 배치한다. 그리고 관리요원은 여경을 우선적으로 배치한다.

(2) 농촌형

도·농 복합지역, 농·어촌 지역 등의 순찰지구대는 경찰관서장이 지역실정에 적합하게 운영할 수 있다. 그래서 이러한 지역에서는 파출소제를 유지하며 순찰지구대를 운영하고 있으므로 기존 파출소제와 순찰지구대 체제를 혼합한 형태를 띠고 있다고 할 수 있을 것이다. 농촌형 순찰지구대는 경기지방경찰청에 25개, 강원지방경찰청에 9개, 충북지방경찰청에 8개, 전북지방경찰청에 2개, 전남지방경찰청에 28개, 경북지방경찰청에 5개, 경남지방경찰청에 19개가 설치되어 있다.

3) 지역경찰관의 근무

지역경찰관은 근무 중 제복을 착용하여야 한다. 다만, 필요한 경우에 순찰지구대장, 지구대사무소장, 파출소장 등이 지정한 복장을 착용할 수 있다(지역경찰조직 및 운영에 관한 규칙 제5조).[41] 다음은 지역경찰조직 및 운영에 관한 규칙에 규정된 지역경찰관의 근무내용이다.

▣ 담당업무 일람표

구 분	내 용	비 고
순찰지구대장	◎ 지구대 총괄 지휘 · 감독 · 관리	◎ 경찰서장의 명을 받아 담당자별 업무조정 가능
지구대 사무소장	◎ 해당근무시간대 권역내 근무자 근무상황 감독 ◎ 권역내 각종 사건 · 사고 발생시 현장 지휘 및 조치 ※ 중요사건 · 사고 현장임장, 책임종결 ◎ 담당구역(파출소) 지역경찰활동 및 협력활동(자율방범대 순회관리) ◎ 담당업무 -제1소장: 경무, 장비, 통신 기타 2 · 3 소장에 속하지 않는 업무 -제2소장: 방범, 수사, 형사 -제3소장: 경비 · 교통, 정보 · 보안 · 외사	◎ 제1사무소장은 선임소장으로서 지구대장 배치전까지 지구대 업무 총괄 지휘 · 관리 ◎ 초과근무수당(시간외, 휴일 등) 부책 비치(해당시간 사무소장 책임 확인) ◎ 각 팀별 사무소장 업무대행자 사전지정, 업무보좌 및 유고시 업무대행 ◎ 순찰요원 무전점검 및 112 순찰차 교대승무, 감독 실시(2시간 단위)
순찰지도관	◎ 권역별 범죄분석 및 대책 수립 ◎ 지구대근무자 근무 지도 · 감독 ◎ 사무소장 유고시 업무대행	◎ 관리반장 겸임
관리요원	◎ 권역별 범죄분석 · 대책 등 기획 ◎ 관서운영경비 관련 업무 ◎ 기타 행정 업무, 소장 지정 근무	◎ 1-2명 ◎ 관서운영경비관련 공무외출시 사복착용 가능
순찰요원	◎ 현장근무 및 지원활동 수행 ◎ 형집행장 처리 ◎ 업무지원반은 지구대 상황근무 및 사건 · 사고처리지원 또는 인수 처리	◎ 직할파출소 민원담당관이 1명인 경우 소재수사는 순찰요원이 담당 ◎ 팀별 관리보조요원(서무담당) 1명 지정 · 운영

41) 경찰공무원의 제복 착용 의무는 경찰공무원법 제20조 제1항(경찰공무원은 제복을 착용하여야 한다)에 근거한다.

구 분	내 용	비 고
		◎ 업무지원반이 2개조일 경우 1개조 사복착용 가능
민원담당관	◎ 경찰민원 등 서비스 업무 수행 ◎ 소재 수사, 초동 조치, 치안 모니터링 ◎ 청사환경정비, 자율방범대 관리 기타 사무소장이 지정하는 업무	◎ 2인 이상시 시차제 근무(23:00까지) ◎ 농촌형 지구대 직할 파출소 민원담당관은 관리반장 겸직(관서운영경비 전담)

(1) 관리자

순찰지구대장과 사무소장을 지역경찰관리자라 한다. 지역경찰관리자는 순찰지구대 활동이 체계적이고 효율적으로 수행될 수 있도록 하여야 하며, 법령·지시 등을 솔선하여 준수하고 성실하게 근무하여야 한다. 또한 지역경찰관리자는 관내상황을 정확히 파악하고 주민의 생활안전확보에 최선을 다하여야 한다.

지구대장은 ⓐ 지역경찰활동의 실태분석 및 대책수립 ⓑ 관할지역내 파출소, 분소 및 초소의 관리·운영과 소속 지역경찰관의 근무에 대한 지도 및 감독 ⓒ 관내 치안상황의 장악 및 현장지휘 ⓓ 중요시책의 홍보와 협력치안의 강화 ⓔ 월간 휴무일 지정 등 사기관리의 직무를 수행한다. 지구대장은 관할내 파출소구역 또는 일정 지역을 소속 지역경찰관에게 담당토록 지정하여 지역경찰활동이 능률적으로 수행되도록 하여야 한다.

소장은 ⓐ 소속 지역경찰관의 일일근무 지정 ⓑ 구체적 근무사항의 지시 및 교양실시 ⓒ 주요사건사고 현장임장 및 초동조치 ⓓ 감독순찰 및 관내상황파악 ⓔ 근무자 장비 및 시설점검 ⓕ 근무교대시 주요 취급사항 및 장비 등 인수인계 확인의 직무를 수행한다.

제1소장은 경무, 장비, 통신, 기타 2·3소장의 담당업무에 속하지 않는 업무를 수행하며, 지구대장 유고 시에는 그 업무를 대행한다. 제2소장은 방범, 수사·형사업무를 수행한다. 제3소장은 경비, 교통, 정보·보안·외사 업무를 수행한다.

소장은 지구대 사무소에 위치하여 권역내 제반상황을 관리·감독한다. 근무일에는 1회 이상 권역내 파출소를 감독 순시하고, 순찰요원의 근무상황 확인을 위한 수시 감독순찰을 실시한다. 이를 위해 2시간 단위로 무전점검을 하고 112 순찰차를 교대로 승무 하여 감독 순찰을 실시한다. 또한 매 근무일에는 사전에 각 사무소장이 2-3시간 단위로 순찰요원에 대하여 개별적으로 근무를 지정한다. 지구대 순찰요원의 근무일지는 팀별(주·야)로 따로 작성하며, 관리요원의 근무는 당해 근무소장이 지정한다. 치안센터(민원담당관) 일일근무지정은 1주일 분을 사전에 작성하여 제1소장이 하달한다. 직할 파출소의 근무일지는 지구대의 일지와 통합하여 사용한다.

(2) 순찰요원

① 순찰 · 거점 근무

지역경찰관은 관내상황의 파악, 범죄의 예방과 범인의 검거, 교통 및 제 경찰사범의 단속, 청소년선도 · 보호, 위험발생의 방지, 주민 보호 · 상담 등을 실시하기 위해 관할구역에 대한 부단한 순찰활동을 전개한다.

순찰은 도보 및 기동순찰로 구분하고 2인 1조로 실시하는 것을 원칙으로 한다.

기동순찰은 112순찰차량에 의해 실시하는 것을 원칙으로 하되 필요시 오토바이 또는 자전거 등에 의해 실시할 수 있다. 112기동순찰 근무자는 순찰지구대 관할내 구역별로 배치하여야 하고 필요시 배치구역을 중첩되도록 하거나 우범지역 등이 연계되도록 순찰선을 지정 · 운용할 수 있다.

지역경찰관은 관내 우범지역, 범죄 취약지, 최근 범죄발생지 등에서 고정 또는 유동하면서 통행인과 차량에 대한 관찰 및 검문검색을 통한 근무지 주변에 대한 범죄예방 활동을 실시한다. 순찰 근무자는 순찰 시간내 거점근무를 병행하여 실시해야 한다.

순찰 · 거점 근무를 실시할 때에는 ⓐ 뚜렷한 목적의식을 가지고 면밀하게 관찰 ⓑ 주민에 대한 정중하고 친절한 예우 ⓒ 돌발상황에 대한 대비 및 경계 철저 ⓓ 지속적인 치안상황 확인 및 신속 대응에 유의하여야 한다.

② 현장출동

112기동순찰 근무자는 112신고사건 등과 상급 경찰관서 및 순찰지구대에서 처리를 지시한 사건사고에 대해 타 임무에 우선하여 신속히 현장 출동하여 초동조치를 취한다. 112순찰 이외의 출동요소는 오토바이순찰, 도보순찰, 상황근무자 순으로 한다. 순찰요원은 현장출동 및 조치결과에 대하여 112신고센터 등에 보고하여야 한다.

현장 조치시 다수의 경찰관이 필요하다고 판단되면 112센터 및 지구대장에게 지원을 요청하고 긴급한 경우에는 인접 순찰요원에게 직접 지원을 요청하여야 한다. 순찰요원은 지원지시를 받은 경우 신속히 현장으로 출동하여야 하며, 긴급한 경우 지원요청이 없더라도 현장조치 중인 순찰요원을 지원하여야 한다.

③ 수사업무

지역경찰관이 현행범인을 발견하였을 때에는 범죄현장 보존과 증거 수집조치를 취하고 범인을 수사전담 경찰관에게 인계하거나 필요한 조치를 취한다.

지역경찰관이 범죄의 신고를 받았거나 피의 사실을 인지하였을 때에는 범죄현장의 보존, 증거의 수집, 피해현장과 범죄 실황조사 기타 필요한 조치와 수사를 행하고 해당사건을 수사전담경찰관에게 인계한다. 지역경찰관은 중대한 사건 등의 발생으로 긴급배치[42] 시 지정장소 등에서 통행인 및 차량에 대한 검문검색 등 필요한 조치를 행하여야 한다.

④ 교통업무

지역경찰관은 관내에서 교통사고가 발생한 경우에는 현장보존 및 관계인을 확보하고 주변 교통정리와 부상자 구호 등 필요한 조치를 취하며 해당사건을 교통사고 전담경찰관에게 인계한다. 또한 순찰근무 중 도로상의 교통정체나 장해 등의 상황을 발견한 경우에는 보행자 및 차량의 원활한 소통과 안전을 확보하기 위하여 필요한 조치를 취하여야 한다.

⑤ 경비업무

지역경찰관은 다중범죄진압, 대 간첩작전, 경호경비, 비상경비, 집회 및 행사의 경비, 기타 각종 경비상황 발생시 경찰관서장의 지시에 따라 경계 또는 진압활동을 수행한다. 또한 관내에서 화재, 폭발물, 풍수해 등 사고가 발생하였을 때에는 소방서 등 관계기관과 협조하여 필요한 방재 조치를 취하고 부상자 및 이재민 등을 구호하며 교통정리와 도난 사고 예방활동을 실시한다.

⑥ 단속업무 등

지역경찰관은 근무 중 제 경찰법규 위반사범을 인지하였거나 신고 받았을 때에는 이를 단속 또는 처리하여야 한다. 지역경찰관은 검거한 피의자 등에 대하여 자해 및 도주방지 등 필요한 조치를 강구하여 안전하게 호송하여야 하며, 호송 중에는 가혹행위나 욕설, 반말 등 인권을 침해하는 일이 없도록 하여야 한다.

⑦ 지역활동

지역경찰관은 경찰업무 수행 상 필요한 사항에 대한 실태나 주민의견 등을 파악하

42) 긴급배치라 함은 중요사건이 발생하였을 때 적시성이 있다고 판단되는 경우 신속한 경찰력 배치, 범인의 도주로 차단, 검문검색을 통하여 범인을 체포하고 현장을 보존하는 등의 초동조치로 범죄수사자료를 수집하는 수사활동을 말한다(수사긴급배치규칙 제2조).

고 적극 대처하기 위하여 방범심방[43] 등 지역사회 경찰활동을 수행한다. 방범심방의 구체적 실시방법 등은 방범심방규칙(경찰청훈령)에 정한다.

지역경찰관은 범죄예방을 위하여 필요할 경우에는 관내 주택, 상가, 건물 등에 대하여 방범시설 및 설비의 설치상황 등을 점검하여 방범상 미비점 등을 보완하도록 지도하여야 한다. 또한 범죄 및 안전사고의 예방을 위한 안내 및 홍보를 실시하고 민원이나 요망 등을 적극적으로 청취하는 한편 경찰의 중요시책 등에 대해 주민의 이해와 협조를 얻도록 하여야 한다.

(3) 상황근무 및 행정지원

상황근무를 지정받은 지역경찰관은 사무소 내에 위치하여 ⓐ 관내 치안상황의 확인 및 필요한 조치 ⓑ 민원 및 신고사건의 접수처리 ⓒ 피보호자 또는 피의자에 대한 보호 · 감시 ⓓ 서류의 작성 및 문서부책 관리 ⓔ 장비 · 시설의 정비점검 ⓕ 기타 자체경비 등의 근무를 실시한다.

순찰요원은 순찰근무중 사무소 또는 파출소 내에서 신고출동 태세를 유지하면서 청사보호, 다음 근무준비 등을 위해 일정시간 상황대기 근무를 수행한다.

지역경찰관은 각종 사건 · 사고 조사지원 또는 인수처리를 위해 업무지원근무를 실시한다. 업무지원근무는 순찰요원이 교대로 실시하되, 상황근무와 순찰근무를 병행할 수 있다. 단, 농 · 어촌 지역(농촌형 순찰지구대 설치 지역) 등에서는 업무지원근무를 실시하지 아니할 수 있다.

지역경찰관은 필요한 경우 사무소 등 청사 밖 적당한 장소에 서서 자체경비를 하면서(입초) 민원 및 신고를 접수 · 안내하는 근무를 수행한다.

지역경찰관은 조회, 문서송달, 교육소집, 기타 사유가 있을 경우 경찰서에 출입하되 일일근무에 지장이 없도록 하여야 한다.

순찰지구대 관리요원(순찰지도관 포함)은 ⓐ 관내 범죄분석 및 대책수립 ⓑ 예산 및 시설 · 장비의 관리 ⓒ 문서의 접수처리 및 행정보고 ⓓ 소속 지역경찰관의 인사관리 ⓔ 기타 순찰지구대 일반행정업무 등의 행정지원업무를 수행한다.

순찰지도관은 사무소장을 보좌하여 관리요원, 순찰요원, 민원담당관 등에 대한 지

43) 방범심방이란 경찰관이 관내의 각 가정 등을 방문하여 범죄예방, 청소년선도, 안전사고 방지 등의 지도 · 계몽 · 상담 · 연락 등을 행하고 민원사항을 청취하며 주민의 협력을 얻어 예방 경찰상의 기초자료를 수집하는 활동을 말한다(방범심방규칙 제1조).

도・감독을 실시한다. 사무소장의 유고시(교육, 연・병가, 휴무일 등)에는 업무를 대행한다. 또한 권역내 지구대 근무장소를 수시로 지도 방문하여 업무 지도를 실시한다. 그리고 기획, 행정 등 관리반 업무를 총괄하는 관리반장직을 겸임한다.

관리요원은 권역별 범죄분석 및 대책수립 등을 기획하고 관서운영경비 관련업무를 전담한다. 지구대 행정 업무 일체 및 기타 사무소장이 지정하는 업무를 수행하고, 주간 시간대에는 지구대 상황근무를 수행한다.

(4) 민원담당관

파출소(치안센터)에 배치된 민원담당관은 ⓐ 경찰민원 접수 및 처리 ⓑ 지역주민을 위한 봉사활동 ⓒ 타 기관 협조 및 협력방범활동 ⓓ 지역 치안모니터링 활동 ⓔ 기타 지구대장이 지정하는 업무 등의 직무를 수행한다.

경찰민원 접수 및 처리와 관련된 업무로는 ⓐ 미아・가출인 및 도난・분실・습득물의 신고 접수・처리 ⓑ 교통범칙금 통고서 발부 및 면허증 갱신・재발급 관련 업무 ⓒ 고소・고발장 접수・인계 등을 들 수 있다.

지역주민을 위한 봉사활동과 관련된 업무로는 ⓐ 청소년・성폭력・가정폭력 상담 및 전문가의 연결 ⓑ 관내 독거 노인, 소년・소녀 가장 등 사회적 약자의 보호 등의 업무를 들 수 있다.

지역 치안모니터링 활동과 관련된 업무로는 ⓐ 치안 및 지역사회 문제관련 주민여론 수렴 ⓑ 관내 범죄취약지 파악・보고 등의 업무를 들 수 있다.

그 외 소재 수사 및 우범자 관찰 업무, 공기총 등 개인소지 총기류 점검, 파출소(치안센터) 청사 환경정비 및 자율방범대 관리 등의 업무를 수행한다.

민원담당관은 직무 수행시에 각종 사건・사고 신고시 접수 업무의 기피행위를 하여서는 안되며(신고인에게 직접 112로 신고토록 유도하는 등의 행위를 하여서는 아니 됨), 근거리는 선 출동・조치와 함께 관련 근무 자에게 통보 조치하여야 한다. 민원담당관은 직무수행을 위해 파출소 출소 시에는 사전에, 귀소 시에는 즉시 지구대장에게 일일 업무를 결산하여 보고한 후 퇴근하여야 한다. 파출소를 비울 때에는 반드시 지구대로 일반전화 착신전환을 해 놓고 인터폰 작동유무를 확인한 후 출입문을 시정하고 출・귀소시에는 소장에게 보고한다.

민원담당관은 주 1회 이상 지구대 사무소로 출근하여 근무일지를 수령하고 각종 지시사항을 수명한다. 지정 근무의 변경 필요시에는 소장에게 사전에 보고하고 일지에 기재하도록 한다.

민원담당관은 경찰을 대표한다는 마음자세를 가지고 적극적으로 지역경찰활동을 수행하여야 하며, 생활불편 · 고충 등에 대한 주민상담을 실시하고 실질적인 도움을 주도록 노력하여야 한다. 또한 경찰업무 전반 및 민 · 형사상의 지식을 함양하고 각종 행정절차 등을 숙지하여야 하며, 순찰요원 등 타 경찰관과 긴밀한 유대를 가지고 협조하여 원활한 지역경찰활동을 도모한다.

민원담당관은 표시장을 패용하고 외출시에는 정모를 착용한다. 그리고 민원담당관은 민원인의 편의를 위해 확인용 인장을 사용할 수 있다.

파출소에는 민원인을 위해 지구대사무소와 직통통화장치를 가설하고 방호시설 등을 설치하여야 한다. 민원담당관은 싸이카 1대, 무전기 1-2대, 조회용 · 전자결재용 컴퓨터를 관리 · 운용한다. 무전기, 범칙금 통고서, 스티커 발부대장 등을 근무개시 후 30분 이내에 수령하고 근무종료 30분전에 파출소 구역에 배치된 112순찰차에 반납한다(근무일지 포함). 파출소에는 파출소기본대장, 각종 민원서식 및 민원처리대장 등을 비치하여야 한다.

4) 특수파출소, 분소 및 초소

(1) 특수파출소

지방경찰청장은 ⓐ 접적지역 및 특별경계지역[44] ⓑ 교통 · 지리적 원격지[45] ⓒ 기타 특수한 치안수요지역[46]의 경우에는 순찰지구대 아래 관할지역내의 일정지역을 담당하는 특수파출소를 운영할 수 있다. 이것은 기존의 파출소제를 그대로 유지하는 것이므로 기존의 파출소와 차이가 없다고 할 수 있다. 지방경찰청장은 특수파출소를 설치하거나 폐지할 때에는 경찰청장에게 보고하여야 한다.

특수파출소에는 파출소장과 부소장 및 순찰요원을 배치한다. 특수파출소는 파출소 관내 경찰업무전반에 대한 초동조치를 수행한다. 특수파출소는 순찰지구대에 소속되어 있으나 각종 행정 · 예산 · 장비 · 시설 업무는 순찰지구대와 별도로 집행 · 관리한다.

특수파출소장의 직무는 순찰지구대장과 순찰지구대 사무소장의 직무와 동일하다.

---

44) 경기 · 강원 북부지역으로 휴전선 인접지역 및 해안가 등 과거 간첩 침투와 도주로 등 주요 작전지역이었던 곳, 그리고 요인 경호상 특별히 특수파출소로 운영되어야 할 곳을 말한다.

45) 지구대 사무소와 파출소간 거리가 원거리(15km 이상)이거나 기타 산간 · 해안 지역, 교통망 등으로 상호지원과 동시출동이 사실상 어려워 지구대 체제로 운영하기에 부적절한 곳을 말한다.

46) 현 파출소 체제 유지의 필요성이 있는 곳을 말한다.

특수파출소장의 근무는 경찰서장이 월별로 지정하나, 파출소장의 유고시에는 부소장이 직무를 대행하며 지휘공백이 없도록 소속 지구대장(사무소장)이 근무감독을 실시하여야 한다.

특수파출소 지역경찰관은 교대제근무를 실시하고 경찰활동에 관한 사항은 앞서 기술한 순찰요원의 근무 등과 역시 동일하다.

(2) 분소 및 초소

분소 배치 지역경찰관은 일근제 근무를 하며, 분소 근무자는 ⓐ 순찰 및 범죄예방활동 ⓑ 민원 및 범죄신고의 접수 처리 ⓒ 관할내의 지역사회 경찰활동 ⓓ 기타 지역경찰관리자가 지정한 업무를 수행한다.

초소에 배치된 지역경찰관은 지역경찰관리자가 지정한 근무를 수행한다.

5) 사기관리

경찰관서장(지방경찰청장 또는 경찰서장)은 지역경찰관의 사기를 진작시키고 경찰활동의 활성화를 위하여 근무실적에 대한 공정한 평가를 실시하고 우수경찰관을 포상하여야 한다. 경찰관서장은 지역경찰관의 근무실적평가를 위한 세부사항을 담당업무별로 정할 수 있다.

순찰요원(소장 포함)의 근무의 효율을 기하기 위해 야간 근무일에 적정시간의 휴게를 실시하도록 하고 비번근무일과는 별도로 매월 · 정기적으로 휴무 일을 지정하여야 한다.

경찰관서장은 ⓐ 다중범죄진압, 대 간첩작전 기타의 비상사태 ⓑ 경호경비 또는 각종 집회 및 행사의 경비 ⓒ 중요범인의 체포를 위한 긴급배치 ⓓ 화재, 폭발물, 풍수설해 등 중요사고의 발생 ⓔ 기타 다수 경찰관의 동원을 필요로 하는 행사 또는 업무 등 특히 필요하다고 인정할 때에만 한하여 지역경찰관을 동원할 수 있다. 동원 시에는 당해 시간 근무자를 먼저 소집하고 부득이한 경우에 한하여 비번자를 동원할 수 있다.

6) 문서 관리

지역경찰관의 근무는 근무장소별(순찰지구대, 특수파출소, 치안센터)로 지정하여 근무일지를 작성한다. 순찰지구대의 근무는 소장이 근무일지(갑지)에 지정하여 작성한다. 특수파출소의 근무는 파출소장이 근무일지(갑지)에 지정하여 작성한다. 파출소(민원담당관 근무 치안센터)의 일일근무는 지구대장이 근무일지(갑지)에 지정하여 작성한다. 지역경찰관리자와 상황 근무자는 근무 중 주요사항을 근무일지(을지)에 기재하여야 한다.

순찰요원은 근무 중 주요사항을 근무수첩에 기록하고 업무에 활용하여야 한다. 월별 근무일지와 사용 종료한 근무수첩은 3년간 보관한다.

순찰지구대 및 특수파출소 하달문서는 각 기능별로 지역경찰에 해당되는 부분을 요약・작성하여 지역경찰업무 담당 부서에 통보하면 이를 일일 업무지시로 하달한다. 지역경찰에 대한 문서하달은 가급적 억제하여 현장치안활동이 원활히 이루어질 수 있도록 하여야 한다. 순찰지구대와 특수파출소 등에는 업무수행에 필요한 최소한의 부책만을 비치하여야 한다. 비치될 문서 부책은 관할 경찰관서장이 정한다.

7) 시설・장비

지역경찰관은 근무 중 권총, 경찰봉, 수갑 및 경적 등 장비와 무전기를 휴대하여야 한다. 다만, 지역경찰 관리자는 관내의 치안상황을 참작하여 휴대품을 조정할 수 있다. 순찰지구대와 특수파출소의 전면외벽 등에는 주민이 쉽게 인식할 수 있는 표준화된 식별표지를 설치할 수 있다.

112순찰차량은 경찰장비규칙에 의한 도장[47]을 하여야 한다. 112순찰 근무자는 차량의 적정관리를 위해 운행사항 등을 112순찰일지에 기록하여야 한다. 지역경찰관리자는 순찰차 및 휴대장비에 대하여 일일점검을 실시하는 등 관리에 철저를 기하여야 한다.

4. 생활안전경찰의 개념

1) 의의

생활안전경찰이란 범죄 예방 정책의 수립과 집행, 기타 이에 관련된 활동을 하는 경

47) 순찰용 및 오토바이 등 외부에 별도 도장 및 표식을 필요로 하는 차량의 도장과 표식은 별표 6과 같다(경찰장비관리규칙 제157조 제1항).

찰을 말한다. 특히 과거에는 방범경찰로 지칭하였으나, 경찰활동의 패러다임을 전환하여 범죄검거활동에 치중하는 법집행활동보다는 범죄예방을 목표로 하는 지역사회경찰활동을 강조한다는 의미로 생활안전경찰로 명칭을 변경하였다.

과거 소규모 파출소를 통합, 경찰서 산하에 3~4개의 광역파출소를 설치하고 이 광역파출소를 지구대라고 부르는데, 지구대에서 112순찰차 및 전략적 순찰을 담당하고, 파출소는 지역사회 경찰활동을 담당할 경찰관의 활동거점으로 활용하고 있다. 소규모 파출소에는 경사나 경위 급의 경찰관이 지역사회의 범죄예방활동과 주민 봉사 업무만을 전담하고 있다. 생활안전경찰은 특히 이러한 범죄예방의 업무를 전담하는 경찰로서, 주로 외근경찰관의 일상근무를 통해 직접 주민과 접촉하면서 끊임없이 행해지고 있으며, 경찰과 지역사회 공동체와의 유대를 강화하고 있다. 생활안전경찰의 경우는 경찰서와 지구대 단위에서 인력과 장비의 배치, 순찰활동 방법 등 방범활동 전반에 걸쳐 광범위한 자율권을 행사할 수 있는 체계가 확립되어야 한다. 방범정책 또한 각 경찰서에서 지역 특성과 치안환경에 적합한 정책을 개발하거나 도입하여 신축적으로 운영하여야 한다.

2) 유형

경찰의 종류를 사법경찰과 행정경찰로 분류할 때에 생활안전경찰은 원칙적으로 행정경찰에 속하며, 다시 행정경찰을 보안경찰과 협의의 행정경찰로 구분하였을 때 보안경찰에 해당한다. 또한 범죄 발생을 기준으로 하여 예방경찰과 진압경찰로 분류할 때 생활안전경찰은 범죄를 예방하기 위한 예방경찰에 속한다.

3) 생활안전경찰의 활동

생활안전경찰의 활동 유형은 크게 일반방범활동, 특별방범활동, 종합방범활동, 자위방범활동의 4가지로 분류할 수 있다.

특별방범활동중 방범심방은 외근경찰관이 파출소 관내의 가정이나 기업체에 방문해서 범죄예방, 청소년선도, 안전사고방지 등을 지도, 계몽, 상담, 연락 등을 행하고 민원사항을 청취하며 주민의 협력을 얻어 외근경찰상의 기초자료를 수집하는 활동을 말한다.

방범홍보활동은 범죄예방을 중시하는 생활안전경찰의 임무와도 부합되는 활동으로 점점 중요성이 더해가고 있다. 언론 홍보매체를 통한 홍보와 책자를 통한 홍보뿐만 아니라 범죄예방교실 등 적극적인 활동이 요구된다. 예를 들어 자동차 운전시 범죄피해 대책과 같은 내용을 스티커나 소책자로 제작하여 시민들에게 나누어 주는 홍보활동도 있다.

■ 승용차 운전시 범죄피해 대비책(경찰실무전서중)

- 인적이 드문 골목이나 밤길에 혼자 차를 운행하는 것은 가급적 삼갑시다.
- 인적이 드문 곳에서 접촉사고가 났을 경우 즉시 문을 열고 나오지 말고 차의 유리창문을 약간만 열고 상대방 운전자나 동승자의 태도를 살핀 뒤 안전이 확인되면 나오는 것이 좋습니다.
- 한적한 곳에서 다른 차가 위협 운전을 하거나 이유 없이 시비를 걸 때에는 상대방의 태도를 면밀하게 살핀 뒤 대처합시다.
- 차를 비울 때에는 차안에 돈이나, 고가의 옷, 핸드백, 카메라등 귀중품을 두지 말고 차문은 항상 잠급시다.
- 운전중의 휴식은 주유소나 근처 사람의 왕래가 있는 곳에서 합시다.
- 출발할 때에는 차 주위에 사람이 있는지 자세히 살핍시다. 앞 차와의 거리는 항상 유지합시다. 고의로 부상을 입고 협박하여 돈을 받아내는 자해공갈단이 있습니다.

■ 생활안전경찰활동의 유형

일반방범활동	• 입초 · 경계 • 순찰 • 경고 · 제지 • 불심검문 • 출입 • 경범죄단속 • 경찰관직무집행법에 의한 피난 등의 보호조치 등
특별방범활동	• 방범정보 수집 • 우범지역 설정 • 시설방범 • 방범지도 • 방범진단 • 현장방범 • 방범상담 • 방범홍보 • 방범단체와의 협조 • 방범심방
종합방범활동	• 지역방범활동 • 계절범죄방범활동 • 특정범죄방범활동
자위방범활동 (자율방범과 구분할 것)	• 가정방범 • 직장방범 • 지역방범 • 생활방범

제2절 생활안전경찰의 임무

1. 생활안전경찰의 업무분장

1) 생활안전경찰의 조직

경찰청과그소속기관등직제 제11조에 의하면 생활안전국은 범죄예방에 관한 업무, 경비업에 관한 업무, 외근업무, 풍속사범에 관한 지도 및 단속, 총포·도검·화약류 등의 지도·단속, 즉결심판에 관한 사항, 각종안전사고의 예방에 관한 업무, 소년비행 방지와 소년범죄의 수사 등의 업무를 분장한다. 이를 대별하면, 외근경찰활동, 경찰사범의 단속, 청소년 선도와 보호, 즉결심판에 관한 업무, 민간방범 관련 업무 등으로 나눌 수 있다.

(1) 경찰청 생활안전국

경찰청과그소속기관등직제 제11조에 의하면 생활안전국(개정 2003. 12. 18)은 다음의 사무를 분장하도록 되어 있다.

① 범죄예방에 관한 연구 및 계획의 수립
② 경비업에 관한 연구 및 지도
③ 삭제 <1999. 5. 24>
④ 112신고제도의 기획 및 운영
⑤ 파출소 외근업무의 기획
⑥ 풍속사범에 관한 지도 및 단속
⑦ 총포·도검·화약류 등의 지도·단속
⑧ 즉결심판청구업무의 지도
⑨ 각종 안전사고의 예방에 관한 사항
⑩ 소년비행방지에 관한 업무
⑪ 소년범죄의 수사지도
⑫ 여성관련 범죄의 수사지도 및 예방에 관한 업무

(2) 생활안전과 및 생활질서과

경찰청과그소속기관등직제의 시행규칙 제8조에 의하면 과단위 사무분장은 다음과 같다.

생활안전과장은 다음 사항을 분장한다.

① 범죄예방에 관한 연구 및 계획의 수립

② 경비업에 관한 연구 및 지도

③ 삭제<1999. 5. 24>

④ 112제도의 기획 및 운영

⑤ 파출소 외근업무의 기획

⑥ 기타 국내 다른 과의 주관에 속하지 아니하는 사항

생활질서과장은 다음 사항을 분장한다.

① 풍속사범에 관한 지도 및 단속

② 총포・도검・화약류 등의 지도 및 단속

③ 즉결심판청구업무의 지도

④ 각종 안전사고의 예방에 관한 사항

⑤ 소년비행방지에 관한 업무

⑥ 소년범죄의 수사지도 및 비행소년의 보호지도

⑦ 여성관련 범죄의 연구기획에 관한 업무

⑧ 여성관련 범죄의 수사지도 및 예방에 관한 업무

2) 생활안전활동과 법적 근거

경찰법 제3조와 경찰관직무집행법 제2조는 경찰의 임무 또는 직무로서 범죄의 예방을 들고 있는데, 여기의 범죄의 예방은 생활안전경찰활동의 사물관할을 정한 것이다. 따라서 생활안전경찰은 순찰과 같이 국민의 구체적 권리와 자유에 개입 또는 침해하지 아니하는 범위내의 활동이라면 그 활동이 가능하다 하겠다.

그러나 풍속 영업의 단속 등과 같이 침해를 수반하는 경우에는 반드시 그에 관한 권한의 수권이 필요하므로, 풍속영업의규제에관한법률, 전당포영업법, 총포・도검・화약류등단속법과 같이 경찰의 조치권한을 구체적으로 수권하고 있는 법령에 의거하여 생활안전경찰활동을 한다.

2. 외근경찰활동

1) 외근 경찰의 의의

(1) 정의

외근경찰활동이란 일정한 담당구역을 가지는 파출소를 활동거점으로 하여 경찰관이 제반 경찰사안에 즉응하는 활동으로서, 여기에는 경찰업무를 일반적이고 1차적(초기적)으로 수행하는 경찰활동이다.

(2) 전담 경찰과 외근 경찰

종래에는 외근경찰이라는 용어를 내근경찰(內勤警察)에 상대적인 개념으로 정의하였으나, 외근경찰의 활동에도 내근근무와 외근근무가 있으며 현재, 일반적으로 내근경찰이라는 용어는 사용하지 않고 있으므로, 경무경찰 · 교통경찰 · 수사경찰 등 이른바 전담경찰(專擔警察)이 외근경찰의 상대적 개념이 된다. 전담 경찰은 특정 경찰업무를 전문적이며 종국적으로 처리하는데 반하여, 외근 경찰은 전 경찰사안에 대하여 일반적이며 1차적으로 업무를 수행한다. 각 전담경찰은 전문성에 치중하여 지역성과 밀접한 관련이 없다. 따라서 경찰조직은 전담경찰은 담당업무의 성질을 기준으로, 외근경찰은 지역을 기준으로 구분된 임무를 수행한다. 이러한 외근경찰은 담당구역내의 주민들이 치안서비스에 쉽게 접근하도록 하는 역할을 한다. 외근경찰은 주민과 접촉하며 범죄예방의 중추적 역할을 한다는 점과, 대국민관계에서 경찰의 얼굴이 된다는 점에서 그 중요성이 있다.

(3) 외근 경찰의 임무

외근경찰은 항상 경계태세를 유지하고 모든 경찰사안에 즉응할 준비를 갖추어야 하며, 주민의 안전과 평온을 확보하기 위해 부단한 범죄예방 활동을 전개함과 동시에 경찰업무 전반에 걸쳐 적극적으로 봉사하며 초기적 범위의 임무를 수행한다.

2) 외근 근무의 유형

(1) 외근 근무

외근 근무란 외근경찰관이 행하는 제반 근무를 말하며, 기본근무, 특수근무, 병행근무로 구분하여 17가지의 근무가 있다.

기본근무는 외근경찰이 보통으로 행하는 근무로서 ⓐ 소내 및 대기근무 ⓑ 순찰 ⓒ 방범심방 ⓓ 제조사 ⓔ 방범단속 ⓕ 등서 ⓖ 파출소장의 근무 등이 있으며, 특수근무는 보통 근무를 예정할 수 없거나 필요시 행하는 근무로서 외근경찰이 전담하지 않는 근무인데, 여기에는 ⓐ 교통정리 ⓑ 사고처리 및 수사 ⓒ 경비 및 입초근무가 있다. 그리고 병행근무는 기본근무 또는 특수근무시에 병행하는 근무로서 ⓐ 출입조사 ⓑ 우범자 관찰보호 ⓒ 보호 및 수배 ⓓ 지도홍보 ⓔ 첩보수집 ⓕ 제경찰사범 단속 ⓖ 불심검문 등이 있다.

▣ 외근 근무의 종류

기본근무	특수근무	병행근무
• 소내 및 대기근무 • 순찰 • 방범단속 • 경찰서 출입 • 파출소장의 근무	• 교통정리 • 사고처리 및 수사 • 경비 및 입초근무	• 방범심방 • 출입조사 • 보호 및 수배 • 지도 홍보 • 제경찰사범단속 • 첩보수집 • 불심검문 • 각종조사 • 우범자 관찰보호

(2) 전용근무

외근 근무에는 속하지 않지만 전담경찰관의 인원부족, 대규모 치안수요의 발생 등 특별한 사정이 있는 경우에 종사하는 근무인 전용근무가 있다. 예를 들어 ⓐ 다중범죄 진압, 대간첩 작전, 기타의 비상사태 ⓑ 경호경비 또는 각종 집회 및 행사의 경비 ⓒ 중요범인의 체포를 위한 긴급배치 ⓓ 화재, 폭발물, 풍수설해 등 중요사고의 발생 ⓔ 기타 다수 외근경찰관의 동원을 필요로 하는 행사 또는 업무 등의 경우이다.

3. 경찰사범 단속활동

경찰사범(警察事犯)의 단속이라 함은 사회공공의 안녕과 질서를 유지하기 위하여 경찰이 풍속사범을 비롯한 제 사범을 단속하는 활동을 말한다. 경찰사범의 단속은 방범경찰의 중요한 역할인 범죄예방적 환경의 조성과 법규준수문화를 정착시키기 위하여 필요한 활동인 바, 여기에는 풍속사범의 단속, 기초질서 위반사범의 단속과 총포·도검류 단속 등이 있다.

1) 풍속사범의 단속

(1) 정의

풍속사범(風俗事犯)의 단속은 사회의 선량한 풍속[48]을 유지하기 위하여 사회일반의 풍기 및 건전한 생활습관에 영향을 주는 행위를 금지·제한하는 경찰활동이다.

(2) 단속대상

풍속사범의 단속 대상 행위는 윤락행위, 음란행위, 사행행위이다. 이러한 행위는 일반 국민의 건전한 도덕감정 및 가족제도의 신성함을 저해할 뿐만 아니라, 마약·약취유인·폭력 등 다른 범죄의 온상이 되고 국민보건과 청소년 건전육성에도 반하므로, 미풍양속을 보전하고 범죄를 예방하는 차원에서 이를 단속하고 처벌하는 것이다.

48) 선량한 풍속이란 어느 특정 시대나 국가에 있어서 일반적으로 용인되고 있는 도덕적 관념과 규범을 말하는 것으로, 어떤 행위가 선량한 풍속을 해하는 행위인가를 판단하는 기준은 역사적, 문화적 환경에 따라 또 나라마다 다르나, 선량한 풍속은 그 사회의 공공의 안녕과 질서의 윤리적 기반을 이루고 있다는 의미에서 공공의 질서와 선량한 풍속의 두 개념을 결합하여 「公序良俗」이라고 하기도 한다.

▣ 풍속사범단속의 유형

비디오물 감상실업	• 비디오물 및 비디오물 시청시설을 갖추고 비디오물을 시청제공(이용자가 직접 시청시설을 작동하여 이용하는 경우를 포함)하는 영업(공연법에 의한 공연장업은 제외) ※ 풍속영업의 범위에서 음반판매업·비디오물판매업·비디오물대여업을 제외하고 단란주점을 추가했다.
기타	• 무도학원업 • 단란주점영업 • 무도장업 • 노래연습장업
이용업	• 손님의 머리카락 및 수염을 깎거나 다듬는 등의 방법으로 손님의 용모를 단정하게 하는 영업
컴퓨터 게임장업	• 유기시설 또는 유기기구를 갖추고 손님에게 대중오락을 하게 하는 영업을 유기장업이라 하고, 유기장업은 컴퓨터게임장업, 종합유원시설업, 기타 유기장업으로 세분된다. 이 중에서 풍속영업에 해당하는 영업은 컴퓨터게임장업이다.
특수 목욕장업	• 목욕에 필요한 시설 및 설비를 갖추고 손님으로 하여금 목욕을 하게 하는 영업을 목욕장업이라 한다. 목욕장업은 일반목욕장업과 특수목욕장업으로 나뉘어지는데, 이 가운데 특수목욕장업만이 풍속영업에 해당 ※ 사우나탕업·증기탕업·복합목욕탕업(헬스클럽과 연계하여 운영되는 목욕탕업)
유흥 주점영업	• 주로 주류를 조리·판매하는 영업으로 유흥종사자를 두거나 유흥시설을 설치할 수 있고 손님이 노래를 부르거나 춤을 추는 행위가 허용되는 영업
숙박업	• 숙박에 필요한 시설 및 설비를 갖추고 손님을 숙박시키는 영업 ※ 호텔업·관광진흥법에 의한 휴양콘도미니엄업·농원여관업·여인숙업
풍속영업의 범위에 포함되지 않는 영업	
① 당구장(체육시설 이용에 관한 법률이 적용) ② 음반 및 비디오물의 판매업 ③ 비디오물 대여업 ④ 음반 및 비디오물의 제작업 ⑤ 미용업 ⑥ 일반목욕장업	

윤락행위란 불특정인을 상대로 하여 금품 기타 재산상의 이익을 받거나 받을 것을 약속하고 성행위를 하는 것을 말한다. 단속사항에는 윤락행위, 유인행위, 제3자의 매개행위, 비밀누설행위, 음행행위가 포함된다. 이러한 윤락행위에 대해서는 각국마다 대응양식이 다르다. 한국, 태국, 필리핀, 미국은 윤락행위를 범죄로 처벌하고 있으나 윤락업을 경찰이나 행정관청의 허가를 받아서 하도록 하고 있는 프랑스, 영국 등 유럽국가와 대만, 호주 등도 있다.

음란 추행범죄란 성욕을 흥분 또는 자극하여 사람의 성적 수치심을 해하며 선량한 성적 도덕관념에 반하는 행위를 말한다.

사행행위란 우연의 사실에 따라 재물의 득실을 거는 행위로 재산상 이익과 손해가 있는 일체의 행위를 말한다. 사행행위는 사람으로 하여금 요행을 바라는 나태한 생활태도를 부추기는 반사회성과 요행성이 특성이다.

2) 기초질서 위반 사범의 단속

(1) 정의

기초질서 위반 사범이란 경범죄처벌법과 도로교통법에 그 행위유형들이 규정되어 있는 경미한 법익의 침해행위로서, 제재수단이 범칙금부과로 되어 있는 행위를 말한다.

(2) 유형

기초질서 위반의 주요 유형은 경범죄처벌법 위반행위로서 오물방치 및 방뇨, 광고물 무단첩부, 음주소란, 새치기, 금연장소흡연, 자연훼손, 덮개 없는 음식물 판매 등과, 도로교통법 위반행위로서 신호위반, 무단횡단, 차도보행·차도에서 차 잡는 행위, 신호위반, 정차·주차금지위반, 노상시비·다툼으로 차량의 통행방해 등의 행위가 있다.

경찰의 기초질서 위반사범에 대한 지속적인 단속은 비교적 경미한 범죄행위의 단속을 통하여 그 이후에 발생할 수도 있는 더 큰 범죄를 사전에 예방하는 데 그 의의가 있다.

3) 총기·도검류 등의 단속

총기 및 폭발물 등은 취급과 사용상 위험성이 크고 예측하기 어려운 사고로 인하여 다수의 사람에게 치명적인 피해를 줄 개연성이 커서 국민의 생활안전을 확보하기 위해서는 규제와 관리가 필수적이다. 특히 총기에 대해서는 안보상황 등을 고려해 소지를 엄격히 규제하고 있기 때문에 지금까지는 총기류 범죄에 관한 한 안전지대로 여겨져 왔다. 그러나 최근에는 우리나라에서도 총기사고가 빈번히 발생하고 있고, 점차 늘어가는 추세이며 주요 총기 수출국과의 교역확대로 인해 더 이상 우리나라도 총기사고의 안전지대가 아님은 주지의 사실이다. 따라서 총포·도검(刀劍)·화약류등단속법을 개정하여 공공의 안전을 위한 조치로서 96년 7월 이후 5.5mm단탄 공기총 중요부품(방아틀뭉치)을 파출소에 보관시키고 있으며, 이 결과 공기총과 관련된 범죄 및 사고의 예방에 큰 효과를 보고 있다.

▣ ONE-STOP지원센터 - 성폭력피해자에 대한 전국 사회안전망 구축-

◎ 현황

제주 ONE-STOP지원센터 개소로 경찰청은 2005년 8월 31일 서울 경찰병원 ONE-STOP지원센터 개소에 이어 전국 사회안전망 구축을 완료하였다. ONE-STOP지원센터는 전국의 14개 지역(서울 부산 대구 인천 울산 경기 강원 충북 충남 전북 전남 경북 경남 제주)에 설치되어 운영중이며 2006년 10월 현재 3천578명의 피해자에게 상담 진술녹화 증거채취 등 총 1만1천513회 걸친 지원을 실시한 바 있다

◎ 역할

ONE-STOP지원센터는 성 가정 학교폭력피해자 및 성매매피해여성에 대한 신속한 상담 및 의료 수사 법률지원을 위해 병원내 여성경찰관 상담사 간호사 등이 파견되어 운영되고 있는 피해자 보호시스템이다. 특히 24시간 피해자의 효율적인 지원을 위해 진술녹화실 영상진료실 원격지 화상대질실 피해자안정실 등을 갖추고 있다.

더 이상 성폭력 성매매 가정폭력피해자들이 국가의 시스템 미비로 병원과 경찰서를 전전하며 성적수치심과 신분노출 등 2차 피해에 시달리는 일이 없어질 것이며 이제 경찰도 과거 범인 검거위주에서 피해자 인권보호의 서비스마인드로 인식을 전환해야 한다.

경찰청은 전국의 성폭력피해자 현황파악 공조수사와 전국센터를 지휘할 중앙지원센터를 설립하여, 117 전화신고(성매매 및 여성 학교폭력신고) 및 인터넷(www.117.go.kr) 등과 유기적인 네트워크 협력체제로 수혜자를 대폭 확대할 계획이다.

4. 청소년 선도와 보호활동

1) 소년경찰의 개념

(1) 의의

오늘날 소년범죄는 양적으로도 크게 증가하고 있을 뿐만 아니라, 질적으로도 비행의 저연령화 및 일반화, 여자소년범죄 및 학생범죄의 증가, 약물남용 증가, 집단화, 흉포화 그리고 재범화라는 비관적인 현상이 두드러지고 있다. 따라서 소년범죄 또는 소년비행의 처리 및 예방대책은 형사정책상 매우 중요한 문제이다. 이에 대응하고 있는 소년경찰은 최일선에서 반사회성이 있는 소년을 발견・조사하여 선도하고, 유해한 환경을 정화하여 소년들이 올바르게 자라나 사회활동을 영위할 수 있도록 지도・보호하는 임무를 맡고 있다. 이러한 소년경찰활동은 경찰법 제3조(경찰의 임무)와 경찰관직무집행법 제2조(직무의 범위)에서 규정한 범죄의 예방임무에 근거하고 있으며, 소년경찰직무규칙(1993. 6. 22. 경찰청예규 제101호)에는 소년경찰의 활동을 ① 범죄소년의 수사, ② 청소년비행 예방, ③ 우범소년 및 불량행위소년 등 청소년 선도로 규정하고 있다.

(2) 중요성

대개의 경우 비행소년은 한번의 처벌로도 범죄자로 낙인받게 되고, 이로써 그 소년은 성인이 되어서도 재범과 처벌의 악순환과정을 계속 밟게 되기 쉽다. 따라서 애초부터 비행소년을 선도하는 것은 이미 낙인받은 이후 그 소년에 대해 사회가 지불해야 할 엄청난 비용을 감안하면 대단히 중요한 것이다. 따라서 형사사법기관의 가장 첫 단계에서 청소년의 비행을 예방하고 비행소년이 낙인찍히는 과정을 밟지 않도록 선도하는 임무를 수행하는 생활안전경찰은 전 소년사법절차(Juvenile Justice)를 통틀어 가장 핵심적인 역할을 하고 있다.

미국 시카고 경찰에서는 03년 제정된 시법률에 따라 17세 미만 청소년에 대한 통행금지시간(일~목 22:30, 금~토 23:30 이후)을 설정, 1년에 3회 이상 이를 위반할 경우 해당 부모를 함께 단속하고 있다. 또한 여름철 청소년 관련 범죄억제를 위해 17세미만 청소년이 同 통행금지 시간대에 범죄를 저지를 경우 해당 부모를 단속하고 있다.

뉴질랜드에서는 청소년범죄가 급증함에 따라 05년 6월부터 우범청소년의 가족 등 관련정보를 축적, 범죄발생시 부모 등 책임자 처벌을 뒷받침하는 프로파일링 프로그램을 시행중이다. 범죄자의 연령이 점차 낮아지고 있는 등 청소년 범죄증가가 매우 심각한 수준임에도 부모가 이를 방치하는 사례가 많아 뉴질랜드 경찰은 강도 등 범행을 저지른 소년범 2명의 부모를 자녀관리감독해태 혐의로 체포한바 있다.

2) 비행소년의 개념

(1) 비행소년의 구분

비행소년은 크게 범죄소년, 촉법소년, 그리고 우범소년으로 구분하고 있다.

▣ 비행소년의 구분

범죄소년	• 14세 이상 20세 미만의 자로서 죄를 범한 자
촉법소년	• 12세 이상 14세 미만의 자로서 형벌법령에 저촉되는 행위를 한 자
우범소년	• 12세 이상 20세 미만의 자로서 보호자의 정당한 감독에 복종하지 않는 성벽이 있거나, 정당한 이유없이 가정에서 이탈하거나, 범죄성이 있는 자 또는 부도덕한 자와 교제하거나 기타의 사유로 그의 성격·환경에 비추어 장래 죄를 범할 우려가 있는 자

(2) 법령상 소년

법률에 소년의 연령은 다양하게 규정되어 있으며 대학생이 되는 자의 연령과 맞지 않은 경우가 있어 논란이 있다.

▣ 법령상 소년의 연령

법 령	청소년보호법	행형법	소년법	아동복지법
용 어	청소년	소년수형범	소 년	아 동
소년의 연령	19세 미만	20세 미만	20세 미만	18세 미만

3) 비행소년의 처리

비행소년은 일반인들과 다른 절차와 조건으로 처리하고 있다.

(1) 범죄소년

범죄소년에 대해서는 강제조치 등의 제한(소년경찰직무규칙 제35조) 규정에 의거하여 부득이한 경우를 제외하고는 체포, 구금, 기타 강제조치를 하여서는 아니 된다.

만일 부득이한 체포, 구금, 기타 강제조치를 결정·집행하려고 할 때에는 다음 사항에 유의하여야 한다.

첫째, 범죄소년의 연령, 성격, 비행경력, 범죄의 내용, 구금장소의 상황, 구금시간, 기타 강제조치로부터 당해 소년에게 미치는 정신적 영향 등을 신중히 고려하여야 한다.

둘째, 구금할 때에는 원칙적으로 성인과 분리하여 수용하여야 한다.

셋째, 강제조치를 하였을 때에는 지체없이 그 보호자 또는 대리자에게 연락하여야 한다.

그리고 소년의 범죄가 친고죄로서, 피해자 기타 고소권자가 고소하지 않을 것이 명백한 경우에도 장래 비행방지상 필요성이 인정될 때에는 우범소년으로서 필요한 조치를 강구하여야 한다.

여죄수사(동규칙 제37조)의 경우에도 당해 소년의 비행경력을 명확히 파악함으로써 장래에 대한 재비행 위험성의 판단 및 비행방지에 목적을 두어야 한다.

범죄소년이 소지한 물건의 조치(동규칙 제39조)에서도 경찰관은 소년의 비행방지상 소지하는 것이 부적당하다고 인정되는 물건을 발견시에는 법에 의하여 이를 압수하는 경우를 제외하고는 소유권자, 기타 권리인에게 반환 또는 그 보호자에게 예치시키거나 본인 또는 그 보호자의 동의를 얻어 폐기시키는 등 당해 범죄소년이 물건을 소지하지 않도록 조치하여야 한다.

(2) 촉법소년

촉법소년의 경우 촉법소년의 일시보호(동규칙 제42조) 규정에 의하여 경찰관직무집행법 제4조 및 아동복지법 제10조에 의하여 일시 보호할 수 있지만 다음 각호의 사항에 유의하여야 한다.

첫째, 일시보호를 할 때에는 보호실을 사용하고, 부득이한 경우에도 경찰서내의 숙직실, 휴게실 등 당해 소년을 수용하는 데 적당하다고 인정되는 시설을 이용하여야 한다.

둘째, 일시보호중 자기 또는 타인의 생명, 신체 또는 재산에 위해를 주는 사고가 발생하지 않도록 하여야 한다.

셋째, 일시보호를 결정하였을 때에는 지체없이 보호자에게 그 사유를 통지하여야 한다.

또한 촉법소년을 조사한 결과 송치할 필요가 있다고 인정되는 자는 신속히 관할 가정법원 또는 지방법원 소년부에 송치하여야 한다.

(3) 우범소년

우범소년에 대한 긴급조치(제44조) 규정에 의하여 경찰관은 긴급한 보호조치를 하지 않으면 형벌법령에 저촉되는 행위를 할 염려가 있는 소년을 발견하거나 또는 보호자, 기타 관계자로부터 연락을 받았을 때에는 지체없이 일시보호 조치를 강구하여야 한다.

(4) 보호처분

보호처분은 소년의 비행사실에 대하여 책임을 묻는 수단으로서의 처벌이 아니고, 비행에 나타난 소년의 범죄적 위험성에 대처하기 위한 수단이며 소년의 장래신상에도 아무런 영향이 없다. 보호처분은 7가지 유형이 있다.

■ 보호처분의 유형

제1호 처분 [보호자등 감호위탁]	• 보호자 또는 보호자를 대신하여 소년을 보호할 수 있는 자에게 감호를 위탁하는 것(6개월)
제2호 처분 [단기보호관찰]	• 보호관찰관의 단기보호관찰(6개월)을 받게 하는 처분
제3호 처분 [보호관찰]	• 보호관찰관의 보호관찰(2년)을 받게 하는 것(1년의 범위 내에서 1차에 한하여 그 기간은 연장가능)
제4호 처분 [소년보호시설 감호위탁]	• 아동복지법상의 아동복지시설이나 기타 소년 보호시설에 감호를 위탁하는 처분(6개월)
제5호 처분 [병원 및 요양소 위탁]	• 병질있는 비행소년의 병질(병의 성질)을 치료하기 위해 병원이나 요양소에 위탁하는 처분(6개월)
제6호 처분 [단기 소년원 송치]	• 단기로 소년원에 송치하는 것(6개월 미만)
제7호 처분 [소년원송치]	• 소년원에 송치하는 것
※ 제2호 · 3호의 처분시 16세 이상의 소년에 대하여는 사회봉사명령 또는 수강명령을 동시에 명할 수 있다.	

4) 청소년 출입 및 고용금지

경찰은 청소년 보호를 위하여 청소년이 출입해서는 안 되는 업소와 고용해서는 안 되는 업소를 규정하여 단속하고 있다.

■ 청소년 출입 · 고용금지업소

청소년출입 · 고용금지업소	① 유흥주점, 단란주점 ② 비디오감상실, 노래연습장(청소년실은 출입가능) ③ 무도학원, 무도장 ④ 사행행위영업장 ⑤ 전기통신설비를 갖추고 불특정한 사람 상호간의 음성대화 또는 화상대화를 매개로 하는 것을 주된 목적으로 하는 영업 – 전화방, 화상대화방 ⑥ 성기구판매업소
청소년고용금지업소(출입은 인정)	① 티켓다방, 소주방, 호프, 카페 ② 숙박업, 이용업(남자청소년 고용은 제외), 목욕장업 중 안마실을 설치하거나 객실로 구획하여 하는 영업

	③ 비디오물 대여업과 비디오물 소극장업, 일반게임장업, 복합유통 · 제공업(청소년유해업이 포함된 경우) ④ 회비 등을 받거나 유료로 만화를 대여하는 만화대여업 ⑤ 유독물 제조업 · 판매업 · 취급업 ⑥ 청소년유해매체물, 청소년유해약물 및 청소년 유해물건을 제작 · 생산 · 유통하는 영업 등 청소년의 고용이 청소년에게 유해하다고 인정되는 업소로서 청소년보호위원회가 결정하여 고시한 것

5) 푸르미 프로젝트

(1) 푸르미 프로젝트의 개념

「푸르미 프로젝트」는 소년범 선도종합치안대책이다. 비행청소년을 선도하여 푸르른 나무처럼 건강한 사회구성원으로 육성시켜 나가기 위한 미래지향적 치안정책으로 ' 푸르미' 명칭은 全경찰관을 대상으로 공모를 통해 응모한 423건 중 심사를 통해 선정되었다.

(2) 푸르미 프로젝트의 배경

2006년 전체 소년범 9만 여 명 중 학생(중 25.3퍼센트 고 42.1퍼센트)이 약 68퍼센트에 달하고 소년범 3명 중 1명은 재범을 저지르는 것으로 나타나는 등 갈수록 청소년 범죄가 심각해짐에 따라 소년 선도 시스템 구축이 필요하다.[49] 또한 용돈을 뜯으려 친구에게 원조교제를 강요하거나 흉기를 갖고 친구를 협박하는 등 소년범이 흉포화 강력범화되고 있으며 소년범 3명 중 1명은 재범을 저지르고 있다.[50]

(3) 푸르미 프로젝트의 내용

푸르미 프로젝트의 주요내용으로는 푸르미 선도대회 개최, 푸르미 선도대상 선정,

---

49) 총범죄 대비 소년범 비율은 3.8퍼센트('04년)→ 4.2퍼센트('05년)→4.6퍼센트('06년)로 증가하였고, 학생범죄 비율은 59.4퍼센트('04년)→65.2퍼센트('05년)→67.8퍼센트('06년)로 증가하였다.

50) '06년 소년강력범 전년대비 19.1퍼센트 증가하였고, 최근 5년간 평균 소년범 재범율 33퍼센트이다. 연쇄살인범 신창원은 일기를 통해 어린 시절 '누가 날 잡아주었다면 이렇게 되진 않았을 것'이라고 말했고 흑인으로 뉴욕 할렘가에서 비행소년 시절을 보냈던 콜린 파월 전 미국무장관은 97년 클린턴 등 전직대통령이 참석한 청소년 선도대회에서 '내가 비행할 때마다 누군가의 선도가 있었기에 바른 길을 갈 수 있었다'고 발표하면서 청소년 선도의 중요성을 피력하기도 했다.

소년범 선도관련 관련학회 개최, 교육기관과 푸르미 선도협약 체결, 사회각계 및 국민참여 유도, 전국 경찰서 여성청소년계장 워크숍 및 다짐대회 개최, 범죄예방교실 강의 경진대회 개최, 청소년 관련 전공자의 경찰관 특별채용 등으로 다양하게 구성되어 있다.

52개 경찰서에서 시범운영한 소년범 수사시 전문가 참여제를 확대하여 소년범 선도 및 인권보호수사시스템을 구축하고 관련기관 등 연계 소년범 특성에 맞는 선도 프로그램 개발하고 있다.

특히 '학교폭력 자진신고 기간' 중 자진신고 가해학생 선도를 통한 학생 전과자 양산을 방지하는 데 주력하고 있다. 교육기관과 '푸르미 선도협약'을 체결하여 학생범죄에 신속히 대처하고 음란 폭력 사이트 등 유해 사이트 폐쇄조치 및 청소년 상대 주류판매 행위 등 청소년 유해환경에 대한 집중 단속을 실시하고 있다.

또한 사이버경찰청 내 청소년 범죄 반으로 줄이기 운동 컨텐츠를 개설하여 정책홍보 및 의견수렴의 장을 마련하고 청소년 NGO와 공동으로 푸르미 선도대회를 개최하고 소년범 우수 선도사례 공모를 통해 푸르미 선도대상을 선정(민간1명 공직1명)하여 푸르미 선도대회에서 '선도대상'을 수여하고 범죄학회등과 공동으로 소년범 선도관련 국제세미나를 개최하여 미국 영국 등 선진국의 성공적인 소년선도시스템의 국내 도입을 추진하고 있다.

범죄예방교실 강의 경진대회를 경찰청에서 처음으로 개최하여 소년범죄 예방 전문경찰관을 양성 인력풀을 구축하고 전국대학의 청소년지도학과 등 청소년 관련 전공자를 소년경찰로 특별채용하고 전문교육을 강화하는 등 소년전문 경찰을 육성해 나갈 예정이다. 앞으로 소년범 수사시 전문가 참여제를 전국 경찰관서로 확대하여 소년범 선도 및 인권보호수사시스템을 구축하고 관련기관 등 연계 소년범 특성에 맞는 선도프로그램을 개발, 시행해 나갈 계획이다.

(4) 소년범 수사시 전문가 참여제

경찰청은 '소년범 수사시 전문가 참여제'를 52개 경찰서에서 시범 운영하고 있으며 2003. 9～2005. 7월 전문가가 참여하여 소년범 386명을 재범추적한 결과 전문가가 재범가능성이 높다고 판단한 고위험군 소년범 재범률은 40퍼센트로 저위험군 소년의 재범률 4.5퍼센트보다 매우 높게 나타나는 등 재범예측 정확성을 입증하였다. 또한 2005. 8～2006. 12월 전문가가 참여한 소년범 3천 827명의 분석결과 2006년 전체 소년범 재범률 29.2퍼센트와 비교하여, 전문가 참여시 재범률(3.9퍼센트)보다 현저히 감소한 것으로 나타났다. 2005년부터 학교폭력 자진신고 기간을 운영하여 자진신고 학생 총1만 2천 698명을 선도조건부 불입건하였고 효율적 선도활동을 통해 2005년 학교폭력 가해학생의 2006년 재비행율이 0.9퍼센트에 불과하는 등 학교폭력 자진신고 기간운영을 통한 학생 폭력 전과자 양산을 방지할 수 있었고 '사랑의 교실' 등 선도프로그램 운영을 통해 소년범 선도를 위한 노력을 지속 추진해 왔다. 이처럼 소년범 수사시에 전문가가 참여하면 조사과정 중 세심한 관심으로 심리적 충격을 완화하고 멘토역할을 수행함으로써 재비행을 억제하는 효과가 있다. 이를 바탕으로 경찰에서는 '청소년 범죄자 반으로 줄이기'를 추진 목표로 청소년을 위한 수요자 중심의 소년범 선도종합 치안대책인 푸르미 프로젝트를 수립 이를 달성하기 위한 세부 계획들을 마련하였다.

(5) 소결

푸르미 프로젝트는 음주와 흡연 폭력적 인터넷 게임과 음란사이트 등 청소년 유해환경 증가와 부모이혼 등으로 인한 가출경험 등 불안정한 가정환경으로 인해 각종 비행 및 탈선환경에 노출된 성장과정의 어린 청소년들이 바르게 성장하도록 하기 위한 정책이다. 따라서 청소년 범죄 반으로 줄이기를 위한 푸르미 프로젝트의 성공적 추진을 위해서는 목표 공유를 통한 현장의 추진력 확보, 효율적이고 종합적인 선도시스템 구축, 그리고 전국민의 관심이 무엇보다 중요할 것이다.

5. 즉결심판

1) 즉결심판의 의의

(1) 정의

즉결심판절차는 범증이 명백하고 죄질이 경미한 범죄사건을 적정한 절차에 의하여 신속하게 심판함으로써, 형사절차의 장기화로 인한 피고인의 시간적 부담과 정신적 고통을 조속히 해소하여 피고인의 편의를 도모하고 법원의 업무를 경감시킴으로써 형사재판의 소송경제를 도모하려는 특별한 형사소송절차이다.

(2) 규정

즉결심판절차는 법원조직법 제33조에 규정된 시 · 군법원이, 경미한 범죄 즉 20만원 이하의 벌금 또는 구류나 과료에 처할 범죄사건에 대하여 형사소송법이 규정하는 일반 형사소송절차(공판절차)를 거치지 아니하고 즉결하는 심판절차로 법원조직법 제34조 제1항 3호 · 제3항, 즉결심판에관한절차법 제1조에 규정되어 있다.

2) 즉결심판의 특성

즉결심판은 관할경찰서장 또는 관할해양경찰서장이 청구한다는 데 특질이 있으며(즉결심판에관한절차법 제3조 제1항), 즉결심판의 청구는 검사의 공소제기와 동일한 성질을 갖는 소송행위이다. 경찰서장의 즉결심판의 청구는 검사의 기소독점주의에 대한 예외이다.

생활안전경찰은 이러한 경찰서장의 업무를 보조하게 되며, 외근경찰관들에 의한 경범죄의 단속은 즉결심판을 회부하는 기초자료가 된다. 실무적으로는 경찰서의 방범과에서 보호실을 관리하고 있다. 그러나 즉결심판의 결과 구류가 확정되면 수사과 소관의 유치장에서 집행한다.

6. 순찰활동

1) 순찰의 개념

(1) 의의 및 목적

순찰(Patrol)이란 지역경찰관이 개괄적인 경찰임무의 수행과 관내 정황을 파악하기 위하여 일정한 지역을 순회 · 시찰하는 외근활동을 의미한다. 순회 · 시찰하는 근무 중에서도 특정한 목적수행을 위한 순회를 제외한 평상시 일반적인 근무로서 수행하는 활동, 예를 들어 범죄의 예방과 제지, 현행범 또는 피의자의 체포, 위험발생의 방지(위험축대의 보수의 권유 · 경고 등), 방범 지도계몽, 관내 상황의 관찰 및 파악, 미아 · 가출인의 발견, 방범진단 기타다양한 치안서비스 활동의 전개를 위한 순회근무를 의미한다. 여기서

Patrol은 「진흙탕 길을 걸어간다」는 뜻으로 진흙탕 길은 잘 살펴보지 않으면 걸을 수 없는 길이므로, 순찰은 반드시 주위 사물을 잘 관찰해야 한다는 의미를 내포하고 있다. 우리나라 235개 경찰서에는 3,629대의 순찰차가 운용되고 있다.[51)]

(2) 기능

Hale(1994: 25-49)은 순찰의 기능을 범죄예방(crime prevention)과 범인검거(criminal apprehension), 법집행(law enforcement), 질서유지(order maintenance), 대민 서비스 제공(public service), 교통지도단속(traffic enforcement) 등 5가지로 나눈다.

Walker(1992: 103)는 순찰은 범죄의 억제(deterring crime), 공공 안전감의 증진(maintaining feelings of public safety), 대민 서비스 제공(being available for service)의 기능을 한다고 하였다. Walker는 순찰하는 경찰관은 짧은 순간만 목격될 지라도 잠재적 범죄자에게는 '경찰이 도처에 있다'라는 생각을 갖게(perception of omnipresence) 하기 때문에 범죄행위를 억제하는 중요한 기능을 하게 되고, 주민들은 순찰하는 경찰관을 볼 때에 주민들에게 심리적 안전감을 준다. 그러므로 반드시 가시적인 순찰(visible patrol)이 필요하다고 하였다.

2) 순찰의 방법

(1) 순찰의 효과

미국 경찰의 실험에 의하면 범죄의 감소에는 영향을 미치지 못하지만 경찰관의 순찰활동은주민들의 심리적 안정감에 공헌하는 것으로 나타났다.

51) 중국 심천시 공안국은 모든 순찰차 · 오토바이에 GPS를 장착, 「경찰인력자원 종합정보관리시스템」을 구축하여 운영하고 있다. 사건 · 사고 신고접수시 경고음이 울리며 현장 최근접 경찰관이 자동검색되고 현장에 경찰관이 도착하면 경고음이 꺼진다고 한다.

▣ 순찰의 효과 실험

뉴욕경찰의 25구역 순찰실험	• 최초의 실험
캔자스시의 예방순찰 실험	• 차량순찰수준을 증가하여도 범죄는 감소하지 않았고, 반면에 일상적인 순찰을 생략해도 범죄는 증가하지 않았다
플린트 도보순찰 프로그램	• 공식적인 범죄가 실험기간 동안에 증가하였음에도 불구하고 도보순찰의 결과 시민들은 오히려 더 안전하다고 느끼고 있다
뉴욕시의 도보순찰실험	• 도보순찰은 증가하여도 범죄발생은 감소되지 않으나 주민들은 자신들의 구역내에서 범죄가 줄고 있다고 생각하고 있다

(2) 순찰의 종류

순찰에는 순찰노선과 기동력 사용여부에 따라 8가지로 나눌 수 있다.

▣ 순찰의 종류

구분		
순찰노선에 의한 구분	• 정선순찰 • 요점순찰	• 난선순찰 • 구역순찰
기동력 사용여부에 따른 구분	• 도보순찰 • 싸이카순찰	• 자동차순찰 • 자전거순찰

(3) 정선순찰과 자율순찰

① 정선순찰

정선순찰제란 외근경찰관이 정해진 순찰함에 정해진 시간에 싸인을 하며 순찰하는 방법이다. 이는 순찰여부의 확인 감독에는 효과가 있으나, 순찰근무자의 자율성을 저해하여 기계적이고 형식적인 책임회피식의 순찰이 될 위험성이 있다. 이는 경찰관의 윤리의식에 대한 불신이 있다.

② 자율순찰

자율순찰제란 주어진 시간내에 외근경찰관의 판단과 업무필요에 따라 순찰하게 하는 방법이다. 이는 융통성은 확보할 수 있으나 확인 감독이 어렵다. 이는 경찰관의 윤리의식에 대한 신뢰가 깔려 있다. 한편 수정된 정선순찰제란 주간에는 자율순찰, 야간에는 축소된 정선순찰을 실시하는 방법이다. 이처럼 어느 순찰방식을 택할 것인가는 경찰관의 직업윤리의식에 좌우된다. 자율순찰제가 기본적으로는 바람직하나 순찰활동에 대한 과학적인 관리기법의 도입이 요구된다.

(4) 외국의 순찰방법

미국은 난선순찰과 지정순찰을 혼용하고 있다. 일본은 교번을 중심으로 도보나 자전거를 통한 경라활동, 보이고 알리는 순찰을 중시한다.

▣ 미국과 일본의 순찰방법

미국	전통적 방식은 순찰차량에 의한 난선순찰이다. 최근에 순찰방식은 지정순찰이다. 지정순찰은 특정한 부류의 사람이나 특정한 범죄, 또는 특정한 지역만을 집중적으로 순찰하는 활동이다.
일본	㉠ 고반(交番, 우리나라의 파출소와 유사)근무의 종류 · 입번(立番)- 교번건물 밖의 적당한 위치에 서서 주위를 경계하는 것 · 견장(見張)- 교번의 출입구에 위치하여 의자에 앉아서 입번과 같은 활동을 하는 것 · 경나(警邏)- 우리의 순찰에 해당 · 순회연락(巡廻連絡)- 우리의 방범심방에 해당 ㉡ 단독순찰과 복수순찰- 주재소 및 교번의 근무자 수와 지역실정에 따라 ㉢ 도보 및 자전거순찰의 중시 보이고 알리는 순찰

(5) 순찰근무시 행동

순찰근무시 행동요령에 대하여 경찰실무전서는 다음과 같이 지적하고 있다.

-목적의식, 문제의식 가지고 구석구석 살피는 순찰실시

-범죄사고의 위험으로부터 안전을 지키는 순찰

-주민과 대화는 친절하게, 행동은 의젓하게

-용의점, 의심점이 있을 때는 검문 확행

-순찰은 범죄를 찾기 위해서, 검문은 범인을 잡기 위해서 하는 것이므로 「찾는 순찰, 잡는 검문」을 해야 한다.

-항상 불의의 공격으로부터 방어할 수 있는 경계심을 가진다.

-순찰시 검문사항 등 중요취급사항은 근무수첩에 기록 유지 한다.

▣ 경찰실무전서의 순찰요령

순찰중 해야 할 일

1. 지역의 특성에 따른 범죄 취약장소를 수시로 살펴 대책을 강구한다.

가. 계절별, 요일별, 시간별, 기후별로 다르게 범죄가 일어난다는 것을 알고 시시각각으로 확인 점검하고 대안을 알아내야 한다.

다. 야간 현금취급업소를 꼭 들러 내, 외부를 관찰하고 강, 절도가 일어나고 있는지를 살핀다.(야간 현금취급업소와 24시간 편의점, 주유소, 한적한 여관 등)

라. 사무실 밀집 지역과 금융기관 및 귀금속상, 전당포 등 강절도범이 다액의 금품을 강절취하는 경우가 있으므로 그곳을 정밀한 관찰과 세심한 주의력으로 살펴본다. 특히 자동현금인출기를 터는 범인은 사전에 자동경보기 전선을 끊어 작동을 파괴하고 사전 파악한 번호 등으로 절취하는 경우가 발생하고 있다.

마. 순찰 중에 인적이 드문 곳이나 범죄 용이 장소에서 나오는 사람 또는 들어가는 사람을 반드시 의심을 가지고 검문검색을 하며 소지품을 살핀다. 칼, 복면, 스타킹, 접착 테이프, 나일론 등의 노끈, 많은 돈과 귀금속을 소지하고 있는 지를 보고 강간 흔적이 있는 지 반드시 인적 사항을 확인하며 기록하라. 강도를 예비하였거나 현행범일 수 있다.

바. 전주, 골목, 어두운길, 지형지물을 이용 은폐하거나 자신을 숨기려는 자는 반드시 검문하여라.

사. 밀집된 주거지역이나 고급주택가에서는 대문을 살피고 집안에서 일어나는 소리까지도 듣고 또 잠깐 동안 숨어 주위를 살펴 보라. 절도범과 마주칠 때가 있다. 또 이삿짐을 운반하는 척하고 도둑질하는 대담한 자도 있다.

아. 평소에 없던 차가 주차되어 있거나 차의 외부모양이 이상하거나 타 주거지 번호판이거나, 장기주차 되었거나, 차량번호 변조 등 의심스러운 차는 차적 조회를 반드시 하며 절도차량 여부 등 차량이용 범죄를 잡아라. 평소 주차차량을 파악하여 기록해 두고 참고하면 도움이 된다.

자. 불안해하거나 황급히 달아나 피신하려는 자는 반드시 응문하여 불심점을 밝혀라.

차. 피가 묻어 있는 자는 범죄와 관련지어 생각하라

카. 성폭력의 발생이 빈발하거나 위험한 곳을 자세히 살펴라. 공사장, 공원, 야외놀이공원, 강둑, 유원지, 공중화장실, 주차장, 공터, 운동장, 주택인접 야산 등이 위험한 범죄 장소가 된다.

타. 지리를 자세히 익히고 각종 건물의 특징, 점포명을 항상 기억해 두라. 긴급지령 하달시 우왕좌왕하지 않도록 지형과 지리를 자세히 익혀 두는 것이 선결문제다. 그 지역에 무엇이 있고 어떻게 되어 있는지를 알고서 순찰해야 한다. 모퉁이, 막다른 골목, 전화 박스, 쓰레기더미, 지름길, 목, 하수구, 다리 등을 익혀라.

파. 오토바이를 이용한 범죄가 많이 일어나므로 단속하고 기록하여 두라. 폭주족, 야타족, 나타족, 오렌지족 등 청소년의 범죄 중 기동성을 요구하는 경우에는 오토바이를 이용하는 날치기 범죄가 많이 있으므로 소지품을 주의 깊게 살피고 신분에 걸맞지 않는 경우는 끈기 있게 추궁하라.

하. 아침 일찍 순찰 중에 빈 지갑이 몇 개씩 떨어져 있는 구석진 골목길을 발견한 경찰관이 잠복에 들어가 소매치기들이 훔친 지갑에서 돈을 빼고 지갑을 버리는 장면을 목격하고 일망 타진하는 사례가 있었다. 열쇠가 없이 타고 가는 오토바이를 추적 검거하니 도난 차량 오토바이였다. 환자를 호송하면서 위장하는 범죄자의 답변에서 왜 도심으로 가야 병원이 있는데 시외 쪽으로 가는가 하는 의심점에서 범인을 검거한 사례도 일상적 행위형태를 넘어선 예리한 관찰력으로 범인을 검거한 사례였다.

거. 순찰중 비명소리, 구호 요청소리를 지나치지 말라. 반드시 그 장소를 확인하고 조치를 취하라.

너. 회사. 생산공장 공원들의 봉급일자를 기록하여 두고 그때 귀가길을 살펴 두어라. 공원들의 봉급을 노리는 강절도가 공장지대에서 흔히 있다. 가시적 방범활동을 펴라.

더. 사설학원, 독서실 등에서 귀가하는 학생이나 학교에서 하교하여 귀가중에 학교주변 불량배에 의하여 돈, 시계, 옷 등을 갈취 당하는 경우가 많았다. 학교 등하교 시간에 맞추어 순찰을 실시하고, 특히 하교시에 불량배에 의한 범죄행위가 없도록 보살펴야 한다.

러. 취객을 상대로 하는 강절도 행위에 유의하라. 소위 아리랑 치기배에 의한 강절도 행위이다. 이는 취객이 도로에서 잠을 자거나 구토를 하는 경우 접근하여 소지품을 빼앗아 가는 경우다. 순찰 중에 발견했을 때 승차시켜 귀가시킬 때는 반드시 자동차번호를 확인하고 취객집에 전화를 하거나, 동행하여 파출소에서 가족에게 인계한다. 또한 뇌졸증 환자를 호송, 보호중일 때 본의 아니게 피해를 보는 경우가 있다. 이에 대비한 준비를 철저히 해서 제3자를 증인으로 목격하도록 하는 것이 좋다.

머. 심야에 교통사고를 당하여 쓰러졌거나 죽은 자를 현장 보존 증거 수집에 초동조치를 강구하라. 보고를 신속히 하여 주변상황을 잘 설명해 주고 현장을 잘 보호하며 수사경찰이 도착할 때까지 초동 조치를 강구하라. 그리고 목격자를 발견하는 일, 유류물 및 증거물이 일실되지 않도록 해야 한다.

버. 순찰중에 교통법규를 현저하게 위반하여 질주하는 차량은 범죄 차량으로 번호를 기록하여 수사참고 자료로 삼아라.

저. 외판원을 가장한 범죄에 대비하여 검문해서 인적사항을 파악해 두어라.

처. 수배자, 수배차량을 메모하여 소지하고 익혀, 순찰할 때 확인하는 습관을 길러라.

커. 중소 도시 등에서 첫차, 첫 기차를 타는 사람을 눈여겨 살펴야한다. 절도 후 나가거나 들어오는 경우가 흔히 있을 수 있다.

터. 풍속영업소에서의 불법・퇴폐영업 행위, 밀실 운영, 밖에서 연락하는 종사자 배치 여부, 통로 등을 사전 파악해 두었다가 단속하라.

퍼. 범죄 취약지역에서는 통과만 하지 말고 지체하면서 주위를 살펴야 한다. 통과하는 척하다가 다시 돌아와서 살피는 방법도 강구하라. 미리 순찰 시간을 알고 범죄를 저지르는 경우가 있다는 것을 상기해야 한다. 밝은 곳보다 어두운 곳을 더 살펴라.

허. 오락실을 살피고, 만화가게, 비디오 집을 살펴라. 불량학생의 은신처이기도 하고 범죄모의 장소일 경우가 있다. 그리고 음란 비디오를 상영하는 곳은 풍속 범죄가 일어나는 경우가 많고, 범인의 은신처인 경우가 많으므로 이들의 얼굴을 익히고 인물사진을 입수해 두어라.

2. 재난을 살펴 사고를 예방한다.

가. 담장, 축대, 제방, 기타 건축물 등 붕괴 위험이 있거나 사고 우려가 현저한 경우 순찰 중에 발견보고 통보와 위험방지를 위한 대책을 강구토록 해야 한다.

나. 저수지 범람, 산사태, 눈사태로 인한 대형교통사고 요인 등을 살펴 조치할 수 있는 초보적인 보고 통보를 하고 관찰을 소홀히 해서는 안되며 피해를 줄이는 위험방지조치까지 강구하는 일차적 눈과 귀의 역할을 해야 한다.

다. 순찰 중에는 사람을 자연스럽게 만나게 되고 또 많은 사물을 접하게 된다. 그 중「보고 듣고 느끼며 깨달은 바」를 견문보고 형식으로 상부에 제출한다. 단순한 한 장의 견문은 중요한 국가 정책의 입안, 치안행정의 좋은 자료가 되어 활용하게 되므로 관찰자는 세심한 목적의식을 가지라. 보지 않고 듣지 않으면 그 가치를 놓치는 경우가 많다. 단순 행사 정보에서 재난 방지정책, 사건사고방지, 범죄 색출 등에도 기여하게 된다. 정직한 보고를 통하여 경찰의 입지를 강화하는 노력이 절실하다.

라. 마지막으로 순찰자는 순찰에 필요한 장구를 소지 휴대하고 다녀야 한다. 경적, 수갑, 경찰봉, 권총, 가스총, 삼단봉 등이다. 기록하는 수첩을 휴대하고 항상 기록을 유지하라. 무엇보다 가장 중요한 것은 무전기를 휴대하고 항상 기록을 유지하는 것이다. 보고를 즉시 할 수 있는 것은 무전기뿐이다. 무전기를 개방하여 항상 상황에 대비하여야 한다.(경찰실무전서 방범편).

순찰 근무시 가장 많이 처리해야 하는 대상이 주취자들이다. 이들은 범죄의 대상이 되기도 쉽고, 또한 사망의 위험에 이른 경우도 있으므로 적절하게 보호할 필요가 있다. 주취자 상태의 판단요령이 필요한 이유이다.

■ 순찰중 주취자 대응요령(경찰실무전서)

관찰대상	관찰요령	변 화 상 태	예 상 위 험
맥박	• 맥박의 측정 (정상맥 65-80)	• 빠르거나 약하거나 크고 느리거나 약해서 셀 수 없는 경우	• 만취, 상처
동공	• 움직임이상 • 크기이상 • 모양이상 • 좌우이상	• 동공 반응이 없다 • 비정상적으로 크거나 작다 • 변형 • 위치의 비틀어짐	• 반응이 없으면 병증이나 상처 • 만취나 외상 • 선천성이외는 신체이상 • 사망
감각 반응	• 팔,다리를 꼬집어 얼굴 변화를살핌	• 반응이 없는 경우나 수족의 마비. • 수족의 경련	• 병이나 만취 • 뇌내출혈
호흡	• 호흡의 강약,깊이를 살핌(횟수 20)	• 호흡이 약하다(횟수가 많다) • 심하게 코를 곤다 • 입에 거품을 낸다	• 약물중독, 뇌빈혈 • 뇌내출혈, 토사물에 의한 질식 • 간질병
냄새	• 입에서 다른 냄새가 나는지 여부	• 약냄새가 난다 • 소변냄새가 난다 • 사과썩은 냄새가 난다 • 초코렛색의 토사물	• 약물복용(수면제) • 요도염 • 당뇨병 • 간장병
외상	• 머리나 안면의 부상	• 머리의 혹이나 찰과상	• 뇌내출혈 등
안색	• 평소의 안색과 비교	• 안색이 빨갛다 • 안색이 창백하다 • 안색이 자색이다	• 뇌내출혈 뇌졸중 • 뇌빈혈, 약물 중독 • 순환기계통, 호흡기 장애
체온	• 흉부에 손을 대어봄	• 체온이 저하되고 있다	• 심장 쇠약으로 위험

7. 민간 방범 관련 업무

1) 민간 방범활동의 의의

오늘날 범죄는 양적으로 크게 증가되고 있을 뿐만 아니라, 날로 대담화 · 흉포화· 지능화되고 있어서 치안 유지활동이 더욱 어려워지고 있다. 이러한 양상은 전세계적인 공통된 현상이며, 이에 따라 각국에서는 범죄예방을 위한 노력을 단순히 정부만이 모두 떠맡아 하지 않고 시민들이 적극적으로 참여하여 민간차원의 범죄예방활동을 다양하게 전개하고 있다.

(1) 개념

민간 방범활동은 범죄예방과 진압을 담당하고 있는 경찰이 이제는 자체의 노력만으로는 효과적인 치안유지를 할 수 없다는 한계에서 출발한 개념이다. 즉, 민간방범활동은 시민들의 적극적 참여와 협조를 유도하여 국민협력치안체제를 이루어야만 완전한 치안유지가 가능하다는 점을 주목하고 이에 적극적으로 대응하기 위한 생활안전경찰의 핵심전략으로 볼 수 있다. 이러한 민간방범활동의 형태로는 자율방범대에 의한 방범활동, 시민단체에 의한 방범활동, 언론매체에 의한 방범활동, 민간경비업 등의 방범활동이 있다.

(2) 연혁

우리나라에서는 1976년 용역경비업법이 제정됨에 따라 민간경비업이 시작되었다. 선진국에서는 민간경찰기관(private police)으로서, 치안기관의 한 축으로 기능하고 있다. 한편, 청원경찰은 주요시설 및 사업장의 경영자가 소요경비를 부담할 것을 조건으로 배치를 신청하는 경우에 시설 또는 사업장 등의 경비를 담당하게 하기 위하여 배치하는 경찰관을 말하는데, 그 동안 많은 국가중요시설 및 산업시설에 대한 경비를 담당하여 왔다. 다만 사무분장상 청원경찰은 경비기능에서 담당하고 있다. 생활안전경찰업무를 경찰 혼자만의 노력으로는 효과적으로 수행할 수 없다. 그러므로 시민들의 적극적 참여와 협조를 유도하여 국민협력치안체제를 이루도록 노력해야 한다.

8. 민 · 경협력 방범체제의 강화방안

1) 지역사회 경찰활동의 도입

(1) 정의

지역사회 경찰활동(Community Policing)의 핵심목표는 민 · 경협력방범체제를 갖추는 것이다. 지역사회 경찰활동은 경찰이 주민들에게 먼저 다가가서 주민들의 고충과 문제점을 해결해 주는 경찰활동이다.

(2) 기능

지역사회 경찰활동은 주민들의 신뢰를 받고, 전체 지역사회의 문제를 해결하고, 주민들의 참여를 이끌어 낸다.

2) 민간방범활동의 활성화

(1) 정의

우리나라의 민간방범활동은 지역사회 범죄예방활동(community crime prevention activity)의 한 형태이다.

(2) 효과

주민들이 직·간접으로 범죄예방활동에 참여함으로써 범죄피해와 범죄에 대한 두려움을 줄이고 경찰과 바람직한 관계를 유지한다.

(3) 홍보의 방법

첫째, 주민들의 자발적인 참여를 이끌어 내기 위한 지속적인 홍보와 계몽활동을 하여야 한다.

둘째, 민간단체가 전면에 나서서 캠페인을 벌이고 경찰은 이들을 지원하는 방법이 더 효과적이다.

셋째, 민간방범활동은 지역사회의 공동의 선을 추구하는 효과적인 수단이다.

넷째, 자율방범활동은 효과가 있음을 인식시킨다.

다섯째, 자율방범활동은 중요한 자원봉사임을 알린다.

3) 자율방범단체의 조직 및 운영의 합리화

(1) 참여자 구성 방법

경찰협력단체를 조직하거나 자율방범대원을 구성할 때 그들의 신상을 철저히 파악하고 평소 주위사람들로부터 지탄을 받는 사람, 성격이 포악하고 독단적인 사람, 범죄경력이 많은 사람 등 치안유지업무 수행에 부적합한 사람은 배제시킨다. 미국에서는 자율방범대원을 선발할 때 시민경찰학교(Citizen Police Academy) 졸업자나 경찰관의 추천을 받도록 하고 있다.

(2) 재정의 확보

자율방범단체의 운영에 필요한 재정을 경찰이나 정부· 자치단체의 예산으로 지원하는 방안이 필요하다. 종사활동에 참여하지 않는 시민들의 지원방법도 있다.

(3) 자율방범대원의 교육 훈련

자율방범대원들을 대상으로 하는 체계적인 교육프로그램을 마련한다. 시민경찰학교(Citizen Police Academy) 프로그램이 사례이다. 이 프로그램을 통하여 자율방범대원들에게 업무 수행에 필요한 기본적인 지식과 기술을 가르치고, 시민들과 경찰의 유대관계를 강화시키는 기회로 활용할 수 있다.

(4) 자율방범활동의 체계적 운영

자율방범대의 활동의 계획적 운영이 필요하다. 일일 근무계획에서 장기적인 업무, 목표설정에 이르기까지 명확한 활동방향을 설정하고 업무의 감독과 평가제도가 마련되어야 한다. 이러한 평가를 기반으로 하여 포상 등으로 사기를 진작시켜야 한다.

(5) 다른 자원봉사단체와의 연계 강화

자율방범활동은 자원봉사활동이므로 이를 활성화시키기 위해서 자원봉사자의 선발, 교육, 평가 업무와 관련하여 지역사회의 자원봉사연합회와 각종 정보를 교환하고 협조할 필요가 있다.

(6) 자원봉사자에 대한 지원 강화

자율방범활동을 활성화하려면 다양한 유인체계를 개발하여 하여야 한다. 자율방범활동 중 발생하는 각종 사고에 대한 무상 의료혜택 제공이나 봉사활동에 대한 경력점수 부여가 필요하다.

▣ 자율방범대의 활동 현황<2006. 12. 31 기준>

구 분	조직	인원	형사범 합동검거실적					범죄신고
			총계	강력범	절도	폭력	기타	
총계	3,889	98,749	2,964	8	96	906	1,954	6,277
서울	492	12,404	202	3	14	94	94	1,349
부산	219	4,666	80	0	2	46	21	206
대구	163	4,143	26	0	1	7	18	163
인천	112	2,902	63	1	2	23	37	196
울산	69	2,097	0	0	0	0	0	34
경기	594	17,334	1,551	1	27	444	1,079	1,463
강원	235	8,098	125	0	12	29	88	609
충북	169	4,501	63	0	5	6	54	215
충남	521	11,142	74	2	5	0	67	218
전북	270	7,133	39	0	5	13	21	67
전남	346	7,419	204	1	8	69	126	460
경북	349	8,538	212	0	5	75	132	542
경남	327	7,775	313	0	8	100	205	674
제주	23	597	14	0	2	0	12	81

4) 민간 경비업의 활성화

미국, 일본과 같은 선진국들은 민간경비업에 종사하는 인원이 경찰관의 수를 상회하고 있다. 즉, 민간경비가 경찰과 거의 동등한 수준으로 범죄예방활동을 하고 있는 것이다.[52] 우리나라도 민간경비업체의 지속적 증가로 현재 10만이 넘는 인원이 2천여 업체에

52) 모스크바에서는 고질적인 치안불안을 해소하기 위한 방안의 일환으로 모스크바市에 700여개의 안전확보지역을 지정하고 민간경비회사들의 치안활동을 허용하는 법안을 통과시켰다.(05년 4월) 이를 근거로 'KGB'라는 명칭의 민간경비회사가 최초로 모스크바 市 남동부 '랴잔스키' 지역에서 순찰활동 등 범죄예방업무를 하고 있다. 이 민간경비회사가 舊 소련 국가보안위원회(까게

서 근무하고 있다. 2006년 현재 전국에 2,671개의 경비업체에 127,620명의 경비원이 근무하고 있으며 경비원의 평균 연령은 49.4세이다.

▣ 민간경비업체 현황(2006년 12월)

구 분	계	서울	부산	대구	인천	울산	경기	강원	충북	충남	전북	전남	경북	경남	제주
경비업체	2,671	1,168	189	141	73	34	248	31	45	128	43	106	52	78	8
경비원	127,620	35,534	9,802	5,720	9,155	2,805	20,430	2,725	2,001	2,791	2,133	4,423	3,384	4,939	548
기계경비	137	49	10	13	5	2	33	4	7	11	5	13	1	6	0

일찍이 민간경비업이 정착된 미국에서는 경찰과 민간경비가 각자의 독자적인 영역을 구축하고 상호협력체제를 유지함으로써 범죄예방 및 통제에 상당한 기여를 하고 있다. 우리나라 또한 공경비인 경찰력의 부족으로 국가전체의 치안확보에 상당한 어려움을 겪고 있는 현실에서 민간경비와의 효율적인 조화는 범죄예방 및 통제에 많은 기여를 할 것이다.

민간경비는 국민 개개인의 의식수준 향상과 치안욕구의 증가현상에 적절하게 대응할 수 있는 치안전략으로 최근 그 중요성이 더욱 강조되고 있다. 민간경비에 대한 수요는 날로 증가하고 있고, 사회 각 계층의 다양한 경비수요를 충족시켜 주고 있다는 점에서 필요성을 절감할 수 있다. 따라서 이러한 민간경비업의 육성을 위해서는 현재 청원경찰과 용역경비로 이원화되어 있는 민간경비업의 체계와 법규를 일원화하고 전문경비인력을 양성하기 위한 기관과 제도적 장치를 마련해야 할 것이다.

베) 영문약자인 KGB를 회사명으로 사용키로 한 것은 과거 KGB의 명성을 이용하려는 의도로써 소속 직원들은 18:00 ~ 23:00 시내 곳곳을 순찰하며 경찰과 협력하는 등 범죄 예방활동을 전개하고 있다.

▣ 민간경비업체의 법인 및 허가업종별 현황(2006. 12. 31 현재)

구분	법인수	허가 업종별 현황					
		업종계	시설경비	호송경비	신변보호	기계경비	특수경비
총계	2,671	3,137	2,549	46	360	137	45
서울	1,168	1,418	1,122	31	199	39	27
부산	236	271	229	3	26	10	3
대구	150	167	143	1	16	6	1
인천	102	121	94	0	18	8	1
울산	33	41	32	1	6	2	0
경기	338	396	312	6	41	32	5
강원	38	44	38	1	3	2	0
충북	57	66	54	0	5	7	0
충남	167	188	161	0	16	11	0
전북	54	60	52	1	3	3	1
전남	143	167	135	2	15	9	6
경북	76	78	73	0	2	2	1
경남	93	103	88	0	9	6	0
제주	16	17	16	0	1	0	0

제3절 외국의 생활안전경찰

1. 미국

미국 경찰에는 크게 연방경찰, 주경찰, 지방경찰의 세 가지 형태가 있는 바, 그 중에서도 미국 경찰의 핵심은 지방경찰이며, 각 지역의 치안유지 및 지역주민에 대한 봉사기능도 대부분 지방경찰을 통하여 이루어지고 있다. 생활안전경찰의 기능 또한 대부분 지방경찰에 의해 이루어지므로 지방경찰, 그 중에서도 특히 도시경찰을 중심으로 이루어진다.

미국의 도시경찰은 지방 자치체경찰이기 때문에 상호 독립하여 존재하고 각 지역의 특성에 따라 서로 다른 형태의 경찰조직을 가지고 있다. 이런 다양성은 소규모 자치단체의 경우 1인의 경찰관을 가지고 있는 곳도 있고, 전체 도시경찰의 반 정도가 경찰관 10명 이하의 소규모이다. 반면에 뉴욕시를 비롯한 시카고, 로스엔젤스 등 대도시의 경찰은 1만 명이 넘고 있다. 미국 경찰의 외근경찰활동은 순찰은 순찰과(Patrol Bureau 또는 Operation Bu- reau)[53]에서 담당하며 차량순찰을 실시한다. 우리의 파출소제도와 비슷한 상점앞지서(Storefront Office)가 만들어지고 구역별로 도보순찰을 실시하기도 한다.

소년경찰활동은 소년과(Juvenile Bureau 또는 Youth Bureau)에서 담당하고 있으며, 매춘, 사행행위 등의 풍속사범 단속업무는 풍속단속반(Vice Unit)에서 담당한다. 지역관계 및 범죄예방활동에 관한 업무는 방범과(Community Relations and Crime Prevention Bureau)에서 담당하고 있으며 지역사회 경찰활동(Community Policing)을 전담하는 부서가 늘어나고 있는 추세이다.

2. 일본

1) 국가경찰

(1) 기구

일본은 종래의 형사국 밑의 보안부가 담당하던 방범업무를 확대 개편하여 생활안전국에서 담당하도록 하고 있다.

생활안전국은 6개 과(생활안전기획과, 지역과, 소년과, 생활환경과, 총기대책과, 약물대책과)로 구성되어 있으며, 지역과에는 「철도경찰관리실」을, 생활환경과에는 「생활경제대책실」을 별도로 두고 있다.

관구경찰국은 총무부, 공안부, 통신부 등 3개의 부로 구성되어 있는데, 생활안전경찰의 업무를 담당하는 생활안전과는 공안부에 속한다. 다만 관동과 근기 관구경찰국에는 보안부를 따로 두어 생활안전과, 형사과, 교통과 업무를 공안부에서 분리하여 관장하고 있다.

53) 미국 지방경찰국의 부서 명칭은 크기 순으로 division(부), bureau(과), section(계), unit(반)가 있고 office는 실로 번역할 수 있다.

(2) 업무

생활안전국에서는 경찰청의 소장사무 중 ① 범죄, 사고 기타 사안에 관한 시민생활의 안전과 평온에 관한 사항, ② 지역경찰 기타 경라에 관한 사항, ③ 범죄의 예방에 관한 사항, ④ 보안경찰에 관한 사항을 관장한다(일본 경찰법 제22조).

「지역경찰」이란, 시민이 안정되고 평온하게 지낼 수 있는 생활환경을 확보할 목적으로 교번(Koban)과, 주재소에 근무하는 경찰관이 지역사회의 실태를 파악하여 주민의 요망 등에 대응해 가는 제반활동을 말한다.

(3) 활동

생활안전국은 지역경찰 중심의 활동을 강화하고, 소년의 비행대책, 총기·약물대책 등 시민생활 신변안전업무를 추진한다.

2) 도도부현 경찰

(1) 기구

경시청의 부서 중 생활안전경찰의 업무를 담당하는 부서는 지역부와 생활안전부가 있다. 지역부는 1994년 종전의 경라부의 명칭을 바꾼 것으로, 2개 과(지역총무과·지역지도과), 2개 대(철도경찰대·항공대), 그리고 통신사령본부와 4개의 자동차경라대로 구성되어 있다.

생활안전부는 7개 과(생활안전총무과, 생활경제과, 보안과, 총기대책과, 약물대책과, 소년 제1, 2과)와 생활안전특별수사대로 구성되어 있다.

경찰서에는 지역과와 생활안전과에서 생활안전경찰업무를 담당한다. 경찰서 밑에는 교번 또는 주재소가 있다.

(2) 교번

교번은 일본형 소규모 파출소이다. 우리나라의 파출소보다는 소규모인 초소형태인데, 주로 순찰, 순회연락, 방범지도 및 홍보, 지리안내 등의 활동을 한다. 교번은 원칙적으로 도시지역에 설치하며 1일 3인 이상이 당번근무를 하는 교대제로 운영된다.

교번의 활동은 서비스적 성격이 강하며, '이해할 수 있고'(understandable), '강력하고도 정확하며'(strong and correct), '공정하게'(fair)라는 3대 업무지침에 따라, 시민응접을 통하여 주민과의 친밀한 관계를 유지한다.

(3) 주재소

주재소는 농어촌 지역에 설치되어 있다. 주재소는 숙박설비가 되어 있어 경찰관은 그의 가족과 함께 생활하면서 근무한다. 주재소 경찰관의 가족은 경찰활동을 함께 수행하고 일정액을 받는다.

제2장 교통경찰활동

제1절 교통경찰의 개념

1. 교통경찰의 개념

1) 교통의 의의

일반적 의미의 교통이란 반복현상을 가지고 체계적인 기관에 의하여 거리저항을 극복하면서 행해지는 인간, 화물, 정보의 장소적 이동이라고 정의할 수 있다. 교통경찰이 대상으로 하는 교통은 해당 전문기관에서 취급하는 철도교통, 항공교통, 해상교통을 제외한 도로교통만을 포함한다.

▣ 교통의 개념

① 도로교통 ② 해상교통 ③ 철도교통 ④ 항공교통 ⑤ 정보의 이동

(1) 협의의 교통 - ①
(2) 일반적 교통 - ①+②+③+④
(3) 광의의 교통개념 - ①+②+③+④+⑤

2) 교통경찰의 중요성

교통경찰이라 함은 도로교통에서 발생되는 모든 위해를 방지하고 제거하여 교통의 안전과 원활한 소통을 도모함을 목적으로 하는 경찰을 말한다. 자치경찰제 실시가 예정되어 있는 가운데 교통경찰은 그 중요성이 점점 커져가고 있다. 그 이유는 자치경찰활동의 중요 부분이 교통업무와 생활안전업무가 될 것이기 때문이다. 이에 경찰학 전공학생들은 교통법규와 교통경찰의 업무에 대하여 보다 전문적인 지식을 숙지하고 교통법규준수에 노력할 필요가 있다.

3) 교통경찰의 목적

교통경찰의 목적은 도로에서의 위험을 방지하고 교통의 안전과 원활을 실현하는 데 있다. 도로교통법 제1조는 「도로에서 일어나는 교통상의 모든 위험과 장해를 방지 · 제거하여 안전하고 원활한 교통을 확보함을 목적으로 한다」고 규정하고 있다.

여기에서 「도로에 있어서의 위험을 방지한다」함은 도로에 있어서의 구체적이며 직접적인 위험을 방지함을 뜻한다. 또한 「교통의 원활을 확보한다」함은 교통이 어떠한 장애도 없이 신속하게 행해지는 것으로, 「위험방지」와 「안전」이 소극적인 반면에, 「원활의 확보」는 적극적인 면이라 할 수 있다.

4) 교통경찰의 업무

교통경찰은 도로교통시설의 관리, 자동차운전면허의 관리, 도로교통사고의 처리, 고속도로순찰대의 운영 등을 분장하고 있는 바(경찰청과그소속기관등직제 제13조), 이를 구체적으로 살펴보면, 교통사고 방지를 위한 경찰의 종합적 대책 수립, 교통통계 등의 작성 · 분류 · 검토 · 분석, 교통안전활동, 교통단속, 교통사고의 처리 및 교통사고사건의 수사, 교통법규 및 교통안전시설의 정비·관리, 교통정리, 자동차 운전면허 시험 및 그 관리 등이 포함된다.

5) 교통경찰의 조직

(1) 개관

교통경찰의 업무는 중앙의 경우 경찰청의 교통관리관, 그리고 지방의 경우에는 각 시도지방경찰청의 교통과(서울지방경찰청은 교통지도부) (제주 제외), 경찰서는 교통과 혹은 경비과내의 교통계가 분장 처리하고 있다.

(2) 경찰청 교통관리관

경찰청과그소속기관등직제[일부개정 2004.5.24 대통령령 제18399호] 제8조의2항에 ⓐ 교통관리관은 경무관으로 보하고, ⓑ 교통관리관은 다음 사항에 관하여 차장을 보좌한다고 규정한다.

① 도로교통에 관련되는 종합기획 및 심사분석
② 도로교통에 관련되는 법령의 정비 및 행정제도의 연구
③ 교통경찰공무원에 대한 교육 및 지도
④ 도로교통시설의 관리
⑤ 자동차운전면허의 관리
⑥ 도로교통사고의 예방을 위한 홍보·지도 및 단속
⑦ 도로교통사고조사의 지도
⑧ 고속도로순찰대의 운영 및 지도

(3) 교통기획담당관과 교통안전담당관

교통관리관 아래에 교통기획담당관 및 교통안전담당관을 두고 각 담당관은 총경으로 보하며, 그 기능은 다음과 같다고 규정하고 있다.[1]

교통기획담당관은 다음 사항에 관하여 교통관리관을 보좌한다.

1) 경찰청과그소속기관등직제시행규칙[일부개정 2004.5.29 행정자치부령 제00231호] 제6조의2항.

① 도로교통에 관련되는 종합기획 및 심사분석
② 도로교통에 관련되는 법령의 정비 및 행정제도의 연구
③ 교통경찰공무원에 대한 교육 · 지도
④ 도로교통시설의 관리
⑤ 자동차운전면허관련 기획 · 지도
⑥ 운전면허시험관리단의 지도 · 감독
⑦ 그 밖에 다른 담당관의 주관에 속하지 아니하는 사항

교통안전담당관은 다음 사항에 관하여 교통관리관을 보좌한다.
① 도로교통사고의 예방을 위한 홍보 및 지도 · 단속
② 도로교통사고조사의 지도
③ 고속도로순찰대의 운영감독

2. 교통경찰활동의 특성

1) 모든 계층의 사람이 교통경찰의 대상이 된다

인간은 누구나 도로를 일상적으로 사용하므로, 보행자이든 운전자이든 관계없이 모든 계층의 사람들이 교통경찰의 대상이 된다. 오늘날 교통경찰의 활동의 중점은 원활한 교통의 소통과 관리에 있다. 특히 현재의 교통환경하에서는 운전자뿐만 아니라, 보행권의 보호와 보행자의 안전확보에도 만전을 기하여야 한다.

2) 사회 및 경제생활에 중대한 영향을 미친다

사회구조상 교통환경이 사회 및 경제활동에 절대적으로 영향을 미치고 있으므로 자동차 교통을 원활한 소통 및 사고예방, 교통규제 등을 주된 업무로 수행하고 있는 교통경찰은 편의주의원칙에 따라 사회생활에 미치는 영향을 고려하면서 신중한 조치를 취해야 한다.

3) 경찰활동평가의 창구가 된다

교통경찰은 여러 계층의 사람들을 그 대상으로 하고 있으므로, 교통업무의 수행중에 국민들과 직접 대면하여 경찰활동을 수행한다. 교통경찰활동은 대국민평가의 창구역할을 수행하는 매우 중요한 경찰활동 분야이다. 따라서 교통경찰은 평소 관계법령 등의 지지를 함양함은 물론, 교통경찰의 사명을 인식하여 친절・겸손하여야 하고 의연한 자세로 직무집행에 임하여야 한다.

4) 기술적 분야에 속하는 사항이 많다

자동차에 관한 충분한 지식 없이는 교통단속이나 교통사고의 조사가 곤란하므로 자동차의 구조・기능・운전 등에 대하여 해박한 지식이 요망된다. 또한 교통규제를 계획하고 신호기 기타 교통시설을 설치・관리하기 위해서는 해당 전문 분야의 지식을 필요로 한다.

5) 일반행정 분야와의 협력을 필요로 한다

중앙정부와 지방자치단체를 중심으로 경찰, 도로관리청, 교육자 및 운전관계종사자, 교통행정에 관한 학식과 경험이 풍부한 자 등을 구성원으로 한 교통안전위원회가 조직되어 활발한 활동을 전개하고 있다. 이처럼 교통경찰 활동은 교통소통, 사고방지 등 교통과 관련된 광범위한 업무를 수행해야 하므로 관계기관과의 유기적인 협조가 바탕된 종합적인 대책이 요구된다.

6) 교통환경의 변화가 급격하다

현대사회의 주요한 특성중 하나는 급격한 자동차 수의 증가와 이에 따른 교통사고 및 혼잡이다. 이러한 현상은 대도시뿐만 아니라 지방, 농촌지역에까지 확대되고 있고 이에 대응하는 교통경찰은 항상 교통 전체의 움직임과 변화의 실태를 파악하고, 그 실태에 대응하는 적절한 조치를 강구해야 한다.

7) 전국적인 관련성이 강하다

현대사회는 도로사정 및 자동차 성능향상 등의 요소와 경제 및 사회활동의 광역화로 인해 교통경찰의 활동 또한 과거와는 다른 광역화하고 있는 추세이다. 특히 급격한 경제성장과 이에 따른 국민생활수준의 향상과 더불어 교통은 어느 일정 지역내에만 국한되는 것이 아니라 전국을 일일생활권화하고 있으며, 이에 따라 교통의 왕래가 빈번해지고 있다. 이러한 상황변화와 관련하여 교통경찰의 활동효과를 극대화시키기 위해서는 특정 지역의 경찰력만으로는 곤란하다. 따라서 이러한 교통경찰 활동의 광역화에 적절하게 대응하기 위해서는 전국적인 관련성을 고려한 종합적이고 일관성 있는 대책이 수립・추진되어야 한다.

3. 교통경찰활동의 법적 근거

1) 경찰법 및 경찰관직무집행법

경찰법 제3조는 교통의 단속, 경찰관직무집행법 제2조에서는 교통의 단속과 위해의 방지를 경찰관의 임무로 규정하고 있다. 따라서 교통경찰은 경찰법과 경찰관직무집행법이 정하는 직무에 관한 사물관할의 범위 내에서 도로교통에 수반하는 위험, 즉, 교통사고의 발생을 방지하고 교통의 안정과 원활을 도모함으로써 교통질서를 유지함을 그 기본 임무로 하고 있다.

2) 도로교통법

교통경찰관이 도로교통상의 위험을 방지하기 위하여 필요한 범위 내에서 조치를 취할 수 있는 권한이 도로교통법 제6조 3항, 제7조, 제43조, 제54조 등에 의해 수권되어 있는 것이다. 이러한 도로교통법은 교통경찰에 관한 일반법이라고 할 수 있다.[2)]

---

2) 임창호, 전게서, pp. 495～496.

3) 기타 법률

그 밖에 교통사고의 처리와 관련해서는 형법, 교통사고처리특례법, 특정범죄가중처벌등에관한법률(제5조의 3 도주차량운전자의 가중처벌) 등이 적용된다. 그러나 도로법은 주로 도로관리의 적정을 기하기 위해서 도로의 노선지정, 시설기준, 보전 및 비용에 관한 사항을 규정하고 있어서 교통경찰활동의 직접적인 근거법령이 아니다.[3)]

4) 신뢰의 원칙

신뢰의 원칙은 과실범에 있어서 주의의무의 한계를 정하는 원칙으로, 교통규칙에 맞추어 행동하는 사람은 다른 교통관여자도 교통규칙을 잘 지키리라는 것을 신뢰하면 충분하며, 타인의 교통규칙위반사실을 인식할 수 있는 특별한 사정이 없는 한, 미리 그 타인이 교통규칙 위반행위로 나오리라는 것을 예견하고 회피할 주의의무까지 필요하지는 않다는 원칙이다.[4)]

이러한 신뢰의 원칙은 현대사회의 도로교통의 사회적 의미를 고려하여, 과실범의 처벌을 완화하고 주의의무를 합리적으로 조정하여 원활한 교통을 가능하게 하는 이론이라고 할 수 있다.

제2절 교통경찰활동

1. 교통순찰활동

1) 개념

교통순찰이란 감시 또는 조사를 목적으로 어떤 일정한 위치나 지역을 보행 또는 기종순회하는 것을 의미한다.

---

3) 상게서, p. 496.
4) 김일수, 「형법총론」(서울: 박영사, 1998), p. 575.

▣ 주요활동

◎ 운전자들의 위반행위를 먼저 예방	◎ 위험성이 있는 운전자의 경계
◎ 위반하려는 자의 경고	◎ 교통상황의 주시
◎ 교통이 혼잡한 장소의 주목	◎ 교통량의 상태를 보고
◎ 주변교통환경의 정리 · 보고	◎ 대민처우의 증진
◎ 교통순찰경찰관의 규범 준수	

2) 교통순찰구역

(1) 지역순찰과 노선순찰

교통순찰관은 수많은 차도와 주요간선도로 등이 포함되어 있는 순찰구역에 배치되는데, 이를 지역순찰이라고 한다. 두 지점간의 특수한 가로, 보통 도시 내의 1개 도로나 일부 주요공로를 따라 순찰하는 것을 노선순찰이라고 한다.

(2) 사고지점

순찰경찰관은 특별 주의를 요하는 위험지점에 근무할 것을 지시 받거나 또는 순찰 도중에 그러한 지점을 발견하는 경우가 있다.

3) 일반적 교통순찰방법

(1) 교통순찰시 고려할 문제

순찰을 함에 있어서 중요한 문제는 구역 내의 가능한 많은 운전자나 보행자에게 교통순찰경찰관의 존재를 알릴 것인가, 필요한 출동요청이나 정차요청과 같은 특수임무를 수행할 것인가 하는 점이다.

(2) 교통순찰계획의 작성

교통순찰경찰관은 출동전 또는 출동 도중에 그 날 있을 각자의 계획을 만들어 활용하면 순찰의 능률을 올릴 수 있다.

(3) 교통순찰기술의 습득과 활용

교통순찰경찰관은 순찰을 하기 위하여 필요한 교통순찰기술을 습득하고 활용하여야 한다.

(4) 교통보행순찰

도로로 순찰을 행하며, 정지 중에 교통사범을 단속하는 활동을 교통보행순찰이라고 한다.

4) 기동순찰

(1) 순찰차의 안전속도

순찰의 속도는 주위에서 일어나고 있는 상황에 충분히 주의를 기울일 수 있을 정도로 안전하고, 일반의 모범이 될 수 있을 정도여야 한다.

(2) 고정순찰의 회피

가능하면 고정된 순찰노선이나 순찰시간을 피하는 것이 바람직하다.

(3) 역순찰

지금 막 지나온 순찰장소를 다시 순찰하는 것을 말한다.

(4) 합동순찰

한 대의 순찰차는 교통군을 앞질러 가고, 다른 순찰차는 그 차량의 뒤를 따르는 순찰방법을 말한다.

(5) 정지관찰

특정한 장소에 정차하여 교통의 흐름이나 위반 등을 관찰하는 방법이다. 가능한 정지관찰은 빈번히 하지 않는 것이 바람직하다.

(6) 교통범죄관련 정보수집

교통경찰관은 우유 · 신문배달원 · 행상인 · 야간 주유소 또는 음식점 주인, 차고주인 · 근로자, 인접한 구역을 순찰하는 경찰관으로부터 뺑소니사건 등에 관한 정보를 수집할 수 있다.

2. 교통안전활동

1) 교통안전활동의 의의

(1) 교통경찰에 의한 안전활동의 필요성

1903년 우리나라 최초의 자동차가 도입된 이후 전국 자동차등록대수는 1,400만대를 훨씬 넘어 증가하였다. 그만큼 사고도 많이 증가하여 도로교통사고로 인한 사망자수는 약 20만 명이 넘는 것으로 알려져 있다. 이들 사망자의 약 25배에 달하는 부상자들의 고통 및 그 후유증을 생각할 때 그 피해는 막대하다.

특히 교통안전 선진외국의 12내지 2.9배에 달하는 높은 사고율은 시급히 줄여야 한다. 2000년 이후 급격히 줄고 있기는 하지만 2002년에도 23만 건의 교통사고가 발생하여 7,224명의 사망자와 348,184명의 부상자가 발생하였고 2005년에도 비슷한 정도의 수준을 유지하고 있다.

■ 1995-2004연도별 차량증가현황

구 분	1996	1997	1998	1999	2000
차량	9,553,092	10,413,427	10,469,599	11,163,728	12,059,276
구 분	2001	2002	2003	2004	2005
차량	12,914,115	13,949,440	14,586,795	14,934,092	15,396,715

■ 교통사고 발생현황

구 분	1996	1997	1998	1999	2000	2001	2002	2003	2004	2005
발 생	265,052	246,452	239,721	275,938	290,481	260,579	230,953	240,832	220,755	241,171
사 망	12,653	11,603	9,057	9,353	10,236	8,097	7,224	7,212	6,563	6,376
부 상	355,962	343,159	340,564	402,967	426,984	386,539	348,184	376,503	346,987	342,233

(2) 교통안전정책의 추이

교통안전정책이 정부차원에서 추진된 것은 1979년 교통안전법을 제정하여 국무총리를 위원장으로 한 교통안전정책심의위원회가 설치되고부터이다. 1987년 3월13일 국무총리실에서 12개 부처별 개선안을 취합하여 교통안전종합대책안을 수립하였고, "안전한 도로 및 시설확충"을 포함한 6개 정책과제와 "사고 많은 지점의 개선" 등의 19개 기본과제가 탄생하여 실천되기 시작하였다.

경찰은 교통안전교육, 교통안전시설, 교통지도단속, 교통정리, 교통순찰 등의 부문에서 교통안전을 위한 활동을 하고 있다.

(3) 「교통사고 줄이기」 정책

경찰청은 「교통사고 줄이기」 정책에 많은 노력을 기울이고 있다. 2004년의 정책목표로 2003년 교통사고 사망자 대비, 600명 감소를(자동차 1만 대당 사망자 : 3.7명 → 3.3명) 정하고 있다.

경찰청에서는 이 목표를 달성하기 위하여 다음과 같은 실천계획을 가지고 있다.

① '안전띠 착용 생활화 운동'의 지속 추진

② 과속, 음주운전 등 사고요인행위 위주의 선별적 단속

③ 국도·지방도 위험도로 개선 등 도로교통환경 정비(자특회계 지원)

④ 유치원·노인정 등 방문, 교통안전 순회교육

⑤ 우수운전자 양성 및 사후관리 강화

⑥ 교통경찰행정의 첨단화·과학화로 모바일 교통단속처리시스템을 본격 가동하고, 교통부서에 「거짓말탐지기 전담반」을 설치하고, 교통사고 자동기록장치를 도입하였다.

▣ 교통사고 통계의 일원화

> 교통사고 통계에 있어 보험사와 경찰간에 차이가 있다. 보험사는 "매년 10% 증가"라고 하는데 경찰은 "줄었다"고 발표하고 있다. 경찰청은 지난 2002년까지 교통사고가 매년 감소추세를 보이고 있다고 밝혔으나 보험업계에서는 해마다 교통사고가 10% 이상 가파르게 증가하고 있다는 정반대의 자료를 내놓고 있다. 2002년의 경우, 경찰청은 23만953건의 교통사고가 발생했다고 발표했으나 보험개발원은 63만3874건(물피제외, 쌍방과실 포함)으로 집계했다. 1건의 사고가 2건 이상의 보험사고 접수로 집계되는 이른바 '쌍방과실'사고가 통상 보험사고의 20% 정도라는 점을 감안하더라도 보험업계에서 집계한 교통사고 건수는 경찰청의 2배가 넘는다. 이는 상당수의 교통사고 당사자들이 경찰신고를 하지 않고 보험사에만 사고를 신고하는 사례가 많기 때문이다. 반면 미국 등의 경우는 교통사고시 경찰신고를 거쳐야만 보험혜택을 받을 수 있게 돼있어 정확한 교통사고 통계를 내고 있다. 보통 교통사고시 피해정도보다 '사고책임에 따른 분쟁이 있느냐' 여부에 따라 경찰신고 여부가 결정되고 있다. 그러나 미국의 경우 보험처리를 위해서는 경찰에서 발급하는 '폴리스 리포트'(Police Report)를 제시토록 돼 있다. 경찰신고를 의무화하고 있지 않은 영국, 독일, 프랑스 등도 사소한 교통사고시 경찰에 신고하는 습관이 몸에 배 있어 경찰통계와 보험업계 사고 통계추이는 거의 차이를 보이지 않는다.
>
> 사고통계 일원화나 정부 및 관련업계의 사고통계 공유 등이 교통정책 수립의 우선과제다. 경찰은 교통사고로 인한 사망자나 중상자 줄이기에 주안점을 뒀으나 앞으로는 기초적인 교통질서를 확립하고 경미한 사고까지 신경을 써야하고 교통안전정책의 기초중의 기초인 통계 일원화 작업은 시급하다(문화일보, 2004.2.20).

2) 교통안전전략

교통안전을 위한 전략에는 노출통제, 사고예방, 행태수정, 부상통제 등이 있다.

(1) 노출통제

노출통제 프로그램들은 다음을 포함한다.

① 도로교통의 대안(예: 철도, 버스, 항공의 이용, 컴퓨터를 이용한 재택근무 등)

② 차량제한(엔진규격 제한- 예: 오토바이)

③ 도로제한(예: 국지가로에서의 트럭 통행금지, 보행자가 자동차보다 우선권을 가지는 보행자 전용도로 또는 구역, 고속도로에서의 보행자나 자전거의 금지 등)

④ 사용자 제한(예: 운전면허 연령, 초보운전자에 대한 야간운전의 제한, 대형 운전면허 등)

이 부분에서 교통경찰은 눈에 유난히 잘 띄는 제복을 입고 교통안전활동을 펼쳐야 한다.

(2) 사고예방

사고는 도로공학이나 행태수정으로 예방될 수 있다.

① 도로공학

도로공학은 도로 안전에 지대한 효과를 가질 수 있는데, 도로설계, 건설, 유지, 관리 모두가 안전에 기여한다. 그러나 이의 비용이 매우 높다.

② 차량공학

차량공학은 차량의 초기설계 및 서비스중의 상태 모두에 관련하여 안전에 영향을 미친다. 대부분의 국가에서 새로운 차에 대하여 많은 부분을 관장하는 규정이 있고, 운행 중인 차량의 주기적인 점검 및 검사를 위한 규정이 있다.

교통경찰은 사고 위험이 높은 도로나 자동차에 대하여 대책을 관계기관에 권고할 수 있어야 한다.

(3) 행태수정

행태수정을 목적으로 다양한 프로그램에 투자된 상당한 자원에도 불구하고 이의 교통안전조치로서의 비용-효과는 증명되지 않았다. 예로서, 영국에서는 일반적인 사고에서는 운전자훈련 및 시험, 교통법규 또는 학교에서의 교통교육이 교통안전에 유익하다고 확실히 제안되지만 아무도 증명할 수는 없었다고 결론지었다. 행태수정과 관련된 전형적인 프로그램은 다음과 같다.

① 보행자 훈련

보행자 훈련은 감수성이 강한 유아시절에 주입되어 학습된 행태이므로 효과적인 것으로 간주된다.

② 운전자 훈련

전반적으로 운전자 훈련과 그 이후의 사고 연관간의 통계적 상관의 증거는 없다. 규제는 여러 방면에서 운전자에 영향을 줄 수 있다. 경찰의 노력은 주로 속도와 음주의 두 분야에 집중된다. 이들 모두는 계량화할 수 있으므로 색출과 유죄판결이 용이하며 교통사고와의 관련이 높다. 교통경찰은 유치원과 어린이집, 초등학생들을 대상으로 교통학교를 운영하고 있으며 운전면허발급과정을 통하여, 운전자재교육과정을 통하여 교통안전활동을 하고 있다.

(4) 부상통제

부상통제를 위한 프로그램들은 다음과 같다.

① 자동차

안전벨트, 제동장치, 에너지 흡수 조향장치대, 부드러운 내부설비 권고 등이다.

② 자전거 및 오토바이

헬멧과 눈에 띔 설비의 권고 등이다.

③ 버스

부드러운 내부설비, 도로환경 개선 등이다.

④ 부상후의 관리

도로사망은 전통적으로 세 가지의 시간대에 일어나므로 사고발생시 교통경찰들은 119와 협조하여 신속히 출동하고 부상자들을 구호하고 있다.

ⓐ 충돌 중 또는 충돌 후 수분이내 : 사망자의 약 50%가 이 기간에 일어난다. 통상 사망은 뇌, 중앙 신경체계, 심장, 대혈관 파괴의 결과이다. 이 그룹에 대하여 의학이 할 수 있는 것은 거의 없다.

ⓑ 사고 후 1-2시간 이내 : 인명피해사고의 약 15%로부터 사망의 약 35%가 이 기간에 일어난다. 생존율의 증가는 초기 및 적절한 의료노력의 결과로 여겨진다. 이 기간 동안의 사망은 머리, 가슴 또는 복부의 큰 부상 또는 과다한 출혈 때문이다.

ⓒ 병원치료의 30일 이내 : 주요 원인은 뇌사, 조직 기능상실 및 감염이다. 사망의 15%정도가 이 후기 단계에 발생한다. 부상통제의 효과는 사고 후의 1-2시간 이내에 있으므로 응급조치에 노력이 요구된다.

3. 교통규제

1) 교통규제의 개념

교통의 규제란 지방경찰청장 등이 도로에서의 위험을 방지하고 교통의 안전과 원활을 도모하며, 그 밖의 도로교통으로 인한 장해를 방지하기 위하여 도로교통법 등의 관계 법령에 의거, 신호기나 안전표지를 설치하는 등으로 통행의 금지 · 제한 등 도로에서의 통행 규칙을 설정하는 활동을 말한다(도로교통법 제3조, 제6조). 도로를 통행하는 보행자나 차마는 신호기 또는 안전표지가 표시하는 신호 또는 지시와 경찰공무원 등의 신호나 지시를 따를 의무가 있으므로(제5조), 그에 의해 교통규제의 효과는 발휘되는 것이다.

2) 교통규제권자와 내용

(1) 경찰청장의 교통규제

고속도로의 경우에는 그 관리자가 신호기 및 안전표지를 설치하고자 할 때에는 경찰청장과 협의하여야 하고, 경찰청장은 그 관리에 관하여 필요한 사항을 관리자에게 지시할 수 있도록 함으로써(제55조), 사실상 경찰청장의 규제권한을 규정하고 있다. 그리고 도로의 점용허가와 관련하여 도로관리청이 건설부장관인 경우에는 경찰청장과 협의하여야 한다(제65조).

(2) 시 · 도지사 등의 교통규제

교통규제는 시 · 도지사 또는 시장 또는 군수가 신호기 및 안전표지를 설치하고 관리함으로써 이루어진다(제5조). 그러나 이러한 시 · 도지사의 권한은 지방경찰청장에게 위임하고, 시장 또는 군수의 권한은 경찰서장에게 위탁하도록 되어 있으므로(도로교통법시행령 제71조의 2), 실제로 시 · 도지사 등의 교통규제권한은 모두 경찰에 위임되어 있다.

(3) 지방경찰청장의 교통규제

지방경찰청장은 도로에서의 위험 방지 등을 위하여 필요한 경우에는 구간을 정하여 차마의 통행을 금지하거나 제한할 수 있다(제6조 제1항). 그 밖에 지방경찰청장의 규제내용으로는 차선의 설치(제13조), 자동차 등의 속도제한(제15조), 횡단 등의 금지(제16조), 교차로 통행방법의 지정(제22조), 서행 및 일시정지 구간의 지정(제27조), 정차 및 주차 금지 구역의 지정(제28조), 경음기의 사용 제한(제34조), 승차 또는 적재의 제한(제35조), 자동차의 도장 및 표지의 제한(제35조) 등이 있다.

(4) 경찰서장의 교통규제

경찰서장은 도로에서의 위험 방지 등을 위하여 필요한 경우에는 차마의 통행을 우선 금지하거나 제한한 후 도로관리자와 협의하여 대상과 구간 및 기간 등을 정하여 도로의 통행을 금지하거나 제한할 수 있다(제6조 제2항). 그 밖에 안전기준을 초과한 승차 또는 적재의 허가권을 통해 규제가 가능하며(제35조), 도로의 점용허가와 관련하여 그 관리청이 시 · 도지사 또는 시장이나 군수인 경우에는 관할 경찰서장의 의견을 듣도록 하고 있다(제64조).

(5) 경찰공무원의 교통규제

경찰공무원은 일반도로의 파손이나 화재의 발생, 고속도로 또는 자동차전용도로의 파손이나 교통사고의 발생 그 밖의 사정으로 도로에서의 위험 방지를 위하여 긴급한 필요가 있는 경우에는 필요한 한도내에서 차마의 통행을 일시 금지하거나 제한할 수 있으며(제6조 제3항, 제54조), 교통혼잡 완화를 위한 조치를 취할 수 있다(제7조). 경찰공무원은 주의의무를 위반한 운전자에 대하여 위험방지를 위한 운전금지 등의 조치를 취할 수 있다(제43조).

3) 교통규제의 일반원칙

교통규제의 실시는 현지조사와 판단에 의거 타당성(합리성), 계획성, 일관성, 간명성, 합법성, 관련 교통시설과의 조화, 유지관리의 용이성 등을 충분히 검토하고 관련자의 의견을 들어 계획하여야 한다.

4. 교통지도단속(Traffic Enforcement)

1) 교통지도단속의 개념

(1) 개념

교통지도단속이란 도로에서의 위험을 방지하고 교통의 안전과 원활을 도모하기 위하여 교통법규 위반자를 감시 · 예방 · 경고 · 주의 그리고 필요에 따라 적발 · 검거하는 경찰활동을 말한다. 교통단속의 효과를 제고하기 위해서는 교통사고가 빈발하는 장소와 사고시간 등을 파악하여 선택적인 단속이 이루어지고, 단속에 투여한 시간과 노력에 비하여 최대의 효과를 얻는 질적 단속이 이루어져야 한다.

(2) 교통지도단속의 종사자와 기본자세

교통지도단속의 종사자로는 교통싸이카, 교통순찰차, 도보교통경찰관, 일제단속시 동원되는 경찰관등이 있다. 교통단속 종사자의 기본 자세는 합법성, 합리성, 타당성에 입각한 단속이다. 각종 법령에 의하여 객관적으로 신속히 처리해야 하며, 인권침해나 과잉단속이 없도록 단속해야 한다. 교통단속 실시상의 유의사항은 위반행위 선별의 적절성, 적절한 언어와 태도, 단속의 신속성 등이다. 교통단속시에는 교통정체의 원인이 되는지 선별해야 하며, 공평하고 엄정한 태도로 단속하고, 신속하게 처벌해야 한다.

교통단속의 원칙은 위반행위의 명확한 확인, 안전한 곳으로의 유도정차, 경례 후 위반사항의 고지 및 면허증제시 요구, 범칙금 납부통고서 발부, 경례 후 발차지시 등이다.

(3) 교통단속의 방법

교통단속 방법은 선택적 단속, 질적 단속, 양적 단속으로 나눈다. 또는 공개단속과 비공개단속, 일제단속으로 나누기도 한다. 선택적 단속은 교통사고 원인별로 날짜와 시간, 장소, 요일, 계절별로 나누어 위반행위를 단속하는 것이다. 질적 단속은 단속행위가 사고예방에 기여한다는 공감과 지지를 받아야 한다는 것이다. 양적단속은 교통단속과 건수간에 적절한 지수관계가 유지되어야 한다는 것이다.

호주에서는 위험한 운전습관 근절 및 교통안전 확보를 위해 경찰에게 최대 2일간 차량을 압수할 수 있는 권한을 부여하는 「차량압수법」이 06년 7월부터 시행중이다. 차량압수법은 타이어 마찰력 과다 손실, 45km 이상 규정 속도위반, 과도한 소음 · 매연 유발, 무면허운전 등 위험운행 차량을 압수대상으로 규정하고 있다.

2) 기능 및 역할

(1) 기능

교통위반자에 대한 형사벌, 범칙금, 운전면허에 대한 행정처분 등을 통하여 설정된 교통규칙 및 계획된 교통흐름을 실제교통의 현장에서 실현시켜 가는 수단이 교통지도단속이다.

(2) 역할

도로이용자가 정해진 법규범으로서의 교통규칙을 준수하는 사회적 풍토를 조성하는 일이 교통지도단속활동의 역할인데, 구체적으로는 다음과 같다.

① 규칙의 이해와 안전행동의 교시

교통참여자 모두에게 도로이용, 통행방법에 관하여 무엇이 잘못된 행동이고, 어떻게 행동해야 올바른 것인가의 판단기준을 제시하면서 도로이용자의 의사결정과 행동을 교통질서 형성에 바람직한 방향으로 동조시켜 나가는 역할을 한다.

② 교통위반행위의 억지

교통지도단속활동은 위반행위를 하면 법적 제재를 받아서 불이익을 받는다는 이미지(image)를 확립시켜 나감으로써 위반행위를 억지하는 역할을 한다.

③ 교통위반행위의 배제(진압)

교통위반자 검거를 통하여 교통현장으로부터 배제시켜 나가는 것이 교통지도단속활동의 주 역할이 된다. 예를 들면 음주운전, 무면허운전 등의 운전의 경우에는 그 이후에 운전을 계속하지 못하도록 필요한 조치를 취하는 것과 같다.

④ 위반행위에 대한 법적 제재조치의 실현

⑤ 국민과 경찰간의 연대

교통지도단속활동이 공정하고 합리적으로 전개될 때에는 자신을 안전하고 쾌적하게 보호해 준다는 기대가 국민과 경찰의 연대감을 높여주는 역할을 한다.

3) 주요 지도단속 내용

(1) 내용

교통 지도단속 활동의 내용에는 지도 및 경고, 교통법규위반자의 제지 · 검거 및 교통흐름의 정리 그리고 각종 보호 · 원조활동 등이 있으나, 교통지도단속의 핵심은 교통법규의 준수를 강제하는 교통위반의 제지와 검거활동이다.

현재 경찰에서 행하고 있는 교통지도단속의 대표적인 것으로는 신호위반, 중앙선침범, 과속, 앞지르기방법 · 금지위반, 횡단보도 보행자보호의무위반, 무면허, 음주, 보도침범, 통행방법위반 등 교통사고처리특례법에서 규정하고 있는 특례예외단서 10개항이고, 그 중에서도 특히 음주, 과속, 신호위반, 중앙선침범 등 사고요인 행위가 중점단속 대상이다.

(2) 10대 예외항목

교통지도단속의 대상인 교통사고처리특례법상 10대 예외항목은 다음과 같다.

① 신호기 또는 교통정리를 위한 경찰공무원등의 신호나 통행의 금지 또는 일시정지를 내용으로 하는 안전표지가 표시하는 지시에 위반하여 운전한 경우(신호안전표지위반)

② 중앙선을 침범하거나 법에 위반하여 횡단, 유턴, 또는 후진한 경우(중앙선침범)

③ 도로교통법의 규정에 의한 제한속도를 매시 20킬로미터를 초과하여 운전한 경우 (과속)

④ 앞지르기의 방법 금지시기 금지장소 또는 끼어들기의 금지에 위반하여 운전한 경우(앞지르기방법등 위반)

⑤ 건널목 통과방법을 위반하여 운전한 경우(건널목통과방법위반)

⑥ 횡단보도에서의 보행자보호의무를 위반하여 운전한 경우(횡단보도 보행자보호의무위반)

⑦ 운전면허 또는 건설기계조종사면허를 받지 아니하거나 국제운전면허증을 소지하지 아니하고 운전한 경우(무면허운전)

⑧ 주취중에 운전을 하거나 약물의 영향으로 정상한 운전을 하지 못할 염려가 있는 상태에서 운전한 경우(음주 약물운전)

⑨ 보도가 설치된 도로의 보도를 침범하거나 보도횡단방법에 위반하여 운전한 경우 (보도침범)

⑩ 승객의 추락방지의무를 위반하여 운전한 경우(승객추락방지의무위반)

4) 교통법규 위반자에 대한 제재

교통법규 위반자에 대해서는 경우에 따라 형벌, 과태료의 부과(제115조의 2), 운전면허의 취소·정지 등 행정처분, 통고처분, 자동차 사용정지 등의 처분이 과해진다. 여기서는 범칙금 통고처분제도에 대해 알아본다.

(1) 범칙금 통고처분제도

① 의의

범칙금 통고처분제도란 경미한 교통법규 위반자에 대하여 경찰관이 직접 위반장소에서 위반자에게 범칙금을 납부할 것을 통고하여 범칙금을 납부하도록 하고 운전을 계속하게 하는 제도를 말하며, 이에 관하여는 도로교통법 제12장에서 규정하고 있다. 이는 경미한 위반자에게 신속하고 간편하게 제재를 가하고 즉결심판을 받은 동일한 효과를 거두기 위한 것이다.

② 일반통칙

㉠ 범칙행위 및 범칙자

범칙행위라 함은 도로교통법 벌칙조항 제113조 각 항목 또는 제114조 각 항목의 죄에 해당하는 위반행위를 말하며, 범칙자라 함은 범칙행위를 한 사람을 말한다.

㉡ 범칙금

범칙금이라 함은 범칙자가 통고처분의 규정에 의한 통고처분에 의하여 국고에 납부하여야 할 금전을 말하며, 그 범칙금의 액수는 범칙행위의 종류 · 지역 · 차종에 따라 정한다(도로교통법 시행령 제73조 참조).

③ 통고처분

경찰서장은 범칙자로 인정되는 사람에 대하여는 그 이유를 명시한 범칙금납부통고서로 범칙금을 납부할 것을 통고할 수 있다. 다만, 다음 각호에 해당하는 사람에 대하여는 그러하지 아니하다.

㉠ 성명 또는 주소가 확실하지 아니한 사람

㉡ 달아날 염려가 있는 사람

㉢ 범칙금납부통고서를 받기를 거부한 사람

④ 범칙행위자에 대한 조치

교통경찰관은 위반현장에서 법규위반자에게 범칙금납부통고서 · 영수증서 · 영수필통지서 · 범칙금납부고지서를 같은 일련번호로 작성하여 발급한다. 그리고 경찰서장은 교통법규위반자로서 위 ㉠㉡㉢항에 해당하는 사람에 대하여는 지체 없이 즉결심판에 회부하여야 하며, 범칙금납부통고서를 받고 납부기일내(7일 또는 10일)에 범칙금을 납부하지 아니한 사람에 대하여는 납부기일 만료일로부터 60일 이내에 즉결심판에 회부한다.

▣ 통고처분 절차

통고처분권자	• 경찰서장
교 부	• 위반현장에서 경찰공무원
범칙금 납부통고서	• 범칙금 납부통고서 · 범칙금 납부고지서 · 영수증서 · 영수필 통지서를 일련번호로 동시에 발급

5) 음주운전단속

(1) 개념

경찰공무원은 위험방지를 위해 필요하다고 인정하거나 술에 취한 상태에서 자동차 등을 운전하였다고 인정할 만한 상당한 이유가 있는 때에는 운전자가 술에 취하였는지의 여부를 측정할 수 있다. 운전자는 음주측정에 응하여야 하며, 측정결과에 불복하는 운전자에 대해서는 그 운전자의 동의를 얻어 혈액채취 등의 방법으로 다시 측정할 수 있다.

- 술에 취한 상태의 기준 : 혈중 알코올농도 0.05% 이상
- 만취운전 상태의 기준 : 혈중 알코올농도 0.1% 이상

(2) 음주운전 단속의 일반원칙

첫째, 음주운전자를 단속(음주운전 사고야기자, 음주측정 거부자 포함)하는 때에는 3인 이상의 경찰관이 합동으로 단속하여야 하며, 경사이상의 경찰관이 현장에서 감독한다.

둘째, 음주정도 측정결과 음주운전자로 확인된 운전자에 대해서는 일정시간 운전하지 못하도록 조치한다.

셋째, 음주정도 측정결과 음주운전자로 확인된 때에는 특별한 사유가 없는 한 현장에 대기시키는 일없이 즉시 경찰서로 동행, 의법조치한다.

넷째, 음주측정 불응에 따른 불이익을 10분 간격으로 3회 이상 명확히 고지한 후 측정거부로 주취운전자 적발보고서를 작성한 이후에는 당해 운전자의 요구가 있더라도 측정하여서는 안 된다.

다섯째, 술에 취한 상태에 있다고 인정할 만한 상당한 이유가 있는 사람으로서 경찰공무원의 측정에 응하지 아니한 사람은 2년 이하의 징역이나 500만원 이하의 벌금의 형으로 벌한다(도로교통법 제107조의 2).

(3) 미국 경찰의 음주운전 단속

미국 경찰은 음주운전 단속시 신체 협응검사를 하고 있다.

① 직선을 따라 걷고 돌아오기 - 뒷발 뒤꿈치를 앞발 발가락 앞에 가져다 놓으면서 직선을 따라 걷다가 돌아온다.

② 균형 유지하기 - 눈을 감고 손을 뒤로하여 뒷짐진 채, 머리를 뒤로 젖히고 서 있는다.

③ 손가락으로 코를 건드리기 - 양옆으로 팔을 뻗어 어깨 높이로 들고 눈을 감은 다음 한 손으로 코를 건드리고 다시 다른 손으로 건드린다.

④ 한 발로 서기 - 눈을 감고 팔을 옆으로 뻗은 채 한 다리를 들고 한 다리로 서 있는다.

⑤ 동전 줍기 - 경찰관이 땅바닥에 던진 동전을 줍는다.

⑥ 알콜성 안구진탕현상 관찰 - 주취상태에 있는 사람의 특징인 의식치 못한 상태에서의 눈의 급격한 움직임을 관찰한다.

⑦ 외우기 - 알파벳 스펠링을 말한다던가 또는 혀가 잘 안도는 어구를 복창한다던가 또는 수를 거꾸로 세게 한다.

미국 캘리포니아州 리버사이드 카운티에서는 음주운전사고 중 1/4이 재범자에 의한 사고가 높은 비율을 차지한다는 경찰의 발표에 따라 3회 이상의 음주운전 전과자에게 위치추적 및 체온측정 기능을 갖춘 족쇄를 착용케 할 예정이라는 바 족쇄를 착용한 음주운전 전과자가 술집 · 주류판매점 · 주류제공식당 등에 접근하거나 체온이 급상승, 음주가 의심될 경우 담당 보호관찰관에게 즉시 통보된다고 한다.

(4) 일본 경찰의 음주운전 단속

일본 경찰청은 음주운전 벌칙을 강화하여 시행한 바 효과가 크다고 발표하였다. 강화된 음주운전 단속 시행 결과 1 · 2년차를 비교하면 일반교통사고 0.2%, 사망사고 13.2% 각 감소했고, 음주교통사고 39.1%, 음주사망사고 39.6% 각각 대폭 감소, 음주운전사고 비율 1%, 음주사망사고 4% 각 감소 등 음주운전 사고건수 및 사고비율이 모두 감소하였고, 음주운전에 대한 경계의식 제고 및 교통안전에 상당히 유효한 정책으로 분석되었다. 특히, 행정비용은 그대로임에도 음주운전에 의한 사회적 손실은 급감시켰다는 점에서 효율적인 정책으로 평가받고 있다.

■ 일본의 음주운전 단속 규정 강화

구 분	개 정 전	개 정 후
사케요이운전 (酒酔い運轉)	ㅇ 징역 2년 이하 또는 벌금 10만엔 이하 ㅇ 면허취소 1년	ㅇ 징역 3년 이하 또는 벌금 50만엔 이하 ㅇ 면허취소 2년
슈케오비운전 (酒氣帯び運轉)	ㅇ 징역 3월 이하 또는 벌금 5만엔 이하 (呼氣 1ℓ 중 0.25mg 이상시) ㅇ 면허정지 30일 (동종전과 없을 경우) (呼氣 1ℓ 중 0.25mg 이상시)	ㅇ 징역 1년 이하 또는 벌금 30만엔 이하 (呼氣 1ℓ 중 0.15mg 이상시) ㅇ 면허정지 90일 (동종전과 없을 경우) (呼氣 1ℓ 중 0.25mg 이상시) ㅇ 면허정지 30일 (동종전과 없을 경우) (呼氣 1ℓ 중 0.15-0.25mg시)

※ 사케요이운전 : 알콜농도와 관계없이 직립보행 가능여부 등을 조사한 뒤 판단
※ 슈케오비운전 : 혈액 1mℓ중 0.3mg 이상이거나 呼氣 1ℓ 중 0.15mg 이상시

5. 운전면허관리

1) 운전면허의 의의

운전면허제도는 도로에서 부적격자가 운전하는 일이 없도록 하기 위한 제도로서, 법적으로는 경찰허가에 속하며 그 중에서도 대인적 허가라 할 수 있다. 따라서 자동차 등을 운전하고자 하는 자는 지방경찰청장의 운전면허를 받아야 한다.

2) 운전면허의 종류

운전면허는 1종과 2종이 있다.

(가) 제1종 운전면허: 대형면허, 보통면허, 소형면허, 특수면허

(나) 제2종 운전면허: 보통면허, 소형면허, 원동기장치자전거면허

(다) 기타 연습면허, 국제운전면허증, 군인면허, 임시운전 증명서가 있다.

3) 운전면허의 행정처분

운전면허 행정처분은 운전면허를 받고 운전행위를 하는 자가 교통법규를 위반하거나 교통사고를 야기한 경우 운전면허를 취소하거나 효력을 일시 정지시키는 행정행위이다.

(1) 운전면허의 취소

운전면허가 취소되는 개별적 기준은 다음과 같다.

① 교통사고로 사람을 사망케 하거나 다치게 하고 구호조치 및 신고의무를 이행하지 아니한 때

② 주취운전으로 인하여 사람을 사망케 하거나 다치게 한 때

③ 면허증소지자가 다른 사람에게 면허증을 대여하여 운전하게 한 때 또는 면허취득자로서 타인의 면허증을 대여 받거나 그밖에 부정한 방법으로 입수한 면허증으로 운전한 때

④ 도로교통법 제78조의 규정에 의한 결격사유에 해당하게 된 때

⑤ 운전면허종류에 따라 실시하는 정기적성검사 또는 수시적성검사를 미필(1년 경과)하거나 불합격 한 때

⑥ 운전면허행정처분 기간중 운전한 때

⑦ 허위 또는 부정한 수단으로 운전면허를 받거나 운전면허효력의 정지기간중에 면허증 등을 교부받은 사실이 드러난 때

⑧ 고의·과실을 불문하고 운행정지처분중에 있는 자동차를 운전하거나 무적차량을 운전한 때

⑨ 자동차를 이용하여 국가보안법 위반의 범죄 또는 형법상 일정한 범죄행위를 한 때

⑩ 산림법의 규정에 위반하여 산림당국의 고발이 있는 경우 취소사유에 해당한 때

(2) 벌점 등 초과로 인한 운전면허의 취소

1회의 위반 사고로 인한 벌점 또는 연간 누산점수가 다음에 도달한 때에는 그 운전면허를 취소한다.

▣ 벌점 누산점수 초과로 인한 면허취소

기 간	벌점 또는 누산점수
1 년 간	121점 이상
2 년 간	201점 이상
3 년 간	271점 이상

▣ 교통사고 결과에 따른 벌점기준(인명피해)

사망 1명마다	90	• 사고발생시로부터 72시간 내에 사망한 때
중상 1명마다	15	• 3주 이상의 치료를 요하는 진단이 있는 사고
경상 1명마다	5	• 3주 미만 5일 이상의 치료를 요하는 의사의 진단이 있는 사고
부상신고 1명마다	2	• 5일 미만의 치료를 요하는 의사의 진단이 있는 사고

다음의 행위를 한 자는 면허발급을 제한한다.

▣ 면허발급의 제한

2년간 제한	- 허위 또는 부정한 수단으로 운전면허를 받은 때 - 운전면허를 받은 사람이 자동차 등을 이용하여 범죄행위를 한 때 - 다른 사람의 자동차 등을 훔치거나 빼앗은 때 - 무면허운전금지 규정에 위반하여 자동차 등을 운전한 경우 - 음주운전금지규정을 3회 이상 위반하여 취소된 경우
5년간 제한	- 무면허, 음주운전, 과로운전 중 사람을 사상한 후 구호조치없이 도주한 경우
4년간 제한	- 무면허, 음주운전, 과로운전 외의 사유로 사람을 사상한 후 구호조치 및 신고를 하지 않은 경우

제3절 교통사고 처리

1. 교통사고의 개념

교통사고란 차의 교통으로 인하여 사람을 사상하거나 물건을 손괴하는 경우를 말한다. 구체적인 교통사고의 요건은 ⓐ 차에 의한 사고일 것 ⓑ 교통으로 인한 사고일 것 ⓒ 피해가 발생했을 것 ⓓ 업무상 과실일 것 등이다.

1) 차에 의한 사고

자동차 등의 개념과 관련한 도로교통법 제2조 제13호의 정의에 비추어 볼 때 기차, 전동차, 항공기, 선박 등이 차에 포함되지 아니함은 명백하다. 그리고 동조 제14호의 규정에 비추어 볼 때 자동차관리법 제3조의 규정에 의하여 교통부령으로 정한 보통자동차, 소형자동차, 특수자동차는 모두 차에 해당하고 원동기장치자전거 그 밖의 일반자전거, 우마차, 경운기, 사람이나 가축의 힘, 그 밖에 동력에 의하여 도로에서 운전되는 것 등도 위의 차에 해당하나 전동차 등 궤도차와 케이블카, 소아용의 자전거(예를 들어 세발자전거), 유모차 그리고 신체장애자용의 휠체어 등은 차에 해당하지 아니한다.

2) 교통으로 인하여 발생한 사고

(1) 교통사고에 있어서의 교통개념

교통사고에 있어서의 교통이라 함은 차의 운전을 말하는데, 이는 사람의 왕래나 화물의 운반을 위한 운행을 뜻하는 것으로서 차를 본래의 사용방법에 따라 사용하는 것을 말하며 조종을 포함한다. 이는 직접적인 차의 운행뿐 아니라 차의 운행과 밀접하게 관련된 부수적인 행위를 포함하며, 차체에 의하여 발생한 경우뿐만 아니라 차량에 적재된 화물 등 차량과 밀접하게 연결된 부위에 의하여 발생된 경우를 포함한다.

(2) 도로상 사고의 여부

도로교통법상의 사고는 도로에서의 사고에 한한다. 그러나 교통사고처리특례법 제3조 제2항에 「차의 교통으로 인하여 도로교통법 제108조의 죄를 범한 운전자에 대하여」는 이라고 규정하고 있으므로 반드시 도로에서의 사고에 한하는 것은 아니고 도로 이외의 장소에서 일어난 경우에도 교통사고에 해당한다.[5)]

▣ 판례에 의한 도로의 사례

도로에 해당되는 경우	도로에 해당되지 않는 경우
• 시청내의 광장 주차장 • 크라운제과 직매장 마당 • 울산 현대조선소 구내 • 도정공장내 마당 • 부두의 경우 도로의 연장 인정 • 농로, 임도, 광산로, 사도, 아파 트 단지내의 큰 길, 공지, 광장, 해변 그 밖의 도로에 연결되는 길 등도 누구에게나 자유로운 통행이 가능할 때는 포괄적 의미의 도로로 될 수 있음 • 때로는 논둑길, 밭둑길도 도로가 될 수 있음	• 나이트클럽의 주차장 • 주점 옆 주차장 • 대형건물 부설 주차장 • 소년원 경내 • 광주 고속버스터미널내 • 경찰서 주차장 • 개인차고 • 노상 주차장에 관하여는 도로법에 우선하여 주차장법이 적용

3) 피해의 결과 발생

차의 운행 중 충돌, 접촉 등으로 인한 것이라 해도 피해가 없을 경우에는 교통사고에 해당되지 않으며, 다만 행정법규위반 여부를 고려할 문제가 됨에 그친다.

여기서의 피해는 타인에 대한 생명, 신체 및 재산에 대한 것으로, 가해운전자 자신과 그 운전 차량이나, 범행의 수단 또는 도구로 제공된 차량 자체는 포함되지 않으며, 재물은 유형적 재물만을 의미하며 정신적 손해 등 무형적인 피해는 제외된다.

4) 업무상 과실이 있을 것

교통사고는 기본적으로 과실과 고의가 결합된 특정범죄가중처벌등에관한법률 위

5) 대법원 1987. 11. 10. 선고 87도1727 판결.

반(도주차량)의 경우를 제외하고는 과실범이고 결과범이므로, 교통사고 조사시에는 운전자의 과실을 명백히 가리고 피해 발생 여부 및 정도를 조사하는 것이 반드시 필요하다.

2. 교통사고의 특성

교통사고는 빈번한 도로에서 우발적으로 발생되므로 현장이 즉시 변경될 뿐만 아니라 현장보존이 곤란하고 목격자 확보 등 인적증거 및 유류품수집 등의 물적증거 확보가 곤란하다. 그렇기 때문에 인적증거의 경우 사후에 조작되는 경우가 자주 발생하게 된다. 교통의 혼잡을 초래하게 되므로 원인규명과 필요한 최소한의 현장보존만을 하고 신속하게 교통회복조치를 취하여야 한다. 이처럼 교통사고의 대표적인 특성은 우발성, 현장보존의 곤란성, 증거확보의 곤란성이다.

1) 우발성

교통사고는 과실에 의한 것이 보통이기 때문에 언제 어디서든지 발생할 수 있으며 그 예측이 곤란한 우발적인 사고다.

2) 현장보존의 곤란성

교통이 빈번한 장소에서 우발적으로 발생되므로 현장이 변경되기 쉽고 교통소통을 위하여 현장을 계속적으로 보존하기 곤란하다.

3) 증거확보의 곤란성

범인과 목격자, 참고인 등은 유동성이 있어서 인적증거 확보가 곤란한데다 사고현장에 유류된 물적 증거자료 역시 번잡한 교통의 흐름으로 인하여 멸실되므로 그 수집이 곤란하다.

3. 교통사고의 유형

교통사고는 크게 인적 피해사고, 물적 피해사고, 보험가입사고, 도주사고로 분류한다.

1) 인적 피해사고

(1) 치사사고

교통사고처리특례법 제3조 제1항에 의하여 형사입건한다.

(2) 치상사고

① 피해자의 불벌의사가 있을 때(합의성립): 교통사고처리특례법 제3조 제2항을 적용(공소권없음)해 처리하고 원인행위만 도로교통법을 적용하여 처리한다.

② 피해자의 불벌의사가 없을 때(합의불성립): 교통사고처리특례법 제3조 제1항을 적용하여 형사입건한다.

③ 신호위반 등 특례단서 10개항: 피해자의 의사와 관계없이 교통사고처리특례법 제3조 제1항을 적용하여 형사입건한다.

2) 물적 피해사고

① 피해자의 불벌의사가 있을 때(합의성립): 교통사고처리특례법 제3조 제2항을 적용(공소권없음)해 처리하고 원인행위만 도로교통법을 적용하여 처리한다(피해액 80만원 미만인 사고는 경찰 내사종결처리).

② 피해자의 불벌의사가 없을 때(합의불성립): 도로교통법 제108조를 적용하여 형사입건한다(피해액 20만원 미만은 즉심회부).

3) 보험가입사고

신호위반 등 특례단서 10개항 제외하고 교통사고로 인한 피해를 전액 보상할 수 있는 보험 또는 공제에 가입한 때에는 교통사고처리특례법 제3조 제2항을 적용(공소권없음)해 처리하고 원인행위만 도로교통법을 적용하여 처리한다.

4) 도주사고

① 인적 피해사고 : 특정범죄가중처벌등에관한법률 제5조의 3을 적용하여 형사입건한다.
② 단순 물적 피해사고 : 도로교통법 제106조을 적용하여 형사입건한다.
③ 미 신고사고 : 도로교통법 제111조 제3호를 적용하여 형사입건한다.

4. 교통사고의 처리

1) 교통사고처리의 목적

교통사고처리의 목적은 교통사고로 인한 부상자 등의 신속한 구호, 사고의 연속방지와 교통질서의 회복, 사고에 관한 형사책임의 규명(증거 수집 및 보전 활동 등), 교통법령위반에 대한 행정조치(운전면허의 취소, 정지 등), 사고의 재발방지를 위한 원인 조사 등이 있다.

▣ 교통사고처리의 목적

- 부상자의 구조 및 사체의 처리
- 사고확대 방지와 교통소통의 회복
- 사고방지대책을 위한 정확한 원인조사
- 형사책임의 규명
- 사고에 관한 증거자료의 수집

2) 사고현장의 지휘

① 사망사고, 중상 3명 이상의 사고, 경상 6명 이상의 사고, 다액피해 사고, 사회에 물의를 야기할 사고 등의 경우에는 간부가 현장을 지휘한다.

② 사망 3명 이상 사고, 중상 6명 이상 경상 12명 이상의 사고 등 대형사고의 발생시는 경찰서장이 각 참모를 현장에 동원하여 업무를 분장시켜 사고의 조사 · 처리를 하게 한 후 서장이 현지에서 유족과 가해자간에 물의가 야기되지 않도록 조정하고, 이것이 불가능할 경우에는 교통사고 수습대책위원회를 구성하여 합의 조정한다.

3) 사고현장 출동요령

출동하는 경찰관은 극히 침착 냉정하여야 함은 물론, 다음 사항에 특히 유의하여야 한다.

① 현장으로 출동하는 경찰차량은 위법과속을 하지 말아야 하며, 경음기는 인명의 사상자가 발생한 경우와 같은 긴급을 요하는 때에만 울리도록 한다.

② 통신기구 등을 완비하여 출동할 것.

③ 시간과 교통의 복잡을 참작하여 가장 빠른 방법을 택하여 현장에 도착할 것.

④ 교통사고 조사서류 및 필기구 등과 기타 조사에 필요한 기구를 휴대할 것.

⑤ 원거리에서 교통사고가 발생하였을 때에는 그 상황에 따라 의사 등을 동행할 것.

⑥ 가능한 한 2명 이상이 같이 출동할 것.

교통사고 조사의 근본은 조사관이 현장에 임장하는 것이다. 그러므로 조사관은 안전하게 임장하는 것이 중요하다. 사고는 이미 발생된 것이기 때문에 사고 조사관이 제아무리 현장에 빨리 임장한다 하여도 일어난 사고를 원상으로 복귀시킬 수는 없는 것이다. 사고 조사관은 이 사실을 충분히 고려하여 항상 안전한 속도로 현장에 임해야 한다.

4) 사고현장 조치 요령

사고현장에 도착한 경찰관으로서 취하여야 할 주요 사항을 차례로 설명하면 다음과 같다.

(1) 경찰차량 주차장소의 선정

사고현장에 도착한 경찰차량은 교통의 방해가 안되고 전조등으로 현장을 비출 수 있는 적당한 장소에 안전하게 주차시켜야 한다.

(2) 부상자 유무의 신속한 파악

① 교통사고 현장에서부터 부상자를 구호하여 병원에 입원 조치하기까지는 경찰의 보호 책임하에 있는 것이며, 따라서 인사사고인 경우에는 경찰관은 응급처치하고, 응급처치가 불가능하거나 전문의의 치료가 필요할 때에는 구급차를 요청하든지 지나가는 일반 차량을 이용하여 후송하는 등의 조치를 하여야 한다.

② 또한 중상자에 대하여는 성명, 주소, 보호자 등 신원파악과 필요시에는 유언 등을 청취하여 기록해 두어야 하며, 구호에만 급급하여 그 위치 · 상태 또는 현장조사에 주의를 하지 않고 경솔하게 행동하여서는 안 된다.

③ 대부분의 사고는 상해라는 결과를 수반하게 된다. 우리나라의 경우 교통사고로 인한 상해를 상해진단의 일수에 따라 5일 미만은 부상, 3주 미만은 경상, 3주 이상은 중상, 사고 후 72시간 내 사망한 경우 사망으로 나누고 있다.

④ 상해는 사고 직후 바로 그 사람의 행동에 따라서 판단해서는 안 되고 오히려 그의 상태를 병원 등으로 이송할 때 판단하는 것이 낫다. 어떤 때는 사고 후 몇 분 동안 부상자는 실제보다 더 심하게 다친 것처럼 보이는 충격이나 히스테리 증세를 보이기도 한다. 심지어 사고 직후에는 아무렇지도 않게 차를 몰고서 귀가한 운전자가 다음날 갑자기 사망하는 경우도 있다.

(3) 사망자 유무의 확인

① 사망인 것이 확인되면 하얀 천 등으로 시신을 덮어 노출된 모습이 방치되지 않도록 유의하고, 신속하게 증거보전의 조치를 강구한 후 사람의 눈에 잘 띄지 않는 적당한 장소에 사체를 이동하여야 한다.

② 사체를 취급할 때 주의할 점은 사자에 대하여 항상 실례되는 일이 없도록 정중하게 다루어야 하며, 그 소지금품을 잘 보관하여 사고취급중 분실되거나 손상되지 않도록 특히 주의하여야 한다.

③ 사체에 대한 검시에 있어서는 신속하게 해야 하며, 검시를 행하고 의사의 사망진단서를 첨부하여 사망 당시의 소지한 금품과 같이 사체를 관계자에게 인도하여야 한다. 사체에 대한 인수인이 없을 때 또는 신원을 판명할 수 없을 때에는 시 · 군 · 구청 등에 인도하고 인수증을 받아 두어야 한다.

(4) 사고관계자의 소지금품의 보호

① 중상자 또는 사망자가 소지하고 있던 금품은 조사관이 현장에 도착 즉시 확실하게 보관함으로써 사고 취급중 분실 오손되지 않도록 특별히 주의하여야 한다.

② 사고관계 피해자가 소지한 금품을 일시 보관한 경찰관은 그에 대한 목록을 증인입회하에 작성하여 서명한 후 물품과 함께 본서에 제출하여 연고자로 하여금 찾아가게 하여야 한다.

(5) 현장에서의 사고재발의 방지

① 현장부근의 교통정리

경찰관은 사고발생지점을 중심으로 도로상에 유색의 표지기 등을 세우거나 정리원의 배치 기타 필요한 방법으로 그 현장부근의 정리를 행함으로써 교통의 위험을 방지하여야 한다. 특히 야간인 경우에는 적절한 조명장치를 노상에 설치하여 접근하는 교통으로부터 사고현장을 보호하여야 한다.

② 보행인의 이동

사고현장부근에 모여 있는 보행인 또는 구경꾼들은 친절하게 위험구역으로부터 안전지역으로 이동시키던가 또는 보행을 계속 시켜야 한다.

③ 교통차단

사고의 정도가 크거나 기타 필요한 경우에는 최소한도의 교통차단을 행하여야 한다. 도로의 전면 통행금지와 같은 조치는 가능한 한 피하고 정말 필요한 장소에만 국한하여 범위를 한정하여야 한다.

이와 같은 교통차단을 행할 경우 주의사항은 다음과 같다.

ⓐ 현장에 있어서 그 사건에 관계있는 수사자료가 확실히 보전 또는 확보될 수 있는 최소한도의 필요한 교통차단만을 행하도록 한다.

ⓑ 도저히 통행을 허용할 수 없는 경우에는 우회방책을 강구해야 한다.

ⓒ 통행을 허락하기 전에 미리 사진을 찍고 그 상황을 기록・측정한 다음에 통행을 허락하여야 한다.

ⓓ 사고장소에 휘발유 등 인화성이 있는 물건과 기타 불의의 사고를 발생할 가능성이 있는 물체의 발견에 노력하여야 하며 사고관계차의 내부 및 부속장치들과 사고관련자들의 소지품 등에 특히 주의를 집중하여 위험물들을 신속히 제거, 안전하게 보관하여야 한다.

ⓔ 사고로 말미암아 도로시설・전주 등이 파손되어 교통상 지장을 가져왔을 때에는 당면한 위해의 예방을 위한 조치를 우선 취한 후에 관계 주무기관에 연락하여 조속한 복구에 협조하여야 한다.

(6) 현장의 보존

현장보존상 주의하여야 할 사항은 대략 다음과 같다.

① 현장변경의 필요가 있을 때에는 발생상황을 사진으로 촬영하여 두던가 현장약도를 작성하여 사고지점의 측정에 지장이 없도록 한다.

② 사고관계 차량의 파편, 핏방울 흘린 자국, 유류 등의 흘린 자국 기타 비산 물건 등의 중요한 증거자료는 가능한 한 사진에 수록하거나 또는 채취하여 사고 당시의 상황을 명백히 해 놓아야 한다.

(7) 증인의 확보

교통사고는 물적 증거를 완전하게 얻을 수 없는 것이 통례이므로 사고를 직접 목격한 참고인들을 가능한 한 많이 확보하여야 한다. 사고현장에 있는 구경꾼들이 서로 주고받는 이야기, 가해자와 피해자의 진술서, 사고현장 부근의 주민들이 나누는 이야기 등의 하나하나에 비상한 관심을 두어 증인의 발견 및 확보에 노력하여야 한다. 증인확보에 있어 주의할 사항은 다음과 같다.

첫째, 군중 속에는 중요한 증인이 있다는 것을 의식하고 구경꾼들의 언어, 태도에 주의하고 목격자들이 자진하여 협조적 태도로 나오도록 노력한다.

둘째, 직접적으로 목격여부를 질문하면 뒷일을 생각하여 흔히 대답하지 않는 경우가 많으므로 간접적으로 대하되 그 증인이 확보되었을 때에는 단적으로 그 자에게 질문하고 협력을 얻어야 한다.

셋째, 그 증인이 어린이라 할지라도 소홀히 해서는 아니된다.

넷째, 증인을 발견했다 할지라도 그 증인의 급한 용무 기타의 사정으로 진술을 얻을 수 없을 때에는 교통사고는 다른 사건과는 달라 그 현장에서 직접 해결하지 않으면 안된다는 사정을 설명하고 중요사항만을 듣던가 또는 주소, 성명을 확인하여 나중에 진술을 듣도록 한다.

다섯째, 증인의 위치, 그 당시의 얼굴의 방향, 주의력 여하에 의거 그 중요도가 상이하게 되므로 목격 당시의 증인상황을 잘 검토하여야 한다.

여섯째, 타인에게 듣고도 마치 자기가 본 것처럼 가장하여 진술하는 자를 경계해야 하며, 특히 사고야기자와 특별한 관계에 있는 자의 위장 진술을 가려내야 한다.

(8) 사진의 촬영

사고현장을 사진으로 찍어 두는 것은 객관적인 증거의 보존상 가장 유력하다. 현장의 상황을 일견하여 파악할 수 있는 것, 장애물건, 가·피해자간의 접촉상태, 피해파손상황 및 그 위치, 사고관련차량의 타이어 자국, 차량의 전도상황, 도로파손상황 등을 사진으로 수록하여야 할 것이다.

① 현장 사진촬영의 원칙

ⓐ 사진은 넓은 장면으로부터 점점 좁은 장면으로 순서적으로 찍어야 하되 그 관련성이 명확하여야 한다.

ⓑ 이동 또는 손실되기 쉬운 물건을 가능한 한 먼저 찍어야 한다.

ⓒ 목적물 촬영의 방향 등에 주의하여야 한다.

ⓓ 목적물에는 분필의 사용, 입회인의 이용 등으로 그 내용을 명확히 해 놓아야 한다.

ⓔ 민간사진사에 맡기는 것은 삼가야 하는데, 왜냐하면 값이 비싼 데 비하여 그들은 무엇이 필요한 대상인지 잘 몰라 유효적절한 자료를 그의 사진 속에 포함시키지 못하기 때문이다. 따라서 민간사진사를 쓸 때에는 조사관은 자기가 필요한 장면과 대상을 하나하나 지적해 주어야 하며, 이러한 사진들을 공개하지 않도록 주의하여야 한다.

② 사진촬영 방법

사진의 촬영 대상은 대략 다음의 세 가지이다.

ⓐ 교통사고에 있어서는 그 사고차량의 진행 과정이 중요한 요소이므로 사진은 사고관련 차량의 진행방향을 향하여 촬영되어야 한다. 충돌전의 가해자 진행로상 중앙에 사진기를 놓고 가해자의 설명 지점, 사고와 관련되는 물건 및 도로변의 상황 등이 명확히 나타나고 또 충돌지점을 중심으로 한 현장의 흔적과 산재되어 있는 물건의 전체가 촬영되도록 하여야 한다.

ⓑ 충돌지점을 중심으로 각 물건의 흔적 산재상태, 이상상태 및 현장도로의 표면상황이 나타나도록 하여야 하며, 특히 과실을 증명할 수 있는 자료가 있을 때에는 그 상황이 잘 나타나는 위치에서 현장상황을 촬영하여야 한다.

ⓒ 사고자동차를 중심으로 자동차 전체가 들어가고 또 그 현장의 상황이 가능한 한 많이 나타나도록 촬영하여야 한다.

제4절 교통사고조사

1. 교통사고조사의 개관

교통사고의 조사는 공소권 유무에 대한 조사와 과실 유무에 대한 조사가 있다.

1) 공소권(公訴權) 유무에 대한 조사

우리나라는 교통사고처리특례법이 제정되어 시행되면서 교통사고시 교통사고처리특례법 제3조 제2항의 단서의 10개 예외사유에 해당하지 않는 한 피해자가 처벌을 원하지 아니하거나 사고차량이 종합보험 또는 공제조합에 가입된 경우 공소권이 없으므로 공소권의 유무를 밝히는 것이 반드시 필요하다.

(1) 피해자의 처벌불원의사 또는 합의 여부의 조사

피해자의 처벌 불원시 실체판단보다 형식판단을 먼저 해야 하므로 피해자가 처벌을 원치 않는다는 의사를 표시하거나 가해운전자와 합의를 한 경우 교통사고처리특례법 제3조 제2항의 단서의 10개 예외사유에 해당하지 않는 한 공소권 없음으로 의율해야 한다. 판례[6]에 의하면 합의서 제출의 의미는 처벌 불원한다는 명시적 의사표시라고 하였으므로 양자를 구별할 필요는 없다.

① 의사표시기한

1심판결 선고전까지 하여야 효력이 발생[7]한다.

② 의사표시자

ⓐ 의사표시자는 피해자 본인이 원칙이며 피해자가 미성년자(20세 미만)인 경우에는 법정대리인도 할 수 있다. 따라서 피해자의 대리권을 가진 것이 확인되지 않은 그 오빠의 처벌불원의사는 유효하지 않고,[8]피해자의 합의서를 가해자로부터 제출받아 확인

---

6) 대법원 1994. 2. 25. 선고 93도3221 판결.
7) 대법원 1983. 5. 24. 선고 83도893 판결 등 다수.

없이 편철한 경우 합의라 할 수 없다. 그러나 가해자 소속회사가 피해자와 합의한 것은 가해자와 피해자의 합의된 것으로 본다.[9]

ⓑ 피해자 2인중 1인만 처벌불원한 경우는 처벌불원의사가 부인되고 따라서 2명의 경합된 과실이 동일 피해자의 재물을 손괴한 경우 1인만 보험에 가입된 경우 미가입자에게는 공소권이 있다.

ⓒ 대물피해 경우는 피해물 소유자가 의사표시자이며, 따라서 대물피해 교통사고를 고용된 운전자가 처벌불원한다 하여도 그 의사표시는 효력이 없다.

③ 의사표시 방법

의사표시는 명시적 · 무조건적이어야 하며, 조건부 의사표시는 처벌불원 의사표시에서 배제된다. 따라서 경찰서에 "자동차 교통사고 합의서"라는 제목으로 피해자와 가해자가 원만히 합의하여 서명한 합의서가 제출되었다면 처벌을 희망하지 아니한다는 의사를 명시적으로 표시한 것으로 본다.[10] 그러나 "치료만하여 준다면 처벌은 원치 않는다"는 진술, 1차 피해진술시 "처벌까지는 원치 않습니다"라고 하였다가 합의되지 않자 "보상을 해주지 않으면 처벌을 원합니다"라고 한 경우,[11] 또는 복구 확인서만으로는 피해자의 명시한 의사가 있었다고 할 수 없다.

④ 합의의 효력

상해의 정도, 결과, 치료기간을 모르고 한 합의는 착오의 의사표시로 효력이 부인되며,[12] 따라서 후유증 예상 못하고 합의한 후 중대한 사태 발생한 경우는 추가 손해배상 청구가 가능하다.

2) 과실의 유무 및 정도에 대한 조사

교통사고가 발생하면 기본적으로 실체적 진실을 규명하고 사고원인, 운전자의 과실 유무 및 정도, 피해상황 등을 명백히 함으로써 운전자에 대한 민, 형사상의 책임분배의 기초자료로 활용할 수 있도록 다음과 같은 사항을 철저히 조사할 필요성이 있다.

---

8) 대법원 1983. 9. 13. 선고 83도 1052 판결.
9) 대법원 1984. 3. 13. 선고 83도 3006 판결.
10) 대법원 1994. 2. 25. 선고 93도 3221 판결.
11) 대법원 1986. 9. 23. 선고 84도473 판결.
12) 대법원 1981. 4. 14. 선고 80다 2452 판결.

사고장소의 상황과 사고경위에 대한 조사, 물적증거의 수집, 주의의무의 내용과 그 이행여부 확인이 주요 조사 사항이다.

(1) 사고장소의 상황과 사고경위에 대한 조사

① 사고장소의 상황조사

사고장소의 상황에 따라 운전자에게 일정한 주의의무가 부과되므로 사고장소의 도로폭, 차로의 수, 교차로 여부, 신호기와 안전표지의 유무, 횡단보도 여부, 굴곡 경사도, 통행량, 학교 앞인지의 여부 등을 조사하여 운전자의 주의의무 이행여부의 판단자료로 활용하여야 한다.

② 사고경위

충돌지점, 정차지점, 정차방향, 피해자와 피해차량의 최종위치, 스키드마크 등을 확인하고 운전자를 상대로 피해차량 또는 피해자를 처음 발견한 위치, 사고 위험을 처음 느낀 지점, 당시의 속도, 제동장치 또는 조향장치를 어떻게 조작하였는지, 그때의 피해자와의 거리 등을 추궁하여 사고경위를 명백히 하여야 한다.

(2) 물적증거 수집

① 교통사고 현장 물적증거의 중요성

교통범죄에 대한 실효성 있는 소추와 처벌을 위하여는 인적증거와 함께 물적증거에 의한 교통사고발생과정에 대한 이해와 과학적인 교통사고 조사분석이 필요하다. 사고현장의 물적증거는 사고차량의 특정, 사고과정의 재현, 사고원인의 규명을 위한 자료로서 중요한 의미를 가지고 있으며, 소송과정에서 범죄사실의 인정을 위한 결정적 자료가 된다.

② 물적증거의 수집

물적증거의 수집에는 도로관련 자료, 도로상의 흔적, 사고차량 흔적을 살펴본다.

(3) 주의의무의 내용과 그 이행여부 확인

① 주의의무의 내용

도로교통법 제3-4장에 차마의 통행방법과 운전자의 주의의무에 대하여 규정하고 있는 바, 그 구체적인 내용은 신호에 따라 진행할 의무, 차로를 지킬 의무, 통행우선순위에 따라 운행할 의무, 속도제한을 지킬 의무, 앞지르기 방법 및 금지에 따라 운행할 의무, 철길건널목 통과시 의무, 차간거리 확보 의무, 교차로 통행방법 준수의무, 일정한 곳에서의 서행 및 일시정지 의무, 방향지시등 조작의무, 무면허·주취·과로 등 운전금지의무 및 동법 제48조의 운전자 준수사항을 따를 의무 등이다. 운전자에게는 기본적으로 전방좌우를 주시할 의무가 있다.

② 주의의무 이행여부 추궁

운전자를 상대로 사고장소의 상황 및 사고경위 등을 조사하면서 위와 같은 운전자의 주의의무를 철저히 이행하였는지 여부를 추궁하여 조사할 필요성이 있다.

2. 사고운전자 조사

1) 사고운전자 조사방법

사고현장에서 얻는 정보는 진술자의 생각 속에 사고가 생생히 살아 있기 때문에 가장 신뢰성이 높다. 사고 운전자의 경우 사고로 인한 충격으로 멍한 상태에 빠지게 되므로 조사관은 현장의 다른 상태와 관계없이 같은 질문을 반복해서 할 필요가 있다. 흥분된 상태이더라도 운전자는 사고조사의 초기단계에서 더 정확한 정보를 줄 수 있다.

또한 운전자가 다른 생각을 하기 전에 시간이 지나면 말하지 않게 되는 유용한 정보를 받아낼 수도 있다. 이런 것은 종종 술에 취한 운전자에게 적용된다. 예를 들면 운전자는 사고 당시 담뱃불을 붙이고 있었거나 지도를 보았거나 현기증이 있어 제대로 앞을 볼 수 없었다고 진술할 수도 있는데 이런 진술은 상황이 진정이 되고 정신을 차린 뒤에는 얻을 수가 없는 것이다.

만약 운전자가 대답을 하지 않는다면 그에게 백지를 주고 사고현장의 상황을 그리게 할 수도 있다. 중요한 것은 운전자가 무시당하여 진술할 기회조차 받지 못한다는 인상을 주어서는 안 된다는 점이다.

버스, 택시, 트럭 운전자와 같이 고용주로부터 신분 등과 같은 기본적인 것에 대한 사항 이외에는 어떤 진술도 하지 말라는 지시를 받은 운전자들은 현장에서 신원특정이나 기초적인 사실정보를 얻은 후에 귀가하도록 해야 한다. 이런 때에는 도로와 자동차, 기타 다른 목격자로부터 가능한 많은 사고관련 정보를 확보하여 사고조사를 해야 한다.

운전자는 손상된 자신의 차와 사고로 그가 어떤 손해를 입어야 하는지, 그리고 사고가 그의 경제적인 면에서 어떤 영향을 미치는지에 대해 걱정을 한다. 이런 걱정을 이해하고 공감하는 태도는 조사관이 필요한 정보를 얻는 데 큰 도움을 준다.

사고로 인한 부상자는 병원으로 후송하여 치료를 받게 해야 하지만 부상의 정도가 심하지 않는 경우에는 운전자나, 동승자의 신원, 운행목적, 진행방향, 사고당시의 상황에 관한 중요한 질문을 계속해야 한다. 또한 필요한 경우 구급차 내에서 동승하여 부상자에게 질문하는 방법도 필요하다.

어린아이의 진술을 받기 위해서는 부모나 보호자의 동의가 필요하다. 특히 중대한 사고에서 어린이가 중요한 목격자인 경우에는 정확한 절차를 밟아 진술을 받아야 할 것이다.

사고와 관련이 있는 운전자 상태는 다음과 같은 것이다.

① 절름발이, 사지의 절단, 심신미약, 경직 또는 사고원인이 되었는지 분명히 알 수 없는 질환과 같은 육체적인 장애

② 졸음이나 음주와 같은 지속적 또는 일시적인 운전장애(disability)가 있었다는 정보제공자의 진술

③ 사고전 운전을 방해할 수 있는 운전자의 행동, 예를 들면 핸드폰을 걸려고 하거나, 라디오를 틀려고 하거나, 음식을 먹거나, 물을 마시거나, 담뱃불을 붙이거나, 아이에게 주의를 기울이고 있었거나, 지도를 보거나, 도로 표지판을 보는 것과 같은 운전자의 행동에 대한 정보제공자의 진술

④ 운전자의 상태를 보여주는 차내 물건(예를 들면 차내에 있는 술병, 알약이나 환각제, 먹다 남은 음식, 펼쳐진 지도, 목적지를 보여주는 지도, 기타 흩어져 있는 잡동사니 등은 운전자의 주의산만을 보여준다)

⑤ 운행의 목적(예를 들어 동승자들이 출발한 장소는 운전자의 음주여부를 보여줄 수 있고, 그들이 얼마나 오랫동안 운전했는지는 운전자의 피로나 졸음에 대한 판단의 근거가 된다)

2) 운전장애(driving impairment)의 판단

조사관은 운전자 상태가 사고에 원인이 되었는지에 대한 판단을 해야 하는데 다음과 같은 부분을 추가적으로 조사해야 한다.

① 사고관계자의 사고전 상태나 능력을 파악하기 위한 질문, 치료기록이나 기타 다른 기록의 검토(운전자의 가족이나 친구들도 필요한 자료를 줄 수 있고 치료기록 이외에도 운전면허증, 사회보장, 학력, 고용경력, 범죄경력 등도 유용한 자료가 된다)

② 사고 후 신체검사, 음주측정, 약물검사 또는 부검

③ 사고 후 운전자의 인지 및 운전기술에 관한 실험

운전자의 사고에 영향을 미치는 주요한 요인은 음주, 마약 및 약물, 졸음 및 수면(drowsiness and sleep), 갑작스런 기능상실(sudden disablement), 일산화탄소 등의 5가지로 분류할 수 있는데, 이런 요인들은 운전자의 일시적인 운전능력 상실을 가져올 수 있으므로 사고 당시의 상황이나 운전자의 상태를 관찰하여 밝혀내야 한다.

어떤 때는 동시에 두 가지 이상의 조건이 결합되어 한 조건이 다른 조건의 효과를 배가할 수 있다(합성현상: synergetic phenomenon). 예를 들면 체내에서 분해된 알콜은 잠으로 이어져 졸음을 야기할 가능성을 높이게 한다.

(1) 음주

일반적인 음주의 징후는 고정된 물체, 또는 다른 차량을 향한 급격한 스워브(swerve: 궤도이탈)가 나타나 있는 사고에서 흔히 볼 수 있다. 조사관은 정보제공자가 운전자의 음주를 주장하거나 운전자의 행동이나 여러 가지 정황에서 사고가 음주로 인한 것이라는 판단이 서게 되면 흡수된 알코올의 영향은 점차적으로 사라지기 때문에 음주여부에 대한 조사는 가능한 신속히 시작해야 한다.

음주는 특히 젊은 운전자의 주의력을 떨어뜨릴 수 있는데, 이런 경우 특징은 운전자의 과도한 차량작동(maneuvers)이다. 즉 과속, 고속회전, 추월, 짧은 차간거리, 갑작스런 차로변경 등이 나타난다. 또한 위험을 피하기 위한 급브레이크나 통제력을 잃게 하는 궤도이탈(swerve) 등과 같은 과도한 반응(overreaction)을 보일 수 있다.

나이가 많은 운전자는 음주상태에서 차가 좌우로 흔들리거나 매우 늦고 조심스러운 운전으로 나타난다. 어떤 때는 차가 이상한 장소에서 완전히 멈추어 있는 경우도 있다.

(2) 마약 및 약물

마약이나 약물은 졸음을 수반하는 현상과 같이 일반적으로 운전자에게 알코올과 비슷한 영향을 미친다. 조사관은 운전자가 약물을 복용했는지 여부를 관찰을 통해서도 알 수 있지만, 정확한 검사는 의료진이나 연구원을 통해 운전자에 대한 혈액, 기타 신체조직

검사를 하여 알 수 있다.

약물 이외에도 당뇨(diabetes)는 인슐린 주사로 치료되어 갑작스런 쇼크나 혼수상태를 야기할 수도 있으므로 당뇨의 치료경험이 있는 운전자의 치료 경력에 대해 자세히 조사할 필요가 있다.

(3) 졸음(drowsiness and sleep)

졸음은 사고에 많은 영향을 미친다고 볼 수 있지만 실제 조사과정에서 졸음이 사고의 원인이 되었는지를 밝히는 것은 매우 어렵다.

대체로 다음의 두 가지 사고 상황은 운전자가 졸음에 빠졌다는 것을 보여 준다.

① 자동차가 커브길에서 회전하지 않고 곧장 도로 밖으로 벗어난 경우와 같은 비조작 사고(no-control accident), ② 자동차가 갑작스런 스워브(swerves)로 궤도를 이탈한 것이 아니라 점차적으로 차로를 벗어난 사고이다.

졸음으로 인한 사고는 대부분 정면충돌을 야기하고 대부분의 운전자는 직선도로에서 상당 시간동안 운전할 때 졸음에 빠지게 된다. 그러므로 운전자는 도시지역보다는 시골지역, 굽은 도로보다는 직선도로에서, 그리고 교통량이 적은 곳에서 졸음운전을 하기 쉽다. 졸음은 피로와 함께 종종 단조로운 운전 때문에 오기도 한다.

그러므로 자동차가 도로를 벗어나거나 충돌직전에 급제동이나 갑작스런 방향전환 같은 움직임이 도로에 흔적으로 남아 있다면 운전자가 수면에 빠지지 않았다는 반증이 되는 것이다.

이외에도 정신산만(distractions)과 같이 다른 생각에 빠진 상태(preoccupations)도 졸음과 비슷한 효과를 야기하는 것으로 나타나고 있다.

(4) 갑작스런 기능상실(sudden disablement)

운전자에게 갑자기 기능상실을 야기하는 것으로는 일시적인 기억상실(blackouts)과 발작증세를 수반하는 질병을 들 수 있는데, 특징은 이로 인한 사고는 졸음과 비슷한 사고결과를 야기한다는 점이다.

① 일시적인 기억상실

이것은 정보제공자의 진술이나 운전자에 대한 치료경력을 조사하여 졸음운전과 구별할 수 있지만 실질적으로는 거의 차이가 없다. 또한 어떤 종류의 질병이 갑작스런 기억상실을 가져오고 얼마나 자주 일어나는지에 대해서는 거의 알려져 있지 않는데, 그 이유는 이런 사고가 매우 드물고 조사과정에서 밝히기가 매우 어렵다는 것이다.

다수의 사람들이 일시적 기억상실은 심장마비로 자주 일어난다고 믿고 있지만 확실한 것은 아니고 뇌졸중(strokes), 기면발작(嗜眠發作, narcolepsy: 짧은 발작과 긴 수면을 야기한다는 질병), 간질, 당뇨, 호흡기 질병, 그리고 정신질환도 일시적 기억상실을 야기할 수 있다 이런 경우 사고 후 의식을 회복한 운전자는 실제 무엇이 일어났는지 전혀 기억을 하지 못하게 된다.

② 발작(seizures)이나 경련(spasm)

이로 인한 사고에서는 졸음운전으로 인한 사고와 같이 비조작사고(no-control accidents)현상이나 과대조작사고(over-control accidents)의 현상을 보일 수도 있다. 이런 사고에서는 졸음운전이나 기억상실로 인한 사고와는 달리 운전자는 사고의 전반적인 부분을 생생하게 기억하게 된다.

3. 주요 교통사고조사 체크리스트

1) 개요

현장조사를 마친 후 교통사고 당사자들에 대한 추가적인 진술을 확보하는 한편 종합적이고 최종적인 판단을 해야 한다. 이때 참고해야 할 피의자, 피해자, 그리고 참고인에 대한 조사사항을 개관하면 다음과 같다.

2) 피의자 조사 사항

(1) 주소

자동차 운전자는 그 주소가 바뀔 때마다 기재사항 변경을 태만히 하는 경우가 많다. 그러므로 면허증에 기재된 주소만을 확인함에 그치지 말고 주민등록증이나 취업증 등 기타의 신분증명서에 의한 확인을 하여 후일에 호출할 때 문제가 없도록 하여야 한다.

(2) 면허 관계

운전면허의 종류, 취득년월일 및 무면허이면서 계속적으로 운전한 사실 유무

(3) 운전 경험

종래 운전한 차량의 종류, 기관, 취업의 종류, 지역

(4) 전과 사실의 유무 등

(5) 사고 당시의 심리적 상황

(6) 사고 당시의 육체적 상황

① 질병 유무, 약물복용 유무
② 피로 여부(당시의 운전시간 등)
③ 음주 여부

(7) 사고 발생 후의 조치

① 피해자 구호 상황
② 경찰관서에 신고 유무
③ 사고야기 후 도주한 경우는 현장을 이탈한 이유, 도주 경로 등

(8) 피의자가 인지 못한 사항

① 피의자가 인식하지 못한 사항은 만일 그가 상당한 주의력을 가졌더라면 인식할 수 있었던 사항인가의 여부

② 운전자가 상당한 주의력을 가졌더라도 인식이 불가능이었다면 그 이유

③ 운전자가 상당한 주의력을 가졌더라면 인식할 수 있었는데도 인식하지 못하였다면 그 이유

(9) 주의의무의 내용과 이를 태만히 한 이유

주의의무의 내용과 이를 태만히 한 이유(과실의 내용)는 법률문제이고 사실문제가

아니므로 이를 자인하느냐를 아니냐를 확인할 필요가 있는 것이다. 그리고 주의의무를 태만히 한 것을 인정하는 경우에는 태만히 한 사유를 반드시 명확히 하여야 한다.

3) 피해자 조사 사항

피해자가 자동차 등을 운전하였을 때에는 전기 피의자에 대한 조사 사항에 준하며, 기타 조사할 사항은 아래와 같다.

(1) 연령, 직업, 신분, 지위, 교육정도, 생활상태

(2) 일신에 관한 특수사정(근시, 불구, 색맹 등)

(3) 수면, 휴식 기타 심신상의 장애 유무

(4) 사고당시의 행동, 복장, 외출의 목적

(5) 사고발생시의 상황

① 피해자의 진로, 속력, 행위(구보 등)

② 사전에 가해차량을 발견 · 인식하였는지의 여부

③ 경음기의 취명을 들었는지의 여부

④ 위험사태를 느꼈을 때의 위치

⑤ 피양의 조치를 취하였는지의 여부

(6) 사고발생후의 상황

① 피해자의 전도 지점, 자태, 방향

② 상해의 부분

③ 피의자 기타 제3자에 의한 구호의 상황

④ 사고야기 후 도주의 경우에는 가해차량의 도주 상황, 차량의 종류 · 특징 · 번호, 기타 참고사항

(7) 피해자 과실 유무

(8) 과거에 사고를 당한 경험 유무

(9) 자해 여부

4) 참고인의 조사 사항

경찰관은 확실하고 유익한 참고인을 발견하여야 하되, 이들에 대하여 모든 친절과 예의를 다 하여야 함은 물론, 다음 사항을 특히 주의하여야 한다.

(1) 주의사항

① 참고인이 자발적으로 사고개요를 진술토록 하여야 한다.

② 조사관은 먼저 어떻게 질문을 하고 또 어떻게 유익한 사고진상을 들을 수 있는가를 결정하여야 한다.

③ 참고인의 신상문제에 대하여 너무 깊이 질문하지 말아야 한다.

④ 참고인과의 언쟁을 피하여야 하며 한 가지 질문을 너무 오래 계속하지 말고 여러 질문으로 옮겨 종합하여야 한다.

⑤ 경찰관은 참고인 신문에 있어 참고인과 피의자와의 관계를 인지하여 그 진술이 편견인가 또는 왜곡된 것인가의 여부를 판단하여야 한다.

⑥ 반드시 참고인에게 경찰업무 협조에 대하여 감사의 뜻을 표하여야 한다.

⑦ 참고인의 진술과 운전자의 진술내용이 동일한지 여부를 대조하여 재검토하여야 한다.

(2) 일반적인 조사사항

① 연령, 직업, 신분, 지위, 교육정도, 생활상태

② 피의자 또는 피해자와의 신분관계, 고용관계

③ 사고발생시의 상황

ⓐ 목격자의 진로 · 위치

ⓑ 가해자동차의 진로 · 속도

ⓒ 사고를 인지한 시간 · 장소

ⓓ 피해자의 진로 · 자태

ⓔ 가해차량과 피해자와의 사고발생 전후의 상대적 관계

- 가해차량의 피양방법 · 서행 · 정지 · 방향전환
- 피의자의 행동
- 충돌지점
- 피해자 전도 지점
- 피해 정도
- 피해자 구호 상황

④ 교통사고 야기 후 도주의 경우에는 가해 차량의 도주 상황, 특징, 번호 기타 참고사항

제5절 뺑소니사고의 조사

1. 뺑소니사고의 개념

뺑소니사고란 특정범죄가중처벌등에관한법률 제5조 3에 의하면 도로교통법 제2조에 규정된 자동차, 원동기장치자전거 또는 궤도차의 교통으로 인하여 형법 제268조의 죄를 범한 당해차량의 운전자가 피해자를 구호하는 등 도로교통법 제50조제1항의 규정에 의한 조치를 취하지 않고 도주하거나 피해자를 사고 장소로부터 옮겨 유기하고 도주한 교통사고를 말한다.

2. 뺑소니사건 현장조치

뺑소니사건의 경우 현장의 초동조치는 사건해결에 있어 무엇보다도 중요하며 검거의 방향을 좌우한다. 따라서 사고현장에서 도주차량의 실물 수거를 위한 전담반의 신속한 현장출동 및 주변을 세밀하게 조사할 수 있는 제도, 장비, 인력 등이 시급히 보완되어야 할 것이다.

1) 차 대 보행자 사고

① 사고 발생시 즉각적인 관할 파출소 요원에 의한 피해자 후송, 사고현장의 차량통제 및 서행을 통한 현장주변 보존조치 및 행인을 통제하여야 하며, 이때 관련차량의 유실물이 차량 등의 주행 및 행인들에 의해 파손 또는 유실되지 않도록 유의하여야 한다.

② 야간, 우천시 현장조사장비를 구비한 전담요원의 신속한 현장출동이 무엇보다 중요하다.

③ 현장목격자, 참고인, 철저 확인 및 현장사진을 촬영하고, 피해자 응급 구조시 피해자 의류를 확보할 수 있는 수단(후송 병원 등)을 강구하여야 한다.

④ 최초 목격 추정지점으로부터 충분한 거리까지 세밀하게 유류품을 수거하여야 하

며, 유류품 수거시 비닐 장갑을 착용하고 각 파편별 위치를 기록하여 각각 분리 포장한다. 이때 수거되는 유류품은 용의차량 검거에 결정적인 단서임을 명심하여야 한다.

⑤ 색상, 충격흔(차종 구분), 부착 파편에 따른 용의 차량을 압축할 수 있는 피해자 의류를 확보하여 인체 분비물을 건조 후 각각 분리포장한다. 의류는 또한 용의차량 검거시 증거확보 또는 공소유지에 매우 중요한 증거물이다.

2) 차 대 차

① 상기 가항에 의한 현장 조치 후 서식에 의거 기록 작성한다.

② 관련차량 보존조치 후 기록, 차량, 관련 유류품을 국립과학수사 연구소 또는 관련 기관에 의뢰 또는 출장의뢰를 한다.

③ 관련 차량에서 증거물(페인트 등)채취의 어떠한 시도도 하지 말아야 한다. 도주차량의 유무판단 및 용의차량 검거시 부착물의 형상, 파손형상, 지상고(地上高), 관련물의 분석 등을 종합 판단하여야 할 경우에는 상호 충격지점으로 추정되는 파손부 또는 파손부에 인접한 부분의 페인트를 채취하여야 한다.

3. 뺑소니 차량 추적요령

뺑소니사고 현장에서 도주차량의 유실물, 현장의 도주차량 흔적 및 목격자에 의한 추적방법으로 대별되고, 또한 용의차량이 사고 후 장시간 또는 장시간 경과후 파손부의 보수 또는 교체된 상태로 검거되는 경우가 거의 대부분으로 용의자가 혐의 사실을 부인할 경우 인멸된 증거확보가 벽에 부딪치게 되므로 이의 확보가 중요하다.

1) 현장에서 차량 유류품 발견시

자동차 대 보행자 뺑소니 사건 발생시 우선적으로 피해자 신체의 충격부(사망시: 부검, 부상시: 상해 정도 및 부위), 피해자 의류의 손상흔의 형태, 현장에서 수거된 유류품의 종류 등을 종합하여 피해차량의 파손 또는 손상 정도 및 부위를 추정하는 것이 무엇보다 중요하다. 자동차 대 보행자의 정면 충격시 현장에 주로 비산되는 차량 파편으로는 전조등 및 방향지시등 렌즈, 후사경, 안개등, 앞범퍼구조물 파편 등이 대부분이며, 이 경우 피해자 의류에 부착된 도주차량의 페인트 및 차량 파편 등과 종합하여 그 수사범위를 압축할 수 있다.

2) 용의차량 검거시 보수된 경우

뺑소니 사고는 일반적으로 사고 발생 후 많은 시간이 경과한 후 용의차량이 검거되는 사례가 대부분이며, 용의차량 보수 및 범행 부인 등 증거 확보에 어려움을 겪는다. 따라서 용의차량검거 즉시 피해자 의류, 부검 또는 진료기록을 포함한 사건기록, 현장 유류품과 함께 차량을 국립과학수사연구소에 의뢰하여야 하며, 의류는 인체 분비물을 건조 후 각각 개별 포장하여 제출한다.

제6절 교통사고의 유형별 처리

1. 일반적 교통사고

▣ 법규위반별 교통사고 유형

구 분	1995	1996	1997	1998	1999	2000	2001	2002	2003	2004	2005
계	248,865 (100.0)	265,052 (100.0)	246,452 (100.0)	239,721 (100.0)	275,938 (100.0)	290,481 (100.0)	260,579 (100.0)	230,953 (100.0)	240,832 (100.0)	220,755 (100.0)	214,171 (100.0)
안전운전 불이행	135,659 (54.5)	168,133 (63.4)	158,959 (64.5)	154,927 (64.6)	175,772 (63.7)	184,821 (63.6)	166,104 (63.7)	144,018 (62.4)	142,323 (59.1)	126,766 (57.4)	121,532 (56.7)
중앙선침범	17,200 (6.9)	22,488 (8.5)	19,377 (7.9)	16,605 (6.9)	17,725 (6.4)	18,315 (6.5)	16,147 (6.2)	14,447 (6.3)	16,959 (7.0)	14,909 (6.8)	14,616 (6.8)
과 속	2,087 (0.8)	2,282 (0.9)	1,948 (0.8)	1,398 (0.6)	1,205 (0.4)	984 (0.3)	781 (0.3)	650 (0.3)	613 (0.3)	531 (0.2)	444 (0.2)
신호위반	13,572 (5.5)	18,061 (6.8)	16,790 (6.8)	17,536 (7.3)	22,145 (8.0)	23,811 (8.2)	20,598 (7.9)	21,201 (9.2)	24,650 (10.2)	22,870 (10.4)	23,270 (10.9)
교차로통행 방법 위반	12,909 (5.2)	14,097 (5.3)	13,909 (5.6)	14,122 (5.9)	17,813 (6.5)	19.865 (6.8)	18,102 (6.9)	16,770 (7.3)	17,610 (7.3)	16,532 (7.5)	17,784 (8.3)
안전거리 미확보	12,874 (5.2)	13,859 (5.2)	12,458 (5.1)	13,439 (5.6)	17,229 (6.5)	18,267 (6.3)	16,248 (6.2)	13,885 (6.0)	15,431 (6.4)	15,362 (7.0)	21,021 (9.8)
기 타	54,564 (21.9)	26,132 (9.9)	23,011 (9.3)	21,694 (9.1)	24.049 (8.7)	24.418 (8.4)	22,599 (8.6)	19,982 (8.5)	23,246 (9.7)	23,785 (10.8)	15,504 (7.2)

1) 안전거리 미확보 사고

모든 차는 같은 방향으로 진행하고 있는 앞차의 뒤를 따를 때에는 앞차가 급히 정지하였을 경우에 그 앞차와의 추돌을 피할 수 있을 정도의 안전한 차간거리를 확보하여야 한다. 따라서 운전자는 이 정지거리를 고려하여 차간거리를 확보해야 하며 제동하였으나 추돌하였을 때는 도로교통법 제17조를 위반한 행위가 된다.

2) 급차로(急車路) 변경 사고

모든 차의 운전자는 차로를 변경하고자 하는 경우에는 그 행위를 하고자 하는 지점에 이르기 전 30m(고속도로는 100m) 이상의 지점에 이르렀을 때 방향지시 신호를 하여야 하며, 그 변경하고자 하는 방향으로 오고 있는 모든 차의 정상적인 통행에 장애를 주지 않는 상황에서 차로를 변경할 수 있다. 또한 진로변경 제한선이 설치된 교차로・횡단보도・터널내 등에서는 차로를 변경해서는 안되고 그로 인해 사고를 야기한 경우 사고의 책임을 지게 된다.

(1) 차로변경중 사고

앞에서 설명한 전형적인 경우로 차로변경을 거의 마친 상황에서 진입차로 후속 뒷차에 추돌된 경우라도 #1차량으로 책임을 져야 한다.

(2) 진로변경으로 인한 사고

차로변경은 그 방향으로 오고 있는 모든 차의 정상적인 통행에 장애를 주지 않는 상황에서만 할 수 있으므로 뒤차와의 충돌을 피할 수 없을 때에는 변경해서는 안되며, 그로 인해 사고를 야기한 경우에는 차로변경 차량에 과실점 있다고 보아야 한다.[1]

(3) 쌍방 진로변경중 사고

모든 차는 뒤차와의 충돌을 피할 수 없을 때에는 변경해서는 안되며 진로 변경을 하

1) 대법원 1986. 12. 9. 선고 86다카1561 판결.

던 중 마침 우선권 있는 진로변경차량과 충돌하여 사고야기 되었다면 진로 변경차량의 사고책임이 인정된다.

3) 후진 사고

모든 차의 운전자가 후진 등을 하고자 할 때에는 보행자나 다른 차마의 정상적인 통행을 방해할 염려가 있는 때에는 도로를 횡단하거나 유턴 또는 후진하여서는 아니되고, 부득이 후진할 때의 가장 이상적인 방법은 후방에 교통보조자를 세우고 보조자의 유도 신호에 따라 안전하게 후진하여야 한다.

여기서 정상적인 통행에 방해되는 경우로는 같은 방향 또는 다른 방향에서 오는 보행자나 제차가 서행이나 일시정지 또는 진로를 변경하지 않고 계속 진행할 수 없는 경우를 말한다.

(1) 후진으로 인한 사고

차로가 있는 일반도로에서 안전조치 없이 후진타가 사고야기한 경우가 대표적인 경우인데 이 경우 도로교통법 제44조(안전운전의무위반)가 아니고 동법 제16조(후진위반)로 의율해야 한다.

(2) 후방주시태만 사고

골목길 등에서 후방주시를 태만히 한 채 후진하다 사고야기한 경우는 도로교통법 제44(후방주시태만위반)로 의율한다.

4) 개문(開門) 사고

제차의 운전자는 안전을 확인하지 아니하고 차의 문을 열거나 내려서는 아니되며 승차자가 교통의 위험을 일으키지 아니하도록 필요한 조치를 하여야 한다.

이 때 운전자의 개문행위 외에 차문에 대한 안전조치 미흡으로 승객이 문을 엶으로써 발생된 사고에 대해서도 운전자의 과실로 보고 있으며, 여기서 개문행위란 차 안에서 차 밖으로 문을 여는 것을 말하며 차 밖에서 문을 열고 타는 중 사고는 개문행위에 의한 사고라 할 수 없다.

커브길에서 회전중 문이 열리며 승객이 지면으로 떨어져 부상을 입거나,[2] 택시 운전자가 뒷트렁크에서 짐을 내리는 사이 차내 승객이 뒷문을 열어 측면 진행차량과 충돌한 경우가 이에 해당된다.[3] 그러나 택시 뒷문 기둥에 들어간 피해자 손을 일행이 문을 닫음으로 인해 부상을 입은 경우는 운전자의 과실이 없다.[4]

5) 교차로 통행방법위반 사고

둘 이상의 도로가 교차하는 교차로에서 좌회전 하려는 때에는 미리 도로의 중앙선을 따라 교차로의 중심 안쪽을 따라 서행하여야 한다.

(1) 교차로에서 좌회전중 사고

신호등 없는 교차로에서 좌회전중 반대방향에서 진행하고 있는 차량을 충돌하였을 경우는 좌회전차량에 과실이 있으며,[5] 직진차로에서 좌회전한 차량과 좌회전차로에서 직진한 차량이 교차로상에서 충돌한 경우는 양 차량 모두 교차로통행방법위반의 잘못이 있으나 직진차로에서 좌회전한 차의 과실이 중대한 사고원인이므로 #1차량으로 처리해야 한다.[6]

(2) 교차로에서 우회전중 사고

신호없이 우회전하다 우측에서 우회전하는 차량과 충돌시에는 신호없이 우회전하는 차량에게,[7] 우측단으로 근접하지 않고 넓게 회전하여 진행하다 우측에서 같은 방향으로 우회전하는 차량과 충돌한 경우 넓게 우회전한 차량에 과실이 있고,[8] 교차로에서 우회전중 후방에서 직진중인 차량과 충돌된 경우 우회전차량에 우측후방에 대한 안전을 확인한 다음 우회전할 주의의무가 있으므로 우회전차량에 과실이 있다.[9]

---

2) 경찰청 교안 63320-680(95. 3. 29) 서울질의회시.
3) 서울형사지방법원 1981. 11. 26. 선고 81고단 4674 판결.
4) 서울형사지방법원 1981. 12. 5. 선고 81고단 2753 판결.
5) 서울형사지방법원 1981. 2. 11. 선고 81고단 6755 판결.
6) 경찰청 교안 63320-3392(9. 12. 9) 질의회시.
7) 대법원 1986. 11. 25. 선고 86도 1802 판결.
8) 서울형사지방법원 1981. 7. 15. 선고 81고단 3512 판결.
9) 경찰청 교안 63320-680(95. 3. 29) 서울질의회시.

6) 신호등 없는 교차로 사고

(1) 신호등 없는 교차로 통행방법

신호등 없는 교차로의 통행에 대한 관계규정을 종합 정리하여 통행방법을 단계별로 구분해 보면,

첫째, 교차로 진입전(교차로 정지선상)에 일시정지 또는 서행하여야 하고

둘째, 교차로 진입전 좌우를 예의주시 교통상황을 파악한 후

셋째, 통행우선순위[10]에 따라 진입 · 안전하게 통행하여야 한다.

(2) 신호등 없는 교차로 유형

① 주택가 이면도로상의 좌우를 확인할 수 없는 신호등 없는 교차로

② 대로상 상호 대등하고 교통 빈번한 신호등 없는 교차로

③ 대로상에 좌우 지선도로를 위한 신호등 없는 교차로

④ 우선권 양보표지판이 설치된 신호등 없는 교차로

⑤ 고수부지나 공터 등의 편의상 교차로

⑥ 적색 황색 점멸신호등이 설치되어 있는 교차로

①과 같이 좌우 확인할 수 없는 교차로나 ②와 같은 교통이 빈번한 교차로에서는 선진입우선권이 엄격히 적용된다 하겠으나, ③과 같은 일부 대로상 좌우지선 도로 진입을 위한 교차로에서는 현저한 선진입이 아니면 통상 경험칙에 비추어 볼 때 대로직진차량에 통행우선권이 있다고 보아야 할 것이며, ④와 같이 우선권 양보표지판이 설치된 도로 통행차량이 우선권을 양보해야 할 것이다. 이와 같이 교차로 형태에 따라 그 특징을 참조, 사고처리 되는 점도 유의해야 할 것이다.

(3) 신호등 없는 교차로사고 조사요령

① 교차로 진입전 일시정지 또는 서행여부

제차는 신호등 없는 교차로 진입시 필히 일시정지 또는 서행토록 되어있는 바, 사고

10) 아래 (4) 신호등 없는 교차로사고 조사요령의 ③ 항 참조.

현장에 나타나 있는 상황이 아래에 해당되면 교차로 진입시 일시정지(또는 서행) 않고 진입한 것이 분명하고 사고의 직접원인이 될 만한 과실이므로 사고원인 차량으로 처리하여야 한다.

- 충돌직전(당시나 후) 노면에 스키드마크나 요마크가 형성되어 있는 경우
- 상대차량의 측면을 정면으로 충돌한 경우
- 사고차량의 진행방향으로 상대차량을 밀고가거나 전도(전복)시킨 경우
- 사고차량이 충돌지점으로부터 원거리로 튕겨져 나가(이동) 최종 정지한 경우
- 피해견적으로 보아 상당한 속력으로 상대차량을 충돌한 경우

② 전 · 좌 · 우에 대한 예의주시 이행여부

제차는 신호등 없는 교차로 진입시 필히 일시정지 또는 서행하며 전 · 좌 · 우 교통상황을 예의주시한 후 안전하게 통행해야 하는데 사고현장에 나타나 있는 상황이 아래에 해당되면 상대차량에 대한 주시태만이거나 뒤늦게 발견한 결과로 볼 수 있어 중과실을 적용하여 사고원인 차량으로 처리하여야 한다.

- 충돌직전에서야 상대차량을 본 경우
- 교차로 진입시 상대차량을 보지 못한 경우
- 사고차량이 정면으로 상대차량 옆면을 충돌한 경우

③ 교차로 진입시 통행우선권 이행여부

제차는 신호등 없는 교차로 진입시 필히 일시정지 또는 서행하며 전 · 좌 · 우 교통상황을 주시하며 통행할 때에는 통행우선권을 지켜야 하는데, 사고현장에 나타나 있는 상황이 아래에 해당되면 상대차량에 대한 통행우선권 양보의무자를 사고원인 차량으로 처리하여야 한다.

ⓐ 이미 그 교차로에 진입하여 진행하고 있는 차가 있거나, 또는 교차로에 들어가고 있는 차가 있을 때 통행우선권 양보(도로교통법 제23조 제2항, 제22조 제4항)

ⓑ 신호등 없는 교차로를 동시진입할 때 차마 서로간의 통행우선순위는 긴급자동차 ➡ 긴급자동차외의 자동차(최고속도순서) ➡ 원동기장치자전거 순이다.

ⓒ 우선순위가 같은 차는 우측도로 차에 진로양보(도로교통법 제22조 제5항)

ⓓ 동시진입시 폭이 넓은 도로 차에 진로양보(도로교통법 제22조 제6항)

ⓔ 우측도로와 넓은 도로의 경우 넓은 도로 우선(도로교통법 제22조 제7항)

ⓕ 교차로에서 좌회전시 교차로에 진입하여 직진하거나 우회전하려는 다른 차가 있으면 진로양보(도로교통법 제23조 제1항)

7) 우선권 양보 불이행 사고

모든 차의 운전자는 소로(小路)에서 대로(大路)로 나오거나, 대로상에서 회전하거나, 유턴할 때 등은 상대 차에 절대적 통행우선권이 주어지므로 상대 차의 정상적인 통행에 방해되지 않는 범위 내에서 진행해야 한다.

특히 양보표지판이 설치되어 있는 도로에서는 통행우선권을 양보하여야 할 것이며, 진행중인 차에게는 주・정차타 출발하는 차가, 좁은 도로 또는 비탈진 좁은 도로에서 빈 차는 승객(화물)을 실은 차에, 비탈진 좁은 도로에서 올라가는 차가 내려가는 차에 통행우선권을 양보하는 등 통행우선권이 상대적으로 우위에 있는 차량에 주어지는 점을 유의해야 할 것이다.

8) 서행・일시정지위반 사고

모든 차의 운전자는 다음에 해당하는 곳에서는 서행 또는 일시정지하여야 한다.

(1) 서행하여야 하는 곳

① 교통정리가 행하여지고 있지 아니하는 교차로

② 도로가 구부러진 부근

③ 비탈길의 고개마루 부근

④ 가파른 비탈길의 내리막

⑤ 기타 지방경찰청장이 도로에서의 위험을 방지하고 교통의 안전과 원활한 소통을 확보하기 위하여 필요하다고 인정하여 안전표지에 의하여 지정한 곳

여기서 서행이라 함은 느린 속도로 진행하는 것을 말하는 바, 규제속도보다 낮은 속도로서 구체적으로 정할 수 없으나 그 지역의 교통환경을 감안하여 사고예방을 위하여 급히 정차할 수 있는 속도를 말한다.[11] 그러나 차량진행신호시 횡단보도전에서의 서행 또는 일시정지의무는 없다.[12]

---

11) 치안본부 교안 02637-8417(87. 6. 2.) 질의회시.

12) 대법원 1985. 9. 10. 선고 85도 1228 판결.

(2) 일시정지 하여야 하는 곳

① 교통정리가 행하여지고 있지 아니하고 건물 기타 건조물 등의 장애로 좌우의 교통상황을 파악할 수 없거나 교통이 빈번한 교차로

② 지방경찰청장이 도로에서의 위험을 방지하고 교통의 안전과 원활한 소통을 확보하기 위하여 필요하다고 인정하여 안전표지에 의하여 지정한 곳

여기서 일시정지란 반드시 차마는 멈추어야 하되 얼마간의 시간동안 정지 상태를 유지해야 하는 교통상황적 의미를 말한다.

9) 안전운전 불이행 사고

① 제동장치 등 조작 불량 사고
② 핸들 과대 조작 사고
③ 전후좌우 주시태만 사고
④ 빙판길 감속 서행 등 안전운전 불이행 사고
⑤ 차내잡담 장난 등 운전부주의에 의한 사고
⑥ 운전미숙으로 인한 사고
⑦ 전방교통상황 파악 미흡으로 인한 사고
⑧ 난폭운전[13]에 의한 사고
⑨ 기타 해당법규가 애매한 유형의 사고

(1) 시내버스가 급제동하여 차내 출구로 가던 차내 승객이 넘어지며 부상을 당한 경우

버스운전자는 승객을 목적지까지 안전하게 수송할 주의의무가 있는 바, 급제동한 사유가 안전운행을 위한 운전자의 불가항력적 상황이었다면 안전사고이겠으나 사고운전자가 막연히 운전타가 장애물을 피하면서 급제동으로 하차승객에게 부상을 입혔다면 당연히 교통사고로 취급되어야 한다.[14]

---

13) 난폭운전이란 고의나 인식 있는 과실로 타인에게 현저한 위해를 초래하거나 타인의 통행에 대한 현저한 방해가 된 운전을 말하며 급진입, 급차로변경 행위(특히 방향지시등 미조작), 지그재그 운전, 좌우로 핸들을 급조작 급제동 행위, 지선도로에서 간선도로 진입시 일시정지 없이 급진입 그리고 기타 타인의 통행에 대한 현저한 위해 초래행위 등으로 분류될 수 있다. 경찰청 교통사고조사교본, 1996, p.167 참조.

14) 경찰청 교안 63320-331(94. 4. 30) 질의회시.

(2) 버스가 승객을 하차시키고 문을 닫는 순간 뒤늦게 승객이 뛰어 내리다 문짝사이에 손이 끼어 부상을 입은 경우

도로교통법 제48조 제7호(운전자의 준수사항)에 운전자는 안전을 확인하지 아니하고 차의 문을 열거나 내려서는 아니 되도록 필요한 조치를 하여야 한다고 규정하고 있고 시내버스 운전자가 정류장에서 버스의 문을 여닫는 행위는 정차된 경우라도 자동차를 본래의 사용목적에 따라 운행하는 행위의 연장으로 볼 수 있으므로 동 규정에 의거 교통사고로 처리한다.[15] 그러나 운전석을 떠나 승용차의 뒤트렁크를 여닫다가 손에 부상을 입은 것은 교통사고로 볼 수 없다.[16]

(3) 버스승객이 의자에서 졸다가 넘어져 다친 경우와 버스 승하차시 뒤에서 떠밀려 다친 경우

대부분 승객이 안전한데도 특정승객의 부주의에 의해 그 승객만 부상을 입은 사고인 경우는 안전사고로 처리하고, 버스 승하차시 승객에 밀려 전도되거나 자신의 과실로 다친 경우는 교통사고로 볼 수 없고 안전사고로 처리해야 한다.[17]

(4) 정차한 택시를 손님이 승차하며 문을 닫는 과정에서 다른 승객이 술에 취해 승차하다가 문짝에 충돌, 사고가 난 경우

택시가 정차한 상태로 대기중 승객이 승차하면서 주위를 확인치 않고 문을 닫음으로써 그 문으로 승차하려던 승객이 충돌, 부상을 입었다면 운전자 과실을 논할 수 없으므로 교통사고가 아니다.[18]

(5) 15톤 덤프트럭이 골재적재한 채 교량 통과중 교량붕괴 되면서 사고 발생되었을 경우

사고트럭이 적재중량을 초과하여 운행중 교량이 붕괴하였다면 안전시설 설치관리 소홀에 대한 책임을 별론으로 하고 운전자의 과실 책임을 물어 교통사고처리로 처리한다.[19]

---

15) 서울교통 02637-301451(89. 10. 6) 질의회시.
16) 치안본부 교통 02637-4746(88. 4. 7) 충남 질의회시.
17) 치안본부 교통 00254-12225(88. 8. 13) 부산 질의회시.
18) 경찰청 교안 63320-2542(94. 1. 6) 질의회시.
19) 서울교통 02637-1301(89. 1. 17) 질의회시.

2. 안전조치 불이행 사고

1) 승차 또는 적재의 방법과 제한[20)]

출발지를 관할하는 경찰서장의 허가를 받는 때 외에는 모든 차의 운전자는 승차인원 적재중량 및 적재용량에 관하여 대통령령이 정하는 운행상의 안전기준을 넘어서 승차시키거나 적재하고 운전하여서는 아니된다.

또한 모든 차의 운전자는 운전중 타고 있는 사람 또는 타고 내리는 사람이 떨어지지 아니하도록 하기 위하여 문을 정확히 여닫는 등 필요한 조치를 하여야 하며, 실은 화물이 떨어지지 아니하도록 덮개를 씌우거나 묶는 등 확실하게 고정될 수 있도록 필요한 조치를 하여야 한다.

지방경찰청장은 도로에서의 위험을 방지하고 교통의 안전과 원활한 소통을 확보하기 위하여 필요하다고 인정하는 때에는 차의 운전자에 대하여 승차인원이나 적재중량 또는 적재용량을 제한할 수 있다.

2) 주정차시 안전조치[21)]

운전자가 운전석으로부터 떠나는 때에는 원동기의 발동을 끄고 제동장치를 철저하게 하는 등 그 차의 정지상태를 안전하게 유지하고 다른 사람이 함부로 운전하지 못하도록 필요한 조치를 하여야 한다.

3) 개문(開門)행위[22)]

운전자는 안전을 확인하지 아니하고 차의 문을 열거나 내려서는 아니되며 승차자가 교통의 위험을 일으키지 아니하도록 필요한 조치를 하여야 한다.

---

20) 도로교통법 제35조.
21) 도로교통법 제48조 제1항 제6호.
22) 도로교통법 제48조 제1항 제7호.

4) 고장 등 경우의 조치[23)]

자동차의 운전자는 고장이나 그 밖의 사유로 고속도로나 자동차전용도로에서 그 자동차를 운행할 수 없게 된 때에는 행정자치부령이 정하는 표지를 하여야 하고 그 자동차를 고속도로 또는 자동차전용도로 외의 곳으로 이동하는 등의 필요한 조치를 하여야 한다.

5) 기타

(1) 주차차량 후미를 추돌하여 사고발생시 주차차량운전자의 형사상 책임 안전조치 없이 주차시켰다하여 주차위반이 사고와의 사이에 상당한 인과관계가 있다고는 할 수 없으므로 사고의 책임은 추돌차량에 있고 주차차량은 단순 법규위반으로 처리한다.[24)]

(2) 자동차 정원 초과하여 어린이들을 승차시켰을 경우에 자동차 안전기준에 12세 미만의 어린이는 1.5인을 1인으로 하고 승차인원은 11할 이내로 규정하고 있으며, 위반시 도로교통법 제35조(승차의 제한)을 적용한다.[25)]

(3) 자동차가 주행중 도로에 방치된 돌이나 바퀴에 박힌 돌이 튕겨서 사람을 사상하거나 물건을 손괴한 경우에는 교통사고라 할 수 없고 안전사고로 처리한다.[26)]

▣ 외교관 음주운전단속 가이드 라인

◎ 목적

한국에 주재하는 외교관의 음주운전으로부터 외교관 본인은 물론 우리 국민의 생명과 신체 및 공공의 안전을 보호하면서도 외교관에 대한 특권과 면제를 존중함으로서 음주단속이 외교마찰로 비화하는 것을 예방하기 위해서이다.

◎ 주요 내용

음주감지 및 측정단계로 교통경찰관이 도로에서 음주단속을 할 때 번호판에 외교 준외교 영사 등 외교공

---

23) 도로교통법 제61조.

24) 경찰청 교안 63070-2107(94. 9. 13) 민원인 질의회시. 다른 취지의 판례로는 대법원 1987. 2. 10. 선고 86도2514 판결: 가로등 없는 야간 도로상에 원목 적재한 트럭이 정차할 경우 위험표지판을 설치하고 위험신호할 의무가 있다.

25) 경찰청 교안 63310-774(94. 4. 6) 질의회시.

26) 치안본부 교안 02637-7860(89. 5. 25) 강원 질의회시.

관용 차량이라 하더라도 차량을 정지시켜 창문을 열게 하고 음주감지기로 감지를 요구 할 수 있으며 외교관 차량은 이에 응해야 한다.

▶ 정지신호에 불응하고 도주시 즉시 추적 또는 자동차등록 번호 확인 추적

음주감지기로 감지 결과 음주운전 혐의없으면 정중하게 감사를 표하고 통과하게 하며 혐의있으면 차에서 내리게 하여 음주측정기로 음주측정 요구하며 외교관이라도 원칙적으로 이에 응해야 한다. 음주측정결과 단속수치(혈중알콜농도 0.05퍼센트) 미만일때는 정중하게 감사를 표하며 출발하게 하고, 단속수치 이상일때는 경찰관서에 임의동행 요구하고 임의수사한다.

▶ 외교관 신분이 확인되었을 경우 현행범체포나 강제연행은 불가하고 임의수사 요구 가능

외교관 신분 및 면책특권 주장시 음주감지 또는 측정요구에 외교관 신분임을 주장하며 거부할 때는 반드시 외교관신분증을 통해 확인하거나 해당 주한공관 또는 외교통상부 직원을 통해 외교관 신분 확인 필요

▶ 외교관신분이 확인되지 않을 때에는 차량을 출발시키지 않음

외교관신분 확인되면 외교관의 의사에 반하는 음주감지 또는 측정을 할 수 없으나 외교관 본인을 위한 것임을 설명하고 측정 요구한다. 음주가 의심되나 감지 측정을 끝까지 거부하는 경우와 음주측정 후 혈중알콜농도가 단속수치 이상인 경우에는 해당 대사관 또는 가족에게 연락하여 운전하게 하거나 대리운전할 수 있도록 조치 후 출발시킴. 사후조치는 외교관으로 확인되었으나 음주감지 측정요구에 불응하고 이탈한 경우나 측정결과 단속수치 이상인 경우 외교부에 통보하고 외교부에서는 적절한 조치 취함

▶ 사안의 경중에 따라 주의환기, 경고, 심각한 경우 PNG (Persona Non Grata : 기피인물) 선언

제7절 외국의 교통경찰

1. 영국의 교통경찰

영국 내무부는 도로교통조정과 안전관리를 취급하며, 경찰은 도로교통관리 및 법규위반단속권을 가지고 있다. 영국의 경찰조직은 잉글랜드와 웨일즈의 43개, 스코틀랜드에 8개, 북아일랜드에 1개 등 52개의 경찰청(Constabulary)들이 독립적으로 활동하고 있는데, 수도경찰청(Metropolitan Police Service)의 교통경찰업무는, 방면본부소속 운영담당국장이 제반교통사무를 관장하고 있으며, 이는 1829년의 수도경찰법이 경찰에게 교통단속권을 부여하면서 교통통제와 규제가 수도 경찰의 주된 임무가 되었다.

수도경찰청에는 교통관리와 사고방지활동을 전개하는 지역대와, 병원에의 응급환자수송, 약품, 혈액 등의 수송, 의사 등의 긴급수송의 선도역할을 담당하는 교통기동대,

사고다발지점에 출동하여 교통지도 등을 행하는 사고방지반, 국사행사, 식전(式典) 등에 활약하는 특별경호부대인 특별경호반(싸이카부대), 정해진 루트를 순찰하다가 사고 발생시 사고 지점으로 출동해서 사고처리와 교통통제, 질서유지, 범인추적 등의 일을 처리하는 ASU(Air Support Unit) 등이 있으며, 교통사령실을 통해 종합운영체제를 갖추고 있다.

2. 미국의 교통경찰

미국의 경찰은 크게 보아 연방경찰, 각주의 주경찰, 그리고 시경찰 등의 지방경찰의 세 가지 형태가 존재한다.

주경찰은 주 전역을 관할하는 일반적 경찰권한을 가지고 순찰, 수사, 방범 등의 기본적 경찰기능을 수행하는 주경찰국의 형태와 주요 고속도로에서 순찰활동만을 담당하는 고속도로 순찰대(Highway Patrol)의 형태가 있다. 주 경찰국이 있는 주에는 Highway Patrol이 설치되어 있지 않기 때문에, 이들 주에서는 자치체 이외 지역의 교통경찰업무는 오로지 주 경찰국의 임무에 속한다.

고속도로 순찰대 형태의 주경찰은 모두 27개 주에 달한다. Highway Patrol의 임무는 주마다 차이가 있으나, 일반적으로 주의 公道上의 차량의 운행을 규제하는 각종 교통관계업무와 법규의 집행을 임무로 하고 있다.

3. 일본의 교통경찰

경찰청에는 교통국을 두고 있으며, 교통국에는 교통기획과, 교통지도과, 교통규제과, 도시교통대책반, 운전면허과 등 5개과를 두고 있다. 관구경찰국 교통경찰의 업무는 공안부에 속한다. 그리고 도도부현경찰에도 교통부를 두고 있으며, 그 밑에 총무과, 안전과, 기획과, 운전면허과 등을 두고 있다.

일본 사회의 고령화 추세로 노인 운전자가 급증하고 있는 가운데 사망사고의 25%가 65세 이상 고령 운전자에 의한 것으로 분석되는 등 노인 운전자에 의한 교통사고가 심각한 문제로 부각되자 일본의 아이치경찰은 고령 운전자의 교통사고를 방지하기 위해 일정 연령 이상의 운전면허 소지자는 인지기능검사를 의무화하고 그 결과에 따라 인지증 운전자의 면허를 취소할 수 있는 제도도입을 경찰청에 건의했다. 인지증(認知症)이란 뇌 · 신체 기능저하로 방향 · 거리감각이나 운전조작 능력이 상실되어 안전운전에 장애가 발생한 상태로 인지증 운전자의 차량운전 자제를 위한 유인책의 일환으로 면허증 자진반납시 택시요금 및 버스 · 전철 정기권을 할인해주는 방안을 검토중이다.

▣ 음주운전의 단속기준

◎ 단순음주운전의 경우 벌금은 얼마?
- 0.05% - 0.1% : 100만원
- 0.11% - 0.15% : 150만원
- 0.16% - 0.2% : 200만원
- 0.21% - 0.25% : 250만원
- 0.26% - 0.3% : 300만원
- 0.31%- 0.36% : 400만원
- 0. 36% 이상 : 구속기소

◎ 단순음주운전의 경우 구속기준
- 5년내 3회 이상 주취운전 처벌 전력자(주취정도 불문)
- 5년내 2회 이상 주취운전 처벌자로서 0.1%이상이거나 0.1%미만으로 무면허인 경우
- 3년내 2회 이상 주취운전 처벌 전력자(주취정도 불문)
- 음주운전 전력으로 무면허 상태(면허정지포함)에서 재차 음주운전한 경우(다만, 0.1%미만으로 음주경위 등 참작사유 있는 경우 불구속 가능)

◎ 음주측정 불응
- 상당기간 주취측정 거부한 자로서 죄질불량한 경우는 구속원칙
(다만 동종전력, 음주량, 운전거리, 거부상황 등을 고려하여 불구속 가능)
- 벌금 300만원, 면허 취소

◎ 무면허 운전
- 벌금 100만원 이상(정상참작시 50만원)
- 오토바이 무면허는 벌금 20만원 이상 (단 폭주족 등 죄질불량자는 30만원 이상)

제3장 수사경찰활동

제1절 범죄수사의 의의

1. 범죄의 의의 및 특성

1) 범죄의 의의

범죄의 개념은 형식적으로는 실정법에 의하여 제재로서 형벌이 과해지는 행위를 의미한다. 즉, 형벌법규에 규정되어 있는 구성요건에 해당하고, 위법하고 유책한 행위를 뜻한다. 그러므로 형벌 이외의 제재(예를 들어 과료)나 보안처분의 대상이 되는 행위는 범죄에 해당되지 않는다. 범죄는 보통 자연범(또는 형사범)과 법정범(또는 행정범)으로 구별되지만, 여기에서는 양자를 모두 포함한다.

2) 현대범죄의 특성

경찰청 통계자료에 의하면 2006년도 살인범죄는 1,074건, 강도는 4,832건, 강간은

8,759건, 절도는 192,808건, 폭력은 282,102건이 발생하였다. 1998년 살인범죄 963건, 강도 5,516건, 강간 5,978건, 절도 91,438건, 폭력 226,409건과 비교하면 살인은 약간의 증가추세를 보이고 있고, 강도는 감소하였으며, 강간은 커다란 증가폭을 보이고 있다. 상대적으로 죄질이 가벼운 절도는 더욱 큰 폭의 증가추세를 보이고 있고, 폭력은 꾸준한 증가추세를 보이고 있다.

최근 범죄의 특성은 광역성, 기동성, 지능성, 흉포성, 연소화로 요약된다. 이러한 범죄에 능동적이고 적극적으로 대응해야 하는 수사경찰 또한 과학수사력의 강화, 청소년 선도활동의 강화, 광역수사력의 강화 등이 요청된다.

① 광역성 - 교통 · 통신수단의 발달, 현금 취급점의 온라인시스템 채택, 장거리 통근자의 증가 등으로 범죄는 날로 광역화 경향이 두드러지고 있다.

② 기동성 - 전국이 1일 생활권화함에 따라 범죄도 고속화, 기동화 경향이 가속되고 있다.

③ 지능성 - 범죄현장에 지문, 흔적 등 유형증거를 남기지 않은 예가 증가하고 있고 알리바이, 범죄현장위장공작도 날로 치밀해져 가는 등 범죄방법이 교묘해지고 있다.

④ 흉포성 - 산업사회에 따른 가치관의 황폐화와 정신병질의 증가 등으로 살해후 증거인멸을 위해 사체를 토막내 소각하는 등 범죄의 흉포화 악질화 경향이 증가하고 있다.

⑤ 연소화 - 흉악범의 연소화 경향으로 청소년범죄가 급격히 늘어나고 있다.

2. 범죄진압 및 범죄수사의 의의

1) 범죄진압의 의의

범죄진압의 개념은 주로 집단적 범죄가 막 일어나려고 하는 것을 미연에 방지하거나, 또는 집단적 범죄가 이미 발생된 뒤에도, 그 확대를 방지하고, 또는 이를 종식시키는 활동을 말한다. 따라서 그 활동의 내용은 범죄의 예방에도 해당될 수 있고, 범죄의 수사에도 관련되는 것으로, 양자의 모두에 중복되는데, 집단적 범죄의 경우에는 특히, 그 예방과 수사를 합쳐서 진압이라는 말을 많이 사용한다.

2) 범죄수사의 의의

범죄수사는 형사사건에 있어서 공소제기 여부의 결정 또는 공소제기 및 이를 유지·수행하기 위한 준비단계로서, 범죄사실을 조사하고 범인 및 증거를 발견·수집·보전하는 수사기관의 일련의 활동을 의미한다. 이러한 개념규정은 형사소송법 제195조에 근거한 것으로 일반적으로 인정되고 있으나, 현실적으로 범죄혐의를 인정하기 위해서는 범죄혐의 유무에 대한 조사가 전제되어야 하며, 그러한 혐의유무에 대한 조사단계가 내사이고, 이러한 내사를 위해서는 상당한 정도의 범죄정보, 진정, 투서 등의 수사단서가 있어야 한다. 그러므로 일반적 의미의 수사실행 전 단계에서 이루어지는 내사나 수사단서의 수집 등도 넓은 의미의 수사개념에 포함된다고 할 수 있다.

이처럼 범죄수사는 궁극적으로 국가형벌권을 유효하고 적절하게 행사하기 위한 것이기 때문에 범죄사실의 존부나 범인발견에 국한되는 것이 아니라, 범죄의 일시, 장소, 범죄의 종류, 원인, 수단, 방법, 피해상황, 범인의 연령, 직업, 소행, 경력, 전과의 유무는 물론 소추요건, 처벌조건, 형의 가중·감경·면제의 원인이 되는 사실 유무 등 전반에 걸쳐 행하는 것이다.[1)]

3. 수사경찰의 권한과 의무

범죄의 수사는 사법경찰 작용으로서 수사경찰의 주된 임무로 규정되어 있으며, 범죄의 진압도 이러한 사법경찰 작용과 밀접하게 관련되어 있다. 범죄의 수사는 사법경찰 작용으로 사법경찰관리는 사법경찰관리집무규칙에 의거하여 활동한다. 경찰법과 경찰관직무집행법은 각각 범죄의 진압 및 수사를 경찰의 임무로 규정하고 있으나 경찰의 수사권에 대하여는 검사의 지휘를 받도록 한계지우고 있는 형사소송법(제196조)에 근거한다.

다만, 행정상의 경찰권의 행사가 행정편의주의에 따라 「~할 수 있다」고 규정되어 있는 경우가 대부분인데 비하여, 수사에 관해서는 형사법 각조가 「~하여야 한다」고 규정함으로써 법정주의원칙을 천명하고 있다. 그러므로 경찰관은 범죄의 진압과 수사를 편의주의에 따라 할 것인가 말 것인가를 결정할 재량이 없으며, 범죄행위가 있으면 친고죄 등 특별한 경우를 제외하고는 수사를 하여야 할 의무가 발생한다.

---

1) 임창호, 전게서, pp. 463~464.

4. 수사경찰의 조직

우리나라 수사기관에는 검사와 사법경찰관리가 있다. 사법경찰관리에는 검찰청소속 수사관과 경찰청 산하 각 경찰관서 소속 수사요원들로 구성된 일반사법경찰관리, 그리고 삼림, 해사, 전매, 세무, 군수사기관 등에 소속된 특별사법경찰관리가 있다.

중앙 경찰조직인 경찰청은 수사국 밑에 수사과, 특수수사과, 형사과, 과학수사과, 마약지능과, 사이버테러대응센터를 두고 있으며, 대도시 경찰서에는 수사과와 형사과를 별도로 두고 있는 경우도 있고, 수사과만 두고 있는 경우도 있다. 경찰서에서 수사기능은 범죄의 형태에 따라 조직화 되고 있다. 특히 경찰서에서는 수사기능을 전문화시켜 발전시켜 왔는데 살인, 강도, 폭력, 유괴, 성범죄 등의 대인범죄와 절도, 사기 등의 대물범죄를 취급하기 위한 전담부서를 설치하고 있다.

1) 경찰청의 수사 조직

(1) 경찰청 수사국

경찰청과그소속기관등직제에 의하면 경찰청 수사국은 다음 업무를 수행한다.

① 경찰수사업무에 관한 기획 · 지도 · 조정 및 통제
② 범죄통계 및 수사자료의 분석
③ 범죄수사의 지도 및 조정
④ 과학수사기법에 관한 기획 및 지도
⑤ 범죄의 수사에 관한 사항
⑥ 범죄감식 및 범죄기록의 수집 · 관리

(2) 수사국 수사과

수사국 수사과장은 다음 사항을 분장한다.

① 경찰수사업무에 관한 기획 · 지도 · 조정 및 통제
② 범죄통계 및 수사자료의 분석
③ 기타 국내 다른 과의 주관에 속하지 아니하는 사항

(3) 수사국 특수수사과

수사국 특수수사과장은 국익에 관련되는 중대한 범죄의 수사에 관한 사무를 분장한다.

(4) 수사국 형사과

수사국 형사과장은 다음 사항을 분장한다.<개정 2000.10.31>

① 살인 · 강도 · 폭력 · 도범 및 방화사범에 관한 정보의 처리 및 수사 · 지도

② 수사공조업무 및 중요사건 수사지도에 관한 사항

▣ 형사과의 업무

강력 업무	가. 민생치안 종합계획수립 및 추진상황 분석 나. 민생치안 관련사항 총괄 및 관계기관 협조 다. 살인 · 강도 및 강간 · 방화범죄에 관한 대책과 수사지도 라. 변사사건의 수사지도 마. 초동수사 및 수사긴급배치 훈련지도 바. 도범 · 장물범에 대한 대책 및 수사지도 사. 차량이용범죄에 대한 대책 및 수사지도 아. 기소중지자 대책 및 지도 자. 지명수배 전산입력 및 해제 자료관리 차. 장물 · 여죄수사기법 개발 및 자료관리 카. 범죄수법자료 수집 · 분류 · 관리 및 자료지원 타. 강력범 등 중요사건의 현장수사지도 파. 수사기법 연구
폭력 업무	가. 조직폭력 · 일반폭력에 대한 대책 및 수사지도 나. 단순약취 · 유인 · 인신매매사건에 대한 대책 및 수사지도 다. 공갈 · 협박사건에 관한 수사지도 라. 행불사건에 관한 대책과 수사지도 마. 우범자 관찰보호 업무지도 바. 음료 · 음식물 등에 대한 이물질 투입사건 수사지도 사. 도주사건 수사지도 아. 도박사건 수사지도 자. 폭발물사고, 열차 · 항공기 · 선박사고 및 건물붕괴 등의 안전사고와 관련된 범죄의 수사지도

(5) 수사국 지능범죄 수사과

수사국 지능범죄 수사과장은 다음 사항을 분장한다. <신설 2002.10.5>

① 경제사범에 관한 정보의 처리 및 수사・지도

② 선거・공무원・식품・환경・총기・문화재・밀수・병역 등과 관련된 범죄에 관한 정보의 처리 및 수사・지도

■ 지능범죄 수사과의 업무

지능1 업무	가. 통화관련 범죄의 수사지도 나. 불법도청 등 사생활침해사범 수사지도 다. 금융 및 경제사범의 수사지도 라. 부동산관련 범죄의 수사지도 마. 물가 및 공정거래관련 사범의 수사지도 바. 지적소유권사범의 수사지도 사. 금융정보분석원(FIU) 제공 특정금융거래정보 관련 업무 아. 해당범죄의 민원 및 이의사건 처리 자. 기타 다른 업무에 속하지 아니한 형법 및 특별법위반사범의 수사지도
지능2 업무	가. 공무원범죄의 수사지도 나. 병무 및 군수물자관련 범죄의 수사지도 다. 무역 및 밀수사범의 수사지도 라. 농・수・축산물관련 범죄의 수사지도 마. 문화관광에 관한 범죄의 수사지도 바. 총기관련 범죄의 수사지도 사. 보건위생 및 환경사범의 수사지도 아. 직업안정에 관한 범죄의 수사지도 자. 선거관련사범의 수사지도 차. 해당범죄의 민원 및 이의사건 처리

(6) 수사국 마약 수사과

수사국 마약 수사과장은 다음 사항을 분장한다. <개정 2002.10.5>

① 마약사범에 관한 정보의 처리 및 수사・지도

② 국제 마약류에 대한 분석과 마약류범죄에 관한 국내외 협력업무

(7) 수사국 과학수사과

수사국 과학수사과장은 다음 사항을 분장한다.<개정 1999.12.28, 2000.12.20>

① 과학수사에 관한 기획 및 지도

② 범죄감식 및 범죄기록의 수집・관리

③ 피의자의 지문・사진 및 주민등록지문의 수집・관리 등 채증업무

▣ 과학수사과의 업무

과학수사 업무	가. 범죄감식에 관한 기획 및 지도 나. 감식요원에 대한 교육지도 다. 과학수사기법 및 첨단장비의 개발 라. 과학수사 자료수집 및 수사교육자료 편집 마. 지문자동분류 검색시스템 운영
지문 업무	가. 수사자료표의 수집 및 관리 나. 주민등록증발급신청서등 지문자료 수집·관리 다. 형사입건 처분결과 정리 및 민원처리 라. 변사자등 신원확인 마. 감식자료의 축사 운영 바. 지문전송기 운영 사. 범죄경력조회 및 회보 아. 폐쇄회로 필름판독 및 기술지도
채증 업무	가. 범죄증거물 수집 및 기술개발　　나. 몽타주 작성 및 기술지도 다. 족흔적·타이어 흔적 등 감정　　라. 지문검색 및 감정자료의 관리 마. 화재감식　　바. 거짓말탐지기 운영지도

(8) 수사국 사이버테러 대응센터

수사국 사이버테러대응센터의 장은 다음 사항을 분장한다.<신설 2000.9.29>

① 사이버테러의 탐지·추적수사 및 경보 등 조치

② 사이버테러관련 수사기법의 연구·개발 및 국제경찰기구 등과의 협력

③ 사이버범죄의 수사 및 지도

우리나라 사이버범죄는 '01년 33,289건이던 것이 '06년 82,186건으로 5년 만에 2배 이상 증가 하였다.

▣ 사이버테러대응센터의 업무

협력운영업무	가. 서무, 예산, 장비 및 시스템 관리 나. 사이버테러대책 종합계획 수립 다. 사이버범죄 신고접수, 상담 및 초동조치 라. 사이버테러관련 대외협력 및 홍보
사이버수사 1업무	가. 해킹·바이러스 유포 등 사이버테러형 사건 수사 및 지도 나. 사이버테러 관련 검색 및 경보

사이버수사 2업무	가. 사이버수사 기획 및 지도 나. 일반 사이버범죄 중 신종범죄, 공공기관 관련사건, 전국적·국제적 공조가 필요한 사건 수사 다. 기타 사이버관련 중요사건 수사 라. 위법사이트 검색 및 관련조치
기법개발업무	가. 사이버테러 예방전략 연구 및 개발 나. 사이버범죄 관련 보안·수사기법 연구 다. 사이버수사 기술 지원

2) 경찰서 수사 조직

수사과와 형사과가 분리되어 있는 경찰서를 기준으로, 경찰서의 수사과 수사1계에서는 유치장 관리, 사건송치, 피의자 호송, 컴퓨터 터미널 운영 등을 담당하고, 수사2계에서는 시위·선거 관련 사범 조사처리, 부정수표 등 타기관 고발사건, 경제사범 등의 수사를 맡고, 조사계에서 고소·고발사건을 처리한다. 형사과에서는 관리계가 변사사건 처리, 진정·탄원사건 처리 등을 담당하며, 형사계가 강력범, 폭력범, 지능범, 마약범 등을 수사하고 형사기동순찰반을 운영한다.

3) 수사활동의 법적 근거

경찰법 제3조는 경찰의 임무로서 범죄의 진압과 수사를 들고 있고, 경찰관직무집행법 제2조 제1호도 마찬가지로 직무의 범위로서 같은 내용을 규정하고 있다.

형사소송법 제196조는 수사관, 경무관, 총경, 경정, 경감, 경위는 사법경찰관으로서 검사의 지휘를 받아 수사를 하여야 하고, 경사, 경장, 순경은 사법경찰리로서 검사 또는 사법경찰관의 지휘를 받아 수사의 보조를 하여야 한다고 규정함으로써 경찰수사권을 제한하고 있다. 경찰관의 수사에 관한 일반법인 형사소송법 외에, 사법경찰관리집무규칙, 범죄수사규칙 등도 경찰의 수사에 관한 규정을 두고 있다.

5. 수사의 기본이념

수사의 기본이념은 실체적 진실의 발견과 기본적 인권의 보장에 있다. 현행법상 수사의 지도원리는 실체적 진실주의, 무죄추정의 법리, 필요최소한도의 법리, 적정절차의 법리 등이 있다. 수사를 함에 있어서는 적법절차를 준수하여 실체적 진실 발견과 기본적 인권보장이라는 양 목표가 조화를 이룰 수 있도록 노력하여야 한다.

1) 실체적 진실의 발견

(1) 실체적 진실주의는 당사자의 주장, 인부 또는 입증에 구애되지 않고 객관적인 사실의 진상을 규명하려는 절차법상의 이념이다.

(2) 실체적 진실의 발견에도 인간능력에 따른 한계와 제도자체에서 오는 한계, 군사상의 비밀 등 다른 중요한 이익과 충돌하는 경우의 제약, 인권보장적 측면에서 가해지는 절차상의 제약 등이 있다.

2) 기본적 인권보장

수사절차상 인권유린이 없도록 임의수사 원칙을 선언하면서 강제처분은 법에 특별한 규정이 있을 때에만 극히 예외적으로 할 수 있도록 규정하고 있다.

6. 수사경찰의 업무분장

수사업무는 수사경찰이 수행하는 일반수사, 방범기능의 소년사범수사, 교통기능의 교통사범수사, 보안기능의 보안(정보)사범수사, 외사기능의 외사사범수사 등이 있다.

수사경찰의 주요 업무를 살펴보면 다음과 같다.

1) 일반 수사 및 형사활동

일반범죄의 수사는 수사의 단서 ⇨ 수사착수 ⇨ 현장관찰 ⇨ 수사방침수립 ⇨ 수사실행 ⇨ 사람과 물건 등의 조치 ⇨ 조사 ⇨ 송치의 과정을 거친다.

(1) 내사

내사는 수사의 전 단계로서 신문 등 출판물의 기사, 익명의 신고, 소문 등에 범죄혐의가 있을 때 그 진상을 밝히기 위하여 입건하지 아니하고 조사하는 단계를 말한다.

조사결과 범죄혐의가 있고 입건의 필요와 가치가 있을 때에는 수사개시의 단서가 되므로 범죄인지보고서를 작성하여 입건하고, 범죄혐의가 없거나 입건할 필요가 없을 때에는 내사 종결한다.

(2) 수사의 개시

수사기관이 사건을 수리하여 수사를 개시함을 입건이라고 하며 입건의 원인은 내사를 통한 범죄의 인지, 고소·고발의 접수, 자수, 자복, 변사체검시, 검사의 수사지휘, 다른 사법경찰업무 취급관서로부터의 이송사건수리 등이다.

실무상으로 입건이란 수사기관에 비치된 사건접수부에 사건을 기재하고 사건번호를 부여하는 단계를 말하며, 그 이후에는 혐의자가 피의자의 신분으로 된다.

인지 수사의 경우에는 범죄인지보고서를 작성하여야 한다.

(3) 수사의 실행

사법경찰관은 형사소송법, 사법경찰관리집무규칙, 범죄수사규칙 등 관계법령 내에서 수사를 실행하여야 한다.

수사의 실행 전에 현장에서 수집된 여러 가지 자료를 검토하여 각 수사관의 의견을 종합 수사를 어떠한 방향으로 전개할 것인가 수사방침을 수립하여야 한다.

구체적인 수사방법에는 다음이 있다.

① 현장 및 그 부근에서부터 범인의 「행적수사」

② 범인이 떨어뜨린 것은 없는가를 살피는 「유류품 수사」

③ 현장상황과 피해자의 생활상태 등으로 보아 범인은 피해자 또는 주변지역을 잘 아는 자인가를 밝히는 「감수사」

④ 범인의 침입 도주한 방법·범행전후의 사정 또는 수단방법을 살피는 「수법수사」

⑤ 지문조회, 혈액감정 등을 포함하는 「감식수사」

예를 들어 절도범죄가 발생시 절도범죄 수사를 위해서는 피해자 수사 ➪ 현장수사 ➪ 자료수사 ➪ 용의자수사 등을 종합적으로 진행해야 한다.

■ 절도범 수사방법

피해자수사	• 피해금품확인 • 도난시의 가족상태확인 • 범인에 관한 정보수집	• 피해품의 보관상태확인 • 범인목격여부확인 • 피해일시 · 장소의 확인	• 용의자 등 확인
현장수사	• 현장보존 및 관찰	• 탐문수사 및 검색의 실시	
자료수사	• 감별수사 • 장물수사	• 유류품수사 • 수법수사	
용의자수사	• 신원관계 · 범죄경력 · 생활상태 • 피해자와의 관계 • 현장과의 관련성	• 범행의 원인 및 동기 • 알리바이와 사건전후의 관계	

(4) 사건의 송치

사법경찰관은 사건에 대하여 진상이 파악되고 적용할 법령, 처리의견을 제시할 수 있을 정도가 되면 사건을 검찰청에 송치한다. 이로써 경찰의 수사행위는 일응 종결되는 것으로 본다.

(5) 송치 후의 수사

사건 송치 후 피의자의 여죄가 발견되거나 검사의 공소제기 또는 유지를 위한 보강수사지시가 있을 경우 이에 상응하는 추가적인 수사활동이 전개된다.

2) 범죄정보수집

(1) 정의

수사에 관한 범죄정보를 수사정보라고 한다. 수사정보란 범죄수사상 참고가 되는 모든 정보를 말한다. 즉, 수사의 단서가 될 수 있는 것은 물론, 범죄로의 이행이 예상되는 사안, 이미 발생한 범죄에 관한 사항 등이 수사정보의 대상이 된다.

범죄정보수집에 관해서는 수사첩보활동규칙(1996. 8. 30. 경찰청예규 제167호) 등에 관계규정을 두고 있다. 이 규정에 의하면 수사 첩보라 함은 다음의 자료 또는 수사의 단서가 되는 범죄 첩보를 의미한다.

① 형사정책에 관한 자료
② 수사제도와 운영에 관한 자료
③ 범죄예방과 검거대책에 관한 자료
④ 수사의 단서가 될 수 있는 일체의 범죄첩보

(2) 운용

수사정보는 오관의 작용을 통한 시찰, 관찰, 탐문, 질문, 경험으로서 수집하는 것이므로 평소 사물에 대한 관찰, 분석, 판단에 노력을 기울여야 한다.

수사첩보 성적의 평가를 위한 1건당 배점은 다음의 기준에 의한다.
① 특보(전국적 수사 또는 중앙부서에서 시행해야 할 사안) 10점
② 중보(지방청 단위에서 수사 또는 시행해야 할 사안) 5점
③ 통보(경찰서 단위에서 수사 또는 시행해야 할 사안) 2점
④ 기록 1점

3) 유치장관리

(1) 목적

유치장관리는 유치인의 인권을 보장하는 한편, 유치인의 도주・죄증인멸・자해행위 등을 미연에 방지하고, 동시에 유치인의 건강 및 유치장 내의 질서를 유지하는 업무를 말한다.

(2) 법령

유치장관리에 관한 관련법규로는 유치장의 설치 근거인 경찰관직무집행법(제9조)과, 근무수칙 등을 정한 피의자유치및호송규칙(1996. 8. 30. 경찰청훈령 제187호)이 있다.

(3) 책임

유치장 관리책임은 경찰서장이 피의자의 유치 및 유치장의 관리에 관하여 전반적인 지휘・감독 책임을 지며, 수사과장이 경찰서장을 보좌하여 유치장관리의 책임을 진다. 그리고 야간 또는 공휴일에는 상황실장 또는 경찰서장이 지정하는 자가 유치주무자의 직무를 대리하며 그 책임을 지도록 되어 있다.

4) 범죄감식

(1) 정의

범죄감식은 각종 과학장비를 통하여 복잡 다양한 범죄의 과학적 해결을 뒷받침하는 활동이다.

(2) 조직

경찰청에는 범죄감식을 전국적으로 총괄하는 감식과를 두고 있으며, 여기에는 지문검색 등을 담당하는 감식계와 전과기록 · 주민지문 등을 관리하는 지문계, 그리고 현장에서의 지문이나 족 흔적 등을 채취하고, 몽타주를 작성하는 등의 활동을 하는 채증계 등이 있어서 경찰의 수사활동의 과학적인 기초를 제공하고 있다.

일선에서의 지문조회나 컴퓨터를 통한 전과조회는 바로 이러한 중앙 시스템에 의존하게 되어 있으며, 다른 수사기관에서도 경찰의 감식기능에 크게 의존하고 있다. 그밖에 행정자치부장관직속으로 국립과학수사연구소가 설치되어 있어서 DNA감식 등 범죄수사의 과학화에 기여하고 있다.

▣ 외국의 사례

◎ 일본 경찰청은 04년 12월부터 「DNA 정보검색시스템」을 운영해 왔다. 피의자 DNA 기록 2,031건, 사건현장 유류 DNA 기록 1,603건을 각각 등록하였으며 시스템을 통해 피의자가 특정된 것은 32건에 21명으로, 그 가운데 22건 16명은 여죄조회, 3건 3명은 유류조회, 7건 2명은 동일범죄 조회로 나타났다. 주요사례는 05년 7월 나가노현에서 강제추행 피의자를 체포하여 DNA 기록을 조회한 결과, '02년 도쿄에서 발생한 강간사건의 유류 DNA와 동일성을 확인하였다.

◎ 미국 펜실베니아주는 그간 살인 · 강도 · 폭력 등을 저지른 흉악범에게만 적용돼 오던 「범인 DNA기록의 경찰 데이터베이스 보관에 관한 州法」을 사기 등 경제범죄를 포함한 모든 범죄혐의자에게도 적용하도록 개정하였다. 이에 따라 범인들이 범죄현장에서 도피하더라도 4~5년후 검거되는 경우가 늘어날 것으로 전망하고 펜실바니아 의회는 지난 '98년 필라델피아 교외 '어퍼머리언' 거주 여성이 교회에서 귀가 도중 괴한에게 강간당한 것을 계기로 「DNA 자료보관법」제정 2006년 4만명 이상으로부터 DNA자료를 수집하였는 바 이같은 DNA기록은 FBI로 보내져 타주로 도피한 범인검거에 사용되는데 펜실베니아주경찰이 수집된 DNA자료를 활용해 범인을 검거하거나 용의자의 혐의가 벗겨진 경우가 올들어 135건에 이르는 것으로 나타났다. FBI는 현재 미국 전체인구의 1%인 약 270만여명의 DNA자료를 확보하고 있다.

5) 소년범죄 수사

수사활동은 생활안전기능을 통해서도 수행되는데, 소년범죄의 수사는 청소년 선도와 보호라고 하는 생활안전 경찰기능과 조화를 이루도록 소년 비행방지 업무와 더불어 소년범죄의 수사를 생활안전국의 업무로 분장시키고 있다.

6) 교통사범수사

교통사고수사는 원칙적으로 경찰서의 교통사고처리반에서 하고 있다. 교통사고수사는 일반범죄의 수사와 비교할 때 전문기술적인 특성이 강하기 때문이다.

교통사고에 대한 수사는 사고에 관한 형사책임의 규명(증거 수집 및 보전 활동 등) 뿐만 아니라, 교통법령위반에 대한 행정처분(운전면허의 취소, 정지 등), 기타 사고의 재발방지를 위한 원인 조사 등의 목적이 포함되어 있다.

사고를 동반하지 않은 단순무면허 운전이나 단순음주사건의 수사는 형사기능에서 수행한다.

7) 보안사범수사

보안경찰은 경찰청과그소속기관등직제 제15조에 의거, 간첩 등 방첩수사, 좌익사범에 관한 수사 등을 담당한다.

8) 외사사범수사

외사경찰은 국제조약 등에서 규정하고 있는 범죄와, 국내에서 발생한 범죄가 인적 · 장소적으로 2개국 이상 관련되거나 조직화하여 행해지는 국제성 범죄 및 출입국관리법 · 여권법 · 외국환관리법 등 위반사범과 같은 일반 외사사범을 수사한다.

외사수사의 활동범위는 국내에 그치지 않고, 해외교포 집중거주지역이나 내국인 관광객이 많이 왕래하는 국가에 대한 주재관 파견, 해외도피 피의자의 강제송환을 위한 국가간 경찰공조, 인터폴을 통한 각국 수배 등 전 세계를 그 활동범위로 하고 있다. 외국인 또는 외국인과 관련된 범죄 수사는 외사관리관의 분장사무이다.

제2절 범죄수사의 기본원리

1. 범죄수사상 준수원칙

범죄수사상 준수원칙이라 함은 수사관이 범죄수사를 행함에 있어서 일반적으로 지켜야 할 원칙이다. 이는 수사가 국민의 권리침해를 수반하기 쉬우므로, 그 수사권의 한계를 명백히 함으로써 수사권의 남용으로부터 국민의 인권을 보장하기 위하여 필요하다.

1) 선증후포의 원칙

사건에 관하여 우선적으로 조사를 실시하고 증거를 확보한 후에 범인을 체포하라는 원칙이다.

2) 법령준수의 원칙

범죄수사에 있어서는 형법 및 형사소송법에 규정된 법령을 충분히 숙지하고 이를 철저하게 준수하라는 원칙을 의미한다.

3) 민사관계 불간섭의 원칙

범죄수사는 반드시 형사사건일 경우에 한하여 실시해야 한다는 원칙이며, 형사사건이 아닌 민사사건에는 경찰권의 개입이 있어서는 아니 됨을 의미하는 것이다. 그러나 사기죄나 배임죄의 경우에는 민사와 형사가 서로 교차하고 있으므로 예외적으로 경찰권의 개입이 허용된다. 하지만 경찰수사시 상당한 주의를 기울여야 하는 분야이다.

4) 종합수사의 원칙

수집된 모든 정보자료와 수사자료를 종합하여 상황을 파악하고, 모든 기술과 지식·조직을 동원하여 체계적이고, 조직적인 종합수사를 행하여야 한다는 원칙이다.

2. 범죄수사의 기본원칙

1) 임의수사의 원칙

수사의 방법은 임의수사를 원칙으로 하고 강제수사는 형사소송법에 특별한 규정이 있는 경우에 한하여 예외적으로 허용된다(형사소송법 제199조 제1항). 이를 임의수사의 원칙이라고 하는데, 이는 무죄추정의 법리 또는 필요최소한도의 법리의 제도적 표현이기도 하다. 임의수사의 원칙은 임의수사 자유의 원칙을 의미하는 것은 아니므로, 현행법은 임의수사의 적정을 도모하고 임의수사에 있어 피의자의 인권을 보장하기 위하여 법률적 규제를 가하고 있다.

2) 수사비례의 원칙

수사의 결과에 따른 이익과 수사로 인한 법익침해가 부당하게 균형을 잃어서는 안 된다는 원칙으로, 이를 수사비례의 원칙이라고 한다. 이 원칙은 강제수사에 있어서나 임의수사에 있어서 공통적으로 요구되는 수사의 기본원칙이며, 수사권의 행사 특히 수사기관이 강제처분을 위한 실력행사를 하는 경우에 강조되지만 수사권의 발동에 관해서도 적용된다. 따라서 죄질과 피해가 극히 경미한 사건을 입건하는 것은 이 원칙에 의해서 범죄 인지권의 남용이라는 문제가 발생한다.

3) 수사 비공개의 원칙

수사의 개시와 실행은 이를 공개하지 아니한다. 이를 수사비공개의 원칙 또는 수사밀행의 원칙이라고 한다. 이 원칙은 범인의 발견, 검거 또는 증거의 발견 · 수집 · 보전을 위하여 요구되며, 관계자(피해자, 참고인, 피의자 등)의 개인적인 비밀, 사생활, 명예 등 인권의 보호를 위하여서도 요청된다. 영장청구사실 등이 범인검거 전에 공개된다면 피의자의 검거 및 증거확보에 막대한 지장을 초래하게 될 뿐만 아니라, 경찰이 범죄수사에 관하여 알게 된 피의사실을 공판청구 전에 공표한 때에는 형법상의 피의사실공표죄를 구성한다.

4) 자기부죄강요금지의 원칙

헌법이 자기부죄거부의 특권을 명시하고 있고(헌법 제12조 제2항), 형사소송법이 피의자의 진술거부권을 보장하고 있으므로(형사소송법 제200조 제2항), 이 원칙은 수사의 기본원칙으로 확립되어 있다. 피의자 등에 대한 고문의 절대적인 금지(헌법 제12조 제2항, 형법 제125조)는 이 원칙의 제도적인 표현이다.

5) 강제수사 법정주의

수사기관의 강제처분은 형사소송법에 특별한 규정이 있는 경우에 한해서 허용된다. 이를 강제수사법정주의 또는 강제처분법정주의라고 한다. 이 강제처분법정주의는 헌법상의 원칙으로서(헌법 제12조 제1항), 강제처분에 대한 법률적 제한을 그 내용으로 하고 있다.

6) 영장주의

강제처분에 관한 영장주의는 헌법상의 원칙으로서(헌법 제12조 제3항), 수사기관의 강제처분에 관하여는 영장주의의 원칙이 적용되며, 다만 엄격한 요건하에 영장주의의 예외가 허용된다.

7) 제출인 환부의 원칙

수사기관이 압수물을 환부함에 있어서는 피압수자(제출인)에게 환부함을 원칙으로 한다. 국가형벌권의 실현을 목적으로 하는 형사절차에서는 사인간의 실체법상 권리관계에 관여하지 아니함을 원칙으로 하므로, 압수물을 환부하는 경우에 피압수자에게 환부하여야 함은 당연하다. 다만, 압수물이 장물인 경우에는 피해자를 보호하기 위하여 일정 요건하에 피해자 환부를 허용하고 있다(형사소송법 제219조, 제134조).

3. 범죄수사의 3대원칙

1) 신속착수의 원칙

모든 범죄수사는 가급적 신속히 착수하여 죄증이 인멸되기 전에 수사를 수행, 종결하여야 한다는 것이다. 범죄의 흔적은 시간의 경과에 따라 자연적 또는 인위적으로 멸실, 훼손되어 범죄수사의 가능성은 점차 희박하게 된다. 따라서 범죄수사를 성공적으로 이끌기 위해서는 범죄의 흔적이 변질되기 전에 신속히 착수하지 않으면 안 된다.

2) 현장보존의 원칙

범죄의 현장이나 물건 등은 변화하기 쉬우므로, 수사관은 그 범죄현장을 보존하고 철저히 관찰하지 않으면 수사가 곤경에 빠질 우려가 있다. 흔히 범죄의 현장을 「증거의 보고」라고 하는 이유가 여기에 있다. 범죄현장은 범죄흔적의 보고요, 범인과 범행을 무언으로 말해주는 곳이므로 눈, 비 등의 자연적 원인은 물론, 범인 등 인위적 원인에 의한 현장변경을 막고 그 보존된 현장의 철저한 관찰로 범죄의 흔적을 완전무결하게 포착하여야 한다.

3) 공중협력의 원칙

범죄의 흔적은 목격자나 전문자(傳聞者)의 기억에 오래 남는 것이므로, 목격자나 전문자가 살고 있는 사회는 「증거의 바다」라고 할 수 있다. 그러므로 공중이 자진 협력하여 그 기억을 수사관에게 정확히 전해 줄 수 있도록 평소에 좋은 협력관계를 유지하는 것은 매우 중요하다. 따라서 우리는 사건 수사 시에는 물론, 평소에도 민중의 적극적인 협력을 얻을 수 있도록 노력하지 않으면 안 된다.

4. 수사실행의 5대원칙

성공적인 수사의 수행을 위해서는 다음과 같은 원칙을 준수하여야 한다.

1) 수사자료 완전수집의 원칙

수사실행의 제1의 조건은 역시 그 사건에 주어진 모든 수사자료를 수사관이 완전히 수집하여야 한다는 것이다. 범죄수사는 일면으로 생각하면 문제해결의 과정이라고 할 수 있다. 따라서 수사의 제1단계에서는 문제해결의 관건이 되는 자료의 누락 · 멸실이 없도록 자료수집에 전력을 다하여야 한다.

2) 수사자료 감식 · 검토의 원칙

수집된 자료는 그것을 면밀히 감식 · 검토하여야 한다. 과학수사가 수사상 귀중한 가치를 지니고 있는 것은, 그 자료가 수사상의 문제점을 명확하게 하여 이를 해결하는 데 기여하기 때문이다.

3) 적절한 추리의 원칙

문제점이 명확하게 되었다면, 다음에는 그 문제를 해결하기 위한 대책을 세우지 않으면 안 된다. 그러한 수단은 그 문제에 대하여 어떠한 해결방법이 있는가를 연구하여, 그 문제에 있을 수 있는 해결방법을 추측하고 예측해 보는 것이다. 과학자가 법칙을 발견하는데도 수집된 자료를 바탕으로 가상의 판단을 해보고, 그 판단을 입증하는 방법을 사용한다. 수사도 마찬가지여서 자료를 모아 일단 정리가 끝나면, 그것을 기초로 사건에 대하여 가상의 추측과 판단을 해 볼 필요가 있다.

이처럼 추측을 하는 경우에는, 첫째, 수집된 자료를 기초로 하여 합리적인 판단을 할 것, 둘째, 추측은 모든 경우를 고려하여 검토해야 함을 명심해야 한다. 그러나 추측은 어디까지나 가상적 판단에 불과하므로 검증적 수사에 의하여 그 진실성이 확인될 때까지 추측을 진실로 확신하여서는 안 된다.

4) 검증적 수사의 원칙

여러 가지 추측 중에서 과연 어떤 추측이 정당한 것인가를 가리기 위해서는, 그들 추측 하나 하나를 모든 각도에서 검토해야 한다는 것이 검증적 수사의 원칙이다.

5) 사실판단 증명의 원칙

전술한 바와 같이 수사는 형사절차의 일환으로서, 수사에 의해서 획득한 확신 있는 판단(심증)은 검사에게 송치되고 공판정에서 심리를 받게 된다. 따라서 수사관의 판단을 형사절차에 올려놓기 위해서는 그 판단이 수사관만의 주관적인 판단에 그쳐서는 아니 되고, 다른 누구에 대해서도 그 판단이 진실이라는 것을 객관적으로 증명하지 않으면 안 된다.

어떤 판단이나 주장의 진실성이 증명되기 위해서는 누구에게나 진위가 확인될 수 있어야 하며, 수사관의 판단(주장)이 다음과 같은 방법으로 객관화 되도록 노력하여야 한다.

제3절 외국의 수사경찰

1. 영국의 수사경찰

영국의 경찰은 범죄수사를 담당하고 있다. 경찰의 수사는 각 경찰청의 최고책임자인 경찰청장의 권한과 책임 하에 독자적으로 행하여진다. 경찰은 불심검문권, 압수수색권, 체포구금권, 피의자신문권, 참고인조사권 기타 증거조사권 등을 가지고 있다.

기소업무는 전통적으로 경찰의 독점적 권한이었으나 1985년 범죄소추법의 제정으로 기소업무가 검찰의 독점적 권한으로 이전되었다. 경찰에서는 죄 안됨 · 혐의 없음 · 공소권 없음을 판단하여 독자적으로 수사를 종결할 수 있는 권한만을 보유하고 있다. 영국의 범죄사건 처리 절차에서 보듯이 불기소 처분에 대한 독자적 수사종결권을 가지고 있고 구속시 국립기소청이 관여한다.

▣ 영국의 범죄사건 처리 절차

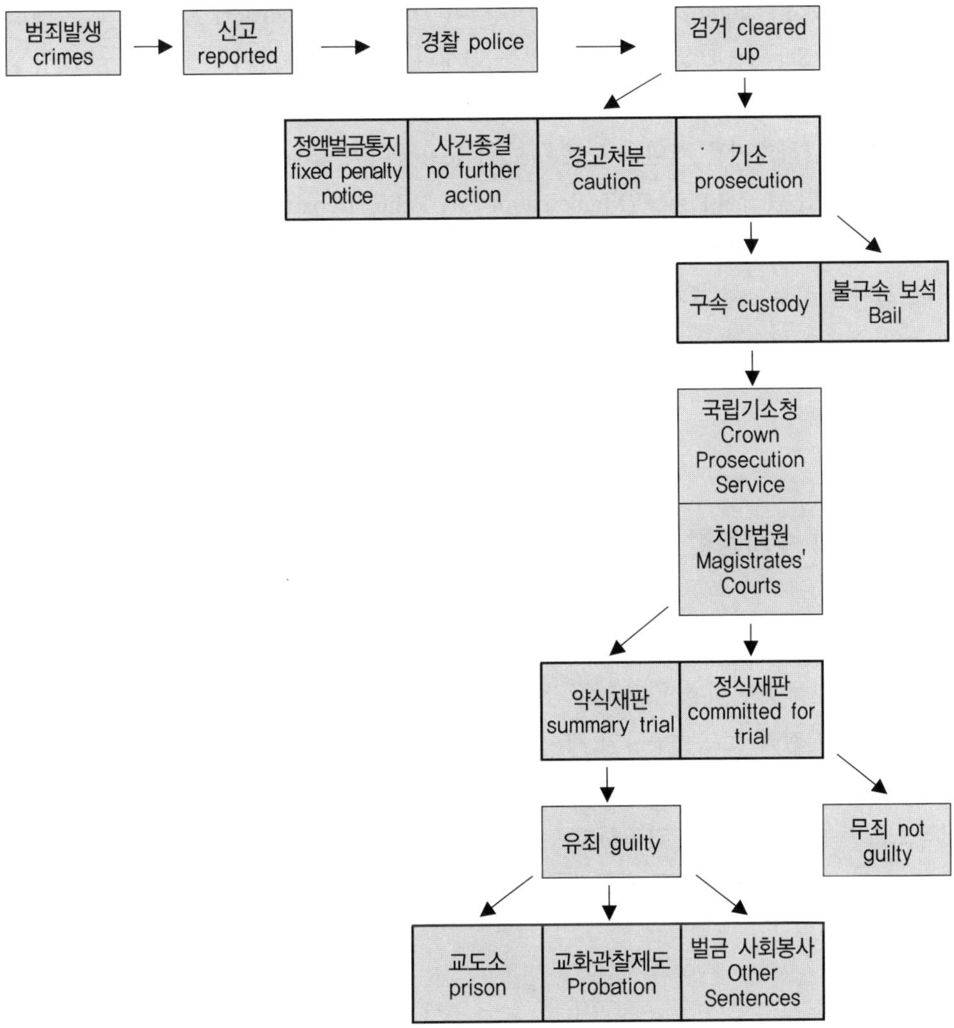

2. 미국의 수사경찰

연방경찰의 예로는 법무부의 FBI(Federal Bureau of Investigation), FBI내의 반독립적 수사기구인 DEA(Drug Enforcement Administration), 재무부(The Treasury Department) 산하의 Secret Service, IRS(Internal Revenue Service), ATF(Bureau of Alcohol, Tobacco and Firearms), Customs Service(관세관련 수사)가 있고, 우정부(Postal Service)산하의

The Bureau of Postal Inspection(우편관련 범죄수사), 이민국(The Department of Justice Immigration and Naturalization Service) 소속의 The Border Patrol이 있으며, 그 외에도 National Park Service, U.S. Coast Guard 등 50개의 연방경찰수사기구가 있어, 각각 규정된 업무활동범위내의 수사를 행한다.

주경찰은 하와이를 제외한 모든 주에서 운용중이며, County의 경우에는 Sheriff가, 지방의 경우에는 Local Police (Municipal or City Police Department)가 수사를 담당한다. 미국의 경우 사법경찰이 독립된 수사주체로서 개개의 사건에 관한 수사의 주재 · 주체가 되며, 검사는 주로 소송제기와 유지라는 소송절차상의 역할을 한다. 수사의 주재, 수사의 개시 및 수행은 경찰에 의하여 이루어지며, 검찰과 경찰은 양자는 보완적 상호관계를 이루고 있다.

3. 독일의 수사경찰

독일 경찰은 사건처리를 지체 없이 검사에게 송부하여 지시를 받도록 되어 있고, 형사소송법에 의해 특별히 허용된 긴급강제처분권만을 독자적으로 행사할 수 있다.

그러나 실질적으로는 수사의 개시와 집행이 경찰의 손에서 이루어지고 있다. 검사는 경제사범, 테러범, 정치범, 강력범의 경우에만 수사를 하고, 기타 사건은 경찰에게 실질적으로 독자적인 수사를 위임하고 있다. 수사현실은 경찰의 우수한 인력과 장비, 국민과의 접점근무를 함에 반하여 검찰은 집행기관이 없어 '팔 없는 머리'로 불리기도 한다.

4. 프랑스의 수사경찰

프랑스의 사법제도는 2심제이며 검찰이 법원의 하부조직으로 편성되어 있다.

프랑스 경찰은 체계상 행정경찰(police administrative)과 사법경찰(police judiciaire)로 분류되어 있으며, 수사를 담당하는 기관인 사법경찰의 기능과 역할은 사법경찰관, 사법경찰요원, 사법경찰보조원, 사법경찰업무를 수행하는 공무원으로 세분되어 수사활동이 이루어지고 있다.

수사는 프랑스 형사소송법의 독특한 제도인 예심제도에 의하여 관리된다. 10년 이상의 중죄는 필수적으로, 10년 이하의 경죄는 선택적으로, 그리고 위경죄에 대해서는 검사가 예외적으로 예심판사에게 예심을 청구하며, 이의 청구를 받은 예심판사는 관련사건에 관한 수사를 수행한다. 이 경우 예심판사는 사법경찰에게 수사에 관하여 필요한 조치를 요구할 수 있다. 예심판사는 수사가 종결되면 수사결과를 다시 검사에게 송부한다(프랑스 형사소송법 제14조 2항).

사법경찰요원과 사법경찰보조원은 사법경찰관과는 달리 사법경찰의 업무를 보조할 뿐 임시구금처분을 결정할 권한을 가지고 있지 않으며, 공권력을 직접 요청할 권한도 없다.

프랑스 사법경찰은 검사의 지휘·감독을 받는다. 검사는 범죄수사 소추를 위한 사법경찰의 활동을 지휘하며, 검사 자신이 경찰력을 동원할 수 있다. 사법경찰은 모든 범죄를 인지한 경우 지체 없이 검사에게 보고해야 하며, 수사종결시 송치의무가 있다(형사소송법 제19조).

사법경찰에게는 경찰예비조사를 할 수 있는 권한이 주어져 있고, 현행범인의 체포에 있어서 현장출동이후의 처분으로서 필요시 피의자 및 현장에 있는 자와 범죄수사에 유용한 정보를 제공할 수 있는 모든 자와 예비수사(비현행범인 및 위경죄)의 경우 피의자를 24시간동안 임시 구금시킬 수 있으며(형사소송법 제63조), 압수, 수색, 현장변경의 금지 등을 독자적 판단 하에 할 수 있다. 그러나 사법경찰관은 현행범이 발생한 경우 검사에게 즉시 통보하여야 하며, 검사는 자신의 판단에 따라 범죄현장에 입회할 수 있고, 구속절차를 감독할 수 있다.

5. 일본의 수사경찰

1) 수사기관

형사소송법 제198조 제2항은 「사법경찰직원은 범죄가 있다고 사료되는 때에는 범인 및 증거를 수사할 수 있다」라고 규정하고 있고, 동법 제191조 제1항은 「검사는 필요가 인정되는 때에는 스스로 범죄를 수사할 수 있다」라고 규정하고 있어 사법경찰직원과 검사는 각각의 독립의 수사기관임을 명백히 하고 있다. 따라서 사법경찰직원은 자기의 권한과 책임하에 검사의 지휘를 받지 않고, 독자적으로 수사를 개시·수행할 수 있다.

사법경찰직원의 수사는 「본래적」인 것이고, 검사의 수사는 「보충적 · 보정적」인 것이라고 할 수 있다. 그러나 사법경찰원의 수사결과는 검사가 지정한 사건을 제외하고는 모두 공소관인 검사에게 송치하여야 하여, 검사의 공소 제기 및 유지에 관해서는 검사의 지시, 지휘를 따라야 한다. 구류청구권은 검사에게만 인정되고 있다.

2) 수사기관으로서의 사법경찰직원

순사부장이상을 사법경찰원, 순사를 사법순사로 하고, 특히 필요가 있는 경우에는 경찰청장관과 관구경찰국장은 순사의 계급에 해당하는 경찰관을 사법경찰원으로 지정할 수 있도록 규정하고 있으며, 도도부현경찰의 경찰관도 동일하다.

제4장 경비경찰활동

제1절 경비경찰의 의의

1. 경비경찰의 개념

1) 정의

경비경찰이란 공공의 안녕과 질서를 파괴하는 국가비상사태, 긴급한 주요사태 등이 발생하거나 발생할 우려가 있는 경우, 또는 개인이나 단체가 불법행위를 함으로써 공공의 질서를 파괴하는 경우, 이러한 상황이나 범죄를 예방, 경계, 진압하는 복합적 경찰활동이다.

경비경찰의 대상에는 진압경비, 대 간첩작전경비, 혼잡경비 등 주로 사람에 의한 경우는 물론이고, 풍수해 등 자연력에 의한 경우도 포함된다.

2) 경비경찰의 중요성

경비경찰은 사회공공의 안녕과 질서유지를 목적으로 하기 때문에 국가안보나 사회안보에 직접 연결되어 있다.

3) 타 경찰활동과의 비교

경비경찰활동은 범죄의 예방과 진압에 모두 관련되어 있다. 다만 사법경찰이 아닌 순수 행정경찰의 성격을 갖고 있음이 다르다.

▣ 타 경찰활동과의 비교

구분	주요업무범위	활동의 성격	공통목적
경비경찰	범죄예방 · 경계 · 진압	행정경찰	• 국민의 생명 · 신체 및 재산보호 • 공공안녕과 질서유지
수사경찰	범죄진압	사법경찰	
생활안전경찰	범죄예방	행정경찰	

2. 경비경찰활동의 특성

1) 복합기능적 활동

경비경찰은 예방과 진압을 아울러 수행한다. 경비경찰에 대해서 경찰법 제3조와 경찰관직무집행법 제2조가 범죄의 진압을 언급하고 있는데, 여기서 범죄의 진압이라 함은, 주로 집단적 범죄가 막 일어나려고 하는 것을 미연에 방지하거나, 또는 집단적 범죄가 이미 발생된 뒤에도, 그 확대를 방지하고 또는 이를 종식시키는 활동을 말하므로, 그 내용은 범죄의 예방과 범죄의 수사 양자의 모두에 중복되는 것이다.

2) 현상유지적 활동

경비활동은 현재의 질서상태를 보존하는 것에 가치를 둔다. 경비경찰은 점진적인 변화에 의한 사회발전의 근본 토양으로서의 현 사회 질서와 안녕을 잘 유지시킬 것인가에 최대의 역점을 둔다.

3) 즉응적 활동

경비사태는 항상 긴급을 요하고, 국가적으로나 사회적으로 중대한 영향을 주므로 신속한 처리가 요망된다. 자연・인공재해가 발생한 경우에도 최대한 신속히 대처함으로써 인명과 재산을 최대한 보호할 수 있는 것이다.

4) 조직적인 부대활동

부대활동이란 지휘관과 부하 그리고 장비와 보급체계를 갖춘 조직적인 집단활동을 말한다. 경비경찰은 개인단위로 활동하기보다는, 보통 부대단위로 경비사태에 조직적이고, 집단적이며, 물리적인 힘으로 대처하는 것을 그 특징으로 한다. 그러므로 경비경찰은 체계적인 부대편성, 훈련과 관리 및 운영이 생명이라 할 수 있다.

5) 직접적인 안녕 및 질서 유지 활동

경비경찰의 대상은 공공의 안녕과 질서에 역작용을 하는 위험이나 경찰위반의 상태이다. 경비경찰은 직접적으로 공공의 안녕과 질서를 파괴하는 범죄가 대상이라는 점에서, 경비경찰의 임무를 국가 목적적 치안의 수행이라고 부르기도 한다.

▣ 경비경찰활동의 특징과 기능

특성	기능
○ 복합기능적 활동	○ 사전대비활동과 진압활동의 병행
○ 현상유지적 활동	○ 사회전체적 발전의 기반형성
○ 즉시적 활동	○ 예측불가한 우발사태 신속대비
○ 조직적 부대활동	○ 체계적인 집단적 대처
○ 하향적 명령에 따른 활동	○ 일사불란한 지휘체계
○ 사회전반적 안녕목적의 활동	○ 공공안녕질서의 유지

3. 경비경찰의 조직

1) 경찰청 경비국의 조직

경찰청과그소속기관등직제 제13조는 경비국의 분장업무를 다음과 같이 규정하고 있다.

① 경비에 관한 계획의 수립 및 지도
② 경찰부대의 운영 · 지도 및 감독
③ 청원경찰의 운영 및 지도
④ 민방위업무의 협조에 관한 사항
⑤ 경찰작전 · 경찰전시훈련 및 비상계획에 관한 계획의 수립 · 지도
⑥ 중요시설의 방호 및 지도
⑦ 향토예비군의 무기 및 탄약 관리의 지도
⑧ 대 테러 예방 및 진압대책의 수립 · 지도
⑨ 전투경찰순경의 복무 및 교육훈련
⑩ 전투경찰순경의 인사 및 정원의 관리
⑪ 경호 및 요인보호계획의 수립 · 지도
⑫ 경찰항공기의 관리 · 운영 및 항공요원의 교육훈련

경찰청과그소속기관등직제시행규칙 10조에서는 경찰청 경비국 분장업무를 세분화하고 있다.

경비1과장은 다음 사항을 분장한다.
① 경비에 관한 계획의 수립 및 지도
② 경찰기동대 운영의 지도 및 감독
③ 청원경찰의 운영지도
④ 민방위업무의 협조에 관한 사항
⑤ 기타 국내 다른 과의 주관에 속하지 아니하는 사항

경비2과장은 다음 사항을 분장한다.

① 경찰작전과 경찰전시훈련에 관한 계획의 수립 및 지도
② 비상계획에 관한 계획의 수립 및 지도
③ 중요시설의 방호 및 지도
④ 향토예비군의 무기 · 탄약관리의 지도
⑤ 테러예방 및 진압대책의 수립 · 지도
⑥ 전투경찰순경의 소요판단 및 획득
⑦ 전투경찰순경의 교육훈련 · 인사관리 및 정원관리
⑧ 전투경찰순경의 복무 및 기율단속
⑨ 전투경찰순경의 사기 등 관리에 관한 사항
⑩ 경찰항공기의 관리 및 운영
⑪ 경찰항공요원에 관한 교육훈련
⑫ 경찰업무수행에 관련된 공중지원업무

경호과장은 다음 사항을 분장한다.
① 경호계획의 수립 및 지도
② 요인의 보호에 관한 사항

2) 지방경찰청 경비과의 조직

경찰청과그소속기관등직제시행규칙 제44조에 의하면 경비과장은 다음 사항을 분장한다.
① 경호 및 경비계획의 수립과 운영의 지도
② 민방위업무의 협조에 관한 사항
③ 청원경찰의 운영지도
④ 전투경찰대의 운영과 지도 및 감독
⑤ 경찰작전과 경찰분야 비상계획의 수립 및 집행
⑥ 중요시설방어계획의 수립 및 운영의 지도

경찰서의 경비경찰조직은 1-3급지에 따라 경비과 혹은 경비교통과가 있다.

▣ 지방경찰청의 경비경찰 조직

경비과	• 경비업무의 주무부서 • 경비계와 경호계
경찰서	• 경비과와 경비교통과
전투경찰대	• 지방경찰청장의 직할부대
기동대	• 진압경비, 시설경비, 경호경비, 재해경비, 혼잡경비, 교통단속 및 주 · 야간방범 근무

4. 경비경찰활동의 법적 근거

경비경찰과 관련하여 헌법 제37조 제2항은 「국민의 모든 자유와 권리는 국가안전보장 · 질서유지 또는 공공복리를 위하여 필요한 경우에 한하여 법률로써 제한할 수 있으며, 제한하는 경우에도 자유와 권리의 본질적인 내용을 침해할 수 없다」라고 규정하고 있는 바, 국가안전보장이나 사회질서를 극도로 위태롭게 할 경우에는 국민의 자유와 권리를 제한할 수 있도록 규정함으로써, 경비경찰활동에 따른 권리와 자유의 제한근거를 제시하고 있다.

경찰법 제3조와 경찰관직무집행법 제2조가 범죄의 진압을 언급하고 있는 외에, 경찰관직무집행법 제2조는 「경비 · 요인경호 및 대 간첩작전 수행」이란 직무의 범위를 구체적으로 나열하고 있는데, 이는 경비경찰의 사물관할을 정한 것이다.

공공의 안녕과 질서에 반하는 위험 또는 경찰위반의 상태에 대해서는 경찰관직무집행법 제3조(불심검문), 제5조(위험발생의 방지), 제6조(범죄의 예방과 제지), 제7조(위험방지를 위한 출입), 제10조(장구의 사용), 제10조의 2(최루탄의 사용), 제11조(무기의 사용) 등에 의거하여 필요한 조치를 취할 수 있다.

그밖에 형법(제115조, 제116조), 전투경찰대설치법, 경찰직무응원법, 화염병사용등의처벌에관한법률, 계엄법, 집회및시위에관한법률, 수난구호법, 대통령경호실법, 전직대통령예우에관한법률, 통합방위법 등이 경찰의 경비에 관계된 규정을 두고 있으며, 민간경비와 관련하여서는 청원경찰법, 용역경비업법 등이 있다.

기타 명령 · 규칙으로는, 위수령이 있으며, 대통령훈령 제28호는 병종사태(북괴의 무장공비 및 간첩의 침투나 도발이 예상되거나 5명 이내의 소규모가 침투하여 일부지역에서 부분적인 도발행위를 할 경우) 발생시, 경찰책임구역 내에서 작전을 수행하는 등 비정규전작전을 수행토록 규정하고 있다. 그 밖에 검문소운영규칙(1991. 7. 31. 경찰청훈령 제5호), 경찰기동대운영규칙(1994. 6. 16. 경찰청훈령 제139호) 등이 있다.

5. 한국 경비경찰의 특색

우리나라의 경비경찰은 대 간첩작전을 포함하는 경찰의 준군사적 활동이며, 시국치안이라는 말이 있듯이 진압경비 활동에 치중한다는 2대 특성이 있다. 경비경찰은 대통령 훈령 제28호에 따라 일정한 지역 및 인적작전 대상범위 내에서 대 간첩작전을 수행하도록 되어 있고, 1968년 1.21사태를 계기로 창설된 전투경찰대가 이를 수행한다. 경찰관 직무집행법에도 대 간첩작전의 수행이 경찰의 직무로 규정되어 있다. 민주적인 토론과 대화를 통한 갈등해소 문화가 성숙되어 있지 못한 우리나라에서, 주로 학생운동과 민주화운동, 그리고 님비(NIMBY)현상이나 과격한 불법 노사분규 등과 같은 시위로 진압경비의 수요가 과다하다. 정부는 1999년 이후 최루탄을 사용하지 않고 시위를 진압하고 있으며 화염병 시위는 줄어들었으나 2003년 이후 부상자 수가 612명에서 893명으로 증가세에 있다.

■ 불법시위현황

구 분		1996	1997	1998	1999	2000	2001	2002	2003	2004	2005	2006
집회 · 시위 횟수		6,510	6,179	7,684	11,750	13,012	13,083	10,165	11,837	11,338	11.306	10,368
불법 · 폭력 시위		811	664	67	129	105	215	118	134	91	77	62
화염병 시위	횟수	190	190	3	7	7	23	8	14	3	5	3
	개수	80,620	69,165	170	613	746	2,453	457	2,223	105	99	8
최루탄 사용	횟수	213,847	134,405	3,403	-	-	-	-	-	-	-	-
	개수	2,369,105,940	1,152,430,540	37,246,870	-	-	-	-	-	-	-	-
부 상 자		1,881	1,023	166	484	311	304	287	749	621	893	817

제2절 경비경찰활동의 기본원칙

1. 비례의 원칙

1) 의의

공공의 안녕 질서와 개인의 자유제한과의 사이에는 비례관계가 유지되어야만 한다는 것이 경찰비례의 원칙의 요체이다. 비례의 원칙은 경찰의 질서권 발동의 조건과 그 정도는 공공질서의 유지를 위하여야 하고, 개인의 자유와 권리를 필요 최소한도에 내에서 제한하며 행사되어야 한다는 원칙이다.

2) 내용

경찰이 그 임무를 달성하기 위해서는 부득이 개인의 의사에 반하여 그 재산 또는 자유에 대하여 제한을 가하지 않을 수 없는 상황이 발생한다. 그러나 질서유지 목적을 위하여 국민의 기본권을 어느 정도 제한할 수 있는가가 문제된다. 물론 이 경우에도 헌법 제37조 제2항에 의하여 법률로써만 제한이 가능하고, 자유와 권리의 본질적인 내용을 침해할 수 없는 것이므로, 이 경우에 공공의 안녕 질서와 개인의 자유제한과의 사이에는 비례관계가 유지되어야만 한다는 것이 경찰비례의 원칙의 요체이다.

즉, 공공의 안녕 질서에 대한 경미한 장애를 제거하기 위하여 중대한 개인의 권리나 자유를 제한하는 것은 허용되지 않는 것이다. 이러한 비례의 원칙은 임의수단에 대하여서도 적용되나 강제수단에 대하여서는 특히 고려되지 않으면 아니 된다.

(1) 질서권 발동의 조건

진압조치의 경우에 사회 질서유지상 「묵과할 수 없는 경찰위반의 상태」를 제거하기 위하여서만 발동할 수 있고, 예방조치의 경우에는 묵과할 수 없는 경찰위반의 「직접적 위험 또는 상당한 확실성」이 있을 때에만 발동할 수 있다고 본다.

(2) 질서권 발동의 정도

경찰의 발동에 의한 자유제한은 경찰위반의 상태 또는 그 위험의 제거를 위하여 불가피하게 요구되는 「최소한도」에 그쳐야 한다고 본다.

(3) 비례원칙 위반의 효과

비례원칙에 위반한 경비경찰권의 발동은 법적 한계를 일탈한 위법행위가 된다. 따라서 이에 대하여는 행정통제의 대상이 될 뿐만 아니라 사법심사의 대상이 된다.

2. 보충성의 원칙

경비경찰의 법집행은 공공의 안녕과 질서의 유지를 목적으로 하는 공권력에 의한 활동이므로, 다른 사회 일반적인 방법으로 통제 불가능할 때 최후수단으로서 개입해야 하며, 그 수단의 선택에 있어서도 안녕과 질서를 회복하는 데 가장 적게 침해를 가하면서 사태를 해결할 수 있는 방법을 선택하여야 한다.

3. 적시성의 원칙

경비경찰권은 경비상황의 발생에 따른 개입의 조건을 고려하여 가장 적합한 시기에 발동되어야 한다는 원칙이다. 원칙적으로 조건이 충족되기도 전에 발동되거나, 이미 소멸한 후에 발동되어서는 아니 되며, 상대방의 저항력이 가장 허약한 시점을 포착하여 집중적이고 강력한 실력행사를 하여야 한다.

제3절 경비경찰활동

1. 혼잡경비

1) 정의

혼잡경비업무는 기념행사, 경기대회, 제례행사, 공연, 기타요인으로 대규모 군중에 의하여 발생되는 혼란상태를 사전에 예방하고, 위험한 사태가 발생한 경우에는 신속히 조치하여 확대되는 것을 방지하는 경비경찰활동이다.

2) 업무 내용

경비경찰은 군중의 밀집으로 인한 압사상사고의 방지에 노력하여야 한다. 특히 민간업체가 주최하는 공연 등의 경우에는 일종의 수익자부담원칙에 따라 수익을 얻는 주최측에서 민간용역업체 등을 활용토록 지도한다.

2. 재해경비

1) 정의

재해경비는 자연적인 재난 즉, 천재지변, 폭풍우, 지진, 홍수, 해일 등과 인위적인 재난, 즉 폭발사고, 대형구조물의 붕괴 등으로부터 국민의 생명과 재산을 보호하고 공공의 안녕을 유지하기 위하여 이를 예방, 경계, 진압하는 경비경찰활동이다.

2) 업무 내용

재해경비는 행정자치부, 군부대, 일선행정기관 등 타 행정기관과 협조하에 유기적으로 이루어지도록 평소 협조체제를 유지하여야 한다. 재해사태 발생시 현장지휘본부를 설치하였을 경우에는 기능별로 업무를 분장한다.

▣ 현장지휘본부의 기능별 분장업무

경비	• 현장지휘본부 설치 · 운영	• 경찰통제선(Police Line) 설치
방범	• 대피한 건물, 사상자 소지품의 약탈방지	• 유류품 접수 및 인계
교통	• 비상통로 사전지정 및 관리	• 현장주변 교통통제
수사	• 피해자의 신원확인(감정)	• 사고원인 및 범죄관련여부 수사
정보	• 사태 관련 유용한 정보의 수집 · 보고	• 피해자 가족 등 동향파악
통신	• 현장지휘를 위한 통신시설 설치	
공보	• 관련정보 자료를 사실대로 제공 • 교통통제 등 국민협조 사항 홍보 • 경찰활동 사항의 적극적 · 다각적 홍보	

3. 중요시설 경비

1) 정의

중요시설 경비업무는 국가보안목표로 지정된 중요시설과 보안상 중요하다고 인정되는 시설에 대하여 적이나 불순분자의 각종 위해 행위로부터 시설을 보호하기 위한 제반 경비경찰활동을 말한다.

2) 업무 내용

중요시설에는 각 지역마다 가 · 나 · 다급으로 지정된 중요시설과 기타시설 등이 있는 바, 시설장에 대한 지도와 근무 청원경찰 등의 관리와 교육훈련 등이 중요하다.

4. 다중범죄진압

1) 정의

다중 범죄진압은 공공의 안녕과 질서를 해치는 다중에 의한 불법사태가 발생하거나 발생할 것에 대비하여 시기를 놓치지 않고 신속·적절한 조치를 취함으로써 사태를 예방·진압하여 피해를 극소화하고 궁극적으로 사회적 안녕과 질서를 회복·유지하는 경찰활동을 말한다. 다중범죄의 특성은 비이성적 단순성과 부화뇌동적 파급성이 있어 사고가능성을 예측하기 힘들다.

▣ 다중범죄의 특성

• 부화뇌동적 파급성	• 충동적 발전성	• 편협성 및 피암시성
• 비이성적 단순성	• 조직적 연계성	• 확신적 행동성

2) 업무 내용

다중 범죄의 수요가 많으므로 평소 진압부대의 교육훈련과 장비의 확보·정비 등이 중요하다.

안전진압으로 사고를 예방하여야 하며, 폴리스 라인(Police Line)의 도입 등 평화적 시위문화의 정착을 위한 선진기법 등을 활용하여야 한다. 다중범죄의 진압은 정보나 교통을 포함한 총체적 경찰활동이므로 기능간의 유기적 협력이 절실히 요구된다. 다중범죄 진압의 3원칙은 신속한 해산, 주모자 체포, 재집결 방지 등이다. 다중범죄 진압의 5대 행동수칙은 개인행동 엄금, 폭행, 구타 엄금, 감정언어 엄금, 지휘명령 준수, 진압질서 확립 등이다. 안전진압 5단계 지침은 다음과 같다.

1단계 : 사전정보수집 활용, 2단계 : 변수 없는 안전진압, 3단계 : 폭행 없는 검거연행, 4단계 : 기습 등 피해방지, 5단계 : 언론취재활동의 보장 등으로 구분할 수 있다.

5. 경호경비

1) 정의

경호경비는 정부요인, 국내외 중요인사 등의 신변에 대하여 가해지려는 직 · 간접적인 위해를 방지하기 위하여 위험요소를 사전에 제거함과 아울러, 만일의 사태 발생시 신속히 조치함으로써 궁극적으로 피경호자의 안전을 확보하는 경찰활동을 말한다.

2) 업무 내용

우리나라의 경우 북한의 위협이 상존하기 때문에 대통령에 대한 경호는 국가의 존립과 안녕에 결정적인 영향을 미친다. 경호는 한치의 오차도 없는 완벽성을 기해야 하며, 경호는 장소, 성격, 수준, 연도경호, 경호대상, 교통수단별로 20여 개 이상으로 구분할 수 있다.

■ 경호의 유형

<table>
<tr><td>장소별</td><td colspan="2">• 식장 및 집회경호 • 숙소경호 • 노상경호 (연도경호)
• 열차경호 • 선박경호 • 항공기경호</td></tr>
<tr><td rowspan="3">성격별</td><td>공식경호(1호)</td><td>• 사전통보에 의해 계획 · 준비되는 공식행사시 실시되는 경호</td></tr>
<tr><td>비공식경호(2호)</td><td>• 사전통보나 절차없이 이루어지는 비공식행사의 경호</td></tr>
<tr><td>약식경호(3호)</td><td>• 출근 또는 퇴근시 실시되는 경호</td></tr>
<tr><td rowspan="3">수준별</td><td>A급 경호</td><td>• 행차보안이 사전에 노출되어 경호 위해가 증대된 상황하의 각종 행사
• 국가원수급의 1등급 경호대상으로 결정된 국빈행사의 경호</td></tr>
<tr><td>B급 경호</td><td>• 행사준비 등의 시간적 여유없이 갑자기 결정된 상황하의 각종 행사
• 수상급의 경호대상으로 결정된 국빈행사의 경호</td></tr>
<tr><td>C급 경호</td><td>• 사전 경호조치가 거의 전무한 상황하에서 이루어지는 경호</td></tr>
<tr><td rowspan="5">연도
경호별</td><td colspan="2">• 연도경호란 행차연도 및 기타 취약지점에 경비경력을 배치하여 불심자나 위험물 등의 위해요인을 적발 · 제거함으로써 피경호자가 안전하게 통과하도록 실시하는 경호를 말한다.</td></tr>
<tr><td>공식 A형</td><td>• 거국적인 행사장 행 · 환차 및 1등급 경호대상으로 결정된 국빈의 입 · 출국시</td></tr>
<tr><td>공식 B형</td><td>• 일정에 의한 공식 행사장 행 · 환차시</td></tr>
<tr><td>공식 C형</td><td>• 공식행사의 행 · 환차시</td></tr>
<tr><td>비공식880</td><td>• 행차보안이 완전 유지되고 사전 경호지시가 전무한 행차시</td></tr>
</table>

경호 대상별	갑호	• 대통령과 그 가족, 대통령 당선확정자와 그 가족, 외국원수
	을호	• 국회의장 · 대법원장 · 헌법재판소장 · 국무총리 및 이와 대등한 지위에 있는 외빈
	병호	• 갑호 · 을호 외에 경찰청장이 필요하다고 인정한 인사
교통 수단별	열차경호	• 열차내 경호-경위급 이상의 간부를 배치하여 열차 내외를 경호
		• 철도경호-연도경호 내용과 동일한 요령으로 경호
	선박경호	• 군경함정-자체의 병력으로 경호
		• 민간 여객선-선내의 검색을 철저히 한 후에 피경호자를 승선케 하며 기타의 요령은 열차내 경호와 같음
	항공기경호	• 선박경호 요령과 큰 차이가 없다.

6. 경찰작전

1) 정의

경찰작전은 대 간첩작전, 전시대비 경찰작전, 비상업무, 상황실의 운영, 검문검색 등의 작전상황에 대비한 경비경찰의 일체의 작전업무를 말한다.

대 간첩작전이란 적의 소규모 간첩 및 무장공비 등이 육상 · 해상 · 공중 기타 방법으로 침투하는 것을 봉쇄하고, 침투한 간첩 등을 조기에 색출하여 체포 · 섬멸하는 일체의 작전을 말한다. 대 간첩작전은 갑종, 을종, 병종의 사태로 나눈다.

▣ 대 간첩작전의 유형

갑종사태	• 대규모 적의 침투 · 도발로 인한 비상사태로서 통합방위본부장 또는 지역군사령관의 지휘 · 통제하에 통합방위작전을 수행하여야 할 사태 • 대통령이 선포
을종사태	• 일부 또는 수개지역에서 적의 침투 · 도발로 인하여 단기간내에 치안회복이 어려워 지역군사령관의 지휘 · 통제하에 통합방위작전을 수행하여야 할 사태 • 시도지사가 선포
병종상태	• 적의 침투 · 도발위협이 예상되거나 소규모의 적이 침투한 때에 지방경찰청장 · 지역군사령관 또는 함대사령관의 지휘 · 통제하에 통합방위작전을 수행하여 단기간내에 치안이 회복될 수 있는 사태 • 시도지사가 선포

2) 업무 내용

경찰관 직무집행법 제2조와 대통령 훈령 제28호에 따라 일정한 지역 및 인적 작전대상 범위 내에서 대 간첩작전을 수행한다. 전투경찰대는 물론, 모든 경찰관은 작전 능력 배양을 위해 평상시에도 훈련에 만전을 기하여야 한다.

3) 전시대비 경찰업무

전시대비 경찰업무는 을지훈련, 충무훈련, 5분 대기대 운영이 있다.

▣ 전시대비 경찰업무

을지 훈련	• 전시대비 국가훈련으로서, 군경 모든 관공서 및 민간인도 훈련에 참여 • 도상훈련을 통하여 제기되는 문제점을 수정·보완함으로써 전시에 대비 • 특정한 지역에 공습을 가상하여 실제훈련도 실시 • 을지연습은 매년 1회 충무계획에 의한 도상훈련이므로 경비과장은 반드시 충무계획을 숙지하여야 함
충무 훈련	• 전쟁의 위협이 고조된 경우에 3단계로 대응하는 것이며, 경찰은 군과 합동으로 작전 수행

5분대기 대운영	구성 및 근무	• 경사 또는 경장급 경찰관 2명을 교대로 고정배치, 분대규모로 편성, 24시간 출동태세완비
	출동시 휴대 장비	• A형(작전임무 상황) : 무장탈영병이나 간첩의 출현을 포함한 작전임무수행시에는 개인화기 등 기존 전투장비 일체를 휴대 • B형(집단사태 상황) : 파출소기습 등의 집단사태에 대처할 경우에는 다중범죄진압장비 일체를 휴대 • C형(집단폭력배 상황) : 집단폭력배 검거상황의 경우에는 경찰봉, 사과탄, 가스총, 전자봉, 수갑, 경적, 포승줄, 무전기 등의 장비휴대 • D형(인명구조 상황) : 대형안전사고 발생시의 인명구조를 위한 출동시에는 들것, 로프, 손전등, 확성기, 구명환, 휴대용 구조장비 등 상황에 적합한 장비를 휴대

7. 대 테러 업무

1) 정의

테러는 정치적 목적 또는 자신의 특별한 신념을 가지고 공포심을 불러일으키기 위해 암살·폭파·협박 등의 수단을 통하여 무고한 제3자를 고의적이며 조직적으로 살상하고 위협하는 일체의 행위인 바, 경비경찰은 이러한 일체의 행위를 예방·진압하는 업무를 맡고 있다. 90년대 이후 미국을 대상으로 하는 아랍무장단체의 테러가 빈발하고 있는 실정이다.

英 국내정보국(MI5) '매닝엄 불러' 국장은 영국내 알카에다 관련 테러용의자 규모를 재분석한 결과, 400여명으로 추산된다고 발표하였다. 이와 같은 수치는 05. 7. 7. 런던테러 직후의 2배에 해당하는 것으로 파키스탄·아프가니스탄 출신 테러리스트로 범위를 확대할 경우 600여 명에 이를 것으로 보인다고 언급했다.

▣ 세계 테러 발생 현황

구 분	1993	1994	1995	1996	1997	1998	1999	2000	2001	2002	2003
계	519	375	468	426	435	458	506	429	466	497	778
폭 파	153	110	157	172	174	172	205	223	231	226	357
무장공격	225	153	156	151	167	207	188	113	149	216	310
암 살	29	42	77	56	41	38	49	45	41	20	64
인질납치	28	28	28	26	23	26	50	32	31	13	17
항공기·납치	26	20	10	8	7	4	6	9	7	3	
기 타	58	22	41	13	23	11	8	7	7	19	30

2) 업무 내용

경찰특공대는 테러에 대비한 업무를 수행하도록 조직되고 훈련되어 있다.

8. 민간경비의 지도 · 감독

민간경비(Private Security)라 함은 공 경비에 대비되는 개념으로서 여러 가지 위해로부터 개인의 생명 · 신체 및 재산 등을 보호하기 위하여 특정한 의뢰자(Specific Client)인 고객으로부터 받은 보수에 따른 경비서비스를 제공하는 개인, 단체, 영리기업 등을 말한다. 경비경찰이 지도 · 감독하는 부분은 국가 보안상 중요시설에 배치된 청원경찰에 한하고, 일반 용역경비업체에 대해서는 방범기능에서 전담토록 되어 있다.

9. 전 · 의경관리

1) 정의

전 · 의경이라 함은 병역법 및 전투경찰대설치법에 의거하여 경찰청장이 국방부장관에게 소요인원을 요청하여 배정 받은 작전 전투경찰순경과, 경찰자체에서 선발하여 확정된 의무 전투경찰순경을 포함하며, 소정의 기초 군사훈련을 마치고 대 간첩작전이나 치안업무보조요원으로 복무하기 위하여 각 부대에 편성된 자들을 말한다.

전경은 병역법 제24조 ①항의 규정에 의하여 전임된 자 중에서 임용하되 대 간첩작전의 수행을 임무로 하고, 의경은 병역법 제24조 ②항의 규정에 의하여 전임된 자 중에서 임용하되 치안업무의 보조를 그 임무로 한다.

작전전경은 전경대 · 기동대 · 각종 경비대 · 상황실 · 검문소 · 초소 등에 근무하나, 의무경찰은 방범순찰대 · 기동대 · 시설경비 · 행정보조(교통 내 · 외근, 전산실), 차량운전 및 정비, 유치장 및 기타 치안업무 보조를 한다.

2) 업무 내용

전 · 의경관리는 관리는 치안 보조인력으로서 경찰임무의 달성에 기여하는바 크므로, 소극적인 측면에서 신상관리, 정훈교육 등을 통하여 자체사고 예방을 넘어, 적극적인 측면에서 임무를 성공적으로 수행할 수 있는 소양과 능력을 갖추도록 교육 훈련한다.

임무수행을 위한 권한 규정을 보면 전투경찰대설치법 제2조의 ②항 전투경찰순경은 임무수행상 필요하다고 인정할 때에는 경비지역 안에서 검문을 할 수가 있다는 규정과 전투경찰대설치법시행령 제30조 전·의경 중 정신이상자에 대하여는 국립병원장 또는 국군통합병원장의 진단서에 따라 직권면직을 결정하도록 규정되어 있다.

최근 전·의경 구타로 인한 자살사고가 많으므로 유의하여야 한다. 이의 근절을 위해서는 24시간 경찰관의 관심이 요청된다.

▣ 전경구타행위 근절방안

24시간 경찰관에 의한 대원보호	• 근무·휴식·취침·식사시간 등에 간부 임장 • 고참대원에 의한 집합·점호·교육훈련 위임금지
원칙에 따른 신고식	• 신고는 지휘관에게만 실시 • 대원간 신고행위 엄금
전역 임박 고참대원의 솔선수범 확행	• 전역시까지 규정대로의 근무지시 • 하급대원에 대한 사역부과 금지
정신교육강화 및 구타행위자 엄벌	• 고참은 편해야 된다는 의식 근절 • 구타행위 구증시 실질적 적발
피해 대원의 신고통로 개방	• 부대내 공중전화 설치 • 상급부서의 신고전화번호 홍보 • 각급 상사와의 자유로운 면담분위기 조성

10. 기타 업무

경비경찰이 행하는 업무로 해안선 경계근무는 해안선 일대에서 적이나 국내외 불순세력의 관측, 침투, 공격 및 기타 위협으로부터 국토와 국민을 보호할 목적으로 실시하는 경비경찰활동이다. 해안선에 대한 경계근무는 제주도, 울릉도, 독도, 소흑산도 등의 도서지방에 한하여 경찰경력이 배치되어 경계근무를 실시하고 있다.

이외에도 경비경찰은 각 지방청별로 긴급 상황에 대비하여 경찰항공대를 편성·운용하고 있으며, 민방위업무의 협조, 향토예비군의 무기·탄약 관리 등의 업무를 수행하고 있다.

제4절 외국의 경비경찰

1. 영국의 경비경찰

1) 특징

영국은 우리의 「경비」라는 독자적 경비분야가 독립되어 있지 않다. 수도경찰청의 경우, 공공질서과(Public Order Department)라는 별도의 부서를 두어 일반 경비업무는 물론 왕실보호 기능도 일부 담당하는 것으로 알려져 있다.

이곳에는 또한 축구 등 각종 스포츠 행사의 정보를 수집, 분석하며 경비를 담당하는 CO11이라는 부서와 다중범죄 진압시 사용되는 기마경찰대, 평소의 교육을 실시키 위한 공공질서훈련센타(Public Order Training Centre) 등이 있다.

내무부의 경찰정책이사회(Police Policy Directorate) 아래에 직무운영시책국(Operational Policing Policy Unit)이 있고, 그 아래에 공공질서분과(Public Order Section)를 두어 전체 경비업무의 협력 및 조정기능을 관장하고 있다.

2) 국가상황실

대규모 시위・소요사태시에는 1972년에 수도경찰청에 설치한 국가상황실(National Reporting Centre)에서 영국 경찰청장 협의회(ACPO) 회장이 각 지방경찰청 기동대(Police Supporting Unit)의 이동・배치 등을 지휘한다.

3) SAS부대

그 밖에 대 테러부대로서 1942년 창설된 SAS라 불리는 특수공군부대(Special Air Service Regiment)가 전후에도 대 테러부대로 운용되고 있으며, 이로써 영국은 테러진압 특공대를 가장 일찍 창설한 나라가 되었다.

4) 경호조직

영국 경찰의 경호업무는 수상이나 각료들의 경호에 있어서 런던지역 내에서는 수도경찰청 특수업무국 특수부 VIP경호과에서 담당하거나 스코틀랜드나 웨일즈 기타 지방 수행시는 지방경찰청 특수부의 경호요원이 근접경호와 외곽경호를 담당하고 수도경찰청 특수요원은 조정관으로서 1명 정도가 수행한다. 이것은 전통적인 영국의 지방자치제도에 기인한 것인데, 그 지역은 그 지역 경호경찰이 가장 잘 알고 있으므로 그들에게 경호책임을 맡긴다는 원칙에서 나온 것으로 경호의 분권화와 책임제가 잘 되어 있다.

▣ 영국의 경비경찰

주요 조직	• 경비경찰조직 : 전담경비경찰조직이 없고 경비의 기능을 각각 다른 기관에서 수행. 일반경찰관이 시위 등의 경비경찰업무 수행. • 국가상황실(National Reporting Center) : 수도경찰청 직속, 전국적인 대규모 다중범죄진압업무의 수행을 총괄적으로 전파 · 지휘 · 통제
주요 활동	• 대 테러임무 : SAS특공대(SAS는 세계 최초로 창설된 대 테러 부대) • 경호 임무 - 경호경찰활동의 특징 : 3중 경호방식(근접경호, 중간경호, 외곽경호)채택, 사전예방경호, 분권화경호, 책임제경호 - 경호방법 : 여왕 · 왕족경호(근위대, 수도경찰청산하의 왕실 및 외교관경호대), 수상 · 장관 등 요인경호, 국빈경호(수도경찰청 특수부(Special Branch))

2. 미국의 경비경찰

1) 특징

미국은 지방자치 경찰제도를 채용하고 있기 때문에, 우리의 경찰청 경비(교통)국과 같이 독립적 경비업무를 담당하고 있는 총괄부서가 없다.

최근 미국에서는 경비산업이 활발해져서 시설경비 · 요인경호 · 안전조사 · 신용조사 · 보험조사 · 현금수송을 업으로 하는 민간경비회사가 많이 생겼다. 현재 이러한 경비회사에서 약 100만 이상의 직원이 경비업무에 종사하고 있다. 그리고 경찰과 민간경비산업의 구별이 점차 줄어들고 있는 것도 특징 중 하나이다.

2) 주 방위군

미국 경비경찰조직으로는 주 방위군(National Guard)이라는 제도가 있는데, 주 방위군은 주경찰력의 하나로서 현재 미국에는 국가 육상경비대와 국가 항공경비대의 두 가지 주군인경찰 조직이 있으며, 국가안전을 위해 의회가 필요하다고 인정할 때에는 언제나 출동할 의무가 있다. 평시에는 주지사의 지휘하에 있는 부대이지만, 전시 · 비상시에는 미군에 편입되어 일선에 출동된다. 국방부에 국가경비대 사무국을 두어, 각주의 주 방위군의 유지 · 관리를 감찰하는 한편, 훈련의 감독, 재정적 원조 등을 하고 있다. 주 방위군의 최고 사령관은 주지사이며, 평상시의 관리는 주군인경찰총감이 담당한다. 주군인경찰총감은 주 방위군의 책임자인데, 일반적으로는 지사에 의하여 임명되며 주 방위군은 지사에 직속된 독립기관인 것이 보통이다.

3) 비밀경호국

미국경비경찰의 경호업무는 1865년 통화위조를 단속하기 위해 창설된 연방 최초의 수사기관인 「미연방비밀경호국(The United States Secret Service)」이 맡고 있다. 1901년 9월 매킨레이 대통령이 암살당한 뒤부터 대통령경호임무를 담당하였다. 재무부에 소속되어 있다가 현재 비밀경호국은 국토안보부 소속이다. 경호국요원은 수사권 보유. 대통령 및 요인 경호, 통화위조 및 재무법령의 집행, 백악관 및 외국 대사관의 경비 등이 임무이다. 시크리트 서비스는 관리부, 수사부, 경호운용부, 경호조사부, 정복경찰부 등의 자체조직을 가지고 있다.

▣ 미국의 경비경찰

특성	• 독립된 경비전담부서가 없다. • 민간경비업체가 경비업무의 많은 부분을 분담한다.
주요 조직	• FBI : 인질사건 등의 특정업무 • 주 방위군(National Guard) : 특정한 시위 · 폭동진압업무 담당 • 비밀경호국(Secret Service) : 대통령경호업무를 담당. 통화위조 및 재무법령의 집행, 백악관 및 외국 대사관의 경비 등이 임무. • SWAT : 미국 각 주립경찰내에 조직된 경찰특수부대로서 주요인물 신변경호, 인질구조, 무장용의자의 무력화 등 특수작전을 수행. 공격조, 관측저격조, 지원조의 3개조로 구분 • 민간경비 : 자위사상에 기초, 최초의 민간경비회사는 핑카톤(1850년)

3. 독일의 경비경찰

1) 주 경찰기동대

각 주에는 긴급시에 대비하여 정기적으로 훈련을 받은 대원들로 구성된 경찰기동대가 있다. 독일의 시위진압업무는 주의 경찰기동대(Bereitschaftspolizei)에 의해서 이루어지는데, 이것은 폭동이나 시위 등 전국적인 긴급치안상황에 대처하기 위하여 1950년 연방과 각 주정부 간의 행정협정에 의하여 설립되었다. 각 주에서는 위 행정협정에 따라 기동대를 설치 · 교육 및 배치업무를 담당하고, 연방에서는 이들에 대한 통일적인 근무규정의 제정, 무기 · 통신 및 차량정비를 지원하고 있다.

2) 연방 국경경비대

연방 국경경비업무는 연방의 내무부장관 지휘하에 있는 연방국경경비대(BGS)가 담당한다.

국경경비대의 최고 지휘관은 내무부장관이며, 그 아래에 국경경비총감, 각대 사령관이 있다. 연방내무부 산하기구로 국경경비대 사령부, 국경경비대 관리국, 국경경비국 및 국경경비학교가 있으며, 국경경비대 비행단이라는 자체의 항공력을 가지고 있다. 국경 경비대에 소요되는 예산은 연방정부와 주정부가 분담한다.

국경 경비대 산하에는 대 테러부대로서 GSG-9이라는 조직이 있으며, 이것은 1972년 뮌헨 올림픽에서 「검은9월단」에 의한 이스라엘선수 테러사건 이후 창설한 것이다.

▣ 독일의 경비경찰

- 연방경찰 : 전국적 사항, 긴급사태, 국경경비 등
  연방국경경비대 : 국경경비업무, 국가비상사태의 방지업무 및 경찰력 지원, 연방조직의 보호, 해안보호 등의 업무를 수행, 자체 항공력을 보유
  GSG-9 : 정부요인 및 헌법기관보호를 위한 신변보호업무, 자연재해와 대규모 사고 발생시 각 주경찰의 지원, 대 테러 진압업무 등을 담당
- 주경찰 : 각 주마다 고유의 경찰법을 가지고 독자적 경찰권을 행사
  주경찰기동대 : 폭동이나 시위 등 전국적인 긴급치안상황에 대처하기 위하여 1950년 연방과 각 주정부간에 행정협정에 의해 설립

4. 프랑스의 경비경찰

1) 경비경찰조직

프랑스 경찰 중 경비업무를 담당하는 기관은 내무부 국립경찰청 산하의 국가경찰기동대(C.R.S.) 국방부 산하의 군경찰을 들 수 있다. 국가경찰기동대가 시위진압・폭동진압 등의 임무를 수행한다. 대도시에서는 도시경찰국 외근대의 일부를 예비대로 하여 경비업무에 임하게 하고 있다.

2) 대 테러부대

도시경찰국에는 1972년의 뮌헨올림픽 테러사건을 계기로 결성된 대 테러 특수부대(G.I.P.N.)가 있다. 시위진압에는 기동군경찰(Gendarmerie Mobile)이 동원되기도 한다.

3) 경호조직

이 외에도 경호전담기구로서 국립경찰청 산하의 요인경호를 담당하는 경호국(V.O.)이 있다.

4) 의무경찰조직

현역병 중 일부를 징집하여 경비업무를 수행하게 하는 우리나라의 의무 경찰제도와 비슷한 보조 경찰제도가 있다.

▣ 프랑스의 경비경찰

- 국가헌병경찰- 경찰기관이 설치되어 있지 않은 인구 1만명 미만의 소도시와 농촌지역, 주요 간선도로 등지에서 경찰업무를 수행
- 경찰청경호국(V.O) : 대통령과 내외 요인 경호
- 국가헌병경찰 공화국경비대: 대통령 등 요인경호, 중요시설경비
- 국가경찰기동대(C.R.S) - 시위진압, 경비전담 부서 역할, 폭동진압 등의 임무를 수행, 집회・스포츠행사시 질서유지활동도 행한다.
- 보조경찰제도운영 - 우리나라의 의무경찰제도와 비슷한 보조경찰제도를 도입하여 일반경찰력을 지원, 보조

5. 일본의 경비경찰

1) 특징

일본 경찰청에는 경비국이 설치되어 있다. 우리와는 달리 경비업무뿐만 아니라 공안업무도 함께 담당하고 있고, 우리나라의 정보경찰활동이나 보안경찰활동이 경비경찰활동에 포함되어 운용되고 있다는 특징이 있다.

일본에서는 지진의 피해나 잦은 태풍 등으로 재해 경비업무에 대한 경찰의 기능이 중요시되고 있다.

2) 경호조직

경호활동은 우리와는 달리 경찰이 전담하고 있는데, 「경호」업무와 「경위」업무로 구분되어 있어, 경호는 정부요인이나 외국요인에 대한 신변보호활동으로서 경찰청에서 담당하고, 경위는 일본천황이나 황족에 대한 보호활동으로서 경찰청 직속의 황궁경찰본부가 전담하고 있다.

3) 진압경비

진압 경비업무는 1957년 동경 경시청에 기동대를 창설함으로써 시작되어, 1969년에는 관구 경찰국에도 기동대를 두고 주로 데모 경비임무를 담당케 하고 있다.

4) 위기시 조직

대규모의 재해나 소란 등 긴급사태시, 내각총리대신이 직접 경찰을 통제할 수 있는 권한이 주어져 있고, 이 경우 내각총리대신은 직접 경찰청장관을 지휘감독하고, 경찰청장관은 도도부현경찰 책임자를 직접지휘 또는 명령하여 사태를 수습할 수 있도록 규정하고 있다.

▣ 일본의 경비경찰

- 경찰청 경비국은 경비업무뿐만 아니라 정보, 공안업무와 외사업무도 담당
- 일본에서는 경호활동을 경호와 경위로 구분. 경호는 요인에 대한 신변보호로서 경찰청에서 담당하고, 경위는 일본천황이나 황족에 대한 보호활동으로서 경찰청 직속의 황궁경찰본부가 전담
- 경찰기동대 : 각종 시위진압, 테러 등의 업무를 담당하기 위해 동경경시청기동대와 관구경찰국기동대 운영

제5장 정보경찰활동

제1절 정보경찰의 의의

1. 정보경찰의 개념

1) 의의

정보경찰이란 공공의 안녕과 질서를 위협하는 치안정보, 또는 그 배경이 되는 내외의 정치 · 경제 · 사회 · 문화 등의 일반적 정보 등을 수집 · 분석 · 작성 · 배포하여 경찰활동에 기여하는 경찰을 말한다. 경찰법 제3조가 치안정보의 수집을 경찰의 임무로 규정하고 있으며, 경찰관직무집행법 제2조는 직무의 범위로서 치안정보의 수집 · 작성 및 배포를 규정하고 있어, 경찰의 사물관할의 범위로서 정보활동이 포함되어 있다.

경찰의 정보활동은 기능분장상 정보국, 정보부, 정보과 등 정보기능에서 주로 담당하고 있으나, 다른 경찰기능에서 범죄정보, 보안정보, 수사정보, 외사정보 등을 취급하고 있으며, 경찰관 모두에게는 정보수집 의무가 있다.

2) 정보활동의 필요성

경찰에 의한 사전 정보의 수집과 분석 등 정보활동을 통해, 그러한 불법폭력시위가 사전에 차단될 수도 있다. 또한 경찰은 사태가 발생 후, 진압 또는 검거를 위한 사후수단으로서의 정보를 제공할 수도 있다.

3) 정보활동의 한계

정보경찰의 정보활동도 일정한 한계가 있다. 그 기준은 경찰의 행정목적 달성을 위하여 어느 정도 필요한가(필요성), 그리고 정보활동 수단이 필요성과 관련해서 상당한 것인가(상당성), 또 사회적으로 보아 타당한 것인가(타당성)이다. 정보경찰의 정보활동은 목적의 정당성, 그 행위의 필요성 및 그 행위의 상당성의 요건을 구비하여야 적법행위라고 볼 수 있을 것이다. 즉, 적법한 정보수집은 그 행위의 목적이 경찰법의 규정에 따른 정당한 것이어야 하고,·그 행위가 그 목적달성을 위하여 객관적으로 필요하다고 인정되는 경우에 한하며, 그 행위 자체가 사회통념상 상당하다고 인정되는 행동이어야 한다.

2. 정보경찰활동의 특성

1) 기초활동성

경비정보, 범죄정보, 보안정보, 외사정보, 기타정보 등의 정보수집활동은 각종 경찰활동을 하는 데 있어 기초가 되는 활동이다. 정보기능에는 최종적인 조치권한이 수반되어 있지 않으며, 그러한 권한은 다른 기능 또는 타기관에서 수행한다.

2) 사실행위성

정보수집활동은 각종 경찰활동을 하는 데 있어 기초가 되는 활동으로서, 그 법적 성질은 사실행위에 속한다. 국민이 이로 인하여 손해를 입은 경우에는 손해배상의 문제가 발생할 뿐이다.

3) 비권력성

정보활동은 국민과의 관계에서 국민의 자유 또는 권리를 침해하는 권력적 작용이 아니라 임의수단에 의한 비권력 작용이다.

4) 광범성

경찰의 정보활동에는 모든 치안정보가 포함될 뿐만 아니라, 치안정보의 배경이 되는 내외의 정치 · 경제 · 사회 · 문화 등의 일반적 정보 등이 포함된다.

시간적으로도 공공의 안녕과 질서에 대한 침해의 발생 전후를 불문하고 활동한다. 범죄를 사전에 방지하는 예방수단으로서의 정보활동뿐만 아니라, 사태가 발생한 후에라도, 진압 또는 검거를 위한 사후수단으로서의 정보활동을 도모한다.

▣ 정보경찰의 특징

구분	정보경찰	일반경찰
제1차적 목적	• 국가안전보장 또는 국가이익의 보호	• 국민의 생명 · 신체 · 재산을 보호하고 나아가서는 공공의 사회질서유지
활동지침	• 예방적 경찰활동	• 사건발생후 진압적 사후교정적 경찰활동
대상범죄	• 위태성 범죄	• 침해성 범죄
보호법익	• 국가안전	• 개인의 법익보호

3. 정보경찰의 조직

1) 정보조직

(1) 경찰청 정보국

경찰청과그소속기관등직제와 그 시행규칙에 의하면 경찰청 정보국은 다음의 기능을 수행하도록 되어 있다.

① 치안정보업무에 관한 기획・지도 및 조정

② 정치・경제・노동・사회・학원・종교・문화 등 제분야에 관한 치안정보의 수집・종합・분석・작성 및 배포

③ 정책정보의 수집・종합・분석・작성 및 배포

④ 집회・시위등 집단사태의 관리에 관한 지도 및 조정

⑤ 신원조사 및 기록관리

기획정보심의관은 기획정보업무의 조정에 관하여 국장을 보좌한다.

정보1과장은 다음 사항을 분장한다.<개정 1998.12.7, 1999.12.28>

① 정보경찰업무에 관한 기획・지도 및 조정

② 신원조사 및 기록관리

③ 기타 국내 다른 과의 주관에 속하지 아니하는 사항

정보2과장은 다음 사항을 분장한다.<개정 1999.12.28>

① 정치분야에 관련되는 치안정보의 수집・종합・분석・작성 및 배포

② 치안정보업무에 관한 기획・지도 및 조정

③ 정책정보의 수집・종합・분석・작성・배포 및 조정

④ 정치분야에 관련되는 집회・시위 등 집단사태의 관리에 관한 지도 및 조정

정보3과장은 다음 사항을 분장한다.<개정 1999.12.28, 2002.2.25>

① 경제・노동분야에 관련되는 치안정보의 수집・종합・분석・작성 및 배포

② 경제・노동분야에 관련되는 집회・시위 등 집단사태의 관리에 관한 지도 및 조정

정보4과장은 다음 사항을 분장한다.<개정 1999.12.28, 2002.2.25>

① 학원・종교・사회・문화분야에 관련되는 치안정보의 수집・종합・분석・작성 및 배포

② 학원・종교・사회・문화분야에 관련되는 집회・시위 등 집단사태의 관리에 관한 지도 및 조정

4. 정보경찰활동의 법적 근거

1) 경찰법과 경찰관 직무집행법

정보활동은 국민과의 관계에서 국민의 자유 또는 권리를 침해하는 구체적 조치를 수반하지 아니 하므로, 조치권한에 관한 구체적 수권은 필요하지 않다.

경찰의 정보활동의 근거법령으로는 경찰법 제3조가 치안정보의 수집을 경찰의 임무로 규정하고 있으며, 경찰관직무집행법 제2조도 제3호에서 치안정보의 수집・작성 및 배포를 경찰관의 직무범위로 명시하고 있다.

2) 경찰공무원 승진 임용규정

경찰공무원 승진 임용규정과 동 시행규칙 제7조는 경찰공무원의 근무성적의 평정요소로서 견문수집에 따른 점수를 부여하고 있으므로, 모든 경찰관은 이에 따라 첩보수집 활동을 벌이고 있다.

3) 외근 경찰관 근무규칙

훈령으로서는 외근경찰관근무규칙(1995. 9. 11. 경찰청훈령 제168호)이 제51조에서 외근경찰관에게 각종범죄와 방범에 관한 사항, 다중범죄와 관련된 사항, 국가의 존립과 안전을 해하는 공산계열에 관한 사항, 경제・사회・문화 등 사회문제에 관한 사항, 공안・풍속・영업 기타 민심동향에 관한 사항, 기타 경찰업무 수행상 필요하다고 인정되는 사항에 대하여 첩보를 수집・보고하도록 하고 있다.

5. 정보경찰활동의 한계

경찰의 정보활동은 임의수단이면서 사실행위에 속하지만, 그 활동의 범위가 매우 넓고 실무적으로는 정치정보 등 정치적으로 민감한 부분도 포함하고 있으므로 그 한계에 관한 논의가 필요하다. 구체적으로는 경찰이 정보활동을 수행할 경우, 그 활동이 경찰의 행정목적 달성을 위한 필요성, 그리고 정보활동 수단이 필요성과 관련한 상당성, 또 사회적으로 타당성이 있는 지를 충분히 고려할 필요가 있다.[1)]

경찰법 제4조가 「경찰은 그 직무를 수행함에 있어서 헌법과 법률에 따라 국민의 자유와 권리를 존중하고, 국민전체에 대한 봉사자로서 공정중립을 지켜야 하며, 부여된 권한을 남용하여서는 아니 된다」고 규정한 것이나, 경찰관직무집행법 제1조 제2항이 「경찰관의 직권은 그 직무수행에 필요한 최소한도내에서 행사되어야 하며 이를 남용하여서는 아니 된다」라고 규정한 것은 그러한 점을 분명히 한 것이다.

따라서 경찰이 정보활동을 수행할 경우, 각각의 상황에 따라, 그 대상, 수단·방법, 기본적 인권에 대한 제한 유무, 현장상황, 당시의 사회상황 등 제반의 조건을 구체적으로 고려한 업무수행이 요구된다.

일본의 경우 경찰의 책무범위에 구체적으로 정보활동의 근거가 명시되어 있지 아니하여 우리나라와 약간 상황이 다르기는 하나, 이에 관한 판례가 「정보수집, 특히 범죄 또는 공안을 해하는 사태가 아직 구체적으로 발생하고 있지 않은 경우에 행하는 경찰의 예방수단으로서의 정보수집은, 대상이 구체적으로 특정되어 있지 않기 때문에 그 행위의 위법의 한계가 구체적으로는 미묘하므로, 그 한계를 명확히 하는 기준으로서, 목적의 정당성, 그 행위의 필요성 및 그 행위의 상당성의 삼요건을 구비하여야 적법행위라고 볼 수 있을 것이다. 즉, 정보수집이 적법하기 위해서는 첫째로, 그 행위의 목적이 경찰법 제2조 제1항[2)]의 규정에 따른 정당한 것이어야 하고, 둘째로, 그 행위가 그 목적달성을 위하여 객관적으로 필요하다고 인정되는 경우에 한하며, 셋째로, 그 행위 자체가 사회통념상 상당하다고 인정되는 행동이어야 하므로, 이러한 삼요건을 구비하는 한 경찰관의 정보수집은 정당한 직무행위에 해당되며, 일반의 기본적 인권을 침해할 우려가 없는 것으로 사료된다」고 판시하고 있으므로 우리나라 경찰의 정보활동에 있어서 고려해 볼 필요가 있다.[3)]

1) 河上和雄 外 三人 編著, 日本の警察(第一,二,三,四巻), 立花書房, 1993, p. 553.
2) 日本 警察法 第2條(警察의 責務) 第1項 : 경찰은 개인의 생명, 신체 및 재산의 보호에 임하여, 범죄의 예방, 진압 및 수사, 피의자의 체포, 교통의 단속 기타 공공의 안전과 질서의 유지를 담당함을 그 책무로 한다.
3) 경찰대학, 「경찰학개론」(용인: 경찰대학, 2002), pp. 361～363.

제2절 정보경찰활동

1. 정보수집 및 처리

정보경찰은 정치 · 경제 · 노동 · 사회 · 학원 · 종교 및 문화분야에 관련되는 치안정보의 수집 등의 업무를 담당한다. 따라서 정보기능에서는 경찰청과그소속기관등직제가 규정한 보안정보, 외사정보, 수사정보를 제외한 일반정보 업무를 분장한다고 할 수 있으며, 이와 같이 정보경찰의 활동은 치안과 관련되는 제반 기초정보의 수집 등 광범위한 업무영역을 특징으로 한다.

이러한 정보활동은 정보수집 · 분석 · 종합 · 판단 · 작성 · 배포활동을 포함하는데, 여기서 생산된 정보는 다른 경찰활동 또는 타기관의 활동을 위한 기초자료가 됨으로써 궁극적으로 공공의 안녕과 질서유지에 기여하게 되는 것이다.

2. 신원조사

신원조사란 보안업무규정(2001. 1. 29. 대통령령 제17116호) 등에 의거, 보안의 대상이 되는 인원, 즉 국가안전에 관련되는 임무에 종사하거나 이에 관련되는 행위를 하는 자 및 그 예정자에 대하여 실시하는 대인정보활동이라고 할 수 있다. 신원조사는 보안의 대상이 되는 인원의 국가에 대한 충성심 · 성실성 · 신뢰성 등을 조사하여 공공의 안녕을 확보하려는 데 그 목적이 있다.

3. 채증활동

채증활동이란 각종 집회나 시위 및 치안 위해사태의 발생시에 위법상황을 촬영 · 녹화 또는 녹음 등의 방법으로 채증함으로써 사후 정확한 진상파악과 위법자의 사법처리를 위한 증거자료를 확보하기 위한 활동이다.

채증활동은 지방경찰청과 경찰서 단위에 편성된 채증반을 통하여 관할 구역내에서 발생하는 사태시에 전개된다. 그러나 채증활동은 궁극적으로 수사 또는 보안 활동을 위한 것이므로 이들 기능과 합동으로 이루어지고 있다.

4. 집회 및 시위에 관한 업무

모든 국민은 집회의 자유를 가지는 바(헌법 제21조), 집회및시위에관한법률은 적법한 집회 및 시위를 최대한 보장하고 위법한 시위로부터 국민을 보호함으로써 집회 및 시위의 권리의 보장과 공공의 안녕질서를 적절히 조화되게 함을 목적으로(제1조), 관할 경찰서장(2개 경찰서 이상의 관할에 속하는 경우에는 지방경찰청장)에게 48시간 전에 신고토록 하고 있다(제6조). 이와 관련하여 경찰서 또는 지방경찰청 정보과에서는 신고의 수리, 보완통고, 제한조치, 금지통고 등의 업무를 처리한다.

5. 정책정보의 수집 · 작성 · 배포

1) 법적 근거

경찰이 정책정보를 수집 · 작성 · 배포할 근거는 경찰법 제3조와 경찰관직무집행법 제2조의 치안정보의 수집 등의 직무와 관련된 이러한 직제 규정에 의한 것이다. 경찰청과소속기관등직제 제14조는 경찰청 정보국의 업무로서 정책정보의 수집 등을 분장시키고 있다.

2) 치안정보와 정책정보의 관련성

치안정보와 정책정보는 상호 밀접하게 연관되어 있다. 경찰의 치안정보는 정치 · 경제 · 사회 · 문화 등 제반의 상황을 반영하는 것이고, 정부의 정책 의제의 설정, 정책결정, 정책집행 및 정책평가의 전 과정과 밀접하게 관련되어 있다.

3) 정책정보의 중요성

경찰의 정책정보는 정부 정책과 관련된 비용과 부작용을 최소화하는 데 기여한다. 경찰의 정책정보의 중요성은 바로 여기에 있다.

4) 정책정보의 작성요령

(1) 현황의 면밀한 분석

관내 주민의 정부에 대한 요구사항이나, 정부 정책의 실태, 예산내용이나 법적 근거, 책임기관과 책임자, 집단간의 갈등의 구조와 조직규모, 배경 등을 면밀히 분석한다.

(2) 문제점의 작성

구체적인 문제점을 적시한다. 현장에서 드러나고 있는 문제, 예산상 문제, 법령의 미비점, 책임기관과 책임자의 대응방법의 문제점, 치안상황으로 확대될 가능성 등을 분석하여야 한다.

(3) 대책의 제시

경찰은 문제를 해결할 구체적 방안과 방향을 제시하여야 한다. 문제의 현장에서 가장 가깝게 접근하고 있는 경찰이 정책결정자나 집행자보다 더 정확히 그리고 객관적으로 사안을 바라볼 수 있는 입장이기 때문에 가능한 것이다.

대책의 내용으로는 정부시책을 발굴하는 내용, 법령의 개선이나 예산상의 뒷받침, 인사상의 조치나 조직의 개혁 등 구체적이고 실현가능한 대책을 제시하는 것이 중요하다.

6. 보안정보활동

경찰청과소속기관등직제 제15조는 보안국의 업무로서 북한에 대한 정보의 수집 및 분석 업무를 분장시키고 있다. 보안 정보의 수집은 국가의 안전을 보장하기 위한 방첩활동의 기본요소로서 보안경찰의 업무 중 가장 중요한 한 부분이다.

7. 외사정보활동

외사정보활동은 대한민국의 안전과 이익, 사회공공의 안녕과 질서유지를 목적으로 주한 외국인, 주한 외교사절, 주한 외국기관, 상사단체, 해외교포 등 각종 외사활동의 객체를 대상으로 외사첩보를 수집하고 이를 판단・분석하여 정책수립자료로 제공함으로써, 경찰상 또는 국가안보상의 위해요인을 사전 제거하고, 그 대책을 마련하는 외사경찰활동이다.

이에 따라 경찰청과소속기관등직제 제8조는 외사정보의 수집・분석 및 관리와 외사방첩업무의 지도・조정 업무를 외사관리관의 임무로서 분장시키고 있다.

8. 수사・형사정보활동

정보활동은 수사목적을 위해서도 수집되는데, 수사정보라 함은 범죄수사상 참고가 되는 모든 정보를 말한다. 즉, 수사의 단서가 될 수 있는 것은 물론, 범죄로의 이행이 예상되는 사안, 이미 발생한 범죄에 관한 사항 등이 수사정보의 대상이 된다. 범죄의 광역화・기동화・지능화에 대처하여 사건을 해결해 나가기 위해서는 그 실마리가 되는 많은 정보를 조기에 입수해야 하며, 그런 의미에서 수사정보의 수집은 수사의 출발점이며, 사건해결의 성부를 좌우하는 중요한 의미를 갖는다. 경찰청에서는 살인・강도・폭력・도범 및 방화사범에 관한 정보의 처리는 형사과, 마약사범 및 지능범죄에 관한 정보의 처리는 마약지능과, 그리고 사이버테러의 탐지 등의 업무는 사이버테러대응센터에서 각각 업무를 분장하고 있다.

9. 정보경찰활동의 방향

경찰은 단순한 상황정보 위주의 정보 수집에서 벗어나, 국민이 국가에 바라는 여론을 귀담아 들어 중요시책을 발굴하고, 국가정책의 집행과정에서 드러나는 문제점들을 찾아내어 그 오류와 부작용을 최소화함으로써, 치안확보에 거시적으로 기여하는 역할을 해야 한다.

제3절 외국의 정보경찰

1. 영국의 정보경찰

영국은 수도경찰청 특수부서를 제외하고는 우리 경찰의 정보·보안업무와 유사한 기능을 수행하고 있는 경찰기관은 없다.

영국 정보기관은 서로 대등한 입장에 있는 외무부의 SIS(Secret Intelligence Service)(구 MI6), 내무부의 SS(구 MI5), 국방부의 DIS(Defence Intelligence Staff) 등 세 기관으로 구성되어 있으며, 경찰조직으로는 수도경찰청의 특별부서(Special Branch)가 있다.

수도경찰청 특수부서는, 요인 경호를 담당하는 A과(A squad), 아일랜드공화국군(Irish Republican Army : IRA) 관련업무를 수행하는 B과(B squad), 좌익단체 및 우익단체 관련업무를 수행하는 CE과(CE squad) 등으로 구성되어 있다.

1992년에 새로 창설된 국립범죄정보국(National Criminal Intelligence Service: NCIS) 은 국가기관으로서 범죄에 관한 각종 정보를 체계적으로 수집하고 있다.

▣ 영국의 정보경찰

비밀정보부 (SIS)	• 비밀정보부(SIS : Secret Intelligence Service)는 1900년 육군성 특별정보국(MI-6)이라는 명칭으로 발족했으나 1911년 외무성으로 이관되어 SIS로 이름을 바꾸었다. • 국외정보수집·분석과 공작활동을 담당하고 있으며 1994년에 제정된 정보국법에 그 법적 근거를 두었다. • SIS는 테러집단에 대한 정보활동과 산업정보 수집활동을 강화하고 있다.
보안부 (SS)	• 보안부(SS : Security Service)는 1900년 육군성 특별정보국(MI-5)이라는 명칭으로 창설된 후, 1940년 런던 경찰청의 특별국과 병합하여 내무성 산하기관이 되었으며 그때부터 보안부(SS)로 불리고 있다. • 1989년에서야 보안국법이 제정되어 공식적으로 그 존재가 인정되었다. • 보안부의 주임무는 영국내의 간첩·태업 및 정부전복음모를 사전에 탐지하여 예방하는 것이고, 임무수행을 위해서 지하공작임무도 수행한다.
국방정보 참모국(DIS)	• 참모총장 산하에 육·해·공군의 정보기관을 통괄하는 국방정보참모부는 정보참모부장과 차장이 있어 각 군정보부대를 지휘하고, 정보관리지원처, 과학기술정보처, 정보근무처 및 경계정보처 등 4개의 처로 조직되어 있다.
국립범죄 정보국(NCIS)	• 1992년 창설, 범죄에 관한 각종 정보를 체계적으로 수집

2. 미국의 정보경찰

연방수사국을 제외하고는 우리 경찰의 정보·보안업무와 유사한 기능을 수행하고 있는 부서를 설치하고 있는 전문적 경찰기관은 없다.

미국의 정보기관으로는 CIA(Central Intelligence Agency), 국가안보국(NSA), 국가정찰국(NRO) 등이 있으며, 경찰과 관련하여서는 연방경찰인 연방수사국이 있다.

연방수사국(FBI)은 법무부 산하 기관으로서, 스파이, 사보타지, 반란, 소요, 정보전복 등의 연방범죄에 대한 수사를 전담하는 기관이지만, 국내 공안정보 수집의 임무도 담당하고 있으며, 그 임무는 정보부(Intelligence Division)에서 수행한다. 정보부는 미국내에서 활동하고 있는 외국첩보기관의 정보를 수집·분석하고, 그 조직 및 구성원의 행동을 사찰·내사함으로써 미국의 안전을 해하는 반미활동의 수행을 봉쇄하는 임무를 수행한다. 이상의 활동을 수행하기 위하여 정보부에는 정보 1, 2, 3과가 있으며, 이 가운데 정보3과는 우리의 외사경찰 기능과 유사하다.

▣ 미국 정보기구

CIA : Central Intelligence Agency	• CIA는 대통령 직속기관으로, 1947년 국가안전보장법에 따라 창설
국가안보국(NSA)	• 행정적으로는 국방정보국(DIA)의 관할이나 업무상으로는 독립.
국가정찰국(NRO : National Reconnaissance Office)	• NRO는 미국정보공동체 전체의 위성정찰 계획을 관리한다. 이 계획에는 위성을 이용하여 수집되는 사진정보와 신호정보가 포함된다.
연방수사국(FBI)	• 스파이, 사보타지, 반란, 소요, 정부전복 등의 범죄에 대한 수사는 FBI의 임무로 되어 있으나 FBI는 범죄예방을 위한 첩보수집활동도 한다.

3. 독일의 정보경찰

독일의 주요 정보기관으로는 연방정부의 연방정보부(BND), 국방부 산하기관인 국방보안국(MAD), 내무부 산하기관인 연방헌법보호청(BVS)이 있으며, 주정부에는 주헌법보호청(LVS) 등이 있으나, 독일 경찰조직의 핵심인 주경찰 내부에는 따로 정보업무를 전담하는 조직은 없다.

■ 독일의 정보기구

연방정보부(BND)	• 연방정부의 관방장관의 관할, 외국으로부터의 정보를 수집, 분석, 평가하여 정치에 필요한 정보판단 자료를 지도자에게 제공
연방헌법보호청(BVS)	• 연방정부의 보안기관, 국내에서의 스파이 활동 방지 및 제거, 반헌정질서범죄 및 범죄자에 대한 정보수집 및 배포임무를 수행

4. 프랑스의 정보경찰

프랑스의 정보기구로는 국립경찰청 산하의 정보국(D.C.R.G.)과, 국방부 산하의 국외정보와 방첩업무를 담당하는 해외안전총국(D.G.S.E.) 등이 정보활동의 주축을 이루고 있으며, 그 밖에 외무부 정보과와 각군 정보기관 등이 있다.

프랑스의 경찰체제는 크게 내무부장관의 지휘를 받는 국립경찰(Police Nationale)과 국방부장관의 지휘를 받는 군경찰(Gendarmerie Nationale)로 양분되어 있는데, 우리나라의 정보국에 상응하는 것이 프랑스의 정보국이다. 프랑스의 3대 정보기관 중 하나인 RG는 내무부장관의 지휘를 받는 경찰청 소속으로 대외안전총국(DGSE), 국토보안국(DST)과 달리 국내 일반정보를 다룬다.

정보국은 과거에 비밀경찰(Police Speciale)이라고 부르던 것으로 정부기관에 필요한 모든 정보를 제공할 임무를 띠고 있으며, 중앙조직으로는 일반첩보부, 특별첩보부, 조사부, 관리부, 경마도박부가 있고, 지방조직으로는 23개의 지방본부와 103개 도지부가 있는데, 정보국의 지방조직은 지방경찰장과 중앙의 정보국장의 2중 감독을 받는다. 그 임무를 구체적으로 살펴보면, 협의가 있는 인물 및 단체를 감시하고 치안유지에 필요한 정치・경제・사회・언론 등 전반적 정보활동과 정치적 폭력・테러의 감시 및 분석, 유흥장・도박장・승마장의 감시를 통한 정보수집 등이 있다. 이와 같이 프랑스의 정보경찰은 경마도박부의 임무를 제외하고는 우리나라의 정보경찰과 가장 유사하며, 가장 우수한 자질의 경찰들로 구성되어 있는 것으로 전해지고 있다.

프랑스의 국내정치정보 업무를 맡고 있는 정보국(RG)은 94년 사회당 대의원 회의 마이크사건 이후 철저한 개혁을 했다. 당시 비공개리에 열린 회의장에 RG요원이 잠입, 방송실에서 회의상황을 본부에 전화로 중계 보고하는 내용이 회의장의 스피커에 그대로 흘러나왔다. RG는 이 사건으로 존폐의 위기에까지 몰렸다. RG는 「정부에 필요한 정치사회 경제분야의 정보를 수집·총괄한다」는 관계법령을 근거로 국가안보 차원에서 극우·극좌정당, 불온단체 등의 동향 파악에 초점을 맞추고 있다.

▣ 프랑스의 정보기구

해외안전총국(DGSE)	• 1942년 프랑스망명정부는 레지스탕스와 테러활동을 수행하기 위해 특수정보활동을 목적으로 하는 기구를 창설.
국토감시국(DST)	• 국토감시국의 임무는 국가안전보장을 위한 국내정보수집, 부정색출, 외국의 프랑스첩보활동의 탐지 · 적발, 테러범죄 · 마약범죄 등 범죄수사와 프랑스 국민의 보안시설 및 자료에 대한 보안 임무.
정보국(DCRG)	• 국립경찰청 산하에 전국적인 정보수집을 맡는 독립된 정보기능을 가짐

5. 일본의 정보경찰

일본의 정보활동은, 국가수준의 종합정보기관인 내각정보조사실(이하 내조실) 외에, 방위청, 공안조사청, 외무성의 정보조사국 등에 의해서 수행되고 있다.

내조실은 총무부, 국제 1, 2부, 국내 1, 2부, 경제부, 자료부 등으로 구성되어 있으며, 내각의 중요정책에 관한 정보 수집, 보고 및 국내외 언론의 논조분석, 국내 치안관련 정보 등을 취급하고 있으며, 외형상으로는 방위청 · 경찰청 · 외무성 · 공안조사청 등으로부터 직원이 파견근무를 하고 있다.

공안조사청은 폭력적 파괴활동을 규제하기 위한 법률인 「파괴활동방지법」에 의거, 관련 단체의 조사 및 해산 등의 업무를 담당하기 위하여 1952년 법무성의 외청으로 설립된 것으로, 일본을 8개 구역으로 나누어 각각 공안조사국을, 그리고 43개 지역에 공안조사부사무소를 설치 · 운영하고 있다.

일본 경찰의 정보활동은 경찰청 경비국 · 국제부, 관구경찰국 공안부, 도도부현경찰본부 공안부 또는 경비부의 라인으로 이루어지고 있다.

경찰청 경비국은 모두 6개 과로 구성되어 있는데 과별업무내용을 보면, 경비기획과는 경비경찰에 관한 법령 · 제도 · 운영의 조사 · 연구와 경비정보의 종합 · 조사업무, 공안1과는 일본공산당에 대한 정보활동, 공안2과는 우익에 대한 정보활동, 공안3과는 극좌파에 대한 정보활동, 경비과는 경비업무와 실제정보활동의 지휘감독을 마지막으로, 외사과는 방첩업무를 담당하고 있다. 그리고 1994년 7월에 발족한 국제부는 제외국의 국정 및 이를 둘러싼 국제정세, 치안수준, 경찰제도, 경찰시설 등의 실태, 경찰관의 지식 · 기술수준 등에 관한 정보수집 및 외국 경찰기관과의 정보교환 등의 국제적인 정보업무를 담당하고 있다.

이와 같이 일본 경찰의 정보활동은 국외에 관련되는 것만 국제부에서 수행하는 외에는 원칙적으로 경비경찰에 소속되어 있는 공안경찰이 담당하는데, 경비 · 공안경찰은 공안정보활동이라고 하여 국가의 공안이나 이익에 관계된 범죄정보 및 정치 · 사회운동에 관련된 범죄정보 수집 등을 임무로 활동한다. 이와 같이 우리 나라의 보안활동과 정보활동 그리고 경비활동이 통합되어 있다는 데 특징이 있다.

▣ 일본의 정보기구

내각정보 조사실	• 내각의 중요정책에 관한 정보수집 · 보고 및 국내외 언론분석, 국내 치안관련 정보를 취급
공안조사청	• 폭력주의적 파괴활동의 규제에 관한 법인 "파괴활동방지법"에 의거한 단체의 조사 및 해산 등의 관련 업무를 담당
외무성 조사기획국	• 국내문제에 대한 첩보수집과 분석은 물론 특정국가에 관한 조사와 연구를 수행하면서 일반외교정책을 수립하는 업무를 담당.
방위청	• 육상 · 해상 · 항공 각 막료감부의 조사부를 흡수, 통합
경찰청	• 경비경찰에 소속되어 있는 공안경찰이 담당하며 공안 · 경비범죄에 관한 체포권과 수사권을 가지고 있다. • 일본 경찰은 우리나라의 보안활동과 정보활동 그리고 경비활동이 통합되어 있다.

제6장 보안경찰활동

제1절 보안경찰의 개념

1. 보안경찰의 의의

1) 보안경찰의 정의

보안경찰은 국가안전보장에 대한 위해로서 공공의 안녕과 질서를 해치는 사항들에 대응하는 경찰로서 간첩 등 중요방첩공작수사, 좌익사범수사, 반국가적 불온유인물 수집 및 분석, 보안관찰, 남북교류관련 업무 등이 포함되어 있다.

2) 보안경찰의 필요성

보안경찰은 지난 50여 년 동안의 남북대치상황하에서 주로 대공 경찰적 임무에 집중하여 왔으며, 국내 좌익폭력세력의 증가 등으로 보안경찰의 중요성에는 여전히 변함이 없다.

2. 보안경찰의 조직과 업무

1) 경찰청 보안국

경찰청과그소속기관등직제에 의하면 경찰청 보안국은 다음의 업무를 분장한다.
① 보안경찰업무에 관한 기획 및 교육
② 보안관찰에 관한 업무지도
③ 북한이탈 주민관리 및 경호안전대책 업무
④ 간첩등 보안사범에 대한 수사의 지도・조정
⑤ 보안관련 정보의 수집 및 분석
⑥ 남북교류와 관련되는 보안경찰업무
⑦ 간첩등 중요방첩수사에 관한 업무
⑧ 중요좌익사범의 수사에 관한 업무

경찰청보안국의 각 과는 다음의 업무를 분장한다.
보안1과장은 다음 사항을 분장한다.
① 보안경찰업무에 관한 기획 및 교육
② 북한의 실상에 대한 홍보
③ 보안관찰에 관한 업무지도
④ 기타 국내 다른 과의 주관에 속하지 아니하는 사항

보안2과장은 다음 사항을 분장한다.
① 간첩 등 보안사범에 대한 수사의 지도 및 조정
② 불온유인물의 수집 및 분석
③ 북한에 대한 정보의 수집 및 분석
④ 남북교류와 관련되는 보안경찰업무

보안3과장은 다음 사항을 분장한다.<개정 1999.5.24>
① 간첩 등 중요 방첩수사
② 중요 좌익사범의 수사

2) 지방경찰청 보안과

경찰서 보안과는 다음 업무를 분장한다.
① 보안경찰업무에 관한 계획의 수립 및 지도
② 보안경찰업무에 관한 자료의 수집 · 분석 및 관리
③ 보안관찰에 관한 업무
④ 간첩 등 보안사범의 수사 및 지도 · 조정
⑤ 외사정보의 수집 및 분석
⑥ 외국인범죄의 수사
⑦ 출입국자의 동태파악

3) 관련 안보기관

국가안전보장을 위한 업무는 국방부, 국가정보원, 통일부, 외무부, 법무부, 정보통신부, 해양수산부, 과학기술부, 경찰청 등이 각각 분장하고 있다.

국가안전정보에 관한 사항은 대통령 직속의 국가정보원이 수행한다. 국가정보원은 국가정보 및 보안업무에 관한 정책의 수립 등 기획업무를 수행하며, 그와 같은 정보 및 보안업무의 통합기능 수행을 위하여 필요한 합리적 범위 내에서 각 정보수사기관의 업무와 행정기관의 정보 및 보안업무를 조정하는 권한[1]을 갖고 있다.

3. 보안 경찰활동의 법적 근거

경찰법 제3조와 경찰관직무집행법 제2조는 공공의 안녕과 질서 유지를 경찰의 임무 또는 직무로 규정하고 있으며, 공공의 안녕의 보호대상의 하나로서 국가의 존립과 기능의 유지가 포함된다. 그 밖의 법률로는 형법, 국가보안법, 보안관찰법, 북한이탈주민의보호및정착지원에관한법률 등이 있으며, 정보및보안업무기획 · 조정규정 등의 하부 규정들이 존재한다.

1) 정보및보안업무기획 · 조정규정 제3조.

제2절 보안경찰활동

1. 국가보안 위해요소

1) 내부적 위해요소

남한 내부의 좌익운동 실태나 불법 폭력시위 등을 고려한다면 우리나라의 사회적 응집력은 그다지 높지 않지만, 한국 사회를 폭력으로 전복하고 사회주의국가를 형성하려는 좌경폭력혁명세력이 잠존해 있다. 우리나라는 정치적으로도 지역분할구도의 정치행태에서 벗어나고 있지 못하여 취약한 면을 가지고 있으며, 1997년 12월 IMF 구제금융에 의존하는 경제위기를 겪은 바 있듯이 경제위기에 따른 대규모 실업과생계형 범죄의 증가, 계층간의 불화, 불법 노사분규 등은 사회안정을 위협하는 요소로 작용할 수 있다.

▣ 폭력혁명세력의 유형

NL 주사파	• 북한의 대남혁명론인 민족해방인민민주주의혁명론파로 김일성주체사상을 신봉하며, 이에 입각하여 남한사회의 사회주의혁명(공산혁명의 전단계)을 성취하려는 세력을 지칭한다. 혁명전략은 통일전선체제를 구축하여 미제국주의를 타도한 후, 민족자주정권을 수립하고 사회주의국가로 혁명을 완수해야 한다고 주장한다. • 한총련(한국대학총학생회연합)과 범청학련(조국통일범청년학생연합) 등이 있다.
NDR파	• ND파는 민족민주주의혁명파(NDR: National Democracy Revolution)를 지칭하는 것이다. 혁명전략은 민중통일전선을 형성하여 무장봉기에 의한 임시 민주정부구성으로 민중공화국을 수립한 후 자본주의제도의 철폐 등으로 사회주의국가를 건설하고자 한다. • 남한사회주의노동자동맹(사노맹)이 있다.
PDR파	• PD파는 민중민주주의혁명파(PDR:Peoples Democracy Revolution)라는 의미로, 혁명전략은 노동자계급이 주도하는 전위당을 결성, 독점자본과 파쇼정권 및 미제를 동시에 타도하고 민중권력을 쟁취한 후 사회주의혁명을 완수하는 것이다. • 전국학생연대와 대장정학생연합 등이 있다.

2) 외부적 위해요소

(1) 군사적 위협

우리나라는 남북대립의 갈등 속에서 북한의 군사적 위협이 상존하고 있다.

(2) 정치적 위협

민족해방과 인민민주주의의 혁명과업을 완수하고 온 사회의 주체사상화와 공산주의 사회 건설을 지향하는 북한의 위협이 있다. 북한에서는 대외연락부, 통일전선부, 대외정보조사부, 작전부, 인민부력부 정찰부 등의 대남혁명을 위한 공작기구를 운용하고 있다.

▣ 북한의 대남공작기구

대외연락부 (사회문화부)	• 공작원 밀봉규육 · 남파, 남한내 지하당 구축공작 및 해외공작을 전담하고 있다. 동 부서는 남한지역담당, 남한사회지도층담당, 해외담당부서로 구성되어 있다.
통일전선부	• 남북대화주관, 조총련 및 해외교포 공작사업, 대남심리전 및 통일전선공작 등을 전담하고 있다. 특히 이 부서는 통상 대남사업 담당비서가 직접 통일전선부 부장을 겸임할 정도로 핵심적인 대남공작부서임
35호실 (대외정보조사부)	• 주로 대외 · 대남정보수집, 해외 간첩공작 및 테러공작을 전담하고 있는 부서임. 1987년 KAL기 858기 공중폭파 테러를 자행한 바 있다.
작전부	• 공작원들에 대한 기본교육훈련, 침투공작원 호송 · 안내 · 복귀 · 대남테러공작 및 대남침투로 개척 등을 주임무로 하고 있다. 김일성 정치군사대학, 남파공작원 파견기지인 해상연락소를 청진, 원산, 남포, 해주 등에 보유하고 있는 부서이다.
인민무력부 정찰국	• 인민무력부 총참모부 소속으로 무장공비 양성 · 남파, 요인 암살 · 파괴 · 납치 등 게릴라 활동, 대남군사정보 수집 등을 주임무로 한다. 또한 448군부대, 907군부대, 남포행특수부대 등을 관장하며 특공부대의 후방투입과 유격활동을 자행하는 임무를 맡고 있다.

3) 사회적 위해요소

남한 내의 북한과 직 · 간접으로 연계된 좌경폭력세력의 존재는 커다란 사회적 위협이다. 또한 불법체류 외국인의 급증도 사회적 위협의 관점에서 다루어야할 문제이다. 이들이 생성하는 하위문화, 특히 범죄문화가 사회적 위협으로 작용할 수 있다.

4) 경제적 위해요소

글로벌 펀드 등 국제적 핫 머니의 급격한 유・출입과 자체 경제시스템의 구조적 모순과 주변국가의 경제위기등과 더불어 내부적인 노사갈등 등 안보위협요소는 상존하고 있다.

2. 방첩활동

1) 방첩의 의의

방첩이란 기밀유지, 보안유지라고도 하는데 상대로 하여금 우리 측의 의도를 간파하지 못하게 하고, 우리 측의 어떤 상황도 또한 상대에게 전파되어서는 안 된다는 것이다. 이것을 좀 더 구체적으로 설명하면 다음과 같다.

① 외세 또는 국내 불순세력의 국가 위해행위로부터 국가안전을 보장하기 위한 안전통제방책이다.

② 적의 정보활동에 대비하여 자기편을 보호하는 노력으로써 간첩, 태업, 전복행위 등을 미연에 방지하고 적발하기 위한 조직된 활동이다.

③ 첩보, 인원, 시설, 물자 등을 보호하기 위한 적극적・소극적 보안 대책에 관계되는 활동을 말한다. 특히 보안 정보의 수집은 국가의 안전을 보장하기 위한 방첩활동의 기본요소로서 보안경찰의 업무 중 가장 중요한 한 부분이라고 할 수 있다.

2) 간첩과 간첩망

(1) 간첩

① 정의

방첩활동의 대상이 되는 간첩, 태업, 전복 중 주체는 간첩일 경우가 대부분이다. 간첩은 타국의 국가기밀수집이나 내부혼란을 조장할 목적으로 타국에 잠입하거나 이에 지원・동조 및 협조하는 세력을 말한다. 태업(Sabotage)은 국가의 방위력 또는 전쟁수행능력을 물리적 또는 심리적 방법으로 파괴 또는 약화시키기 위하여 취하여지는 모든 행위를 말한다.

전복(Subversion)이란 헌법질서에 위반하여 국가를 변혁시키거나 국가기능을 소멸시키거나 정권을 타도하여 탈취하는 모든 행위를 말한다.

② 간첩의 분류

간첩은 활동방법에 의하여 고정간첩, 배회간첩, 공행간첩으로 나누고, 사명을 기준으로 일반간첩, 증원간첩, 보급간첩, 무장간첩으로 나눈다. 이중 보안경찰이 수사하는 간첩은 주로 고정간첩이다.

▣ 간첩의 유형(활동방법에 의한 분류)

고정간첩	• 합법적인 신분을 구비하여 일정지역에서 장기적 · 고정적으로 간첩활동을 하도록 임무를 부여받고 활동하는 간첩
배회간첩	• 일정한 공작기간이 설정되어 있는 점이 주된 특징으로서 일정한 주거없이 전국을 배회하면서 합법적 신분을 획득하고자 한다.
공행간첩	• 상사주재원, 외교관 등과 같은 합법적인 신분을 갖고 각종 정보를 수집하는 간첩이다.

▣ 간첩의 유형(사명에 의한 분류)

일반간첩	• 일반적인 정보를 수집하거나 또는 태업공작, 전복공작을 전개하는 간첩
증원간첩	• 간첩요원의 보충 · 유인 · 납치 등 인적자원의 확보를 위하여 파견되는 간첩
보급간첩	• 남파간첩의 공작활동에 필요한 공작금품, 장비, 증명서원본등 물적지원의 사명을 수행하는 간첩.
무장간첩	• 적지에 침투하여 암살, 파괴를 하거나 간첩의 호송, 연락, 안내 또는 호송로 개척을 위하여 특별히 무장한 간첩

(2) 간첩망

간첩망은 삼각형, 써클형, 단일형, 피라미드형으로 분류된다. 각각의 간첩망은 장단점이 존재하며 북한은 삼각형의 간첩망으로 횡적연락이 안 되고 주공작원의 정체 파악이 어려운 형태를 선호하고 있다.

▣ 간첩망의 장단점

형태	장 점	단 점
삼각형	공작원간의 횡적연락이 안 되므로 비교적 보안유지가 잘되고 일망타진의 가능성이 적다.	공작원의 검거시 주공작원의 정체가 쉽게 규명되고 활동범위가 좁다.
써클형	현재 첩보전에 가장 많이 이용하는 형태로서 간첩활동이 자유롭고 대중적 조직 및 동원이 가능하다.	간첩의 정체가 폭로되었을 때 외교적 문제 야기
단일형	간첩상호간에 종적, 횡적 연락의 차단으로 보안유지 및 신속한 활동이 가능하다.	활동범위가 좁고 공작성과가 비교적 낮다.
피라미드형	일시에 많은 공작을 입체적으로 수행할 수 있고 활동범위가 넓다.	행동의 노출이 쉽고 일망타진가능성이 높으며 조직에 많은 시간이 소요된다.

3. 보안수사

보안수사라 함은 정보사범을 인지, 색출, 검거, 신문하는 일련의 활동을 말하는데, 정보사범은 「정보및보안업무기획 · 조정규정」 제2조 5호에 열거된 사범으로서, ① 형법 제2편 제1장(내란의 죄) 및 제2장의 죄(외환의 죄), ② 군형법 제2편 제1장(반란죄) 및 제2장의 죄(이적죄), ③ 군형법 제80조(군사기밀누설죄) 및 81조(암호부정사용죄)의 죄, ④ 군사기밀보호법 및 국가보안법에 규정된 죄를 범한 자와 그 혐의를 받고 있는 자라고 정의되고 있다. 따라서 정보사범은 국가존립의 기본질서를 해하는, 즉 국가안전보장과 관련된 반국가사범이라 할 것이며, 이러한 자에 대한 수사활동은 보안경찰활동의 주요 대상이다.

4. 보안관찰

보안관찰법은 제1조에서 「이 법은 특정범죄를 범한 자에 대하여 재범의 위험성을 예방하고 건전한 사회복귀를 촉진하기 위하여 보안관찰처분을 함으로써 국가의 안전과 사회의 안녕을 유지함을 목적으로 한다」고 규정하고 있다.

보안처분이란 반국가사범」에 대하여 행위자의 장래의 위험성 때문에 행위자의 치료·교육·재사회화를 위한 개선과, 그에 대한 보안이라는 사회방위를 주목적으로 하여 과하여지는 형벌이외의 형사제재를 말하는데, 행위자의 위험성으로부터 사회를 방위하기 위한 합목적적 강제조치이다.

5. 북한이탈주민의 관리

우리정부에서는 증가추세에 있는 탈북자들의 수용처리, 보호 및 정착지원에 관한 제반정책을 효과적으로 다루기 위해 「북한이탈주민의보호및정착지원에관한법률」을 1997년 1월 13일 제정·공포하였는 바, 동법에 의거 탈북자의 「발생·입국단계」, 「보호·관리단계」, 「배출·정착단계」 등에 보안경찰활동이 관계된다.

예를 들어, 통일부장관은 정착지원시설에서 보호중인 보호대상자의 정착지원을 위하여 경찰청장에게 협조요청을 할 수 있으며, 경찰청장은 이에 응하도록 되어 있다(동법 시행령 제24조). 한편 남북한간의 교류와 협력을 추진해 가는 데 있어서 필요한 제반 관리업무 또한 보안경찰이 수행한다.

6. 외사보안활동

보안활동은 외사경찰에 의해서도 수행되는데, 외사보안활동이란 대한민국의 안전과 사회공공의 안녕 및 질서유지를 목적으로 외국인, 외국기관·상사·단체원, 외국인과 관계있는 내국인, 해외교포, 출입국자 등을 대상으로 간첩행위 등 국가보안법 위반사항이나 산업스파이 등 기타 반국가적 행위의 여부를 파악하고 동향을 관찰하는 외사경찰의 활동을 말하며, 여기에는 간첩 혐의가 있는 자에 대한 검거공작은 물론, 국제테러단체와 그 조직의 동향을 파악하고 대책을 수립하는 활동이 포함된다.

제3절 보안사범의 특성과 방첩활동의 기본원칙

1. 정보(보안)사범의 특성

보안사범은 일반형사범과는 다른 다음과 같은 특성을 가지고 있다.

1) 확신범

정보사범은 확신범이다. 자기가 지키는 양심과 신념을 현행 국가의 질서보다 상위의 것으로 평가하고, 범행을 수행할 의무가 있다고 확신하는 것이다. 확신범의 공통적인 생태는 자기의 행위가 도덕적으로 비난받지 않는다는 것이다.

정보사범은 스스로를 애국자, 혁명가, 민족구원의 선구자, 조국통일의 기수라고 굳게 믿는 다. 그러므로 보안경찰은 그들을 설득하여 수사목적을 달성함은 물론, 그들의 고루한 사상을 전환시킬 수 있는 수사기법, 폭넓은 지식, 고매한 인격 등을 갖추어야 할 것이다.

2) 보안성

정보사범은 고도의 위장술, 변장술, 증거물 은닉술 등 보안대책을 다각도로 연구·개발하여 구사하고 있으며, 감시에 대한 역감시 등도 조직적으로 구사하여 수사를 어렵게 하고 있다.

3) 비노출적 범행

정보사범은 일반형사범인 살인, 강도, 절도 등의 범죄와 달리 범행의 결과가 노출되지 않는 경우가 허다하다. 예를 들어 간첩의 잠입, 반국가단체의 구성, 내란·외환 등의 예비·음모행위 등은 대부분 노출되지 아니하기 때문에 어떤 범죄가 행하여졌다고 인식하기가 매우 어려운 특성을 갖고 있다.

4) 조직적 범죄

정보사범은 적 또는 적동맹국의 지령을 받고 불법 잠입하였거나, 그들에게 포섭된 자들의 범행으로서, 그들의 활동은 대부분 지하당과 같이 조직적이고 집단적인 경우가 많다.

5) 비인도적 범행

정보사범은 많은 경우에 있어 목적달성을 위해 수단 · 방법을 가리지 않기 때문에 살인, 방화, 폭행, 폭파 등 비인도적 범행을 자행하며 범행을 자백하거나 자수하는 경우를 기대하기가 매우 힘들다.

6) 동족간의 범행

우리나라의 정보사범은 외국과는 달리 동족간에 이루어지고 있어 비극성이 더하다.

2. 방첩활동의 기본원칙

1) 완전협조의 원칙

방첩의 사명을 다하기 위해서는 전문기관인 방첩기관과 보조기관 및 전 국민인 일반대중으로부터 완전협조가 이루어져야 한다.

2) 치밀의 원칙

한 사람의 간첩이 침투되기까지는 치밀한 계획하에 교묘한 방법으로 이루어지므로 이에 대한 방첩활동은 더욱더 치밀한 계획과 준비로써 활동하여야 한다.

3) 계속접촉의 원칙

방첩기관은 간첩 등의 용의자를 발견하였다고 해서 즉시 검거하는 것이 아니라, 조직망 전체가 완전히 파악될 때까지 계속해서 유・무형의 접촉을 해야 한다. 이러한 계속접촉의 유지는 탐지・판명・주시・이용・좌절(타진) 등의 단계로 이루어진다.

제4절 외국의 보안경찰

1. 영국의 보안경찰

영국의 국가 안전보장 기관으로는 합동정보위원회(Joint Intelligence Committee : JIC)산하에 내부부의 보안국(Secret Service : SS), 외무부의 비밀정보국(Secret Intelligence Service : SIS), 통신정보처(Government Communications Headquarters : GCHQ), 국방부의 국방정보참모본부(Defence Intelligence Staff : DIS)와 합동정보위원회의 통제를 받지 않는 수도경찰청의 특수부서(Special Branch) 등이 있다.

수도경찰청 특수부서는, 요인 경호를 담당하는 A과(A squad), 아일랜드 공화국군(IRA) 관련업무를 수행하는 B과(B squad), 좌익단체 및 우익단체 관련업무를 수행하는 CE과(CE squad) 등으로 구성되어 있다. 그러나 영국의 경찰조직 가운데 수도경찰청 특수부서를 제외하고는, 우리 경찰의 보안업무와 유사한 기능을 수행하고 있는 경찰기관은 없다고 해도 무방하다.

다만, 제2차 세계대전과 같은 국가적 재난시에는 국가안전보장 기관으로서의 경찰역할이 확대되고 있음을 알 수 있다. 즉, 전쟁의 개시와 더불어 영국 경찰은 「방위규정(Defense Regulations)」에 의하여 다양한 업무를 부가적으로 부여받는데, 제한지역에서의 카메라 휴대금지, 등화관제 등을 국민들이 준수하도록 감독하는 업무에서부터 민정동향, 적국의 선전활동의 효과 등에 대한 정보보고, 유류저장소, 군수공장 등의 중요시설 경비, 산업체 근로자들의 태업방지활동 등이다. 영국의 보안경찰의 주요대상은 북아일랜드 공화국군 등이 있다.2)

2. 미국의 보안경찰

미국의 국가안전보장기관으로서는 국가안전보장회의의 통제하에 있는 대통령 직속의 CIA, 국방부산하의 국가정찰국(NRO), 국가안전국(NSA), 국방정보국(DIA), 국무부의 정보조사국(I & R), 법무부의 연방수사국(FBI), 마약단속국(DEA), 에너지부의 원자력위원회(AEC), 재무부의 비밀경호대(USSS) 등이 있는데, CIA의 長이 겸하는 중앙정보장(Director of Central Intelligence : DCI)의 지휘아래, 모든 국가 안전보장 기관들이 정보협의체(Intelligence Community)로서 운영되고 있다.

한편, 미국은 2001년 뉴욕의 WTC 건물에 대한 9. 11테러 이후, 대 테러 활동을 강화하기 위해 연방정부기구인 국내안보국(Office of Homeland Security : OHS)을 신설하고, 그 안에 컴퓨터와 인터넷을 통한 테러 방지 업무를 담당할 사이버안보국(Office of Cyberspace Security)을 설치하는 외에, 국가안보회의(National Security Council : NSC) 내에 대 테러 작전을 총괄할 부보좌관직을 신설하는 등 테러에 대비한 체제의 정비와 대 테러 태세의 강화에 박차를 가하고 있다.

그리고 FBI의 수사부(Criminal Investigation Division)에서는 대 테러 활동을 전개하고, 정보부(Intelligence Division)에서는 간첩활동(espionage)에 대한 방첩활동을 벌이는 등 우리나라의 보안경찰에 상응하는 업무를 수행하고 있다.

그러나 미국의 경찰조직 가운데 연방수사국을 제외하고는, 우리 경찰의 보안업무와 유사한 기능을 수행하고 있는 부서를 설치하고 있는 전문적 경찰기관은 없다고 해도 무방하며, 경찰기관 이외의 CIA 등이 전담하고 있다.

3. 독일의 보안경찰

독일의 주요 정보 · 보안기관으로는 연방정부 차원의 연방정보부(Bundesnachrichtendienst : BND)와 국방부 산하기관인 국방보안국(MAD), 그리고 내무부 산하기관으로서 연방경찰이라고 볼 수 있는 연방헌법보호청(Bundesamt für Verfassungsschutz : BVS) 등이 있다.

연방정부 관방장관의 관할하에 있는 BND는 외국의 정보를 수집, 분석 · 평가하여

2) 경찰대학, 전게서, pp. 385～386.

정치, 군사, 경제, 과학, 기술 등의 모든 분야에 대한 국제정세를 정확히 예측함으로써 정책결정의 기초자료로 활용할 수 있도록 하고 있다.

연방경찰로서 헌법보호기관인 연방헌법보호청(BVS)은 국가의 존립과 안녕을 저해하는 세력 등의 국내에서의 스파이 활동에 대한 정보 수집과 배포, 연방헌법에 적대적인 세력 등에 대한 감시업무 등을 담당한다. 다만, 독일의 경우에는 이른바 기관분리의 원칙(Institutionelles Trennungsgebot)에 의거, 연방경찰로서의 집행권한은 없으며, 그 역할은 연방범죄수사국(BKA)이 담당한다.

州政府에도 주헌법보호청(LVS)이 설치되어 있는데, LVS는 주정부의 기관이지만 BVS에 종속된 기관은 아니며, 고유의 관할과 책임하에 州단위에서의 임무를 수행한다. 이 경우에도 기관분리의 원칙이 적용되어 집행업무는 주범죄수사국(LKA)에서 수행한다.

그러나 경찰조직의 핵심인 주경찰 내부에는 따로 보안업무를 전담하는 조직은 없다.

4. 프랑스의 보안경찰

프랑스의 국가 안전보장 기관으로는 국방부산하의 해외안전총국(Direction Générale de la Sécurité Exterieure : D.G.S.E.), 국립경찰청의 국토감시국(Direction de la Surveillance du Territoire : D.S.T.), 외무부 정보과, 각군 정보기관 등이 있다.

국가경찰제도를 운영하고 있는 프랑스의 경찰조직 중에, 우리나라의 보안경찰에 상응하는 것이 국토감시국이라 할 수 있는데, 국토감시국은 국가의 외적 안녕(sûreté exterieure de l'Etat)에 대한 침해행위자를 수색하여 이를 관할 법원에 인도하며, 그 증거를 법원에 제공한다. 구체적으로는 영토내의 대간첩업무로서 프랑스 영토내의 국가전복, 내란, 파괴행위의 적발과 수사 및 국가기밀보호, 외국공관 동향파악 등의 책무를 가진다.

1944년 11월에 창설되어 8개의 지방본부, 파리에 14개 부서와 6개의 해외영토 분실이 있다. 일반적으로 D.S.T.라 하며 영국의 MI5와 미국의 FBI와 유사한 조직이다.

5. 일본의 보안경찰

일본에는 우리나라의 국가정보원이나 미국의 CIA처럼 정보조정기관은 없으나 내각관방장관 산하에 있는 「내각정보조사실」이 경찰청, 방위청, 법무성(공안조사청), 외무성(정보조사국) 등 타 정보기관과 수평적 관계 속에서 국가안전보장 업무를 수행하고 있다.

우리나라 경찰의 「보안」부서와 유사한 것이 일본 경찰의 「공안(public security)」부서로서, 경찰청의 경우 경비국 내에 공안1과, 2과, 3과가 설치되어 있으며, 일반적으로 「경비공안경찰」로 불리는 보안경찰이 존재한다. 이들의 주요 담당업무는 대 좌익업무, 대 공산당업무 등으로서,[3] 우리나라의 보안경찰과 가장 유사한 보안경찰 조직을 가지고 있다. 일본의 보안경찰의 주요 대상으로는 공산당,[4] 중핵파 등의 극좌폭력집단, 극우세력, 적군파 등이 있다.[5]

3) 일본 경찰청(National Police Agency), *The Police of Japan,* 1995, pp. 58～60.

4) 일본에서는 1922년 공산당이 결성되고 「마르크스 · 레닌주의」를 행동지침으로 활동하다가, 1955년 무력투쟁방침을 철회한 이래 합법적인 정당으로 활동하고 있다.

5) 경찰대학, 전게서, p. 388.

제7장 외사경찰활동

제1절 외사경찰의 의의

1. 외사경찰의 개념

1) 정의

외사경찰이란 대한민국의 안전과 사회공공의 안녕 및 질서유지를 목적으로 외국인, 해외교포 또는 외국과 관련된 기관, 단체 등 외사 대상에 대하여 이들의 동정을 관찰하고 이들과 관련된 범죄를 예방・단속하는 것을 주된 임무로 하는 경찰활동을 말한다.

2) 임무

주한 외국인 또는 외국기관・단체가 대한민국 내에서 저지른 범죄는 물론 내국인 또는 해외교포가 외국에서 저지른 범죄, 내국인이 외국인 또는 외국기관・단체 등과 연계하여 저지른 범죄, 그리고 외국인이 외국에서 대한민국 또는 대한민국 국민을 대상으로 저지른 범죄 및 내국인이 국내에서 외국・외국인을 대상으로 저지른 범죄도 모두 외사경찰의 대상이 되며, 간첩 · 불순분자 등의 제3국을 통한 우회침투를 방지 · 색출하고 무장 · 과격분자 또는 국제범죄단체 등에 의한 테러와 납치 등 국제성 범죄에 대처하는 것도 외사경찰의 활동영역에 속한다. 이와 관련하여 외사요원관리규칙(1991. 7. 31. 경찰청훈령 제36호)은 외사정보업무, 외사방첩업무, 외사수사공작업무, 대 테러업무, 해외주재업무를 취급하는 경찰공무원을 외사요원이라고 규정하고 있다.

우리나라에서는 2006년에 경찰관 5명(경정1 경감2 경위2)을 동티모르 UN-PKO 경찰요원으로 파견하여 UN 동티모르통합임무단(UNMIT)에서 경찰 자문·교육훈련 및 치안유지 등 임무를 수행하고 있다. 경찰관의 동티모르 파견을 통해 UN-PKO 참여경험 등을 축적함으로써 한국경찰의 국제적 역량을 강화하고, 국제사회에서의 대한민국의 위상을 제고하고 있다.

▣ 외사경찰의 임무

- 외사첩보 수집활동
- 외사관찰활동
- 국제경찰간에 협력
- 외사사범 수사활동
- 국제테러 등에 대한 정보수집활동

2. 외사경찰의 중요성

세계화와 국제화, 정보화로 인하여 국제교류가 증대함으로 인하여 외사경찰의 중요성은 더욱 커져가고 있다. 세계화와 자유시장 경제체제라는 새로운 국제질서 속에서 대외무역의 증가, 새로운 국가와의 교류확대, 해외여행자의 증가, 관광객 및 외국인 노동자를 비롯한 국내체류 외국인의 증가 등 외사대상은 날로 증가하는 추세에 있어 외사경찰의 중요성은 증대되고 있는 것이다. 우리나라 외사경찰도 해외주재관 파견국과 파견경찰관 수를 급속히 늘리고 있다「현재 25개국 42개 공관 51명, 경무관 4명, 총경 18명, 경정 22명, 경감 7명, 인터폴 협력관 3명 파견(경정 2명, 경감 1명)」.

▣ 경찰의 해외주재관 파견현황

지역	42개소	경찰주재관(51명)
아시아 · 태평양	20	동경(2), 오사카(1), 나고야(1), 요코하마(1), 베이징(3)
		칭다오(2),선양(3), 청뚜(2), 광저우(1), 상하이(1), 홍콩(1)
		울란바토르(1), 하노이(1), 호치민(1), 프놈펜(1), 자카르타(1)
		마닐라(2), 방콕(2), 뉴델리(1), 뭄바이(1)
북 미	6	워싱턴(1), 뉴욕(1), LA(1), 시카고(1), 토론토(1), 밴쿠버(1)
중남미	4	상파울루(1), 멕시코(1), 부에노스아이레스(1), 과테말라(1)
구주 · 아중동	10	파리(1), 런던(1), 본(1), 모스크바(1), 블라디보스톡(1)
		상트페테르부르그(1), 프리토리아(1), 나이로비(1)
		마드리드(1), 타슈켄트(1)
대양주	2	시드니(1), 오클랜드(1)

3. 외사경찰의 특성

1) 대상의 특성

외사경찰은 외국인을 대상으로 업무를 수행한다. 외사경찰의 사건도 일반 형법위반 사건 보다는 출입국관리법, 여권법, 외환관리법, 외국인등록법, 밀항단속법, 외국인의토지취득및관리에관한법률 등 주로 외국인과 관련 있는 범법행위와 내국인의 외국관련범죄를 주 단속대상으로 한다는 점이 특별하다.

2) 활동범위의 광역성

외사경찰은 외사정보, 외사보안활동은 물론, 외사범죄의 수사, 국제협력활동 등 광범위한 업무를 취급하고 있다. 외사경찰활동은 국제형사사법공조, 경찰간 이해증진을 위한 상호 교육파견업무, 국제회의참석, 정보기관과의 범죄정보 교환 등 국제사회를 무대로 전개된다.

3) 외사경찰의 전문성

외사경찰은 그 대상의 특성으로 인해 외국어는 물론 국제안보, 경제, 외교, 국제범죄 조직동향, 컴퓨터 등 전문적인 지식을 요하고 있다.

4. 외사경찰의 조직

1) 경찰청 외사관리관

경찰청과그소속기관등직제에 의하면 경찰청 외사관리관은 다음 사항에 관하여 차장을 보좌한다.

① 재외국민 · 외국인 및 이에 관련되는 신원조사
② 외국경찰기관과의 협력 및 교류
③ 국제형사경찰기구에 관련되는 업무
④ 외사정보의 수집 · 분석 및 관리
⑤ 외국인 또는 외국인과 관련된 간첩의 검거공작 및 범죄의 수사 · 지도
⑥ 외사방첩업무의 지도 · 조정
⑦ 국제공항 및 국제해항의 보안활동에 관한 계획 및 지도

외사관리관 산하에는 다음의 과들이 보좌한다.
외사1담당관은 다음 사항에 관하여 외사관리관을 보좌한다.
① 외사경찰에 관한 기획 및 지도
② 재외국민 · 외국인 및 이에 관련되는 신원조사
③ 외국경찰기관과의 협력 및 교류
④ 외국인 또는 외국인과 관련된 간첩검거공작 및 범죄의 수사지도
⑤ 외사방첩업무의 지도 및 조정
⑥ 국제공항 및 국제해항 보안활동에 관한 계획 및 지도
⑦ 불온외국간행물의 단속 및 지도
⑧ 기타 다른 담당관의 주관에 속하지 아니하는 사항

외사2담당관은 외사정보의 수집 · 분석 및 관리에 관하여 외사관리관을 보좌한다.

외사3담당관은 다음 사항에 관하여 외사관리관을 보좌한다.
① 국제형사경찰기구에 관련되는 업무
② 외국인 또는 외국인과 관련된 중요범죄수사

■ 외사경찰의 조직

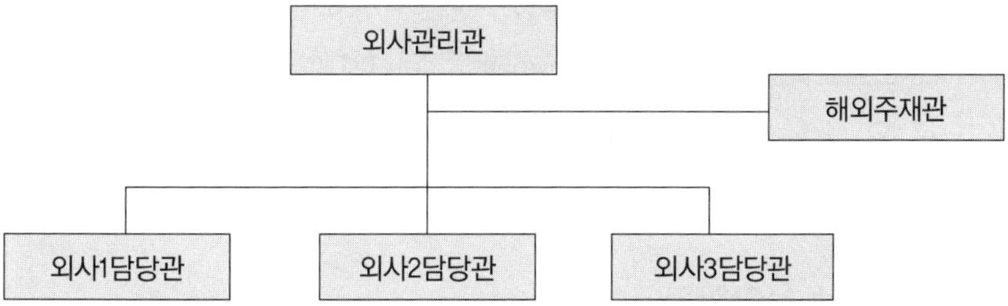

5. 외사경찰의 법적 근거

외사경찰의 임무 또는 직무범위에 관한 근거규정으로는 구체적으로 외사업무를 명시하고 있지 아니하나, 경찰법 제3조와 경찰관직무집행법 제2조, 그리고 경찰청과그소속기관등직제 제9조 제2항은 경찰청 외사관리관의 업무사항을 예로 들 수 있다.

한편 외사경찰활동, 그 중에서도 외사수사활동은 여러 단행법령 또는 조약 · 협정 등에 근거해서 행해지는 경우가 많은데, 여기에는 출입국관리법, 범죄인인도법, 국제형사사법공조법, 외국환관리법, 여권법, 국가보안법, 밀항단속법, 국내재산도피방지법, 외자도입법, 해외이주법, 대외무역법, 외국인의 토지취득 및 관리에 관한 법률, 대한민국과 아메리카합중국간의 상호방위조약 제4조에 의한 시설과 구역 및 대한민국에서의 합중국 군대의 지위에 관한 협정(SOFA)과 협정의 시행에 관한 형사특별법과 같은 법령이나 조약 등이 있다.

제2절 외사경찰활동

1. 외사경찰활동의 내용

「외사요원관리규칙」에 따르면, 외사정보업무, 외사방첩업무, 외사수사공작업무, 대테러업무, 해외주재업무를 취급하는 경찰공무원을 외사요원이라고 규정하고 있다. 외사요원의 업무는 크게 외사정보활동, 외사수사활동, 외사보안활동, 국제협력활동 등의 4가지로 볼 수 있다.

2. 외사정보 및 보안활동

1) 외사정보활동

외사정보활동이란 대한민국의 안전과 이익, 사회공공의 안녕과 질서유지를 목적으로 주한 외국인, 주한 외교사절, 주한 외국기관, 상사단체, 해외교포 등 각종 외사활동의 객체를 대상으로 외사첩보를 수집하고 이를 판단, 분석하여 정책수립자료로 제공함으로써 경찰상 또는 국가안보상의 위해요인을 사전 제거하고 그 대책을 마련하는 외사경찰의 활동을 말한다.

2) 외사보안활동

외사보안활동이란 대한민국의 안전과 사회공공의 안녕 및 질서유지를 목적으로 외국인, 외국기관 · 상사 · 단체원, 외국인과 관계있는 내국인, 해외교포, 출입국자 등을 대상으로 간첩행위 등 국가보안법위반사항이나 산업스파이 등 기타 반국가적 행위의 여부를 파악하고 동향을 관찰하는 외사경찰의 활동을 말하며 여기에는 간첩의 혐의 있는 자에 대한 검거공작은 물론 국제테러단체와 그 조직의 동향을 파악하고 대책을 수립하는 활동이 포함된다.

3. 외사수사활동

1) 정의

외사수사활동이란 대한민국의 안전과 이익, 사회공공의 안녕과 질서유지를 목적으로 외국인 또는 외국과 관련된 범죄 및 범죄자에 대해 공소를 제기하고 이를 유지하기 위한 준비절차로서 범죄사실을 탐지하고, 범인을 검거, 조사하며, 증거를 수집, 보전하는 외사경찰의 활동을 말한다. 외사수사활동의 대상이 되는 범죄유형은 크게 국제성범죄와 일반 외사사범의 두 가지로 나누어 볼 수 있다

2) 국제성 범죄

국제성 범죄는 국제협약에서 규정하고 있는 범죄와 인적 · 장소적으로 2개 국가 이상이 관련되어 있는 범죄이다.

① 국제간첩사건과 같은 반국가적 범죄,

② 국제테러,

③ 북한의 우회침투간첩,

④ 마약 · 무기 밀매나 인신매매 · 국제적 매춘조직 등 인간의 존엄성과 건강을 위협하는 국제적 · 조직적인 범죄,

⑤ 국제통화위조 · 국제상거래범죄 · 돈세탁 등 신용을 해치는 범죄를 말한다.

3) 일반외사사범

주로 국내 체류외국인 또는 국내인의 외국관련 범죄를 말하며 성질상 국제성범죄에 속하지 않는 단순범죄를 말한다. 외국인의 국내형법위반 사범을 비롯하여 한미행정협정위반 사범, 출입국관리법, 여권법, 밀항단속법 등 각종 단행법규나 국제협정위반 사범이 이에 속한다.

4. 국제공조활동

국제공조활동이란 외국 및 국제경찰관련기구와의 경찰공조 · 상호방문 · 교육파견 · 자매결연 · 국제회의 및 세미나 참석 등을 통하여 외국경찰이나 인터폴 등 국제경찰관련기구와의 협력관계를 증진하고, 정보를 상호 교환하며, 국제성범죄에 보다 효과적으로 대처하기 위한 업무를 말한다.

외사경찰활동의 법적근거를 제공하고 있는 범죄인인도법은 법익을 침해당한 범행지 국가의 청구가 있으면 범죄인이 도피하고 있는 국가가 범죄인의 신병을 넘겨주는 제도로 우리나라는 90년 호주와 범죄인인도조약을 체결한 이후 미국과 98년, 일본과 2002년에 최근에는 17번째 국가로 우즈베키스탄과 조약을 맺고 있다. 국제형사사법공조법은 1991년 제정되었고 형사사법에 관하여 외교경로를 통하여 공조하는 것이며 우리나라는 9개국과 발효중이고, 4개국과 발효절차 진행중이다. 인터폴은 국제형사경찰기구로 1914년 국제형사경찰회의로 시작되어 1956년 Inter-pol로 불리게 되었다. 현재 179개국이 회원국으로 상호간에 범죄정보교환, 조회, 사실확인, 범죄인 송환을 하고 있다. 우리나라는 95년 이후 매년 100여 명 이상의 국외도피자를 수배하고 30명 이상의 범죄자들이 강제송환되고 있다. 인터폴의 국제수배서는 색으로 구별하고 있으며 적색수배서는 일반형법위반자, 청색수배서는 범죄인 소재확인, 녹색수배서는 범죄자 동향파악, 황색수배서는 가출인 확인, 흑색수배서는 사망자 확인 등에 사용되고 있다.

제3절 한미행정협정과 외사경찰활동

1. 한미행정협정의 내용

1) 개념

「한미주둔군지위협정(SOFA : Status of Forces Agreement)」은 주한미군의 법적 지위를 규정한 협정이다. 현재 한미행협에 따라 주한 주둔 미군 범죄인 한미행협 사건에 대해서는 그 처리과정에서 경찰 등 한국사법당국의 개입여지가 매우 제한되어 있다.

2) 한미행정협정의 주요내용

(1) 한미행정협정의 대상자

① 합중국 군대의 구성원(한미행협 제1조 ①) : 대한민국 영역 안에 있는 아메리카 합중국의 육군, 해군 또는 공군에 속하는 인원으로서 현역에 복무하고 있는 자를 말한다.

② 군속(한미행협 제1조 ②전단) : 합중국의 국적을 가진 민간인으로서 대한민국에 있는 합중국 군대에 고용되어 있거나, 근무하거나 또는 동반하는 자를 말한다.

③ 가족(한미행협 제1조 ③) : 미군, 군속의 배우자 및 21세 미만의 자녀와 부모 및 21세 이상의 자녀 또는 기타 친척으로서 그 생계비의 반액이상을 합중국군대의 구성원 또는 군속에 의존하는 자를 말한다.

④ 초청계약자(한미행협 제15조 제1항)

▣ 한미행정협정 적용대상자

- 합중국군대의 구성원
- 군속
  미국의 국적을 가진 민간인으로서 대한민국에 있는 미군에 고용되거나 동군대에 근무하거나 또는 동반하는 자
- 가족
  ① 배우자 및 21세미만의 자녀
  ② 부모 및 21세이상의 자녀 또는 기타 친척으로서 그 생계비의 반액이상을 미군의 구성원 또는 군속에 의존하는 자
- 초청계약자

(2) 협정의 기본원칙

한미행협은 다른 주둔군 지위협정과 마찬가지로 영토주권의 원칙에 의하여 「접수국 법령 존중의 원칙(Respect for Local Law)」을 규정하고 있다(협정 제7조).

(3) 형사재판권(Criminal Jurisdiction)

형사재판권에 관한 국제관례는 주둔군은 접수국으로부터 국가면제(State Immunity)를 누리지 못하고 접수국의 관할권에 속하는 것이 원칙이다. 한미행협의 형사재판권에

관한 조항은 제22조 본문 12개항과 부속문서로서 합의의사록, 양해각서 및 관련문서로 구성되어 있다.

3-1) 재판 관할권(제22조 제1항)

합중국 군 당국이 행사하는 형사재판권이 일정한 범위 내에 한정됨을 명시하고 있다.

3-2) 전속적재판권(Exclusive Criminal Jurisdiction)

한미행협 대상자들이 범한 범죄로서 한미 양국 중 어느 일방 국가의 법령에 의해서는 처벌할 수 있으나, 다른 일방 국가의 법령에 의해서는 처벌할 수 없는 경우에 처벌이 가능한 국가만이 배타적으로 형사재판권을 행사하는 경우를 전속적 재판권이라 한다.

대한민국의 전속적 재판권 행사와 관련하여 대한민국의 전속적 재판권의 행사를 제한하고 있다.

3-3) 재판권의 경합과 제1차적 재판권

재판권의 경합이란 특정한 범죄사건이 발생하였을 때 대한민국과 합중국 군 당국이 각각 자국의 법률에 의하여 서로 재판권을 행사하여 처벌할 수 있는 경우를 말하는데, 이런 경우에 이중처벌을 피하기 위해서 1차적으로 재판권을 행사할 수 있는 당사자를 규정할 필요가 있으므로 이에 관하여 제22조 제3항에서는 「재판권을 행사할 권리가 경합하는 경우에는 다음의 규정이 적용된다」는 원칙하에 재판권의 경합에 관해 언급하고 있다.

① 주한미군 당국의 제1차적 재판권행사

먼저 주한미군 당국은 한미행협 대상자에 대해 ⓐ 오로지(solely) 합중국의 재산이나 안전에 관한 범죄, 또는 오로지 합중국 군대의 타구성원이나 군속 또는 그들의 가족의 신체나 재산에 대한 범죄, ⓑ 공무(official duty)집행중의 작위(act) 또는 부작위(omission)에 의한 범죄 즉, 주한미군의 내부적 범죄와 공무집행 중의 범죄에 대해서 제1차적 재판권을 가진다고 명시하고 있다.

② 대한민국의 제1차적 재판권행사

협정은 제22조 제3항 ②에서 「기타의 범죄에 관하여는 대한민국 당국이 재판권을 행사할 제1차적 권리를 가진다」고 규정하여 미군당국의 제1차적 관할권에 속하지 않는 모든 범죄에 대해 원칙적으로 대한민국 당국이 재판권을 가진다고 명시하고 있다.

3-4) 재판전 피의자의 체포 및 구금

① 피의자의 체포

협정은 한미행협 대상자에 대한 「체포와 인도에 있어서 상호조력하여야 한다」[1]고 상호협력의무를 명시하고, 이어서 한미행협 대상자를 체포한 경우 상호 통고 및 통지의무를 명시하고 있다[2].

② 피의자의 구금

합중국 당국이 체포하였을 경우와 대한민국 당국이 체포하였을 경우로 나누어지는데, 먼저 합중국 당국이 체포하였을 경우에는 대한민국이 재판권을 행사할 한미행협 대상자의 구금은 「그 피의자가 합중국 군 당국의 수중에 있는 경우에는, 모든 재판 절차가 종결되고 또한 대한민국 당국이 구금을 요청할 때까지 합중국 군 당국이 계속 구금한다」[3]고 규정하고 있다.

대한민국 당국이 체포하였을 경우에는 「그 피의자가 대한민국의 수중에 있는 경우에는, 그 피의자는 요청이 있으면 합중국 군 당국에 인도되어야 하며 모든 재판절차가 종결되고 또한 대한민국 당국이 구금을 요청할 때까지 합중국 군 당국이 계속 구금한다」[4]고 규정하고 있는데, 이는 미군의 특수한 지위에 따라 유죄가 확정될 때까지는 미군당국의 관리하에 두겠다는 취지로 해석되나, 역시 형평성의 문제가 되고 있다.

③ 구금시의 상호 협력의무

협정은 피의자가 합중국 군 당국의 수중에 있을 때는 대한민국의 구금인도 요청에 대해 호의적 고려(shall give sympathetic consideration)를 해야 한다고 규정한 반면, 대한민국의 수중에 있는 피의자의 구금인도에 대해서는 합중국 군 당국의 요청이 있으면 「인도되어야 한다」는 강제성을 내포하고 있다[5]. 따라서 대한민국 수사기관이 협정 대상자를 피의자로 체포, 구금하고 그 사실을 미군 당국에 통보하면 미군측은 신병 인도 요청을 해오고 이 때문에 일단 신병을 미군측에 인도할 수밖에 없는 경우가 대부분이다. 그 이후 수사진행은 다시 피의자에게 출석요구서를 발부하여 미합중국 정부대표의 참석하에 수사를 진행해야 하는 등 제한이 따른다.

---

1) 한미행협 제22조 제5항 ①.
2) 한미행협 제22조 제5항 ②.
3) 한미행협 제22조 제5항 ③ 1단.
4) 한미행협 제22조 제5항 ③ 2단.
5) 한미행협 제22조 제5항 ③ 4, 5, 6단.

3-5) 범죄수사 및 증거수집에 관한 협조

협정은 제22조 제6항 ①에서 범죄수사 및 증거의 수집에 대하여 대한민국과 합중국 양 당국의 상호협력에 대한 의무를 규정하고 있으며, 이에 근거해 한미 양국은 1967년 「한미행정협정의 시행에 관한 형사특별법」[6]을 제정 · 시행하고 있다.

3-6) 피의자 및 피고인의 권리

협정은 제22조 제9항에 한미행협 대상자가 대한민국 당국에 의해 피의자나 피고인이 된 경우에 원칙적으로 대한민국 법률이 국민에게 부여하고 있는 형사소송 절차상 권리를 가지며, 추가적으로 합중국 정부대표와 접견 · 교통할 권리 및 자신의 재판에 그 대표를 입회시킬 권리를 가진다. 특히, 접견권의 경우 무제한적 접견권을 인정하여 대한민국 당국에 의하여 구금되거나 유치된 한미행협 대상자에 대해 합중국 군 당국은 언제든지 접견할 권리를 가지며, 접견하는 동안 의류, 음식, 침구, 의료 등 보조적인 보호와 물건을 공여할 수 있도록 하고 있으므로 경찰서에서 수사시 유의해야 한다.

(4) 시설 및 구역내의 경찰권

이 조항에서는 대한민국이 형사관할권을 행사할 수 있는 한미행협 대상자를 미국이 구금하고 있거나 미군 시설내에 있는 경우에는 이들을 한국 사법당국에 넘겨주어야 하는 대상에서 제외하였기 때문에 결과적으로 이들이 죄를 범하고 미군 시설에 도피하는 경우, 한국경찰은 이들의 신병을 인도해 주도록 미군당국에 요청하는 외에는 신병을 확보할 방법이 없다.

① 시설 및 구역 내부 경찰권

미군 당국은 그 시설 및 구역 내에서 범죄를 행한 모든 자를 체포할 수 있다. 그리고 미군당국이 동의한 경우와 중대한 죄를 범하고 도주하는 현행범인을 추적하는 때에는 대한민국 당국도 시설 및 구역 내에서 범인을 체포할 수 있다. 한편 대한민국 당국이 체포하려는 자로서 한미행협 대상이 아닌 자가 이러한 시설 및 구역 내에 있을 때에는 대한민국 당국이 요청하는 경우에 미군당국은 그 자를 체포하여 즉시 인도하여야 한다.

---

6) 정식명칭은 「대한민국과아메리카합중국간의상호방위조약제4조에의한시설과구역및대한민국에서의합중국군대의지위에관한협정의시행에관한형사특별법」이며, 조문의 구성은 제1조 목적, 제2조 위증 등, 제3조 증인의 출석 등에 관한 협력, 제4조 수사에 대한 협력, 제5조 재판의 집행에 대한 협력, 제6조 시행령 등으로 되어 있다.

② 시설 및 구역 주변 경찰권

미군 군사경찰(military police)은 시설 및 구역주변에서 국적 여하를 불문하고 시설 및 구역의 안전에 대해 현행범인을 체포 또는 유치할 수 있으며, 그러한 자가 한미행협 대상자가 아닌 경우에는 즉시 대한민국 당국에 인도하여야 한다.

③ 사람이나 재산에 관한 압수 · 수색 · 검증

대한민국 당국은 미군 당국이 동의하는 경우가 아니면 시설 또는 구역 내에서 사람이나 재산에 관하여 또는 시설 및 구역 내외를 불문하고 미국재산에 관하여 압수 · 수색 또는 검증을 할 수 없다. 그러나 이에 관한 대한민국 당국의 요청이 있을 때에는 미군 당국은 필요한 조치를 취하여야 한다.

2. 한미행정협정 사건의 수사

1) 대상범죄

(1) 전속적 관할 사건

SOFA 대상자의 범죄중 대한민국법령에 의하여서는 처벌을 할 수 있으나 미국의 법령에 의해서는 처벌할 수 없는 범죄를 말하며, 대한민국의 안전에 관한 범죄를 포함한다.

대한민국의 안전에 관한 범죄라 함은 ⓐ 대한민국에 대한 반역, ⓑ 방해행위(sobotage), 간첩행위 또는 대한민국의 공무상 또는 국방상의 비밀에 관한 법령에 위반하는 행위를 말한다. 한편 한미행협대상자중 미군속과 그 가족에 대해서는 한미행정 협정에 관한 합의의사록 제22조의 규정에 따라 합중국의 현상황하에서 합중국 군당국은 평화시에는 군속 및 그 가족에 대하여 유효한 형사재판권을 가지지 아니하므로 그 한도 내에서 대한민국에 전속적재판권이 있다고 해석할 수 있다.

(2) 1차적 재판관할 사건

① 의의

미군당국에 제1차적 재판관할권이 있는 범죄를 제외한 기타의 범죄는 원칙적으로 대한민국에 재판권을 행사할 1차적 권리가 있다. 그러나 한・미상호방위조약의 취지와 대한민국의 방위를 위해 주둔하고 있는 현실을 감안하여 경미한 범죄는 재판관할권을 행사하지 않는 것이 상당하다고 인정되는 사건에 대해서는 한미행협 제22조 제3항의 규정에 따라 재판권을 행사하지 않는다.

통상적으로 대한민국 당국이 재판권을 행사하는 범죄는 다음과 같다

ⓐ 살 인 (상해치사, 폭행치사 포함)

ⓑ 강 도

ⓒ 강 간

ⓓ 공무집행 방해

ⓔ 특수 폭행

ⓕ 교통사고 치사상 사고 후 도주차량

ⓖ 음주, 약물복용 운전 치사상

ⓗ 마약류의 밀수출・입 불법판매, 배포

ⓘ 중대한 관세법위반

ⓙ 위 범죄의 미수, 공범

ⓚ 죄질이 위 범죄에 상응한다고 인정되는 범죄

ⓛ 특히 사회의 이목을 끌어 재판권을 행사함에 중요하다고 판단되는 범죄등

② 재판권행사 절차

ⓐ 사건발생보고 : 경찰서, 지검, 지청에서 SOFA 사건 발생보고

ⓑ 지검・지청은 사건발생 보고일로부터 18일 이내에 수사를 완료하여 재판권행사 의견으로 대검에 재판권행사를 건의하고, 대검은 사건발생 보고일로 부터 21일 이내에 법무부에 재판권행사를 구신한다.

ⓒ 법무부의 재판권행사 결정 : 법무부는 수사결과보고에 의하여 재판권행사의 타당성을 검토한 뒤 미군당국으로부터 재판관할권 포기요청서를 접수한 날로부터 28일 이내에 재판권행사를 통보한다. 재판권행사를 통보할 때에는 범죄사실요지 등이 포함된 국・영문으로 된 결정통고서를 미군당국에 전달하는 동시에 출입국사무소에 피의자에 대한 출국정지를 의뢰한다.

ⓓ 법무부의 재판권 행사 지시 : 법무부는 대검에 재판권행사 결정문을 발송하여 재판권행사를 지시한다. 재판관할권 행사사건은 지청이 담당하는 사건이라도 지검에서 처리한다.

ⓔ 공소제기 : 지검은 구속사건은 구속만기일 3일전에, 불구속사건은 공소제기 전에 일건 기록에 의하여 범죄사실 및 증거 등을 대검에 보고하여 승인을 받은 후 공소를 제기한다.

③ 재판권 불행사 사건

다음과 같은 범죄는 통상 재판관할권을 행사하지 않는다.

ⓐ 경미한 범죄 : 단순 교통사고, 폭행 등 사안이 경미하여 재판권을 행사할 만한 대상이 되지 못하는 것으로 인정되는 사건

ⓑ 기타 재판관할권 행사 대상범죄로 되어있기는 하나 재판권을 행사 하지 아니함이 상당하다고 인정되는 사건 등 법무부의 재판권 불행사 결정에 의해 재판권을 포기한 사건은 '공소권 없음'으로 처리한다. 그러나 사안이 경미하여 재판권불행사 결정이 예상되는 사건이라 하더라도 이는 검찰에서 판단할 사안이므로 경찰에서는 피의사건을 수사하고 피의자신문조서를 작성하여 기소의견으로 송치하여야 한다.

2) SOFA 사건 처리요령

(1) 파출소에서의 처리

① 피의자동행 및 신원확인

파출소에서는 SOFA 사건이 발생했을 경우에 신속히 현장에 임하여 현행 범인체포 등의 절차에 따라 피의자의 신병을 확보하는 한편 목격자등 참고인의 인적사항을 파악하고 피의자로 하여금 파출소에 동행할 것을 요구한다. 피의자가 도주한 경우에는 사건의 정황과 목격자의 진술 등으로 미루어 SOFA대상자의 범죄인 것으로 심증이 가는 경우라 하더라도 통상의 범죄발생보고양식에 따라 범죄발생보고서를 작성하여 보고한다.

피의자를 파출소에 동행하면 신분증 등의 제시를 요구하여 피의자의 신원을 파악한 뒤 SOFA 대상자일 경우에는 피의자동행보고서를 작성하여 피의자를 즉시 경찰서로 동행한다. 한편 이 경우 피의자가 공무집행중에 일어난 사건임을 주장하더라도 이에 대한 판단은 검찰에서 하는 것이므로 이 점을 설득시키고 경찰서로 동행하여야 한다. SOFA 대상자의 경우 사건처리절차와 관련한 미군당국의 지속적인 교양 등으로 인해 파출소로의 동행을 거부하는 사례는 별로 발생하지 않는다.

(2) 경찰서 외사계에서의 처리

① 기초사실 조사

경찰서로 동행한 피의자에 대해서 SOFA 대상자인가의 여부를 확인한 후, 소속, 계급, 성명, 생년월일, 범죄사실 등 기초사실을 조사한다.

② 미군당국에 통고

한 · 미행협 제22조 제5항 (나)의 규정에 따라 미군당국에 피의자가 체포되어 있음을 통고하여야 하는데, 통고의 방법은 통상 피의자가 소속된 부대의 헌병대를 통해 전화로 하는 것이 보통이다.

③ SOFA 사건 발생보고

피의자에 대한 예비조사와 미군당국에 통고 후, 예비조사 결과를 토대로 사건접수 후 24시간 내에 관할지검에 한미행정협정사건 발생보고를 한다.

④ 신병인도

사건통고를 받은 미군당국이 피의자의 신병인도를 요청하는 경우에는 한미행협 제22조 제5항 (다)의 규정에 따라 책임장교의 서명과 신병인수증을 받은 후 피의자의 신병을 인도하지 말고 미국대표를 출석 · 입회시킨 가운데 예비조사를 실시하여야 한다. 미군당국에서는 관할부대에 하사관급 이상의 유능한 미군을 대표자로 항상 지정하고 있기 때문에 긴급을 요할 경우 항시 출석이 가능하다. 한편 구속대상인 피의자의 경우에도 미군당국의 신병인도 요청이 있으면 일단 신병을 인도한 후 구속영장을 발부받아 이를 피의자 소속부대의 헌병대장(또는 헌병사령관)에게 제시하고 신병을 인도받아 구속한다. 다만, 미군당국이 피의자의 신병인도를 거부할 때에는 미군당국으로부터 서면으로 거절사유를 통고받아 이를 첨부하여 구속영장을 청구한다.

일반적으로 SOFA 대상자에 대한 구속은 검찰이 행하며, 구금장소는 한미행협 합동위원합의의견(Agreed View)에서 합의한 '구금시설에 대한 최저기준'에서 합당한 장소에 구금한다.

⑤ 피의자 조사

ⓐ 출석요구 : 한 · 미행협 제22조 제5항 (다)의 규정에 따라, 가능한 한 書面으로 관할 미헌병대장에게 필요로 하는 피의자의 성명, 소속, 출석장소, 출석시간 등을 명시한 출석요구서를 발부한다. 출석요구서를 발송할 때에는 미군 당국의 공휴일 및 국경일은

가급적 피하고 적어도 48시간 정도의 시간적 여유를 주어야 한다.

ⓑ 미군 당국의 조치 : 출석요구서를 발부받은 미군 헌병대 측은 피의자의 부대장, 감독자 및 보호자에게 이를 통보하고, 피의자의 소속부대장은 부대의 하사관급 이상자 중에서 대표를 지정하며, 지정된 대표는 피의자와 함께 헌병대에서 출석요구서를 수령한 후 부대내의 법부감실에 출석한다.

⑥ 피의자 신문조서의 작성

ⓐ 대표임명장 접수 : 출석한 피의자에 대하여 한미행정협정 제22조 제9항에 의거, 미국정부 대표자의 대표임명장을 접수한 후 피의자를 신문한다.

ⓑ 조서작성

㉠ 피의자신문은 범죄수사규칙 제217조(조서의 작성) 및 외국인의 서명 날인에 관한 법률(1958. 7. 12.법률 제488호)을 준용한다. 그렇지 않은 경우에는 경찰서에서 통역을 대동하고 출두하는 경우는 많으나, 경찰서에서 지정한 통역인 또는 동료 경찰관의 통역을 통해 신문을 진행하여도 무방하다. 담당 경찰관이 영어에 능통하더라도 직접 영어로 신문해서는 안 되며 반드시 통역인을 거쳐서 신문하여야 한다.

㉡ 조서 말미에 반드시 통역인과 입회한 미국정부대표의 서명이 있어야 하며 특히 미국정부대표의 서명이 없는 조서는 유죄의 증거로 채택되지 않음에 유의하여야 한다. 미국측에서 공무집행중에 일어난 사건임을 주장하는 공무 집행증명서를 제시하더라도 이에 대한 판단은 검찰에서 하는 것이므로 경찰서는 일단 피의사건을 조사하여 기소의견으로 송치하여야 한다.

㉢ 중요사건을 송치할 때에는 미국헌병대 또는 범죄수사대 (CID)에서 조사한 진술서(번역문 포함)를 첨부하여 송치하는 것이 바람직하다.

㉣ 미 군속, 초청 계약자 및 이들의 가족은 아무리 경미한 형사사건이라도 대한민국에 전속적인 재판권이 있기 때문에 반드시 피의자 신문조서를 작성해야 한다.

㉤ 기재사항

㉤-1) 부대명(Unit)

피의자가 미군, 군속 또는 초청계약자인 경우에는 소속부대명을 번역한 한글로 기재한다. 가족의 경우에는 부양자의 소속을 기재한다.

㉤-2) 계급(RANK)

현역 미군의 경우에는 성명 좌측에 계급을 명시하고, 미군속이나 초청 계약자 또는 가족의 경우에는 성명 좌측에 신분명을 기재한다.

㉤-3) 성명(Full Name)
성명은 Full Name으로 기재한다.
㉤-4) 사회보장번호(SSN : Social Security Number)
우리나라의 주민등록번호와 유사한 것으로 사회보장번호를 기재한다.

⑦ 현행범 체포를 위한 미군 시설출입

미군시설과 구역 내에서의 통상 체포는 미군당국의 권한에 속한다. 그러나 이는 중대한 범죄를 범한 현행범인을 추적하는 대한민국 경찰의 체포를 위한 영내 출입을 금하는 취지는 아니므로 한미행협 제22조제10항(나)에 관한 합의 의사록 규정에 의하여 현행범인을 체포할 수 있다. 그러나 실제로는 미군당국에 의해 일단 제지될 것이므로 이 경우에는 그 취지를 설명하고 권한 있는 미군당국자의 동의를 구한 후 미군시설에 출입하거나 미국당국에 피의자 체포를 요청하는 것이 바람직하다. 한편, 미군당국의 동의가 있는 경우에는 미군시설 내에서 압수 · 수색 · 검증이 가능하다.

3) 손해배상 절차

(1) 공무사건

미군인이 미군용 차량을 운전중 한국인을 치어 사망시켰을 경우, 공무사건으로 피해자는 관할 지방검찰청 배상심의위원회에 손해배상을 청구하면 동 위원회에서는 배상액을 결정하는데 이때는 미국 정부에서 75%, 대한민국 정부에서 25%부담(피해자는 배상액에 불복하여 재심청구 할 수 있음).

(2) 비공무 사건

미군 개인으로부터 폭행 등으로 손해를 입었을 경우, 같은 방법으로 손해 배상을 청구하면, 배상심의위원회에서는 피의자에게 지불할 금액을 사정한 후, 이를 미 8군에서 다시 조사하여 최종 피해액을 결정한 다음 피해자에게 지불, 이때는 미국정부에서 100% 부담(피해자 재심 청구치 못함).

3. 외교특권과 경찰

1) 외교특권의 개념

외교사절은 종류와 계급을 불문하고 일반 외국인과 달리 특권적 지위를 향유하는데, 이러한 외교사절의 특권을 외교특권(diplomatic privilege)라 한다. 외교특권을 「치외법권(extraterritoriality)」 또는 「특권과 면제(privileges and immunities)」 등의 용어로 사용하기도하나 「외교관계에 관한 비엔나 협약」은 외교특권을 후자로 표시하고 있다.

2) 외교특권과 경찰책임

외국의 외교 · 영사 대표들과 이들의 일가족, 임무수행중인 행정 및 기술 관계자들은 국내의 재판권과 경찰권을 포함한 행정권으로부터 면책(Exemption)을 받고 있다. 면책특권은 외교관에게 있어 개인적 특권으로서가 아닌, 외교임무의 기능발휘를 위해 보장된다(기능설). 따라서 파견국 측에서는 접수국의 법원이나 정부에 대해 명확한 의사표시를 통하여 외교관의 면책특권을 그 의사에 반하여 포기할 수 있다.

이는 1961년 4월 18일의 「외교관계에 관한 비엔나 협약」과 1963년 4월 24일의 「영사관계에 관한 비엔나 협약(Vienna Convention of Consula Relations)」에 따른 것으로, 이러한 국제법적 규범은 별론으로 하더라도, 외교적 면책특권과 치외법권의 원칙은 국제관습법에 의거하여 일반적으로 승인된 국제법규로서, 헌법 제6조에 따라 국내법과 같은 효력을 지닌다.

3) 외교특권의 내용(1961년의 비엔나 협약을 기준)

(1) 불가침권

① 신체의 불가침

외교관의 신체는 불가침이다. 외교관은 어떠한 형태의 체포 또는 구금도 당하지 아니한다. 접수국은 상당한 경의를 가지고 외교관을 대우해야 하며 그 신체의 자유 및 존엄성에 대한 침해를 방지하기 위하여 적절한 조치를 취하여야 한다(동 협약 제29조).

우리나라 형법 제107조 및 108조에 대한민국에 체재하는 외국사절에 대한 폭행이나 협박 등의 죄에 대하여 일반범죄보다 가중하여 처벌하는 규정을 두고 있다.

② 관사의 불가침(동 협약 제22조 제1항, 제2항, 제30조 제1항 등)

공관뿐만 아니라 외교관의 개인주택도 불가침이다. 소유 또는 임차를 불문하며, 관사는 본 건물뿐만 아니라 부속건물, 정원, 차고 등을 포함한다. 외교사절의 요구나 동의가 없는 한 접수국의 관헌은 직무수행을 위해서도 여기에 들어갈 수 없는 것이 원칙이다. 그러므로 공관과 공관 내의 시설・비품・운반수단은 수색・징발・압류・강제집행의 대상이 되지 아니한다.

그러나 관사라고 할지라도 범죄인의 비호권(right of Asylum)은 원칙적으로 인정되지 않는다. 접수국이 요구하면 도망자 또는 범죄인을 인도하거나 관사 밖으로 추방하지 않으면 안 된다. 다만 정치범에 한하여 무질서한 폭도의 위해로부터 일시 비호하는 것은 허용된다. 그러나 외교사절이 자국의 범죄인을 본국에 송환하기 위하여 일시 유치할 목적으로 관사내에 감금하는 것은 허용되지 않는다. 관사에 대한 불가침에 준하여 외교사절의 승용차, 보트, 비행기 등 교통수단도 불가침의 특권을 갖는다.

③ 문서의 불가침(동 협약 제24조) 등

외교공관의 문서와 서류는 언제, 어디서나 불가침이며 수색・검열・압수되거나 그 제시가 요구되지 아니한다. 외교관의 개인서류, 통신문서 및 그의 개인재산도 또한 불가침이며, 문서가 어느 장소에 있든지, 심지어 외교단절의 경우에도 접수국은 문서의 불가침권을 존중하고 보호해야 한다. 다만, 관사에 속한 문서가 간첩행위의 서증이 되는 경우, 또는 사절과 동일한 국적의 간첩이 주재국에서 절취 또는 복사한 문서로서 그것을 접수국이 입수한 경우에는 그 문서는 불가침성을 상실한다.

또한, 파견국측과의 자유로운 전화・전자 서신왕래는 보호되어야 한다. 따라서 대사관의 통신왕래가 감시를 받아서는 안 되며, 대사관에서의 대화의 도청이나 녹취를 위한 기술적 도구의 투입은 불허된다.

(2) 치외법권(면제권; diplomatic immunities)

외교사절은 원칙적으로 접수국의 통치권에 복종하지 않는다. 즉, 접수국의 사법권, 행정권, 과세권으로부터 면제된다.

① 형사 재판권으로부터의 면제

외교사절은 먼저 접수국의 형사재판 관할권으로부터 면제된다. 외교관은 어떠한 경우에도 체포・구금・소추 또는 처벌되지 않는데(동 협약 제31조 제1항), 이는 공무수행 중에 행하여진 행위에 대해서 뿐만 아니라 개인자격으로 행한 행위에 대해서도 그러하다.

② 경찰권의 면제와 허용

외교사절은 접수국의 경찰권으로부터 면제된다는 것이 통설이므로, 원칙적으로 경찰의 명령이나 규칙은 외교사절을 구속하지 않는다. 대사관 차량이라도 일상적 교통과 관련하여서는 교차로에서 적색신호에 정차해야 한다.

예외적으로는 그러나 외교관이나 영사업무 종사자들에 대한 경찰강제가 허용되는데, 즉 긴급방어나 긴급사태의 상황이 존재할 경우가 그러하다. 예를 들어 행위책임과 관련하여, 대사관 소속원이 임무를 벗어나 다른 사람들을 무력으로 습격하거나, 또는 음주운전을 하면서 교통법규를 난폭하게 위반할 경우, 경찰은 무조건적으로 긴급방어조치를 취할 수 있다.

또한 상태책임과 관련하여서는 화재나 전염병의 발생 등과 같이 공안을 유지하기 위하여 긴급을 요하는 경우에는 사전의 동의 없이 공관에 들어갈 수 있는데 이는 국제적 관습으로 인정되고 있다.

(3) 외교관과 관사에 대한 경찰의 의무

1973년 UN 총회는 「외교관을 포함한 국제적으로 보호되는 사람에 대한 범죄예방 및 처벌에 관한 협약(Convention on the Prevention and Punishment of Crimes Against Internationally Protected Persons, including Diplomatic Agents)」을 채택하였는바, 동 협약은 당사국에 대하여 그러한 범죄의 예방을 위하여 필요한 모든 조치를 취하고, 정보교환・행정조치의 상호조정 등 국제협력을 도모하도록 규정하고 있다.

또한 접수국 정부는 관사의 불가침을 보장하기 위하여 관사보호 의무를 지는바, 이에는 관사주위에서 외교사절의 본국 또는 공관에 대하여 적대적인 시위를 행하는 폭도 또는 군중으로부터 관사를 보호할 의무를 포함하며, 공관의 안녕을 방해하거나 그 위엄에 대한 침해를 방지하기 위하여 적절한 조치를 취해야 할 특별한 의무를 부담한다.

제4절 외국의 외사경찰

1. 미국의 외사경찰

미국 경찰은 자치경찰을 기본으로 하고, 미국사회의 구성자체가 국제적인 성격을 가지고 있기 때문에 우리나라의 외사기능과 같이 외국인을 상대로 하는 경찰활동이 별도로 있을 수 없으나, 다만 연방경찰인 연방수사국(FBI)내의 정보부(Intelligence Division)가 일부 외사경찰기능을 수행하고 있다.

정보부는 미국 내에서 활동하고 있는 외국첩보기관의 정보를 수집 · 분석하고, 그 조직 및 구성원의 행동을 사찰 · 내사함으로써 미국의 안전을 해하는 반미활동의 수행을 봉쇄하는 임무를 수행한다. 이를 위해 정보부에는 정보 1, 2, 3과가 있으며, 이 가운데 정보1과는 주로 러시아 관계의 스파이 활동을 사찰하고, 정보2과는 러시아 이외의 공산주의 각국의 스파이 활동을 단속한다. 그리고 정보3과는 우리의 외사경찰 기능과 가장 유사하여, FBI해외주재관의 파견, 외국경찰기관과의 연락조정 등의 임무를 수행한다.[7)]

2. 프랑스의 외사경찰

프랑스의 외사경찰기능은 국립경찰청 산하의 국제기술협력국(Service de Cooperation Technique Internationale de Police : S.C.T.I.P.), 보안국(Direction de la Surveillance du Territoire : D.S.T.), 출입국관리국(Service centrale de la Police de l'Air et des Frontières : P.A.F.)이 분할하여 담당한다.

국제기술협력국은 외국경찰과의 협력활동, 위탁교육, 기술 및 특수장비조달, 국제회의, 주재관의 파견 등 우리의 외사경찰과 가장 흡사한 기능을 수행하고 있다.

국토감시국은 국가의 외적 안녕에 대한 침해행위를 방지하기 위한 대간첩업무 수행 등 우리의 보안경찰의 역할 뿐만 아니라, 국제기관, 외국공관 등의 동향파악 임무를 수행하며, 8개의 지방본부, 파리에 14개 부서, 6개의 해외영토 분실이 있다.

---

7) 경찰대학, 전게서, p. 406.

출입국관리국은 국경수비대라고도 하며 종래는 경비국에 속하였지만 현재는 독립하여 공항·항구·육상 국경 초소의 출입국 관리 및 안전유지가 그 임무이며, 특히, 비행기 납치의 방지, 공항시설의 보안경비, 마약범죄 등 국제범죄의 방지 등의 임무를 수행하고 있다. 출입국관리국은 우리나라의 법무부 출입국관리소, 경찰의 외사관리관, 보안국, 공항경찰대의 기능을 수행한다고 볼 수 있다.

3. 일본의 외사경찰

일본의 외사경찰 기능은 1994년 경찰법의 개정으로 1994년 7월부터 관방장관하에 국제부가 설치됨으로써, 우리나라와 같이 외사기능을 종합적으로 수행하고 있다. 다만 종전의 경비국내에 있던 외사기능은 일부업무를 국제부에 넘기고 외사과로 통합되어 외사방첩기능을 수행하고 있다.

국제부는 국제화의 진전에 따른 경찰환경의 변화에 일본 경찰이 능동적으로 대처하기 위하여 설치된 것으로, 국제 제1과는 국제협력 업무, 국제경찰에 관한 업무, 외국인에 관한 경찰업무, 제외국의 국정 및 이를 둘러싼 국제정세, 치안수준, 경찰제도, 경찰시설 등의 실태, 경찰관의 지식·기술수준 등에 관한 정보수집, 및 외국 경찰기관과의 정보교환 등의 국제협력업무가 포함되어 있다. 국제 제2과는 국제범죄와 관련한 국제수사공조 등 외국의 경찰기관과의 협력, 국제형사경찰기구와의 연락 등의 업무를 맡고 있다.

참고문헌

• 국내문헌

단행본

경찰대학, 「경찰교통론」, 용인: 경찰대학, 2000.
———, 「경찰방범론」, 용인: 경찰대학, 2000.
———, 「경찰보안론」, 용인: 경찰대학, 2002.
———, 「경찰외사론」, 용인: 경찰대학, 2002.
———, 「경찰윤리론」, 용인: 경찰대학, 2000.
———, 「경찰정보론」, 용인: 경찰대학, 2002.
———, 「경찰학개론」, 용인: 경찰대학, 2002.
———, 「비교경찰론」, 용인: 경찰대학, 2001.
———, 「지역사회경찰론」, 용인: 경찰대학, 2000.
경찰사편찬위원회, 「경찰 50년사」, 서울: 경찰청, 1995.
경찰청, 「경찰백서」, 서울: 경찰청, 1997.
———, 「경찰백서」, 서울: 경찰청, 2001.
———, 「경찰 50년사」, 서울: 경찰청, 1995.
———, 「교통사고조사교본」, 서울: 경찰청, 1996.
———, 「지역경찰 업무지침」, 서울: 경찰청, 2003.
———, 「홍보심리활동(이론과 실제)」, 서울: 경찰청, 1993.
강구진, 「형사소송법」, 서울: 학연사, 1987.
김경환, 「교통안전공학」, 서울: 태림문화사, 1997.
김규정, 「신판 행정학원론」, 서울: 법문사, 1999.
김동희, 「행정법Ⅱ(제6판)」, 서울: 박영사, 2000.
———, 「행정법Ⅱ」, 서울: 박영사, 2002.
김일수, 「형법총론」, 서울: 박영사, 1998.
김중규, 「뉴 밀레니엄 행정학」, 서울: 성지각, 1999.
김중양, 「한국인사행정론」, 서울: 법문사, 2002.
김충남 역, 「경찰과 지역사회」, 서울: 여명출판사, 1992.
———, 「경찰학개론」, 서울: 박영사, 2001.
김형중, 「한국중세경찰사」, 서울: 수서원, 1998.

박동서, 「인사행정론」, 서울: 법문사, 2001.
박동언, 「교통학원론」, 보성문화사, 1995.
박연호 · 오세덕, 「현대조직관리론」, 서울: 법문사, 2001.
박천오 외 5인 공저, 「인사행정의 이해」, 서울: 법문사, 2001.
손봉선. 「경찰학개론」, 서울: 형설출판사, 2001.
손봉선, 송재복, 「경찰조직관리론」, 서울: 대왕사, 2002.
송광섭, 「형사소송법원론」, 서울: 대왕사, 1994.
신상준, 「미군정기의 남한행정체제」, 서울: 한국복지행정연구소, 1997.
신현기, 이영남. 「경찰인사관리론」, 서울: 법문사, 2003.
오석홍, 「인사행정론(신정판)」, 서울:박영사, 2000.
오석홍 · 손태원 · 하태권, 「조직학의 주요이론」, 서울: 법문사, 2000.
유민봉, 「한국인사행정론」, 서울: 박영사, 2002.
유훈, 「재무행정론」, 서울: 법문사, 1973.
이보령, 「형사정책」, 서울: 제일법규, 1996.
이상원, 「방범론」, 서울: 대명사, 2001.
이상안, 「신경찰행정학(제4판)」, 서울: 대명출판사, 1999.
———, 「공직윤리봉사론」, 서울: 박영사, 2000.
———, 「알기 쉬운 경찰행정학(개정7판)」, 서울: 대명출판사, 2005.
이영남, 신현기, 「경찰조직관리론」, 서울: 법문사, 2004.
이윤근, 「비교경찰제도론」, 서울: 법문사, 2001.
이운주, 「경찰학개론」, 용인: 경찰대학, 1999.
———, 「경찰학개론」, 용인: 경찰대학, 2004.
이황우, 김진혁, 임창호, 「경찰인사행정론」, 서울: 법문사, 2003.
이황우 · 조병인 · 최응렬, 「경찰학개론」, 서울: 한국형사정책연구원, 2001.
이황우 · 조병인 · 최응렬, 「경찰학개론(개정판)」, 서울: 한국형사정책연구원, 2004.
이황우, 「경찰행정학(제3판)」, 서울: 법문사, 2002.
임준태, 「범죄예방론」, 서울: 도서출판 좋은세상, 2001.
———, 「경찰의 직무집행」, 서울: 법문사, 2004.
임창호, 「경찰학의 이해」, 서울: 대왕사, 2004.
———, 「범죄수사론」, 서울: 법문사, 2004.
자치경찰제실무추진단, 「유럽자치경찰제도」, 서울: 행정자치부, 2006.
정진환, 「경찰행정론」, 서울: 대영문화사, 1998.
조철옥, 「경찰행정학: 이론과 실천의 만남」, 서울: 대영출판사, 2000.
최종술, 「경찰인사관리론」, 서울: 대왕사, 2004.
최응렬 편저, 「경찰개혁론」, 서울: 법문사, 2006.
홍정선, 「행정법특강(제6판)」, 서울: 박영사, 2007.
허경미, 「경찰행정법」, 서울: 법문사, 2003.
———, 「정보학 특강」, 대구: 계명대학교 출판부, 2005.
허남오, 「한국경찰제도사」, 서울: 동도원, 1998.

연구논문

경찰혁신위원회, “선진국 자치경찰 운영사례를 위한 현지시찰 자료집,” 경찰청, 2004.

기광도, “범죄예방활동에 관한 이론,” 형사정책연구소식 26호, 1994.

김진혁, “바람직한 자치경찰제에 대하여,” 전국시도지사협의회, 2005.

김종수, “자치경찰의 신규임용 방안에 관한 연구,” 박사학위논문, 계명대학교 대학원, 2006.

김진우, “검찰과 경찰과의 관계,” 사법행정, 1989.

박종철, “교통사고 조사시 과학적 입증에 관한 연구,” 치안연구소, 1996.

박성규, “교통사고처리특례법 운용상 문제점,” 법무연수자료집, 1994.

서보학, “검찰 · 경찰간의 합리적 수사권 조정방안,” 검 · 경 수사권조정에 관한 공청회 자료집, 수사권조정자문위원회, 2005.

신봉기, “자치경찰법안의 주요내용,” 자치경찰법안공청회 자료집, 2006.

석진강, “왜 검사의 수사지휘가 필요한가,” 시민과 변호사, 1995.

이영남, “경찰조직의 효과성 제고를 위한 복지체계에 관한 연구,” 박사학위논문, 명지대학교 대학원, 1991.

이상안, “경찰개혁의 평가와 지속화 전략,” 치안연구소, 제12회 치안정책학술세미나 자료집, 2000.

이종배, “자치경찰법안의 기본방향과 주요내용,” 자치경찰법 제정 대토론회, 2000.

이황우, “우리나라 실정에 맞는 지방자치경찰제도” 지방자치경찰제도 공청회 자료집, 경찰개혁위원회, 1998.

안영훈, “우리나라 자치경찰제도 설계를 위한 실증적 준거틀,” 한국지방자치학회 동계 학술세미나 자료집, 2004.

이황우, “경찰정신사와 경찰상 정립(경찰창설 50주년과 경찰의 좌표),” 치안연구소, 1995.

———, “수사경찰의 전문화에 관한 연구,” 한국형사정책연구원, 1991.

———, “경찰위원회의 모형설계,” 한국경찰학회보 제1호, 한국경찰학회, 1999.

———, “경찰학의 학문적 발전방향,” 한국공안행정학회보 제12호, 한국공안행정학회, 2001.

이형근, "시민지향적 경찰활동에 관한 연구; 미국의 경우를 중심으로," 석사학위논문, 서울대학교 대학원, 2001.

임창호, “자율방범활동의 주민참여 요인에 관한 연구,” 박사학위논문, 동국대학교 대학원, 2001.

———, “지역사회에 기초한 범죄예방,” 한국공안행정학회보, 제19호, 한국공안행정학회, 2005.

———, “경찰승진제도의 실태분석 및 개선방안,” 경찰개혁 연속 정책토론회 제3차 인권실천시민연대, 2005.

장석헌, “경찰재량행위의 결정요인에 관한 연구,” 박사학위논문, 동국대학교 대학원, 1997.

조강원, “지역경찰제의 실태 및 개선방안에 관한 연구,” 경찰학연구 제6호, 2004.

최응렬, “자치경찰과 지방정부와의 관계,” 한국공안행정학회보 제18호, 한국공안행정학회, 2004.

———, “환경설계를 통한 범죄예방에 관한 연구”, 박사학위논문, 동국대학교 대학원, 1994.

———, “순찰지구대의 운영실태와 개선방안,” 원광대 · 계명대 경찰행정학과 합동학술세미나

발표자료, 2003.
______, "경찰관련 학과 및 경찰대학의 발전방향," 한국공안행정학회보, 제10호, 한국공안행정학회, 2000.
최종술, "경찰공무원의 근무성적평정제도에 관한 연구," 박사학위논문, 동국대학교 대학원, 1999.
한상암, "한국경찰관의 인성적 특성에 관한 실증적 연구," 박사학위논문, 동국대학교 대학원, 1997.
홍준형, "경찰통합법에 관한 연구," 치안연구소, 1997.
허만형, "경찰정보통신 조직 · 제도 발전방안 연구," 연구보고서 2002-04, 치안연구소, 2002.

• 국외문헌

高橋雄豺,「警察制度概論」, 東京: 日本警察協會, 1970.
大津英男,「警察行政」, 東京: 良書普及會, 1958.
山辺健太郎, 日本統治下の朝鮮, 岩波書店, 1971.
星野安三郎,「現代の警察」, 東京: 評論社, 1980.
日本 警察廳, The Police of Japan, 1995.
在外財産調査會 編, 朝鮮における日本人の活動に關する調査, 湖北社, 東京, 1977.
河上和雄 外 三人 編著, 日本の警察(第一,二,三,四卷), 立花書房, 1993.

Adams, Thomas F., Police Field Operations, 3rd ed., Englewood Cliffs, New Jersey: Prentice-Hall, 1994.
Allen, R. K., Organizational Management Through Communication, New York: Harper & Row, 1977.
Alpert, Geoffrey P., "Questioning Police Pursuits in Urban Areas," Journal of Police Science and Administration, Vol. 15, 1988.
Alpert, Geoffrey P., and Lorie A. Fridell, Police Vehicles and Firearms: Instruments of Deadly Force, Prospect Heights, ILL.: Waveland, 1992.
American Bar Association Project on Standards for Criminal Justice, Standards Relating to the Urban Police Function, New York: American Bar Association, 1973.
Andrews, Allen H., Jr., "Structuring the Political Independence of the Police Chief," William A. Geller (ed.), Police Leadership in America, New York: Praeger Publishers, 1985.
Archambeault, W., "Emerging Issues in the Use of Microcomputers as Management Tools in Criminal Justice Administration," in J. Waldron, B. Archambeault, W. Archambeault, L. Carsone, J. Conser, and C. Sutton, Microcomputers in Criminal Justice: Current Issues and Applications, Cincinnati, OH: Anderson Publishing Co., 1987.
Ashburn, Franklin G., "A New Dilemma in Police Planning and Research," The Police Chief, May 1969.
Baker Thomos, Hunter, Ronald D. and Rush, Jeffery P. Police System & Practice: An Introduction

(Englewood Cliffs, NJ: Prentice-Hall, 1997).

Brantingham, P. J. & Faust, F. L. 「A conceptual model of crime prevention」, Crime and Delinquency 22, 1976, p. 292.

Chapman Brian, Police State, London: Pall Mall Press, 1970.

Conklin, J. E. The impact of crime, Macmillan Pub., 1975.

Cohen, Howard S. and Feldberg, Michael. Power and Restraint : The Moral Dimension of Police Work, Praeger, 1990.

Fyfe, James J. Greene, Jack R. Walsh, William F. Wilson, O. W., and McLaren, Roy Clinton, Police Administration, (5th ed). New York: McGraw-Hill Companies, Inc., 1997.

Jeffery, C. Ray. Crime Prevention through Environmental Design, Beverly Hills. California : Sage Publications. Inc., 1977.

Eck, J. E. & Spelman, W. "Problem Solving: Problem-oriented Policing in Newport News", Washington, D.C.: National Institute of Justice, 1988.

Hunter Ronald. Mayhall Pamela, & Baker Thomas, Police-Community Relations and the Administration of Justice, Upper Saddle River, New Jersey: Prentice-Hall, 2000.

Kleinig, John. The Ethics of Policing, Cambridge Univ. Press, 1996.

Kuhn, T. S. The Structure of Scientific Revolutions. Chicago: University of Chicago Press, 1962.

Mclaughlim, Greene, Bergman, "Implementing Community Policing: Cultural and Structural Change in Police Organization", Thousand Oak, CA: Sage Publication, 1994.

Moore, M. H. and Trojanowicz, R. C. "Corporate Strategies for Policing", Washington, D.C.: National Institute of Justice, 1988.

Oliver, Willard M. "Community-Oriented Policing(A Systemic Approach to Policing 2nd Ed.)", New Jersey: Prentice Hall, 2001.

Peak, Kenneth J. and Glensor, Ronald W. Community Policing and Solving: Strategies and Practice, Upper Saddle River, New Jersey: Prentice Hall Inc., 1996.

Pursley, R. D. Introduction to Criminal Justice, Glencoe, 1980.

Radzinowicz Sir Leon, A History of the English Criminal Law Form, 1750, New York: Macmillan, 1948-86, Vol. Ⅲ, p. 2.

Roberg, Roy R. and Jack Kuykendall, Police Management, LA: Roxbury Publishing Campany, 1997.

Stahl, O. G. Public Personnel Administration, 7th ed. Harper & Row, 1983.

Steven. P. Lab, Crime: Prevention Approaches, Practices and Evaluation, Cincinnati, Ohio: Anderson Publishing Co., 1992.

Sullivan, John L. Introduction to Police Science, (3rd ed). New York: McGraw-Hill Book Co., 1977.

Swanson, Charles R. Territo, Leonard and Taylor, Robert W. "Police Administration, 5th ed." New Jersey: Prentice Hall, 2001.

Wilson, J. Q. and Kelling, G. L. "Broken Windows"(Atlantic Monthly, March, 1982), p. 31.

Wilson, J. Q. and Kelling, G. L. Making Neighborhood Safe, (Atlantic Monthly: February, 1989), pp. 47～48.

찾아보기

주제

가

가정의사 301
간첩 482
간첩망 483
갑오경장 46, 51
강제수사 30, 426
강제수사 법정주의 427
개방체제이론 295
개별하명 143
건국치안대 56
검증적 수사의 원칙 430
검찰청법 제53조 252
결산 211
경과 127
경력직 공무원 175
경무국 57
경무부 58
경무청관제직장 51
경보료직제장정 98
경비경찰 435, 444, 452
경비경찰활동 8
경찰강제 29, 145
경찰개입청구권 25
경찰개혁 243
경찰공공의 원칙 149
경찰공무원 127
경찰공무원법 62
경찰공무원인사위원회 179
경찰관 직무집행법 418
경찰관리자 158
경찰관직무집행법 23, 354
경찰관직무집행법 제2조 4
경찰국가시대 11
경찰대학 123
경찰면제 145
경찰명령 29
경찰법 63, 354
경찰법 제3조 4, 23
경찰병원 123
경찰병원장 177
경찰부 57
경찰비례의 원칙 150
경찰사범 단속활동 322
경찰상 즉시강제 146
경찰서비스헌장 64
경찰서비스헌장제 249
경찰소극목적의 원칙 149
경찰위원회 120
경찰윤리헌장 62
경찰의 개념 9
경찰의 수단 29
경찰인사관리 170
경찰인사위원회 129
경찰자문기관 118
경찰작전 448

경찰장비관리 213
경찰제도사 7
경찰종합학교 123, 192
경찰책임의 원칙 149
경찰철학 7
경찰청 경무기획국 179
경찰청 교통관리관 351
경찰청 생활안전국 318
경찰청자체제안제도운영규칙 249
경찰통제 232
경찰평등의 원칙 150
경찰하명 142
경찰행정관청 118
경찰행정법 6, 111
경찰행정학 4, 6
경찰허가 144
경찰헌장 63
경찰혁신기획단 247
경찰혁신위원회 247
경찰홍보 221
경찰홍보전략 224
경호경비 447
계급정년 134
계급제 127
계몽주의 11
계층제 162
고충처리 207
공 경비 451
공개경쟁채용 186
공공의 안녕 24
공무상비밀누설 217
공식화 165
공정한 접근(fair access) 39
과정이론 206
관료제 166
관리요원 307
관방학 3
광무개혁 52
교번 347
교육훈련 189
교체임용 요구권 239
교통 349, 374
교통경찰 349, 350
교통경찰의 대상 352
교통경찰의 목적 350
교통경찰활동 8
교통규제 362
교통단속 방법 365
교통보행순찰 357
교통사고 374
교통순찰 355
교통안전전략 360
교통지도단속 364
구체적 위험 26
국가경찰 21, 276
국가공안위원회 101
국가비상사태 279
국가정보원 479
국가학 4
국가형벌권 413
국립 경찰청 95
국립경찰대학 4
국립과학수사연구소 61
국립범죄수사단 78
국립범죄정보관리위원회 78
국립범죄정보국 78
국립수사관리위원회 78
국민고충처리위원회 239
군 경찰 96
군현경정리 46
권한의 대리 125
권한의 위임 125
규범적 후원이론 296
규제개혁 249
근무성적 평정 196
근속승진 204
금오위(金吾衛) 48
급부(給付) 29

급부행정 28
기면발작 391
기초질서 위반 사범 324

나

나타족 337
난선순찰 336
내각정보조사실 474
내무아문 13
내부적 개혁 246
내사 420
내용이론 206
노선순찰 356
논리적 · 연역적 능력 301
님비 441

다

다중 범죄 446
대장 307
대중매체 224
대중매체 관계 222
대화술 301
도로공학 361
도로교통법 354
독일기본법 91
띠톱판결 141

라

런던시경찰 77
리더쉽(Leadership) 160

마

맥납(NcNabb)판결 86
맬로리(Mallory)판결 86
맵(Mapp)판결 86
면접시험 188
명령 116
명령통일 164
명치유신 97
모집 180
몽타주 423
무신정권(武臣政權) 48
문서보안 219
문제지향적 경찰활동 297, 298
미란다(Miranda)판결 86
민간 경비업 343
민간 방범활동 339
민간경비 344, 451
민간경비원 19
민간경찰기관 340
민원담당관 308
민중통제 239

바

방면공안위원회 102
방범심방 311
방첩 482
범죄감식 423
범죄소년 327
범죄수사 413
범죄예방 285, 286
범죄의 진압 436
범죄인의 비호권 512
범죄정보 421
범죄통제 287
범죄통제이론 288
범죄학 4
범칙금 368
범칙금 통고처분제도 368
범칙행위 368
법 집행 18
법정경찰권 34
법정주의 원칙 42
법질서의 불가침성 25
법집행원조청(LEAA) 86

병합경찰 81
보안 216
보안감사 220
보안경찰 19, 20, 477, 485
보안경찰활동 8
보안관(Sheriff) 72, 83
보안사범수사 424
보안수사 484
보안심사위원회 221
보안정보활동 469
보안책임 217
보안처분 485
보조경찰 19
보직배치 193
보충성의 원칙 443
보통경찰제도 55
보통승진심사위원회 201
봉사경찰 22
부대활동 437
부작위(不作爲) 29
부작위하명 143
북아일랜드공화국군 77
분권화 165
분소 및 초소 314
분업 162
불문법원 115
비경찰화(非警察化)작업 14, 57
비례원칙 위반 443
비밀 218
비상경찰 20
비판적 사회이론 296
비행소년 327
뺑소니 사고 395, 397
뺑소니사건 395

사

사기 205
사무소장 307
사물관할 33
사법경찰 19, 316, 432
사법경찰관리 252, 413, 414
사법경찰관리집무규칙 253
사생활의 보호 227
사실판단 증명의 원칙 430
사실행위성 462
사이버 홍보활동 226
사이버경찰청 331
사이버테러 대응센터 417
사전 통제 236
사행행위 323
사회계약설 38
사후 통제 236
삼별초(三別抄) 49
삼조목 46
상황적 기회 288
상황적 예방이론 288
생활안전경찰 315, 333
생활안전경찰활동 7, 319
생활안전국 347
샤이어(Shire, 郡, County) 72
서비스 제공 18
선증후포의 원칙 425
성문법원 115
소년경찰 325
소년경찰활동 325
소청심사위원회 129
수도경찰청 77
수사개시 253
수사개시권 253
수사경찰활동 8
수사권 32
수사비례의 원칙 426
수사실행 253
수사정보 421
수사종결 254
수사지휘권 239, 257
수인(受忍) 29

순찰 333
순찰요원 307
순찰의 종류 335
순찰지구대 305
순찰지구대 관리요원 311
순찰지구대 체제 304
순찰지도관 307
스코틀랜드경찰 82
스키드마크 386, 402
승진 198
시민경찰학교 342
시보임용 131
시설보안 220
시험승진 202
신뢰의 원칙 355
신원조사 467
신자유주의 사상 266
신체 협응검사 370
신체검사 188
실적주의 제도 172
실질적 의미의 경찰 16
씨크리트 써비스 87

‖ 아 ‖

안전진압 446
야경원(Watchman) 83
야별초(野別抄) 48
야타족 337
언론관계 222
에스코베도(Escobedo)판결 86
역순찰 357
연령정년 134
연방 국경경비업무 456
연방국경경비대 92
연방범죄수사국 86, 92
연방수정헌법 87
연방헌법보호청 92
연소화 412
엽관주의 제도 171
영장주의 427
예방경찰 21
예비검속법 55
예산 208
예산의 집행 210
오렌지족 337
오상위험 26
완전협조의 원칙 487
왕립위원회 74
외관적 위험 26
외근 경찰 320
외근 근무 321
외근경찰활동 320
외사경찰 493, 495
외사경찰활동 8, 498
외사보안활동 485, 498
외사사범수사 424
외사수사활동 499
외사정보활동 470, 498
요마크 402
우범소년 328
운전면허제도 371
위경죄즉결례(1885년) 99
위험 24
위험의 방지 24
위험혐의 26
윅스(Weeks)판결 86
윈체스터법령 72
윤락행위 323
을사조약 52
음란 추행범죄 323
음주감지기 408
의금부(義禁府) 49
의무경찰제도 63
의원면직 134
의의 325
인력수급계획 181
인적관할 33

인지증 409
일책십이법 47
임의수사 30, 426
임의활동 148
입건 420
입법예고제 236

자

자경대장(constable) 72
자기부죄거부 427
자녀관리감독해태 혐의 326
자연법사상 11
자율방범대원 342
자율순찰 335
자치경찰 21
자치경찰제 248, 262
작위(作爲) 29
작위하명 143
재의요구권 235
재해경비 444
적극적 모집 180
적시성의 원칙 443
전담 경찰 320
전문화 162
전보 193
전복 483
전시대비 경찰업무 449
전용근무 321
전조등 379
전통적 경찰활동 294, 295
절충형모델(integrated system) 70
정보경찰 461, 467
정보경찰활동 8
정보사범 486
정선순찰 335
정식경찰 19
정실주의 171
정책정보 468, 469
정치적 중립 113
제국경찰법(Reichspolizeiordnung) 10
제령권 53
제안제도 207, 249
제주특별자치도 248
조선총독부 53
종합적성검사 188
죄증 428
주 경찰(State Police) 88
주의의무 386
주재소 348
중앙경찰학교 123, 192
중앙승진심사위원회 201
중앙집권형(centralized system) 69
즉결심판 332, 333
즉결심판절차 332
즉응 체제 302
증거의 바다 428
증거의 보고 428
지능범죄 수사과 415
지문계 423
지방 경찰(Local Police) 89
지방경찰위원회 79
지방분권형(fragmented system) 70
지역 치안모니터링 활동 312
지역경찰관 302, 309
지역경찰관리자 308
지역경찰제 302
지역공동체관계 222
지역관할 33
지역사회 경찰활동 246, 292, 293, 295, 299, 340
지역사회 범죄예방활동 341
지역순찰 356
지정순찰 336
직권남용 30
직권면직 134
직무명령권 238
직업공무원제도 174

직위분류제 176
진압경비 441
진압경찰 21
진압장비 214
질서경찰 22
질서권 발동 443
질서유지 18
집권화 165
징계권자 137

차

차량공학 361
차량관리 215
채증계 423
채증활동 467
책화제도(責禍制度) 47
처벌불원의사 384
철도공사 33
청문감사관제도 237
청원경찰 19
체력검사 188
초동조치 302, 338
촉법소년 328
최초의 제복경찰관 84
추상적 위험 26
출판의 자유 227
치기배 338
치밀의 원칙 487
치안관(Constable) 83
치안국 59
치안서비스 18
치안연구소 269
치안정보 468
치안정책연구소장 177
치안참정권 240
치안행정협의회 124
치외법권 지역 34
침해배제청구권 36

카

커뮤니케이션 159
코뮌(commune) 94
크로이쯔베르크(Kreuzberg) 12

타

테러 450
통솔범위 164
통일경찰법모범초안 14
특기제도 128
특별경찰행정법 111
특별사법경찰사무 280
특별사법경찰업무 264
특별승진 203
특별시경찰 81
특별채용 186
특수공군부대 453
특수파출소 313
팀 경찰활동 296

파

파견근무 195
파리 경찰청 95
팔조금법 46
패러다임 5, 300
편의주의 원칙 43
평시경찰 20
폐번치현 98
포도청(捕盜廳) 49
폭주족 337
폴리스 라인 446
표지기 381
푸르미 선도협약 331
푸르미 프로젝트 330, 332
풍속사범 322
프랑스의 죄와 형벌법전 12
프레보 93

프로이센 경찰 91
프로이센 경찰행정법 12
프로이센 일반란트법 12
피의사실공표죄 227
피의자신문조서 254
필기시험 188

하

한국공안행정학회 4
합의제 행정관청 276
해양경찰청 33
행정개혁 243
행정경찰 19, 316, 432
행정경찰규칙 14
행정경찰장정 14, 51, 152
행정쇄신위원회 260
행정예고제 236
행정처분 148
행태수정 361
헌법상 언론 227
헌병경찰제도 54
현장보존의 원칙 428
현치조례 98
협의의 경찰권 31
협의의 행정경찰 19, 20
협의의 홍보 222
형사사법학 4
형사피고인의 무죄추정 227
형식적 의미의 경찰 15
혼잡경비 444
확신범 486
환경설계를 통한 범죄예방 289
회계검사 211
훈령 116
훈령권 238
흉포성 412
10퍼센터 프로그램 291
ATF 431
BKA 490
BND 472, 489
BVS 472, 490
CE과 471
CIA 472
CID 509
CPTED 289, 290
D.C.R.G. 473
D.G.S.E. 473
D.S.T. 514
DEA 431
DIS 471, 488
DST 473
FBI 431, 472
GCHQ 488
Inter-pol 500
IRS 431
JIC 488
LKA 490
LVS 472, 490
MAD 472, 489
NCPI 285
NRO 472
NSA 472
P.A.F. 514
Police 9
RG 473
S.C.T.I.P. 514
SARA 모델 298
SAS부대 453
SIS 471
SOFA 497, 500, 505
SOFA협정 34
SS 471, 488
UN-PKO 494
UNMIT 494

인명

가

골드스타인 298
귤릭(L H. Gulick) 158
김대중 274
김신조 62
김영삼 274

나

노무현 274
노태우 274

라

로버트 마크경 224
로버트 필경(Sir Robert Peel) 73
로크(Locke) 38
루소(Rousseau) 38
리차드 실베스터(Richard Sylvester) 85

마

막스 베버(Max Weber) 167
매닝엄 불러 450
문세광 62

바

박정희 273

사

스워브 389
스펠만(William Spelman) 298

아

앤드류 잭슨 172
에드워드 1세 72
에릭슨 224
에크(John E. Eck) 298
오거스트 볼머(August Vollmer) 85
윌슨(O. W. Willson) 85
유스티(J. H. Justi) 3
윤보선 273

자

전두환 273
제퍼슨(Jefferson) 83

카

코헨(Cohen) 38
크랜든 224
클라이니히(J. Kleinig) 37

파

펠드버그(Feldberg) 38

하

허먼 골드스타인 297
홉스(Hobbes) 38

C. R. Jeffery 287
D. Waldo 5
F. L. Faust 287
George Kelling 290
Hale 334
James Q. Wilson 290
Jeffery 289
Kuhn, T. S. 4
Maslow 206
Newman 289, 290
P. J. Brantingham 287
Sir Robert Peel 13
Walker 334

편저자 소개

김 종 수 (金 琮 洙)

- 계명대학교 대학원 경찰학 박사
- 현 경운대학교 경찰행정학부 교수
- 현 경비지도사 기본교육 담당교수
- 현 한국범죄심리학회 이사
- 현 한국자치경찰경비학회 이사

논문 및 저서

- 일선경찰공무원의 재량권행사 적정화 방안(2001)
- 자치경찰의 신규임용 방안에 관한 연구(2006)
- 개인신용정보이용 신용카드범죄에 대한 대처방안(2005)
- 성격차원 하위요인들과 범죄행동과의 상관연구(2005)
- 치안력강화를 위한 경비경찰의 특성에 관한 연구(2006)
- 청소년 비행관련 변인과 범죄위험성과의 관계분석(2006)
- 소년경찰 업무에 대한 경찰관의 의식 및 역할(2006)
- 전략적 인력관리를 위한 자치경찰의 채용방안(2007)

경찰학원론

2007년 8월 25일 1판 1쇄 인쇄
2007년 8월 30일 1판 1쇄 발행

편저자 : 김 종 수
발행인 : 김 동 규
발행처 : 교육과학사

서울특별시 마포구 아현1동 424-31
전화 (02) 363-6431 ~ 3 / FAX (02) 393-4366
Home-page : www.kyoyookbook.co.kr
E-mail : kyoyook@chol.com
등록 : 1970년 5월 18일 제2-73호

낙장 · 파본은 교환해 드립니다.
Printed in Korea.

정가 22,000 원
ISBN 978-89-254-0100-3